余东华 著

反垄断经济学

Antitrust Economics

中国财经出版传媒集团
经济科学出版社
Economic Science Press

图书在版编目（CIP）数据

反垄断经济学/余东华著. —北京：经济科学出版社，2017.8
ISBN 978-7-5141-8335-1

Ⅰ.①反… Ⅱ.①余… Ⅲ.①反垄断 - 研究 Ⅳ.①F014.9

中国版本图书馆 CIP 数据核字（2017）第 196734 号

责任编辑：于海汛
责任校对：勒玉环
版式设计：齐 杰
责任印制：潘泽新

反垄断经济学

余东华 著

经济科学出版社出版、发行 新华书店经销
社址：北京市海淀区阜成路甲 28 号 邮编：100142
总编部电话：010 - 88191217 发行部电话：010 - 88191522
网址：www.esp.com.cn
电子邮件：esp@esp.com.cn
天猫网店：经济科学出版社旗舰店
网址：http://jjkxcbs.tmall.com
北京密兴印刷有限公司印装
787×1092 16 开 35.5 印张 660000 字
2017 年 8 月第 1 版 2017 年 8 月第 1 次印刷
印数：0001—2000 册
ISBN 978 - 7 - 5141 - 8335 - 1 定价：88.00 元
（图书出现印装问题，本社负责调换。电话：010 - 88191510）
（版权所有 侵权必究 举报电话：010 - 88191586
电子邮箱：dbts@esp.com.cn）

前　言

　　近40年的快速发展使中国经济面貌发生了翻天覆地的巨大变化，其中最为显著的是市场经济体制的逐渐形成以及由此带来的市场结构的变化，市场结构由改革开放初期的过度分散竞争状态逐步演化到大企业主导的垄断竞争状态。中国市场上开始出现经济性垄断与行政性垄断相互交织的现象。为了保护市场公平竞争，充分发挥市场在资源配置中的决定性作用，巩固改革开放所取得的成果，经历了13年的艰苦努力，《中华人民共和国反垄断法》（后文简称《反垄断法》）于2008年开始实施。这标志着中国的反垄断政策已经开始走向法制化、系统化和规范化，自由竞争的市场经济有了大法护航。反垄断政策的实施，不仅需要反垄断法律、反垄断执法机构、相关规则制度和实施细则，而且需要在全社会营造浓厚的竞争文化。竞争文化的营造需要多方努力，教育部门的职责在于培养反垄断人才、传播反垄断知识、研究反垄断问题，而完成这些职责都需要有一部较好的反垄断教材。

　　国内关于反垄断的教材并不罕见，但是大部分教材都是从法学视角编写的，从经济学视角编写的反垄断教材较为罕见。国外的反垄断经济学教材也不算多，并且不太适合中国教学需要。写一本《反垄断经济学》教材是我多年的心愿。2007年开始，我给山东大学经济学院一年级研究生开设了《反垄断与管制经济学》学位课程，从那时起我就开始积累课程资料、撰写课程讲义、修改教材提纲，并开始撰写教材初稿。近年来，我对于出版一本反垄断经济学教材的愿望十分迫切但行动较为迟缓，主要原因在于心存敬畏，迟迟不敢联系出版社，更不敢对外宣称我要出版一本反垄断经济学教材。这是因为，我深知写教材的不易和自身学养的不够。如果或是"匆忙上阵、草草收兵"，或是找一群青年学者或研究生"七拼八凑、东挪西借"，或是拿来几本国外教材"照本宣科、洋为中用"，可能误人子弟、贻笑大方。20多年的求学生涯和20多年的教学研究生涯中，我受益于很多优秀教材，阅读这些教材使人有如沐春风、畅游学海、领略名胜之感。同时，也遇到不少质量不尽如人意的教材，让人读之如同嚼蜡，难以获得求知的乐趣。所以，我希望能够出版一本好的反垄断经济学教材。我认为，一部好的教材要能够使人在获取专业知识、提升学术素养、训练思维能力的同时启迪对现实问题的思考，发现可以深化研究的问题，并从教材中获得解决这些问题的理论、方法和思维方式。同样，编写一部优秀的教材需要具备多个条件：对本学科的基础理论、基本方法、主要流派较为熟悉，对本领域研究现状能够准确把握和深刻洞悉，对学科未来演进趋势能够理性前瞻，具备较好的知识组织和整合能力、较为娴熟的文字表达能力，等等。经过近十年的犹疑，之所以还是将讲义初稿整理修改形成教材出版，主要是基于以下几个原因：一是国内同类教材相对稀缺，我国反垄断领域的专业人才更是稀缺，出版一本教材可能有助于缓解这两个"稀缺"；二是十年来不同届别的研究生同学的良好反馈给了我信心和勇气，他们在课堂上的讨论和发言给了我很多启迪，并针对本教材的修改完善提供了大量建议和意见；三是我所在的"反垄断与规制经济学研究基地"是山东省"十三五"期间强化建设的人文社科类重点研究基地，教材建设是基地建设的重要方面，学校和学院都同意资助本教材的出版。

经济学是研究具有稀缺性的资源在其备择用途中如何配置的一门科学。那么，如何界定反垄断经济学呢？学科界定有时候也是仁者见仁，智者见智。反垄断分析是经济学与法学的交叉地带，是一个多学科融合的领域。反垄断经济学是以微观经济学和产业经济学为基础，与法经济学和法学相互交融的一门交叉学科，是应用经济学理论、方法、模型和范式分析垄断行为，评估垄断企业的市场行为对市场竞争产生影响和效应，进而提出相关反垄断政策的经济学分支学科。反垄断经济学诞生之初主要是对现实经济中的垄断行为进行经济分析，为反垄断政策实施提供依据，因而是一门以解决现实经济问题为导向的应用经济学科。20世纪70年代以后，随着微观经济学、产业组织理论和博弈论的发展，反垄断经济学也越来越多地引入以上学科的最新成果，逐步出现了理论化趋向，与反垄断相关的经济问题也成为微观经济学、产业经济学和法律经济学研究的前沿领域。

芝加哥学派将经济学对于反垄断政策的影响推向了高峰，欧美国家形成了在反垄断法实施中重视经济分析的传统。然而，显赫往往伴随着批判，芝加哥学派"垄断"反垄断经济学的局面引来了广泛非议，后芝加哥学派在反思保守经济分析的基础上，逐渐超越芝加哥学派的理念和立场，重新"唤醒"了反垄断法，使反垄断政策"重回人间烟火、关注国计民生"。尽管如此，经济学对反垄断执法和政策实施的影响永远不会消失。近年来，国外反垄断领域理论研究发展十分迅速，出现了很多原创性理论，尤其是在专利、知识产权与反垄断、网络经济与反垄断等领域，出现了很多新进展。从国内情况看，2008

年《反垄断法》实施以后的近5年时间内,国内掀起了反垄断研究和评介的高潮,反垄断法解读与条文阐释、反垄断理论研究、反垄断案例分析等领域的著作如雨后春笋般大量涌现。然而,2013年以后,与国家反垄断执法机构大刀阔斧地实施反垄断政策的司法实践相反,国内理论界的反垄断研究似乎遇到了瓶颈,在大量介绍西方反垄断理论、法律、政策和案例以后,陷入了一种"喧嚣之后的暂时性平静",好像在屏息凝气地等待学术界的原创性研究破壳而出。我们希望,反垄断经济学教材的推出,能够为推动反垄断经济学研究提供一些基础性的服务,为中国反垄断研究走出"跟随西方亦步亦趋"的模仿模式贡献一点微薄力量。

在准备讲义和编写教材过程中,我们力求体现以下特色:(1)尽量体现现代经济学的分析逻辑。现代经济分析十分关注三大要素,即理论与逻辑、历史与背景、数据与实证。反垄断分析也需要借鉴和使用现代经济学的分析方法,强化对垄断行为的经济分析,为反垄断法实施提供理论依据。本教材从市场和市场经济体制出发,引出"竞争、垄断、效率、福利"等反垄断经济学领域的基本概念和范畴;然后,系统介绍和分析反垄断的基础性工作,包括相关市场界定、市场势力测度、需求系统估计、反垄断判定原则与福利标准以及对垄断行为进行经济分析的基本模型和方法;接下去,系统介绍和分析横向和纵向垄断行为,包括垄断协议、滥用市场支配地位、策略性定价、纵向约束、经营者集中和行政性垄断等;最后,对反垄断法和反垄断政策进行了系统介绍。内容安排体现了反垄断的内在逻辑。(2)紧紧围绕反垄断法的三大支柱展开阐述,力争全面系统反映反垄断法律所涵盖的内容。禁止垄断协议、禁止滥用市场支配地位和控制经营者集中是世界公认的反垄断三大支柱。本书以反垄断三大支柱为核心,按照现象描述、理论分析、福利权衡、政策法规、司法判定的逻辑顺序安排内容。然后,根据我国反垄断法的特殊性,增加了反行政性垄断的内容,使其成为中国反垄断政策的第四大支柱。(3)在阐述传统理论、主流观点和经典范式的同时,也要尽可能地反映反垄断经济学的最新进展和最新成果。在内容安排中尽量介绍和评述反垄断经济学不同发展阶段出现的古典学派、新古典学派、哈佛学派、芝加哥学派、新制度学派、新产业组织理论学派(后芝加哥学派)等不同流派的代表人物、理论构建和政策主张。(4)尽量提供原创性理论的文献出处,以便于读者"按图索骥",找出原始文献进行学习和研究。

为了便于教学安排,并与学期时间相适应,本书分为四大部分,共18章内容,总体框架结构如下:

第一部分是反垄断经济学的理论基础,包括第1章到第4章。第1章主要是介绍市场经济中与反垄断相关的基本概念，包括市场、价格机制、需求弹性，企业及其性质、企业目标与行为、社会总福利及其构成等。第2章主要介绍竞争、垄断与效率，重点分析了垄断的分类、垄断的效率和社会福利损失以及可竞争市场理论。第3章是结构、行为、绩效与政府政策，主要介绍了反垄断经济分析的总体框架，包括市场结构分析与测度、市场行为及其分类、市场绩效及其衡量、政府干预市场的主要政策与措施等。第4章主要介绍反垄断经济分析的模型与方法，包括博弈论和古诺竞争、伯特兰德竞争、斯坦克尔伯格竞争、豪特林竞争等主要寡占模型。

第二部分是反垄断经济分析的基础性工作，包括第5章到第9章。第5章是相关市场界定，主要介绍了反垄断执法中界定相关市场的主要方法和模型。第6章是市场势力测度，主要介绍了测度市场势力的主要方法和模型。第7章是需求系统估计，主要介绍了反垄断执法中估计需求系统的主要方法和模型。第8章是反垄断执法的判定原则与福利标准，主要介绍了本身违法原则、合理推定原则等两种反垄断违法判定原则，以及消费者福利标准、社会福利标准等五种反垄断执法的福利标准。第9章是反垄断执法中的安全港规则，主要介绍了设置安全港规则的理论依据和量化标准。

第三部分是垄断行为的经济学分析，包括第10章到第17章。垄断行为包括横向限制行为、纵向限制行为和行政性垄断行为等。横向行为包括串谋、卡特尔和垄断协议、横向并购等；纵向行为包括纵向一体化、独占区域、转售价格维持、搭售、排他性交易等。关于垄断行为的排序，大多数国家的《反垄断法》的排序是垄断协议、滥用市场支配地位和经营者集中；而一些经济学专著的内容排序略有不同，将经营者集中放在垄断协议和滥用市场支配地位之前。本书是按照反垄断法的排序安排内容，将经营者集中放在卡特尔行为和滥用市场支配地位之后。第10章是串谋、卡特尔和垄断协议，主要分析了卡特尔形成的条件和可维持性以及对卡特尔进行反垄断控制的主要政策措施。第11章是滥用市场支配地位及其反垄断控制，主要介绍了市场支配地位和滥用市场支配地位的经济学含义及界定标准，滥用市场支配地位行为的主要表现及其福利效应，世界主要国家反垄断法中对滥用市场支配地位行为的控制措施。第12章是策略性定价及其反垄断控制，主要介绍了市场经济中企业策略性定价的主要类型，重点分析了歧视性定价、掠夺性定价、限制性定价、两部制定价的经济学原理及其福利效应，提出了对策略性定价进行反垄断控制的政策措施。第13章是纵向约束及其反垄断控制，主要介绍了纵向约束的经济学含义及其表现形式，重点分析了独占区域、转售价格维持、搭售（捆绑销售）、互惠安排、特许经营、排他性交易、双重加价等纵向约束行为，研究了纵向约束的福利效果和反垄断政策。第 14 章到第 16 章是经营者集中及其反垄断控制，主要分析了经营者集中的形式、方式与动机，经营者集中的协同效应和反竞争效应，重点分析了经营者集中反竞争效应中的单边效应和协同效应，最后提出了经营者集中的反垄断控制政策。第 17 章是行政性垄断，主要分析了行政性垄断及其表现形式、行政性垄断的成因与危害以及反行政性垄断的主要政策措施。

第四部分是反垄断政策及其实施，也就是本书的第 18 章，主要分析反垄断法与反垄断政策的起源、发展与演进，世界主要国家的反垄断政策，反垄断法律与政策的目标和支柱，反垄断法律与政策的执行，反垄断宽恕与豁免。

在研究和写作过程中，我们参考过的资料较多，包括微观经济学、产业经济学、法学等方面的教材、专著和论文。在此，需要对国内外学术界同仁致以诚挚谢意。为了表示对相关作者的谢意和敬意，我们尽量将参考过的文献资料列在文中脚注或文后的参考文献中。但是，往往是越想做到十全十美，越是可能出现挂一漏万。若有遗漏，我们在致以歉意的同时，希望来函告知，我们将在修订版中增补。15 年来，我们关于反垄断问题的研究成果先后在《经济研究》《中国工业经济》《复旦学报》《经济管理》《天津社会科学》《经济学动态》《财贸经济》《南开管理评论》《南开经济研究》《世界经济文汇》《经济学家》《经济与管理研究》《财贸研究》《财经科学》《经济评论》《产业经济研究》《理论学刊》等几十家期刊发表，谢谢各家杂志社编辑老师们的帮助和对我们研究工作的支持，也谢谢他们允许我们在本教材中引用这些成果。另外，我指导的部分博士研究生和硕士研究生在资料收集和初稿整理中付出了辛劳，在此也向他们表示感谢。

2017 年 4 月 10 日

目 录

第1章 市场、企业与社会福利 ······ 1
- 1.1 市场、价格机制与"看不见的手" ······ 2
- 1.2 企业及其目标与性质 ······ 6
- 1.3 利润最大化与企业行为 ······ 10
- 1.4 消费者剩余、生产者剩余与社会总福利 ······ 13
- 1.5 小结 ······ 15

第2章 竞争、垄断与效率 ······ 17
- 2.1 完全竞争市场及其效率 ······ 17
- 2.2 垄断及其分类 ······ 23
- 2.3 "马歇尔冲突"与垄断者的供给决策 ······ 28
- 2.4 垄断的效率与社会福利损失 ······ 30
- 2.5 不完全竞争与市场效率 ······ 33
- 2.6 可竞争市场理论 ······ 35
- 2.7 小结 ······ 37

第3章 结构、行为、绩效与公共政策 ······ 38
- 3.1 引言 ······ 38
- 3.2 市场结构 ······ 39
- 3.3 市场行为 ······ 48
- 3.4 市场绩效 ······ 58
- 3.5 SCP 范式及其演化 ······ 62
- 3.6 新产业组织理论及其演进 ······ 64
- 3.7 产业组织理论的新发展 ······ 68
- 3.8 产业政策、竞争政策与管制政策 ······ 70
- 3.9 小结 ······ 75

第 4 章 反垄断经济分析的模型与方法 ……… 76

 4.1 博弈论初步 ……… 76
 4.2 伯特兰德模型 ……… 83
 4.3 古诺模型 ……… 85
 4.4 斯坦克尔伯格模型 ……… 89
 4.5 豪特林模型 ……… 92
 4.6 萨洛浦模型 ……… 94
 4.7 寡占市场上价格竞争与产量竞争的比较分析 ……… 96
 4.8 小结 ……… 101

第 5 章 反垄断中的相关市场界定 ……… 104

 5.1 引言 ……… 104
 5.2 相关市场与相关市场界定 ……… 106
 5.3 相关市场的界定方法 ……… 110
 5.4 SSNIP 方法的改进与完善 ……… 122
 5.5 相关市场界定的案例分析 ……… 132
 5.6 中国反垄断控制中的相关市场界定 ……… 136
 5.7 小结 ……… 140

第 6 章 反垄断中的市场势力测度 ……… 143

 6.1 市场势力与反垄断 ……… 143
 6.2 市场势力与市场支配地位 ……… 145
 6.3 测度市场势力的常用模型 ……… 148
 6.4 测度市场势力的主要方法 ……… 152
 6.5 市场势力与效率 ……… 164
 6.6 市场势力的动态变化 ……… 168
 6.7 案例分析：中国航空运输业市场势力测度 ……… 170
 6.8 小结 ……… 179

第 7 章 反垄断评估审查中的需求系统估计 ……… 180

 7.1 引言 ……… 180
 7.2 单一同质产品的需求系统估计 ……… 181
 7.3 线性和对数线性需求系统估计方法 ……… 182

7.4 需求系统估计的 AIDS 和 PCAIDS 模型 ……………… 184
7.5 PCAIDS 模型的拓展 ……………… 187
7.6 需求系统估计的 Logit 模型 ……………… 192
7.7 需求系统估计的其他方法 ……………… 196
7.8 小结 ……………… 198

第 8 章 反垄断执法的判定原则与福利标准 ……………… 200
8.1 本身违法原则与合理推定原则 ……………… 201
8.2 中国反垄断中违法判定原则的选择 ……………… 205
8.3 反垄断政策的福利标准 ……………… 208
8.4 福利标准的类型 ……………… 210
8.5 消费者福利标准和社会总福利标准的经济学解析 ……………… 212
8.6 中国反垄断政策的福利标准选择 ……………… 217
8.7 小结 ……………… 219

第 9 章 反垄断执法中的安全港规则 ……………… 222
9.1 引言 ……………… 222
9.2 设置安全港规则的理论依据 ……………… 223
9.3 单一安全港规则的量化准则 ……………… 228
9.4 基于并购模拟的差异化安全港规则量化标准 ……………… 231
9.5 安全港规则的实施 ……………… 241
9.6 小结 ……………… 245

第 10 章 串谋、卡特尔与垄断协议 ……………… 247
10.1 串谋、垄断协议与卡特尔的形成 ……………… 248
10.2 串谋与卡特尔的经济学分析 ……………… 253
10.3 影响串谋和卡特尔可维持性的因素 ……………… 258
10.4 价格以外的其他串谋形式 ……………… 278
10.5 控制串谋和卡特尔的反垄断政策 ……………… 281
10.6 小结 ……………… 284

第 11 章 滥用市场支配地位 ……………… 285
11.1 市场支配地位的经济学含义 ……………… 285
11.2 滥用市场支配地位行为的界定 ……………… 287
11.3 滥用市场支配地位的类型及福利影响 ……………… 288

11.4 滥用市场支配地位的反垄断控制 …… 293
11.5 小结 …… 299

第12章 策略性定价及其反垄断控制 …… 301

12.1 引言 …… 301
12.2 歧视性定价 …… 302
12.3 掠夺性定价 …… 308
12.4 两部制定价 …… 312
12.5 限制性定价 …… 314
12.6 自然垄断行业的定价行为 …… 317
12.7 策略性定价的反垄断控制 …… 320
12.8 小结 …… 321

第13章 纵向约束及其反垄断控制 …… 323

13.1 纵向约束及其主要类型 …… 323
13.2 纵向一体化 …… 325
13.3 独占区域 …… 327
13.4 转售价格维持 …… 330
13.5 搭售与捆绑销售 …… 332
13.6 互惠安排与特许经营 …… 336
13.7 排他性交易 …… 338
13.8 双重加价 …… 342
13.9 纵向约束的福利效果与反垄断政策 …… 345
13.10 小结 …… 347

第14章 经营者集中及其反垄断控制 …… 350

14.1 经营者集中的形式、方式与动机 …… 351
14.2 经营者集中的效率效应 …… 353
14.3 经营者集中的反竞争效应分析 …… 368
14.4 经营者集中的反垄断控制 …… 386
14.5 小结 …… 388

第15章 经营者集中的单边效应 …… 390

15.1 导言 …… 390

- 15.2 经营者集中反垄断控制与单边效应 …… 394
- 15.3 价格竞争、产量竞争与单边效应分析 …… 396
- 15.4 经营者集中、市场支配地位与单边效应 …… 409
- 15.5 集中度指数与市场势力 …… 411
- 15.6 经营者集中的结构效应分析 …… 413
- 15.7 经营者集中单边效应的评估方法 …… 417
- 15.8 小结 …… 437

第16章 经营者集中的协同效应 …… 439

- 16.1 导言 …… 439
- 16.2 串谋、经营者集中及其反垄断控制 …… 446
- 16.3 评估协同效应的模型与方法 …… 449
- 16.4 协同效应的分类评估与步骤 …… 464
- 16.5 小结 …… 469

第17章 行政性垄断 …… 472

- 17.1 行政性垄断及其表现形式 …… 473
- 17.2 行政性垄断的成因 …… 477
- 17.3 行政性垄断的危害 …… 479
- 17.4 反行政性垄断的相关政策 …… 482
- 17.5 小结 …… 491

第18章 反垄断法与反垄断政策 …… 493

- 18.1 反垄断法律与政策起源、发展与演进 …… 493
- 18.2 反垄断法律与政策的目标和支柱 …… 511
- 18.3 反垄断法律与政策的执行 …… 516
- 18.4 反垄断宽恕与豁免 …… 519
- 18.5 反垄断执法和解制度 …… 521
- 18.6 网络经济条件下的反垄断政策实施 …… 522
- 18.7 小结 …… 527

参考文献 …… 529

第1章　市场、企业与社会福利

> 社会经济形态的发展是一种自然历史过程。不管个人在主观上怎样超脱各种关系，他在社会意义上总是这些关系的产物。现代庸俗经济学中从人的所谓本性出发提出的理性人，实际上指的是当时各种社会关系的产物而已，正因为人们处于同样的社会关系下，才会具有一定程度相同的所谓理性行为。撇开这种社会性就无法正确理解所谓的人的理性。
>
> ——卡尔·马克思：《资本论》第1卷，北京联合出版社2013年版，第22页。
>
> 每个人都在力图应用他的资本，来使其生产品能得到最大的价值。一般来说，他并不企图增进公共福利，也不知道他所增进的公共福利是多少。他所追求的仅仅是他个人的安乐，仅仅是他个人的利益。在这样做时，有一只看不见的手引导他去促进一种目标，而这种目标决不是他所追求的东西。由于追逐他自己的利益，他经常促进了社会利益，其效果要比他真正想促进社会利益时所得到的效果为大。
>
> ——亚当·斯密：《国民财富的性质和原因的研究》，商务印书馆1972年版，第27页。
>
> 竞争性市场将导致一种帕累托最优状态——离开这种状态，没有人的状况变好而不使其他人的状况变坏，当这种观点得到确定时，帕累托最优政策就获得了一种特殊意义。
>
> ——哈里·兰德雷斯、大卫·柯南德尔：《经济思想史》第四版，人民邮电出版社2014年版，第336页。

工业革命之后，工厂制度开始大范围兴起，市场经济逐渐成为人类社会配置资源和创造财富的主要经济形态和组织方式。工业革命、工厂制度和市场经济将人类送入了真正意义上的现代社会，人口数量和人类创造的财富都进入了高速增长的快车道，人类真正成为绿色星球的主宰者。市场和市场经济被称为人类最伟大的发现，其原因就在于市场和市场经济极大地激发了人类的本能，顺应了人类的天性，从经济方面解放了人类，使自然人真正成为经济人和社会人。市场和市场经济的神奇之处来源于自由竞争的市场机制，斯密在《国富论》中将自由竞争的市场机制比喻为市场经济中"看不见的手"，它能够实现资源的最优配置和社会福利最大化。本章将从市场开始分析，作为整个反垄断经济学的逻辑起点。

1.1 市场、价格机制与"看不见的手"

1.1.1 市场、供求关系与市场经济

现代经济极其复杂，但只要从市场开始分析，大部分问题都可以迎刃而解。市场是社会分工、商品经济发展和社会化大生产的必然产物。最早，经济学家们将市场界定为买卖双方进行商品交易的场所。随着技术进步和交易制度的完善，市场既可能存在于现实的地理空间，也可能存在于虚拟的交易空间，市场就逐渐从有形的地理概念转变为无形的交易关系，是买卖双方交换产品或服务的一种制度安排，是商品交易顺利进行的条件，是商品流通领域一切商品交换活动、交易关系和交易行为的总和，是一种经济活动形态，也是一种组织经济活动的方式和方法。从以上分析可以看出，市场的构成要素包括买者、卖者、产品、位置、时间段、交易关系和交易制度等。

市场的形式多种多样，市场上的交易关系也可以多种多样，市场交易主体可多可少。市场上有两种力量：一种是买者群体构成的需求力量，称为需求；另一种是由卖者群体构成的供给力量，称为供给。两种力量共同作用组成的交易关系就是市场，两种力量达成均衡形成的价格就是交易价格，也称为均衡价格；在均衡价格下买卖的数量就是均衡数量；两种力量相互作用的过程和作用机制就是价格机制。因此，市场主体由需求方和供给方共同构成，需求和供给分析是最基本的经济学思维，也是观察经济现象、分析经济问题的基本框架和分析工具。如果你想了解一起事件或一种政策将如何影响经济，你就应该首先考虑它是如何影响供给和需求。也正因为如此，著名经济学家萨缪尔森曾经说过"即使是一只鹦鹉，只要学会了供给和需求两个单词，也会成为一名经济学家"[1]。由此可见需求和供给在市场经济运行中的重要性。买者愿意并且能够

---

[1] 萨缪尔森和诺德豪斯在《经济学》(第12版)第四章开篇引用了无名氏的话，原文为"你甚至于可以使鹦鹉成为一个博学的经济学者——它所必须学的就是供给与需求这两个名词"。萨缪尔森在多篇著作和演讲中表达过这一观点，表达方式有所演化。

购买的某种物品的数量，就是这种物品的需求量。一般情况下，需求量与价格之间存在以下关系：在其他条件不变时，一种物品的价格上升，对该种物品的需求量将减少；反之，一种物品的价格下降，对该种物品的供给量将增加。价格与需求量之间的这一关系被称为需求定理。同样道理，当其他条件不变时，一种物品的需求增加，该种物品的价格将上升；一种物品的需求减少，该种物品的价格将下降。一般而言，影响需求的因素包括价格、消费者的数量、消费者的收入或财富、消费者的偏好、其他商品的价格等。卖者愿意并且能够出售的某种物品的数量，就是这种物品的供给量。一般情况下，供给量与价格之间存在以下关系：在其他条件不变时，一种物品的价格上升，对该种物品的供给量将增加；反之，一种物品的价格下降，对该种物品的供给量将减少。价格与供给量之间的这一关系被称为供给定理。同样道理，当其他条件不变时，一种物品的供给量增加，该种物品的价格将下降；一种物品的供给量减少，该种物品的价格将上升。一般而言，影响供给的因素包括价格、供应商的生产成本、卖方的数量、卖方的外部选项等。由此可见，无论是从需求侧还是从供给侧分析，价格机制是关键，它是一种激励、信号和预测，也是市场交易的自动调节器。

市场的存在是市场经济出现的前提，供求关系互动是市场经济运行的动力。市场经济是以产权明晰、经济自由和契约精神为基础，以高就业水平、稳定的货币政策、完备的社会保障和自由的贸易往来为支柱，由自由价格机制引导产品或服务的生产与销售、以市场为资源配置主要方式的经济体系。市场出现的历史悠久，可以溯源至人类原始交易活动，但市场经济是人类进入工业社会以后才逐步形成和完善的。市场经济产生后便成为最具效率和活力的经济运行载体。迄今为止，全世界绝大多数国家都走上了市场经济的道路，采用市场经济体制配置资源、调节市场、销售产品。这种经济体制的趋同，一方面表明市场经济具有极强的吸纳能力和兼容能力，另一方面也意味着市场经济模式不是僵化、刻板的，而是具有多样性和丰富性。美国式的自由主义市场经济模式、德国式的社会市场经济模式、日本式的行政导向型市场经济模式和中国式的社会主义市场经济模式，都可以取得成功，都可以成为市场经济体制的具体运行模式。

1.1.2 价格机制与"看不见的手"

尽管市场是由分散的买者和卖者构成，并且他们主要关心自己的福利，但是市场上存在一种神奇的力量，能够成功组织市场上的交易行为和经济活动，使市场出现供给量和需求量相等的均衡状态，并且促进社会总体经济福利。这一神奇力量就是市场机制，也称为价格机制，它是一只"看不见的手"（Invisible Hand），能够通过自发调整，指引单个买者和卖者在追求自身自私自利的目标时达到某种结果，该结果大多数情况下会实现整个社会福利的最大化。这只"看不见的手"能够使市场保持统一、开放、竞争、有序的基本特征，履行平衡供求矛盾、交换商品和实现价值、传递供求信息、收入分配与激励、服务商业活动主体等基本功能。价格机制是一种诱发激励的信号机制，价格信号及其相伴的利润或损失会告诉经济行为主体：如何满足需求，如何实现效用最大化；如何发现需求，如何提供供给，生产多少，如何生产，如何实现利润最大化。在"看不见的手"的引导和调节下，自由市场能够最小化总生产成本，最终达到一种并非每个个体自己有意想要达到的结果。这是所有经济学中最深刻最惊人的洞见之一。

在任何一种经济制度中，资源都具有稀缺性，这就迫使人们不得不在各种竞争性用途之间分配稀缺的资源。市场经济利用竞争机制和价格机制来实现这一目标，推动市场趋于均衡。在价格机制的作用下，供给和需求共同决定产品和服务的价格，而价格又是引导资源配置的信号。当相对价格（也就是一种商品或服务的价格相对于其他商品或服务的价格）发生变化时，就对消费者和生产者提供了一种信息或信号，告诉他们如何调整自己的行为。价格机制是一种经济组织形式，生产者和消费者在其作用和引导下，做出谁来生产、生产什么、生产多少、如何生产、为谁生产等决策。价格机制就是"看不见的手"用来指挥经济交响乐队的指挥棒[①]。在一个动态的经济体中，厂商总是遵循价格机制和价格信号的引导，把资本和劳动等要素从亏损行业转移到盈利行业。这样，高于正常水平的利润会被新企业进入而消除，低于正常水平的利润会被企业的退出而消除，进而使整个社会最优化地平衡生产，确保有限的资源得到最有效的利用，实现产业平衡。价格机制发挥作用的前提是自由的市场竞争机制。因此，要想发挥"看不见的手"的神奇威力、实现资源的最优配置，就需要保护公平自由的市场竞争，让竞争机制和价格机制充分发挥传递信号、提供激励和收入分配的功能，引导市场上的供给和需求朝着社会合意的方向运转，实现供求平衡、经济效率和社会总福利最大化。这也是市场制度的优越性所在。

1.1.3 需求弹性

弹性是经济学分析中常用的一个概念，它是对反应程度（或敏感程度）

[①] 曼昆：《经济学原理》（第六版），北京大学出版社2012年版，第91页。

的度量。经济学家用需求弹性这一概念来度量需求量对价格反应程度。需求的价格弹性包括自身价格弹性和交叉价格弹性两种。经济学家将需求的自身价格弹性定义为价格变化1%所引起的需求量变化的百分比,它衡量的是需求量变化比例对价格变化比例的反应程度,或者说需求曲线上某一点对价格变化的敏感程度。用公式表示:

$$需求自身价格弹性 = \frac{销售量的变化/销售量}{价格的变动/价格} = -\frac{\Delta x/x}{\Delta p_x/p_x}$$

需求的价格弹性分为五种情况:当需求量变化的百分比大于价格变化的百分比时,需求是富有弹性的;当需求量变化的百分比等于价格变化的百分比时,需求是单位弹性的;当需求量变化的百分比小于价格变化的百分比时,需求是缺乏弹性的;价格几乎为零的百分比变化导致需求量巨大的百分比变化,需求是完全有弹性的,它是需求富有弹性的一种极端情况;对于价格的任意百分比变化,需求量变化的百分比均为零,需求是完全无弹性的,它是需求缺乏弹性的一种极端情况。由此可见,需求越是富有弹性就表示需求的价格弹性越大,需求量对价格越敏感,价格的较小变动越会导致需求量的较大变动;需求缺乏弹性表示需求的价格弹性较小,需求量对价格不太敏感,价格变动导致的需求量变动较小。

需求弹性除了可以度量需求量对价格变化的敏感程度以外,还可以用于分析价格上涨是否可以提高厂商的总收益。这一点在反垄断经济分析中应用更多。若某一商品的需求是富有弹性的,那么提高价格将使总收益减少;若需求是单位弹性的,那么提高价格将使总收益保持不变;若需求是缺乏弹性的,那么提价将使总收益增加;价格下降时的情况正好相反。影响需求价格弹性的因素可以分为两大类:一是替代品的可获得性。如果某种产品很容易找到替代品,那么该产品的需求是有弹性的。反之,如果某种产品很难找到替代品,那么该产品的需求是缺乏弹性的。找到某种产品替代品的难易程度主要受到三个因素的影响,即该产品是奢侈品还是必需品、该产品定义的狭窄程度和可用于寻找该产品的替代品的时间长短。二是支出占收入的比例。收入中花费在某种产品上的比例越高,其产品价格上涨对人们能够买得起的该产品的数量所产生的影响就越大,该产品的需求就越富有弹性。当然,时间的长短也与需求弹性的大小相关。一般而言,长期中许多商品的需求都比短期内更有弹性。

消费者对商品的需求除了受该商品自身的价格影响外,也受到其他商品价格和需求量的影响。经济学引入交叉价格弹性这一概念来描述这种影响。经济学家将需求的交叉价格弹性定义为商品 y 价格变化1%所引起的商品 x 的需求量变化的百分比，它衡量的是商品 x 需求量变化比例对其他商品（y）价格变化比例的反应程度。用公式表示：

$$需求交叉价格弹性 = \frac{x 销售量的变化/x 销售量}{y 价格的变动/y 价格} = -\frac{\Delta x/x}{\Delta p_y/p_y}$$

经济学家经常采用需求的交叉价格弹性来检验两种商品是替代品还是互补品。如果两种商品为替代品，那么其中一种商品价格的上涨往往会导致对另一种商品的需求增加，因此它们的交叉价格弹性一般为正值；若两种商品为互补品，那么其中一种商品价格的上涨往往会导致对另一种商品的需求下降，因此它们的交叉价格一般为负值；两种不相关商品的交叉价格弹性为零。也就是说，如果某种商品价格上涨，消费者能找到替代品，那么他们往往会转向购买替代品；如果两种商品是互补品，那么其中一种商品价格上涨将同时减少对两种商品的使用。

需求价格弹性不仅提供了一种简单的方式来分析人们如何对经济中大量商品价格变化做出反应，而且可以用来分析生产者如何对需求曲线做出反应。因此，需求价格弹性是反垄断经济分析中经常使用的核心概念之一。在分析厂商行为的经济效应、市场势力与企业获利能力、厂商总收益等问题时，需要考虑需求价格弹性的影响。例如，在现实生活中，反垄断当局往往会估算需求的交叉价格弹性来确定某一厂商是否面临强大的竞争以阻止他们对消费者要价过高。

1.2 企业及其目标与性质

1.2.1 企业及其目标

企业（Business）是将劳动、原材料、能源和资本等投入要素转化为产出的组织，是为了销售而生产商品或服务的经济单位。微观经济学通常将企业称为厂商（Firm），有时候也称为公司（Company），并将其模型化为有着明确的、以不浪费任何努力为行为目标的单一整体[①]。传统意义上的新古典企业是一个生产的工具，是现行技术水平下投入和产出关系的总结，是在既定技术和资源条件下以最小投入取得最大产出的市场理性经济人。随着经济学的发展，

[①] 虽然企业、厂商和公司这三个概念在内涵、外延和使用语境上略有差异，但本书将它们视为等同，并在具体分析中相互混用，都是指市场经济中的微观主体。

企业理论也先后经历了古典和新古典时代以分工理论为核心的企业理论，以阿尔钦、德姆塞茨等为代表的完全契约框架下的企业理论，以科斯和威廉姆森等为代表的交易费用经济学下的企业理论，以哈特、张五常等为代表的新产权学派的企业理论和以能力理论、网络理论、公司治理理论等为代表的当代企业理论等几个阶段[①]。不同阶段的企业理论对企业的本质、企业的边界、企业的组织与制度安排的讨论和分析有所差异[②]。我们认为，在现代市场经济中，企业是具有产权明晰、责权明确、政企分开、管理科学等特点的微观主体，是自负盈亏的独立经济单元。企业的所有者要为企业的行为负责，是企业行为所带来收益的获得者和所付出代价的承担者。

大多数企业的存在是为了赚钱，被称为营利性企业。本书中提到的企业都是指营利性企业，而非为了慈善或其他非利润目标而存在的非营利性企业。新古典经济学将企业假定为追求利润最大化的市场主体，因而非常容易准确预测它的产出和定价决策。然而，现实中的企业目标是多元的，不同发展阶段有不同的主导目标，既包括利润最大化，也可能包括市场份额、销售收入、利税、社会责任、利益相关者收益等。为了使分析简便，假定企业是一个只追求利润最大化的生产者不失为一种合理选择，其构成要素包括生产技术、企业家、投入品（劳动、资本等）。经济学家之所以对厂商利润最大化理论情有独钟，是因为这一理论阐明了企业实现利润最大化的行为规范，可以作为分析企业其他行为的基准、参照系和自然标准。尤其是在研究企业竞争策略时，利润最大化行为就是反垄断当局无可争议的参照点。经济学家对于利润的定义不同于会计师对利润的定义，企业追求的最大化利润并不是会计意义上的、当前的短期利润，而是考虑到企业主所提供的资本和劳动以后的长期利润。企业利润随着其产出水平的变化而变化，它等于收益减去成本。利润函数可以表示为：

$$\pi(q) = R(q) - C(q)$$

企业的利润最大化问题可以表示为：

$$\max_{x_1, x_2} pf(x_1, x_2) - w_1 x_1 - w_2 x_2$$

为了实现利润最大化，企业要决定产出水平。任何企业想要实现利润最大化，都必须解决好生产决策和停止营业决策。决策的规则包括：（1）企业将

---

① 企业能力理论的代表人物是普拉哈拉德和哈梅尔（Prahalad and Hamel, 1990）等；企业网络理论的代表人物是格兰诺维特（Granovetter, 1973）、波兰尼（Polanyi, 1992）等；公司治理理论的代表人物是伯利和米恩斯（Berle and Means, 1932）、詹森和梅克林（Jensen and Meckling, 1976）、施莱佛和维什尼（Shleifer and Vishny, 1997）等。

② 不同阶段企业理论的具体分析请参见杨瑞龙和杨其静主编的《企业理论：现代观点》，中国人民大学出版社2005年版。

产出设在利润最大化所对应的水平上；（2）企业将产出设定在边际利润为零的水平上；（3）企业将产出设定在边际收益[①]等于边际成本的水平上。以上三条市场法则是等价的，企业可以用其中任意一条来确定其产出水平。如果企业能够盈利，那么它将自行选择生产。但是，如果企业处于亏损状态，是否继续生产，需要遵循停止营业法则：（1）仅当停止营业可以减少损失时，企业才会停止营业。企业在决定是否停止营业时，需要权衡比较收入和可变成本的大小；沉没的固定成本与停止营业决策无关。（2）仅当企业收入小于可避免的成本时，企业才会停止营业。

在大多数国家，营利性企业的组织形式包括三种合法形式，即个人独资、合伙制和公司制。个人独资企业也称为业主独资制企业，是一个人拥有并经营企业；合伙制企业是由两个或两个以上合伙人共同拥有并控制的企业，企业的存续期取决于所有合伙人都活着且同意维持该企业；公司制企业是由股东所有，所有权与其持有的股票份额成比例的企业。公司制企业可以比它的任何一个所有者存在得更长久。现代意义上的企业大多采用的是股份有限公司的组织形式，企业的所有者是股东，他们通过分红或股票收益获得回报，并承担与其股份相对应的有限责任；企业通常由代表股东利益的首席执行官（CEO）及其管理团队来经营。也就是说，公司制企业的所有者通常不是企业的管理者，企业的所有权和经营控制权是分离的。公司的所有者一般设定利润最大化目标来约束企业经营者的行为，并竭力监督管理者完成这一目标。利润最大化目标可以提升企业绩效，从而使企业的股票市场价值最大化，股东获得最大的利益。

1.2.2 企业的性质与边界

古典经济学和新古典经济学认为企业是一个只需要考虑投入产出关系的"黑箱"，它相当于一个生产函数，表明了在给定时期内各种投入品的使用量与在同一时期内能够生产的最大产量之间的关系。芝加哥大学的法学家科斯打开了企业这个"黑箱"，分析企业内部的运作与交易，现代企业理论由此产生。现代企业理论主要关注三类问题：（1）企业为什么存在，企业的本质是什么，如何确定企业与市场的边界；（2）什么是企业所有权的最优安排，在企业内部谁是委托人，谁是代理人；（3）委托人与代理人之间的契约性质，

[①] 边际收益 MR 是指增加销售 1 单位商品所带来的收入变化。总收入等于 $P(Q)Q$，其中 $P(Q)$ 是向右下方倾斜的曲线。根据定义，边际收益等于 $p + Q(\Delta p/\Delta Q)$，其中 $\Delta p/\Delta Q$ 是增加销售 1 单位必然引起的价格下降。因为市场需求弹性 $\varepsilon \equiv (\Delta Q/Q)/(\Delta p/p)$，因此下式成立：

$$MR = \frac{d(p(Q)Q)}{dQ} = p + \frac{dp}{dQ}Q = p\left(1 + \frac{1}{\varepsilon}\right)$$

契约如何安排，委托人如何监督和控制代理人。科斯（1937）认为，企业和市场都是执行相同职能因而可以相互替代的配置资源的两种机制，企业不同于市场的显著特征就是作为价格机制的替代物。这是因为，市场运行是有成本的，通过形成一个组织并允许某个权威（一个"企业家"）来支配资源，就能节约某些市场运行成本。在科斯眼里，企业是一个由行政和权威控制的生产组织，它存在内部分工，是为交易而生产。当存在企业时，某一生产要素（或它的所有者）与企业内部同他合作的其他一些生产要素签订一系列的契约的数目大大减少了，一系列的契约被一个契约替代了，从而节约了交易成本。契约是市场上的交易双方在自由和平等原则下达成的一种利益关系，企业是与不同类型的契约联系在一起的。与企业相关的契约可以分为两类：一类是企业间契约，另一类是企业内契约。企业间契约就是市场上交易主体之间的契约，是一种互惠互利的"买卖的契约"，契约签订者之间是平等和自由的关系，在签约前、签约后和契约履行期内都是相互独立的经济主体。企业内契约是将企业内部要素连接在一起的一种制度安排，是市场的替代物。企业内契约的特征是"行政管理"、层级制、管制和控制关系，是一种特殊的"管理的契约"[①]。企业内契约关系包括两个层面：一层是企业所有者（股东）与企业经营者（经理）之间的契约关系，即委托代理关系；另一层是企业所有者与员工之间的契约关系，即雇佣关系。企业间契约与企业内契约是两种不同的资源配置机制，一种机制会不会替代另一种机制，完全取决于两种契约所产生成本的比较。因此，市场经济中存在企业的原因在于有些交易在企业内部进行不通过市场完成所花费的成本要低。

企业的性质与边界是与企业目标紧密联系的。经济学中将企业的目标设定为追求利润最大化。企业的目的是经济利润最大化，即总收益与总成本的差额最大化。正常利润是企业家才能的平均回报，也是企业的部分成本。为了实现利润最大化，企业选择使边际收益等于边际成本的产量。竞争性市场上的企业称为竞争企业，它是价格的接受者。企业在确定是内部生产还是外部采购时，会比较生产成本与外部市场价格的大小。科斯（1937，1968）不仅从理论上界定了企业的本质及其产生的原因，还讨论了企业的规模和边界问题。符合理性经济人假设的企业将通过比较一个行为内部化和外部化的经济成本来确定业务范围；企业规模的扩大必须达到内部交易边际成本与外部交易边际成本相等的临界点，即在企业内部组织一笔额外交易的成本等于在公开市场上完成这笔交易所需的成本，或者等于由另一个企业家来组织这笔交易的成本。这是因

[①] 科斯：《企业、市场与法律》，上海三联书店1990年版，第207~208页。

为，当企业扩大时，企业内部每追加一笔额外的交易，企业内部交易的边际成本是递增的。其原因是当企业内部交易增加时，企业家不能更准确地将生产要素用在它们价值最大的地方。而企业内部没有价格信号，资源配置到哪个方面主要靠企业家的自我感觉、经验和判断，随着内部交易的扩大，各种生产要素的调配也更加复杂，经验和判断的失误也会增多，这也就会使新增资源的使用效率逐渐降低。也就决定了企业不可能无限制地扩大，以至于完全替代市场的作用。也就是说，企业是有边界的，不可能出现一个统一全球市场的巨无霸企业。

1.2.3 产业

产业是指一定区域内生产同质或具有较强替代性的产品或服务的所有企业的集合。在产业经济学中，有时候在产业组织层面上将产业等同于市场，它反映的是企业之间的市场关系。只有生产同类或具有密切替代关系的产品或服务的企业群之间才会发生竞争关系，将这类企业的集合定义为产业，便于对产业内部企业之间的竞争与垄断关系进行分析。产业这一概念在不同历史时期和不同研究领域有着不尽相同的含义，在英文中产业既可以指工业，也可以泛指国民经济中的各个具体产业部门。产业是一个中观层次上的概念，也可以从结构层面进行界定。当需要考察整个产业的状况或不同产业间的结构与关联时，产业就是指使用相同原材料、相同工艺技术或生产相同用途产品或服务的企业的集合。这一定义较为宽泛，便于分析各产业之间的投入与产出关系，分析产业之间的均衡状态和产业结构的发展变化。产业的外延具有层次性：第一层次是以同一商品市场为单位划分的产业；第二层次是以技术、工艺的相似性为依据划分的产业；第三层次是以经济活动的阶段为依据将国民经济划分为若干大部分所形成的产业。本书采用的是产业组织层面的产业定义，即第一层次的产业概念，是指生产同质或有密切替代关系产品的企业在同一市场上的集合。采用这一界定，主要是便于分析产业内部或产业外部企业之间的竞争与垄断关系。

1.3 利润最大化与企业行为

1.3.1 利润最大化与边际分析

利己的理性经济人假定是经济学的基本假定。对于企业而言，这一假定意味着企业是以追求利润最大化为目标。利润是销售收入与总成本之间的差额，它受到企业生产多少以及制定价格高低的影响（见图1-1）。

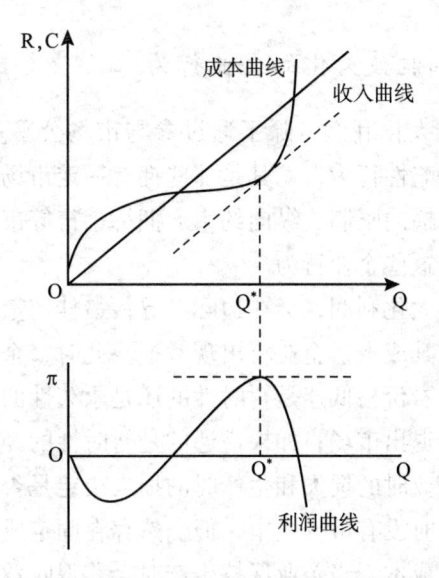

图 1-1　收入曲线、成本曲线与利润曲线

为了计算出利润最大化的产出水平，需要考察企业决定多生产 1 单位产品时总成本和总收入的变化情况。

$$\pi = TR - TC$$

为了求实现最大化利润的产量水平，可对上式求一阶导数并令其为零，可得：

$$\frac{\partial TR}{\partial Q} = \frac{\partial TC}{\partial Q} 即 MR = MC$$

从上式可知，边际收益等于边际成本是企业实现利润最大化的边际条件。经济学家将这一边际条件总结为生产者最优产出原则，即当产量达到最后一单位产品的边际收益等于其边际成本时，利润实现最大化。这一原则不仅适用于完全竞争市场，而且适用于所有的非完全竞争市场。市场通过价格、利润和产权提供信息和激励，引导企业行为。其中，价格是交换商品或服务所必须支付的代价，它提供了关于不同商品相对稀缺性的信息，消费者根据这一信息调整消费行为，生产者根据这一信息获取个人对不同商品的评价，从而调整生产行为，以获取最大化利润。对利润的渴望驱使企业对价格提供的信息做出反应，寻找最有效的方法生产消费者需要的产品来增加利润。为了使利润动机发生作用，企业需要保留部分利润以用于追求更多的利润，这就涉及私人财产及其相应权利，即产权。利润动机只有与财产权利共同作用，才能真正产生驱动市场系统有效运转的激励。

1.3.2 实现利润最大化的企业行为

企业为了获取最大化利润,除了通过参与市场公平竞争这一基本途径以外,还会采取一些策略性行为,尤其是那些拥有一定市场势力的企业,将采取策略性定价、串谋、横向限制、纵向约束、捆绑销售等市场行为。我们将在后面的章节中详细分析这些企业行为。

企业为了获取最大化利润,会在边际上寻找最佳产量。有时候市场价格太低导致企业无法回收其成本,企业将出现亏损。此时,企业的行动取决于其对市场价格的判断,看看价格低迷是暂时性的还是永久性的。如果遭遇永久性的经济损失,企业就会退出市场;如果遭遇的是暂时性的经济损失,企业就会留在市场上,再比较停业时的损失和生产时的损失决定是否暂时停业。企业暂时停业会丧失收益,同时没有可变成本,但仍然存在固定成本。所以,企业停业时的损失就是总固定成本。当企业保持生产时会获得收益,但存在可变成本和固定成本,企业的损失等于总固定成本加上总可变成本减去总收益。如果总收益超过了总可变成本,则企业的经济损失就小于总固定成本。一般而言,当企业的总收益超过总可变成本时,企业会选择继续生产,在回收总可变成本的同时弥补一部分总固定成本;如果总收益等于总可变成本,则企业是否生产就没有差异。在经济学中,将价格等于最低平均可变成本而同时企业的产量满足其平均可变成本达到最低时的点称为停止营业点。

在长期内,企业对经济利润和经济损失的反应是进入或退出市场。在不存在进入退出壁垒的情况下,当相关市场上在位企业能够获得经济利润时,新企业就将进入市场;现有的在位企业退出市场是由于它们遭受了经济损失。进入或退出市场会影响市场价格、产量和经济利润。企业进入或退出行为首先影响的是市场上的供给,如果更多的新企业进入市场,供给就会增加,市场供给曲线就会右移。当市场供给增加而市场需求不变时,市场价格就会下降,市场均衡产量将增加,企业的经济利润将下降甚至消失。企业退出行为对供给、市场价格、均衡产量和经济利润的影响,可以同理分析。

1.3.3 成本

企业利润是收入与成本之间的差额。收入是所得,它往往取决于生产者偏好以及产量和价格,一般受市场影响较大。经济学家一般不去试图解释为什么生产者有不同的偏好;相反,经济学家在分析企业的市场决策时往往将注意力集中到成本上。这是因为,成本是影响企业利润的重要内生变量。成本可以反映到预算约束、时间约束、生产可能性曲线等机会集合上,生产者如果在这些约束下或曲线上运行，那么要多获得一种物品，就只有以牺牲另一种物品为代价。因此，经济学家用机会集合中的取舍来考虑成本。资源是稀缺的，资源用途的取舍是必要的，这种取舍关系可以用相对价格表示。在经济学中，有三个十分重要的成本概念，即机会成本、沉没成本和边际成本。

（1）机会成本。资源是稀缺的，同时也是多用途的，资源的使用往往具有竞争性和排他性。也就是说，将一种资源用于一种用途就意味着它不能用于其他用途，这就要求资源使用者在考虑是否将一种资源用于某种用途时，应该考察其可供选择的次优用途。这种次优用途就是机会成本。也就是说，一项行动的机会成本是这一行动使用的资源所放弃的另外的最佳用途的价值。机会成本是企业经济成本的一种表现形式，企业财务报告中公布的成本数据并非经济成本，这些用会计数据表示的成本对于企业决策的帮助作用十分有限。机会成本是经济学中的一个重要概念，也是一种经济学思维方式，它是经济人进行决策的重要依据。

（2）沉没成本。如果一项支出已经付出，并且不管做出何种选择都无法收回该项支出，那么这类支出就属于沉没成本。沉没成本是企业无法收回的成本，对企业而言它属于外生变量。沉没成本对于解释不完全竞争市场的形成非常重要，尤其是在企业数量内生条件下分析不完全竞争市场时，沉没成本将影响企业竞争行为。一个理性的经济人在沉没成本发生后进行决策时往往会忽视它。也就是说，不能让沉没成本成为你决策时的障碍，你需要放眼前方、布局未来。由此可见，如何处理沉没成本，也是一种经济学思维方式。

（3）边际成本。边际成本指的是做某件事的额外付出和增量调整。在大多数决策中，人们都是有意无意地将边际成本与做这件事的边际收益（额外的增量收益）进行比较，考虑边际上的取舍。曼昆在其畅销教材《经济学原理》中将这一思维作为经济学十大原理中的第三个原理：理性人考虑边际量[1]。当且仅当一种行为的边际收益大于边际成本时，一个理性决策人才会采取这种行为。因此，边际成本与机会成本和沉没成本一样，是使经济学家能够系统考虑各种选择成本的一个关键性概念，也是一种经济学思维方式。

1.4　消费者剩余、生产者剩余与社会总福利

消费者对于某种特定商品存在需求欲望，他会对该种商品给自己带来的效

---

[1] 曼昆，梁小民等译：《经济学原理》，北京大学出版社2012年第6版，第6页。

用进行评价,从而产生一个为拥有该商品而愿意支付的最高价格,我们称之为支付意愿。每个买者都希望以低于自己支付意愿的价格购买自己需要的商品。买者愿意为一种物品支付的量(支付意愿)减去其为此实际支付的量,就是消费者剩余(Comsumer Surplus),它衡量了买者从参与市场交易活动中所获得的利益。由于支付意愿是一个与主观感觉相联系的概念,因此消费者剩余也是一种消费者主观感觉到的利益。虽然如此,经济学家们还是经常使用消费者剩余来对市场结果的合意性做出规范性判断。当消费者实际支付的价格为$\hat{p}$、总消费为$x(\hat{p})$时,消费者剩余的计算公式可表示为:

$$CS(\hat{p}) = \sum_{i=1}^{I} \emptyset_i(x_i(\hat{p})) - \hat{p}x(\hat{p}) = \int_0^{x(\hat{p})} P(s)ds - \hat{p}x(\hat{p})$$
$$= \int_0^{x(\hat{p})} [P(s) - \hat{p}]ds$$

生产一种物品总会付出一些代价,经济学用成本这个概念来表示生产者向市场提供物品的付出,它既包括生产这种物品的直接支出,也包括生产者对自己付出时间的评价。因此,成本这个术语可以解释为机会成本,是卖者为了生产一种物品而必须放弃的每种东西的价值,它衡量的是生产者出售其物品的最低意愿。每个生产者都希望以高于成本的市场价格出售其所生产的物品。在市场交易和竞价过程中,市场价格开始时可能很高,但是会在卖者之间的竞争中逐渐下降,直到具有成本优势的生产者获得交易。生产者也会在市场交易中获得剩余,即生产者剩余(Producer Surplus),它表示的是卖者出售一种物品所得到的价值量减去其生产成本后的剩余。当企业面对的实际价格为$\hat{p}$时,生产者剩余的计算公式可表示为:

$$PS(\hat{p}) = \hat{p}q(\hat{p}) - \sum_{j=1}^{J} c_j(q_j(\hat{p})) = \pi_0 + \int_0^{\hat{p}} q(s)ds$$

社会总福利等于消费者剩余和生产者剩余之和,它是对社会生产某种商品所得到的利益的最好度量。消费者剩余、生产者剩余和社会总福利可用图1-2表示。

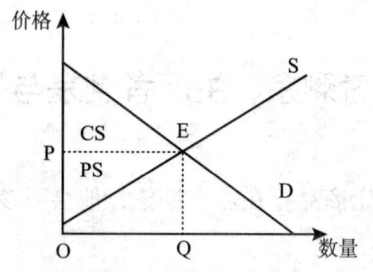

图1-2 市场均衡时的消费者剩余、生产者剩余与社会总福利

图1-2中，E点表示市场需求与市场供给相等时实现了市场均衡。价格以上和需求曲线以下的面积表示消费者剩余（CS），价格以下和供给曲线以上的面积表示生产者剩余（PS），消费者剩余与生产者剩余之和表示社会总福利，可以用供给曲线和需求曲线到均衡点之间的总面积来表示。竞争性市场上，买者和卖者之间充分自由竞争，当市场实现均衡时，消费者剩余和生产者剩余之和也将实现最高水平。这一状态就是前面所界定的经济效率。

1.5 小　　结

人类社会在摆脱有限理性的束缚之前，市场和市场经济作为配置资源的一种基本方式仍将长期存在。市场是一个多维概念，既指交易平台，也指交易关系，还指交易制度和交易结构。市场结构可以分为四种基本类型，对应着不同的分析方法和分析模型。以完全竞争为基础的基本竞争模型是反垄断经济学的起点，也是对其他市场结构进行分析的基准和参照系。基本竞争模型包括理性的追求自身效用最大化的消费者、理性的追求利润最大化的生产者和一个存在价格接受行为的竞争性市场。应用供给和需求模型可以对竞争性市场的运行进行较好描述，供给和需求模型包括需求曲线、供给曲线、均衡价格、均衡产量等关键组成部分。竞争性市场中的每个参与者都被一只"看不见的手"指引，最终都在无意中促成了社会资源的有效利用。

企业是市场经济体系的微观基础，是追求利润最大化目标的经济组织。利润是收益与成本之间的差额，成本收益分析是经济学的基本思维之一。边际收益等于边际成本是企业实现利润最大化的边际条件。经济学家将这一边际条件总结为生产者最优产出原则，即当产量达到最后一单位产品的边际收益等于其边际成本时，利润实现最大化。这一原则不仅适用于完全竞争市场，而且适用于所有的非完全竞争市场。机会成本、沉没成本、边际成本是三个最重要的成本概念，也是经济分析的重要工具。现代企业理论主要关注三类问题：（1）企业为什么存在，企业的本质是什么，如何确定企业与市场的边界；（2）什么是企业所有权的最优安排，在企业内部谁是委托人，谁是代理人；（3）委托人与代理人之间的契约性质，契约如何安排，委托人如何监督和控制代理人。企业为了获取最大化利润，除了通过参与市场公平竞争这一基本途径以外，还会采取一些策略性行为，尤其是那些拥有一定市场势力的企业，将采取策略性定价、串谋、横向限制、纵向约束、捆绑销售等市场行为。

市场交易能够促进社会福利。社会福利由生产者剩余和消费者剩余构成。

买者愿意为一种物品支付的量（支付意愿）减去其为此实际支付的量，就是消费者剩余，它衡量了买者从参与市场交易活动中所获得的利益。生产者也会在市场交易中获得剩余，即生产者剩余，它表示的是卖者出售一种物品所得到的价值量减去其生产成本后的剩余。

第 2 章 竞争、垄断与效率

> 名副其实的自由就是,我们可以以我们自己的方式来追求自己的幸福,只要我们并不企图妨碍别人的幸福,并不限制他们获取幸福的努力。
> ——约翰·穆勒:《论自由》,华中科技大学出版社 2016 年版,第 16 页。
>
> 政府有时可以改善市场结果。
> ——格里高利·曼昆:《经济学原理》上册,北京大学出版社 2012 年第 6 版,第 12 页。
>
> 从政治和经济两方面的考虑出发,政府在促进竞争和限制滥用市场势力方面都可以发挥积极作用。
> ——约瑟夫·斯蒂格利茨:《经济学》上册,中国人民大学出版社 2005 年版,第 279 页。

现实生活中的经济世界多姿多彩,存在大量不同的市场。不同市场上的生产者和消费者的行为模型差异很大,产生的市场后果更是变化多端。然而,"天下熙熙,皆为利来;天下攘攘,皆为利往"[①];不同市场结构如何影响市场主体的逐利行为,并产生怎样的效率效应和福利影响,是经济学界关注的重要话题。本章我们将分析不同市场结构下市场主体行为及其对经济效率和社会福利的影响。

2.1 完全竞争市场及其效率

竞争是一个含义十分广泛的概念,生物圈内存在物种之间和物种内部为生

---

① 司马迁:《史记》,第一百二十九章"货殖列传"。

存或繁衍而进行的竞争，社会领域存在不同组织和个体为获取资源而进行的竞争。经济学意义上的竞争是指各类市场主体为了赢得有利的市场地位，实现自身经济目标而进行的相互较量的行为过程或行为方式。不同的市场环境下，竞争会表现出不同特征；一般而言，分析市场竞争首先要从完全竞争市场入手。

2.1.1 完全竞争市场

当市场上存在多个买者和卖者时，市场价格是由所有买者和卖者通过相互交易而共同决定的。这一决定市场价格的过程就是竞争。卖者总是希望首先出售自己所拥有的商品或服务，买者总是希望首先获得自己所需的商品或服务，卖者之间、买者之间、买者与卖者之间，将围绕交易达成条件进行"讨价还价"，促使实现均衡的交易结果。市场主体的这种相互作用的关系，就是市场竞争。一个市场上如果有许多买者和卖者，卖者销售的物品是完全相同的，每个市场主体对市场价格的影响都微乎其微，都是价格接受者，并且买者和卖者都可以自由进入或退出市场。我们将符合以上特征的市场称为完全竞争市场（Perfectly Competitive Market），简称为竞争市场。完全竞争市场上的卖者之间、买者之间、买者与卖者之间是自由竞争的，并且他们关于市场交易的信息是完全的、完备的。由此可见，完全竞争市场的关键假设包括以下几个方面：（1）市场上存在大量的买方（消费者）和卖方（生产者），生产者和消费者将市场价格视为给定的，相对于整个市场而言，单个生产者和消费者的决策都不影响市场价格；（2）作为买方或卖方的个人和厂商对商品质量、商品价格和获得商品的难易程度等都有完全的信息；（3）个人和厂商之间不存在策略性互动，不会以价格以外的行为直接影响其他人或厂商；（4）商品只有购买者才能享用，并且消费过程中不会带来外部性，生产者和消费者承担他们行为的全部后果；（5）产品完全替代；（6）生产要素自由流动。完全符合以上几个假定条件的市场在现实生活中很难找到，但是非现实性并不必然意味着无价值性。分析完全竞争市场的特征、均衡和效率，可以为分析其他类型的市场提供基准和参照系。

2.1.2 竞争均衡

市场竞争往往意味着经济自由，经济自由能够赋予每个人追求自己幸福或利益的机会与权利[1]。通过市场机制的作用，完全竞争市场把物品的供给分配

---

[1] Nuemann, M.. Competition Policy: History, Theory and Practice, Edward Elgar: Chettenham, UK Northampton, MA, USA, 2001, P. 3.

给对这些物品评价最高的买家，将物品的需求分配给能够以最低成本生产这些物品的卖者。在完全竞争市场上，自由竞争能够保证经济系统生产出使消费者剩余和生产者剩余的总和最大化的物品量；完全竞争市场上企业的最优产量为边际成本等于市场价格时的产量。根据福利经济学第一基本定理[①]和福利经济学第二基本定理[②]，完全竞争市场上通过自由竞争能够实现市场均衡，并且均衡结果是资源的有效配置。经济学家将这种资源配置称为帕累托效率，将这种均衡状态称为帕累托最优。根据新古典经济学的界定，在一个交换经济中，如果不存在使得至少一个人的情况变好的同时其他人不变糟的另一种配置，那么就称当前配置是帕累托最优的。竞争均衡也称为瓦尔拉斯均衡，需要满足三个条件：生产者实现利润最大化，消费者实现效用最大化，市场实现出清。这三个条件也反映了完全竞争市场的一个潜在假设：经济中的个体总是尽其所能做到对自己最有利。经济学家已经证明了瓦尔拉斯均衡的存在性和稳定性，分析了瓦尔拉斯均衡下的社会福利状况。不过，当形成竞争均衡的经济条件发生改变时，均衡结果也将发生相应变化。竞争均衡是市场参与者在市场机制引导下由"看不见的手"和利己主义相互作用而产生的一种"自发的秩序"，会为社会创造巨大收益。

2.1.3 竞争市场的效率

效率是经济学中最重要的概念之一，也称为经济效率，包括生产效率、配置效率、交换效率和动态效率等。经济学家认为，一个有效率的经济体能够利用所有可利用的资源，并生产出其技术水平能达到的最大产出量。完全竞争市场上每个消费者和生产者都将市场价格视为给定的，需求和供给的均衡能够确保消费者和生产者获得可能的最大利益。因而，完全竞争市场上的基本竞争模型提供了评价资源配置效率的重要基准。完全竞争市场是帕累托有效的，并且每一种帕累托有效的资源配置，不管其收入分配公平与否，都可以通过市场机制来实现。要使经济系统是帕累托有效的，需要满足交换效率、生产效率和产品组合效率的条件。交换效率要求经济系统所生产的物品在个体之间以一种最有效的方式进行分配，没有人能够在不使另一个人的境况恶化的情况下得到改

---

① 在生产理论中，福利经济学第一基本定理可以表述为，如果对于某个价格 $p \gg 0$，$y \in Y$ 是利润最大化的，那么 y 是有效率的。在一般均衡理论中，福利经济学第一基本定理表述为，任何瓦尔拉斯均衡都是帕累托最优的。

② 在生产理论中，福利经济学第二基本定理可以表述为，假设 Y 是凸的，那么每个有效率的生产计划 $y \in Y$ 对于某个非零价格向量 $p \geq 0$ 来说，都是利润最大化的生产方案。在一般均衡理论中，福利经济学第二基本定理表述为，对于任何帕累托最优的资源分配形式，都存在一组初始禀赋和一个相关的价格向量，使得这个分配是瓦尔拉斯均衡。

善。一般而言，价格机制可以保证交换效率的实现。生产效率指的是，在不减少一些商品的生产的情况下，不可能多生产另一些商品，即经济在生产可能性曲线上运行。市场价格向生产者传递它们使用每种资源的稀缺性的信号。当所有厂商面对相同的劳动、资本品和其他投入品的价格时，它们将采取适当的措施，节约使用每一种资源，以确保经济在生产可能性曲线上运行。在长期竞争均衡下，每个厂商都在各自的平均成本曲线的最低点上进行生产，因而竞争性市场上的产出都是以最低的成本生产出来提供给社会的。产品组合效率要求经济中所生产的商品组合必须反映经济中个人的偏好，即经济系统必须在生产可能性曲线上反映消费者偏好的点上进行生产。以上分析表明，完全竞争市场上的均衡满足经济效率的三个条件：（1）任何两种商品之间的边际替代率对所有消费者是相同的；（2）任何两种投入品之间的边际技术替代率对所有生产者都是相同的；（3）对于任何两种产品，边际产品转换率等于边际替代率。这三个条件与瓦尔拉斯均衡需要满足的三个条件是等价的。这一结论有时候也被称作福利经济学第一定理，它是微观经济学最重要、最基本的发现之一。

2.1.4 市场失灵

当完全竞争市场的几个关键性假定无法得到满足时，就有可能出现市场失灵（Market Failure），导致"看不见的手"的作用发生扭曲，市场无法产生有效率的结果。不完全竞争（垄断）、不完全信息、外部性和公共物品都代表市场在其产生经济效率的职能方面失灵的事例，也是引起市场失灵的原因。当存在市场失灵时，政府通过适当干预能够纠正市场失灵并改善经济效率。反垄断就是政府纠正市场失灵的主要措施之一，后面将重点分析。

1. 外部性

即便市场是完全竞争的，仍然会有一些因素可能导致市场在没有其他制度干预的情况下出现净损失，经济学称这些因素为外部性（Externalities）。当市场上的一方做出的决策对另一方当事人产生了直接影响，而这些影响无法受市场价格所控制时，外部性就出现了。一个经济行为人可能为其他人带来好处，却没有因此得到补偿，这种情况称为存在正外部性（Positive Externality）。正外部性下，存在私人收益与社会收益的差别，社会获得的收益大于厂商或个人获得的收益，并且获得了好处的其他个人和厂商并没有为他们获得的好处付费。一个经济行为人的行动对其他人造成了损害，却没有提供相应的补偿，这种情况称为存在负外部性（Negative Externality）。生产和消费都可能带来外部性，需要市场以外的干预措施进行弥补。还有一类外部性产生于市场缺失和产权不明，经济学家把这类由于市场缺失所导致的外部性问题称为"公地悲剧"。尤其是在资源是"公共"的而不是私人拥有时，社会损失的负外部性就会出现。环境污染、道路拥挤、公共设施的过度消耗等，都属于"公地悲剧"式的负外部性。

在完全竞争条件下，外部性将影响资源配置效率。可以想见，如果人们从事的活动促进了社会福利却没有得到相应补偿，那么他们从事这些活动的频率很可能会低于社会合意的水平。同样，如果人们从事的活动给其他人带来额外成本，且不需要为这些外部成本付费，那么与对社会合意的水平相比，他们很有可能会更加频繁地从事这些活动。无论是哪一种情况出现，都会导致资源配置的扭曲，产生社会福利损失。当存在外部性时，资源的价格不能真实反映资源的真实社会成本，竞争经济就不能正常运行，市场就会出现失灵：要使市场上的价格机制产生资源的有效配置，需要使用资源的个人或厂商承担使用该资源的全部成本；否则，即资源使用者只承担了全部成本中的一部分，那么价格机制就不可能有效配置资源，实现资源的社会最佳利用。这种由外部性导致的市场失灵也需要政府出面进行适度干预。

市场在处理外部性问题时出现失灵，主要原因在于社会关于产权的规定。科斯（Coace，1937，1960）认为，在某些条件下，经济的外部性可以通过当事人的谈判而得到纠正，从而达到社会效益最大化。这一关于外部性问题私人解决方案可行性的观点就是著名的科斯定理。科斯定理的通俗表述是：只要财产权是明晰的，并且交易成本为零或者很小，那么，无论在开始时将财产权赋予谁，市场均衡的最终结果都是有效率的，能够实现资源配置的帕累托最优。当然，在现实世界中，科斯定理所要求的前提往往是不存在的，财产权的明确是很困难的，交易成本也不可能为零，有时甚至是比较大的。因此，依靠市场机制矫正外部性是有一定困难的。但是，科斯定理毕竟提供了一种通过市场机制解决外部性问题的新的思路和方法。除了市场机制下的产权安排以外，经济学家们还设计了其他不同的机制来解决市场失灵问题，包括庇古税、自愿谈判、补偿税、直接干预、企业并购、建立排污权交易市场、激励机制设计等。

2. 不完全信息

不完全信息包括信息不完备和信息不对称两种情况，信息不对称也可能产生市场失灵。当市场上的买方和卖方对被交易产品的本质或者是提供产品的真实成本有着不同的信息时，就出现了信息不对称（Information Asymmetries）。保险市场是典型的信息不对称市场，保险公司和投保人对于投保标的信息是不对称的。隐藏信息会产生"逆向选择"问题，隐藏行为会产生"道德风险"问题。

所谓的逆向选择是指这样一种情况：市场交易的一方如果能够利用多于另

一方的信息使自己受益、对方受损时，信息劣势的一方便难以顺利地做出买卖决策，于是市场价格便随之发生扭曲，并失去了平衡供求、促成交易、激励主体的作用，降低市场效率，进而会因交易双方信息不对称和市场价格下降产生劣质品驱逐优质品，出现市场交易产品平均质量下降的现象。当交易双方信息不对称时，代理人拥有关于自身经济特征的私人信息，委托人需要设计恰当的激励合约来诱导代理人揭示这些影响交易有效性的信息，但是激励代理人真实显示其特征是有成本的，从而无法实现最优结果，只能得到次优结果。因此，信息不对称条件下所得到的最优合约与完全信息情形下的最优合约不同。逆向选择中需要解决的一个基本问题是要在信息租金的抽取与配置效率之间进行权衡取舍[1]。

道德风险是一种"从事经济活动的人在最大限度地增进自身效用的同时做出不利于他人的行动"，属于当签约一方不完全承担风险后果时所采取的使自身效用最大化的自私行为。通俗地说，由于机会主义行为而带来更大风险的情形称为道德风险。在很多情况下，委托人无法控制代理人的行动，代理人的行为是不可观测的或观测成本很高，代理人在交易过程中总是难免做出对自己有利而对委托人不利的行为。因此，道德风险往往发生在信息不对称的情形下，市场交易一方参与人不能观察另一方的行动或当观察（监督）成本太高时，一方行为的变化导致另一方的利益受到损害。理论上，道德风险是从事经济活动的人在最大限度地增进自身效用时做出不利于他人的行动。它一般存在于下列情况：由于不确定性和不完全的或者限制的合同使负有责任的经济行为者不能承担全部损失（或利益），因而他们不承担他们的行动的全部后果，同样地，也不享有行动的所有好处。显而易见，这个定义包括许多不同的外部因素，可能导致不存在均衡状态的结果，或者，均衡状态即使存在，也是没有效率的。

3. 公共物品

公共物品（Public Good）是可以同时被多个个体共同消费的、具有非竞争性和非排他性的商品。非竞争性是指将该物品提供给额外一个消费者消费所产生的边际成本为零，同时也不会降低它给其他人带来的效用；一个消费者对某种商品的消费不会减少其他消费者对该商品的消费量。非排他性是指不能很容易或低成本地将人们排除在这种物品的消费之外；一个消费者在消费某种商品的同时其他人也能够消费同量的该种商品。现实生活中并不是所有非竞争性物品都是非排他的，也不是所有非排他性物品都是非竞争的。公共物品可以分为

---

[1] 田国强：《高级微观经济学》下册，中国人民大学出版社2016年版，第720页。

纯公共物品和准公共物品两类，纯公共物品具有完全的非竞争性和非排他性，如国防和海上的航标灯；准公共物品具有局部非竞争性和非排他性，如公共交通、公共教育。一些物品的非竞争性和非排他性会随着时间的推移而改变。由于个体消费者有动机隐瞒他们对公共物品的真实偏好，并且公共物品的消费具有较为复杂的非竞争性和非排他性，因而在公共物品的供给上也会出现市场失灵。公共物品的外部性问题会带来"搭便车问题"（Free Ride Problem），这种搭便车行为会使公共物品提供者很难发现消费者对这一公共物品的真正偏好。每一个搭便车者都不愿意为公共物品的供给做出贡献，从而导致公共物品的供给低于社会最优水平。

公共物品是相对于私人物品而言的。一般而言，私人物品的市场需求曲线可以通过将市场上所有消费者的需求曲线水平相加得到，这样在均衡配置状态，每个消费者的边际收益都等于边际成本。公共物品的市场需求曲线是由个人需求曲线纵向相加得到的，公共物品的有效产量是边际社会收益等于边际社会成本时的产量水平。也就是说，对于公共物品而言，经济效率要求所有消费者的边际收益之和等于边际成本。正因为消费者认识到使用公共物品的价格等于或接近于零，所以他们没有动机去自愿显示自身的偏好和需求曲线，也不愿意为维持公共物品做出任何贡献，他们发现作为一名搭便车者是符合经济人自利性的。虽然每个消费者都希望公共物品被提供，但却没有公共物品被提供。即使一个社会的人数很少，如果某种公共物品的供应完全依靠个人的自利行为，就会存在这种公共物品的供应可能远低于社会最优水平的倾向。在一个人数众多的社会，如果依靠自利的个人提供公共物品，情况会变得更差，供给量会远低于有效水平。也就是说，在公共物品的供给方面，市场会出现失灵，需要政府出面解决公共物品的供给不足问题，或是直接提供公共物品。

2.2 垄断及其分类

当一个市场上的企业数量较少时，市场份额较大的企业就拥有了影响其产品市场价格的能力，即经济学意义上的市场势力（Market Power）。市场势力达到一定程度就构成垄断。在相关市场上，如果一个企业是其产品的唯一供给者，而且其产品没有相近的替代品，那么这个企业就是一个垄断者，这个市场就称为垄断市场，企业所处的行业就是垄断行业。与完全竞争相类似，完全垄断的定义条件也较为严格：（1）产业中只能存在一个厂商，垄断者是市场上的唯一供给者，具有独占性；（2）垄断者生产的产品不存在相近的替代品；

（3）必须有某种原因使得潜在的竞争者根本无法进入相关市场或在相关市场上生存；（4）市场上的厂商拥有特权地位和市场势力。这些严苛的条件使完全垄断很少存在于现实世界中，即使存在，由于其社会非合意性，政府也会介入进行反垄断控制，以防止形成完全垄断，损害社会福利和经济效率。现实生活中虽然很少存在完全垄断者，但是具有一定市场势力和垄断程度的厂商还是比较普遍。市场势力改变了企业成本与其产品市场价格之间的关系，拥有市场势力的企业将通过收取高于其边际成本的价格而获得垄断利润。与垄断相关的一个概念是垄断化（Monopolization），是指通过反竞争的排挤性行为来创设或维持垄断的违法行为。垄断是指一种结果或状态，而垄断化不仅仅是一种结果，而是一个过程。反垄断法关注的是这种垄断化的过程，或者说反竞争性的排挤性行为。

垄断产生的原因很多，最基本原因是市场进入壁垒，导致其他企业无法进入相关市场与之竞争。进入壁垒就是阻止新厂商进入市场的障碍，表现为在位厂商与新厂商之间的非对称的竞争优势，主要包括法律限制、专利权、对稀缺资源或投入的控制、巨额沉没成本、技术优势、规模经济和其他故意设立的进入障碍等。一般而言，垄断产生的主要原因包括以下几个方面：（1）单独一家厂商控制着生产某种产品所需的一种基本投入品的全部供给；（2）一家厂商在平均成本最低点处的产量在可以获利的价格下足以满足整个市场的需求；（3）某家厂商可以凭借某种产品专利或生产中的某些特殊工艺而享有独家垄断权；（4）一家厂商凭借政府机构颁发的特许权而获得独家经营的垄断地位；（5）一家厂商具有的特殊知识使它能够生产其他厂商无法模仿的新的或更好的产品。

一般而言，根据垄断的性质和垄断产生的原因，可以将垄断分为三种类型，即经济性垄断、自然垄断和行政性垄断。

2.2.1 经济性垄断

经济性垄断是指在市场竞争中一个或少数企业凭借自身的成本、质量或品牌优势通过资本集聚和资本集中而形成的垄断现象。当在市场上一个企业卖的商品或服务没有相近的替代品或者在市场中存在进入壁垒阻止新企业的竞争时，就会产生经济性垄断。经济性垄断产生的原因很多，包括通过规模经济获取市场势力，拥有生产所需的关键资源，政府根据专利法和版权法给予某个企业排他性地出售某种物品或劳务的权利。经济性垄断及其效率问题一直是经济学界争论较多的领域，古典经济学和新古典经济学认为市场机制这只"看不见的手"是最有效率的资源配置方式，而垄断厂商的产量低于竞争情况下的产量且会带来"哈伯格三角"的净社会福利损失，是帕累托低效率。因而，他们对垄断持批判态度，认为垄断带来市场势力，造成效率损失和社会福利净损失，需要强化以垄断结构为指向的反垄断治理。美国哈佛学派的著名学者谢佩德的观点具有一定的代表性，他认为垄断必将带来市场势力，"市场势力所产生的经济损失和社会损失是重大的，它在资源的有效利用方面所造成的损失，即内部的低效率、资源配置不合理和外部影响合起来高达国民收入的5%"[①]。但是，正如德姆塞茨所指出的，西方主流经济学"在古典和新古典著作中，对垄断的考察缺乏专门的论据，而这些论据是经济学家理解对价格在长期均衡中的协调作用进行研究的关键。如果短期的摩擦和无知在这一研究中对他们来说是无意义的，那么具有短期现象所有特征的垄断肯定也激不起他们的兴趣。它们对竞争的崇拜不允许这些作者们认为垄断在通常解决问题时是重要的"[②]。

随着非主流经济学的兴起和实践对理论的冲击，特别是新经济的出现和经济全球化的发展，经济学界对垄断的研究逐步深入，对垄断效率的看法逐步发生变化。以熊彼特、德姆塞茨等为代表的经济学家则认为竞争难以做到十全十美，垄断的存在具有一定的合理性，反垄断的重点应该放在垄断行为上，而不是垄断结构。熊彼特（1942，1950）从创新的角度论述了垄断的效率，他认为高集中度的市场结构和大规模的企业有利于推进技术创新。德姆塞茨在论述垄断与效率的关系时指出，垄断企业的市场份额占据统治地位，是因为它们有更高的效率，由集中水平导致的市场势力与垄断企业较高的效率是密切相关的，一个大企业在该部门的市场份额较大，拥有效率较高，该企业必然依据其效率高的优势，获取比其他企业更高的利润，从而进一步巩固其市场势力地位[③]。即使是提出"马歇尔冲突"的主流经济学大师马歇尔本人，到了晚年对垄断的看法也发生了变化，他在《工业与贸易》一书中指出，"虽然垄断与竞争在理想上可以完全分开，但在实际上它们是按不易觉察的程度相互渗透：几乎在一切竞争企业中都有某种垄断因素的存在，而几乎一切具有实际意义的现代垄断企业均系在不确定的情况下维持其权力，如果它们忽略了直接和间接竞争的可能性，它们将很快失去权力"[④]。

经济性垄断是社会化大生产和科技进步过程中资本积聚和资本集中的必然产物和市场优胜劣汰的必然结果，是由竞争衍生的垄断，它的存在具有一定的

[①] 威廉·谢佩德：《市场势力与经济福利导论》，商务印书馆1980年版，第94页。
[②] 德姆塞茨：《竞争的经济、法律和政治维度》，上海三联书店1992年版，第10页。
[③] Demsetz, Harold, 1987, Market Power, Competition and Antitrust Policy. Richard D. Irvin Inc. Homeword Illinois. P. 362.
[④] 转引自胡寄窗：《1870年以来的西方经济学说》，经济科学出版社1988年版，第347页。

经济合理性。经济性垄断的资源配置效应具有双重性：一方面，它在侵占消费者剩余、X非效率等方面可能降低资源配置效率；另一方面，经济性垄断在提高生产效率、节约交易费用、促进技术创新等方面对于资源配置效率的提高具有促进作用[①]。对于一个国家而言，经济性垄断形成的过程就是市场集中度提高和规模经济获得的过程，对于增强产业竞争能力，参与国际竞争具有重要意义。在知识经济时代，通过技术专利形式获得的垄断，能够促进产业技术进步，更好地实现规模经济和范围经济。因此，可以说经济性垄断是一个中性概念，它的经济绩效和福利状况，应该联系具体产业和具体环境进行分析。在知识经济时代，垄断与竞争的界限也变得比较模糊，垄断性行业中也能够存在有效竞争的市场结构，竞争行业中也存在垄断行为。因此，在一个比较成熟的市场经济中，竞争与垄断往往是相伴相生，垄断因竞争而起，垄断也不能消灭竞争。在新经济时代，垄断、竞争、合作已经构成了市场结构的三维空间，垄断与竞争一样，也是市场经济中市场结构的基本形态。

2.2.2 自然垄断

在一些特定的产业内，存在较为极端的大规模生产经济或范围经济，以至于整个产业的产出由一个厂商单独来生产，其成本要远远低于大量较小厂商生产的成本。当一个企业能以低于两个或多个企业的成本为整个市场提供一种物品或服务时，这个行业就存在自然垄断（Natural Monopoly）。自然垄断是在一些特殊行业由于技术上和经济上的原因所形成的垄断现象。自然垄断存在的经济学依据是成本弱增性（Subadditivity），市场规模、规模经济、范围经济是影响一个行业自然垄断性的基本因素。一个行业中厂商的成本曲线代表任何产出水平上的规模经济的状态，即该厂商的长期平均成本曲线在市场可能出现的产量范围内总是向右下方倾斜的（递减的），则该市场上所有的产品都由该厂商生产是经济的。自然垄断是市场势力的来源之一，同时也是一种进入壁垒。自然垄断因其可以索取低于可能进入的竞争对手的价格而得到保护。由于进入者相对于在位厂商而言规模较小，并且由于平均成本随规模增加而下降，进入者的平均成本往往高于在位者。因此，在位厂商可以像其他垄断厂商一样，在边际收益等于边际成本点上生产，以获取垄断利润。但是，这时候的产量是社会非合意水平的产量，同时在不存在进入管制的情况也有可能引致新厂商的进入。一个行业是否是自然垄断的，取决于该行业的平均成本最小化产量水平与市场规模的相对大小。由于技术、运输成本、行业的经济属性等都可能随着时

---

① 参见戚聿东：《中国垄断经济研究》，经济科学出版社1999年版，第92~106页。

间而变化，因此，一个行业的自然垄断性也可能发生变化，企业的自然垄断地位也可能随之发生变化。

一般而言，规模经济、范围经济、关联经济、成本弱增性、资产专用性、沉没成本以及网络经济效应是自然垄断的技术经济特征。根据这些经济特性的差异，自然垄断可以分为强自然垄断和弱自然垄断两种[①]。强自然垄断性行业的规模经济效应和范围经济效应显著，存在巨大的沉没成本，一般不会发生潜在竞争者进入。弱自然垄断性行业中仍然存在成本弱增性，但是由于市场容量的扩大和需求弹性的改变，政府适当放松进入管制、引入竞争能够促进垄断企业提高效率、改进服务。随着技术进步、需求扩大和市场扩张，自然垄断的边界是动态变化的，强自然垄断可能转化为弱自然垄断，弱自然垄断可能消失。随着自然垄断性的演变，自然垄断性行业也将出现分化。一些行业在一定时期内虽具有自然垄断的特征，但随着经济特征的变化和自然垄断性的减弱，可能成为竞争性行业或经济性垄断行业；一些行业内部不同环节的业务出现分化，某些业务不再具有自然垄断性，也就是说，同一个行业内，某些仍然具有自然垄断性的环节可以继续保持垄断，某些不再具有自然垄断性的环节应该引入竞争。

2.2.3 行政性垄断

行政性垄断是政府相关机构及其授权的其他组织运用公权力对市场竞争的限制或排斥。行政性垄断较多产生于转轨经济体中，在向市场经济转型过程中，以行政力量干预资源配置的现象较为普遍。行政性垄断可以分为行业性行政垄断和地区性行政垄断两种。行业性行政垄断是某一行业的企业借助于本行业相关管理部门的管理特权和实际控制力量，抢占市场资源与销售份额，阻止或排斥其他企业的进入与竞争，操纵价格以牟取暴利的垄断行为。地区性行政垄断是指地方政府或所属企业通过市场封锁或地方保护阻止、排斥非本地企业进入或竞争，以保护本地市场、本地企业的市场和销售的垄断行为。随着市场经济的逐步发展和完善，行政性垄断的效率损失和社会危害逐渐显现，成为限制或排斥公平竞争的主要障碍。行政性垄断能够在市场交易中营造、复制和异化出某种非市场因素，破坏市场机制的资源配置功能以及公平、公正、公开的

---

① 对自然垄断企业而言，如果市场需求曲线相交于边际成本曲线最低点的左边，边际成本曲线位于平均成本曲线的下方，这种情况称为强自然垄断。当需求曲线相交于边际成本曲线的最低点，边际成本与平均成本相等，这种情形称为弱自然垄断Ⅰ；当需求曲线相交于边际成本曲线的上升区间（包括成本弱增性的范围），边际成本大于平均成本，这种情形称为弱自然垄断Ⅱ。参见于良春：《自然垄断与政府规制》，经济科学出版社2003年版，第11~13页。

市场规则，不利于市场竞争的自由展开，也不利于规模经济的成长和资源配置效率的提升。现阶段，反行政性垄断成为我国反垄断的重点任务之一。

由于形成原因和进入壁垒的差异，自然垄断、经济性垄断、行政性垄断与竞争的关系也不一样。自然垄断不是一种人为的安排，而是经济发展中特殊产业"自然演化"而成，同时随着经济技术条件的变化，自然垄断性行业可能"自然演化"为非垄断性行业。按照鲍莫尔等（1982）的可竞争理论，自然垄断产业也不能完全排斥竞争，要面临顾客的竞争、潜在竞争者的竞争、替代品生产者的竞争以及供应商的竞争[①]。经济性垄断是由市场竞争所引起，也不能人为排斥竞争。在市场活动中，只要有垄断利润且没有进入壁垒，就会有竞争者进入，就会有竞争存在。也就是说，在竞争中成长起来的垄断并没有消除竞争，它改变的只是竞争的形式，而不是竞争本身。要维持垄断，厂商必须不断地进行产品技术升级、经营观念和管理模式的创新等，稍有松懈，垄断地位就会受到竞争者的威胁。美国哈佛大学的战略学家迈克尔·波特认为，无论是自然垄断，还是经济性垄断，一个企业的市场行为始终面临五种竞争力量，即：（1）新的竞争对手入侵；（2）替代品的威胁；（3）客户的砍价能力；（4）供应商的砍价能力；（5）现有竞争对手之间的竞争[②]。这就是说，在市场经济中，垄断与竞争是相伴相生的。但是行政性垄断有所不同，这种形式的垄断可以凭借国家的强制力量阻止其他厂商的进入，彻底地排斥竞争。只要潜在竞争者不能获得经营许可，垄断者就不会面临任何竞争压力，可以安享垄断利润，缺乏技术创新、经营变革、降低成本和提高效率的动力。因此，行政性垄断不仅不具有存在的经济合理性，而且相对于自然垄断和经济性垄断而言，效率更低、危害更大。

2.3 "马歇尔冲突"与垄断者的供给决策

2.3.1 "马歇尔冲突"

自由竞争是市场经济有效运转的前提。然而，自由竞争会导致具有竞争优

[①] Baumol, W. J., J. Panzar and R. Willig, 1982, Contestable Markets and the Theory of Market Structure, New York: Harcourt, Brace & Jovanovic, pp. 319 – 345.

[②] 迈克尔·波特：《竞争战略》，华夏出版社1997年版，第3~5页。

势的企业生产规模扩大,"大规模生产的主要利益是技术的经济、机械的经济和原料的经济"①,逐步形成规模经济,通过大批量生产降低成本,从而强化竞争优势,提高产品的市场占有率和市场势力,这就不可避免地造成市场垄断,而垄断发展到一定程度又必然阻碍和破坏自由竞争,使价格受到人为控制,扼杀企业活力和经济发展的原动力,造成资源的不合理配置。因此社会面临这样一个难题:如何求得市场竞争和规模经济之间的有效、合理的均衡,获得最大的生产效率。这一关于规模经济与竞争活力之间的两难选择被称为"马歇尔冲突"。面对这一矛盾,马歇尔本人企图用任何企业都有形成、发展和衰退的过程,来说明垄断不会无限蔓延、规模经济与竞争之间总会获得某种均衡的观点。"马歇尔冲突"和马歇尔的观点引发了大量西方产业组织理论学者的争论,推动了反垄断经济学的发展。现代产业组织理论也正是在解决这个矛盾的基础上产生和发展起来的,马歇尔本人也被西方产业组织学者称为产业组织理论的先驱②。

2.3.2 垄断者的供给决策

与完全竞争厂商不同,垄断厂商不是一个价格接受者,它不受市场的支配,它没有必要接受不受自己控制的市场价格,也没有必要依据供给曲线将产出水平调整到与这个外部力量固定的价格相适应的程度。垄断厂商是价格的制定者,它有能力确定价格,它可以根据自身的最高利益来选择需求曲线上任意的价格—数量组合。为了确定最有利于自己的价格,垄断厂商必须考虑提高或降低价格是否能够增加利润。由于市场需求曲线是向下倾斜的,垄断者的定价范围不受限制,但是随意提高价格很有可能导致产品销售量不成比例地大幅度下降,从而减少利润。与其他任何厂商一样,垄断厂商也是通过生产边际收益与边际成本相等的产量来实现其利润最大化目标的。垄断厂商追求利润最大化,并不意味着它必然能够获得正的利润。市场需求极低、垄断厂商生产效率极低等原因都可能导致垄断厂商亏损。一个典型的垄断厂商的供给决策过程包括:(1)找出边际收益等于边际成本的产出,以选择利润最大化时的产出水平;(2)找出在这个产出水平上的需求曲线的高度,以确定相应的价格水平;(3)比较这个产出水平上需求曲线与平均成本曲线的高度,以确定均衡产出水平是否能够带来经济利润;(4)根据盈利或亏损状况,决定是否留在相关

---

① 马歇尔,朱志泰翻译:《经济学原理》上卷,商务印书馆1964年版,第265~310页。
② 狄雍、谢泼德,蒲艳、张志奇翻译:《产业组织理论先驱:竞争与垄断理论形成和发展的轨迹》,经济科学出版社2010年版,第137~140页。

市场提供供给。一般而言，垄断厂商的供给水平会低于竞争厂商，收取的价格会高于竞争厂商（见图2-1）。

2.3.3 垄断定价公式

假设垄断市场上有一条向右下方倾斜的反需求函数 P(q)，它与企业提供给市场的商品数量负相关。该企业具有一个递增的成本函数 C(q)，边际成本 MC(q) 可能是恒定的也可能是向上倾斜的。垄断厂商的目标是：

$$\max_{q} \pi(q) = qP(q) - C(q)$$

利润最大化的一阶条件是：

$$qP'(q) + P(q) - MC(q) = 0$$

将上式两边同时除以 P(q)，可以得到：

$$\frac{P(q) - MC(q)}{P(q)} = \frac{-qP'(q)}{P(q)}$$

由于上式等号右边就是需求价格弹性的倒数，因此可以将上式写为：

$$\frac{P(q) - MC(q)}{P(q)} = \frac{1}{\varepsilon}$$

上式就是著名的垄断定价公式，也称为拟弹性规则定价。等式左边是边际收益率，也称为勒纳指数；等式右边是逆需求弹性。从上式可以看出，市场势力与需求弹性相关，需求弹性越低，市场势力越大，价格涨幅越大。两个极端情况是，当需求变得无限缺乏弹性时，利润将无穷大；当需求有无限弹性时，价格趋近于边际成本，利润趋近于0，市场就变成了完全竞争市场。

2.4 垄断的效率与社会福利损失

经济学常识告诉我们，一个充分竞争的市场上，实现社会福利最大化的均衡产量将在需求曲线与边际成本曲线相交之处获得，在这一产量水平上的均衡价格等于边际成本，从而能够实现最有效率的资源配置结果。一个追求利润最大化的垄断企业，将在市场上制定高于边际成本的价格。垄断者将选择生产并销售边际收益曲线与边际成本曲线相交的产量，在这一产量水平下垄断企业能够最大限度地获取垄断利润（见图2-1）。图2-1中的垄断利润是消费者剩余的转化，是消费者收益向垄断厂商的转移。

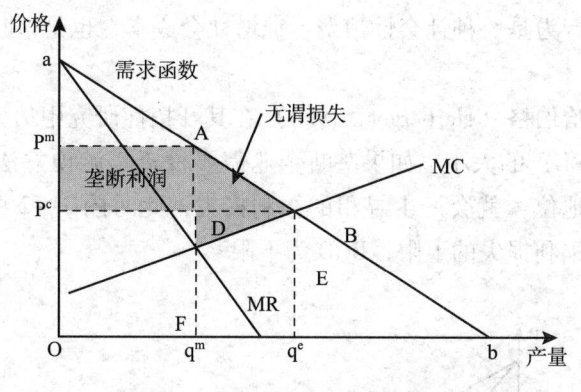

图 2-1 垄断利润与垄断的无效率

从图 2-1 可以看出，垄断厂商侵占了消费者剩余，同时也产生了无谓损失（Dead Weight Loss，DWL）。垄断给经济带来的低效率主要表现在以下几个方面：（1）垄断将导致无谓的效率损失。需求曲线与边际成本曲线之间的无谓损失三角形面积就是垄断定价导致的总剩余损失。这是垄断者运用其市场势力所导致的经济福利的净减少，也称为效率损失。这种无谓损失源于垄断者为了提高价格来获得最大化利润而策略性地限制产出，使得其产出水平低于社会最优产出水平，出现了无效率的低产量生产。（2）垄断将损害消费者利益。垄断市场上的福利也包括消费者剩余与生产者剩余。由于垄断价格高于竞争价格，消费者在购买物品时需要额外支付，因此将产生福利损失。这部分损失的福利一部分转移给了生产者，一部分成为无谓的福利损失。这是垄断者运用其市场势力导致的经济福利转移，也称为公平损失。（3）管理的 X-非效率。垄断厂商可以不通过竞争就赚取利润，因而缺乏使成本尽可能低的动力，无法有效地进行生产经营。这种因缺乏竞争压力而导致的低效率也称为管理松懈。（4）垄断可能导致创新惰性。垄断者可以凭借其垄断地位攫取垄断利润，从而可能失去创新的动力，减少研究与开发。不仅如此，垄断者还有可能为了消灭潜在的通过创新进入市场的竞争对手，而高价收购潜在竞争者的相关专利，将其束之高阁，变成睡眠专利（Sleep Patent）。（5）垄断可能导致寻租和贪污腐败。垄断者为了获得和维持其垄断地位从而获得垄断利润，有动机付出额外成本去向政府相关部门寻租，或者雇佣游说者去说服法律或政策制定者，提高相关市场的政策进入壁垒，或者赋予其以生产某种商品的排他性权利。垄断者将资源用在获取垄断地位、遏制进入、削弱竞争力量和提高价格活动上，能够提高利润，但会浪费资源，并使消费者处境恶化。也正因为如此，与垄断行业相关的管理部门和规制部门往往是贪污腐败的高发地带。这种在政界寻找租金或利润的寻租行为是一种社会性浪费，徒增社会成本，也是垄断引起的无谓社会损失。

经济学家哈伯格（Harberger，1954）在其开拓性研究中估算了垄断导致的无谓损失（DWL）的大小。如果垄断企业需要投资于游说立法机构或管制机构以获取垄断地位，就会产生寻租的福利损失，此时图 2-2 中的 $P_m P_c DB$ 代表垄断导致的福利损失的上限，BCD 为下限①。

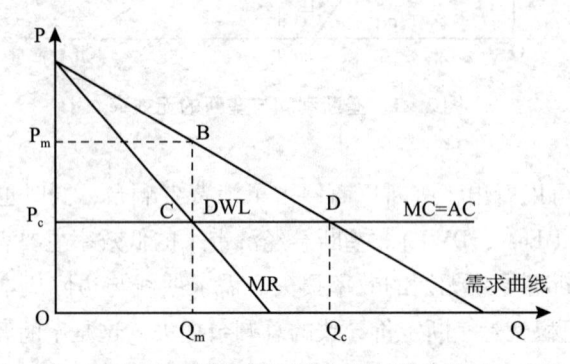

图 2-2 对垄断造成的福利损失的估计

从图 2-2 中可以看出，当厂商索取垄断价格时，社会福利净损失（DWL）等于三角形 BCD 的面积，即：

$$S_{BCD} \approx \frac{1}{2}(P_m - P_c)(Q_c - Q_m)$$

更一般地讨论，如果企业制定的价格是 P^*，产量为 Q^*，那么社会福利净损失约为：

$$DWL \approx \frac{1}{2}(P^* - P_c)(Q_c - Q^*)$$

由于 P^* 和 Q^* 是实际的价格和产量，可以通过搜集数据获得。但是，对单个企业边际成本的估计是困难的，需要找到不需要 P_c（MC）和 Q_c 数据的替代方法来估算社会福利净损失。哈伯格通过一些代数运算得到：

$$DWL \approx \frac{1}{2}(P^* - P_c)(Q_c - Q^*) = \frac{1}{2}\eta d^2 P^* Q^*$$

上式中，η 是市场需求弹性系数的绝对值，d 是价格与成本的差额，$d = (P^* - P_c)/P^*$。这时，只需要估算 η 和 d 的值就可以计算垄断导致的福利损失。为了计算 DWL 的大小，哈伯格使用了产业收入与样本企业平均值来估算

---

① 为了分析简便，在图 2-2 中我们假定平均成本 AC 是不变的，因此就等于边际成本 MC。

价格和成本的差额 d，并且简单假定市场需求为单元弹性，即 η = 1。哈伯格发现，垄断导致的社会福利净损失约为 GNP 的千分之一[①]。

正是为了纪念哈伯格的开创性工作，学术界将垄断导致的社会福利净损失称为"哈伯格三角"。哈伯格之后的学者们大多认为他估算的 DWL 值偏低，对哈伯格的方法和结论提出了质疑。考林和米勒（Cowling and Mueller，1988）使用完全不同的方法估算了垄断导致的社会福利损失。他们的方法避免了关于需求弹性的武断假定，认为企业利润最大化的价格 P* 满足以下关系：

$$\frac{P^*}{P^* - MC} = \eta$$

哈伯格公式中的 d = (P* − P_c)/P*，如果用 MC 代替 P_c，则 d = (P* − MC)/P*；将这一关系代入上式，就可以得到 η = 1/d。在估算 DWL 的表达式中用 1/d 代替 η，可以得到：

$$DWL \cong \frac{1}{2} \eta d^2 P^* Q^* = \frac{1}{2} \left(\frac{1}{d}\right) d^2 P^* Q^* = \frac{1}{2} d P^* Q^*$$

将 d = (P* − MC)/P* 代入上式，可以得到：

$$DWL \cong \frac{1}{2} \left(\frac{P^* - MC}{P^*}\right) P^* Q^* = \frac{1}{2}(P^* - MC) Q^* = \frac{1}{2}\pi^*$$

上式中的 π* 是企业利润，使用了边际成本不变的假设从而得到 MC = AC；研究结果显示，垄断企业所造成的福利损失大于等于其利润的一半。考林和米勒（1988）收集了 1963~1966 年美国 734 家企业的经济利润数据，发现垄断导致的福利损失约为 GNP 的 4%，大大高于哈伯格所计算的结果。

2.5 不完全竞争与市场效率

完全竞争和垄断是市场结构的两种极端形式，它们为分析不完全竞争市场提供了参照系和基准。经济中的大部分市场处于完全竞争和完全垄断之间，既包含了竞争因素，也包含了垄断因素，这种市场结构被称为不完全竞争市场。

2.5.1 垄断竞争市场

不完全竞争市场的第一种类型是垄断竞争，它描述了一个有许多出售相似但不完全相同产品的企业的市场结构。在垄断竞争市场上，每家企业都垄断着

[①] A. C. Harberger, Monopoly and Resource Allocation. *American Economic Review*, 1954, 44: pp. 77–87.

自己生产的产品，但同时也有许多其他企业生产争夺同样顾客的相近但不相同的产品。垄断竞争企业选择产量和价格的方式与垄断者相同，为了实现利润最大化必须选择市场边际收益等于边际成本的产量，然后用其需求曲线找出它可以出售的价格。因此，在短期内，垄断竞争企业既可能像垄断者那样获得垄断利润，也有可能出现亏损；长期内，如果企业可以无限制地进入或退出垄断竞争市场，那么该市场上的企业的经济利润将趋近于零，只能获得正常利润。

垄断竞争厂商提供的产品与其他企业提供的产品是有差别的，因而其面临的需求曲线是向右下方倾斜的，存在某种市场势力。在大多数情况下，垄断竞争市场上的价格高于边际成本，存在一个正向的价格成本加成。由于价格成本加成的存在，有一部分对物品评价高于生产边际成本但低于价格的顾客没有购买到物品。因此，垄断竞争市场上也存在垄断定价的正常无谓损失，这是垄断竞争市场无效率的表现之一。

垄断竞争可能引起的社会无效率的另一个表现是，市场上可能有太多或太少的企业进入，带来非合意性外部效应。在垄断竞争市场上，新企业进入市场时，往往只考虑自己能赚到的利润，而不考虑进入行为对于竞争对手和消费者带来的效应。伴随着新企业进入而产生的外部性既包括产品多样化给消费者带来的正外部效应，也包括抢走其他企业业务的负外部效应。企业过多进入，也导致大量生产能力闲置，从而出现社会资源配置无效率。另外，垄断竞争企业为了获取市场势力，会投入较多资源进行商品广告，抑制竞争的同时，制造产品差异化。

从以上分析可以看出，垄断竞争市场上，"看不见的手"并不能确保社会总福利最大化，需要政府进行适度管制。但是，由于垄断竞争市场上的无效率是模糊的，很难衡量，也很难找到一个简单易行的办法加以解决，通过公共政策设计改善市场结果并非易事。

2.5.2 寡头市场

不完全竞争市场的第二种类型是寡头市场。寡头市场是只有少数几个卖者的市场，每个卖者都提供与其他企业相近或相同的产品。寡头市场上企业之间的竞争形式非常直接而活跃，每家企业都具有一定的市场势力，对市场价格都能发挥影响作用，企业之间相互依存。寡头市场上，每一家企业都知道，它的利润不仅取决于自身生产多少，还取决于竞争对手的产量。企业在做出生产决策时，需要考虑它的决策会如何影响所有其他企业的生产决策。上述特性使得分析寡头厂商的行为变得复杂，而且也很难直接得出寡头垄断下关于资源配置的明确结论。

在寡头市场上，少数几个卖者很容易就生产与价格达成某种协议，团结起来像一个垄断者那样行事。企业之间有关生产和价格的协议被称为串谋（Collusion），联合起来的寡头企业集团被称为卡特尔（Cartel）。我们将在后面的章节中对这一经济现象进行深入分析。在寡头市场上，寡头之间将就产量和价格进行策略互动和博弈，最后实现一种均衡状态，在这一状态下，相互作用的经济主体在假定其他主体所选择策略为既定的情况下选择自己的最优策略。经济学将这种状态称为纳什均衡（Nash Equilibrium）。寡头企业希望形成卡特尔并赚取垄断利润，但是由于合作与利己之间存在冲突，会使寡头企业陷入囚徒困境（Prisoners' Dilemma）。合作并达成卡特尔协议会使寡头企业分割垄断利润，但由于它们追求自己的私利，因此总是不能达到垄断结果、实现共同利润最大化。当寡头企业单独地选择使利润最大化的产量时，它们生产的产量大于垄断但小于竞争的产量水平，价格低于垄断价格但高于竞争价格。

2.6 可竞争市场理论

2.6.1 可竞争市场的特征

可竞争市场理论是鲍莫尔（Baumol）、潘泽（Panzar）和威利格（Willig）等学者在对成本的部分可加性理论和价格的可承受力理论研究的基础上提出的一种关于产业结构的新理论。威利格（1978）最早提出了后来称为"可竞争性"市场的一种理想化市场。他认为，一个完全可竞争的市场需要符合以下要求：（1）进入和退出市场很容易并且是无成本的，不管这个市场是或者不是以规模经济或范围经济为特征的，但都没有进入退出壁垒。（2）市场的潜在进入者面临与已有在位企业相同的生产技术和市场需求。在这样的市场上，如果在位厂商不能使其生产成本最小化或者获得非负利润或实现交叉补贴，那么"打了就跑"的进入策略可能就是潜在进入者的最优选择。也就是说，可竞争市场上如果能够获利，新厂商就会进入市场，通过吸引在位厂商的部分需求分享在位厂商的利润；当在位厂商进行价格报复时，新厂商可以无成本地退出市场。"打了就跑"的进入策略对在位厂商而言，是一种长期威胁，迫使在位厂商保持警觉，不得不制定一个对新厂商不具有吸引力的价格。完全可竞争市场与纯粹竞争市场的区别在于，纯粹竞争市场模型假定市场上存在大量同质企业，每一个企业都认为它的生产决策对市场价格没有影响；而在可竞争市场上，无论在位企业还是潜在进入者都认识到它们对价格的影响，并且意识到它们不能以既定价格销售超过消费者需求的商品。也就是说，可竞争市场上并不需要假定存在很多企业，可竞争市场甚至可以是只包含一家单一垄断企业或者双寡头企业的垄断市场。可竞争市场上，所有企业必须选择边际成本与边际收益相等的产出水平，并且它们的边际成本等于产品的市场价格。因此，当规模收益不变时，完全可竞争市场上的利润为零。

2.6.2 可竞争市场的福利效果

鲍莫尔、潘泽和威利格（1982）认为，只要存在其他企业进入的威胁，市场上仅有少数企业的行业也可能是具有竞争性的，因为进入的威胁能够迫使其价格下降并确保效率。可竞争市场具有三个重要的福利特征：（1）可竞争市场从来不提供超过正常利润率的利润，即使是寡头垄断或垄断市场，它的经济利润也是零或负的。可竞争市场在均衡时，价格一定等于平均成本，如果低于或高于平均成本，厂商将退出或进入市场。（2）在产业均衡条件下，不存在任何的生产无效率。行业的产出以最低成本生产出来，否则厂商就会为攫取更有效生产所带来的经济利润而进入市场。（3）在可竞争市场的长期均衡中，没有任何产品可以低于边际成本的价格出售，价格至少应等于边际成本，否则较小规模的进入者就会进入市场并获利。由此可见，可竞争市场的福利效果与完全竞争市场一致，即在均衡条件下，价格等于边际成本，符合帕累托最优。

2.6.3 可竞争市场理论的政策含义

可竞争市场的政策含义包括：（1）可竞争市场上进入是绝对自由的，退出是绝对无成本的，因而现实竞争或潜在竞争迫使在位企业有效经营、不断革新、制定最优价格。应避免采取任何对进入或退出设置额外障碍或对已有企业进行不适当的价格限制阻止它们根据竞争压力调整价格的公共政策。（2）当进入与退出成本很高时，市场力量无法限制已有垄断企业获取超额利润，需要政府进行适度管制。（3）由于进入与退出壁垒是可竞争市场的一个必要条件，因而不应设置任何额外的人为进入与退出壁垒。可竞争市场理论最早产生于多产品企业的分析，因而它的基本贡献也在这一领域，尤其是对范围经济和以成本的部分可加性以及价格的可维持力为基础的自然垄断理论的研究，具有明显的开拓性和创新性。可竞争市场理论的主要缺陷在于它对完全自由的进入与退出的假定，限制了它的应用范围。

可竞争市场理论的局限性也是很明显的，最大的不足之处在于它假设新进入者在生产技术、产品质量、营销网络等方面不存在任何劣势。然而，在现实商业生活中，在位厂商往往在以上几个方面具有相对优势。同时，若假设在位厂商和进入者都可以同样获得融资，从事多样化经营的大厂商就可能进入市场，然而大厂商却不可能在市场实施"打了就跑"的策略。另外，如果考虑到创新对市场的影响，可竞争市场的理想状态也会难以实现。

2.7 小　　结

完全竞争市场是经济学中的完美市场，能够实现社会资源的最优配置和社会福利最大化，通过实现瓦尔拉斯均衡达到帕累托最优。因此，完全竞争市场已经成为经济学分析其他市场结构的基准和参照系。市场不是万能的，也有可能出现市场失灵，需要政府适度干预，以弥补市场失灵，提高经济效率。导致市场失灵的原因包括外部性、不完全信息、公共品供给和垄断。

放任自由的市场竞争可能导致具有竞争优势的企业逐渐扩大规模，形成市场势力，最终导致垄断的出现。垄断市场是与完全竞争市场相对立的另一种极端市场结构，市场上提供的产量较低而价格较高。垄断将导致市场失灵，损害经济效率、消费者剩余和社会福利。除自然垄断以外，其他形式的垄断和不完全竞争大多是通过遏制进入、促进串谋、行使市场势力等策略性行为来限制或阻止竞争。因此，当垄断导致市场竞争出现失灵时，需要政府通过反垄断等政策措施来限制反竞争行为，促进竞争。

可竞争市场理论是鲍莫尔、潘泽和威利格等学者在对成本的部分可加性理论和价格的可承受力理论研究的基础上提出的一种关于产业结构的新理论，是对市场结构理论的一种有益补充。一个完全可竞争的市场需要符合以下两个要求：（1）进入和退出市场很容易并且是无成本的，不管这个市场是或者不是以规模经济或范围经济为特征的，但都没有进入退出壁垒。（2）市场的潜在进入者面临与已有在位企业相同的生产技术和市场需求。可竞争市场具有三个重要的福利特征：（1）可竞争市场从来不提供超过正常利润率的利润，即使是寡头垄断或垄断市场，它的经济利润也是零或负的。可竞争市场在均衡时，价格一定等于平均成本，如果低于或高于平均成本，厂商将退出或进入市场。（2）在产业均衡条件下，不存在任何的生产无效率。行业的产出以最低成本生产出来，否则厂商就会为攫取更有效生产所带来的经济利润而进入市场。（3）在可竞争市场的长期均衡中，没有任何产品可以低于边际成本的价格出售。

在自由市场经济中，每个人对效用或利润的追求是经济发展的动力，但仅有自由还远远不够。为保证追求利润和提升经济福利相互统一，就必须建立起一种竞争秩序，既要保护个体参与竞争的自由，更要保护公平有效的竞争制度。如何保护公平有效的竞争制度，将是反垄断经济学研究的主要内容。

第3章 结构、行为、绩效与公共政策

> 在研究巨大的复杂系统时，我们不得不在很大程度上只能依靠这种原理解释，如果这是正确的，那么我们切不可忽视一些同这种方法联系在一起的缺陷。由于这些理论难以驳倒，因此消除较差的对立理论将是一个缓慢的过程，它与从事这项工作的人的论证技巧和说服力有着密切的关系。根本不存在严格的检验方式在它们之间做出判断。严重的滥用仍有机会发生：可能会有一些狂妄的、过于深奥的理论，要想驳倒它们，不存在简单的标准，只能依靠这些领域中同样有才能的人的良知。
>
> ——弗里德里希·哈耶克：《哲学、政治学和经济学研究：解释的程度》，
> 商务印书馆1955年版，第19页。
>
> 这些理论各执一词，因为它们遵循了各自的标准学说，它们对实际情况的解释反映了不同学说对假设情况的阐述。因此每种理论深受各自支持者对效率、公平、自治和安全等不同价值观念孰轻孰重的看法的影响。
>
> ——苏珊·斯特兰奇：《国家与市场》（第二版），
> 上海人民出版社2012年版，第172页。

3.1 引　言

　　反垄断经济学属于产业经济学和法律经济学的交叉领域，既可以看作是产业经济学的分支学科，也可以看作是法律经济学的分支学科。产业经济学是以产业为研究对象的一门学科，既关注产业内市场结构和企业行为，也研究产业间的相互联系。在我国，产业经济学不仅包括西方的产业组织理论，也包括产业结构理论。法律经济学是一门运用经济理论（主要是微观经济学及其福利经济学的基本概念）来分析法律的形成、法律的框架和法律的运作以及法律与法律制度所产生的经济影响的学科。法律经济学采用经济学的理论与分析

方法，研究特定社会的法律制度、法律关系以及不同法律规则的效率。市场结构理论是反垄断经济分析的基础。微观经济学中的寡头垄断理论既是产业组织理论的核心，也是反垄断经济学的基石。反垄断经济学与产业组织理论的关系如图3-1所示。政府政策分为产业政策、竞争政策两大类，反垄断政策属于竞争政策。

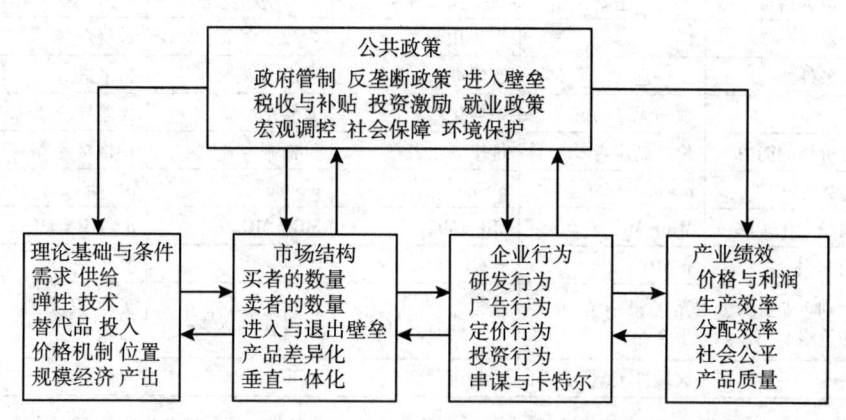

```
                    ┌─────────────────────────────┐
                    │        公共政策              │
                    │   政府管制 反垄断政策 进入壁垒 │
                    │   税收与补贴 投资激励 就业政策 │
                    │   宏观调控 社会保障 环境保护   │
                    └─────────────────────────────┘

┌──────────┐  ┌──────────┐  ┌──────────┐  ┌──────────┐
│理论基础与条件│  │ 市场结构  │  │ 企业行为  │  │ 产业绩效  │
│需求 供给  │  │买者的数量 │  │研发行为  │  │价格与利润│
│弹性 技术  │  │卖者的数量 │  │广告行为  │  │生产效率  │
│替代品 投入│→ │进入与退出壁垒│→│定价行为 │→│分配效率  │
│价格机制 位置│  │产品差异化 │  │投资行为  │  │社会公平  │
│规模经济 产出│  │垂直一体化 │  │串谋与卡特尔│  │产品质量 │
└──────────┘  └──────────┘  └──────────┘  └──────────┘
```

图3-1 结构、行为、绩效与公共政策的关系

在实际商业生活中，市场结构、企业行为、产业绩效与公共政策之间的关系远比图3-1表示的要复杂得多。产业经济学是制定反垄断政策的重要理论基础，本章将介绍与反垄断政策制定相关的产业经济理论。

3.2 市场结构

市场结构是指厂商之间市场关系的表现和形式，包括买方之间、卖方之间、买卖双方之间以及市场内已有的买卖双方与正在进入或可能进入市场的潜在买卖双方之间在交易条件和利益分配等方面存在的竞争或合作关系。市场结构描述的是某一特定市场或产业中厂商所面临的环境，这种市场环境可以通过厂商数量和规模分布、产品差异化程度、进入退出壁垒、规模经济等来界定。

3.2.1 市场结构分类

市场结构是指那些对市场竞争性质和价格行为产生影响的市场组织特征，包括决定买者之间、卖者之间、买者与卖者之间、在位厂商与潜在进入厂商之间关系的那些特征。经济学家通常根据市场中企业的数量、企业进入和退出市场的难易程度、市场中企业实现产品差异化的能力以及企业对价格的影响能力等因素来对市场进行分类。市场结构可以分为四种类型,即竞争、垄断竞争、寡头垄断和垄断。这四种市场结构的特征和性质如表3-1所示。

表3-1 垄断、寡头、垄断竞争和竞争四种市场结构的性质与特征

市场结构	垄断	寡头垄断	垄断竞争	竞争
企业数目	1	少数几个	少数或多个	数目众多
进入条件	无法进入	有限进入	自由进入	自由进入
产品	独一无二的产品	差异化产品	差异化产品	无差异的产品
决定价格的能力	价格制定者	价格制定者	价格制定者	价格接受者
市场势力	p > mc	p > mc	p > mc	p = mc
利润最大化条件	MR = MC	MR = MC	MR = MC	p = MR = MC
长期利润	$\pi \geq 0$	$\pi \geq 0$	0	0
受个别企业行为影响的策略	无(没有竞争对手企业)	有可能有差异	有可能有差异	无(只关心市场价格)
实例	区域性天然气公司	电信运营商	汽车制造商	果农

资料来源:佩洛夫、谷宏伟等译:《中级微观经济学》(第四版),机械工业出版社2009年版,第298~299页。

从表3-1可以看出,垄断、寡头垄断、垄断竞争和完全竞争四种市场结构在企业数目、进入条件、产品差异化程度、市场势力和企业自身的策略性行为等方面存在明显差异。垄断、寡头垄断和垄断竞争厂商都面临着向右下方倾斜的需求曲线,因而都具有影响市场价格的能力,是价格的制定者,价格高于边际成本。完全竞争厂商面临的是水平的需求曲线,价格等于边际收益和边际成本,是价格的接受者。然而,无论是什么样的市场结构,利润最大化的条件都是边际收益等于边际成本。

经典产业组织理论常使用企业数量和市场集中度来刻画市场结构。市场集中度描述的是特定市场中买者或卖者的规模结构或市场份额。最基本的市场集中度指标是绝对集中度,通常用在规模上处于前几位企业的生产、销售、资产或职工的累计数量占整个市场总量的比重来表示,其计算公式为:

$$CR_n = \frac{\sum_{i=1}^{n} X_i}{\sum_{i=1}^{N} X_i}$$

上式中,CR_n表示市场上规模最大的前n位企业的市场集中度;X_i为按资源份额大小排列的第i位企业的销售额、产值、资产额、职工人数等;N为市

场上的企业总数量。CR_n 越大,表明市场集中程度越高,市场势力越强。

绝对集中度指标仅仅反映了产业内规模最大的前几位企业的市场集中程度,单凭这一个指标还难以把握产业内全部企业的规模分布状况。为了弥补 CR_n 指标的不足,赫希曼和赫芬达尔设计了一种市场结构衡量指标,即赫希曼—赫芬达尔指数,简称 HHI 指数。

$$HHI = \sum_{i=1}^{N}\left(\frac{X_i}{X}\right)^2 = \sum_{i=1}^{N} S_i^2$$

上式中,X 表示市场总规模,X_i 表示第 i 个企业的规模,S_i 表示第 i 个企业的市场占有率,N 为该产业内的企业数量。HHI 指数能够比 CR_n 更加敏感地测度市场集中状况,更综合地反映产业内企业规模分布。

除了以上两个常用的指标以外,产业组织理论学者也用洛伦茨曲线、基尼系数、熵指数等指标来测度市场集中状况。洛伦茨曲线是一种相对集中度指标,它表明市场占有率与市场中企业数量的累计百分比之间的关系。洛伦茨曲线衡量市场集中状况的原理如图 3-2 所示。

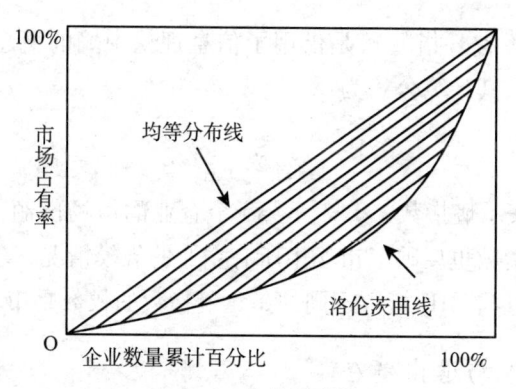

图 3-2 洛伦茨曲线

图 3-2 中,横轴表示按规模从最小企业到最大企业的数量累计百分比;纵轴表示市场占有率,即与横轴相应企业的销售额占市场销售总额的百分比。当产业内所有企业的规模都相等时,洛伦茨曲线就与对角线重合,表示产业内企业规模均等分布。一般而言,洛伦茨曲线越偏离对角线凸向右下角,表明企业规模分布的不均等程度越大,市场集中度越高。

基尼系数与洛伦茨曲线一样,最初是用来测度居民收入分配状况的指标。基尼系数用于测度产业集中状况,也是建立在洛伦茨曲线的基础上,它等于均等分布线(对角线)与洛伦茨曲线之间的面积(图 3-2 中的阴影部分面积),与以均等分布线为斜边、以横轴和纵轴为直角边构成的三角形面积之比。基尼系数的计算公式为：

$$基尼系数 = \frac{均等分布线与洛伦茨曲线之间的面积}{均等分布线到两边形成的三角形的面积}$$

基尼系数的取值范围在 0~1 之间，基尼系数越小，表示企业规模越接近于均匀分布；基尼系数越大，表示企业规模分布越不均匀，产业集中度越高。当基尼系数等于 0 时，表示洛伦茨曲线与均等分布线重合，所有企业的规模完全相等，市场结构接近于原子式市场；当基尼系数等于 1 时，表示产业内只有一家厂商，市场结构就是完全垄断。基尼系数在度量市场结构时的局限性与洛伦茨曲线相同：二者都是对市场上企业规模分布的相对度量，由两家各自拥有 50% 市场份额的企业组成的市场与由 100 家各自拥有 1% 市场份额的企业组成的市场，具有相同的洛伦茨曲线，它们的基尼系数都等于 0。很明显这两个市场的市场结构是完全不同的，基尼系数和洛伦茨曲线都无法甄别二者的区别。另外，当两条不同形状的洛伦茨曲线所围成的面积大小相等时，计算出的基尼系数却是相等的，所以基尼系数并不能代表某一特定市场中唯一的一种企业规模分布状态。

熵指数（简称为 E 指数）是借用了信息理论中熵的概念来表示市场中企业规模分布情况，其计算公式为：

$$E = \sum_{i=1}^{n} S_i \cdot \log \frac{1}{S_i}$$

上式中，E 表示熵指数，S_i 表示第 i 个企业的市场份额，n 表示该产业中的企业数量。熵指数也反映了市场中所有企业的规模情况，求的是各个企业市场份额之和。不过与 HHI 指数不同的是，熵指数的权数是市场份额的对数。

3.2.2 进入与退出壁垒

不存在进入与退出壁垒是使得竞争性市场具有理想特性的关键假设，进入与退出的难易程度对于决定市场结构以及由此产生的企业行为起了关键作用。关于什么是进入壁垒的争论较大，不同流派的学者对进入壁垒的界定存在差异。哈佛学派的贝恩（1956）认为，进入壁垒就是在位厂商可以长时间把产品售价定在最小平均生产成本以上，而不会引起潜在进入者进入的程度。贝恩识别了四种进入壁垒，即绝对成本优势、大规模生产的经济要求大量资本支出（规模经济）、产品差异化和特有资源。贝恩分析的壁垒主要属于经济壁垒，可用市场价格与平均成本的差额来衡量，差额越大表明进入该市场的壁垒越高。芝加哥学派的斯蒂格勒（1968）认为，进入壁垒可以定义为一种生产成本，这种成本是打算进入这一产业的新厂商必须负担，而在位厂商无须负担的。斯蒂格勒强调的是在位厂商与潜在进入者之间的成本不对称性，认为规模经济、资本需要量和产品差异化都不构成进入壁垒，政府对进入的管制是明显的人为壁垒。新产业组织理论学派的维尔泽克（1980）则认为，进入壁垒是为了保护市场上已经存在的资源所有者而对进入资源的社会性不合意限制。由此可见，维尔泽克强调的是福利效果，只有那些扭曲社会资源配置、损害社会福利的进入限制才是进入壁垒。正如杰罗斯基、吉尔伯特和杰克明（2004）等学者所指出的，给进入壁垒做一个定义，使其得到同行的广泛认可，并且要在实证上有用，已经被证明是一件相当困难的工作[①]。不过，不同流派的不同观点可以作为一种参考。

从广义上说，进入壁垒是能够阻止企业家在市场中建立一个新企业的任何事物，它能够造成非对称优势，产生某些成本使得新进入者必须承担而在位企业却不必承担。从狭义上说，进入壁垒就是当某一市场上的在位厂商能够获利时，能够阻止新厂商进入的那些因素或原因。专利就是一种长期进入壁垒，它能够阻止潜在竞争者的进入。为了同拥有专利的在位厂商竞争，潜在进入者要么投资于研发发明出近似专利，要么从现有在位厂商那里购买使用许可。无论是采用哪一种途径进入，都面临着大于现有在位厂商的成本。进入壁垒包括结构性进入壁垒和策略性进入壁垒两大类。结构性进入壁垒也称为经济性进入壁垒，它与产业自身的基本特性相关，是指新厂商进入特定市场时遇到的经济障碍以及克服这些障碍所导致的额外成本，包括技术、消费者偏好、规模经济和市场容量等方面的障碍。策略性进入壁垒也称为行为性进入壁垒，它与在位厂商的行为相关，是指在位厂商通过采取策略性行为提高结构性进入壁垒，或者通过可置信威胁阻止新厂商进入的策略行为。

退出壁垒的定义可以采用与进入壁垒的定义相同的方法，但不是所有的进入壁垒都会构成退出壁垒。退出壁垒是指一个厂商放弃生产或放弃提供某一产品或服务时遇到的限制和障碍，它衡量的是企业退出一个市场的难易程度，与企业退出市场时必须承担的沉没成本息息相关。退出壁垒的高低将影响企业的进入行为，如果退出市场的成本高昂，则企业进入的动机就会减弱。退出壁垒可以通过两种途径影响进入：一是可以通过给进入者增加一定的成本来影响进入者进入决策的风险，如果进入发生后的情况使进入者无法退出该市场，那么进入者就必须承担这种额外成本；二是通过影响在位厂商的竞争动机来影响进入，如果退出壁垒足够大，那么进入发生时在位厂商可能采取"破釜沉舟"

---

① 杰罗斯基、吉尔伯特和杰克明，平新乔、崔小刚等译：《进入壁垒和策略性竞争》，北京大学出版社2004年版，第10页。

式的竞争行为,这是对潜在进入者的一种威胁。形成退出壁垒的因素较多,包括经济因素、政治因素、法律因素、文化因素等。经济因素形成的退出壁垒主要表现为沉没成本,但贾德(Judd,1985)的研究却表明,沉没成本对于那些多产品的产业而言可能并不是退出壁垒。威廉姆森(1975,1985)认为,资产专用性是资产流动的主要壁垒,因而他采用资产专用性程度来衡量进入和退出壁垒。

从长期看,进入壁垒对社会福利的影响存在双重效应。一方面,适度的进入壁垒和产业集中度可能有利于技术创新和产业技术进步。一般而言,产品差异化所产生的进入壁垒越高,产品越具有多样化的异质性,可以为消费者带来多元化效用;对于规模经济显著的产业而言,进入壁垒可以阻止低效率的小企业进入市场,使整个产业获得更多的规模经济效益。另一方面,进入退出壁垒可能导致社会资源配置的效率损失。进入壁垒将限制产业内企业数目的增加,提高产业集中度,增强产业内大企业的市场势力,从而可能导致产业内市场价格上升,产业利润率提高,最终形成垄断性的市场结构。从这一点看,进入壁垒的存在引起了价格扭曲,造成社会福利净损失。尤其是策略性的进入壁垒,更有可能阻止或限制市场有效竞争,损害资源配置效率。进入壁垒的社会福利还存在一定的不确定性,需要联系具体情境进行具体分析,但退出壁垒对资源配置影响结果比较明确。如果市场退出壁垒过高,企业在长期处于低利润甚至亏损状态而无法退出市场,那么将导致大量资源滞留于低效经营的企业内,阻止生产要素的合理流动,不能实现资源的优化配置,行业内企业不能通过兼并重组等市场行为实现规模经济和有效竞争。

3.2.3 产品差异化

所谓产品差异化,是指同一产业内不同企业的同类产品因质量、性能、式样、销售服务、信息提供和消费者偏好等方面存在的差异导致的产品间替代关系和不完全性的状况,或者说是特定企业的产品具有独特的可以与同行业其他企业产品相区别的特点。产品差异化衡量了某个产业内产品对买方而言具有替代关系不完整的程度,产品差异化程度越大,竞争可能性就越小,市场垄断性就越高;差异化程度越低,则竞争可能性就越大,市场垄断性就越小。产品差异化是一种有效的非价格竞争手段,它可以让消费者感知企业产品或服务独具特色的差异性而影响他们的购买行为,使消费者对差异化产品或服务产生独特的偏好和忠诚而愿意支付更高价格。产品差异化从两个方面对市场结构产生直接影响:一是提高市场集中度。市场上规模较大的企业,通过扩大产品差异化程度,增强市场势力,保持较高市场占有率,从而保持或提高市场集中度。二是提高进入壁垒。产品差异化容易形成消费者对特定产品或服务的顾客忠诚度，这对于潜在进入者进入该产业抢占在位厂商的市场份额构成了进入障碍和壁垒。产品差异化对市场结构和市场行为的直接影响以及对市场绩效的间接影响如图3-3所示。

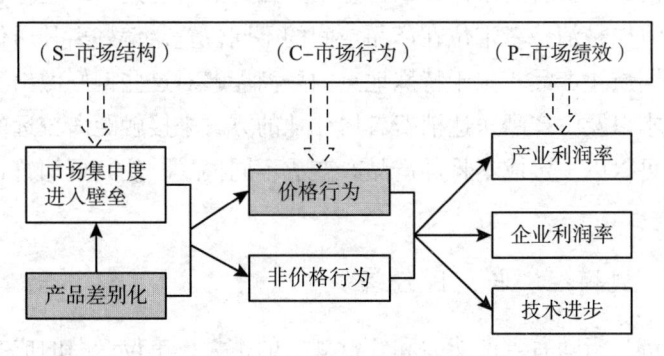

图3-3 产品差异化的影响

产品产异化的程度可以用需求交叉价格弹性和广告密度等指标进行衡量。产品产异化会导致产品可替代性的降低，而经济学中正是利用需求价格交叉弹性来表示产品之间可替代性的大小。需求交叉价格弹性已经在前面进行了介绍。当需求交叉价格弹性大于零时，表示两种产品之间存在着可替代关系，并且交叉价格弹性越大则表明两种产品的差异化程度越低，两种产品之间的可替代性越大。当需求交叉价格弹性小于零时，表示两种产品之间不存在可替代关系，而是互补关系，两者分属于不同产业的产品，不具有竞争关系。需求交叉价格弹性等于零时，表示两种产品之间既不存在可替代关系，也不存在互补关系，是两种互不相干的产品。广告是厂商的一种市场行为，它能够向消费者传递有关产品或服务的价格、质量、性能和售后服务等多方面的信息，对于消费者感知产品主观差异、形成消费者心理偏好、影响消费者购买决策起着重要的作用。因此，常用广告密度来衡量产品差异化程度。广告密度的计算公式为：

$$广告密度 = AD/SL$$

上式中，AD表示产品广告费用的绝对金额；SL表示产品销售额。广告费用的绝对额越高、广告密度值越大，表明产品的差异化程度越高。

产品差异化包括横向差异化和纵向差异化两种。横向差异化是指由于消费者的偏好不同而导致对产品特征的评价也不同。纵向差异化主要是强调一种质量差异，消费者对不同的产品质量明确地罗列出次序，并且他们的偏好次序是一致的。通俗地说，纵向差异化表现为产品在质量方面的差异，而横向差异化是厂商的产品质量是相同的但在产品的特性方面存在差别。在纵向差异化的情况下，消费者认为一种产品优于另一种产品，但由于偏好、收入或财富的不同，他们在高质量产品支付意愿上却存在差异。厂商可以通过提供不同质量和价格的产品以使消费者通过自选择机制来对不同质量的产品进行付费。对于横向差异化产品，消费者对于是什么产生了产品好的特性这一问题存在分歧。最简单的情况可能是消费者定位在产品空间的不同位置，偏好离其居住地较近的商店出售的同质化产品。位于特殊地点的厂商能够对这些偏好做出反应，通过承担运输成本以及将产品送达消费者居住地的方式来接触距离较远的顾客。同时，厂商也可以以一定成本将其产品改变成不同模式，使其更加符合消费者的不同偏好。

3.2.4 规模经济与范围经济

规模经济是指随着生产能力和经营规模的扩大，单位产品的成本呈现下降的趋势，也就是长期平均费用下降的趋势。规模经济最早是指规模报酬递增现象，即生产单一产品的单一经营单位随着生产规模的扩大，导致单位产品生产成本下降所带来的利益。后来规模经济的外延不断得到拓展，不仅仅指生产中的工厂规模经济，还包括工厂内部的或工厂外部的、企业内部或企业外部、产业内部或产业外部、静态或动态的规模经济。

工厂规模经济也称为技术规模经济，主要来自于以下几个方面：工厂内部的进一步分工和专业化水平的提高是降低成本的基本途径；随着生产规模的扩大和产量的增加，平均到每一个单位产品上的固定成本会逐渐下降；由于市场某一种产品或服务所获得的市场经验积累或边干边学，将产生学习效应，降低平均成本。生产的技术规模经济产生的前提条件是规模市场的存在，使生产能力得到充分有效利用。企业规模经济是来自于企业活动层次的成本节约，这些活动包括管理活动、广告和销售活动、研发活动、分配活动、筹融资活动、风险规避等。企业规模经济主要来自于以下几个方面：大规模购买原材料能够提高企业的讨价还价能力，以较低价格获得原材料供给，从而带来成本节约；大量销售可以节约广告费等销售费用和其他流通费用，降低产品的单位平均成本；企业规模的扩大可以使企业管理人员和工程技术人员在更大范围内得到充分利用，提高其专业化水平，协调管理和资源配置，产生成本节约；大规模的研究与开发活动能够带来成本节约和效率提升。

外部规模经济是指企业外部因素所带来的成本节约，包括产业层次的规模经济和产业外部规模经济。传统的外部规模经济主要是指产业层次的规模经济，涉及产业产出对企业平均成本的影响。产业规模经济主要来自于以下几个方面：一个具有特定产业技能的工人集中的市场，可以节约企业的用工成本；能支持不可交易的专业化投入和服务于生产的地方化产业，有利于企业获得社会资本和区位优势，从而降低企业生产成本；使集中的企业比孤立的企业具有更好的生产功能的信息溢出；大规模的基础设施和基础结构能够为企业生产提供便利（Krugman，1991）。以产业为基础的外部经济也是产业规模经济的来源：产业产出的扩张将吸引劳动力向本区域移入导致工资率随着产量增加而下降，从而节约劳动力成本；技术溢出可以通过产业产出影响技术价格和研发成本；信息溢出将带来扩散效应，提高区域内产业生产效率，从而降低生产成本和服务成本。

与规模经济紧密相关的还有范围经济。范围经济是指两种或两种以上的产品结合在一起进行生产或销售所带来的成本节约。范围经济属于多元化生产或销售所带来的成本节约：多元化生产所带来的成本节约来自用很多相同的原材料和半制成材料并用同样的中间工序来生产多种产品，将降低每一单位产品的成本；多元化销售所带来的成本节约主要来自用同样的销售人员、销售设施和流通渠道及销售技能销售多种产品所带来的成本节约。如果用 $TC(Q_x, Q_y)$ 表示一个企业生产 Q_x 单位的产品 X 和 Q_y 单位的产品 Y 所产生的总成本，那么存在范围经济的条件可以表示如下：

$$TC(Q_x, Q_y) < TC(Q_x, 0) + TC(0, Q_y)$$

上式表明，由一个企业同时生产产品 X 和 Y 比一个企业生产产品 X、另一个企业生产产品 Y 所花的成本小。

从范围经济发生的层次看，它包括工厂范围经济、企业范围经济、产业范围经济和地理范围经济。工厂范围经济也称为多产品经济，是指在同一工厂内部生产多种产品所带来的成本节约。在多产品生产中，零部件和机械的共同使用、管理的相互协调、投入产出关系的合理化以及原材料和能源再生利用、搬运时间的节约等，都可以产生成本节约。企业范围经济主要是指专业化分工所带来的成本节约，从事多样化管理和销售、研发活动、生产单位的合理布局等都能带来成本节约。产业范围经济是指在多个行业或部门进行生产和销售活动所带来的成本节约。企业进行多部门生产和销售所带来的学习效应，同一销售网络销售多部门产品所带来的固定成本的分摊，管理、研发活动中所带来的协同效应，不同产业之间的技术溢出和信息溢出等，都能带来明显的成本节约。地理范围经济是指企业在多个国家或地区进行生产和销售活动时所带来的成本节约。企业进行全球采购、全球生产和全球分工能够提高产品质量，企业的全球销售和学习效应也能够带来成本节约。

3.3 市场行为

市场行为是指厂商在市场上为了牟取更多利润和更高市场份额而采取的战略性行为或行动,包括厂商作出决策的行为和如何实施决策的行为。厂商的市场行为主要包括定价行为、并购行为、创新行为和广告行为等①。

3.3.1 定价行为

价格是企业最基本的竞争手段,在市场经济中企业定价行为是有规律可循的。价格的高低不仅直接影响企业所生产产品市场竞争力、市场占有率和销售量,而且决定着企业收入和利润。企业定价行为服从于企业经营目标。所有追求利润最大化目标的企业都必须确定边际成本与边际收益相等时的产量向市场提供供给,在此供给水平上对应的价格就是其应该制定的价格。然而,在这一大原则下,企业的定价行为可以演化为策略性定价行为,试图通过价格行为达到限制或阻止竞争的效果。

企业的策略性定价行为包括歧视性定价、掠夺性定价、限制性定价、两部制收费等多种形式。歧视性定价又称为价格歧视,是指拥有一定市场势力的垄断厂商为了增加利润放弃自己产品的单一价格政策,以不同价格出售同一产品的定价策略。它包括三种类型,即一级价格歧视、二级价格歧视和三级价格歧视。掠夺性定价是指在寡占市场上,某家具有市场势力的厂商为了将竞争对手挤出市场或为了吓退有意进入该市场的潜在对手而降低价格,等待竞争对手退出市场后再行提价的策略性行为。限制性定价是一种短期非合作策略性行为,它通过原有企业的当前价格策略来影响潜在进入者对进入市场后利润水平的预期,从而影响潜在企业的进入决策。西方限制性定价理论主要研究了静态限制性定价、动态限制性定价和不完全信息下的限制性定价三种方式。

3.3.2 并购行为

企业并购是经营者集中的手段之一。两个或两个以上企业在一个所有者或控制者的主导下结合成一家企业的行为,就是企业并购行为,它包括兼并和收购两个方面。企业兼并是指两家或两家以上的独立企业合并为一家企业;企业

---

① 这里仅对企业的定价行为和并购行为做简单的一般性介绍,详细分析请见本书的第 12 章和第 14 章。

收购是指一家企业通过某种方式取得另一家企业的全部或大部分资产或股份，从而取得另一家企业的控制权的交易行为。

企业从事并购行为是出于一系列战略和战术的原因。一般而言，企业并购的动机包括以下几个方面：（1）提高市场份额，获取市场支配力量。企业通过并购活动可以直接减少竞争对手，提高企业的市场份额，获得某种程度的市场支配力量，既可以使企业保持竞争优势，又可以为企业带来垄断利润。（2）追求规模经济和范围经济。企业可以通过并购扩大生产规模，增加产量，降低单位产品的成本，获得规模经济。企业通过混合并购可以实现多元化生产，在多个相关产业中获取协同效应，实现范围经济。（3）获得互补性的资源和技能。在市场竞争中，企业发展所需的一些战略性的资源或技能很难通过市场交易获得，通过并购行为可以将市场交易内部化，获得原材料、技术、熟练劳动力、生产工艺等资源要素的稳定供给。（4）获取协同效应。多家企业之间的并购或联合可以在业务、财务、管理等领域产生协同效应，带来成本节约或其他额外收益。（5）降低或避免经营风险。企业通过并购实现产品和市场的多元化可以减少收益的不确定性，降低或避免经营风险。

按照并购双方的产业特征可以将并购划分为横向并购、纵向并购和混合并购三种。横向并购又称为水平并购，是指处于同一行业中的生产相同产品或提供相同服务的企业之间的并购活动，属于竞争者之间的并购。纵向并购也称为垂直并购、纵向一体化，是指处于生产同一产品不同生产阶段的企业之间的并购。企业通过纵向并购可以获得被并购企业的同时得到所需的资源，也可以通过纵向并购达到进入某一新行业的目的，完成企业纵向扩张。纵向并购包括前向并购（前向一体化）和后向并购（后向一体化）两种形式。前者是指生产原材料的企业通过并购向经营或二次加工领域拓展业务，或者一般制造企业通过并购向经营流通领域拓展业务；后向一体化是指装配或制造企业通过并购向零部件或者原材料市场等领域拓展业务。混合并购是指既非竞争对手又非现实中或潜在的客户或供应商的企业之间的并购，它包括三种形态：（1）在相关产品市场上企业之间的产品扩张性并购；（2）对尚未渗透的地区市场同类产品的企业进行市场扩张性并购；（3）生产和经营彼此间毫无关联的产品或服务的企业之间的纯粹混合并购。

3.3.3　创新行为

企业创新行为对市场竞争的影响带有两面性：垄断性市场上的潜在进入者或中小企业的创新将有利于打破垄断，促进市场竞争；竞争性市场上，如果有某家企业通过创新获得了明显的成本优势，那么它将利用成本优势略微降低自己的产品价格,吸引更多的需求,进而逐步消灭竞争对手,产生垄断势力。尤其是能够大幅降低成本又难以模仿的创新,一旦被潜在进入者实现,将对在位企业形成毁灭性打击,迫使在位者退出市场,新的垄断者取代了原有企业。

1. 熊彼特假说及其争论

20 世纪 70 年代以前,西方传统产业组织理论(TIO)中技术创新思想的研究主要集中于企业规模、市场结构与技术创新之间的关系上。长期以来,围绕这一问题的理论研究和实证检验存在着明显的分歧和激烈的争论。熊彼特(1942,1950)首创了关于市场结构对技术创新影响的现代研究,并将注意力集中于分析产业组织在科技进步中所扮演的角色上。他认为在市场经济条件下,与企业家、发明家个人相比,大企业的研究组织正成为技术创新的主体;保证进行技术创新的企业拥有一定的寡占性市场支配力,是保证研究开发诱因存在的不可或缺的手段。从这一观点出发,熊彼特引出了两条著名的假说,即熊彼特假说(Schumpeter's Hypotheses):①企业规模越大,技术创新就越有效率,也就是说,大企业比小企业更具创新性;②技术创新与市场集中度之间存在正相关性,在保证技术创新成果方面,市场支配力是必需的。同时,熊彼特也提出了支持其假说的论据:第一,垄断或大企业能够承担创新风险,而且市场权力允许其将创新行为的回报据为己有,对创新带来垄断利润的预期成为创新的激励机制,因而技术创新需要大企业的存在;第二,超额垄断利润的实现为技术创新投资提供了必要的资金,完全竞争下的小企业不可能为技术创新支付最佳费用,也就是说,大企业比小企业更有能力支持有风险和"野心勃勃"的研发计划;第三,技术创新是竞争的一个要素,大企业的引进并不消除竞争,反而因追求创新而增进了竞争,竞争的结果必然走向垄断。

熊彼特之后,对企业规模、市场结构与技术创新关系的研究大体上可以分为两大类:一类是支持熊彼特假说,认为企业规模、市场集中与技术创新之间存在正相关性;另一类是否定熊彼特假说,认为企业规模、市场集中与技术创新之间存在负相关性或不存在相关性。20 世纪 60 年代,霍洛维茨(Horowitz,1962)、汉伯格(Hamberg,1964)、科马诺(Comanor,1967)等学者通过研究发现,技术创新与企业规模之间存在微弱的正向关系,证实了熊彼特假说。70 年代,加尔布雷斯(Galbraith,1972)、弗里曼(Freeman,1974)等人的研究也表明,大企业在技术创新中占有十分重要的地位,拥有垄断力量的大企业比小企业更具创新性,更有可能提高产业技术水平。大型垄断企业所得利润是研发经费的主要来源,而这一点导致这些企业在创新上的卓越地位。这些学者通过大量实证研究,找出了支持熊彼特假说的依据:一是资本市场的不完善使得大企业在获取具有风险的研发计划的金融支持方面具有优势;二是技术创新中存在规模经济；三是大规模的创新者能够通过大量销售额分摊创新的固定成本，因而技术创新的回报率更高；四是大企业的创新活动具有更高的生产率，这种较高的生产率作为研发活动与其他非生产性活动（如市场开拓、金融计划等）相互促进和补充而产生的一种结果，在大企业能够得到更好的发展。

谢勒（Scherer，1965）、曼斯菲尔德（Mansfield，1968）的早期研究得出了否定熊彼特假说的结果，他们没有发现企业规模与创新行为之间的正向关系。相反，谢勒发现，超过了一定临界点后，规模和创新之间具有负相关性，一些学者将这种关系称为"倒U字形假说"。而邦德（Bound，1984）等学者通过对大量的美国企业数据分析发现，研发密度与企业规模之间的关系是先下降，再上升，得出了"U字形假说"。他们发现，小企业与大企业一样，都具有比中等规模的企业更多的创新行为。克里诺和瑟布（Cremer and Sirbu，1978）运用法国企业数据、帕维特等（Pavitt et al.，1987）运用英国企业数据，都得出了相同的结论。而谢勒（1984）则指出，在美国小企业是更加重要的创新来源。20世纪80年代中后期以来，大量的实证研究也没有发现规模与技术创新之间的线性的正相关关系（Cohen et al.，1987；Holmes et al.，1991）。

市场结构与技术创新之间的关系是熊彼特假说的另一个重要支柱。在对这一关系进行实证研究方面，同样存在着截然相反的两种观点。霍洛维茨（1962）、汉伯格（1964）、凯夫斯和尤库萨（Caves and Uekusa，1976）等对市场集中度与研究开发之间的关系进行了大量实证研究，发现二者之间存在正的相关关系，支持了熊彼特的观点。但是，阿罗（1962）、费尔纳（Fellner，1951）等学者认为，与寡占性的事前市场结构相比，竞争性的事前市场结构能够产生更大研究开发诱因。威廉姆森（1965）、波兹曼和林克（Bozeman and Link，1983）、穆克浩帕戴伊（Mukhopadhyay，1985）等人的实证研究结果支持了阿罗等人的观点。对熊彼特假说的实证检验出现"明显混乱的结果"（Cohen and Levin，1989），原因是多方面的：一是主要变量度量的困难。技术本质上是一种信息，如何度量技术创新和技术进步，一直是困扰学者们的一个基本问题。二是产业差别对实证结果的影响。不同的产业之间具有不同的需求条件、技术的可独占性以及技术机会，不同学者运用不同产业数据进行回归分析，得出的结果必然有较大差异，并且这种差异往往不是因为规模的差异而产生。三是数据的非随机性。数据难以随机获取，大部分样本具有高度的非随机性，因而实证结果带有一定的局限性。四是市场集中度与技术创新都是模型的内生变量，它们之间存在高度相关性，在进行回归分析时可能产生统计学上的多重共线性（Multicollinearity）问题。

2. 产业特性、市场力量与技术创新

20 世纪 70 年代以后,随着传统产业组织理论及其 SCP 范式的衰落,新产业组织理论(NIO)迅速崛起。新产业组织理论学派在技术创新理论的研究中逐渐淡化对熊彼特假说的争论,开始注重需求条件、技术机会、可专用性条件等产业特性和市场力量对技术创新影响的研究(Cohen and Levin,1989)。正是由于不再拘泥于熊彼特假说的实证检验,产业组织理论在技术创新理论方面的研究视野豁然开朗,技术创新思想得到较快发展。

(1) 产品市场需求。关于什么是创新活动的主要牵引力问题,西方产业组织理论存在两种观点:一种观点认为技术能力和科学知识是创新活动的主要推动力,称为"技术推动(Technology-push)假说";另一种观点认为,市场需求是决定创新活动速率和方向的主要因素,称为"需求拉动(Demand-pull)假说"(Schmookler,1966)。市场经济中产业间需求条件的差异直接影响创新活动的激励强度,特别是在新经济条件下,表现更加明显,技术创新和产品的更新换代很大程度上是由市场需求导向的。产业间市场需求的差异由市场规模大小和需求的价格弹性两个方面构成。因此,研究市场需求对技术创新活动的影响,有两个主要方面需要特别注意:一是市场的大小,既可以用规模参数静态衡量,也可以用增长率变量动态考察;二是需求的价格弹性,它会影响研发投入的边际回报率。需求弹性越大,从减少生产成本中所获的收益就越大;反之反是。

(2) 技术机会。产业组织理论中的技术机会(Technological Opportunity)是指,由研究开发资源的投入而产生的可利用潜在生产边界的集合。通俗地说就是,每一个企业或产业对其所面临技术的潜在可利用程度。对于技术机会的实证研究,面临两大难题:一是对于企业而言,特定的技术机会可能因时代、国家或者产业等的不同而存在较大差异;二是技术机会的度量问题。一些学者试图运用代理变量来解释创新活动中的技术机会,如科技人员、研发经费、专利、利润等。这些变量便于衡量,用于实证分析能够使复杂问题简单化,当然同时也将带来解释力和准确性的问题。迈克尔·冯(Michael Fung,2002)在度量技术机会时,采用知识的溢出效应(Knowledge Spillovers)、企业间研究活动的交迭(Inter-firm Research Overlap)和研究范围(Scope of Research)等三类综合性指标作为解释变量,并通过对计算机、化学和电力等三个产业的实证研究发现,研究活动中没有规模经济现象,技术机会对提高研究效率具有正向作用。

(3) 可专用性条件。可专用性条件(Appropriability Conditions)指的是持续排除模仿并能够排他性地利用技术知识的程度。它是研发诱因的决定因素之一，与技术的普及和模仿速度负相关。技术创新过程中，若事后模仿较为容易，就存在研究开发诱因由此变得很不充分的可能性。因而，从法律上保证事后寡占（事后市场力量）就是专利制度的目的。但是，专利制度是否能够提高技术的可专用性和促进技术创新，至今尚未得到明确的结论。从理论的角度证明，若可专用性程度提高，则会增加对研发的投资，但是若在与此同时的漏出（Spear Over）效果持续降低的情况下，就有可能使研发的绩效恶化。在实践中，企业除了申请专利保护外，所使用的专用化手段还包括杰出的销售努力、学习效果产生的成本降低、营业秘密的维持等。

虽然在历史文献和案例研究中，市场需求、技术机会和可专用性条件这三类变量的重要性已经得到公认和举证，但是经济学家们在详细说明和量化它们的影响方面，仍然没有取得进展。主要原因有：一是相对忽视了企业规模和市场结构的效应，二是对本应概念化和可操作定义的技术机会和可专用性条件这两类变量缺乏准确的理解，三是即使是这些变量有了明确定义，它们对技术创新的影响也有了明确假定，实证研究所需的数据通常难以获得，即使获得，数据的可靠性也难以得到保证。

（4）市场力量与技术创新。产业集中度是衡量市场力量的重要指标之一，市场力量与技术创新活动之间的关系比较复杂。不少实证研究发现，市场力量与研发投入之间是正相关关系（Cohen and Levin, 1989），而与创新产出是非正向关系（Brouwer and Kleinknecht, 1996）。这是因为，集中度较高的市场具有较高的价格—成本边际（Price–Cost Margins），吸引在位企业和潜在进入者更多地进行研发投入，但是高集中度往往导致研发投入中的效率损失。也就是说，集中度越高的产业，研发投入越多，但是创新产出只是相当于甚至少于集中度低的产业。这就意味着，一方面，当竞争程度较低时，企业在研发方面的花费要高于最有效率的水平；另一方面，相对于大企业而言，小企业为了生存，成本意识更强，研发效率更高（Vossen, 1999）。

技术创新的目的主要有两个：一是通过技术创新设计生产出新产品，称为产品创新（Product Innovation）；二是通过技术创新改进生产工艺，提高生产效率，节约生产成本，称为生产创新（Process Innovation）。通常用价格—成本边际的提高来表示创新动机和收益。也就是说，价格—成本边际越高，企业的创新动机就越强烈，创新的收益就越大。第一，在生产创新中，企业价格—成本边际的提高来自于生产成本的下降。只要创新不被竞争对手模仿，企业将不断从较高的价格—成本边际中获益。第二，在产品创新中，价格—成本边际上升，是由于购买者愿意为新的产品特性付出更多而导致价格上升。这种受益过程一直持续到新产品特性被竞争对手模仿。实证研究显示，企业规模对产品创新和生产创新的影响是不一样的。生产创新与规模的相关性要高于产品创新与规模的相关性（Fritsch and Meschede，2001），即生产创新和产品创新具有不同的规模弹性（Size Elasticity）。在研发投入的分配中，企业的规模越大，用于生产创新的投入的比例越高，用于产品创新的比例越低。这就意味着，小企业将花费更高比例的研发投入用于产品创新。也就是说，在两类创新中，产品创新更适合于用作小企业进入市场的工具。

（5）技术创新效应：替代效应与产品惯性效应。由于垄断者进行技术创新是一种"自我替代"，同一企业创新前与创新后的产品之间具有竞争性，是一种自我竞争；而竞争性企业通过技术创新有望成为垄断者。因此，撇开任何策略考虑不讲，垄断者来自创新的所得要少于竞争性企业。一个垄断者总是容易"吃老本"，这一特性被称为"替代效应（Replacement Effect）"。"替代效应"是阿罗（1962）在说明竞争性市场结构更有利于技术创新时首先提出来的，蒂诺尔（Tirole，1988）在解释这一范畴时给出了一个严格的数理推导。"产品惯性效应（Product Inertia Effect）"是指，在竞争性企业进入后，原垄断企业竞争性地供给原有产品（Old-product），由于原有产品与新产品之间具有替代性，原有产品的大量供给减少了新产品供给者的利润，这样就使得竞争性市场中的创新相对减少吸引力，降低了潜在竞争者的创新动机。"产品惯性效应"是原有产品垄断者在采用新产品时，将外部性内部化的一种策略。在垄断市场中，垄断者要么被保护，要么被威胁。前者称为被保护垄断，只有垄断者能够参与技术创新；后者被称为被威胁垄断，所有企业都可以参与技术创新。在一个纵向差异化市场（Vertically-differentiated Market）中，被保护垄断的替代效应和产品惯性效应正好抵消。这意味着，竞争和被保护垄断提供相同的创新动机；而被威胁垄断所提供的创新动机要大于竞争性市场，这与阿罗（1962）关于市场结构与生产创新关系的结论截然相反。

3. 技术创新与垄断市场结构的可维持性

20世纪80年代以来，一批有着良好微观经济学理论素养和数学基础的经济学家，开始运用微观经济学的最新理论成果对专利竞赛（Patent Competition）、新技术的策略性采用（The Strategic Adoption of New Technology）、创新的时序选择（The Timing of Innovation）、技术变迁与网络效应（Technology Change and Its Network Effect）、技术创新与产业动态（Technology Innovation and Industries Dynamics）等问题进行研究，丰富了技术创新思想的理论内容，同时也开辟了技术创新研究的新视角（Tirole，1988）。

（1）技术创新的时间选择。技术创新既依赖于新技术的发明，也依赖于新技术的采用。每一项技术创新在时间选择方面，都面临着发明、采用、发展和扩散的问题。垄断企业发明的最优时机是当发明产生的节约等于初始投资产生的其他不同收入的现值的时候（Reinganum，1989）。也就是说，应在（由专利使用费产生的）边际收入增大至足以支付先行利息的边际成本时进行发明。无论是竞争性企业还是垄断企业，当它们面临专利竞赛时，它们的发明速度要快于没有专利竞赛时的速度。这是因为：如果垄断企业首先做出发明，它就维持了它的垄断力量；如果潜在竞争对手首先做出发明，它就能够与在位企业进行竞争，有可能产生双头垄断。因此，专利竞赛的报酬是非对称的：垄断企业若不能首先发明的话，其损失比其竞争对手的损失要大。竞争对手仅损失它的研发支出，而垄断企业的损失不仅包括研发支出，而且包括一部分垄断利润。从以上分析可以看出，垄断企业不仅在意自己是否创造或完成新的发明，更加在意自己的竞争对手是否创造或完成新的发明。在很多情况下，如果垄断企业首先做出发明，它可能让发明成为"沉睡专利（Sleeping Patens）"。也就是说，垄断企业可能为了防止其他任何人申请专利而先申请相关产品的专利，却不急于采用这一专利，在它认为是适当的时机采用，以维持它的市场力量。这样，垄断企业就利用它的充分领先的地位，阻止了专利竞赛。专利不被垄断企业立刻采用有两个原因：一是垄断企业可能期望需求的增长，不愿意在形成足够的需求之前沉淀采用成本；二是企业可能期望采用成本下降，或者新技术的不确定性下降（Tirole，1988）。

（2）先占专利与垄断市场结构的可维持性。先占专利（Preemptive Patenting）就是在位垄断企业在潜在进入者之前通过专利竞赛获得替代产品的新技术专利。吉尔伯特和纽伯里（Gilber and Newbery，1982）通过一个简单的先占专利模型证明，在确定性条件下，拥有垄断力量的在位企业具有获得先占专利以保持垄断力量的动机。在位企业获取先占专利的动机来自于专利所带来的垄断利润与允许竞争者进入时获得利润之间的差额的大小。差额越大，垄断者取得先占专利的动机就越强。如果潜在竞争者理性预期到专利竞赛将导致产业利润的消失，那么潜在竞争者将不进入该产业，垄断者能够维持其垄断地位，市场结构不发生变化。如果潜在竞争者预期通过技术创新和专利竞赛能够获得产业利润，那么潜在竞争者将通过加大技术创新力度，进入该产业，垄断者难以维持其垄断地位，市场结构将发生变化。

垄断市场结构的可维持性与在位企业获取先占专利的可信度有关（Gilber and Newbery，1982）。如果潜在竞争者知道垄断者在专利竞赛中的策略是理性的，也就是说，垄断者通过在竞争性进入发生之前申请专利能够使自身利益最大化，那么，通过专利竞赛的进入就不会发生。这时，先占专利是可置信威胁。由此可见，可置信威胁存在的前提条件是，垄断者能够根据潜在竞争者的研发投入情况加快自身的研发行为而不招致明显的附加成本。在先占专利的可置信威胁存在的情况下，潜在竞争者的行为将不会改变垄断者的行为，垄断者将按照进入被阻止的情况投入研发活动，没有必要加快研发进度，取得先占专利；潜在竞争者不投入研发活动和专利竞赛，因为他们知道，如果任何竞争者参与专利竞赛，垄断者加快研发是理性行为。相反，如果垄断者为应对竞争者的技术创新，加速研发活动而招致大量附加成本，那么潜在竞争者可能通过技术创新进入。这时，垄断者被迫使用先占威胁，通过获取先占专利阻止潜在竞争者通过技术创新进入。在这种情况下，先占威胁能否维持垄断地位取决于加速研发增加的成本（即获取先占权的成本）与潜在竞争者进入后带来的利润损失之间的比较。如果竞争者进入后带来的利润损失超过了获取先占权的成本，垄断者使用先占威胁就是理性行为，这种先占威胁就能够维持垄断地位。如果加速研发的成本足够高，使得获取先占权是不理性的行为，那么潜在竞争者将继续创新活动，垄断者难以通过获取先占威胁保持垄断地位，市场结构将发生变化（Vossen，1999）。

（3）不确定性条件下的技术创新与垄断市场结构的可维持性。技术创新中的不确定性包括发明过程、发明性质和市场的不确定性，竞争者的竞争策略和在位者反应方式的不确定性等（Gilbert and Newbery，1982）。发明过程的不确定性主要是指发明时间并不是研发费用的确定性函数，研发费用的投入并不一定能够导致预期的结果，创新过程是随机的。发明性质的不确定性主要是指由于竞争者所采取的策略不同，发明所取得的新技术的价值是不确定的。市场的不确定性是指技术创新的市场前景是不明朗的，市场的变化可能改变技术创新的未来收益。若格门（Reinganum，1982）构建了一个技术创新博弈模型来分析不确定性条件下的技术创新与垄断市场结构的可维持性。若格门发现，在不确定性技术创新的纳什均衡中，在位企业的投入比竞争者少，而且不确定性越强，在位企业的投入越少。这是因为在位企业的技术创新的过程是一种"自我替代"的过程，不确定性越强，在位企业实现"自我替代"的成本就越高，动机就越小。因此，在不确定性条件下的技术创新中，垄断市场结构往往难以维持。由于信息的不对称，技术创新活动总是存在不确定性，因此可以说，技术创新具有打破垄断的天然特性，是促进产业组织优化的内在动力（Fritsch and Meschende，2001）。在不确定性条件下，竞争者通过两种途径影响技术创新：一是自己的创新活动；二是刺激在位者增加创新投入。正因为如此，在一些重要的创新活动中，竞争者能够做出与其实力不相符的贡献（Scherer，1980）。如果只有一个竞争者通过技术创新成功进入市场，那么完全垄断的市场结构将转变为双寡头垄断市场结构，市场将趋于双寡头的古诺均衡；如果有多个竞争者成功进入,市场结构将转变为寡占竞争型市场结构,市场将趋于多企业的古诺均衡。

3.3.4 广告行为

广告是厂商的一种促销行为,可以向消费者传递关于价格、质量、性能、用途等方面的信息。广告既有可能向消费者传达一些真实的信息,也可以让消费者形成一些模糊的认识,还可以为产品塑造良好的形象。

广告的内容取决于消费者能否在购买之前确定产品的质量。经济学根据消费者能否在购买之前确定产品的质量,将产品分为搜寻商品和经验商品两类。如果消费者能通过检查在购买之前确定产品质量,则该商品属于搜寻商品。例如,服装、家具等,其主要性质可以通过视觉或触觉检查而确定。如果消费者必须通过消费产品以确定它的质量,则该类商品就是经验商品。例如,食品、药品、医疗服务等,其主要性质需要消费者在消费后才能获知。对于搜寻商品,厂商会提供其产品性质的直接信息;而对于经验商品,传递的最重要信息就是广告本身,这类广告希望消费者能通过广告的频繁出现而推测出厂商生产产品的质量和知名度,营造和提升厂商的声誉。

经济学家常将广告分为信息型广告和说服型广告两类。前者主要是描述产品的客观性质;后者主要目的是改变消费者的品位和偏好,或者改变消费者对产品的观念。一般而言,搜寻商品的生产者更有可能使用信息型广告,而经验商品的生产者更有可能使用说服型广告。广告行为是厂商为了实现利润最大化目标而实施的市场行为,几乎所有的广告都是为了促进对厂商所生产产品的需求而设计的。厂商在决定是否做广告、做多少广告时,会权衡广告带来的额外支出和因广告而增加的利润之间的大小。如果利润上升得比广告支出多,就会继续增加广告。一家利润最大化厂商根据以下原则确定最优广告支出水平:厂商通过使广告的边际成本等于边际收益而使利润最大化。通俗地说,就是厂商花在广告上的1元钱所带来的利润,扣除广告成本后正好是1元钱。这一原则与经济学中的边际决策原理也是一致的。不过,这里没有考虑广告可能带来的无形资产(例如,品牌知名度)的增加。多夫曼和斯坦纳(1954)推导了最优广告支出应该满足的条件[1]:

$$\frac{am}{PQ} = \frac{\eta}{\varepsilon}$$

---

[1] Dorfman, R. and P. O. Steiner, Optimal Advertising and Optimal Quality. *American Economic Review*, 1954, 44, pp. 826–836.

上式中，a 表示广告信息发送的数量，其单位成本为 m，am 就是厂商的广告费支出；P 为产品价格，Q 是厂商的需求，PQ 就是厂商的销售收入；ε 是需求的价格弹性的绝对值，η 是需求的广告弹性，且：

$$\eta = \frac{\partial Q/\partial a}{Q/a}$$

以上关于最优广告支出的条件被称为多夫曼—斯坦纳条件，它表明，拥有市场势力的厂商，通过选择价格和广告费支出水平以使广告费支出占销售收入的比重正好等于需求广告弹性和需求价格弹性的比率，来实现最大化利润。从多夫曼—斯坦纳条件可以看出，需求价格弹性越小，企业花费在广告上的支出就应越多；需求的广告弹性越大，厂商花费在广告上的支出就应越多。

关于广告是否会损害社会福利，经济学界还存在争论。一些经济学家认为，广告会增加竞争并促进福利；一些经济学家认为，广告会提高厂商的市场势力，增强企业将价格提高到成本以上的能力，帮助厂商获得超额利润；还有一些经济学家认为，过度广告的额外支出最后还是会转嫁到消费者身上，侵蚀消费者剩余。已有经验研究表明，提供相对价格信息的广告倾向于降低市场价格（Smallwood and Conlisk，1979）。如果价格相对较低的厂商为它们的价格做广告并吸引了更多的消费者，那么这些厂商的规模会增加而使市场平均价格下降，社会福利增加。在某些市场上，消费者不能分辨高质量和低质量产品，厂商出售高质量产品可能无利可图。这时，如果厂商通过广告显示高质量，就会解决"劣币驱逐良币"问题。迪克西特和诺曼（Dixit and Norman，1978，1980）和格罗斯曼和夏皮罗（Grossman and Shapiro，1984）等学者对市场上是否存在过度广告问题进行了研究。他们认为，广告带来的福利变化等于垄断者的利润增加减去消费者的额外支出，盈利性是额外广告增加福利的必要条件，但不是充分条件；在差异化产品市场上是否存在过度的信息型广告取决于特定环境，但过度的说服型广告具有反竞争性，可能造成进入壁垒。导致虚假的产品差异化和较高价格的广告对消费者是有害的，尤其是虚假性的说服型广告，具有明显的反竞争性，更应被禁止。

3.4 市场绩效

市场绩效是指在特定市场结构下通过特定市场行为使某一产业在价格、成本、产量、利润、产品质量、品种、技术进步等方面达到的最终经济成果。它反映了特定市场结构和市场行为条件下市场运行的效率和所导致的福利效果。

衡量市场绩效的指标较多，可以分为微观指标和中观综合类指标两大类。微观类指标包括收益率、勒纳指数、托宾q、贝恩指数等，中观综合类指标包括技术进步率、资源配置效率、规模结构效率、X–非效率等。

3.4.1 收益率指标

收益率是指单位投资所获得的经济利润。其计算公式为：

$$r = \frac{\text{收入} - \text{劳动力成本} - \text{原材料成本} - \text{折旧率} \times \text{资本价值}}{\text{资本价值}}$$

上式等号右侧的分子是净收入，收益率等于净收入除以资本价值。在完全竞争市场中，资源配置效率最优，该市场上所有企业都只能获得正常利润，且不同产业的利润水平趋于一致。因此，产业间是否形成了平均利润率是衡量社会资源配置效率是否达到最优的一个最基本的定量指标。对于某个产业而言，如果收益率相对越高，则意味着该产业获取了越多的超额利润，市场就越偏离完全竞争状态，资源配置效率就越低；反之，如果收益率接近于正常利润率，市场就越接近完全竞争状态，资源配置效率就越高。也应注意到，影响收益率的因素除了市场势力以外，还包括需求变动、风险报酬、技术创新、成本波动等，完全依赖收益率指标来衡量市场绩效具有一定的局限性。

3.4.2 勒纳指数

勒纳指数又称为价格成本加成，它是衡量市场绩效和市场势力的常用指标。其计算公式为：

$$L = \frac{P - MC}{P} = \frac{P - MR}{P} = \frac{P - P\left(1 + \frac{1}{\varepsilon}\right)}{P} = 1 - \left(1 + \frac{1}{\varepsilon}\right) = \left|\frac{1}{\varepsilon}\right|$$

上式中，L为勒纳指数，P为市场价格水平，MC为边际成本，MR为边际收益，ε为需求的价格弹性。在完全竞争市场中，长期均衡的条件是价格等于边际成本，勒纳指数等于0，这时满足帕累托最优条件，资源配置效率最高，社会福利最大。勒纳指数在0和1之间变动，数值越大表明价格偏离成本的幅度越大，意味着市场势力越大，市场竞争程度越低，资源配置效率就越低。反之，勒纳指数的数值越小，表明价格对边际成本偏离程度越小，意味着市场势力越小，市场竞争程度越高，资源配置效率就越高。也应注意到，勒纳指数反映的是当市场存在垄断势力时价格偏离边际成本的程度，它无法反映企业为了谋取垄断地位而采取策略性行为导致的资源配置效率损失。采用勒纳指数衡量市场绩效时，也应注意到其局限性。

3.4.3 托宾q

托宾q也称为托宾q比率或托宾q系数，它是经济学家托宾于1969年提出的用于投资决策的一个参考变量，后来经济学家将其作为衡量市场绩效的一个指标。托宾q是指一家企业资产市场价值与这家企业资产的重置成本的比率。企业的市场价值等于其公开发行或售出的股票价值或债券价值。托宾q的计算公式为：

$$q = \frac{SV + BV}{RC}$$

上式中，SC表示企业的股票价值，BV表示企业的债券价值，RC表示企业的资产重置成本。托宾q值根据企业资产价值的变化来衡量市场绩效的高低。当q>1时，说明企业以股票和债券计量的市场价值大于以当前市场价格评估的资产重置成本，意味着企业在市场中能够获得超额利润。q值越大，企业获得的超额利润就越大，社会福利损失就越大，市场绩效就越低。反之反是。计算托宾q值，需要准确计算企业的市场价值和重置成本。企业的市场价值较为容易计算，但企业的资产重置成本的计算比较复杂，并且企业的无形资产也很难估算。

3.4.4 贝恩指数

贝恩指数是哈佛学派代表人物贝恩提出的通过经济利润来测量市场势力大小的指标。贝恩认为，在一个市场中，如果持续存在经济利润，就可以判定该市场存在垄断因素，贝恩指数的计算公式为：

$$B = \frac{\pi_\beta}{\tau}$$

上式中，B就是贝恩指数，π_β是经济利润，τ是投资额。贝恩所指的经济利润不同于会计利润，其计算公式为：

$$\pi_\beta = 总收益(R) - 当期成本(C) - 折旧(D) - 投资收益(\tau i)$$

贝恩指数计算较为简单，数据易得。然而，并非所有的垄断者都能获得经济利润，即使是一个完全垄断者，当它面临产品需求不足或较强进入威胁时，也无法获得经济利润。所以贝恩指数具有一定的不确定性，这是因为虽然持续的经济利润意味着垄断势力的存在，但没有经济利润不一定意味着不存在垄断势力。

3.4.5 X-非效率

X-非效率理论也称为内部低效率理论，它也是衡量市场绩效的一个指标。X-非效率理论认为，垄断性大企业由于外部市场竞争压力小，内部组织层级多、机构庞大，加上所有权与控制权分离导致的委托代理问题，使得它们往往并不追求成本最小化，出现效率损失，这种现象被称为 X-非效率。列宾斯坦（1966）用经济效率（EE）来表示 X-非效率，它受到市场环境（ME）和企业组织（EO）的影响，它们之间存在以下关系：

$$EE = f(ME, EO)$$

上式表明，经济效率是市场环境和企业组织的函数；在市场环境为给定的情况下，经济效率取决于企业组织适应环境的能力。X-非效率这一概念本身就反映了市场绩效的低下，导致效率低下的原因是垄断组织具有"惰性"，在没有竞争压力的市场环境中失去了提升市场绩效的动力和能力。

3.4.6 产业的资源配置效率

产业的资源配置效率是一个对市场绩效进行综合评价的指标，它衡量的是资源配置的有效性，从消费者的效用满足程度和生产者的生产效率高低等两个维度来考察资源的利用状态。一般而言，市场竞争越充分，资源配置的效率就越高，完全竞争市场能够实现资源配置的最优状态；反之，市场垄断程度越高，资源配置效率就越低。

3.4.7 产业的规模结构效率

产业的规模结构效率反映的是产业经济规模和规模效益的实现程度。产业的规模结构效率与基于产业内部单个企业的规模经济水平密切相关，也反映出产业内企业之间的分工协作水平的程度和效率。与产业的规模结构效率相关的一个概念是最低经济规模（Minimum Efficient Scale，MES），它是指一家企业的最小最优经济规模，也就是长期平均成本最小时的最小产出水平。衡量某个产业的规模结构效率可以从三个方面进行：一是用 MES 企业产量占行业全部产量的比例来反映产业内经济规模的实现程度；二是用实现纵向一体化的企业的产量占产业链各阶段产量的比例来反映经济规模的纵向市场程度；三是通过考察产业内是否存在剩余生产能力来反映产业内规模能力的利用程度。MES 企业产量占行业全部产量的比例，也叫作达到 MES 的企业的生产集中度。该集中度越高，表明相应产业已经实现了产业规模经济水平的理想状态，主要生产企业都是达到最低经济规模的企业，资源配置效率较高。

3.4.8 产业技术进步程度

产业技术进步是指产业内的发明、创新和技术扩散的过程，是技术在合目的性方面取得的进化与革命。产业技术进步反映了一个产业内部的动态经济效率，它是衡量经济绩效的重要指标之一。技术进步包括发明、创新和扩散三个阶段，其涵盖的内容包括：人的劳动技能的提高、采用新机械设备和对旧设备的更新改造、采用新工艺或对旧工艺进行改进、采用新原料、采用新能源、生产前所未有的新产品或对原产品的改进提升、采用新设计、降低生产消耗等。技术进步既是评价市场绩效的重要指标，也是市场绩效的来源。

3.5 SCP 范式及其演化

上文分别分析了市场结构、市场行为与市场绩效，本节将分析结构、行为、绩效之间的关系以及围绕三者之间的关系不同流派之间的分歧与争议。

产业组织理论（Theory of Industrial Organization）是20世纪30~40年代诞生、40~50年代发展起来的一门新兴的应用性经济理论。其核心问题是运用微观经济学理论分析现实中的市场、产业和市场中企业之间的竞争与垄断关系，研究制约和发挥价格机制作用的现实因素和条件，最终为政府制定旨在提高市场运行效率的公共政策提供依据和指导。从纵向考察，主流产业组织理论可以分为两个阶段，第一个阶段是20世纪70年代以前的传统产业组织理论（Traditional Industrial Organization，TIO），第二个阶段是20世纪70年代以后的新产业组织理论（New Industrial Organization，NIO）。

传统产业组织理论可以上溯至马歇尔（A. Marshall），但真正成为一门比较完整的理论体系，还应该首推美国哈佛大学的梅森（E. S. Mason）和他的学生贝恩（J. S. Bain）。他们以哈佛大学为中心，联合一批青年经济学家成立了产业组织研究小组，创立了产业组织理论的哈佛学派（School of Harvard）。哈佛学派在吸收马歇尔、张伯伦（H. Chamberlin）、罗宾逊（J. Robinson）等人对市场结构的早期研究，伯尔（M. Berle）、米恩斯（G. C. Means）等人对市场力量集中的非竞争性价格变化的实证研究，勒纳（A. Lerner）等人对垄断程度指标的探索，以及克拉克（J. M. Clark）等人对"有效竞争"概念及度量标准研究的基础上，以实证研究为主要手段把产业分解为特定的市场，并从结构、行为、绩效三个方面对这一市场进行深入分析，形成了产业组织理论的第一个理论范式，即市场结构（Market Structure）—市场行为（Market Conduct）—市场绩效（Market Performance）的分析框架，简称为 SCP 范式（SCP Paradigm）。SCP 范式的形成，标志着西方传统产业组织理论的完善与成熟，产业组织理论因此而成为一门相对独立的经济学科。SCP 范式既适合于对单个产业的案例研究，也适合于对产业间的研究，特别是 20 世纪 60 年代中后期，随着在经济计量学方面受过良好训练（或匆忙武装起来）的新一代学者的出现，也由于电子计算机和经济计量软件的迅速普及，利用 SCP 模式进行横截面数据回归分析，一时几乎成为产业组织问题研究的时尚（卡布尔，2000）。

SCP 范式认为，产业组织理论包含三个基本范畴，即市场结构、市场行为和市场绩效，市场上的基本条件决定了市场结构，市场结构决定市场行为，市场行为决定市场绩效。基本的市场条件包括供给和需求条件，其中供给方面的因素包括原材料、技术、工会、产品的耐用性、企业制度、法律框架等，需求方面的因素包括价格弹性、产品替代性、增长率、周期性和季节性因素、购买方式、销售渠道等。市场结构因素主要包括规模经济、市场集中度、产品差异化、技术状况、进入壁垒、成本结构、纵向一体化、多样化经营、市场增长率和反垄断政策等。市场行为包括企业的定价行为、串谋行为、掠夺行为、排他行为、价格歧视、销售战略和广告、研究与技术革新、投资行为、并购行为等。市场绩效包括生产效率、利润率、销售成本、技术进步、产品绩效、充分就业、环境保护等。哈佛学派的 SCP 范式主要侧重于市场结构与市场绩效之间的关系，并通过对美国产业组织的实证分析证实了市场结构对市场绩效的稳定影响。该学派认为，市场集中度越高，大企业获得超额垄断利润的能力就越强，所获得的利润率也越高；垄断会导致一系列社会福利损失，影响收入分配，导致社会分配不公。因此，反垄断政策应重点关注垄断的市场结构，及时拆分具有高集中度的垄断大企业。

20 世纪 60 年代，SCP 范式发展到其鼎盛时期，不但影响了整整一代经济学者，而且对政府决策者制定公共政策也产生巨大影响。同时，它也成为理论界和经济界讨论与批评的热点。其中，最为激烈和有力的批评来自芝加哥大学的经济学家们，包括斯蒂格勒（J. Stigler）、德姆塞茨（H. Demsetz）、波斯纳（R. Posner）和布若曾（Y. Brozen）等人。他们在与哈佛学派论战和对 SCP 范式批判中，提出了独自的竞争理论的基本思想和公共政策主张，形成了产业组织理论的芝加哥学派（School of Chicago）。对 SCP 范式进行讨论和批评还有产业组织理论的其他非主流学派，如 20 世纪 70 年代以后的新制度学派（School of Neo-Institutional）和新奥地利学派（School of Neo-Austrian）等（夏大慰，2000）。产业组织理论其他学派的崛起导致了 SCP 范式衰落，但这只是外部原因，更为重要的原因是该范式自身存在的理论缺陷。其一，该范式缺乏深厚而又明确的理论基础。传统产业组织理论与 30 年代就被普遍接受的微观经济理论难以很好地融合，它对大型企业的成长与行为和日益突出的产业集中趋势也不能从理论上给出有力的解释，这从理论上导致了 SCP 范式在产业组织理论中的地位不断衰落。其二，在实践中，人们没能发现 SCP 范式所描述的那种稳定的、具有普遍意义和不容置疑的模型关系。这种静态的、单向的研究框架，要求企业行为是内生的，是市场结构的结果。正是从行为到绩效的"反馈"关系上，再加上结构的内生性问题，导致了该范式对统计结果的解释相互矛盾。其三，SCP 范式还面临一系列计量难题。难以处理市场绩效的多维概念问题，特别是难以将其作为回归分析中的解释变量；实证研究中过分依赖于把主观的统计分类数据（如标准产业分类）作为分析单位而随之产生了计量上的局限性；由于数据的难以获得，SCP 范式的后来者经常求助于不够准确的替代数据，极大程度地降低了该范式的科学性和解释力[①]。20 世纪 70~80 年代，针对 SCP 范式的缺陷，一批有着良好微观经济学理论素养和数学基础的经济学家，如斯宾塞（A. M. Spence）、萨洛普（S. C. Salop）、迪克西特（A. K. Dixit）、蒂诺尔（J. Tirole），以及施马兰西（R. Schmalensee）、韦利格（R. D. Willig）等人，利用现代微观经济学的最新成果，对传统产业组织理论进行了全方位的改造，形成了新产业组织理论（NIO）。

3.6 新产业组织理论及其演进

新产业组织理论也称为后芝加哥学派，他们在寻求与新古典微观经济理论的先驱者古诺（A. Cournot）、伯特兰德（J. Bertrand）、霍特林（H. Hotelling）、张伯伦（H. Chamberlin）和斯塔克尔伯格（H. Stackelberg）等人的寡头厂商行为理论更紧密结合的同时，引入了博弈论、信息经济学、可竞争市场理论、激励机制设计理论、策略性行为理论等现代微观经济学的最新成果，从理论范式、研究方法和政策主张等几个方面对传统产业组织理论进行了突破和创新，修正了芝加哥学派自由主义反垄断思想的缺陷。

3.6.1 理论范式

新产业组织理论在理论范式上的创新表现在三个"突破"上：一是突破了传统产业组织理论只重视市场结构的分析框架，从重视市场结构的研究转向重视市场行为的研究，即由"结构主义"转向"厂商行为主义"；二是突破了传统产业组织理论单向、静态的研究范式，建立了双向、动态的研究框架；三

---

① 参见 J. 卡布尔：《导论与概览：产业经济学的发展近况》，引自 J. 卡布尔主编：《产业经济学前沿问题》，中国税务出版社 2000 年版，第 4 页。

是突破了传统产业组织理论的传统新古典假定，建立了不完全信息条件下市场行为的分析范式。新产业组织理论除了在理论范式上对传统产业组织理论有所突破之外，还在此基础上对具体的产业组织问题进行了新的探索，产生了一系列新的理论研究成果，其中最具代表性的有以下四种：

（1）策略性行为（Strategic Behavior）理论。寡头竞争企业的策略性行为，是新产业组织理论研究的核心内容。策略性行为包括合作策略性行为和非合作策略性行为。其中，非合作策略性行为是新产业组织理论研究的重点。在垄断或寡占的市场中，市场环境不再是外生的，主导厂商可以通过策略性行为改变市场环境，从而影响竞争对手的预期，改变竞争对手对未来事件的信念，达到迫使竞争者做出对主导厂商有利的决策行为。策略性行为理论主要包括两个方面的内容，一是影响未来市场需求函数和成本函数的策略性行为，二是影响竞争者对事件估计信念的策略性行为。前者包括过度生产能力策略、提高对手成本的策略、品牌多样化策略等，后者包括与进入遏制和退出引诱相联系的限制性定价策略、掠夺性定价策略、消耗战策略、研发竞赛策略等。

（2）产品差别化（Product Differentiation）理论。产品差别化是企业非价格竞争的重要形式。新产业组织理论将传统产业组织理论中含义模糊的产品差别模型划分为垂直差别和水平差别两种。垂直产品差别是指由于产品质量不同所形成的差别，水平产品差别是指为了适应不同消费者的不同偏好而形成的产品种类的差别。产品差别化理论的主要内容包括三个方面：①分别运用伯特兰德—纳什均衡（Bertrand - Nash Equilibrium）的方法分析两类差别的市场均衡及其社会福利含义；②在差别化产品条件下的价格决定问题；③寡头垄断企业的产品选择问题。在具体分析中，产品差别化理论分别运用空间差别化的两个标准模型，即霍特林的线性选址模型（Hotelling，1929）和萨洛普两阶段博弈的圆形进入和定位模型（Salop，1979），展示了具有差别产品的伯特兰德竞争性质，阐明了差别化的原则，并研究了自由进入的多种均衡问题。另外，产品差别化理论还对差别最大化与差别最小化、广告宣传与信息性产品差别化等问题进行了探索。

（3）可竞争市场（Contestable Market）理论。作为对SCP范式的批判，鲍莫尔（W. J. Baumol）、伯恩查（J. C. Panzar）和韦利格（R. D. Willig）等人在借鉴芝加哥学派的产业组织理论的基础上，于1982年合作出版的《可竞争市场与市场结构理论》一书中系统提出了可竞争市场理论。该理论以沉没成本（Sunk Cost）、完全可竞争市场（Perfect Contestable Market）、自由进入—退出（Hit - and - Run）、可维持性（Sustainability）等几个重要的基本概念为中心，来推导可持续的有效率的产业组织的基本态势及其内生的形成过程。该理论认为，决定市场进入壁垒和退出壁垒的因素仅仅是沉没成本的大小，基本忽略了传统产业组织理论所提出的决定进入壁垒的四种因素，即进入所需的资本壁垒、规模经济壁垒、产品差别壁垒和绝对成本壁垒[①]。可竞争的市场就是自由进入—退出的市场，意味着沉没成本为零，即使具有垄断性，由于潜在竞争的威胁，垄断企业也不可能获得超额利润，市场稳定在与竞争均衡相同的价格水平上（Baumol et al., 1982）。

（4）不确定性（Uncertainty）理论。传统的产业组织理论有一个很强的倾向，那就是以生产者和消费者掌握有关的成本和需求的全部信息为前提进行分析研究。这既与现实不符，也使得理论缺乏解释力。新产业组织理论突破了传统假定，将生产者和消费者对成本（包括生产技术）和需求等信息的掌握程度，用 0~1 的概率表示，进而对不确定性条件下的企业和消费者的行为进行分析，形成了不确定性理论。不确定性理论运用现代微观经济学的最新研究方法，不但分析了不确定性条件下的企业和消费者的静态与动态市场行为，而且研究了企业的研究开发行为[②]，成为新产业组织理论的重要理论成果之一。

3.6.2 研究方法

20 世纪 70 年代以来，产业组织理论在研究方法上发生了巨大变化，博弈论及与其相关的信息经济学、数理经济学、福利经济学等方法相继引入产业组织理论分析。研究方法的创新推动了产业组织理论的长足发展，不但推进了其研究深度，而且拓展了研究的广度，产业组织理论的诸多创新在很大程度上得益于研究方法的演变，甚至可以说研究方法的演进在某种意义上体现了产业组织论理的发展脉络。产业组织理论的研究方法很多，包括实证与规范分析、定性与定量分析、静态与动态分析、博弈分析、结构分析以及系统动力学分析方法等，但是对新产业组织理论影响最大的是博弈论（Game Theory）分析方法。

博弈论分析方法是 20 世纪 70 年代以后产业组织理论的主要研究方法，可以说，产业组织经济学近二十年来在理论方面的重大进展都是由于博弈论的广泛应用而取得的。博弈论为经济学家理解和分析多元垄断和寡占状态下的市场

---

① 将进入壁垒仅限定于沉没成本，完全忽略传统产业组织理论所提出的四种壁垒，这也是该理论招致批评的重要原因，参见 Scherer, F. M. and D. Ross [1990]. *Industrial Market Structure and Economic Performance*, 3rd ed., Boston: Houghton Mifflin, Chapter 10。

② 关于不确定性条件下的企业开发与研究行为，参见 Dasgupta, P. and J. Stiglitz [1980], Industrial Structure and Nature of Innovative Activity. *Economic Journal*, 90。

结构、不完全竞争市场的定价、企业战略行为以及反垄断规制等领域提供了一个强有力的分析工具。同时，博弈论及机制设计、不完全合同理论的应用也使得产业组织经济学的理论基础大大加强，以至于人们将新产业组织理论称为理论性的产业组织理论（Tirole，1988）。新产业组织理论运用博弈论将古诺、伯特兰德等人的多元垄断理论进行严密细致的理论化，并用纳什均衡阐明企业的行为，分析在市场初期条件给定时，如何通过企业行为实现新的均衡。也就是说，博弈论为新产业组织理论将分析的重点放在企业战略行为上提供了一种新的理论手段。随着博弈论自身的完善和发展，以法国学者蒂诺尔（J. Tirole）为代表的西方学者利用博弈论的分析方法对整个产业组织理论体系进行了再造[①]。正因为如此，英国威尔斯大学教授卡布尔认为，新产业组织理论的产生，尤其是博弈论的应用，"使产业组织理论成为70年代中期以来经济学中最富生机、最激动人心的领域"（卡布尔，2000）。

3.6.3 政策主张

在政策主张方面，传统产业组织理论认为，寡占的市场结构会产生寡占的市场行为，进而导致不良的市场绩效，特别是资源配置的非效率，因此有效的产业组织政策首先应该着眼于形成和维护有效竞争的市场结构，并对经济生活中的垄断和寡占采取管制政策。新产业组织理论更加注重产业组织理论政策含义的研究，追求公共政策的理论依据。相对于传统产业组织理论的反垄断政策而言，新产业组织理论的政策主张发生了较大变化。

（1）反垄断政策的变化。新产业组织理论的反垄断政策[②]出现了三个明显的变化倾向，一是从注重反垄断结构到注重反垄断行为的变化。新产业组织理论认为，垄断结构不一定导致垄断行为，从而也就不一定损害消费者利益。因此，反垄断实施机构开始把调查的重点从商业行为的结构效应转移到商业行为对经济效益和消费者福利的影响上，这就增加了反垄断的难度，反垄断的程序也变得更加繁琐。二是反垄断政策的目标有了潜移默化的变化。20世纪80年代以来，西方国家反垄断政策主要目标取向由过去的保护消费者利益，逐渐转移到提高市场的经济效率，在效率优先的前提下兼顾保护消费者利益。三是反

[①] 对博弈论在新产业组织理论中的应用，也有不同看法。例如，谢勒和施马兰西等人就指出了博弈论方法在分析不完全竞争方面的不足。参见①Scherer, F. M., 1988, The Economics of Market Dominance. *International Journal of Industrial Organization*, 6, pp. 517–518. ②Schmalensee, 1988, Industrial Economics: An Overview. *Economics Journal*, 98, pp. 675–676.

[②] 新产业组织理论的反垄断政策受新制度学派，特别是美国著名经济学家威廉姆森（O. E. Williamson）的影响较大。关于新制度学派的反垄断政策，参见威廉姆森《反托拉斯经济学》经济科学出版社1999年版，第371~414页。

垄断政策有了明显松动。按照可竞争市场理论，只要市场是可竞争的，少数几家大企业纵向或横向兼并，并不损害市场效率和消费者利益，政府的竞争政策应该重视是否存在充分的潜在竞争压力，而不必匆忙进行反垄断起诉。确保潜在竞争压力存在的关键是要尽可能降低沉没成本，因而他们主张一方面积极研究能够减少沉没成本的新技术和新工艺，另一方面要排除一切人为的不必要的进入和退出壁垒。新产业组织理论的这一政策主张对近20年来英美等西方国家的反垄断政策的放松产生了一定的影响。

（2）管制政策的变化。新产业组织理论产生以后，传统的建立在价格理论基础上的管制理论已经被新的以机制设计理论为核心的管制理论所取代。新的管制理论强调管制者与被管制企业之间的非对称信息，从而进一步强调要建立激励性管制机制，以激励企业通过技术创新提高效率、降低成本。在新产业组织理论的影响下，西方国家的管制政策的变化主要有三个方面：一是伴随着对公用事业部门的自由化和私有化实施放松管制的政策；二是以激励性管制取代过去传统的管制方式；三是在放松经济性管制的同时，强化社会性管制，以加强环境保护、实施可持续发展和保护消费者权益不受侵害。

3.7　产业组织理论的新发展

20世纪90年代以来，产业组织理论又进入一个新的快速发展时期，越来越多的优秀理论经济学家加入到这一领域，使产业组织理论在研究领域、研究方法和与其他学科交融等方面取得了新的进展。

3.7.1　研究领域的拓展

最近10多年来，新产业组织理论的经济学家们不断拓展研究视野，在借鉴其他学科的研究方法的同时，运用产业组织理论的基本原理和研究方法分析一些新的经济问题，使产业组织理论得到极大的丰富。在这些新的领域中，取得明显成就主要有：（1）对企业制度问题的研究。新产业组织理论打开企业"黑箱"，深入分析企业内部组织结构和治理结构，在企业理论方面取得了长足进步[1]。（2）将产业组织理论运用于国际经济现象的研究。新产业组织理论对跨国投资、国际贸易、国际寡占、跨国并购以及跨国公司的策略性行为等国

---

[1] Holmstrom, B. R. and J. Tirole, (1989) The Theory of the Firm, in R. Schmalensee and R. D. Willig, eds. . *Handbook of Industrial Organization*, Vol. 2. Amsterdam: North – Holland.

际经济现象进行了深入研究,形成了一些具有创新意义的研究成果。(3)对网络经济等新经济因素的研究。

3.7.2 传统研究领域的深化

随着研究方法的不断丰富和创新,产业组织理论学者运用这些新方法对传统领域进行了更深入的研究,并形成有别于传统产业组织理论的新成果。新产业组织理论对传统研究领域的深化表现在:(1)运用新理论、新方法、新模型重新分析传统产业理论已经研究过的问题,重新构建传统产业组织理论。例如,运用博弈论对市场结构的重新研究,对进入—退出壁垒与市场份额及市场绩效关系的研究,对电信、航空、银行业等具有自然垄断性质产业的研究,等等。(2)研究原有领域内出现的新问题,丰富新产业组织理论。例如,企业技术创新与策略性行为,委托代理关系与激励性管制,对新形势下的竞争政策进行反思,等等。

3.7.3 方法论的丰富与发展

进入20世纪90年代以后,过去截然区分理论研究者与实证研究者的界限日益模糊,实证研究者开始吸纳和利用经济学理论和经济计量方法的新成果,同时,由于实证研究的技术和手段整体上都具有了更高的水准,实际数据更加准确并且相对易于获得,理论研究者也能够采用一些实证研究的方法,更多地接触实际。随着理论层次上对博弈论的广泛重视,案例研究方法又重新受到青睐,而且其重要性有相对提高的趋势。产业组织理论的最新研究方法,还包括经济时间序列(Time-series Analysis)的线性和非线性方法、协整(Cointegration)模型和误差修正模型(ECMs)、双线形模型、Threshold 自回归和混沌模型(Chaotic Model)以及推测变差方法(Conjectural Variations Approach)等等。另外,普拉特(C. R. Plott,1989)的实验方法(Experimental Method)也是一种很有发展前途的实证研究方法,已被越来越多地用于市场行为的分析。随着历史纵向数据资料的积累和越来越容易获得,这些模型和方法在产业组织领域会有更为广泛的应用。

另外,进入20世纪90年代以后,产业组织理论一方面已经表现出与其他经济理论融合发展的趋势,产生了诸如法经济学、管制经济学等交叉学科;另一方面与传统产业组织理论出现交错共存与综合发展的现象,以至于有人认为"将产业组织理论区分为传统产业组织理论和新产业组织理论的时代正在结束"(植草益,2000)。

过去30多年时间里,新产业组织理论取得了巨大的进步,现在和过去几乎不可同日而语。产业经济学理论成果的大量出现，一方面增强了其理论基础，另一方面也使得产业组织理论成为微观经济学的核心内容。可以预见，未来几年产业组织理论仍将在与其他经济学分支及现实经济变化的相互影响中继续向前发展。

但是，正如日本产业组织理论著名学者植草益（2000）所说的"学问常常就似钟摆，一旦某一理论或理论体系占据主流地位，就会出现反作用的力量，而一旦这种反作用走过了头，又会发生再反作用，如此循环反复"，产业组织理论的发展就是如此。尽管有大量新模型与其结论出现，新产业组织理论还没有形成一个完整的体系，要保持其主流地位，需要做的工作很多（卡布尔，2000）。另外，在新产业组织理论中，作为其理论前提的假定有一些是不符合现实的，不少理论分析的结果几乎不能对现实做出解释，特别是博弈论方面的研究，许多模型难以用数据加以验证（Aiginger，1998）。从本质上说，产业组织理论是微观经济学的应用领域，它属于微观经济学以及应用经济学的范畴，如果其研究模型不能付诸实证检验或者经不起实证检验的话，那么它的理论价值就将大打折扣。因此，新产业组织理论需要把理论产业组织理论和实证产业组织理论进行更好的结合，形成一个产业组织理论的完整体系。

3.8 产业政策、竞争政策与管制政策

产业组织理论在公共政策领域的应用直接体现为政府的产业政策、竞争政策和管制政策三大类。

3.8.1 产业政策

产业政策是政府为了优化资源配置、克服市场失灵、增强国民经济竞争力而制定的引导产业发展方向、推动产业结构升级、协调产业结构，促进国民经济健康可持续发展的政策和法令的总和。产业政策的功能主要是弥补市场失灵、有效配置资源，保护幼稚民族产业的成长，熨平经济震荡，发挥后发优势，增强产业竞争能力和适应能力。产业政策包括产业组织政策和产业结构政策两大类。

1. 产业组织政策

产业组织政策是政府为促进产业组织合理化，在总体上保证整个产业既能实现规模经济，又不失竞争活力，处于有效竞争状态，提高产业经济效率而制定一系列政策的总和。实现有效竞争是制定和实施产业组织政策的出发点。有

效竞争是指将规模经济和竞争活力两者有效地相互协调，从而形成一种有利于长期均衡的竞争格局。实现有效竞争，需要有适度竞争的市场结构，有序而公平竞争的市场行为，竞争收益大于竞争成本的市场绩效。一个国家或地区在特定时期采取哪种产业组织政策，需要根据经济总体发展水平和具体产业发展阶段来确定。经济发展水平较低的国家，对市场集中程度较低和进入壁垒偏低的产业，往往采取追求规模经济的产业组织政策。这一产业组织政策的主要措施包括：促进产业内现有企业联合或并购，以提高市场集中度，实现规模经济；引导企业形成专业化分工协作关系，组织大规模生产体系，为实现规模经济创造有利条件；适度提高进入壁垒，抑制小规模企业过度进入该行业，抑制过度竞争，提高资源配置效率；关停并转落后和过剩产能，治理产能过剩，提高产能利用率。在一定时期内，政府为了优化产业组织结构，追求规模经济而采取的产业组织政策包括：（1）企业并购政策。这里所指的企业并购政策并非并购评估审查政策，而是鼓励并购的产业组织政策。为了抑制企业间过度竞争，形成大规模企业，提高市场集中度，最终实现规模经济，政府出台并推行鼓励企业并购的产业组织政策，就是企业并购政策。（2）企业联合政策。为了将企业竞争从无序引向有序，把分散引向集中，把过度竞争变为适度竞争，从而实现规模经济，政府出台一些政策措施引导企业建立企业间专业化分工协作关系或组织企业集团，这类产业组织政策就是企业联合政策。（3）经济规模政策。经济规模政策的基本目标是保证产业内企业能够充分利用规模经济，降低产品成本。经济规模政策具体措施包括：制定最小经济规模标准，规定达不到经济规模要求的新企业不得进入产业；对产业内原有规模偏小的企业则要求通过企业兼并或联合等方式扩大规模；设置行政和法规进入壁垒，抑制企业盲目进入，防止过度竞争，影响规模经济的实现。（4）中小企业政策。中小企业是国民经济的重要主体，是经济活力的来源，也是提供就业岗位的重要载体。中小企业能够与大企业形成专业化分工协作关系，构建模块化生产网络，有利于产业生态的形成与发展，实现各层次的规模经济。无论是发展中国家，还是发达国家，都十分重视中小企业的发展，通过制定中小企业政策，对处于发展初期的中小企业实行一系列保护和扶持政策，鼓励中小企业与大企业形成密切分工协作关系。

2. 产业结构政策

产业结构政策主要是通过国家行政力量调配资源，驱使国民经济朝着既定的经济结构转变，通过产业结构转换实现经济结构优化和经济增长。大多数发展中国家和地区的政府都会依据自身在一定时期内的具体情况，遵循产业结构演进的一般规律和变化趋势，制定并实施影响有关产业部门之间资源配置方式、产业间比例关系的政策措施,通过影响与推动产业结构的调整和优化,促进产业结构朝着协调化和高度化方向发展。产业结构政策的主要任务是通过有关结构规划和政策措施,提高产业结构转型升级能力,优化资源在产业间的配置,在此基础上调节供给结构,协调供给结构与需求结构之间的矛盾,推动经济持续、稳步、健康发展。产业结构的演进具有导向性、平衡性、时序性、协调性、动态性等趋势和规律,一个国家或地区的政府可以通过制定赶超型的产业结构政策,调整资源和生产要素在不同产业间的配置,利用后发优势,实现经济腾飞和赶超。产业结构政策的主要内容包括主导产业政策、支柱产业政策、幼稚产业扶植政策、衰退产业援助政策等。

产业政策既是政府对市场失灵的一种弥补和纠正,也是政府对市场竞争的一种引导和干预。为了保证国际贸易竞争的公平性,世界贸易组织禁止或限制各成员国使用特定的产业政策工具促进某一特定产业的投资和出口增长,不允许通过特定的产业政策工具发展特定产业和企业。但是,世界贸易组织允许和鼓励各成员国使用一般性的产业政策工具,以促进经济和贸易的发展。

3.8.2 竞争政策

保护市场竞争需要国家权力机构通过法律或政策手段对市场进行干预,制定竞争法律或竞争政策。竞争政策是指国家权力机构通过法律或政策手段,为促进和保护市场竞争而制定的一系列政策和制度安排。竞争政策主要是针对可能破坏会妨碍市场竞争的某些市场结构或企业行为,它与产业组织政策有重合部分。狭义理解的竞争政策包括反垄断政策和反不正当竞争政策两大类,前者的目标指向是反对市场主体限制和排斥市场竞争的垄断行为,通过保护竞争或经济自由维护市场竞争活力、实现经济利益最大化;后者的目标指向是反对市场主体的各种不正当竞争行为,以维护公平竞争的市场环境。广义的竞争政策泛指一切有利于竞争的政策,包括反垄断政策、私有化政策、放松管制政策、取消政府补贴政策、对外开放政策、贸易自由化政策等。这里分析的是狭义上的竞争政策。

尽管世界各国反垄断政策及其具体执法体制不尽相同,但其基本内容具有高度一致性,主要由禁止限制竞争的卡特尔协议、禁止滥用市场支配地位和控制企业并购等三个方面构成。我国反垄断政策除了以上三个部分以外,还增加了反行政性垄断。(1)禁止卡特尔协议。卡特尔协议是一种限制竞争的协议,它是两个或两个以上的市场主体以协议、决议或者其他联合方式实施的限制竞争行为。相关市场上生产或经营同类产品或相近替代品的厂商为了避免两败俱伤,在竞争中联合成为同盟者,签订的协议被称为横向限制竞争协议。其协议内容包括：确定、维持或变更商品的价格；串通投标；限制产品的市场供应数量或质量；限制交易地区或交易对象；限制购买新技术或新设备；共同阻碍进入市场或排挤竞争对手，等等。纵向限制竞争协议是指不同生产经营阶段的企业订立的限制竞争协议，包括限售区域分割、转售价格维持、销售数量限制等。这些限制竞争的协议都属于反垄断政策禁止的核心内容。（2）禁止滥用市场支配。市场支配地位是指企业的某种产品在相关市场上具有主导地位，拥有较强市场势力，其他企业处于从属地位。反垄断政策并不禁止拥有市场支配地位，而是禁止滥用市场支配地位。垄断企业滥用市场支配地位的表现形式包括：利用市场势力不正当地确定、维持、变更产品的价格；不正当地改变或调整产品的供给；不正当地妨碍其他企业的经营活动；不正当地妨碍新的竞争者进入市场；其他有可能对竞争构成实质性限制或明显损害消费者的行为。禁止滥用市场支配地位的反垄断政策包括禁止差别待遇、禁止强制交易、禁止搭售或者附加不合理的交易条件、禁止掠夺性定价和禁止独家交易等。（3）控制企业并购。企业并购的最直接表现就是相关市场上企业数量的减少和市场集中度的提升。一些规模巨大的并购或者是由特大型企业发起的并购，将对市场竞争和社会福利产生显著影响，需要反垄断当局进行评估审查。控制企业并购就是为了防止企业规模的无限扩张，防止产生市场垄断，维持相关市场上的有效竞争。为了实现对企业并购的控制，企业并购前需要按照相关规定向反垄断当局提出并购申请，反垄断当局根据相关法律规定的程序对并购进行评估审查，作出是否批准该项并购的判定。（4）反行政性垄断。行政性垄断是转轨经济国家的一种特殊经济现象，是指相关部门或特殊企业依靠公共权力对市场竞争进行限制或排斥，以获得产业的独占地位或达到区域市场封锁的目的。行政性垄断往往造成资源配置扭曲、社会福利损失、收入分配不公以及地方保护和市场分割等后果，需要反垄断机构对其进行控制和限制。当前，中国需要构建以《反垄断法》为核心的竞争政策体系，通过对国内市场上的反竞争行为进行有效约束，促进国内市场的有效竞争。

3.8.3 管制政策

管制政策是指具有法律地位的相对独立的管制机构依照一定的法律法规，对被管制者所采取的一系列行政管理、监督行为与政策措施。长期以来，政府管制政策主要是针对自然垄断行业制定的，对电力、铁路、煤气、自来水等具有自然垄断性质的公用事业进行管制，以实现社会福利最大化。后来，政府管制引入市场失灵的领域和垄断性产业，对外部性、公共物品等市场机制无法解决的问题进行管制。自然垄断产业的一个最显著的特征是具有成本弱增性，由一家或极少数几家企业提供特定的产品或服务能够使成本极小化。但是，由于实行垄断经营，企业就会本能地追求利润最大化，制定高垄断价格，在损害消费者福利的同时产生社会福利净损失。这就需要政府对这些产业进行管制，以实现社会整体经济效率和社会福利最大化。

政府管制包括经济性管制和社会性管制两大类，经济性管制主要是管制自然垄断产业的经济行为，社会性管制主要是从环境保护、安全、健康保障等目标出发而对企业活动所实施的管制。经济性管制又包括进入管制、价格管制、质量管制等。（1）进入管制政策。为了提高经营效率，实现规模经济，降低单位产品生产成本，政府将对垄断性行业中的自然垄断业务进行进入管制，防止大量进入而产生过度竞争。进入管制政策主要包括特别许可制度、特别注册制度和进入申报制度。政府对所有进入企业实行注册登记制度，企业必须具备规定条件，经政府部门认可，履行注册登记手续，领取营业执照，方可进入相关市场从事生产经营活动。同时，对于一些具有明显规模经济性的自然垄断行业，政府将实行申请审批制度或特许经营制度，企业需要履行特殊报批手续，经政府有关部门赋予特许经营权才能进入这些行业开展经营活动。（2）价格管制政策。价格管制就是政府从资源有效配置出发，对相关产品或服务的价格水平和价格体系进行管制。价格管制政策的目标是落实普遍服务、鼓励投资、提高效率的原则，促进社会分配效率，刺激企业生产效率，维护企业发展潜力。价格管制政策包括价格水平管制政策和价格结构管制政策两大类。前者包括平均成本定价、边际成本定价、平均利润率定价、投资回报率定价、最高限价规制等多种方式；后者包括拉姆齐差别定价、高峰负荷定价、两部制收费等管制方式。（3）质量管制政策。为了更好地保护消费者利益，政府管制不仅要关注企业所提供产品或服务的价格，而且也应关注产品或服务的质量。只有价格低、质量高，才能给消费者带来更大的使用价值，满足物质或精神上的需要。质量管制的政策措施包括：在价格管制模型中加入质量参数，把企业的最高限价与质量水平挂钩；实行重要产品或服务的质量监管制度，对低质量的产品或服务进行经济制裁；加强产品质量的法制建设，制定强制性的产品质量标准，等等。（4）社会性管制政策。社会性管制是指以保障劳动者和消费者的安全、健康、卫生、环境保护、防止灾害为目的，对产品或服务的质量以及随之而产生的各种活动制定一定的标准，并禁止和限制特定行为的管制。社会性管制的内容包括环境污染的管制、劳动者权益的管制、生产场所安全管制、卫生医疗管制和防止灾害管制等。

3.9 小　　结

市场结构是指产业内企业间市场关系的表现形式以及垄断与竞争关系。市场结构包括完全竞争、垄断竞争、寡头垄断和垄断四种类型,影响市场结构的主要因素是市场中企业数量、进入与退出壁垒、产品差异化程度和规模经济。市场结构的测度指标包括产业集中度、HHI 指数、熵指数、洛伦茨曲线和基尼系数等。市场行为主要是指企业在市场上为提高利润而采取的旨在影响市场竞争环境的策略性行为,包括定价行为、并购行为、创新行为和广告行为等。市场绩效是指在特定市场结构下通过特定市场行为使某一产业在价格、成本、产量、利润、产品质量、品种、技术进步等方面达到的最终经济成果。衡量市场绩效的微观类指标包括收益率、勒纳指数、托宾 q 等,中观综合类指标包括技术进步率、资源配置效率、规模结构效率、X–非效率等。

哈佛学派提出 SCP 范式描述了市场结构、市场行为与市场绩效的关系,芝加哥学派对 SCP 范式提出了批判。新产业组织理论在寻求与新古典微观经济理论更加紧密结合的同时,引入了现代微观经济学的最新成果,从理论范式、研究方法和政策主张等几个方面对传统产业组织理论进行了突破和创新。20 世纪 90 年代以来,新产业组织理论在研究领域、理论深度以及与其他学科的交融等方面又有了新的发展。

产业政策是政府为了优化资源配置、克服市场失灵、增强产业竞争力而制定的有关产发展、产业关联、产业布局的一切政策和法令的总和,主要包括产业结构政策和产业组织政策两大类。竞争政策主要目标是为了保护公平竞争、促进有效竞争,实现产业内部和企业之间的资源合理配置。竞争政策的主体是反垄断政策,包括禁止私人垄断和卡特尔协议、禁止市场过度集中、禁止滥用市场支配地位和禁止行政性垄断等四个方面。管制政策的基本目标是为了治理市场失灵,维持正当的市场经济秩序,保护社会公众的利益。管制政策包括经济性管制和社会性管制两大类,经济性管制又包括价格管制、进入管制、质量管制等,社会性管制的内容包括环境污染的管制、劳动者权益的管制、生产场所安全管制、卫生医疗管制等。

第4章 反垄断经济分析的模型与方法

> 无论是由外部专家还是由竞争当局自身采取的定量分析,经验分析都是竞争经济学家工具箱中至关重要的组成部分。
>
> ——戴维斯和迦瑟斯:《竞争与反垄断中的数量技术》,中国人民大学出版社2010年版,第1页。
>
> 我们分析的目的,并不是要提供一种机制或是一种闭着眼睛操作都能提供正确答案的方法,而是提供给我们自己一种思考特定问题的有组织、有秩序的方法。……为一个经济分析体系建立一个规范化的、虚假的、标志性的数学模型是一个巨大的错误……因为他们明确地把相关因素假定为严格的独立,如果这个假定没有通过检验,那么这个假定就没有任何的作用和效力。
>
> ——约翰·凯恩斯:《就业、利息与货币通论》,商务印书馆1999年版,第297页。

随着经济学理论的发展和分析工具的不断完善,反垄断评估审查中应用经济模型和经济分析方法进行的经济分析越来越多,也越来越重要。强化反垄断经济分析,可以提升反垄断的科学性、合理性和透明度,并且提高反垄断的可预期性,降低反垄断中犯两类错误的概率。本章将介绍反垄断经济分析中常用的模型、工具和方法。

4.1 博弈论初步

在寡头垄断市场上,企业之间的竞争是一种策略性互动,寡头垄断企业行为的合适分析工具是博弈论。寡占市场上少数厂商之间互动的核心特征之一就是他们之间可能存在着策略性的相互依赖。也就是说，他们的收益不仅取决于他自己的行为，而且取决于其他参与人的行为。从行为的相互影响的性质角度，可以将博弈分为合作博弈和非合作博弈，二者的区别主要在于博弈参与者的行为相互作用时，当事人能否达成一个有约束力的协议。如果有，就是合作博弈；如果没有，就是非合作博弈。寡头垄断市场上的各家厂商在决定各自的价格和产量水平时，必须充分考虑竞争对手的反应。决策者的最优行动可能取决于其他参与人已经采取的行动，可能取决于他预期的其他参与人与他同时采取的行动，也有可能取决于其他参与人未来采取的行动，这些未来行动是其他参与人对他当前行动的反应。由于策略性互动的参与人最关心的是策略和胜负，因此分析这一局面的常用工具是非合作博弈（Noncooperative Game Theory）。

博弈论是用来对一些行动主体在策略性相互依赖环境下的相互作用进行描述的工具。一个完整的博弈模型，包括以下要素：（1）参与人（Player），参与博弈的行动主体。在寡占市场上，每个垄断者都是策略性博弈中互为竞争的参与者。（2）规则（Rules），是描述参与人如何行动、何时行动、行动遵循的制度安排；与规则相对应的是参与人的策略（Strategy）。一个策略是一个完整的相机行动方案或决策规则，它说明了参与人在每个可能的可区别环境下如何行动。（3）结果（Outcome），对于参与人每组可能的行动，相应的结果。（4）收益（Payoffs），也称为支付，参与人在各个可能的结果上对应的偏好或效用。从参与人行动先后顺序的角度，可以将博弈划分为静态博弈和动态博弈。静态博弈指的是博弈中，参与人同时选择行动或者虽然不是同时但后行动者并不知道先行动者采取了什么具体行动；动态博弈指的是参与人行动有先后顺序，并且后行动者能够观察到先行动者所选择的行动。从参与人对有关其他参与人的特征、战略空间及支付函数的知识的角度，可以将博弈划分为完全信息博弈和不完全信息博弈。完全信息是指每一个参与人对所有其他参与人的特征、战略空间和支付函数都有准确的知识，不完全信息则相反。将上述两个角度结合起来，就可以将博弈分为四种博弈类型，即完全信息静态博弈、完全信息动态博弈、不完全信息静态博弈和不完全信息动态博弈。这四种类型的博弈分别对应着四个均衡概念，即纳什均衡、子博弈精炼纳什均衡、贝叶斯纳什均衡和精炼贝叶斯纳什均衡。

4.1.1 完全信息静态博弈与纳什均衡

如果在博弈中所有参与人都同时行动且只行动一次，那么这种博弈就属于同时行动的静态博弈。经济学中，常用囚徒困境来阐释同时行动博弈分析方法。囚徒困境（Prisoner's Dilemma）背后的故事是：两个重罪嫌疑犯被捕并被分别关押在不同的牢房内，检察官试图审讯囚犯并获得口供。两个囚犯分别被告知"坦白从宽，抗拒从严"的定罪原则，即如果只有他坦白，他会被轻判，只需坐牢1年，而抗拒者将判刑10年。然而，如果只有他不坦白，那么他就要被判刑10年。如果两个囚犯都坦白，两个人都会得到某种程度的宽恕，每人都被判刑5年。如果两个囚犯都不坦白，检方仍然能指控他们犯罪，只不过由于证据原因而轻判，每人坐牢2年。假设每个囚犯都希望使得自己坐牢时间最短，这样就可以用博弈的标准表达形式（这种矩阵式表述也称为博弈的战略式表述）来说明囚徒困境（见图4-1）。

	参与人2 不坦白	参与人2 坦白
参与人1 不坦白	-2, -2	-10, -1
参与人1 坦白	-1, -10	-5, -5

图4-1 囚徒困境

在囚徒困境博弈中，参与者策略性互动的结果是（坦白，坦白）。这是因为，在这一博弈中，无论另外一个参与人选择哪一种策略，坦白是使每个参与人收益最大化的最优策略。这种最优策略称为严格占优策略。如果参与人拥有严格占优策略，那么他就应该选择它。但是，私人理性不一定能够导致集体理性。（坦白，坦白）对于参与人的联合利益而言不是最优结果，（不坦白，不坦白）才是参与人联合收益最大化的结果。囚徒困境博弈的结果与传统的古典和新古典经济学的结论相悖：经济人自利的、理性行为不能导致社会最优结果。

对于博弈中的每个参与者而言，不一定总是存在占优策略。当竞争对手不存在占优策略时，参与人的占优策略可能随着对手策略的变化而变化。在这种情况下，可以通过寻找劣势策略并删除劣势策略的方法来确定博弈的结果。在博弈中，如果总存在另外一个策略使得参与人的收益大于某一策略，那么这一策略就是劣势策略。参与人不会在博弈中选择劣势策略。在博弈分析中，我们可以采取重复删除严格劣势策略的方法确定博弈的结果。

在囚徒困境博弈中，参与者策略组合（坦白，坦白）是一个纳什均衡。纳什均衡（Nash Equilibrium）是指这样一种状态，即每家厂商均在给定竞争对手的行为的条件下选择了对自己最有利的行为。换言之，如果局中人所选的战略处于这样一种状态，在其他局中人不改变当前战略的前提下，任何一个局中人都无法单方面改变自己的战略而获取更高的支付，则称博弈达到了一个纳什均衡。用数学语言描述，战略组合 $s^* = (s_1^*, s_2^*, \cdots, s_n^*)$ 为纳什均衡的条件是：

$$\forall s_i \in S_i, \pi_i(s^*) \geq \pi_i(s_i, s_{-i}^*) \quad i=1, \cdots, n。$$

上式中，$(s_i, s_{-i}^*) = (s_1^*, \cdots, s_{i-1}^*, s_i, s_{i+1}^*, \cdots, s_n^*)$。

因此，纳什均衡是由所有参与人的最优战略组成的一种战略组合，在给定别人战略的情况下，没有任何单个参与人有动机选择其他战略，从而没有任何人有积极性打破这种均衡。

4.1.2 序贯动态博弈

在商业世界中，很多情况下是一个企业首先行动，然后其他企业做出反应行动，这就是序贯博弈。与序贯博弈相关的一个概念是序贯理性，它是指一个参与人在博弈的每一个点上都重新优化自己的选择，并且把自己在将来会重新优化其选择这一点纳入考虑之中。这是忽略沉没成本与理性预期这两种经济学观点在序贯博弈中的结合。序贯博弈可以用扩展式来描述和分析，给出参与人每个战略的动态描述。博弈扩展式的表述需要的要素比战略式略多，具体包括以下六个要素：（1）参与人集合：$i=1, 2, \cdots, n$，还有一个虚拟参与人"自然"，常用 N 表示；（2）参与人的行动顺序；（3）参与人的行动空间；（4）参与人的信息集；（5）参与人的支付函数；（6）外生事件或自然选择的概率分布。n 人有限次战略博弈的扩展式表述可以用博弈树来表示。

下面以要挟诉讼博弈[①]为例来说明序贯博弈的思想。要挟诉讼是指那种原告几乎不可能胜诉而其唯一目的可能是希望通过私了得到一笔赔偿的诉讼。博弈中，提出诉讼是很昂贵的，而且胜算很小，但因为辩护同样非常昂贵，被告可能会支付一笔客观的补偿以求私了。博弈有两个参与人：一个原告和一个被告；博弈顺序为：（1）原告决定是否指控被告，指控的成本是 c；（2）原告提出一个无协商余地的赔偿金额 s>0，以求私了；（3）被告决定接受或拒绝原告的要求；（4）如果被告拒绝原告的要求，原告将决定是放弃诉讼还是告上法庭，告上法庭给自己带来的成本是 p（例如，律师费），给被告带来的成本是 d；（5）如果告上法庭，原告以 γ 的概率胜诉，从而获得赔偿 x，否则什么也得不到。博弈的支付为图 4-2，令 $\gamma x < p$，表示原告期望的赔偿小于他起诉的边际成本。

[①] 拉斯穆森：《博弈与信息：博弈论概论》，中国人民大学出版社 2010 年第 4 版，第 135 页。

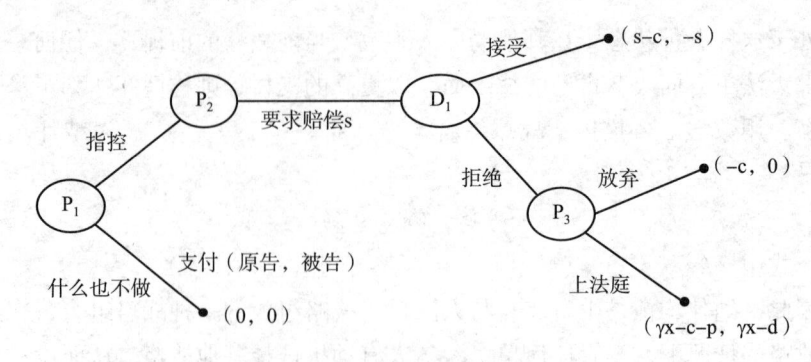

图 4-2 要挟诉讼博弈的扩展式

图 4-2 是要挟诉讼博弈的博弈树。博弈从空心圆圈开始，原告 P 首先决策，他有两个行动可供选择：指控或不指控，分别用两个树枝表示。如果原告选择不指控，则博弈以实心圆圈结束，参与人的支付均为 0；如果原告选择指控并提出赔偿要求，则博弈进入下一阶段，被告 D 也有两个行动可供选择：接受赔偿要求或拒绝赔偿要求。如果被告选择接受赔偿要求，则博弈以实心圆圈结束，参与人的支付分别为 $s-c$ 和 $-s$；如果被告选择拒绝赔偿要求，则博弈进入下一阶段。原告面临两个行动选择：放弃诉讼或者上法庭起诉。如果原告选择放弃，则博弈以实心圆圈结束，参与人的支付分别 $-c$ 和 0；如果原告选择上法庭，则自然选择以概率 γ 选择原告胜诉，参与人的支付分别为 $(\gamma x-c-p)$ 和 $(\gamma x-d)$。

从图 4-2 可以看出博弈树的基本构造，包括结（Node）、枝（Branch）和信息集（Information Set）。所谓博弈树的结指的是博弈时点，决策结是参与人采取行动的时点，终点结是博弈行动路径的终点。博弈树的枝指的是从一个决策结到它的直接后续结的连线，每一个枝代表参与人的一个行动选择。博弈树上的所有决策结分割成不同的信息集，每一个信息集是决策结集合的一个子集，该子集包括所有满足下列条件的决策结：（1）每一个决策结都是同一参与人的决策结；（2）该参与人知道博弈进入该集合的某个决策结，但不知道自己究竟处于哪一个决策结。

在序贯博弈中，子博弈是一个对于所有参与人的信息集来说都是单结的结、这个结的后续结以及在相应的终点结处的支付这三个要素所组成的博弈。序贯博弈中对应的均衡是完美子博弈纳什均衡。完美子博弈纳什均衡是指这样一种策略组合：（1）它是整个博弈的纳什均衡；（2）它的相关行动规则在每个子博弈上都是纳什均衡。因为有限完美信息博弈的每一个决策结都是一个单独的信息集，每一个决策结都开始一个子博弈，因而可以使用动态规划的逆向归纳法来寻找序贯博弈中的完美子博弈纳什均衡。逆向归纳法实际上是重复剔除劣战略方法在扩展式博弈中的应用。逆向归纳法是"正向观察，逆向推理"的一种思维方法，就是从博弈树的末端（最后一个子博弈）开始推理。给定博弈到达最后一个决策结，该决策结上的行动的参与人有一个最优选择，这个最优选择就是该决策结开始的子博弈的纳什均衡。然后，倒回到倒数第二个决策结，找出倒数第二个决策结的最优选择，这个最优选择与在第一步找出的最后决策者的最优选择构成从倒数第二个决策结开始的子博弈的一个纳什均衡。如此不断推理，直到初始结，每一步都得对应子博弈的一个纳什均衡，并且根据定义，这个纳什均衡一定是该子博弈所有子博弈的纳什均衡，在这个过程的最后一步得到的整个博弈的纳什均衡就是这个博弈的子博弈精炼纳什均衡。

下面，我们以要挟诉讼博弈为例，应用逆向归纳法寻找子博弈精炼纳什均衡。在要挟诉讼博弈的博弈树中，在决策结 P_3 上，由于 $\gamma x - c - p < -c$，原告将选择放弃。这是因为其诉讼的目的是为了庭外私了而非胜诉。在结 D_1 上，被告由于预见了原告将会放弃，因此他会拒绝任何的私了赔偿。这就使得原告在 P_2 上的私了要求变得无意义。由此可见，在 P_1 上选择指控将只会得到支付 $-c$，因此原告选择不指控。采用逆向归纳法可以找到要挟诉讼博弈的完美均衡是：原告（不指控，要求赔偿 s，放弃），被告（拒绝），结果是原告不指控。上述分析表明，用逆向归纳法求解子博弈精炼纳什均衡的过程，实际上是重复剔除劣战略在扩展式博弈上的扩展：从最后一个决策结开始依次剔除每个子博弈的劣战略，最后生存下来的战略构成精炼纳什均衡。

在要挟诉讼博弈中，如果对原博弈做一些修改，子博弈精炼纳什均衡就会发生变化。例如，假定原告将被告告上法庭给自己带来的司法成本为律师费 p 为沉没成本，即使案子私了也无法收回。通过改变博弈的支付，图 4-2 中博弈树就变成了图 4-3 中的博弈树。

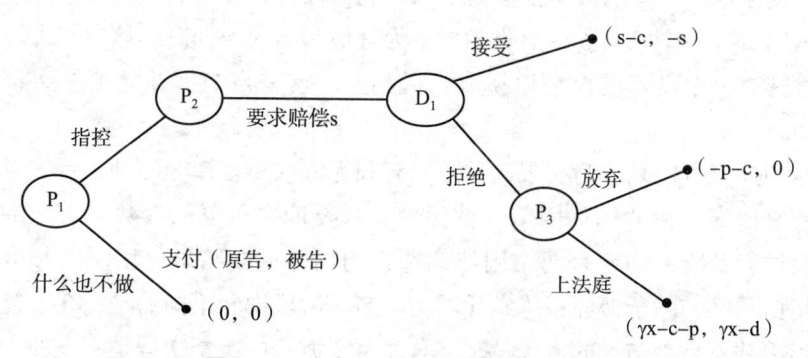

图 4-3　产生沉没成本的要挟诉讼博弈

在图4-3中，原告放弃将获得$-c-p$，与上法庭将得到的$\gamma x-c-p$相比，实际上不能收回律师费对原告有利。当预支司法成本后，只要$\gamma x>0$，即只要原告有赢的可能性，他就会选择上法庭。这就意味着只有$s>\gamma x$时，原告才会愿意私了而不是上法庭。当$s<\gamma x+d$时，被告将愿意私了而不是上法庭。这样，就存在一个有效的私了区域$[\gamma x, \gamma x+d]$，在这个区域内，双方都愿意私了，而具体的赔偿金额将取决于双方的讨价还价能力。正因为被告存在辩护成本d，原告提出指控仅仅是因为他可以勒索被告。当然，即使原告能够勒索一笔私了赔偿，他自身也存在勒索成本，因此要挟诉讼的均衡要求$\gamma x+d-c-p\geq 0$。如果上式不成立，即使原告可以得到最大可能的赔偿$s=\gamma x+d$，他也不会指控，因为他在私了以前必须付出$c+p$的沉没成本，这就意味着一个完全无胜算的诉讼（$\gamma=0$），只有在被告的辩护费高于原告的起诉费（$d>p$）时才可能发生。但是，如果$\gamma x+d-c-p\geq 0$成立，子博弈完美均衡就是：原告（指控，要求赔偿$s=\gamma x+d$，上法庭），被告（接受$s\leq \gamma x+d$），结果是原告提出指控，要求私了，被告接受。

4.1.3 重复博弈

动态博弈的另一种特殊而又非常重要的类型是重复博弈。重复博弈就是部分（或全部）参与人之间在某种情形下进行的重复互动，它是一种动态博弈结构，是多次重复的阶段博弈的组合。重复博弈具有以下基本特征：（1）阶段博弈之间没有"实质上"的联系，前一阶段的博弈不改变后一阶段博弈的结构；（2）所有参与人都观察到博弈过去的历史；（3）参与人的总支付是所有阶段博弈支付的贴现值之和或加权平均值。重复博弈可能是不完美信息博弈，也可能是完美信息博弈。影响重复博弈结果的主要因素是博弈重复的次数和信息的完备性。重复次数影响参与人在短期利益和长远利益之间的权衡，当博弈重复多次时，参与人可能会为了长远利益而牺牲眼前利益从而选择不同的均衡战略。当一个参与人的支付函数不为其他参与人所知时，该参与人可能有积极性建立一个良好的声誉以换取长远利益。这一点与博弈论中的声誉机制相关。

按照期限可以划分为有限次重复博弈和无限次重复博弈两种。首先考察有限次重复博弈。在"囚徒困境"博弈中，只要博弈重复的次数是有限的，最后阶段博弈的唯一均衡是两个囚徒都选择坦白。这一结果可用逆向归纳法推导，坦白是唯一的子博弈精炼纳什均衡。与单阶段博弈不同的是，在重复博弈中，坦白并不是参与人的占优策略。只要重复博弈的重复次数是有限的，重复本身并不能改变囚徒困境的均衡结果。市场进入博弈也是如此[1]。在一次性博弈中，如果进入者先行动就会获得先动优势，博弈的唯一均衡结果就是进入者进入、在位者默许。如果引入有限次重复博弈，虽然在位者希望选择斗争起到一种威慑作用，使进入者不敢再进入。但是，由于是有限次重复博弈，斗争并不是一个可置信威胁，采用逆向归纳法可以推知，这个博弈的唯一子博弈精炼均衡是在位者在每一个市场上都选择默许，进入者在每一个市场都选择进入。这就是著名的"连锁店悖论"（Chain-store Paradox）。

在有限次重复博弈中引入信息的不完全性，均衡结果就会发生变化。因为不知道哪一阶段的博弈是最后一次博弈，因而具有不完全信息的有限次重复博弈就相当于无限次重复博弈。以"囚徒困境"博弈为例，如果假定博弈重复无穷次，就能够证明，在参与人有足够耐心的情况下，（抵赖，抵赖）就是一个子博弈精炼纳什均衡结果，从而顺利走出囚徒困境。并且可以证明，在无限次重复博弈中，如果参与人有足够的耐心（即折现因子足够大），那么任何满足个人理性的可行的支付向量都可以通过一个特定的子博弈精炼纳什均衡得到。这就是博弈论中较为著名的"无名氏定理"[2]。

4.2　伯特兰德模型

伯特兰德（Bertrand）模型最早是用于分析规模报酬不变的寡头垄断企业同时定价时的市场结果的。伯特兰德（1883）提出的寡头垄断企业竞争模型的假设条件包括：(1) 市场上有两个追求利润最大化的企业（企业1和企业2），市场需求函数为 $x(p)$；(2) 对于满足 $x(p) > 0$ 的所有 p，$x(\cdot)$ 都是连续且严格递减的；(3) 存在价格 $\bar{p} < \infty$ 都有 $x(p) = 0$；(4) 两个企业都是规模报酬不变的，并且成本（$c > 0$）相同；(5) $x(c) \in (0, \infty)$，这意味着该市场的社会最优产量水平严格为正且是有限的。伯特兰德模型的竞争方式为，两个企业同时制定自己的产品价格 p_1 和 p_2。这样，企业1的销售量（面临的需求量）为：

---

[1] 张维迎：《博弈论与信息经济学》，上海人民出版社1996年版，第209~211页。
[2] 具体证明过程可参见弗登伯格和蒂诺尔：《博弈论》，姚洋等译，中国人民大学出版社2010年版，第123~126页。

$$x_1(p_1, p_2) = \begin{cases} x(p_1) & 若\ p_1 < p_2 \\ \dfrac{1}{2}x(p_1) & 若\ p_1 = p_2 \\ 0 & 若\ p_1 > p_2 \end{cases}$$

两个企业都按订单生产，因此可以根据企业销售量求出企业 1 的利润为：

$$\pi_1 = (p_1 - c)x_1(p_1, p_2)$$

企业 1 的最佳反应函数是：

$$p_1^* = \arg\max \pi_1(p_1, p_2^*) = (p_1 - c)x_1(p_1, p_2^*)$$

同理可以求出企业 2 的最佳反应函数，两个企业的反应函数可以用图 4-4 表示。

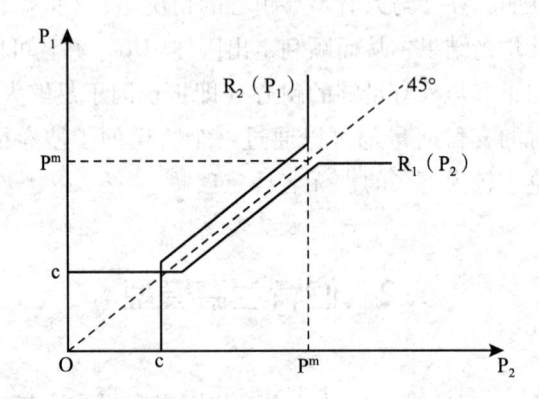

图 4-4 伯特兰德竞争下的企业反应函数和均衡状态

从图 4-4 可以看出，伯特兰德模型是一个清晰定义的同时行动博弈，存在着唯一的纳什均衡（p_1^*, p_2^*），在这个均衡解中，两个企业都将自己的价格制定为边际成本水平，即 $p_1^* = p_2^* = c$，得到与完全竞争市场上相同的结果。在伯特兰德模型中，价格等于边际成本是唯一的纯策略纳什均衡这一结论可以通过反证法进行证明。首先，任何厂商都没有动机背离现有策略；其次，价格等于边际成本以外的其他策略都不是纳什均衡[1]。尽管伯特兰德早期模型的分析集中在双寡头垄断市场上的两个厂商，其实，对于任何 $n \geq 2$ 的情形都会出现相同的结果。也就是说，n 个厂商参与的伯特兰德博弈的纳什均衡是 $p_1^* = p_2^* = \cdots = p_n^* = c$。

---

[1] 详细证明过程可在大多数中级微观经济学教材中找到，本书将证明过程省略。参见马斯-克莱尔、温斯顿和格林：《微观经济理论》（上册），曹乾译，中国人民大学出版社 2014 年版，第 376~378 页。

伯特兰德模型的纳什均衡结果是价格等于边际成本,厂商获得零经济利润。这与完全竞争市场上的竞争均衡相同。这一结论被称为伯特兰德悖论(Bertrand Paradox)。之所以被称为悖论,是因为在少到只有两个寡头垄断厂商的情形下,竞争还如此激烈,使得即使是双寡头厂商也只能获得零经济利润,企业没有市场势力。西方学者从三个方面对伯特兰德悖论进行解释:(1)产品差异化理论。伯特兰德悖论出现的原因在于假定两个生产者生产并销售同质产品,是完全可以相互替代的,这将引发企业之间的价格战,使价格趋近于边际成本。在双寡头垄断价格竞争中,如果企业生产的是差异化产品,那么厂商就没有必要将价格降到边际成本水平;并且,在产品存在差异的情况下,厂商以低于竞争对手的价格出售产品并不能保证能够获得整个市场的需求。(2)动态竞争理论。伯特兰德竞争模型假定企业只是在一个时期展开竞争,只制定一次价格。然而,在现实商业生活中,降价往往会引发价格战。当一家厂商预期到降价会引发另一家厂商更低定价的报复时,这家厂商未必还敢降价。即使真的降价,也并不能保证它在长期内能够获得整个市场需求。一旦考虑了长期动态竞争因素,即使在企业制定相同价格和产品同质的情况下,仍存在高于边际成本的均衡价格。(3)生产能力约束理论。由于现实中厂商的生产能力是有限的,因而只要一家厂商的全部生产能力不能满足社会全部需求,则另一家厂商对于尚未满足的那部分社会需求就可以收取超过边际成本的价格。伯特兰德竞争模型的一个重要假定是企业没有生产能力约束。如果存在生产能力约束,模型的结论就会发生改变。伯特兰德之后,大量经济学家一直在研究如何走出伯特兰德悖论。其实,只要改变伯特兰德模型的假设条件,伯特兰德悖论就不是一个一般性的结果。走出伯特兰德悖论的途径很多,例如变价格竞争为产量竞争、引入生产能力约束、允许产品差异化、变一次性博弈为重复博弈等,都可以改变伯特兰德竞争模型的结果。

4.3 古诺模型

如果将伯特兰德模型中的价格竞争变为产量竞争,即厂商同时选择产量而非价格,就可以得到古诺博弈(Cournot Game)。我们将从下面的分析中发现,古诺模型的均衡结果并不是厂商的价格等于边际成本,古诺厂商将获得非零的经济利润。也就是说,古诺竞争能够走出伯特兰德悖论。

我们还是从双寡头垄断情形开始。古诺模型的假设条件包括:(1)两个企业同时决定自己的产量 q_1 和 q_2,给定这些产量选择,价格将调整到使市场

出清的价格水平 $p(q_1+q_2)$，其中 $p(\cdot)=x^{-1}(\cdot)$ 是反需求函数，且是可微的，对于所有的 $q \geq 0$，都有 $p'(q)<0$。（2）两个企业生产单位产品的成本都为 $c>0$。（3）$p(0)>c$，且存在唯一产量水平 $q^0 \in (0, \infty)$ 使得 $p(q^0)=c$，即产量 q^0 是这个市场的社会最优产量水平。为了求得古诺竞争的均衡结果，可以考虑企业 j 在给定对手产量情形下的利润最大化问题：

$$\max_{q_j} p(q_j+\bar{q}_k)q_j - cq_j$$

给定企业 j 竞争对手的产量 $\bar{q}_k$，企业 j 的最优产量选择必定满足一阶条件：

$$p'(q_j+\bar{q}_k)q_j + p(q_j+\bar{q}_k)q_j \leq c，其中等式在 q_j>0 时成立$$

对于竞争对手的每个产量选择 $\bar{q}_k$，可以用 $b_j(\bar{q}_k)$ 表示企业 j 的最优产量选择组成的集合，称为企业 j 的最优反应函数。如果数量选择组合（q_1^*, q_2^*）满足 $q_j^* \in b_j(\bar{q}_k^*)$，其中 $k \neq j$，$j=1$ 或 2，那么数量选择组合（q_1^*, q_2^*）就是一个纳什均衡。并且，纳什均衡下的产量选择还必定满足以下条件：

$$p'(q_1^*+q_2^*)q_1^* + p(q_1^*+q_2^*) \leq c，其中等式在 q_1^*>0 时成立$$
$$p'(q_1^*+q_2^*)q_2^* + p(q_1^*+q_2^*) \leq c，其中等式在 q_2^*>0 时成立$$

根据古诺模型的假设可知，两个企业产量选择组合（q_1^*, q_2^*）$\gg 0$。因此，在任何纳什均衡中，上面的两个条件必定都以等式形式成立。这样，就可以将两个等式相加，得到纳什均衡下的以下等式：

$$p'(q_1^*+q_2^*)\left(\frac{q_1^*+q_2^*}{2}\right) + p(q_1^*+q_2^*) = c$$

从上式可以看出，在古诺双寡头垄断模型中，如果每个企业生产单位产品的成本都为 $c>0$，反需求函数 $p(\cdot)$ 满足对于所有的 $q \geq 0$ 有 $p'(q)<0$ 以及 $p(0)>0$，那么在这个模型的任何纳什均衡中，市场价格都大于 c（完全竞争价格）且小于垄断价格。也就是说，在古诺博弈纳什均衡中，市场价格高于边际成本，企业能够获得正经济利润。实际上，可以将以上分析拓展到有 n 个企业参与的古诺竞争市场上，经过推导可以得到均衡点下的古诺寡占定价公式：

$$\frac{p-c_i}{p} = \frac{s_i}{|\varepsilon|}$$

上式中，s_i 是企业 i 的市场份额，ε 为均衡点处需求的价格弹性；上式左侧是衡量企业 i 市场势力的勒纳指数。如果各个寡头企业的边际成本相等且都是常数 c，那么每个企业的市场份额也相等，为 $1/n$，古诺寡占定价公式就变为：

$$\frac{p-c}{p} = \frac{1}{n|\varepsilon|}$$

上式中，如果 n→∞，那么 p→c。也就是说，在对称常边际成本的特殊情形下，当厂商数量趋紧于无穷大时，古诺竞争将演化为完全竞争。

下面我们以线性市场需求曲线为例推导古诺竞争下的纳什均衡。线性市场需求曲线可以表示为：

$$P = a - bQ_t$$

上式中，Q_t 表示两家寡头垄断厂商向市场提供的产品总量，a，b 为参数，且 a>0，b>0。如果厂商 1 认为厂商 2 将生产 q_2，则它会认为自己将沿着以下有效需求曲线变动：

$$P = a - b(q_1 + q_2) = (a - bq_2) - bq_1$$

根据边际收益的定义，可以求得与派生需求曲线相联系的厂商 1 的边际收益：

$$MR = (a - bq_2) - 2bq_1$$

$(a - bq_2)$ 和 $-b$ 分别表示有效需求曲线的截距和斜率。假设厂商 1 生产的边际成本保持不变且等于 c_1，则当 MR = MC 时，厂商 1 可实现利润最大化，即

$$MC = c_1 = MR = (a - bq_2) - 2bq_1^*$$

进而可求得实现利润最大化的产量：

$$q_1^* = \frac{a - bq_2 - c_1}{2b} = \frac{a - c_1}{2b} - \frac{1}{2}q_2$$

假设厂商 2 生产的边际成本保持不变且等于 c_2，则当 MR = MC 时，同理可以求得厂商 2 实现利润最大化时的产量，即

$$q_2^* = \frac{a - bq_1 - c_2}{2b} = \frac{a - c_2}{2b} - \frac{1}{2}q_1$$

如果厂商 1 与厂商 2 的成本相等，则可以得到古诺双寡头垄断下两家厂商的反应曲线（见图 4-5）。

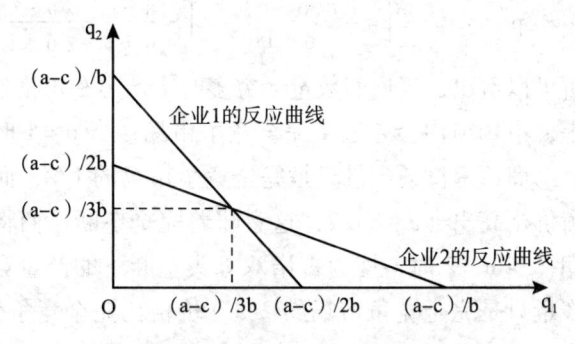

图 4-5 古诺双寡头模型的反应曲线

在纳什均衡条件下,可将厂商1和厂商2的利润最大化产量联立求解,可以得到古诺均衡产量。通过适当的代数代换,可以得到:

$$q_1^* = \frac{a - 2c_1 + c_2}{3b}$$

$$q_2^* = \frac{a - 2c_2 + c_1}{3b}$$

从上式可以看出,当 $c_1 = c_2 = c$ 的对称情形下,双寡头垄断的两家厂商的产量均为竞争性产量的1/3,即 $q_1^* = q_2^* = (a-c)/3b$(见图4-5)。整个市场上的产量为 $q_1^* = q_2^* = 2(a-c)/3b$,相当于竞争性产量的2/3。

由以上分析可以看出,寡头垄断条件下古诺竞争的均衡产量小于竞争性均衡产量,但大于串谋均衡下垄断产量;利润水平高于竞争性均衡下的利润水平,但低于串谋均衡下的利润水平。

如果将古诺模型中的厂商数量由2家改变为n家,保持其他假定条件不变,则可以求得厂商i对其他厂商产量的反应函数:

$$q_i = (a - \sum_{j \neq i}^{n} q_j - c)/2$$

根据n家厂商之间的对称性,可以求出每家厂商的均衡产量为:

$$q_1^* = q_2^* = \cdots = q_n^* = \frac{a-c}{n+1}$$

行业总产量为:

$$Q = \sum_{i=1}^{n} q_i^* = \frac{n(a-c)}{n+1}$$

市场价格为:

$$p^* = a - \frac{n(a-c)}{n+1} = \frac{a+nc}{n+1}$$

每家厂商的均衡利润为:

$$\pi_i = (p-c)q_i^* = \left[a - \frac{n(a-c)}{n+1} - c\right] \cdot \frac{a-c}{n+1} = \frac{(a-c)^2}{(n+1)^2}$$

从以上分析可以看出,当厂商数量无穷多时,产出和价格趋于完全竞争市场上的均衡水平,市场结构会趋近于完全竞争市场;当 n=1 时,该市场即为完全垄断市场,厂商所提供的产量只是完全竞争市场的1/2,而价格比完全竞争市场上的均衡价格高出 $(a-c)/2$,这意味着完全垄断厂商将比竞争性厂商获取更高的利润;当 n=2 时,即为古诺双寡头垄断下的产量竞争,两个厂商所提供的市场产量只是完全竞争市场的2/3,价格比完全竞争价格高出 $(a-c)/3$,但比完全垄断要低 $(a-c)/6$。从古诺模型的分析中可以发现,在一个产业中，如果新厂商不断进入，市场产量将不断增加，价格会不断下降，从而有利于增加消费者剩余。当新厂商的数量增加到一定程度，市场结构会逐渐趋近于完全竞争状态。这一结论的政策含义是，通过降低产业进入壁垒，使潜在进入者能够自由进入市场，能够降低市场价格，增加产量，提高资源配置效率，增进社会福利。

4.4 斯坦克尔伯格模型

斯坦克尔伯格模型（Stackelberg Model）讨论了序贯产量竞争，是最简单的用于分析先动优势的模型。该模型与双寡头古诺模型的区别在于，厂商并非同时决定他们同质产品的产量，而是行动有先后，厂商1（领先者）先选择产量，厂商2（跟随者）在观察到领先者的产量后选择自己的产量。斯坦克尔伯格模型可以从分析跟随者的产量选择开始。给定厂商1的产量，厂商2选择使自身利润最大化的产量 q_2。结果与古诺博弈中由一阶条件求出的厂商2的最优反应函数相同，记作 $BR_2(q_1)$，其表达式如下：

$$\frac{\partial \pi_2}{\partial q_2} = p(Q) + P'(Q)q_2 - c'_2(q_2) = 0$$

跟随者会对观察到的领先者的产量做出最优反应，厂商1知道自己的选择会影响跟随者的行动。将 $BR_2(q_1)$ 代入厂商1的利润函数，可以得到：

$$\pi_1 = p(q_1 + BR_2(q_1))q_1 - c_1(q_1)$$

上式对 q_1 求导可以得到利润最大化的一阶条件：

$$\frac{\partial \pi_1}{\partial q_1} = p(Q) + P'(Q)q_1 + \underbrace{P'(Q)BR'_2(q_1)q_1}_{S} - c'_1(q_1) = 0$$

上式中，除了新增的 S 项用于说明领先者厂商1的产量对于跟随者厂商2选择的策略影响以外，其他部分与古诺模型中计算出的一阶条件相同。策略影响 S 导致厂商1生产出比古诺模型中更多的产出，从而获得更多的利润，因而领先者更青睐斯坦克尔伯格竞争。厂商1过量生产导致跟随者厂商2的产量下降 $BR'_2(q_1)$；厂商2产量的下降使市场价格上升，从而增加厂商1在已有销售额下的收入和利润。因此，策略影响 S 就是厂商1的领先优势，如果跟随者无法观察到领先者的产出选择，那么策略影响 S 就会消失，回到古诺博弈。

在斯坦克尔伯格模型中，如果一家厂商在博弈中作为先行者获得的收益高于对称博弈的情况，那么我们就说他获得了先发优势；否则，则为后发优势。一般情况下，在生产替代性产品的双寡头市场上，如果一家厂商在另一家厂之前确定产量，那么在这个两阶段博弈的子博弈精炼纳什均衡中，先行厂商享有先发优势，先行者的收益高于古诺均衡；如果一家厂商在另一家厂商之前确定价格，那么这个两阶段博弈的子博弈完美均衡中，至少有一家企业具有后发优势。因此，在产量竞争中，厂商总是努力成为先行者，并希望通过扩大产量来承诺一个激进的行动，以获取先动优势；而在价格竞争中，企业更喜欢成为跟随者，如果是先行者，则会设定高价格来承诺一个较为温和的行动。

下面，我们来分析多家厂商的斯坦克尔伯格产量竞争模型的均衡结果。假设产业内有 n 家厂商，不失一般性，令第一家厂商为领导企业，第 i 家厂商为 n-1 家跟随厂商中的任意一家代表性厂商；市场反需求函数为：

$$p = a - bQ, \quad Q = q_1 + q_2 + \cdots + q_n$$

作为先行者的领导企业。其利润最大化目标将受到跟随厂商最佳反应函数的限制，即：

$$\max \pi_1(q_1, q_2, \cdots, q_n) = q_1 p(q_1 + q_2 + \cdots + q_n) - c(q_1)$$

依据逆向归纳法的求解法则，对上式求解跟随厂商 i 的最优产出，可得：

$$\max \pi_i = q_i [a - b(q_1 + q_2 + \cdots + q_n)] - c(q_i)$$

$$\frac{\partial \pi_i}{\partial q_i} = a - b(q_1 + q_2 + \cdots + q_n) + (-b)q_i - c$$

$$q_i = \frac{a-c}{2b} - \frac{(n-2)}{2} - \frac{1}{2}q_1$$

假定所有跟随厂商都生产同样的产出 q，从上式可以求得每一家跟随厂商的最佳反应函数：

$$q = q_i = \frac{a-c}{nb} - \frac{1}{n}q_1$$

给定跟随厂商的最佳反应函数，领导企业利润最大化的一阶条件可以表示为：

$$\frac{\partial \pi_1}{\partial q_1} = p(q_1 + \sum R_i(q_1)) + q_1 p'(q_1 + \sum R_i(q_1))$$

$$(1 + \sum R'_i(q_1)) - c'(q_1) = 0$$

将跟随厂商的反应函数代入上式，可得：

$$a - b\left[q_1 + (n-1)\left(\frac{a-c}{nb} - \frac{q_1}{n}\right) + q_1(1-b)\left(1 - \frac{n-1}{n}\right)\right] = c$$

化简上式，可得：

$$q_1 = \frac{a-c}{2b}$$

将上式代入跟随厂商的反应函数式，可以求得每一家跟随厂商的产量：

$$q = q_i = \frac{a-c}{2nb}$$

因此，斯坦克尔伯格竞争中的总产量为：

$$Q = q_1 + \sum_{i=1}^{n} q_i = \frac{a-c}{2b}\left(\frac{2n-1}{n}\right)$$

市场价格为：

$$p = \frac{a+(2n-1)c}{2n}$$

如果斯坦克尔伯格竞争中只有两家厂商，即市场上只存在一家主导厂商和一家跟随厂商，那么，代入上述结果就可以得到主导厂商的产量为（a-c）/2b，跟随厂商的产量为（a-c）/4b，整个市场的产量为3（a-c）/4b。

从以上分析可以看出，在斯坦克尔伯格模型中，随着行业中厂商数目的增多，价格和产量水平逐渐趋近于竞争性水平。在其他条件不变时，市场中领导厂商的市场份额越大，市场支配力越强，整个市场价格偏离边际成本的可能性就越高；但随着跟随厂商的逐步增多，竞争性厂商的供给就会不断增加，导致领导企业的市场势力逐渐减弱，市场价格下降，产业利润降低。

在线性需求和不变单位成本情况下，串谋均衡、古诺均衡、斯坦克尔伯格均衡和竞争均衡的产量与价格如图4-6所示。相关市场上如果厂商之间达成串谋协议，像一个完全垄断者那样行使市场势力，则串谋均衡的结果与完全垄断均衡的结果相同。

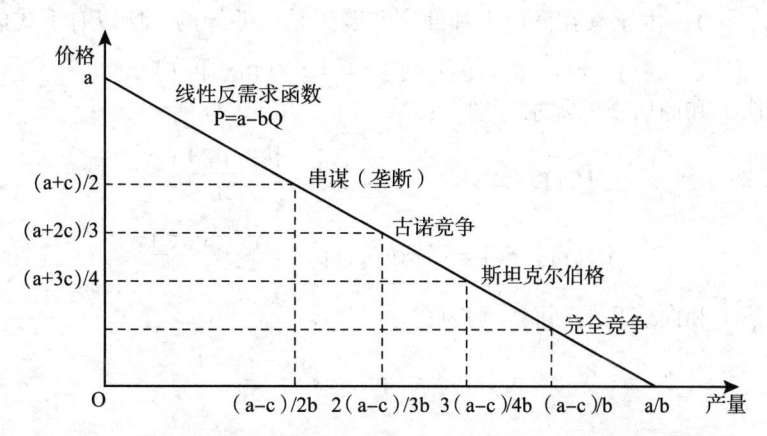

图4-6 串谋均衡、古诺均衡、斯坦克尔伯格均衡与竞争均衡的比较

从图4-6可以看出，竞争性市场上有最高的产量和最低的价格和利润，斯坦克尔伯格双寡头竞争具有相对低的产量和稍微高的价格与利润，古诺双寡

头竞争下产量下降更多而价格和利润上升更多,串谋均衡(垄断均衡)下的产量最低、价格最高,同时获得比任何市场结构都高的行业总利润。

4.5 豪特林模型

经济学中常采用空间选址模型来分析差异化产品的价格竞争,豪特林模型(Hotelling Model)就是用于分析横向产品差异化的价格竞争选址模型。下面我们以线型城市为例来看一看豪特林模型的主要思想。首先,给出模型假设:(1)线型城市是一个长度为 1 的线段,消费者以密度 1 均匀分布于城市 [0,1] 中;(2)两个商店位于城市的两端,商店 1 位于 $x=0$,商店 2 位于 $x=1$;(3)交通成本是距离的二次函数,位于 x 的消费者去商店 1 的交通成本为 tx^2,去商店 2 的交通成本为 $t(1-x)^2$;(4)两个商店的产品价格分别为 p_1 和 p_2,并且价格差不会大到使其中一家商店没有需求,即满足 $|p_1-p_2|<t$;(5)消费者对产品是单位需求,即或者消费 1 个单位或者 0 个单位,并且对产品的价值足够大以至于在均衡点所有消费者都会购买;(6)两个商店的产品除了位置差异以外是同质的,这样就用消费者的位置来刻画产品差异化程度,这个差异可进一步解释为消费者购买产品的交通成本。

根据以上假定,在线型城市中总存在一个消费者,从两个商店中购买无差异,这个临界消费者的位置取决于两个商店的产品定价。令临界消费者的位置为 $x(p_1, p_2)$,由于其在商店 1 和商店 2 购买是无差异的,所以有下式成立:

$$p_1 + tx^2(p_1, p_2) = p_2 + t(1 - x(p_1, p_2))^2$$

商店 1 和商店 2 的需求分别为:

$$D_1(p_1, p_2) = x(p_1, p_2) = \frac{p_2 - p_1 + t}{2t}$$

$$D_2(p_1, p_2) = 1 - x(p_1, p_2) = \frac{p_1 - p_2 + t}{2t}$$

商店 1 和商店 2 的利润分别为:

$$\pi_1(p_1, p_2) = (p_1 - c)\frac{p_2 - p_1 + t}{2t}$$

$$\pi_2(p_1, p_2) = (p_2 - c)\frac{p_1 - p_2 + t}{2t}$$

将利润函数对价格求一阶导数可以得到两家商店的反应函数:

$$R_1(p_2) = \frac{p_2 + c + t}{2}$$

$$R_2(p_1) = \frac{p_1 + c + t}{2}$$

联立方程组可以求得均衡价格为：

$$p_1^* = p_2^* = c + t$$

利润为：

$$\pi_1 = \pi_2 = \frac{t}{2}$$

在豪特林模型中，表示交通成本的变量 t 的数值刻画了产品差异化的程度。当 t=0 时，两家商店的产品就是完全同质的，没有任何一家商店能够把价格定得高于成本，均衡价格和利润水平与伯特兰德模型的均衡结果相同。当 t>0 时，在价格竞争下，两家商店都获得正利润，并且产品差异化程度越大，不同商店出售的产品之间的替代性下降，每家商店对附近消费者的市场势力就越大，每家商店的最优价格就越接近于垄断价格，利润水平就越高。这说明，企业的市场势力与产品差异化程度正相关。

以上分析假定两家商店分别位于线型城市的两端，实际上商店的位置直接影响到均衡结果。下面更一般地讨论商店位于任意位置时的情况。假定商店 1 位于 $a(a \geq 0)$ 处，商店 2 位于 $1-b$ 处（$b \geq 0$），不失一般性，假定 $1-a-b \geq 0$，即商店 1 位于商店 2 的左边。假定旅行成本为 td^2，其中 d 为消费者到商店的距离。与前文分析相似，若住在 x 的消费者在两个商店之间购买无差异，那么所有住在 x 左边的消费者都将在商店 1 购买，而住在 x 右边的消费者都将在商店 2 购买，这里的 x 满足：

$$p_1 + t(x-a)^2 = p_2 + t(1-b-a)^2$$

由上式可以求得：

$$x = \frac{p_1 - p_2 + t(1+a-b)(1-a-b)}{2t(1-a-b)} = a + \frac{1-a-b}{2} + \frac{p_2 - p_1}{2t(1-a-b)}$$

两商店的需求函数可以分别表示为：

$$D_1(p_1, p_2) = x = a + \frac{1-a-b}{2} + \frac{p_2 - p_1}{2t(1-a-b)}$$

$$D_2(p_1, p_2) = 1 - x = b + \frac{1-a-b}{2} + \frac{p_1 - p_2}{2t(1-a-b)}$$

将以上两式联立方程组，可以求得均衡价格和均衡利润，分别为：

$$p_1^*(a, b) = c + t(1-a-b)\left(1 + \frac{a-b}{3}\right)$$

$$p_2^*(a, b) = c + t(1-a-b)\left(1 + \frac{b-a}{3}\right)$$

$$\pi_1 = \frac{t}{2}(1-a-b)\left(\frac{3+a-b}{3}\right)^2$$

$$\pi_2 = \frac{t}{2}(1-a-b)\left(\frac{3+b-a}{3}\right)^2$$

当 $a=b=0$ 时，也就是两家商店分别位于线型城市两端时，从上式可以推导出前面讨论的结果：

$$p_1^* = p_2^* = c + t$$

当 $a=1-b$ 时，也就是两家商店位于同一位置时，即两家商店销售同质产品且进行价格竞争，可以推导出伯特兰德均衡：

$$p_1^* = p_2^* = c$$

从以上分析可以看出，当厂商销售的产品差异化程度较小时，易引发激烈的价格竞争；产品差异化程度越高，则企业间的价格竞争就越弱。

4.6 萨洛浦模型

如果将寡占市场上的厂商扩展为 n 家公司，这些厂商在局部市场内展开竞争，并假设厂商和消费者均匀分布在一个周长为 1 的圆圈上，这就是所谓的萨洛浦模型（Salop Model）的基本假定。萨洛浦模型中，消费者购买决策的选择与豪特林模型相同：消费者仅购买一个单位的商品，并且选择产品价格最低的厂商，产品价格与运输距离正相关；单位距离的旅行成本为 t，厂商提供产品的边际成本为 c，固定成本为 F，除了需要支付固定成本以外，市场没有任何进入壁垒。n 家厂商的任意一家厂商 i 的定价为 p_i，其面对的需求为 D_i。

在萨洛浦模型中存在两阶段博弈：第一阶段，n 家厂商同时进入圆周市场，确定如何选址定位；第二阶段，在位置给定的情况下，确定如何定价。在第一阶段博弈中，每一家厂商都想远离相邻的竞争者进行选址，以获取对周边市场的控制力。但是，n 家厂商选址竞争的结果是，每家厂商等距离地分布在圆周城市上，任意两家厂商之间的距离均为 1/n，这种厂商空间定位的不同构成了厂商产品的横向差异化。在第二阶段博弈中，如果厂商数目足够多，对于任何一家厂商 i 而言，它都要面临两个相邻的竞争对手的价格竞争。假定邻近的两家厂商的定价为 $p_{i-1} = p_{i+1} = p$，则距离厂商 i 的位置为 $x \in (0, 1/n)$ 的消费者在满足以下等式条件下，从厂商 i 处购买和从相邻的另一家厂商处购买是无差异的：

$$p_i + tx = p + t\left(\frac{1}{n} - x\right)$$

求出 x 的值并代入厂商 i 的需求函数，可得：

$$D_i(p_i, p) = 2x = \frac{p + \frac{t}{n} - p_i}{t}$$

厂商 i 的利润最大化目标可以表示为：

$$\max \pi_i = \frac{(p_i - c)\left(p + \frac{t}{n} - p_i\right)}{t} - F$$

求解利润最大化的一阶条件可得：

$$p_i = p = c + \frac{t}{n}$$

从上式可以进一步求出厂商 i 的利润：

$$\pi_i = \frac{t}{n^2} - F$$

从以上分析可以看出，萨洛浦模型中厂商的价格和利润都与消费者的旅行成本和厂商之间的距离正相关。由于在垄断竞争市场中厂商可以自由进入和退出，长期内均衡条件要求现有厂商只能获得零经济利润，则有：

$$\pi_i = \frac{t}{n^2} - F = 0$$

进而可以推导出在自由进入和退出的条件下，萨洛浦圆周市场内均衡企业数量、价格和产量：

$$n^c = \sqrt{\frac{t}{F}}$$

$$P^c = c + \sqrt{tF}$$

$$q^c = \frac{1}{n^c}$$

从上面的三个式子可以看出：（1）固定成本越高，市场内企业数量就越少，市场价格就越高。这可能是因为在固定资产投资比重较高的行业内，潜在进入者出于规避投资风险的目的，进入的动力会有所减弱，因而消费者的选择将减少。当固定成本向零收敛时，厂商数量会趋于无限，争相开发差异化产品，消费者的选择将增加。（2）单位交通成本越高，厂商数量越多。这是因为，单位交通成本越高时，消费者越不愿意到离自己较远的地方购买产品，每个厂商的市场覆盖率就越小，市场中可容纳的厂商数量就越多，这将诱使新厂商进入。（3）厂商实行的是单位成本加成定价，加成幅度随着交通成本和固定成本的增大而增加。交通成本越大，产品差异化程度越高，厂商市场势力越强。(4) 均衡产量等于厂商数目的倒数。消费者均匀分布在单位圆周上且具有单位需求,因而市场总需求为 1。因为有 n 个对称厂商,故每个厂商得到 1/n 的市场份额。

萨洛浦模型表明,在垄断竞争市场中,尽管各个厂商之间存在产品差异化,可以将价格确定在边际成本之上,进而获得操纵特定消费者群的市场势力,但是如果不存在进入和退出壁垒,潜在进入者的竞争迫使在位厂商只能获得正常利润。不过,在垄断区域内,如果品牌数量相对较少,每一品牌都是一个区域性的垄断厂商,就可以向住得足够近的消费者出售产品以获得正的净剩余。萨洛浦圆周模型较好地解释了厂商的多品牌战略,即如果一家厂商创造了足够多的外围品牌或保护性品牌,那么其他厂商或潜在进入者就难以找到足够多的消费者,以实现在产品区内有利可图。

4.7 寡占市场上价格竞争与产量竞争的比较分析

在寡占市场上,获取市场势力是企业发起限制竞争行为的主要动机之一。相对集中的寡占市场上,由于竞争者较少,企业可能拥有市场势力;然而,即使是竞争者较多,只要企业生产的产品具有差异化性质,使得竞争对手的产品很难替代,企业也会获得市场势力[1]。当市场上企业数量有限、企业的生产技术存在差距、生产的产品存在差异或市场进入壁垒较高时,将会出现不完全竞争行为,企业将提高价格—成本边际,获取超额利润。

4.7.1 产品产异化对于价格—成本加成的影响

在通常情况下,不同企业生产的产品或服务是不相同的,即使是处于同一个市场上,相互之间也是不完全的替代品(Slade,2006)。这就意味着每一种商品的市场价值不仅取决于该种商品生产的数量,而且在一定程度上受到其他企业生产的非完全替代品数量的影响,即受到消费者对于不同产品的差异化偏好的影响[2]。因而,评估差异化产品市场上的市场势力,需要对产品之间的相互替代性进行较好的估计,而产品的替代性可以用需求的价格弹性进行表示。假定市场上有 n 家企业生产 n 种不完全替代的产品(每家企业生产一种产

---

[1] Willig R., Merger Analysis, Industrial Organization Theory and Merger Guidelines, Brooking Paper: *Microeconomics*, 1991, pp. 281 – 332.

[2] Ivaldi M., B. Jullien, P. Rey, P. Seabright and J. Tirole, The Economics of Unilateral Effects, IDEI Working Paper, 2003a.

品），那么表示产品数量与产品价格之间关系的需求函数为

$$q_i = D_i(p_1, p_2, \cdots, p_n)$$

在反垄断控制实践中，产品需求量与价格之间的关系可以通过对能够获得的价格和销售量数据进行计量分析而加以证实。给定其他企业的产品价格，企业 i 面临着向下倾斜的"剩余需求"：企业自身产品价格 p_i 越高，其所能售出的产量 q_i 就越低。为了测度剩余需求的敏感程度，我们可以界定产品 i 的需求的自身价格弹性，用 ε_{ii} 表示。它的经济学含义是，在所有其他企业的价格保持不变的情况下，企业 i 将价格提高 1% 时其需求量下降的比例，即

$$\varepsilon_{ii} = -\frac{p_i}{D_i} \times \frac{\partial D_i}{\partial p_i}$$

在 Logit 需求函数中，$\varepsilon_{ii} = ap_i(s_i - 1)$。这一弹性决定了企业的最优价格策略。也就是说，如果企业 i 认为其他企业的价格是给定的并最大化其利润：

$$\pi_i = p_i q_i - C_i(q_i)$$

那么将导致企业 i 选择一个价格—成本边际，使其等于需求的自身价格弹性的倒数，即

$$\frac{p_i - C'_i(q_i)}{p_i} = \frac{1}{\varepsilon_{ii}}$$

从上式可以看出，需求的自身价格弹性越大，价格就越接近边际成本，企业的市场势力就越小。企业 i 剩余需求的相对弹性不仅取决于消费者需求对该类产品的总体弹性，而且取决于竞争性替代产品的可获得性：当企业 i 提高自身产品价格 p_i 时，一部分消费者可能不再购买此产品，还有一部分消费者可能转而购买其他竞争者提供的替代产品。我们用 ε_{ji} 表示产品 j 和产品 i 的需求交叉价格弹性，它表示当其他产品价格不变时，企业 i 将价格提高 1% 时，企业 j 产品需求上升的比例，即

$$\varepsilon_{ji} = -\frac{p_i}{D_j} \times \frac{\partial D_j}{\partial p_i}$$

需求的交叉价格弹性 ε_{ji} 越大，产品 i 和产品 j 的替代性就越高。如果我们用 E_i 表示与产品 i 处于同一个相关市场上的总需求弹性，那么总需求弹性等于产品 i 的剩余需求弹性减去所有的相关交叉价格弹性之和，即：

$$E_i = \varepsilon_{ii} - \sum_{j \neq i} \varepsilon_{ji}$$

上式既表示了总需求弹性与剩余需求弹性之间的关系，也可以帮助我们理解为什么垄断企业能够比面临替代产品的企业制定更高的价格。实际上，当价格和成本条件是对称的时，价格 p_i 的垄断加成与商品总需求弹性呈反比例关系，即：

$$\frac{p_i - C'_i}{p_i} = \frac{1}{E_i}$$

由于总需求弹性小于剩余需求弹性,垄断条件下的成本价格加成将大于由剩余需求所决定的成本价格加成。因此,当存在较多的替代品,或者存在较高程度的替代品时,企业 i 面临的剩余需求的自身价格弹性要高于总体需求弹性。这就意味着,当相关市场上存在较多或较高程度的替代品时,均衡价格将更加接近于竞争价格。与之相反,如果一家企业生产的是高度差异化的产品,那么它就可以制定接近于垄断水平的价格(Slade,2006)。

4.7.2 价格竞争与产量竞争

上面已经指出,相关市场上产品之间的替代程度影响企业之间的竞争,然而竞争也受到企业之间相互影响的方式的影响。在伯特兰德模型中,企业之间是通过价格进行竞争,即企业在制定决策和行动时,需要考虑其他企业的价格行为。还有一种情况,尤其是在短期内生产能力相对固定的行业内,价格的设定需要考虑销售其所生产的所有产品。此时,企业决策的依据是其竞争对手的产量情况[1]。这样,我们就可以将价格与产量之间的需求关系表示为

$$p_i = P_i(q_1, q_2, \cdots, q_n)$$

如果企业 i 认为其他企业的产量相对固定并且不受其决策影响,那么它将选择一个产量以最大化自身利润:

$$\pi_i = P_i(q_1, \cdots, q_i, \cdots, q_n) q_i - C_i(q_i)$$

如果企业 i 生产的产品是高度差异化的,那么利润最大化就意味着价格—成本加成将接近于垄断水平。如果企业 i 面临合理数量的、相近的竞争者,那么它将制定接近于竞争水平的价格。这一模型较为适用于当企业是以产量为竞争变量时的相关市场分析,企业首先选择产量水平,然后预期该产量水平下的价格、市场竞争状况及其在市场上的地位。产量选择不仅影响企业自身在预期价格水平下竞争时的市场地位,而且能够通过影响市场价格而影响竞争对手。如果一家企业提高产量将对自身价格和竞争对手企业的价格产生下降的压力。这种"两阶段竞争"(第一阶段为产量,第二阶段为价格)使得总体价格水平与单个企业产量水平之间产生了反向关系[2]。在这种产业内,随着时间的推移企业往往制定不同的价格,在销售季末提供"清仓折扣"。

产量竞争模型也称为古诺模型。在古诺竞争中,企业在面临其剩余需求时

---

[1] Weitzman M., Prices vs. Quantities. *Review of Economic Studies*, 1974 (41): pp. 477 – 491.
[2] Werben and Froeb, The Effects of Mergers in Differentiated Products Industries: Logit Demand and Merger Policy. *The Journal of Law, Economics and Organization*, 1994 (10): pp. 407 – 426.

像一个垄断者那样进行决策。然而，这里的剩余需求与前面提到的剩余需求稍有区别。在伯特兰德竞争模式中，企业是在其他企业的价格已经给定的条件下进行价格决策；换句话说，企业在考虑自身价格或产量是否变动时，假定其他企业将保持价格不变[1]。例如，当产品是紧密替代时，每个企业都预期如果将自身价格略微调低于竞争对手的价格，那么它将能够从竞争对手那里吸引来大部分消费者。因而意味着竞争程度较为激烈，价格—成本加成较低。在古诺竞争模式中，企业是在其他企业产量已经给定的条件下进行产量决策；这就意味着，当企业在考虑产量选择时，每个企业都假定其他企业将调整他们的价格以保持给定产量。以上两种竞争模式的基本差异暗示了伯特兰德价格竞争模式能够导致比古诺产量竞争模式更低的市场价格。在古诺竞争中，竞争对手的价格至少需要部分地与每个企业价格的任何变化相匹配，需求的相对价格弹性低于伯特兰德竞争下的需求弹性[2]。古诺竞争下的需求相对价格弹性等于：

$$\varepsilon_{ii} = \sum_{j \neq i} \lambda_{ij} \varepsilon_{ij}$$

上式中，ε_{ij}表示产品 i 和产品 j 之间的需求的交叉价格弹性，λ_{ij}表示当企业 i 的价格变化 1% 时，为了保持其他企业产量不变，企业 j 的价格需要变动的比例，即价格反应系数为：

$$\lambda_{ij} = \frac{p_i}{p_j} \times \frac{\partial p_j}{\partial p_i}$$

当产品是相互替代的时，交叉价格弹性 ε_{ij} 和价格反应系数 λ_{ij} 都为正，此时相对弹性低于自身价格弹性。如果企业 i 选择降低自身价格，并且预期竞争对手保持产出水平，这就意味着竞争对手的价格也将降低，这就将减弱企业 i 自身价格变化对于产出的影响，改变需求的价格弹性。从以上分析可以看出，相对于预期竞争对手保持价格不变的企业而言，预期竞争对手保持产量不变的企业倾向于设定一个较高的价格—成本边际。在一个寡头竞争模型中，企业单方面适应市场条件而产生的均衡水平与完全竞争均衡结果的近似程度取决于两个主要因素：一是产品之间相互替代的程度；二是企业采用对方的价格还是采用对方的产量作为决策依据的程度，即采用伯特兰德竞争方式还是采用古诺竞争方式。采用伯特兰德竞争方式倾向于产生更具竞争性的市场结果，因为它意味着企业觉察到了相互削价的动机；而在采用古诺竞争方式时，企业能够预期

---

[1] Rey P., Seabright P. and J. Tirole, The Activities of Monopoly Firm in Adjacent Competitive Market: Economic Consequences and Implications for Competition Policy, IDEI Working Paper, 2001.

[2] Salant S., Switzer S. and R. Reynolds, Losses due to Merger: The Effects of an Exogenous Change in Industry Structure on Cournout – Nash Equilibrium. *Quarterly Journal of Economics* 1983 (98): pp. 185 – 199.

到，一家企业的攻击性行为（例如，扩大产量）将会导致所有的企业价格降低。

4.7.3 比较分析

下面，我们采用一个简单例子对价格竞争与产量竞争进行比较分析。假定价格与产量之间的需求关系是对称的，并且采用的是以下简单的线性形式：

$$p_i = P_i(q_1, q_2, \cdots, q_n) = \alpha - \beta q_i - \gamma \sum_{j \neq i} q_j$$

上式中，α 表示常数项，q_i 是产品 i 的产量，β 表示一种产品的价格与其产出之间的敏感程度，γ 表示一种产品的价格与所有其他产品产出总和之间的敏感程度。对称性假定说明了所有产品之间的相互替代程度是相同的，我们就可以使用一种产品的价格对其产出敏感程度和该种产品的价格对所有其他产品产出的敏感程度之间的比例作为一个简单指数来表示产品的差异化程度（或替代性程度），这一指数可以理解为相对敏感程度，用公式表示为：

$$\sigma = \frac{\gamma}{\beta}$$

当这一比率为零时，表示产品之间不存在替代性，不属于同一个相关市场；当这一比率为 1 时，表示产品之间存在完全的替代性。在大多数情况下，相关市场上的这一比率将接近于 1。

当企业以产量进行竞争（古诺竞争）时，替代性程度指数 σ 的上升将在某种程度上降低价格，但不会降低到竞争性水平。例如，如果企业具有相同的单位成本 $c(c<\alpha)$，古诺均衡价格为：

$$p^c = \frac{\alpha + [1+(n-1)\sigma]c}{2+(n-1)\sigma}$$

从上式可以看出，当替代程度指数 σ 从 0（没有替代关系）上升到 1（完全替代关系）时，均衡价格将从垄断水平下降到一个较低水平，具体降低程度取决于相关市场上竞争者的数量 n。

当企业以价格进行竞争（伯特兰德竞争）时，伯特兰德均衡价格可以表示为：

$$p^B = \frac{(1-\sigma)\alpha + [1+(n-2)\sigma]c}{2+(n-3)\sigma}$$

由于 $\frac{1+(n-1)\sigma}{1-\sigma} > 1+(n-2)\sigma$，所以 $p^B < p^c$。从伯特兰德均衡价格公式中可以看出，当产品之间不存在替代性时（$\sigma=0$），均衡价格为垄断价格；当产品之间存在完全的替代性时，均衡价格接近竞争性价格水平。如果 σ 足够

高,那么即使是只存在一个竞争者(即 n = 2),价格也将趋于竞争性价格水平。

相关市场上的企业是对彼此的价格还是对彼此的产量进行反应,将会产生明显不同的市场后果。尤其是,当企业是以彼此的价格为竞争变量时,存在一定数量的合理接近的替代品对于竞争条件的确立十分关键:相关市场上是否存在相近的替代品更为重要,而不是存在多少相近的替代品。当企业是以彼此的产量为竞争变量时,生产相近替代品的竞争者的数量与这些产品的相互替代程度同样重要。也就是说,不仅相关市场上是否存在相近的替代品很重要,而且有足够数量的替代品也很重要[①]。

4.8 小 结

随着经济理论的演进和经济分析方法的不断完善,越来越多的国家将经济学模型、工具和方法引入反垄断分析。强化反垄断经济分析,可以提升反垄断的科学性、合理性和透明度,并且提高反垄断的可预期性,降低反垄断中犯两类错误的概率。在寡头垄断市场上,企业之间的竞争是一种策略性互动,寡头垄断企业行为的合适分析工具是博弈论。博弈论是用来对一些行动主体在策略性相互依赖环境下的相互作用进行描述的工具。博弈分为四种类型,即完全信息静态博弈、完全信息动态博弈、不完全信息静态博弈和不完全信息动态博弈。这四种类型的博弈分别对应着四个均衡概念,即纳什均衡、子博弈精炼纳什均衡、贝叶斯纳什均衡和精炼贝叶斯纳什均衡。

伯特兰德模型最早是用于分析规模报酬不变的寡头垄断企业同时定价时的市场结果的。伯特兰德模型的纳什均衡结果是,价格等于边际成本,厂商获得零经济利润。这与完全竞争市场上的竞争均衡相同。这一结论被称为伯特兰德悖论。如果将伯特兰德模型中的价格竞争变为产量竞争,即厂商同时选择产量而非价格,就可以得到古诺博弈。寡头垄断条件下古诺竞争的均衡产量小于竞争性均衡产量,但大于串谋均衡下垄断产量;利润水平高于竞争性均衡下的利润水平,但低于串谋均衡下的利润水平。从古诺模型的分析中可以发现,在一个产业中,如果新厂商不断进入,市场产量将不断增加,价格会不断下降,从而有利于增加消费者剩余。当新厂商的数量增加到一定程度,市场结构会逐渐

[①] Besanko D., K. Perry and R. H. Spady, The Logit Model of Monopolistic Competition. *Journal of Industrial Economics*, 1990.

趋近于完全竞争状态。这一结论的政策含义是,通过降低产业进入壁垒,使潜在进入者能够自由进入市场,能够降低市场价格,增加产量,提高资源配置效率,增进社会福利。

斯坦克尔伯格模型讨论的是序贯产量竞争,是最简单的用于分析先动优势的模型。该模型与双寡头古诺模型的区别在于,厂商并非同时决策他们同质产品的产量,而是行动有先后,领先者先选择产量,跟随者在观察到领先者的产量后选择自己的产量。在斯坦克尔伯格模型中,如果一家厂商在博弈中作为先行者获得的收益高于对称博弈的情况,那么我们就说他获得了先发优势;否则,则为后发优势。在斯坦克尔伯格模型中,随着行业中厂商数目的增多,价格和产量水平逐渐趋近于竞争性水平。在其他条件不变时,市场中领导厂商的市场份额越大,市场支配力越强,整个市场价格偏离边际成本的可能性就越高;但随着跟随厂商的逐步增多,竞争性厂商的供给就会不断增加,导致领导企业的市场势力逐渐减弱,市场价格下降,产业利润降低。

经济学中常采用空间选址模型来分析差异化产品的价格竞争,豪特林模型就是用于分析横向产品差异化的价格竞争选址模型。在豪特林模型中,表示交通成本的变量 t 的数值刻画了产品差异化的程度。当 $t=0$ 时,两家商店的产品就是完全同质的,没有任何一家商店能够把价格定得高于成本,均衡价格和利润水平与伯特兰德模型的均衡结果相同。当 $t>0$ 时,在价格竞争下,两家商店都获得正利润,并且产品差异化程度越大,不同商店出售的产品之间的替代性下降,每家商店对附近消费者的市场势力就越大,每家商店的最优价格就越接近于垄断价格,利润水平就越高。这说明,企业的市场势力与产品差异化程度正相关。

如果将寡占市场上的厂商扩展为 n 家公司,这些厂商在局部市场内展开竞争,并假设厂商和消费者均匀分布在一个周长为 1 的圆圈上,这就是所谓的萨洛浦模型的基本假定。萨洛浦模型表明,在垄断竞争市场中,尽管各个厂商之间存在产品差异化,可以将价格确定在边际成本之上,进而获得操纵特定消费者群的市场势力,但是如果不存在进入和退出壁垒,潜在进入者的竞争迫使在位厂商只能获得正常利润。不过,在垄断区域内,如果品牌数量相对较少,每一品牌都是一个区域性的垄断厂商,就可以向住得足够近的消费者出售产品以获得正的净剩余。萨洛浦圆周模型较好地解释了厂商的多品牌战略,即如果一家厂商创造了足够多的外围品牌或保护性品牌,那么其他厂商或潜在进入者就难以找到足够多的消费者,以实现在产品区内有利可图。

相关市场上的企业是对彼此的价格还是对彼此的产量进行反应,将会产生明显不同的市场后果。尤其是,当企业是以彼此的价格为竞争变量时,存在一定数量的合理接近的替代品对于竞争条件的确立十分关键：相关市场上是否存在相近的替代品更为重要，而不是存在多少相近的替代品。当企业是以彼此的产量为竞争变量时，生产相近替代品的竞争者的数量与这些产品的相互替代程度同样重要。也就是说，不仅相关市场上是否存在相近的替代品很重要，而且有足够数量的替代品也很重要。

第5章 反垄断中的相关市场界定

> 我们的经济理论之不完全，本来是很明显的事实。在人类知识方面，没有"完全"这样的东西……人不是全知的。即令那似乎可以完全满足我们求知欲的最精致的理论，也会有一天要修改或被一个新的理论替代。科学并不给我们绝对的和最后的确定。它只在我们心智能力和科学思想当时造诣的限度以内，给我们某些确信。一个科学体系在寻求知识的无尽进程中，只是一个中途站。
>
> ——米塞斯：《人的行为》，上海人民出版社2014年版，第46~47页。
>
> 要考察某一家企业在相关市场中是否拥有我行我素、不受竞争约束的行为自由，以及是否由此而具有市场支配地位，原则上有两种方法：其一是直接认定其是否具有显著的市场力或市场支配地位；其二是通过界定相关市场和计算各企业所占市场份额这样一个间接的方法。就此，我们不仅需要考虑到当前的供给替代关系，还需要兼顾潜在竞争。
>
> ——乌尔里希·施瓦尔贝和丹尼尔·齐默尔：《卡特尔法与经济学》，法律出版社2014年版，第83页。

5.1 引　言

在反垄断经济分析中，界定相关市场与测度市场势力是评估分析垄断行为反竞争效应的基础性工作。相关市场范围大小、市场势力高低是对垄断行为进行反垄断司法判定的重要依据，并且相关市场界定和市场势力测度的结果将对垄断行为的反竞争效应评估分析和判定结果产生直接影响。正因为相关市场界定涉及竞争领域和竞争范围的大小、市场势力测度涉及竞争程度的高低，二者对垄断行为的最终评估分析结果可能产生决定性影响，所以大多数国家和地区的理论界和实务界都十分关注这两个关键环节。同时，这也是在许多反垄断案件中，诉讼双方为什么在相关市场界定与市场势力测度的模型和方法选择上存在较多争论的原因所在。在本章中，我们将对相关市场及其界定方法进行分析和讨论，在下一章讨论和分析市场势力及其测度模型与测度方法，并结合中国的特殊制度环境提出中国反垄断控制的相关市场界定和市场势力评估和测度的相关建议。

竞争与垄断及其效率和福利影响是反垄断经济学研究的核心问题，反垄断经济学是反垄断立法与执法的主要理论依据之一。纵观各国的反垄断立法，其基本内容主要是由三个方面构成：禁止经营者滥用市场支配地位制度、禁止经营者达成垄断协议制度、经营者并购的反垄断控制制度。三种制度对应的正是排除或限制市场竞争的三种垄断行为，而要判断每一种垄断行为是否对竞争造成排除、限制乃至损害，首先需要确定的就是相关市场。任何竞争行为，包括具有或可能具有排除、限制竞争效果的行为，都是发生在一定的市场范围内，界定相关市场就是明确经营者竞争的市场范围。合理界定相关市场是对竞争行为进行分析的起点，是反垄断执法工作的重要步骤，是有效实施反垄断法，尤其是实施反垄断控制政策的基础环节。在反垄断法执行过程中，一旦界定了相关市场，则在该市场内的企业之间所存在的竞争关系以及具有相互竞争可能性的商品或服务的范围，也就随之被确定下来。在反垄断评估审查中，如果相关市场界定过窄，那么涉案企业就将占有较大的市场份额，从而具有市场支配地位的可能性就较大，进而可能产生排除或限制竞争的效应；如果界定过宽，企业可能相对占有较小的市场份额，判定其拥有支配市场能力的可能性也就越小，但市场竞争程度可能会被夸大。因此，相关市场界定对反垄断案件的审查和评估具有决定性影响，往往成为最引人注目的诉讼焦点之一。OECD（经济合作发展组织）甚至认为："任何类型的竞争分析的出发点都是相关市场界定"。

鉴于相关市场界定在反垄断控制中的重要性，国外学术界对相关市场界定进行了系统而深入的研究，目前已经形成以假定垄断者测试为主流的相关市场界定方法。与理论研究相对应，为克服反垄断当局在市场界定方面的随意性，同时提高相关市场界定的透明度，美国在1982年及以后的《横向并购指南》中都对相关市场界定进行了专门规定，欧共体1989年《并购条例》和欧盟1997年《市场界定通告》中对相关市场界定标准和方法也进行了明确规定。与发达国家近百年反垄断立法执法实践相比，我国的反垄断政策尚处于起步和探索阶段，无论是理论研究还是实际应用都与国外有很大差距。国内学者大多停留在对国外相关市场界定理论的一般介绍层面，且更多的是对传统的相关市场界定方法的介绍和研究，缺乏对假设垄断者测试这一更加科学、更加精确的市场界定方法的深入而系统的研究。2009年国务院颁布了《相关市场界定指南》，该指南对界定相关市场的基本依据、一般方法和分析思路做了明文规定，这是中国反垄断立法执法中的巨大进步。但是，指南仅仅是对国外假定垄断者测试思路框架的简单照搬，并未给出详细的相关市场界定步骤，且未能全面揭示司法运用中的重点及难点，因而在实际应用中意义不大。尤其在中国这样一个市场经济体制不是十分完善且欠缺竞争法传统的国家，存在着诸如行政性垄断等特殊因素，在假定垄断者测试的执行过程中更需要结合本国的具体国情，避免"水土不服"带来的各种问题。

5.2 相关市场与相关市场界定

相关市场（Relevant Market）是反垄断立法和执法中的一个核心概念，各国反垄断法对其内涵都进行了界定。根据我国《反垄断法》的界定，相关市场是指经营者在一定时期内就特定商品或者服务进行竞争的商品范围和地域范围[1]。美国《横向并购指南》认为，一个市场可以定义为一种产品和一个地域，该地域生产或销售产品的厂商以利润最大化为逻辑前提[2]。欧共体《关于为欧共体竞争法目的定义特定市场的通告》中指出，一个特定市场包括产品市场和地域市场，特定产品市场由所有在消费者看来在其特征、价格和用途方面具有可替代性的产品和服务组成；特定地域市场由在产品或服务的供给和需求方面相关企业从事经营活动的区域组成，在该区域内竞争条件充分趋同并显著区别于与其相邻的地区，在其相邻区域内有着足够的不同的竞争条件[3]。俄罗斯在《有关保护竞争的联邦法》第四条第三款中指出，相关市场是指不能被替代一种商品或替代品的流通领域。该区域的形成基于经济的、技术的或其他的可能性，或是购买者获得该商品的偏离，并且这种可能性或偏离性在该区域外将缺失。印度在2003年修订的《竞争法》第二条规定，相关市场是指可以由委员会界定的相关产品市场或者相关地域市场或者相关产品地域市场。相关地域市场是指在一个特定区域内形成的市场，在该区域内，货物或服务的供给或需求的竞争条件明显同质并能够区别于相邻区域的主流竞争形态；相关产品市场是指由基于其特性、价格和使用目的而被消费者认为可以相互交换或替代

---

[1] 《中华人民共和国反垄断法》第十二条第二款，中国法制出版社2009年版。
[2] 《美国横向并购指南1997》第一章引言部分。
[3] Commission Notice on the Definition of the Relevant Market for Purpose of Community Competition Law, 1997C372/3, 9/12/1997.

的全部产品或服务所构成的一个市场[1]。

从不同国家和地区对相关市场的定义可以看出,相关市场是反垄断理论中的基本概念之一,通常是指当事人在其中从事经营活动时的有效竞争范围或在各当事人所经营的商品或服务之间存在竞争约束的场所。界定相关市场的目的在于帮助寻找市场内的同业竞争者及由此产生的竞争关系,因而界定相关市场的首要任务是确定谁是某产品的竞争者,处于同一相关市场上的市场主体才是反垄断法意义上的竞争者。一般情况下,相关市场由产品、地理和时间三个基本要素组成[2]。与这三个基本要素相对应,相关市场可具体划分为相关产品市场(Relevant Product Market)、相关地域市场(Relevant Geographic Market)和相关时间市场(Relevant Time Market)。相关产品市场是由能够与某种产品发生竞争关系的同类产品或紧密替代品所组成的市场,主要判定的是一定的空间和时间范围之内的数个商品或服务是否处于具有竞争关系的场所之内。也就是说,相关产品市场包括消费者依据产品特征、价格和用途认为可以互换和替代的所有产品或服务。界定相关产品市场的中心问题是确定判断商品或服务是否具有"同一性"和"替代性"的标准。相关地域市场是指在相关产品市场内的商品或服务所能展开竞争的空间范围,是发生产品或服务的供给和需求的区域,该区域内的竞争条件充分同质,据此可以将该区域与其他邻近区域区分开来。相关时间市场通常是指在相关产品市场内的商品或服务所能展开竞争的时间范围。在反垄断执法实践中,通常需要界定的是相关产品市场和相关地域市场。美国反托拉斯成文法中虽然有界定相关市场的概括性规定[3],但没有相关市场的定义性表述,也没有使用过相关市场这一概念。美国反托拉斯判例法中,最早使用相关市场这一术语的是美国最高法院于 1948 年对哥伦比亚钢铁公司案的判决。但是,直至此时,相关市场的界定依然很不明确,没有统一的界定标准和明确的界定方法。

5.2.1 相关产品市场

从产品维度界定的相关市场就是相关产品市场,它是指能够与被考察产品发生竞争关系的同类产品或其密切替代产品构成的集合,是根据商品特性、价格及其使用目的等因素可以相互替代的一组或者一类商品所构成的市场。界定

---

[1] 全国人大常委会法制工作委员会经济法室编写:《中华人民共和国反垄断法:条文说明、立法理由及相关规定》,北京大学出版社 2007 年版,第 62~65 页。
[2] 以下所用的产品概念都包括商品和服务。
[3] 《谢尔曼法》第二条和《克莱顿法》第七条中所论及的相关市场,实际上是被作为事实上的问题和判定违法性问题的基本前提而加以规定的。

相关产品市场的中心问题是确定判断商品或服务是否具有"同一性"(同一竞争关系)或"替代性"(相互替代关系),一旦确认了相关商品或服务之间具有同一竞争关系或相互替代关系,那么也就等于说,已经认定了这些商品或服务是位于同一市场之内。界定相关产品市场需要权衡的因素包括:(1)产品的需求替代性。从消费者角度考察产品之间的替代性,就是考察消费者对价格的反应,即需求的价格弹性,如果有较多消费者因为特定商品或服务的价格上涨而转向选择其他商品或服务,则其他商品或服务可能被列为需求替代品。影响需求替代性的因素包括产品用途、物理特征和性能、消费转移成本、消费者偏好和品牌忠诚度以及商品消费支出在消费者预算支出中所占的比例等。(2)价格歧视对于相关市场界定的影响。经营者因追求利润最大化而实施的价格歧视对相关市场界定会产生一定影响。例如,在保证消费者无法利用价格歧视所形成的价差而牟利的情况下,一些先前较为庞大的消费群体可能被分割成多个独立的市场,相关产品市场的范围可能就被界定为一个特殊的消费群体[1]。(3)产品的供给替代性。供给替代性可以用供给弹性来表示,是指某种产品价格的很小但实质性提高引起竞争者扩大供给的幅度。从生产者的角度考察产品之间的替代性,一般需要关注企业的制造技术类型、设备、市场进入壁垒、转产所需时间、可调动的生产能力、投入成本差异和消费者对新产品的认可程度等因素,并以此判断企业转产成本的高低,转产成本低的产品之间的可替代性就高,反之则低[2]。

5.2.2 相关地域市场

从地理维度界定的相关市场就是相关地域市场,它是指在相关产品市场内的商品或服务所能展开竞争的空间范围,或者说是与被考察产品发生竞争关系的同类产品或其密切替代产品进行竞争的地理区域。相关地域市场是对涉案产品的纵向地理分割,分割的依据是产品之间的空间替代性,空间替代性强的区域应归属于同一地域市场,反之则归属于不同的地域市场。一般而言,地域市场的范围应当由当事人在相应的产品市场内的商品或服务的主要供给地域来确定,而且是在该商品或服务进入交易时,为了适于评价当事人的经济实力,已经将竞争条件充分"均一化"了的地域。但是,在实际案例中的地域市场范围常常因具体情况的不同而千差万别,相关地域市场的范围小到某一城市的局

---

[1] 丁茂中:《反垄断法实施中的相关市场界定研究》,复旦大学出版社2011年版。
[2] Office of Fair Trading,Market Definition – Understanding Competition Law,Section 3.15,2004.

部区域，大到整个国家或数个国家的地域，甚至全球[①]。界定相关地域市场的范围时需要考虑需求、供给和进出口等几个方面的因素。（1）在需求方面，产品价值、搜寻成本、交通成本、服务成本和消费者偏好等将会影响到市场范围的大小。一般而言，产品的价值越高，消费者愿意花费更多的搜寻成本和交通成本去购买价格相对便宜的商品。运输成本或服务成本占产品价值的比例越高，则地域市场的范围就越小。消费者偏好和消费选择也是影响地域市场范围的需求方因素。例如，有时候尽管两个地区的商品在用途上说是临近替代品，但是由于消费者特殊偏好，导致虽然本地区的商品价格上涨，消费者却没有将另一地区的价格相对较低的同类产品作为替代品。（2）在供给方面，产品特性、运输成本、进入壁垒和行政性垄断是影响地域市场范围大小的主要因素。保存期短的易腐商品的地域市场范围较小，包装、保险和运输成本很高且占商品价格较大比例的商品地域市场范围较小。市场分割和地方保护等行政性垄断因素也会对地域市场产生影响。（3）在进出口因素方面，主要考虑法律、关税、配额、产品检验检疫标准等贸易障碍对相关地域市场的影响。贸易障碍会增加生产者进入他国市场后的经营成本并失去价格优势，促使国外消费者转移消费需求，减少对该商品的需求，从而使该商品的地域市场范围变小。在相关地域市场界定中，也需要权衡进口的影响。

5.2.3 相关时间市场

从时间维度界定的相关市场就是相关时间市场，它是指相同商品或服务或其密切替代品在同一区域内相互竞争的时间范围。在界定与预测潜在竞争的未来发展趋势、特定时期内的或与流行商品等有关的竞争行为相联系的相关市场时，界定相关时间市场就十分必要。在相关产品市场和相关地域市场给定的情况下，只要时间因素使得产品竞争条件一致，那么我们就认为这些产品属于同一相关时间市场；反之，则不属于同一相关时间市场。在考虑时间因素在界定相关市场中的地位和作用时，需要权衡的因素有：（1）产品使用的期限。一般而言，产品使用期限越短，替代品就越多，产品的供给弹性就越大，相关市场的范围就越大。（2）产品的季节性。具有季节性的产品，其供给者的供给在时间上是无法替代的，季节性较强的产品，只有在一定季节内才可能存在竞争，产品的相关市场范围也就越狭窄。（3）知识产权保护等法律因素。保护期的长短将影响到相关时间市场的长短，保护期结束后原本拥有该项知识产权

[①] 尚明主编：《中国企业并购反垄断审查相关法律制度研究》，北京大学出版社2008年版。

的垄断企业的垄断地位将消失，相关市场将会发生变化①。（4）产品升级换代与生产周期。当消费者认为所拥有的产品早期版本与现行产品具有替代性，或者认为新发明或新技术在不久即将能够生产出比现行产品更好的产品时，则可能延缓相关消费支出，从而影响相关市场界定。产品生产周期和消费者的需求替代的时间周期也会影响市场供需关系，从而对相关市场界定产生影响。如果产品的生产周期很短，其他竞争者可以迅速进入该生产领域并完成投资到产出的收益过程，因此该产品的市场范围相对宽泛；相反，如果该产品的生产周期较长，竞争者进入该市场需要较长时间才能获得投资收益，回报周期较长，潜在竞争者进入该产品市场就会更加谨慎，该产品的相关市场范围就会相对狭窄。一般而言，当商品的生产周期、使用期限、季节性、流行时尚性或知识产权保护期限等已构成商品不可忽视的特征时，界定相关市场就需要考虑时间维度。同样道理，在技术贸易、许可协议等涉及知识产权的反垄断审查工作中，在界定相关市场时可能还需要考虑知识产权、创新市场、技术市场等相关问题②。

5.3 相关市场的界定方法

在相关市场上企业面临的竞争压力主要有三个来源，即需求替代、供给替代和潜在竞争，这三种竞争压力对相关市场的影响如图 5-1 所示。在相关市场界定中，尽管供给替代构成随后进行的潜在竞争分析的一部分，但反垄断当局往往将分析的重点放在需求替代所带来的竞争压力上。为了确定哪些产品或地域构成一个相关市场，需要确定两种产品或地域在何种程度上被消费者视为可以相互替代。这一原则在实践中可以通过价格的相对变化进行测试，测试的基本思路为：假设相关产品的价格在被考察的地域范围内进行小幅的、持久的变化，如果这一假设的价格上涨不会导致消费者转向购买其他产品，或向其他地区的供应商购买，从而引起销售量的显著降低，那么现有的产品或地域组合就构成一个相关市场；如果出现了销售量降低，那么现有市场应扩大到消费者为应对价格上涨而转向的其他产品或地域。依此类推，所有产品在新市场和新地域的相对价格的虚拟增长效果也将被分析，直至相关市场得以界定③。

---

① 李虹：《相关市场理论与实践》，商务印书馆 2011 年版。
② 王先林：《中国反垄断法实施热点问题研究》，法律出版社 2011 年版，第 26~28 页。
③ 葛拉雷兹、瓦罗纳、阿罗索和克里斯普：《欧盟企业合并控制制度：法律、经济与实践分析》，法律出版社 2009 年版。

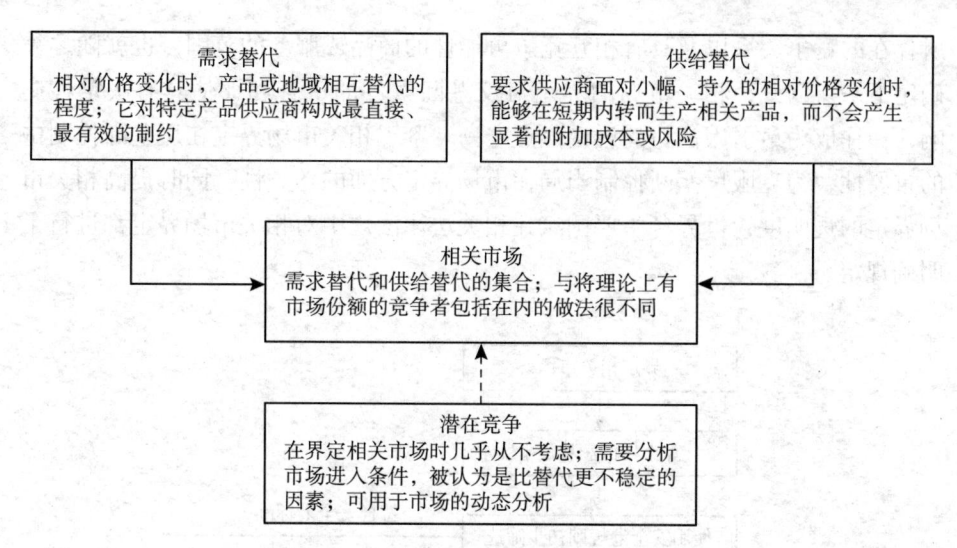

```
┌─────────────────────────────┐         ┌─────────────────────────────┐
│        需求替代              │         │        供给替代              │
│ 相对价格变化时，产品或地域相互│         │ 要求供应商面对小幅、持久的相对│
│ 替代的程度；它对特定产品供应商│         │ 价格变化时，能够在短期内转而生│
│ 构成最直接、最有效的制约      │         │ 产相关产品，而不会产生显著的附│
│                             │         │ 加成本或风险                 │
└──────────────┬──────────────┘         └──────────────┬──────────────┘
               │                                        │
               ▼                                        ▼
              ┌─────────────────────────────────────────┐
              │              相关市场                    │
              │ 需求替代和供给替代的集合；与将理论上有    │
              │ 市场份额的竞争者包括在内的做法很不同      │
              └─────────────────────┬───────────────────┘
                                    ▲
                                    │
              ┌─────────────────────┴───────────────────┐
              │              潜在竞争                    │
              │ 在界定相关市场时几乎从不考虑；需要分析    │
              │ 市场进入条件，被认为是比替代更不稳定的    │
              │ 因素；可用于市场的动态分析                │
              └─────────────────────────────────────────┘
```

图 5-1 相关市场上企业面临的竞争压力

相关市场界定的主要理论基础就是需求替代分析理论、供给替代分析理论和潜在竞争理论。从目前各国立法规定来看，在界定相关产品市场时都以需求替代分析理论作为主要的理论依据，而将供给替代分析理论和潜在竞争理论作为辅助性的理论依据。需求替代性理论来源于需求弹性理论，强调的是需求者对于价格变化的反应，无法考虑产品的特有性质、用途等因素，因而美国司法判例在具体案件中发展出了"合理替代性"和"特有性质和用途"等标准。供给替代分析理论的意义主要在于保证需求替代得到充分保障和满足，在一定条件下，也能产生与需求替代同样的竞争效果。潜在竞争理论是一种主要用于判定企业并购是否会因为限制了潜在竞争而产生反竞争效果的理论[①]。一般而言，供给替代分析和潜在竞争分析较多用于动态市场，当分析企业行为对市场竞争的动态影响时，需要对供给替代和潜在竞争给予关注。

从逻辑上讲，一个完整的反垄断控制过程包括三个主要阶段，即市场界定、计算市场份额或市场集中度、依据有关市场份额或市场集中度信息进行反垄断控制的实体分析。以企业并购的反垄断控制为例，具体的评估分析步骤如图 5-2 所示。科学合理地界定相关市场，对识别竞争者和潜在竞争者、判定经营者市场份额和市场集中度、认定经营者的市场地位、分析经营者的行为对市场竞争的影响、判断经营者行为是否违法以及在违法情况下需承担的法律责任等关键问题具有重要作用。一旦界定了相关市场，则在该市场内的企业之间

---

① 史建三等：《企业并购反垄断审查比较研究》，法律出版社 2010 年版，第 220~225 页。

所存在的竞争关系以及具有相互竞争可能性的商品或服务的范围，也就随之被确定下来。因此，相关市场的界定对反垄断案件的审查和评估具有决定性影响，往往成为最引人注目的诉讼焦点之一。鉴于相关市场界定在反垄断控制中的重要性，为克服反垄断控制当局在市场界定方面的随意性，同时提高相关市场界定的透明度，世界各主要国家在相关法律法规中对相关市场界定都进行了明确规定。

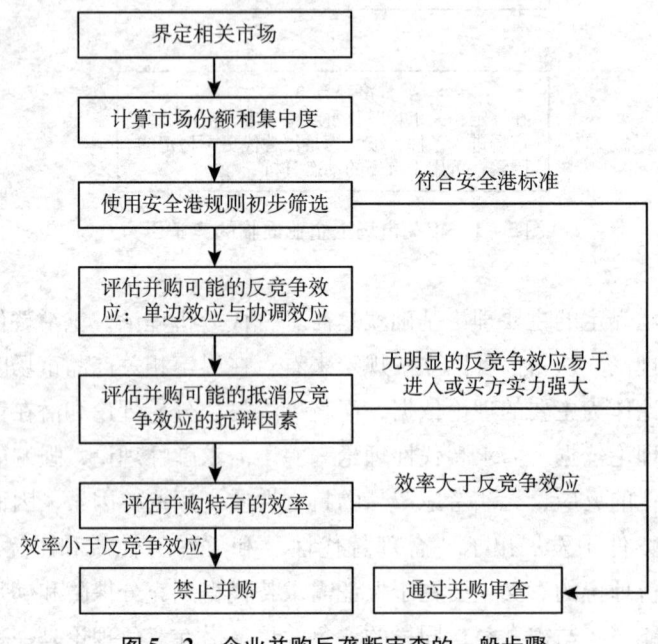

图 5-2　企业并购反垄断审查的一般步骤

相关市场界定的标准是竞争性原则，与行业分类的同质性原则有明显区别，相关市场只能就具体的案例进行界定而不可能预先完成[①]。相关市场涉及相关产品市场和相关地域市场，也有人认为包含相关时间市场第三重维度，而行业或者产业的划分却没有地域或者时间上的概念。因此，根据假定的垄断者测试来界定的相关的反垄断市场并不是总能够凭直觉获得，可能与产业成员使用的"市场"术语不匹配，相关市场不等于行业。美国1984年《横向并购指南》把相关市场界定为一种或者一组产品和地理区域，利润最大化的假定垄断者实施"小而显著的非暂时性价格上涨"是有利可图的，这一种或一组产品和地理区域分别构成了相关产品市场和相关区域市场。该定义继承和发展了

---

① 于立：《中国反垄断经济学的研究进展》，载于《广东商学院学报》2010年第5期。

1982 年《横向并购指南》中关于"小而显著的非暂时性价格上涨"的思想,强调假定垄断者对价格的控制能力,更加明确了相关市场包括相关产品市场和相关地域市场。国内学者对相关市场界定的定义充分考虑了具体案例和竞争约束的思想。曹虹(2007)指出反垄断法中的市场是相关市场,指与具体案件有关系的市场,即在具体案件中限制竞争行为发生在这个市场上①。李虹(2011)把相关市场界定为相互施加竞争约束的同类产品或密切替代品存在的一定的时间范围和空间范围,其中最核心的思想是强调竞争约束。竞争约束即制约彼此行为有效性的市场势力②。我国《反垄断法》第十二条规定,相关市场是指经营者在一定时期内就特定商品或者服务进行竞争的商品范围和地域范围。国内目前对相关时间市场的研究还比较少。从以上界定可以看出,相关市场界定注重的是对竞争关系的分析,强调竞争约束。相关市场界定的实质标准是市场竞争条件的一致性。相关市场界定最终的问题落在考察产品之间是否具有明显的替代性从而影响相互之间的市场势力与竞争优势地位。市场势力与竞争优势地位通常表现为单个厂商把价格提高到竞争水平以上的能力,因此一种比较被认可的方法是通过分析厂商单方面提高产品价格受到的竞争约束来界定相关市场。

界定相关市场的方法可以划分为两大类:一类是传统的产品功能界定法;另一类是基于假定垄断者测试的 SSNIP 界定法③。产品功能界定法主要是依据产品功能上的替代性或用途上的合理互换性来完成对相关市场的界定。在实践中产品功能界定法主要采用相似产品间的交叉价格弹性来判断两种产品是否属于同一市场,如果两种产品的价格间存在着接近于 1 或更高的交叉价格弹性且没有明显的时滞,那么这两种产品就属于同一市场。传统的产品功能界定法涉及多个判定标准,主要包括需求交叉弹性(Cross Elasticity of Demand)标准、合理的互换可能性(Reasonable Interchangeable)标准、特有性质及用途(Peculiar Characteristics)标准、次级市场(Sub-market)标准和商品群市场(Cluster of Product Market)标准等,不同的判定标准对应不同的亚类界定方法④。随着越来越多的产品具有多样化的物理特征和预期功能,要判断两种产品是否属于合理替代品,具有不同专业知识背景的人可能做出不同的甚至相反的判断。因此,传统的产品功能界定法具有很强的主观随意性。20 世纪 80 年

---

① 曹虹:《论反垄断法中相关市场的界定标准》,载于《现代管理科学》2007 年第 11 期。
② 李虹:《相关市场理论与实践》,商务印书馆 2011 年版。
③ 传统的产品功能界定法依据的是交叉弹性原理,而 SSNIP 方法采用的是针对自身弹性的分析方法。
④ 传统的产品功能界定法的具体标准及对应的亚类界定方法参见尚明主编:《中国企业并购相关法律制度研究》,北京大学出版社 2008 年版,第 6~20 页。

代以后，随着经济学的发展和经济理论在反垄断领域的应用，另一种新的更为精确和可计量的相关市场界定方法——SSNIP方法得以产生，并且世界主要国家和地区越来越多地采用SSNIP方法来界定相关市场[①]。

5.3.1 功能界定法

功能界定法主要是依据产品功能上的互换性或用途上的合理互换性来完成对相关市场的界定。在实践中，功能界定法主要采用相似产品间的交叉价格弹性来判断两种产品是否属于同一市场，如果两种产品的价格间存在着接近于1的交叉价格弹性且没有明显的时滞，那么这两种产品就应当属于同一相关市场。在具体案例中，功能界定法所采用的具体分析方法和分析标准包括：

（1）需求交叉弹性方法。需求交叉弹性指的是需求的交叉价格弹性，是指在某种产品（产品i）价格不变的条件下，当另一种产品（产品j）价格发生变化时，该产品需求发生变化的程度。也就是当产品j价格变动1%时，产品i的需求量变化的百分比。用公式可以表示为：

$$\varepsilon_{ij} = \frac{\Delta Q_i}{\Delta P_j} \frac{P_j}{Q_i}$$

这一比值越大，则说明产品i与产品j之间的替代性就越高；反之，这一比值越小，则说明产品i与产品j之间的替代性就越低；若等于零，则说明产品i与产品j之间互不相干。当需要考虑某一区间的需求交叉价格弹性时，可以计算交叉弧弹性：

$$\varepsilon_{ij} = \frac{Q_{i2} - Q_{i1}(Q_{i2} - Q_{i1})/2}{P_{j2} - P_{j1}(P_{j2} - P_{j1})/2} = \frac{\Delta Q_i}{\Delta P_j} \frac{P_{j2} + P_{j1}}{Q_{i2} + Q_{i1}}$$

需求的交叉弹性反映了某产品的需求对于其他产品价格变动的反应程度，交叉弹性越大，说明两种产品的相互可替代性越强，一种产品价格的提高对另一种产品需求量的影响较大，也就是说另一种产品对这种产品施加了竞争性约束，从而两种产品可以被认定属于同一相关市场。如果我们令：

$$S_i = \frac{P_i Q_i}{M}, \quad S_j = \frac{P_j Q_j}{M}$$

上式中，M表示总支出或总收入，S_i表示产品i的支出占总支出的份额，S_j表示产品j的支出占总支出的份额。根据勒纳指数的定义可以得到：

$$L = \frac{1}{\varepsilon} = \frac{1}{1 + \sum_{i \neq j} \frac{S_j}{S_i} \varepsilon_{ji}}$$

[①] 余东华：《反垄断法实施中相关市场界定的SSNIP方法研究》，载于《经济评论》2010年第3期。

从上式可以看出，产品 i 与产品 j 的需求交叉弹性越大，生产产品 i 的企业的市场势力就越小。美国反垄断当局在实际应用交叉弹性理论的过程中，通过具体判例明确了以下基本准则：商品或服务间的需求交叉弹性主要取决于，商品或服务的价格相互作用的程度和合理互换可能性、需求者的相似点以及周边的竞争程度；而商品或服务间的供给交叉弹性主要取决于，商品或服务的共同性或互换的可能性、技术上适应的可能性、生产设备的可分解程度、供给者的见解以及潜在的可替代性等因素[1]。

早期界定相关市场的功能界定法注重产品的性能、用途等物理性能，定性式的分析很大程度上依赖行业特性，对竞争约束的分析不够充分，依据不可量化的替代程度界定出来的相关市场具有很强的主观随意性。其中需求交叉价格弹性方法将定性式的替代性分析扩展到定量分析，一定程度上纠正主观倾向，但仍存在一些问题：

①需求的交叉价格弹性以"其他条件不变"为假设前提，使用的价格应该是完全竞争条件下的价格，这在某种程度上有些脱离实际；

②需求的交叉价格弹性只能用来判断两个产品的替代性，但具体应该取哪两种产品来分析，需要借助其他方法；

③仅仅关注单个替代品而不能同时关注所有替代品；

④需求的交叉价格弹性具有不对称性；

⑤需求的交叉价格弹性临界值难以确定；

⑥有些替代只在一定价位上才能发生。

相关市场功能界定方法中的需求交叉弹性方法从整体上表现出很强的主观性，这一时段的相关市场界定结果与政府的政策导向密切相关。

（2）合理的互换可能性标准。这一界定相关市场的方法源自美国政府诉杜邦公司的玻璃纸（Cellophane）案[2]。在该案中，相关商品市场的界定成为诉讼双方争论的焦点。作为本案原告的美国司法部提出，应当将玻璃纸界定为一个商品市场。如果这样，那么作为被告的杜邦公司所经销的玻璃纸在该商品市场中的市场份额超过了75%，这意味着杜邦公司违法了《谢尔曼法》第二条的规定。对此，杜邦公司主张，应将包括玻璃纸、铝箔、石蜡纸、硫酸纸等在内的所有软质包装材料界定为一个相关商品市场。如果这样，杜邦公司在该商品市场上份额就降低到了20%以下，据此被告否认了司法部对其的指控。受理此案的美国联邦地区法院基于顾客面对杜邦公司的玻璃纸价格的变化将会

---

[1] E. W. Kintner, Federal Antitrust Law, Vol. IV, pp. 252–253.
[2] United States v. E. I. Du pont de Nemours and Company, 351 U. S. 377. 76 S. Ct. 994 [1956].

敏感地转向其他软质包装材料的判断，做出了"由于玻璃纸面临着其他软质包装纸的竞争，因此，应将包括玻璃纸在内的所有软质包装材料界定为一个商品市场"的判决①。随后，美国司法部将此案上诉到了美国联邦最高法院。

美国联邦最高法院在考虑如何界定相关市场时明确表示，商品是否具有相同的物理性质是不能成为界定相关市场的标准的。该法院以"在需求者看来，玻璃纸与其他软质包装纸之间是可以进行合理互换的"为理由，将所有的软质包装纸界定为一个相关市场，最终做出了与美国联邦法院相一致的判定②。值得关注的是，美国联邦最高法院在这里直接引入了合理的互换可能性标准，并在判决书中指出，所谓的合理互换可能性标准，是指需求者为了同一目的能够进行合理互换的"商品群"构成了一个商品市场；不同商品间是否存在合理的互换可能性，应当根据商品的价格、用途和品质来进行判断③。合理的互换可能性方法，也称为合理替代性方法，它是一种通过测试产品在功能或用途上是否具有合理互换性，或者产品是否具有可以满足消费者相同需求的能力，从而认定产品是否应被纳入同一相关市场的方法。如果产品之间存在明显的需求替代性，它们就属于同一相关市场；否则就分别属于不同的相关市场。

从美国联邦最高法院的判定中可以看出，在界定相关市场时既使用了合理的互换可能性标准，也应用了需求交叉弹性理论。或者说，需求交叉弹性理论是引入合理的互换可能性标准的基本前提和理论基础，而合理的互换可能性标准则是需求交叉弹性理论在司法审判实务上的具体应用和辅助标准④。这是因为，需求交叉弹性理论在实际应用中面临着一系列的局限性：①需求交叉弹性理论难以用于直接界定相关市场，而仅仅是给出了"其他条件不变"的前提下两种商品之间存在的相互替代的可能性；②需求交叉弹性较高是垄断左右市场的结果，还是激烈竞争的结果，难以准确识别；③测度需求交叉弹性的数据往往难以获得，因而导致了其难以应用于司法实践。合理的互换可能性标准在某种程度上能够弥补需求交叉弹性方法的缺陷，是对该方法的一种补充和改进。

（3）特有性质及用途标准。这一界定相关市场的方法源自美国政府诉杜邦公司的车用涂料及装饰织品案⑤。在该案中，美国联邦最高法院针对如何界定该案的相关市场问题，引入了商品特有性质及用途标准，并且依此得出了与

---

① United States v. E. I. Du pont de Nemours and Company，118 F. Supp. 41 ［1953］。
②③　Cellophane，351 U.S. at 394.
④　王为农：《反垄断并购审查中相关市场界定研究》，引自尚明主编：《中国企业并购反垄断审查相关法律制度研究》，北京大学出版社 2008 年版，第 3～44 页。
⑤　United States v. E. I. Dupont de Nemours and Company，353 U.S. 586 ［1957］。

玻璃纸案截然相反的结论。在该案中,美国司法部认为,被告杜邦公司为了排挤其他向通用汽车公司提供车用涂料和装饰织品的竞争对手,而取得了占该公司全部股份23%的份额,进而完全控制了向通用汽车公司出售的车用涂料和装饰织品,因而违反了《克莱顿法》第七条的规定。在相关市场界定上,美国司法部和杜邦公司各持完全对立的主张。美国司法部主张仅将车用涂料和装饰织品界定为一个产品市场,而杜邦公司主张将美国国内生产所有行业用涂料和织品划分为一个产品市场。美国联邦最高法院支持司法部的主张,以"车用涂料和装饰织品具有同所有用于其他行业的涂料和织品完全不同的特有性质和用途"为由,做出了"车用涂料和装饰织品已构成《克莱顿法》第七条所称的产品市场"的判决[1]。这一判决结果与玻璃纸案中界定相关市场的判决形成了强烈反差。导致相关市场界定不同结果的根本原因在于,美国反托拉斯法中的《谢尔曼法》和《克莱顿法》分别设定了不同的规则标准和要求。这种在确立相关市场的界定标准问题上存在的差异,实际上是美国反托拉斯法对垄断协议、卡特尔等垄断行为和企业并购,分别设定了不同的规则标准和要求而产生的必然结果[2]。

(4) 供给替代性方法。供给替代性方法是利用供给弹性来界定相关市场的一种方法,其基本原理是:当假定垄断企业实施提价时,由于那些处于竞争或潜在竞争状态并且能在一年内无须承担重大沉没成本就能进入市场的其他企业,因与该假定垄断企业具有供给替代效应,因而它们属于同一个相关市场。在司法实践中,如果一个厂商被怀疑控制市场力量并降低市场竞争程度,那么供给替代性方法就可以用来检测该厂商是否有能力在不考虑其他潜在竞争对手的情况下非暂时性地将价格提高到完全竞争水平之上。如果涉案厂商的产品供给交叉弹性很大,那么说明其他厂商很容易通过转产和进入来替换生产,相关产品市场的范围就应该界定得较广泛;反之,如果供给交叉弹性很小,那么相关产品市场的范围就应该界定得较狭窄[3]。

供给替代性方法常用的衡量方法是测算供给交叉弹性,计算公式为:

$$\varepsilon_{xy} = \frac{\Delta Q_x}{\Delta P_y} \frac{P_y}{Q_x}$$

上式中,Q表示供给量,P表示价格水平。一般而言,采用供给替代性方

---

[1] United States v. E. I. Dupont de Nemours and Company, 353 U. S. 586 [1957].
[2] 王为农:《反垄断并购审查中相关市场界定研究》,引自尚明主编:《中国企业并购反垄断审查相关法律制度研究》,北京大学出版社2008年版,第3~44页。
[3] 李虹、张昕竹:《我国反垄断执法中相关市场界定标准问题研究》,引自尚明主编:《中国企业并购反垄断审查相关法律制度研究》,北京大学出版社2008年版,第66~73页。

法界定的相关市场范围较大，正因为如此，欧美国家的反垄断当局在界定相关市场时多从需求替代的角度来分析，供给替代性方法仅仅起到补充作用，在确认参与市场竞争的企业以及市场进入方面加以考虑。

5.3.2 相关市场界定的 SSNIP 方法

（1）SSNIP 方法的分析思路、基本框架与原理。SSNIP 方法也称为假定垄断者测试方法，也就是通过小而显著的非暂时性价格上涨进行假定垄断者测试，它是目前相关市场界定的主流方法。SSNIP 方法采用了针对自身弹性的分析思路：从并购后企业的一个假定的狭小产品市场出发，逐步分析在价格发生小幅、显著和非短期性变化的情况下[①]企业盈利水平的变化情况。如果价格上涨后有足够多的消费者转向其他产品，那么企业就不能从涨价中获得盈利，原先作为分析起点的产品市场就应当被扩大到消费者拟转向的目标市场，这个测试过程要一直进行下去，直到最后出现某一产品市场，在这个市场上企业可以通过涨价实现盈利。SSNIP 测试是一种有效的反复测试过程，一般分为四个步骤：①确定最初的候选市场，通常情况下仅包括与并购有关的产品及其密切替代品；②假定整个候选市场的产品处于假设垄断者的控制之下，确定垄断者提价（幅度一般在 5%～10%）后会出现的情况；③如果有足够多的消费者因为涨价而转向了其他替代品时，涨价本身无利可图，则表明其他替代品对候选市场中的产品构成了足够大的竞争压力，可以认为候选市场太过狭窄，没能将密切替代品都包括进去，需要增加次优替代品。在得到一个更大的候选市场以后，重复以上步骤；④当大部分消费者面对这个小幅且显著的非暂时性涨价而不再转向购买其他替代品，从而使得假设垄断者涨价变得有利可图时，停止检验。这时得到的市场就是反垄断机构所需要确定的相关市场。SSNIP 测试实际上体现了一种思想测试，在测试的每个阶段，那些被认为是最接近的替代品都将纳入相关市场中来，直到最终形成一个组合，这个组合就是反垄断分析所要界定的相关市场[②]。

SSNIP 方法所提供的"假定垄断者测试"给出了一个可以收集相关市场证据并进行分析的结构框架[③]。下面我们用一个简单数学模型来表示这一分析框架的原理和程序。假定价格上涨前的利润、平均成本、价格、产量分别为 π_0、C_0、P_0、Q_0，且满足 $\pi_0 = (P_0 - C_0)Q_0$；价格小幅上涨后的利润、平均成本、

---

① 一般情况是假设在可预见的未来价格上升 5%～10%。
② 余东华：《相关市场界定的 SSNIP 方法》，载于《经济评论》2010 年第 2 期。
③ 董红霞：《美国欧盟横向并购指南研究》，中国经济出版社 2007 年版。

价格、产量分别为 π_1、C_1、P_1、Q_1，且满足 $\pi_1 = (P_1 - C_1)Q_1$；则价格变化为 $\Delta P = P_1 - P_0$，需求数量变化为 $\Delta Q = Q_1 - Q_0$，平均成本变化为 $\Delta C = C_1 - C_0$，价格上涨前后的利润变化为：

$$\Delta\pi = (P_1 - C_1)Q_1 - (P_0 - C_0)Q_0 = \Delta P Q_1 + (P_0 - C_0)\Delta Q - Q_1 \Delta C \quad (5-1)$$

在 SSNIP 测试过程中，当 $\Delta P > 0$ 时，我们希望 $\Delta Q < 0$，并主要关注 $\Delta\pi$ 不大于零的情况。因而将 (5-1) 式两边同时除以 P_0，可以得到：

$$\frac{\Delta\pi}{P_0} = \frac{\Delta P}{P_0}Q_1 + \frac{P_0 - C_0}{P_0}\Delta Q - \frac{Q_1}{P_0}\Delta C \quad (5-2)$$

(5-2) 式中，$\Delta P/P_0$ 是假设的价格上涨（一般被设定为5%~10%）。当平均成本不变，即 $\Delta C = 0$ 时，则 (5-2) 式可变为：

$$\frac{\Delta\pi}{P_0} = \frac{\Delta P}{P_0}Q_1 + \frac{P_0 - C_0}{P_0}\Delta Q \quad (5-3)$$

从 (5-3) 式可以看出，当 $\frac{\Delta P}{P_0}Q_1 > \frac{P_0 - C_0}{P_0}\Delta Q$ 时，对新产量（比涨价以前低）收取的价格上涨后的收益大于数量减少所损失的收益，价格上涨就是有利的。这时就可以界定受测试的市场为相关市场。如果存在规模经济导致平均成本下降，那么只需要解出 $\frac{Q_1}{P_0}\Delta C$，就可以对价格上涨是否有利进行判断，从而继续以上过程，直到界定出相关市场。

SSNIP 方法在理论上明显优于传统产品功能界定法中依据需求交叉弹性理论笼统地分析商品间合理互换可能性和需求替代性的分析方法：①SSNIP 方法提供了一个连贯一致的分析框架，该框架考虑了被调查企业所面对的竞争约束的相关问题，并最终有助于使分析中的争论明确集中于需求或供给方面的替代性等关键概念；②SSNIP 方法能将市场界定与识别市场中的竞争者区别开来，在市场界定的地理维度和价格歧视方面有所创新，并能将越来越多的经济学数量分析方法引入市场界定中来，丰富了市场界定的量化标准。正因为如此，20世纪80年代中期以后，SSNIP 方法开始在反垄断司法实践中得到广泛应用，成为世界大多数国家和地区界定相关市场的主要方法。

(2) SSNIP 方法的缺陷。在进行 SSNIP 测试时，如果假定的垄断者在最小市场中实施价格上涨而不能盈利，就把下一个最接近的替代品加入相关市场中再次运用 SSNIP 方法进行测试，这个过程一直持续到假定的垄断者可以盈利地施加一个5%~10%的价格上涨，这样界定的产品范围或地理区域就构成相关市场（Kamerschen and Kohler, 1993）。SSNIP 方法的经济学理论依据较为充分，内在逻辑简单明确、较易理解，已经成为反垄断控制中受到国际广泛认可的相关市场界定方法。然而，在反垄断司法实践中，SSNIP 方法的局限性也是很明显的。

①基础价格选择不当可能导致评估失误。基础价格为 SSNIP 测试中的价格上涨提供了一个基准，它影响着消费者作为对价格上涨反应转向其他可供选择商品，进而影响到市场份额和市场力量评估中的最小市场确定。美国司法界在基础价格选择上存在较大争论，在司法实践中多数情况下采用竞争价格作为基础价格。欧盟一般采用主导市场价格作为基础价格，当主导价格不是竞争价格时，则采用竞争价格作为基础价格。但是，主导价格和竞争价格不一致时，基础价格选择的差异可能导致测试结果的背离。在主导价格明显高于竞争性水平，可能的未来价格更加接近竞争性水平的情况下，采用主导价格作为 SSNIP 方法的基础价格将导致对并购的错误评估。另外，在一些类似建筑、高速公路建设合同等所谓的招投标市场以及国防等产业中，一般不存在作为 SSNIP 界定法基础的主导价格或基础价格。此时，SSNIP 方法难以使用。

②价格上涨幅度的不确定性使得测试具有较大随意性。自美国司法部 1982 年《横向并购指南》发布以来，5% 标准被视为测定某种产品需求替代的主要方法。美国司法部在其并购指南中提出的这一数额不大，但持续性涨价的幅度虽然是 5%，但也指出可以根据不同行业的不同性质，这个涨价幅度可以大一点或者小一点。1992 年美国司法部和联邦贸易委员会共同发布的《横向并购指南》对此作了修改。因为设想不同相关市场上的产品可能会有不同的涨价幅度，新指南指出，这个幅度不需要做出统一的规定。对不同的相关产品的涨价幅度不作统一规定虽然在理论上是正确的，但这种做法会大大提高界定相关市场的难度。因为不同的企业和不同的产品有着不同的价格政策，如果法律上不规定统一的涨价幅度，企业和执法机构便难以在无数个似乎有理的涨价幅度中进行选择。如果涨价幅度定得过大，所界定的市场范围就大；如果涨价幅度定得过小，市场的范围也小。这样，企业并购指南便失去其作为"指南"对执法机构和当事人应当具有的可预期性优点，并由此增加了指南的不确定性，降低其指导的价值，增大反垄断执法机构的随意性。

③SSNIP 方法可能导致"玻璃纸谬误"。SSNIP 方法在评估并购的竞争效果时，主要关注的是并购是否将导致价格上涨到主导水平之上。为此，竞争评估集中于对并购企业目前商业行为的竞争约束上。在此意义上，并购调查所进行的分析是面向未来的，并且是在主导价格水平上确定竞争约束。利润最大化的厂商总是力图将价格设定在不能通过进一步提价而获利的水平上，这意味着产品之间彼此产生竞争约束的程度部分地依赖于目前的相对价格。当产品在一个价格水平上可以构成替代品时，在一个更低的价格水平上可能就不构成替代

品。如果垄断产品的价格足够高，即使劣质的替代品对消费者也将具有吸引力。这就意味着在目前的价格水平上，一个企业面对着来自其他产品或企业的竞争约束时，并不能表明该企业是否拥有市场势力以及是否在行使其市场势力。换句话说，一个企业具有一个特定的相对高的需求价格弹性的事实，并不意味着该企业不具有任何将其价格提高到竞争水平之上的市场势力。在有效竞争的价格水平上，该企业特定的需求价格弹性实际上可能相当低，从而该企业能够将那个有效竞争的价格提高到目前的价格水平；在目前的价格水平上，由于存在其他企业需求方面或供给方面的替代性而导致进一步涨价无利可图。因此，按照SSNIP方法确定的相关市场可能过宽，从而弱化反垄断执行。这一问题在反垄断司法中被称为"玻璃纸谬误"。在1956年美国政府指控杜邦公司垄断玻璃纸生产案中，因为玻璃纸为杜邦公司独家生产和销售，政府认定该公司在玻璃纸产品市场上占有100%的市场份额，并且实行了垄断价格。在垄断高价下，价格的任何细微提高都会导致消费者转向其他柔性包装材料。美国最高法院在这个案件中将玻璃纸看作包装材料中一种材料，而在包装材料这一产品市场上，杜邦公司仅占18%的市场份额。因此，政府在该案中败诉。"玻璃纸谬误"的关键问题是，在现存价格上确定的替代品并不必然就是那些在竞争价格上有效的替代品，而竞争价格才是反垄断案件中界定相关市场的基准点。

④SSNIP方法在具体操作中存在缺陷。这些缺陷包括：1）SSNIP方法主要测度的是自身弹性，而要想对自身弹性进行准确分析，必须拥有足够的相关经济数据支撑。可是在现实中要想获得能够用于进行SSNIP测定的经济数据却是相当困难的，而且数据的可靠性值得怀疑。在重复检验过程中，每增加一种替代产品或者一个地理区域，都要对利润的最大化水平进行比较，这就要求对产品成本数据的正确预测和计算。由于取得准确数据的难度很大，往往出现利润水平计算的信度不够，使得SSNIP方法的准确性不够。2）SSNIP方法中次优替代品的认定是一种简单的"是与非"的判断，有时候与实际情况并不相符。当产品具有多种使用功能，而两种产品的所有用途并不能完全替代时，就会发生矛盾，此时相关市场可能被扩大，也可能被缩小，导致相关市场界定的不确定性。3）新型产业的出现以及产业创新与转型对SSNIP方法提出了挑战。例如，在新经济行业中，由于产品品质的竞争或技术的竞争已经远大于价格的竞争，以价格理论为基础的SSNIP测度标准根本不能有效界定相关市场。因此一些学者建议运用SSNIP测度标准的原理，以产品性能的变化取代价格的波动来测试需求弹性，进而界定相关市场，即所谓的产品性能测试法。4）随着高新技术产业的发展，技术创新成为提高企业竞争力的核心，如何界定创新市场，协调创新与竞争之间的矛盾，也成为SSNIP方法面临的一大问题。

5.4 SSNIP 方法的改进与完善

SSNIP 检验的主要思路是"小而显著的非暂时性价格上涨有利可图",但是并没有给出如何判定所谓的价格上涨是否"有利可图"(Harris and Simons, 1989)。这个疏漏大大降低了兼并指南的可操作性而广受批评。受数据、程序、方法等因素的制约,SSNIP 方法在司法实践中的应用也遇到很多困难。尤其是,随着宏观环境的变化、技术进步的加快和创新因素的凸显,SSNIP 方法的局限性日益明显。为了弥补 SSNIP 方法的缺陷,欧美国家的反垄断当局在司法实践中对 SSNIP 方法进行了改进和完善,改进了 SSNIP 方法中的关键环节,使得 SSNIP 方法更加可行和有效,并采取了一些其他替代的辅助测定方法,形成了相互映照的方法体系。

5.4.1 剩余需求弹性方法

剩余需求是指一个市场上单个企业所面临的需求,它等于市场总需求减去同行业其他企业的供给。剩余需求曲线表示的是单个企业面临的剩余需求及其价格之间的关系,其形状是由消费者需求和替代品生产者的供给共同决定的,剩余需求曲线的弹性就是剩余需求弹性。谢夫曼和斯皮勒(Scheffman and Spiller, 1987)认为,估算剩余需求弹性可以成为 SSNIP 方法的关键环节:从最小的假定垄断者开始,通过连续增加新的生产者,直到假定垄断者面临一个足够缺乏弹性的剩余需求曲线,最终确定的相关生产者范围就是相关市场[①]。凯默斯琴和科勒(Kamerschen and Kohler, 1993)在此分析基础上进一步提出,由于 SSNIP 中 10% 或 5% 的价格增加幅度所对应的基准剩余需求弹性是 10 或 20,如果兼并后的剩余需求弹性小于基准弹性,则属于同一相关市场。目前很多学者认为,剩余需求弹性分析方法与兼并指南的思想最一致(Baker and Bresnahan, 1985),但是该方法不仅需要详尽的数量和价格的数据,有时还需要成本的信息,往往由于信息不足而很难实施(Stigler and Sherwin, 1985)。

贝克和布雷斯纳汉(Baker and Bresnahan, 1985)给出了估算单个企业剩余需求弹性的方法[②]。假定一个产品差异化行业内有 n 个追求利润最大化的企

[①] Scheffman D. T. and P. T. Spiller, Geographic Market Definition under the U. S. Department of Justice Merger Guidelines. *Journal of Law and Economics*, Vol. 30, No. 1, 1987, pp. 123–147.

[②] Baker, J. B. and T. F. Bresnahan, The Gains from Merger or Collusion in Product Differentiated Industries. *The Journal Industrial Economics*, Vol. 33, No. 4, 1985, pp. 427–444.

业，企业 1 的需求函数为：

$$P_1 = P_1(Q, Q_1, \gamma, \eta_1)$$

上式中，P_1 和 Q_1 分别表示企业 1 所生产产品的价格和产量，Q 是其他 n−1 个企业的产量向量，即 $Q = (Q_2, Q_3, Q_4, \cdots, Q_n)$；$\gamma$ 表示进入需求函数的外生变量组成的向量，也称为需求移动因子，η_1 是一个参数向量。企业 1 以外的其他 n−1 家企业的需求函数可以表示为：

$$P_i = P_i(Q, Q_1, \gamma, \eta_i), \quad i = 2, 3, \cdots, n$$

定义 P 为第 2 到第 n 家企业的价格 P_i 组成的向量，企业 i 的边际成本函数为：

$$MC_i(Q_i, W, \beta_i), \quad i = 2, 3, \cdots, n$$

上式中，W 是要素价格向量，β_i 为参数向量。企业 i 的边际收益函数可以写为：

$$MR_i(Q, Q_1, \gamma, \eta_i), \quad i = 2, 3, \cdots, n$$

根据利润最大化原则（$MC_i = MR_i$）可以求得向量 Q 为：

$$Q = E(Q_1, \gamma, W; \eta, \beta)$$

将上式中 Q_i 对 Q_1 的弹性称为反应弹性，记为：

$$\xi_{i1} = \frac{\partial \ln E_i}{\partial \ln Q_1}$$

将向量 Q 表达式代入企业 1 的需求曲线，可以得到企业 1 面临的剩余需求曲线方程：

$$P_1 = P_1(Q_1, E(Q_1, \gamma, W; \eta, \beta); \gamma, \eta_1)$$

上式可以简化表示为：

$$P_1 = R_1(Q_1, \gamma, W, \eta, \beta)$$

从上式可以看出，企业 1 面临的剩余需求函数里面包括企业 1 的产量 Q_1、结构需求变量 γ 和其他企业的成本变量 W，η 和 β 则是待估参数。根据弹性的关系公式，我们知道企业 1 的剩余需求弹性 η_1^γ 取决于自需求弹性 η_{11}、交叉需求弹性 η_{i1} 和其他企业对其涨价的反应弹性 ξ_{i1}，用公式表示就是：

$$\eta_1^\gamma = \eta_{11} + \sum_{i=2}^{n} \eta_{i1} \xi_{i1}$$

在剩余需求弹性方法的具体操作中，除了估算部分剩余需求曲线以外，还需要计算并购前和并购后的剩余需求弹性并进行比较，从而判断并购对于企业市场势力的影响。剩余需求弹性方法能够有效识别价格是否可以由于并购而提高，从而识别产品间的可替代程度，对使用 SSNIP 检验来界定相关市场具有较大的促进作用（Simons and Williams，1993）。剩余需求弹性方法依靠事前数据就可以较为简便地估算出两个企业并购对于它们市场势力可能造成的影响，既可以用于市场支配定位的评估，也可以用于界定相关市场[①]。

5.4.2 临界弹性分析方法

临界弹性（Critical Elasticity）是指"假想的垄断者通过实施明显的且非暂时的小幅度提价可以获得利益的价格弹性的最大值"（Fredrick，1989）。一般而言，如果并购前的需求价格弹性值小于临界弹性值，那么商品提价而导致的需求减少的幅度就会较小，因此提价将会使当事人获益，这也就意味着假想的垄断者极有可能决定实施提价。这样的商品（地域）市场将构成假想垄断者可以行使其市场支配力的所谓相关市场。相反，如果需求价格弹性值大于临界弹性值，那么提价就会造成需求大幅度减少，这就意味着提价不能给当事人带来利益。这样的商品（地域）市场就不会被界定一个相关市场。临界弹性分析包括三个步骤：（1）计算临界弹性值。如果假定需求曲线是线性的，假想的垄断者是利润最大化，那么使用纯粹的计算公式就可以计算出临界弹性值。（2）推算实际的需求价格弹性值。通常以可能得到的数据为基础，模拟演算需求曲线，进而推算实际弹性值。测算中需要注意弹性值同其他定量和定性证据之间的相互印证，在计量分析过程中对参数、变量和模型的选取需要动态调整。（3）将推算的需求价格弹性值与临界弹性值进行比较，进而界定相关市场。如果实际需求弹性值小于临界弹性值，说明需求是非弹性的，提价能够带来利益，那么将该商品市场界定为相关市场就是适宜的。反之，就需要实施 SSNIP 测定。

由于不同形状的需求曲线具有不同的价格弹性，从而垄断企业能够承受的提价程度也会不同，因此在推导临界弹性的计算公式时需要明确需求曲线的形状。在经济学分析中，常用的需求曲线的形状或为等弹性的双曲线或为线性。下面，我们分别推导利润最大化假设和盈亏平衡假设两种条件下的临界弹性计算公式（Werden，1997；李虹，2011）。

我们先来推导利润最大化假设下的临界弹性计算公式。假设并购发生前的价格为 P_0，提价后价格上升为 P_1，使垄断者利润最大化的价格为 P_m，边际成本保持不变且为 c，并购前的以相对值表示的价格成本边际（Price-cost Margin）为 m，且：

$$m = \frac{P_0 - c}{P_0} = 1 - \frac{c}{P_0}$$

[①] 李虹、张昕竹：《我国反垄断执法中相关市场界定标准问题研究》，引自尚明主编：《中国企业并购反垄断审查相关法律制度研究》，北京大学出版社 2008 年版，第 66~73 页。

最小的显著价格上升幅度为 t，且：

$$t = \frac{P_1 - P_0}{P_0} = \frac{P_1}{P_0} - 1$$

价格上升 t 之后新的价格成本边际为：

$$m + t = \frac{P_1 - c}{P_0}，且有 1 + t = \frac{P_1}{P_0}$$

根据垄断企业实现利润最大化的一阶条件，可以得到：

$$\frac{P_m - c}{P_m} = \frac{1}{\varepsilon(P_m)} 或 \varepsilon(P_m) = \frac{P_m}{P_m - c}$$

上式中的 $\varepsilon(P_m)$ 就是垄断价格所对应的需求弹性。令 $P_m = P_1$，根据以上算式可以计算出利润最大化假设下的需求临界弹性的计算公式：

$$\varepsilon(P_m) = \frac{P_m}{P_m - c} = \frac{P_1}{P_1 - c} = \frac{\frac{P_1}{P_0}}{\frac{P_1 - c}{P_0}} = \frac{1 + t}{m + t}$$

当需求曲线的形状为等弹性的双曲线时，并购前的需求弹性与并购后的需求弹性相等，所以需求的临界弹性就等于：

$$\varepsilon = \frac{1 + t}{m + t}$$

当需求曲线的形状为线性时，假定反需求函数为 $P = a - bq$，则需求的临界弹性为：

$$\varepsilon(P) = \frac{P}{a - P}$$

将上式代入利润最大化条件中，可得：

$$P_m = \frac{a + c}{2P_1}$$

根据变量 m、t 和临界弹性的定义，可以推导出：

$$\varepsilon(P_0) = \frac{P_0}{a - P_0} = \frac{P_0}{2P_1 - c - P_0} = \frac{1}{m + 2t}$$

接下来，我们推导盈亏平衡假设下的临界弹性计算公式。盈亏平衡是指企业提价所导致的销售额损失和涨价的额外收入正好相抵，从而提价后的利润不变。盈亏平衡假设下需求的临界弹性是指保持提价后假定垄断者利润不变时企业所需要的需求弹性。假设实现盈亏平衡的价格为 P_b（令 $P_b = P_1$），其他变量与利润最大化假设下的界定相同，那么实现盈亏平衡意味着 $\pi_0 = \pi_b$，即：

$$q(P_0)(P_0 - c) = q(P_b)(P_b - c) 或 \frac{q(P_b)}{q(P_0)} = \frac{P_0 - c}{P_b - c}$$

根据变量 m 和 t 的界定公式，可以得到：

$$\frac{P_0 - c}{P_b - c} = \frac{\frac{P_0 - c}{P_0}}{\frac{P_b - c}{P_0}} = \frac{m}{m + t}$$

当需求曲线的形状为等弹性的双曲线时，根据等弹性双曲线的定义和性质有：

$$\frac{q(P_1)}{q(P_0)} = \left(\frac{P_1}{P_0}\right)^{-\varepsilon} = (1 + t)^{-\varepsilon}$$

由于 $P_b = P_1$，$\frac{q(P_b)}{q(P_0)} = \frac{m}{m + t}$，综合以上算式，根据弹性定义，就可以得到盈亏平衡假设下需求的临界弹性计算公式：

$$\varepsilon = \frac{\log(m + t) - \log m}{\log(1 + t)}$$

当需求曲线的形状为线性时，根据线性需求函数的特点，可以得到：

$$\frac{q(P_1)}{q(P_0)} = \frac{a - P_1}{a - P_0} = 1 - \frac{P_1 - P_0}{P_0} \cdot \frac{P_0}{a - P_0} = 1 - t\varepsilon(P_0)$$

由于我们令 $P_b = P_1$，且 $\frac{q(P_b)}{q(P_0)} = \frac{m}{m + t}$，综合以上算式，可以得到：

$$t\varepsilon(P_0) = 1 - \frac{m}{m + t}$$

上式两边同时除以 t 就可以得到盈亏平衡假设下的需求临界弹性：

$$\varepsilon = \frac{1}{m + t}$$

以上介绍的临界弹性方法是基于成本不变假设下推导出来的，这一假设具有一定非现实性。这是因为并购等市场行为往往会导致企业的边际成本发生变化，为了弥补这一不足，鲍曼和戈德克（Baumann and Godek, 2006）等学者基于边际成本递增的假定，提出了修正的临界弹性计算公式，新公式的推导思路和内在逻辑与上面是一致的。

5.4.3 临界损失方法

临界损失（Critical Loss）是指"假想的垄断者决定实施明显的且非暂时的小幅度提价仍然可以获利的销售量减少的最大值"（Werden, 1998）。临界损失分析法就是通过分析当假想的垄断者提价时，伴随着价格的上涨而引起涨价商品的市场占有率下降，对于由此造成的损失（临界损失），提价起了多大作用,来比较精确地判断现实中的企业能否实施提价的一种分析方法。一般而言,如果提价造成的实际销售量的损失值小于临界损失值,这就意味着假想的垄断者将决定实施提价,因此将这样市场界定为相关市场是适宜的。反之,如果提价造成的实际销售量的损失大于临界损失值,这就意味着提价没有给假想的垄断者带来利益,因此将这样的商品市场界定为相关市场,就将是一个过于狭窄的市场。临界损失方法是 SSNIP 测试应用在相关市场界定中的又一成功尝试,是 SSNIP 方法的发展和改进。临界损失分析法与临界弹性分析法的步骤大体相同,临界损失分析法多用于数据较少、提价幅度较大的场合。1995 年的唐纳利(Donnelley)案中,美国反垄断当局就是使用临界损失分析法来界定相关市场的。

临界损失方法从竞争约束的角度考虑相关市场界定,认为企业滥用市场势力即单方面提高产品价格主要面临两方面的竞争约束:需求替代和供给替代(现存的和潜在的),竞争约束的存在使得企业单方面提高产品价格会导致有效需求的减少,从而使涨价无利可图。临界损失方法涉及两个主要概念:临界损失和实际损失;临界损失表示垄断企业的涨价行为能够有利可图的最小有效需求减少量,实际损失表示垄断企业涨价行为导致的实际有效需求减少量。临界损失分析通过比较临界损失和实际损失得出相关市场的界定范围:如果实际损失小于临界损失,表示企业涨价有利可图,相应的相关市场界定范围是可行的;如果实际损失大于临界损失,表示企业还面临其他的竞争约束,应该相应扩大相关市场的界定范围。根据临界损失分析的思路,临界损失分析分为三个主要部分:计算临界损失、计算实际损失、临界损失与实际损失的比较。

第一步:计算临界损失。

临界损失分析作为学术概念最早是由哈里斯和西蒙斯(Harris and Simons,1989)提出。一般情况下,价格上涨对企业利润主要有两个方面的影响:价格上涨造成有效需求减少对利润的负面影响以及既存消费者面临的价格上涨对利润的正面影响;两方面影响相互抵消后的净影响即是价格上涨造成的影响,如图 5-3 所示。

价格上涨带来的利润增加为 B 部分,有效需求减少带来的利润减少为 A 部分,如果 AB 部分抵消后的净影响使得利润增加,则表示涨价行为有利可图。哈里斯和西蒙斯(1989)将临界损失定义为使得 A = B 的销售数量的减少比例。如果 A = B,即企业的价格上涨行为造成的盈亏平衡,如果实际损失大于临界损失,则会使涨价无利可图。我们用 π_0、P_0、Q_0、AVC_0 分别表示涨价前的利润、价格、产量和平均可变成本,π_1、P_1、Q_1、AVC_1 表示涨价后的利润、价格、产量和平均可变成本,FC 表示固定成本。具体计算方法如下:

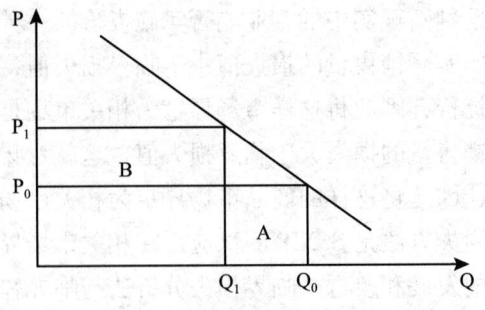

图 5-3 价格上涨的影响

$$\pi_0 = P_0Q_0 - Q_0AVC_0 - FC = P_0Q_0 - \int_{i=1}^{i=Q_0}MC_i - FC$$

$$\pi_1 = P_1Q_1 - Q_1AVC_1 - FC = P_1Q_1 - \int_{i=1}^{i=Q_1}MC_i - FC$$

涨价后盈亏平衡可以表示为：

$$P_0Q_0 - \int_{i=1}^{i=Q_0}MC_i - FC = P_1Q_1 - \int_{i=1}^{i=Q_1}MC_i - FC$$

根据定义，涨价幅度为 $X = \dfrac{P_1 - P_0}{P_0}$，即 $P_1 = P_0(1+X)$；销量减少即临界损失为 $CL = \dfrac{Q_1 - Q_0}{Q_0}$，即 $Q_1 = Q_0(1-CL)$，代入盈亏平衡公式：

$$P_0Q_0 - \int_{i=1}^{i=Q_0}MC_i - FC = P_0(1+X)Q_0(1-CL) - \int_{i=1}^{i=Q_1}MC_i - FC$$

化简后可得：

$$CL = \frac{X}{1+X} + \frac{\int_{i=1}^{i=Q_0}MC_i - \int_{i=1}^{i=Q_1}MC_i}{P_0(1+X)Q_0} = \frac{X}{1+X} + \frac{Q_0AVC_0 - Q_0(1-CL)AVC_1}{P_0(1+X)Q_0}$$

求解上式，就可以得到：

$$CL = \frac{P_0X + AVC_0 - AVC_1}{P_0X + P_0 - AVC_1}$$

在实际计算中，估计涨价后的平均可变成本 AVC_1 比较困难，一般假设平均可变成本不变，即 $AVC_1 = AVC_0$，则 $CL = P_0X/(P_0 + P_0X - AVC_0)$，分子分母同时除以 P_0 化简可得：

$$CL = \frac{X}{X + (P_0 - AVC_0)/P_0}$$

上式中，$\dfrac{P_0 - AVC_0}{P_0}$ 被称为价格成本边际（Price-cost Margin）或者边际贡献（Contribution Margin），记为 M，也就是毛利润率。

综上：$CL = \dfrac{X}{X+M}$，式中 $X = \dfrac{P_1 - P_0}{P_0}$，$M = \dfrac{P_0 - AVC_0}{P_0}$，临界损失与毛利润率成反比，与价格上涨幅度成正比。

从以上推导可以看出，哈里斯和西蒙斯（1989）定义的临界损失暗含的一个前提假设是假定垄断企业涨价行为的"盈亏均衡"，回答了假定垄断者是否能够在不减少利润的条件下提高价格的问题。但是该方法并没有回答调整以后的价格是否是能够使得企业利润最大化的价格，也就是说，该方法不能回答企业是否有动机去改变（提高或降低）价格以求得利润最大化。这涉及假定垄断者的前提假设是涨价行为的盈亏平衡还是利润最大化，盈亏平衡和利润最大化条件下的两种方法被分别称为 Could Approach 和 Would Approach。Could & Would Approach 的争论源于兼并指南中用词的区别（Baumann and Godek，1995）。约翰逊（Johnson，1974）最早发现并解决了临界弹性分析方法 Could Approach 的问题，韦登解决了临界损失分析方法的 Would Approach 问题（Werden，1998）。

韦登（1998）给出了利润最大化假设下的临界损失计算方法，即 Would Approach。我们将主要变量定义如下：P_0 表示初始价格水平，P_1 表示提价后的价格水平，P_m 表示假定垄断者利润最大化的价格水平；c 为短期边际成本，假设为不变；M 为提价前的价格成本边际（Price-cost Margin），且 $M = (P_0 - c)/P_0$；X 为价格上涨幅度，且 $X = (P_1 - P_0)/P_0$，$\dfrac{P_1}{P_0} = 1 + X$；ε 表示绝对值形式的需求价格弹性。因为该方法需要确定企业利润最大化的价格水平，所以需要考察企业面临的需求曲线。

（1）当企业面临的是等弹性需求曲线时，需求函数为 $Q = aP^{-\varepsilon}$。根据微观经济理论，垄断者利润最大化的条件为：$\dfrac{P_m - c}{P_m} = \dfrac{1}{\varepsilon(P_m)}$，即 $\varepsilon(P_m) = \dfrac{P_m}{P_m - c}$；根据假设条件，$P_1$ 是利润最大化的价格水平，则利润最大化（令 $P_1 = P_m$）的需求价格弹性为：

$$\varepsilon = \dfrac{P_1}{P_1 - c} = \dfrac{P_1/P_0}{(P_1 - c)/P_0} = \dfrac{P_1/P_0}{(P_1 - P_0 + P_0 - c)/P_0} = \dfrac{1+X}{X+M}$$

价格从 P_0 到 P_1 造成的有效需求减少率也就是临界损失为：

$$CL = \dfrac{Q_0 - Q_1}{Q_0} = 1 - \dfrac{Q_1}{Q_0} = 1 - \dfrac{aP_1^{-\varepsilon}}{aP_0^{-\varepsilon}} = 1 - \left(\dfrac{P_1}{P_0}\right)^{-\varepsilon} = 1 - (1+X)^{-\varepsilon}$$

$$= 1 - (1+X)^{-\frac{1+X}{X+M}}$$

综上，等弹性需求曲线假设下的临界损失为：

$$CL = 1 - (1 + X)^{\frac{-1-X}{M+X}}$$

(2) 线性需求曲线 [需求函数 $P = a - bQ$, 即 $Q = (a - P)/b$]。根据微观经济理论, 垄断者利润最大化价格 $P^m = (a + c)/2 = P^1$, $a = 2P^1 - c$;

同理:
$$CL = \frac{Q_0 - Q_1}{Q_0} = 1 - \frac{Q_1}{Q_0} = 1 - \frac{(a - P_1)/b}{(a - P_0)/b} = 1 - \frac{a - P_1}{a - P_0} = \frac{P_1 - P_0}{a - P_0}$$

$$= \frac{(P_1 - P_0)/P_0}{(a - P_0)/P_0} = \frac{(P_1 - P_0)/P_0}{(2P^1 - c - P_0)/P_0} = \frac{(P_1 - P_0)/P_0}{(P^1 - c + P^1 - P_0)/P_0}$$

$$= \frac{(P_1 - P_0)/P_0}{(P^1 - P_0 + P_0 - c + P^1 - P_0)/P_0} = \frac{X}{2X + M}$$

综上, 线性需求曲线假设下的临界损失为:

$$CL = \frac{X}{2X + M}$$

两种假设下的临界损失表达式如表 5-1 所示。

表 5-1 两种假设下的临界损失表达式

需求曲线	前提假设	利润最大化 (Would Approach)	盈亏平衡 (Could Approach)
线性需求曲线		$CL = \frac{X}{2X + M}$	$CL = \frac{X}{X + M}$
等弹性需求曲线		$CL = 1 - (1 + X)^{\frac{-1-X}{M+X}}$	$CL = \frac{X}{X + M}$

综合以上两种思路可以看出, $M = (P_0 - c)/P_0$ 在两种思路中都比较重要, 直接决定临界损失的大小, 但是实际计算面临许多困难。主要是边际成本 c 不好测算, 实际应用中多用平均可变成本来近似; 固定成本与可变成本的确定多存在诸多分歧。韦登 (1998) 认为, 在实际应用中, 线性需求曲线比等弹性需求曲线更加符合实际。鲍曼和戈德克 (1995) 指出, 与 Could Approach 相比, Would Approach 的优点在于以下几个方面: 基于企业利润最大化的前提假设更加符合经济理论和实际; 与兼并指南更加契合; 尤其是确定了利润最大化的价格水平, 从而价格上涨幅度的确定有经济理论的支撑, 而不是人为武断地界定为 5%。在临界损失的计算中, 哈里斯和西蒙斯 (1989) 指出, 有两种情况需要特别受到重视: 在企业产出产品多样化的情况下, 减少一种产品的生产可能同时增加另一种产品的产量; 一种产品的生产过程同时生产多种产品。

第二步：计算实际损失。

计算实际损失需要考虑以下群体对价格上涨的反应（Harris and Simons, 1989）：相同产品的其他生产者；相关产品的生产者；消费者。概括起来主要包括了生产替代和消费替代的反应。价格上涨引起的反应都反映在剩余需求弹性的变化中（Landes and Posner，1981）；尽管经济学家已经得出关于剩余需求弹性的计算方法，但是由于数据的可得性而在实际操作中面临诸多困难[①]。实际损失确定的可行思路是将剩余需求弹性变化中包含的各种反应合理地量化，主要包括计算转换成本、考察效用替代率，其中最直接的方法是通过大量的调查直接获取消费者的反应。萨洛普和西蒙斯（Salop and Simons, 1984）在"A Practical Guide to Merger Analysis"一文中给出了实际损失的确定需要考虑的一系列问题。

特别地，消费者对价格上涨的反应只是反映了实际损失的一个方面，即消费者转移消费的意愿，实际损失的确定还需要考察消费者实际有可能转移消费的能力，也就是供给方面，包括国内生产（现存和潜在）和进口（贸易限制方面因素）。

第三步：临界损失与实际损失的比较进而确定相关市场。

如果实际损失小于临界损失，表示企业涨价有利可图，相应的相关市场界定范围是可行的；如果实际损失大于临界损失，表示企业还面临其他的竞争约束，应该相应扩大相关市场的界定范围，包含其他的替代品。扩大相关产品市场的界定范围，包含进入其他替代品的过程也就是相关产品替代性排序的过程，交叉价格弹性是相关产品替代性排序的有效方法（Werden, 1998）。

在实际应用中应该注意到，既然市场界定为一个或者一组生产者，那么如果备选市场包含两个或者两个以上生产厂商时，SSNIP方法实际上假设备选市场上的生产厂商能够协调自身的行为（比如说同时涨价5%）；哈里斯和西蒙斯（1989）假设备选市场上的众多生产厂商达到竞争均衡并且组成一个统一的联合体，这显然与现实有所出入。并购指南中相关产品市场的界定假设兼并以后不存在价格歧视，这与实际情况也是不相符的，如果可以证明存在明显的价格歧视，则需要考虑相关产品市场更窄范围的界定。因此临界损失分析方法并不是像以上的数学公式简单直观，需要考虑具体经济实际。

[①] J. Baker and T Bresnahan, The gains from Merger or Collusion in Product-Differentiated Industries, 1985; D. Sheffman and P. Spiller: Geographic Market Definition Under the DOJ Merger Guidelines, 1987.

5.5 相关市场界定的案例分析

在这里，我们主要讨论三种主要的相关市场界定具体方法在司法实践中的应用。

5.5.1 剩余需求弹性的估算：航空公司并购案[①]

我们以西北航空公司与共和航空公司合并案为例来看一看剩余需求弹性分析方法的应用。美国西北航空公司成立于1926年，当时称为"Northwest Airways"，在明尼阿波利斯/圣保罗和芝加哥之间运送邮件。1934年采用"Northwest Airlines"的名字。1985年，该公司进行重组，成立 NWA 作为西北航空公司和其他子公司的控股公司。1986年，与共和国航空公司合并。它与第一快递航空公司、地平线航空实业公司、梅萨巴航空公司、环州航空公司和商业快递公司达成市场营销协议，这些公司以"Northwest Airlink"旗号为西北航空公司提供客源。1989年，被以 Alfred Checchi、Gary Wilson 和 Fred Malek 为首的投资集团以36.5亿美元购买，成为私人控股的公司。1994年3月，该公司恢复为公开上市公司。1986年西北航空公司与共和航空公司合并之前，两家公司都在明尼阿波利斯－圣保罗设有枢纽站，并购后又获得了底特律、孟菲斯的枢纽站，后又在印第安纳、檀香山、西雅图以及日本东京、荷兰阿姆斯特丹等地增设了枢纽站，成为世界第四大航空公司。

航空市场在两个城市之间的直接或间接航线的竞争，可以看作一个两期博弈（Beutel and Mcbride，1992）。在第一期，航空公司通过选择飞机类型和航班时间表来设定运输能力，并向对方传递相关信息；第二期进行差异化产品的伯特兰德竞争。之所以是差异化产品，是因为在任何两个城市之间，不同航空公司的票价、起飞时间、飞行路程、飞行舒适度、是否中停、座位空间和往返航站和机场的交通服务等都是不同的。同时，两个航空公司在两个城市之间提供的服务又是近似替代品。并购将使每个航空公司的剩余需求曲线外移，更接近市场需求曲线，并且降低需求弹性。因此，两个航空公司的并购或串谋会使

[①] 本案例分析所采用的参考资料包括：(1) Baker, J. B. and T. F. Bresnahan, The Gains from Merger or Collusion in Product – Differentiated Industries. *The Journal of Industrial Economics*, 1985, 33: pp. 427 – 444; (2) Beutel, P. A. and M. E. Mcbride, Market Power and the Northwest – Republic Airline Merger: A Residual Demand Approach. *Southern Economic Journal*, 1992, 58: pp. 709 – 720; (3) 李虹：《相关市场理论与实践》，商务印书馆2011年版，第282~311页。(4) 霍温坎普：《联邦反托拉斯政策：竞争法律及其实践》，法律出版社2009年第3版，第85~120页。

市场集中过度提高、市场势力上升，并有很大动机将价格提升到竞争水平之上。为了估计西北航空公司与共和航空公司合并对明尼阿波利斯－圣保罗枢纽站的市场势力的影响，首先需要估计单个企业的剩余需求曲线，比特尔和迈克布莱德（Beutel and Mcbride，1992）采用了双对数形式的函数方程：

$$p_1 = \eta_1 + \eta_1^r + \Gamma_1 y + \Delta_1 w_{-1} + v_1$$
$$p_2 = \eta_2 + \eta_2^r + \Gamma_2 y + \Delta_2 w_{-2} + v_2$$

上式中，w_{-1}是影响其他 n－1 个企业成本的变量。两家企业的部分剩余需求曲线（Partial Residual Demand Curves）采用的方程形式是：

$$p_1 = r_1(q_1, q_2, \gamma, W; \eta_1, \eta, \beta)$$
$$p_2 = r_2(q_1, q_2, \gamma, W; \eta_2, \eta, \beta)$$

部分剩余需求曲线表示在考虑其他 n－2 个企业行为的情况下，每个参与并购的企业的价格与产量以及并购企业产量之间的关系（Baker and Bresnahan，1985）。西北航空公司与共和航空公司合并对明尼阿波利斯－圣保罗枢纽站的市场势力提升的检验可以分为两个步骤：第一步，假设其他 n－1 个企业的行为都是独立的，估计每个企业的反剩余需求曲线，得到剩余需求弹性的倒数，然后直接用勒纳指数来检验市场势力。剩余需求弹性越大，则估计得到的弹性倒数和勒纳指数就越小，企业对价格的控制力就越小。第二步，假设其他 n－2 个企业的行为是独立的，估计要并购的两企业各自的部分剩余需求曲线。假设这两个企业都同比例地削减自己的产量，估计并购后企业的市场势力，然后把得到的价格涨幅和从每个企业的剩余需求估计得到的涨幅相比较。使用这种方法不能确切得出价格究竟会上升多少，但可以发现并购后的企业是否有动力将价格提到高于并购前的水平，进而可以推知并购本身是否有损社会福利水平。

比特尔和迈克布莱德（1992）使用了以明尼阿波利斯－圣保罗为终点的前 55 个最大的市场（航线）从 1985 年第一季度以来的数据估算了两家航空公司的部分剩余需求函数的反函数和剩余需求函数[1]。从估计结果可以看出：①估算方程中各变量的系数都符合预期。②西北航空公司的自身价格弹性显著为负，说明该公司对价格有一定的控制力。共和航空公司的自身价格弹性不显著，说明它对价格没有控制力。③从交叉价格弹性看，共和航空公司对西北航空公司的剩余需求没有影响，西北航空公司则对共和航空公司的航线提供了补充。④影响需求变量的符号为正，影响成本的变量符号符合预期，短期可变成

---

[1] 具体估算结果请见 Beutel, P. A. and M. E. Mcbride, Market Power and the Northwest－Republic Airline Merger: A Residual Demand Approach. *Southern Economic Journal*, 1992, 58: pp. 709－720.

本显著为正，说明如果其他公司的可变成本提高，则西北航空与共和航空都有动力提高价格。⑤并购轻微降低了西北航空公司的反剩余需求曲线的弹性，使共和航空公司获得了实质性的市场势力。这说明这项并购对相关市场产生较为明显的影响。

5.5.2　临界弹性分析方法：无线电台并购案①

在1996年《电信法案》通过之前，美国无线电台行业主要由联邦通信委员会（FCC）进行管制，对无线电台并购进行了一些限制：一家企业在全国只能拥有12家AM和12家FM无线电台，在每个地区只能拥有1种相同的AM或FM服务。1996年颁布实施的《电信法案》取消了对AM或FM在全国拥有量的限制，对地方拥有量的限制取决于市场的大小。之后，美国无线电台的并购逐步增多，仅1998年就发生的三起大型并购案将使并购方市场份额从42%上升到74%，美国司法部担心这些并购将阻碍或限制无线电广告市场上的竞争，加强了对无线电台并购案的反垄断控制。

1998年发生的三起主要并购案例分别为：（1）Capstar收购SFX案。Capstar在美国70个城市拥有并经营242家无线电台，1997年收益超过3.2亿美元。1998年，Capstar以21亿美元的价格有条件并购了SFX无线电台，条件是剥离在5个不同城市的11个无线电台。（2）CBS并购ABS案。CBS（Columbia Broadcasting System）是美国最大的无线电台运营商，在17个城市拥有76个无线电台。ABS（American Broadcasting System）在18个大城市里拥有85个无线电台。CBS被允许以16亿美元的价格有条件并购了ABS，条件是要求CBS出售3个城市的7个无线电台。（3）Jacor并购NC案。Jacor拥有197家无线电台，1997年营业收入超过6亿美元。NC（Nationwide Communications）在11个城市拥有17家无线电台，1997年营业外收入超过1亿美元。1998年Jacor以6.2亿美元的价格并购了NC。

美国司法部认为，地方无线电广告应该成为一个相关市场。但是，给定已经可得的替代品（例如，新闻报纸和电视），对地方无线电广告的控制是否导致企业拥有市场势力的逻辑并不明确。艾克隆、福特和杰克逊（Ekelund, Ford and Jackson, 1999）采用1995年110个美国最大的无线电市场数据估计

---

① 本案例的参考资料包括：（1）Church, J. R. and W. Roger. *Industrial Organization*: *Strategic Approach*, Chapter 19, McGraw – Hill, 2000；（2）李虹：《相关市场理论与实践》，商务印书馆2011年版，第282~311页；（3）霍温坎普：《联邦反托拉斯政策：竞争法律及其实践》，法律出版社2009年第3版，第85~120页；（4）Ekelund, R., G. Ford and J. Jackson, Is Radio Advertising a Distinct Market? An Empirical Analysis. *Review of Industrial Organization*, 1999, 14: pp. 239 – 256.

了无线电的需求弹性，以调查无线电广告是否构成一个反垄断相关市场[1]。测算方程为：

$$\ln(TR_i) = \beta_0 + \beta_1 \ln(P_i^r) + \beta_2 \ln(P_i^t) + \beta_3 \ln(P_i^n) + \beta_4 \ln(Y_i) + \varepsilon_i$$

上式中，TR 为无线电广告总收益，P^r 为无线电台广告的价格，P^n 为报纸广告的价格，P^t 为电视广告的价格，Y 为总零售额。i 代表本地市场，ε 为误差项。β_1 表示需求的自身价格弹性，β_2、β_3 分别表示电视广告和报纸广告的无线电广告的交叉价格弹性。

回归分析的结果显示，无线电广告的自价格需求弹性为 2.101，对于电视广告的交叉价格弹性为 0.297，对于报纸广告的交叉价格弹性为 0.587；所有系数都显著不为零，而且四个自变量的方差解释了 TR 中的 77%（$R^2 = 0.77$）。为了判定美国一般无线电广告市场是否是一个相关市场，要求关于价格成本边际的信息。艾克隆、福特和杰克逊（1999）测算了两个近似量，即平均运营收入边际为 18.7%，平均现金流边际为 31.3%。估算的弹性的倒数为 0.48，超过了两个边际的估计值。根据 $\varepsilon(p^0) = p^0/(a - p^0)$ 的计算，临界弹性为 2.89 或 4.43，超过了 0.48。这说明，临界弹性超过了估计的需求弹性，地方无线电广告市场是一个反垄断相关市场。对于一个 5% 的价格上升，临界需求弹性要么是 2.89，要么是 4.43，到底是多少取决于所用的是高的边际成本估计，还是低的边际成本估计。一个追求利润最大化的垄断者在一般美国地方无线电广告市场上会提高价格超过 5% 的幅度。

5.5.3 临界损失分析方法：美国全食食品公司收购野燕麦案[2]

2007 年 7 月，美国联邦贸易委员会（FTC）向法院提出上诉，要求阻止全食食品（Whole Foods）和野生燕麦（Wild Oats）这两家高档食品零售商的合并。在相关市场界定上的争论：FTC 认为，相关市场是"提供优质天然有机食品的超市"；州地方法院认为这个市场界定太狭隘，FTC 的请求被驳回。

双方经济学家针对相关市场界定问题展开争论。谢夫曼（Scheffman）采用 Could – Approach 下的临界损失分析方法，他分别使用 5% 和 10% 的价格上涨幅度进行 SSNIP 检验，得出结论实际损失均远远超出临界损失，因而相关市场范围应该扩展。关于优质天然有机食品与传统商店的交叉价格弹性并没有经

---

[1] Ekelund, R., G. Ford and J. Jackson, Is Radio Advertising a Distinct Market? An Empirical Analysis. *Review of Industrial Organization*, 1999, 14: pp. 239 – 256.

[2] 本案例来自 Hüschelrath, Kai (2009), Critical Loss Analysis in Market Definition and Merger Control. *ZEW Discussion Paper No. 09 – 083*, Mannheim.

验性数据可以借鉴,谢夫曼的临界损失分析以他在市场研究中得出的定性证据为基础。市场研究表明:杂货铺购买者对价格十分敏感;全食食品公司和野燕麦的消费者在优质天然有机食品市场和其他超市之间转换频繁且几乎没有任何成本;全食食品公司和野燕麦的消费者经常去其他杂货商铺购物;其他超级市场和全食食品公司及野燕麦之间存在明显的竞争关系;全食食品公司和野燕麦(后者表现比较不明显)经常对其他超级市场进行考察以确定自己的定价和存货策略。从以上定性证据,谢夫曼得出结论,实际损失远远大于临界损失,由于大量边际消费者的存在,并购以后价格上涨将因为大量边际消费者转移而无利可图,从而相关市场至少应该包含优质天然有机食品市场与传统超级市场。

墨菲(Murphy)批评谢夫曼的临界损失分析以消费者对于价格水平敏感程度的定性分析为基础是不可靠的;特别地,墨菲认为该案件的重点在于合并以后,合并实体面临的竞争约束是否发生变化,而不是全食食品公司是否与其他超级市场乃至野燕麦之间存在竞争关系;更进一步,墨菲指出,在对谢夫曼的临界损失分析进行修正以后,恰恰是谢夫曼使用的证据证明该合并存在明显的反竞争效应;另外,墨菲认为谢夫曼在很大程度上重视全食食品公司的价格方面,忽视了收购成功以后大量野燕麦商店关闭可能对竞争造成的影响。

州地方法院采纳了谢夫曼的意见,并且认为 FTC 关于相关市场的界定是错误的,因为 FTC 关注的是核心消费者而不是边际竞争者,但相关市场界定关注的是,是否有足够的消费者转移从而价格上涨无利可图,相关市场界定关注的是边际消费者。

有趣的是,2008 年 7 月,上诉法院反驳了州地方法院的决定,反对相关市场界定只关注边际消费者,忽视核心消费者,并且给出了新的说法:两家超市的主要竞争对手不是其他的大众化超市,而是它们彼此。该案提出了一系列有待解决的问题,例如,相关市场界定关心的是核心消费者还是边际消费者?很显然价格上涨只会引起部分消费者转移,而不是全部。从经济理论上来说,SSNIP 方法关注点在于价格上涨以后是否有足够的消费者转移从而涨价行为无利可图,关心的是边际消费者而不是所有消费者(Salop and Simons, 1984)。

5.6 中国反垄断控制中的相关市场界定

反垄断法实施中的相关市场界定是一项实践性很强的法律制度,它所关注的是每一个具体的市场以及市场上的竞争状态，而不是抽象的市场。相关市场是各国反垄断法中非常关键的一个概念，界定相关市场是判定企业并购活动是否具有严重限制竞争等违法性问题的基本前提和核心（Baumann and Godek, 1995）。一般而言，如果将相关市场的范围界定得比较狭窄，那么并购企业构成严重限制竞争违法性问题的可能性就比较大；反之反是。从这个意义上讲，界定相关市场对于当事企业实施的并购将会引起的法律后果具有潜在的决定性作用。2008年中国商务部反垄断局对于可口可乐与汇源案判定所引起争议的焦点之一，就是对于饮料相关市场的界定不够清晰和明确。在该项并购案中，相关市场被界定为果汁类饮料，商务部的理由是："此次相关市场界定采用了国际上普遍使用的两种方法即需求替代和供给替代。商务部高度注重经济学分析，对果汁类饮料和碳酸类饮料之间可替代性以及三种不同浓度果汁饮料之间的可替代性进行了深入分析，根据市场调查和搜集的证据，将此案相关市场界定为果汁类饮料市场"。以上解释给人的印象是，中国缺乏具体的有关反垄断相关市场界定的标准，相关市场的界定缺乏法律依据和说服力。

中国在2008年颁布实施的《反垄断法》第十二条对相关市场进行了如下规定："本法所称相关市场，是指经营者在一定时期内就特定商品或服务（以下统称商品）进行竞争的商品范围和地域范围"。《反垄断法》是"经济宪法"，法律条文的原则性很强，对相关市场的规定比较模糊，一方面它并没有说明基于什么样的关系，商品可以界定为是一个相关市场；另一方面它给执法机关较大的自由裁量权限，不利于反垄断审查中的市场份额以及市场垄断势力的界定。为了有利于实际操作，国务院反垄断委员会于2009年5月颁布了《相关市场界定指南》，指南借鉴了欧美国家并购指南中相关市场界定有关规定，采用了"假定垄断者测试"（SSNIP）分析方法[1]。SSNIP方法是受到国际广泛认可的相关市场界定方法，同时，从市场界定的严密性要求和经济分析的角度出发，SSNIP方法无疑可以作为我国界定相关市场的重要分析工具。然而，在反垄断司法实践中，需要在借鉴国际经验的同时，结合我国具体情况进行改进和完善。

5.6.1 认清SSNIP方法的局限性，在司法实践中不断完善和改进

经过长期的司法实践，欧美在如何界定相关市场方面已经积累了相当成熟

---

[1] 2009年5月24日颁布实施的《国务院反垄断委员会关于相关市场界定的指南》第七条明确指出，"假定垄断者测试"的分析思路来界定相关市场，并在第十条中对"假定垄断者测试"的分析思路进行了具体说明。

的经验和应遵循的基本准则，尤其是 SSNIP 方法，受到了世界上已经建立反垄断法律制度的国家和地区的普遍关注和借鉴。但是，很多国家已经意识到了该方法的缺陷，在司法实践中开始采用多元化的界定方法以弥补该方法的缺陷。中国是发展中大国，与欧美等发达国家相比较，在法律意识的培养、竞争文化的建设、反垄断司法实践和经验积累等方面还存在较大差距。再加上我国还存在着统计数据的科学性、及时性不足，社会整体信誉程度不高，消费者行为尚未达到应有的理性程度，行政力量限制市场竞争的现象较为普遍等问题，使得我们很难对市场的发展趋势、消费趋势、价格变动趋势做出比较客观的评价和判断。因此，欧美的成功做法和成熟经验并非完全适合我国国情，需要进行适应性改进和创新。尤其是相关市场界定的 SSNIP 方法，需要在反垄断司法实践中结合中国国情进行改进和完善。管制的放松、法律的变化以及技术的进步，使得 SSNIP 方法的适用环境不断发生变化。我国可以借鉴欧美国家已经使用的剩余需求弹性测试、自身需求弹性测试、临界弹性分析、临界损失计算等方法对 SSNIP 方法进行改进的同时，结合中国转型经济的特殊性，在 SSNIP 方法的定量测试中引入表示制度属性的变量，适当考虑企业并购对发展社会主义市场经济的定性影响。在不断改进和完善 SSNIP 方法的同时，还应认识到界定相关市场的方法不是唯一的。SSNIP 方法只是众多方法中的一种。在反垄断执法实践中，可以根据实际情况使用不同的方法。界定相关市场时，可以基于商品的特征、用途、价格等因素进行需求替代分析，必要时进行供给替代分析。在经营者竞争的市场范围不够清晰或不易确定时，可以采用 SSNIP 方法来界定相关市场。在拥有差异性产品的厂商并购中，只要能够证明在并购后一个市场里的厂商能够有效地通过单边行为实质性减少竞争，就可以对此项并购的竞争效果做出确定的判断而不必按照传统的并购规制模式先进行相关市场界定。

5.6.2 在相关地域市场的界定中，需要协调好竞争政策与产业政策的关系

确定了具体的相关市场的界定标准，一方面避免了反垄断执法机关有过大的自由裁量权，从而使得相关市场的界定更具有公正性；另一方面在这种界定标准中运用数理分析方法，研究商品价格变化对其他替代商品的影响，用数据说话，使得出的结果更具有客观性和说服力。并购规制的目的是建立统一、开放和竞争性的市场结构，界定相关市场时可以从经济分析的角度出发，公正、详细地考虑对市场界定有影响的各种因素，协调好竞争政策与产业政策的关系、发展国内市场与发展国际市场的关系、保护民族产业与加强国际经济技术的交流与合作的关系。由于我国正处于转轨过程中，地方保护和市场分割导致

各省市区都有自己"大而全，小而全"的产业体系，重复投资、重复建设现象比较突出。因此，考虑到推动企业联合和产业集中的产业政策以及突破区域经济结构、提升产业竞争力的目的，我国相关地域市场的范围应该适度放宽。因为市场范围越大，特定企业并购被批准的可能性就越大；反之，被批准的可能性越小。在反垄断司法实践中应用 SSNIP 方法界定相关市场时，可以在价格上涨的幅度上区别对待。例如，国内企业之间的并购可以倾向于选择 10% 的涨价幅度进行 SSNIP 测试，以鼓励打破地区封锁的企业并购；外资并购可以考虑应用 5% 的涨价幅度进行测试，以阻止外资在中国市场上可能出现的排除和限制竞争的行为。为了保护本国经济的发展，增强本国企业在国际市场中的竞争力，世界各国在界定相关市场时都将国家的经济政策考虑在内。只要并购有利于提升产业竞争力，且不会阻碍企业之间的自由有序竞争，企业规模再大也不予以禁止。也就是说，相关市场的界定同样应当遵循有利于竞争的原则。如果企业并购确实有助于降低生产成本，提高经济效率，而且在更大的市场范围内能够提高企业的竞争力，从而对竞争起着促进作用而不是阻碍作用，那么该相关市场就应当采取较大范围的确定方法。当今社会，随着科学技术的飞速发展，运输成本不断降低，国际贸易规模与日俱增，跨越边境的贸易在国家的国民经济中占的比例越来越大，市场范围也越来越大，竞争已不局限于一国境内，特别是一些国家为了实现其经济政策，增强其国际竞争力，往往也趋向于使用更加灵活的相关市场界定方法。

5.6.3 中国在使用 SSNIP 方法界定相关市场时需要考虑的特殊因素

中国是一个地域广阔、交通运输不是十分发达、民族风俗习惯具有很大差异且存在区域经济分割现象的国家。在企业并购审查中应用 SSNIP 方法界定相关市场时需要考虑一些特殊因素。(1) 产品特性。包括产品的独特物理性能和不同程度要求的产品质量。如果产品具有类似的物理特性，消费者就可能认为其具有相互替代性。产品特性可以通过国家制定的相关技术标准及规范或行业内部的技术标准及规范来确认，保证认定工作的合法性、权威性和可靠性。(2) 预定的用途。一种情况是产品的特性是既定的，而产品的用途则可能是多方面的，其中任何一个用途都可能构成一个不同的独立市场。另一种情况是产品的特性有所不同，则其用途不同，自然就可能归属于不同的市场。(3) 价格的差异。价格是决定产品市场的重要因素。如果两类产品价格的差异非常明显以至于需求方根本不把它们放在一起挑选比较，对于要在哪类产品中选择购买早已根据自身的消费水平做出了选择，那么这样的两类产品就不应该归为同一个市场。(4)供应方的情况。供应方的情况并不能独立地作为界定相关市场的一个标准,而只是界定相关市场的一个环节或者说是一个辅助性的因素,它只提供了一种可能性。在评估供应方因素时,还应注意到地方上的行政管制措施对其产生的影响。(5)新经济行业的网络外部性因素。网络时代本身以及因特网在技术和应用方面的复杂性、不稳定性和快速发展的特征,再加上网络外部性、正反馈效应及锁定等规律的作用,消费者很难转而使用其他产品或服务,使得消费者需求具有部分可替代性,因而在应用SSNIP方法界定相关市场时需要考虑到创新因素和网络外部性的影响。(6)广泛听取商业协会和行业协会的意见,处理好国内市场和世界市场的关系,特别是界定相关地理市场时要处理好全球化和保护本国产业的关系。另外,由于受经济学理论的影响,很多相关市场界定标准是随着经济学的发展而产生的,而且很多经济学标准之间本身就存在冲突。所以保持竞争政策的动态性,不断改进和完善相关市场界定的SSNIP方法,也是理论和实践发展的需要。

5.7 小　　结

界定相关市场的方法较多,其中SSNIP检验方法一经提出便成为反垄断司法实践中的主流方法,但是不可避免地存在一些技术上的问题。在界定相关市场时,需求交叉弹性被用来分析确认两个产品是否构成近似替代品,但前提是两个产品的价格都是市场有序竞争时的正常价格。如果企业产品已经处于垄断定价,那么事实将会是:在缺乏有效替代产品的情况下,公司已经把产品价格提高到了垄断价格且达到了收益最大化的临界点,如果继续提价,客户将无法继续承受高价,不得已而转向其他产品。在这种情况下,相关市场界定过宽,假定垄断者的市场势力被忽略,造成"玻璃纸谬误"(Turner,2004)。另外,SSNIP检验假设竞争对手不改变价格或产出,在此前提下,结合微观经济学的自由市场经济条件,所有企业将会把价格定在利润最大化水平上,因此任何企业都不具备提价能力,也就没有必要进行市场势力判断。这一假设导致了著名的"单边SSNIP陷阱"(Salop,2000)。最后,在实际操作中,SSNIP检验中每增加一种替代品或扩大相关地理区域时都需要进行利润最大化比较,对数据要求高。在执行假定垄断者测试的过程中,以下几个重要的关键点会对相关市场界定产生十分重要的影响,需要特别重视:(1)提价幅度的确定。提价幅度的大小对相关市场界定的影响是内生于假定垄断者测试方法的(Harris and Simons,1989)。人为界定价格上涨幅度有可能造成多个价格上涨幅度都可以使假定垄断者的价格上涨行为有利可图；或者是大幅度的价格上涨有利可图，小幅度价格上涨无利可图的现象存在，从而影响对相关市场的判断；而且横向兼并控制中，为了判断兼并是否会妨害竞争，经济分析更加重视兼并以后的最有可能的价格上涨幅度（Langenfeld and Li，2001）。目前比较常用的是5%～10%的价格上涨幅度，带有很强的主观任意性。（2）考察期限的长短。假定垄断者提高价格与消费者改变消费行为之间存在一定的时滞，需要合理地制定这一"非暂时性"期限的长短。目前通常考察期限为1年，需要根据不同的产品特征灵活合理地设定。（3）最小市场原则。相关市场的范围是极具伸缩性的，对于一个给定的相关市场，通过增加一种或多种产品（区域），或者在增加部分产品（区域）的同时减去一些其他的产品或区域，可以得到无数个相关市场。兼并指南给出了最小市场原则，确定了假定垄断者可以将价格维持在高于竞争价格水平的最小商品集合和地域范围。最小市场原则需要灵活处理（Werden，1983），如果最小市场的边界存在相当程度的不确定，则此时把能够清楚构成相关市场的产品（或区域）组合界定为相关市场；如果一组产品（或区域）与其他一组产品（或区域）之间存在明显的自然界限（如海洋或者高山阻隔），若由这些自然界限划分的市场满足SSNIP检验，则可以将这些市场认定为相关市场。（4）市场参与者的确定。美国多个版本的兼并指南都对市场参与者的选择标准做了详细的分析（Willig，Salop and Scheler，1991）。假定垄断者测试中的市场参与者不仅包括现存企业，也应该包括潜在竞争者。潜在竞争分析的重点在于潜在进入者进入的及时性、可能性以及有效性，而不是去确定谁是可能的潜在进入者。（5）初始市场与初始价格的选择。综上，临界损失分析方法既完整地保留了假定垄断者测试的思路和方法，又具有简单直观的特点，而且数据易得，可操作性强，是SSNIP方法的重要发展。近年来，临界损失分析方法无论是在理论上还是实际应用上都取得了重大突破，在相关市场界定和兼并的竞争损害分析中应用十分广泛。

合理界定相关市场是对竞争行为进行分析的起点，假定垄断者测试是相关市场界定的主流方法，临界损失分析方法是SSNIP方法的重要发展。从现有文献看，利用假定垄断者测试进行相关市场界定的理论表现出以下特点：美国兼并指南成为目前唯一被广泛认可的相关市场界定指南，与兼并指南的契合性和实际案例中的可操作性，成为判断相关市场界定方法稳健性的重要标准；临界损失分析方法既完整地保留了假定垄断者测试的思路和方法，又具有简单直观的特点，而且数据易得，可操作性强，是SSNIP方法的重要发展；描述性的案例研究居多，系统的理论研究和实证研究相对不足；基于法学视角的研究居多，基于经济学视角的研究相对不足；国外学者研究居多，国内学者研究相对不足。单从国内研究领域看，国内学者大多停留在对国外相关市场界定理论的一般介绍层面，且更多的是对传统的相关市场界定方法的介绍和研究，而缺乏对假设垄断者测试这一更加科学、更加精确的市场界定方法的深入、系统的研究；多是对案例的定性描述，利用实证方法为相关市场界定提供定量证据来佐证其观点的研究寥寥无几；多照搬国外理论模型，与国内特殊国情相结合不足。这说明，国内对这一领域的研究相对不足，这就为后来者留下了较大的研究空间。

第6章 反垄断中的市场势力测度

> 制定反垄断政策的人，是经济理论的消费者，通常不是创立者。不仅如此，反垄断政策制定者们很不喜欢采用新理论。在作出反垄断判决时所采用的经济学是相当传统的"应用"经济学。与反垄断政策制定者们所运用的理论相比，经济学作品总体说来更具技术性、更大胆、更思辨、更有风格，在理论的外缘部分争议也更多。
> ——赫伯特·霍温坎普：《联邦反托拉斯政策：竞争法律及其实践》，
> 法律出版社2009年版，第3页。
>
> 反垄断政策最近的问题是不完全竞争对整个经济来说成本有多高。如果垄断力量导致的损失不是很大，那么使用大量的资源阻止这些损失的发生似乎不是很值得。相对于增加了国防安全或减轻了飓风灾害来说，这些稀缺资源没能被很好地利用。如果市场势力的经济成本很高，那么将资源用于打击这些垄断势力是合理的。因此，如果经济学家对垄断力量实际上的危害有多大具有清晰的认识，那么将会很有帮助。
> ——林恩·佩波尔、丹·理查兹和乔治·诺曼：《产业组织：现代理论与实践》，
> 中国人民大学出版社2014年版，第50~51页。

6.1 市场势力与反垄断

完全竞争市场假设在现实经济中很难得到满足，消费者面对的需求函数和生产者面对的供给函数在当前市场价格水平上的弹性一般不会是无穷的。当一个市场仅由少数几个个体组成时，这些个体往往具有改变市场价格的能力，从而使市场价格偏离竞争水平，使价格向对自己有利的方向变化，以谋取超额利润。在这种情况下，我们就称这些个体拥有市场势力（Market Power）。市场势力主要来源于规模经济、专利、阻止竞争者进入的法律、很难复制的要素投入（品牌和商标）和创新等。在反垄断经济分析中，市场势力备受关注。一方面，提高市场占有率、获取市场势力、进而获得超额利润是企业实施限制竞争

行为的主要动机之一；另一方面，市场势力的提高可能降低资源配置效率、损害消费者利益、进而带来社会福利净损失。因此，无论是参与实施垄断行为的企业，还是反垄断当局，都十分关注垄断行为发生前后的市场势力及其变化，对市场势力进行测度、评估和分析，成为对垄断行为进行反垄断控制的基础性工作。同时，也只有在市场势力分析、测度和评价的基础上才能客观认定市场支配地位、评估竞争效应以及估计行政垄断危害和社会福利损失等后续问题。在经济体制转轨、市场经济机制尚不成熟和经济全球化冲击的特殊背景下，我国在市场势力测度和研究方面还需要特别关注以下几个问题：首先，我国一直采用产业政策来调节和影响市场经济发展，经营者是根据国家产业政策的安排或者直接在政府主导和协调下在市场中进行兼并重组，并展开竞争，竞争政策并没有完全独立于产业政策，甚至有时候政府主导的产业政策常常与竞争政策相抵触。其次，市场势力应是竞争政策和《反垄断法》的核心概念之一，但我国对市场势力的界定不够明晰。反垄断法由反竞争协议、反竞争合并和滥用市场势力三个基本部分组成，反垄断机构在执法过程中首先要判定厂商市场主体占有的市场势力的大小以及厂商市场行为对市场势力大小造成的影响，因此衡量市场主导厂商的市场势力是竞争政策执行的前提和基础。然而，在2008年实施的《反垄断法》中并没有严格界定市场势力的概念，在对滥用市场势力行为和经营者集中行为进行反垄断审查时，用市场份额指标替换了市场势力概念。市场份额只是影响市场势力的一个方面，并不能足以完全说明厂商占有的市场势力（Landes and Posner, 1981；Baker, 1985）。因此，在竞争政策执行过程中需要对市场势力概念进行明确的界定。再次，由于在《反垄断法》和竞争政策具体执行过程中没有对市场势力进行明确的界定，过度依赖市场份额在审查过程中的作用，没有认识到市场势力在竞争政策执行过程中的基础作用，因而在竞争政策设计和具体案例的执行过程中缺乏对市场势力测度方法的相关研究。最后，由于我国特殊的制度背景和转轨经济体制下市场经济运行机制的特殊性，《反垄断法》中特别强调和突出的行政权力排斥、限制市场竞争也属于反垄断执法的重要内容。但是，由于行政垄断的存在以及大型国有企业的政府背景和预算软约束问题，使我国竞争政策在设计和执行中对市场主体市场势力的界定和测度更加困难。由于在我国竞争政策执行过程市场势力概念界定和市场势力测度方法所存在的缺陷，导致我国竞争政策在执行中缺乏足够的理论支撑，影响了政策执行的透明度、可预期性，执法过程具有很大的主观性。

欧美等发达国家较为重视竞争政策在保护市场公平竞争和减少垄断方面的基础作用，对市场势力及其测度问题开展了较为系统的研究，形成一些较为成熟的观点和方法。但是西方学者对市场势力及其测度问题的研究所隐含的前提假设和制度背景是在较为完善的资本主义市场经济体制和竞争机制。我国在市场经济改革和发展过程中，政府始终在资源配置方面起着举足轻重的作用，市场经济发展不充分、不完善，各种非市场因素一直影响市场公平竞争环境。由于我国制度环境的特殊性，西方国家成熟的市场势力测度方法和模型，不宜直接搬用。加强对我国竞争政策执行过程中市场势力及其测度问题的研究，对于预防和制止垄断行为，保护公平竞争的市场环境，规范竞争政策执法程序和环节，具有一定的理论价值和较强的现实意义。市场势力及其测度也是我国学术界当前应当强化研究的领域。

6.2 市场势力与市场支配地位

市场势力（Market Power）的概念最早是由勒纳（Lener，1934）提出的，他将市场势力定义为厂商将产品价格维持在边际成本之上的能力，因此在完全竞争市场上，厂商不存在市场势力的问题，只有在不完全竞争的市场上的厂商才拥有市场势力[1]。熊彼特（1942）认为市场势力是厂商防止创新被模仿和利润受到损害的能力，他认为厂商拥有一定的市场势力是厂商进行创新活动必不可少的[2]。凯森和特纳（Kaysen and Turner，1965）将市场势力定义为"在某一个固定时点，在市场中，所有厂商面对相同的成本和需求条件时，若某些厂商的行为不同于其他厂商，则可以称这些厂商拥有市场势力"[3]。布兰多（Brandow，1969）认为市场势力是厂商直接影响其他市场参与者，或者直接影响价格等市场变量的能力。兰迪斯和波斯纳（Landes and Posner，1981）认为市场势力是一个或者一组厂商对市场价格的操控能力，即当一个或者一组厂商提高产品价格时，厂商不会因为销量的减少导致利润受到损失。他们指出，市场势力（Marker Power）应当区别于垄断势力（Monopoly Power），垄断势力是指程度更高且持续时间更长的市场势力，并且强调市场势力不应成为反垄断的关注对象。韦登（1998）强调市场势力与垄断势力在持续时间上的差别，认为市场势力具有短期性，会随着竞争对手的扩张而被迅速侵蚀，而垄断势力则

---

[1] Lerner, A. P., The Concept of Monopoly and the Measurement of Monopoly Power. *Review of Economic Studies*, 1934, 1: pp. 157-175.
[2] 熊彼特：《资本主义、社会主义与民主》，商务印书馆1999年版。
[3] Kaysen, C. and D. F. Turner. *Antitrust Policy: An Economic and Legal Analysis*, Cambridge Mass., 1965, P. 241.

由于进入壁垒的保护,可以长期维持。艾拉沃迪、博林和法里斯(Ailawadi, Borin and Farris, 1995)认为市场势力是厂商改变或者影响市场价格和(或)其他交易条件,而谋取利益和远离竞争威胁的能力。杨(Young, 2000)认为仅从厂商定价行为出发的分析方式,极大限制了对厂商市场势力的理解,他主张拓展深化对市场势力本质的理解,他认为市场势力是相对于竞争对手而言"创造"出产品非对称需求的能力。平狄克(Pindyck, 2002)认为市场势力是指厂商在不完全竞争环境下控制市场价格和产量的能力。考夫兰(Coughlan, 2003)将市场势力定义为厂商在市场上的潜在影响力,即改变事件未来趋势的能力。经济合作与发展组织编写的《产业组织经济学和竞争法律术语解释》指出,"企业或者企业集团将价格提高并维持在竞争水平之上的能力被称为市场势力或垄断势力,市场势力的行使导致产量下降和经济福利损失。"国内学者对市场势力研究的文献相对较少,大多是根据勒纳(1934)对市场势力的定义所进行的一些演变。例如,王健、池伟松和冯涛(2004)认为市场势力是指厂商长期内将价格维持在竞争价格以上的能力;刘志彪(2002)认为市场势力对于一个公司而言是指其影响和控制所售产品价格的能力;牟春艳(2004)认为市场势力从产业组织学角度来看,可以定义为一种使产品价格高于成本,尤其是增量成本或者边际成本的能力,可以理解为企业不降低市场占有率前提下提高商品价格的能力,是企业综合能力的体现。

根据以上综述,国内外学者对市场势力概念界定大致可以分为两种不同的观点:一种观点认为市场势力是厂商维持价格高于边际成本以上的能力,认为市场势力是垄断厂商获取高额利润、导致社会福利损失的罪魁祸首;另一种观点认为市场势力是来源于企业创新或者市场效率,市场势力是企业在市场环境中竞争能力的表现。这两种不同的观点分别代表了哈佛学派和芝加哥学派的典型观点。国内学者对市场势力概念的界定大体都是借助于西方学者对市场势力的概念的界定,忽视了或者说没有充分重视制度性因素对我国厂商行为的影响。中国企业的市场势力并不单纯来自结构性因素,还有一部分来自制度性因素。

我们认为,市场势力是指厂商对市场竞争、产品价格和产量的一种控制力或影响力,这种控制力或影响力能够使厂商将价格抬高到竞争水平(基准价格)之上。由于厂商能够盈利的最低价格等于边际成本的价格,因而市场势力常常用厂商所制定的价格与其边际成本之差来衡量。企业运用市场势力的目的通常是增进和最大限度地提高其长远的获利能力。在现实世界中,由于存在固定成本,而且产品不可能被消费者视为完全替代品,因此每个厂商都或多或少地拥有一定程度的市场势力。从纯粹的经济学意义上来说,只要企业面临一条向下倾斜的需求曲线就被视为拥有市场势力,企业市场势力的大小与其面临的需求曲线的陡峭程度或弹性直接相关。市场势力的来源多种多样,创新、广告、产品差异化战略、并购、串谋、专利等都可能给厂商带来市场势力,在转型经济体中由行政干预所产生的行政性垄断也能给厂商带来市场势力。市场势力的表现形式包括垄断力、寡头、卡特尔和串谋、策略性平行行为和单一品牌市场控制力等。

产业组织理论认为,市场势力往往减少社会福利,或者说,当价格高于边际成本时,生产者剩余趋于增加,但不足以抵消定价太高所导致的消费者剩余减少,产生社会福利净损失。并且,价格背离边际成本的幅度越大,市场势力导致的福利损失也就越严重。能够导致垄断的市场势力不仅仅产生配置无效率,而且能够带来生产无效率和动态效率损失,损失更多的社会福利。这也是产业组织理论之所以如此关注市场势力的原因所在。

市场支配地位(Market Dominant Position)是一个与市场势力紧密相关的概念,单个厂商的市场势力上升到一定程度就可能形成市场支配地位。因此,尤因(Ewing, 2003)认为,市场支配地位是指企业所获得的能够独立于其他竞争者采取影响价格和产量的行动的一种市场力量[①]。由此可见,市场支配地位是指在相关市场上某个企业或某些企业拥有一定程度的市场势力,并可以凭借这种力量支配或控制市场价格,进而影响市场竞争的一种状态。拥有市场支配地位的企业可能利用这种经济力量或支配地位来妨碍它的竞争者、客户以及最终消费者在相关市场上进行实质竞争。我们把这种这种妨碍或影响竞争的行为称为滥用市场支配地位。

中国《反垄断法》第十七条指出,市场支配地位是指经营者在相关市场内具有能控制商品价格、数量或其他交易条件,或者能够阻碍、影响其他经营者进入相关市场能力的市场地位。美国反托拉斯法律中使用了"垄断势力"和"市场势力"的概念对市场支配地位进行了界定,在1956年的杜邦案的判决中将"垄断势力"界定为"支配价格或者排除竞争的能力"。欧盟委员会通过具体案例对市场支配地位进行了界定,如果企业有能力独立行为,即它们在行为时不考虑竞争者、买方和供货方的情况,它们就是处于市场支配地位的企业;如果企业凭借其市场份额,或者凭借其与技术秘密或者与取得原材料和资金的渠道以及与其他重大优势(如商标)等相关的市场份额,能够在很大程度上决定相关产品的价格,或者控制其生产或销售,这就表明它具有市场支配

[①] Ewing, K. P., Competition Rules for the 21st Century: Principles from American's Experience. *Kluwer Law International*, 2003, P. 46.

地位。日本在《禁止私人垄断及确保公平交易法》中使用了"垄断状态"来说明市场支配地位，并指出所谓的"垄断状态"是表示经营者在一定规模的相关市场上占有较高的市场份额，从而对市场竞争产生明显不利影响的状态。德国在《反对限制竞争法》中将市场支配地位定义为"控制市场的企业"。各国在定义市场支配地位时可能存在视角、称谓或表述的区别，出现了诸如"市场优势地位"、"垄断势力"、"市场势力"、"支配或者控制市场的地位"、"垄断状态"、"经济上的优势地位"、"联合支配地位"等多种概念，但所指的经济现象在本质上是相同的，都是指当某一企业在市场上具有某项优势而不受其他企业竞争的影响与威胁并能在竞争中不依赖任何其他企业操纵市场上某项产品的价格或产量的市场地位。

在判定某一厂商是否具有市场支配地位时，需要考虑三大因素，即相关市场范围、市场份额与市场的进入壁垒。从各国的反垄断法律和司法实践可以看出，判定市场支配地位是一项很复杂的工作，不仅需要考虑市场结构因素，还需要考虑市场行为因素，有时候还需要结合市场绩效因素进行分析。一般而言，认定市场支配地位的步骤包括：（1）界定相关市场，确定市场参与者，特别是竞争者的范围；（2）计算被告在相关市场上的市场份额（市场占有率）；（3）通过比较其他竞争者的市场份额，初步确定被告的市场份额是否大到足以推定其具有相应程度的市场势力；（4）综合分析其他因素，包括被告的盈利水平、市场进入的难易程度、是否存在价格歧视等，最终认定被告是否具有市场支配地位。需要提到的是，在各国反垄断法中，具有市场支配地位本身并不违法，反垄断法关注的是滥用市场支配地位。一般而言，滥用市场支配地位的行为具有几个典型特征：①行为主体是具有市场支配地位的经营者；②经营者滥用市场支配地位的行为目的是为了获取超额利润，或者是为了维持或增强其市场支配地位；③滥用市场支配地位的行为所产生的效果是反竞争性的，能够排除、限制、阻碍或影响公平的市场竞争。滥用市场支配地位的行为包括超高定价、歧视性定价、掠夺性定价、搭售、拒绝交易、横向限制与纵向限制等。

6.3 测度市场势力的常用模型

20世纪30~50年代，衡量市场势力的模型和方法一般是通过具体案例提出来的，没有专门的研究探讨。案例研究能有效地反映产业市场势力状况和对社会福利影响状况，具有很强的现实意义。但是，案例研究中所提的模型和方法是针对特定行业和特定案例，不具有普遍性和理论上的指导意义，并且在使用过程中实施费用高昂，缺乏代表性（Schere and Ross，1990）。50 年代以后随着计量经济学和统计学的发展，用于衡量市场势力的方法也趋于规范，模型趋于多样，用于测度和评估市场势力的模型主要可以归纳为三大类，分别为结构主义模型（SCP 范式）、新经验产业组织（NEIO）模型和时间序列模型（见表6-1）。

表6-1　　　　　　　用于测度和评估市场势力的主要模型

序号	方法	优点	缺点
1	SCP 模型	横截面分析多个产业	缺乏微观经济学理论基础
2	NEIO 模型	微观经济学理论基础	适用于单一产业，数据要求较高
3	时间序列模型	易于经验研究	缺乏理论依据和基础

资料来源：Larry N. Digal, Fredoum Z. and Ahmadi - Esfahani. Market Power Analysis in the Retail Food Industry: A Survey of Methods [J]. *The Australian Journal of Agricultural and Resource Economics*，2002，46（4）：pp. 559 – 584.

6.3.1　结构主义模型

贝恩（Bain，1951）开创性地采用产业间横截面的经验研究方法，构建了结构-行为-绩效（SCP）的研究范式，从而突破了案例研究的局限，使得对大样本行业的市场势力进行规范研究成为可能。波特（Porter，1980）构建了一个产业竞争的分析框架，进一步完善了市场势力的结构主义衡量方法，他通过该框架分析得出"高集中度市场的平均利润率要高于低集中度市场"，即考察市场势力运用程度，通过测度产业集中度即可。SCP 范式通过产业层面的跨部门分析，探讨不同产业部门的共同结构特征，反映市场势力的来源和对市场绩效的影响。考林和沃特森（Cowling and Waterson，1976）重点研究了结构变化对绩效变化的影响，提出了 C－W 模型，使用 HHI 和推测变分作为衡量市场势力的衡量指标，并且指出进出壁垒和抵消性力量可能是影响市场势力的重要因素。克拉克和戴维斯（Clarke and Davies，1982）进一步发展了 C－W 模型，他们认为在同质产品假设条件下，市场绩效与集中度是由厂商数量、合谋程度、需求价格弹性以及边际成本变动系数等变量共同影响导致的。克拉克、戴维斯和沃特森（Clarke, Davies and Waterson，1984）进一步探讨了产品差异、合谋、效率和规模经济对市场绩效的联合决定，他们的研究证明了市场势力和效率都对市场绩效产生影响，只是不同情况下影响不同而已。

然而，由于 SCP 研究模型缺乏微观经济学理论基础和依据，一直被认为是游离于正统经济学理论之外，仅仅被视为一种描叙性的分析框架。芝加哥学派认为，观察到的利润率与市场集中正相关关系是大企业高效率的反映，而不是运用市场势力的结果。德姆塞茨（Demsetz，1973）认为，更高的效率产生了更高的利润和集中度，而不是市场集中度或市场势力产生了更高的价格和利润。传统的SCP研究范式遭到了普遍的质疑和批评。20世纪70年代末，跨行业衡量市场势力的研究方法逐渐退出了主流。其后，新经验产业组织模型的运用，对学术界发展和探索市场势力的衡量方法提供了很大帮助。

6.3.2 新经验产业组织（NEIO）模型

新经验产业组织理论认为市场势力不可以直接观测，但是可以通过计量的方法间接推断出来。与SCP模型相比较，新经验产业组织（NEIO）模型更加关注厂商的市场行为，即厂商在竞争中的竞争行为和策略反应。布雷斯纳汉（Bresnahan，1989）认为NEIO模型将SCP模型和产业案例研究的优点进行了结合。阿萨姆和安德森（Azzam and Anderson，1996）详细分析了NEIO模型的优点和局限性。新经验产业组织（NEIO）模型大体可以分为两类：

第一类是集中度-价格模型（Concentration-price Model）。SCP关注的是集中度-利润假设，而NEIO关注的是集中度-价格假设。布雷斯纳汉（1989）针对美国汽车行业产量上升和价格下降的现象，运用集中度-价格模型区分了竞争与合谋，从而检验了市场势力。康纳（Conner，1996）的集中度-价格模型可以视为SCP与NEIO的综合应用。但是，集中度-价格模型的基础是SCP范式，因而也继承了SCP范式所固有的缺点。首先，集中度变量外生的假设没有依据，让人怀疑，并且这里分析大都建立同质产品的假设上，与现实产品差异相差很大。其次，几乎所有的集中度-价格模型都假设市场厂商行为是完全共谋，而现实中却存在非完全共谋的潜在博弈。最后，集中度-价格模型关注的是产出市场的市场势力，假定投入市场是完全竞争市场，这也脱离实际。

第二类是推测变分模型（Conjectural Variations Model）。厂商会对在市场上自己竞争行为导致竞争对手的反应进行估计，这种对厂商竞争对手的估计就是推测变分。考林和沃特森（1976）建立了在同质产品假设条件下，厂商根据竞争对手的推测而选择产量的结构主义模型。在该模型中市场势力被界定为边际成本之上的价格加成，它取决于市场份额、推测变分以及产品市场价格需求弹性。阿普尔鲍姆（Applebaum，1982）利用产业层面的数据，分别提出了对厂商层面和产业层面的市场势力进行分析的理论框架，并对所研究的各个产业进行了实证检验。克拉克和戴维斯（1982）则建立了由企业数目、合谋程度、需求价格弹性和边际成本变动系数联合决定市场集中度和收益率模型。

推测变分模型有以下几个方面的问题：一是该模型假设每个厂商面临相同的市场份额、对称的推测变分以及相同的进入限制（Richards，1996）。然而现实中不同厂商的市场地位、规模和成本迥异，企业的市场地位和规模变量没有在模型中得到体现。因此，此模型无法说明市场势力与效率和效益之间的关系。二是在推测变分模型中还要假设竞争行为和市场结构，这种假设也会扭曲对市场势力的估计。

6.3.3 时间序列模型

与以 SCP 范式为基础的结构主义模型相比较而言，时间序列模型通常不含有集中度变量；与 NEIO 模型相比而言，对数据要求较少，更容易展开经验研究。时间序列模型主要包括以下两类模型：

第一类是价格不对称模型（Price Asymmetry Model）。价格不对称模型用"投入品价格变动能完全转移给消费者"来衡量市场势力。时间序列模型通过 Houck 过程（Houck，1977）将厂商的总成本分解成为各类成本因子增减。金纳肯和福柯（Kinnacan and Forker，1987）运用海伦（Heien，1980）的理论模型，将 Houck 过程引入动态分析，研究批发价格变化对零售价格变化的影响。法伯欧萨（Fabiosa，1995）和莫汉蒂（Mohanty，1995）也运用了 Houck 过程进行了市场势力分析。价格不对称模型存在两个方面的问题：一是固定比例技术假定过于严格；二是进行零售与批发价格间的滞后增长分析时，当期与一期滞后变量存在高度相关性。

第二类是协整模型（Cointegration Model）。协整方法也经常被用来检验价格变动，从而推断厂商的市场行为。其基本的原理是，如果市场是完全竞争市场，从长期来看，价格会趋向相同；假如市场不是完全竞争市场，厂商存在市场势力，则在长期来看价格不会趋同。但是法米诺和本森（Faminow and Benson，1990）认为价格趋向一致也许是厂商共谋的结果。但珀塞尔（Purcell，1999）运用向量误差修正模型检验了市场主体价格不对称现象，得出在缺乏竞争压力的情况下，市场势力意味着生产和零售价格只会缓慢地调整。时间序列模型存在的主要缺陷是，缺乏理论支持，不能有效区分共谋和完全垄断，其研究结果只能部分显示市场势力。

综上所述，SCP 研究范式重点关注利润与市场集中度之间的关系，使用跨部门分析方法估计会计上价格—成本差与市场集中度之间的关系，认为两者之间存在正相关关系就意味着存在市场势力，用市场集中度的概念偷换掉市场势力概念。结构主义模型分析了产业间市场集中度与利润率之间的关系，间接地在一定程度上识别了市场势力；但是以跨产业部门横截面数据得到的市场集中度指标间接判别市场势力的 SCP 模型缺乏理论基础，其统计上的相关性得不到经济学理论的支持。虽然 NEIO 模型有严格的微观经济学分析基础，但是也存在由于数据很难获得，操作性差以及仅适用于单个产业研究的问题。时间序列模型虽然便于经验研究，但是也存在缺乏理论依据的缺陷。

6.4 测度市场势力的主要方法

6.4.1 勒纳指数及其拓展

测度市场势力的一个最简洁的指标就是勒纳指数（Lerner Index），它把市场势力定义为厂商 i 的毛利（价格与边际成本之差）与价格之比，即：

$$L_i = (p_i - MC_i)/p_i$$

当勒纳指数等于零时，说明企业处于完全竞争市场中，价格等于边际成本；当勒纳指数接近 1 时，说明企业的价格—成本差额变得无限大，企业的市场势力很大，接近于完全垄断。勒纳指数直接应用于现实世界存在一些局限性，最明显的不足：一是很难衡量边际成本；二是即使具有衡量边际成本的方法，该指数也将会夸大价格超过竞争水平的程度。这是因为垄断产量水平上的边际成本 MC 通常小于竞争产量水平上的 MC。

后人在勒纳指数的基础上引入价格理论或竞争理论提出了一些新的测度方法，并应用不同的变量对市场势力进行直接或间接评估（莫塔，2006）。兰德斯和波斯纳（Landes and Posner，1981）利用弹性衡量需求与价格之间的关系，获得了勒纳指数的一个极为有用的版本[①]。垄断理论的一个基本结论是，拥有市场力量的企业要想最大化利润，需要满足以下条件：

$$p\left(1 - \frac{1}{e_i^d}\right) = MC$$

以上条件等同于：

$$\frac{p - MC}{p} = \frac{1}{e_i^d}$$

假设企业拥有大量市场份额 s_i，而且存在一个竞争边缘，用被写在下方的 j 所表示，这样就可以得到：

[①] Landes, W. M. and A. Posner, Market Power in Antitrust Cases. *Harvard Law Review*, 1981, 94: pp. 937-951.

$$e_i^d = \frac{e_m^d}{s_i} + \frac{e_j^s(1-s_i)}{s_i}$$

上式中，e_j^s 表示边缘供给弹性，e_m^d 表示市场需求弹性，e_i^d 表示企业 i 的需求价格弹性。根据以上算式可以推导出：

$$\frac{p - MC}{p} = \frac{s_i}{e_m^d + e_j^s(1-s_i)}$$

上式说明，影响市场势力的主要变量有三个，即市场份额、市场需求弹性和边缘供给弹性。企业 i 的市场份额越大，该企业的市场势力就越大；市场需求弹性越大，单个企业面对的需求弹性就越大，单个企业的市场势力就越小；边缘供给弹性越大，单个企业面临的需求弹性就越大，企业的市场势力就越小。

欧多瓦、赛克斯和威利格（Ordover, Sykes and Willig, 1982）在兰德斯和波斯纳所开创的勒纳指数拓展版本的基础上，运用古诺垄断模型，推导出了市场势力的新计算公式[1]：

$$\frac{p - MC}{p} = \frac{s_i(1+k_i)}{e_m^d + e_j^s(1-s_i)}$$

上式中，k_i 是对竞争中的相互依赖性的衡量。如果 $k_i = 1$，那么企业遵循有关价格和质量的相同策略。在这种情况下，勒纳指数低估了企业市场势力。如果 $k_i = -1$，那么企业将遵循相反的策略，任何大型企业产量削减都会导致其竞争对手产量增加。在这种情况下，不论占支配地位的企业的市场份额为多大，对市场势力的正确衡量都是零。欧多瓦、赛克斯和威利格的计算公式表明，竞争策略能够被纳入对市场势力的评估之中。

6.4.2 测度市场势力的结构类指标

在产业经济学中，经济学家们也常用一些结构性指标来间接评估市场势力。这些较为常用的结构性指标主要包括市场份额、市场集中度、赫芬达尔指数、熵指数等。这些指标的计算方法较为简洁，但关于这些指标是否能够较为准确地表征市场势力，理论界还存在一些分歧，一些经济学家认为结构性指标并不能完全反映市场势力（马丁，2003）。市场份额是衡量市场势力的传统方法，一般是指单个企业在相关市场上的销售额占市场上所有企业全部市场销售额的比重，用 s 表示。m 个企业的市场集中度是指产业内最大 m 家企业的市

---

[1] Ordover, J. A., A. O. Sykes and R. D. Willig, Herfindahl Concentration, Rivalry and Merger. *Harvard Law Review*, 1982, 95: pp. 1857–1863.

份额之和，用 CR_m 表示，并且：

$$CR_m = s_1 + s_2 + \cdots + s_m$$

赫芬达尔指数是产业内所有 n 家企业市场份额的平方和，用 H 表示①，并且：

$$H = s_1^2 + s_2^2 + \cdots + s_n^2$$

赫芬达尔指数越大，表明市场集中度越高。一个产业内各企业市场份额的方差满足下式：

$$n\sigma^2 = \sum_{i=1}^{n}\left(\frac{1}{n} - s_i\right)^2 = H - \frac{1}{n}$$

通过上式可以得到：

$$H = \frac{1}{n} + n\sigma^2$$

由上式可以获知，赫芬达尔指数随着企业数目的下降和市场份额方差的增大而上升，从而使赫芬达尔指数兼有企业数目和市场规模分布的信息。

熵指数简称 EI 指数，也有人称其为因托比指数，计算公式为：

$$EI = \sum_{i=1}^{n} S_i \log(1/S_i)$$

上式中，S_i 为第 i 企业的市场份额（销售额或增加值等），n 为该市场中的企业总数。E 指数与 HHI 指数存在某些共同点：二者均属综合指数，即反映市场中所有企业的情况；二者均为企业的市场份额之和。E 指数与 HHI 指数也存在某些不同点：二者分配给各个企业市场份额的权数不同，HHI 指数的权数是市场份额的平方，而 E 指数根据的是市场份额的对数；二者都给大企业分配较重的权数，但重要程度有所区别。总的说，HHI 指数和 EI 指数都有较好的理论背景和实用性。

下面，我们分析一下市场势力、市场份额与集中度的关系。假设厂商 i 在一个已经界定了的相关市场上与其他厂商就产量展开竞争，各厂商生产同质产品，市场价格为 p，边际成本为 c 且保持不变，那么厂商 i 的利润为：

$$\pi_i = p(Q)q_i - c_i q_i$$

利润最大化的一阶条件为：

$$\frac{\partial \pi_i}{\partial q_i} = p(Q) + \frac{dp}{dq_i}q_i - c_i = 0$$

由于这一市场上的均衡价格 p^* 可通过求解各厂商的一阶条件来确定。在

---

① 也称为 HHI 指数。

这个价格水平上，厂商 i 的一阶条件可以重新写为：

$$p^*(Q) - c_i = -\frac{dp}{dQ}\frac{dQ}{dq_i}q_i$$

将上式两边同时除以 p^*，等号右边乘上并除以 Q；由于纳什产量均衡点上竞争对手的产量是既定的，即 $dQ/dq_i = 1$，因此可以得到：

$$\frac{p^*(Q) - c_i}{p^*(Q)} = -\frac{dp}{dQ}\frac{Q}{p^*(Q)}\frac{q_i}{Q}$$

上式左边就是勒纳指数，这样，上式可以写为：

$$L_i = \frac{m_i}{\varepsilon}$$

上式就是厂商 i 的市场势力，其中 m_i 是厂商 i 的市场份额，如果是卖方独家垄断，则 $m_i = 1$；ε 为市场需求的价格弹性，$\varepsilon = -(dQ/Q)/(dp/p)$。如果用 $L = \sum_i m_i L_i$ 表示行业的市场势力总指数，根据以上分析可以得到：

$$L = \sum_i \frac{m_i^2}{\varepsilon} = \frac{H}{\varepsilon}$$

上式说明，行业集中度与市场势力平均度之间存在一种直接的关系。这也是欧美国家较为重视赫芬达尔指数的显著作用，并将其作为分析并购案的筛选工具的原因之一[①]。

一旦相关市场被界定以后，计算这些评估市场势力的结构类指标能够描绘出该市场上各厂商相对竞争地位的初步景象。在其他条件相同的情况下，市场势力的总体水平（即行业内厂商平均能把价格提高到其边际成本以上的程度）随行业集中度的提高而上涨。不过需要注意的是，这一点并不合适用于评价单个厂商的市场势力，但对于分析并购案具有很重要的意义，它可以用于初选有可能产生反竞争效应的并购案。

6.4.3 价格成本差额

大量的经验性检验表明，排除企业间成本差异的因素，市场集中度对盈利性存在正效应，因而产业组织理论学家常常用厂商的盈利性来评估市场势力[②]。微观经济学家们认为，垄断区别于竞争性市场的两个特征是：存在唯一的供应者；进入受到阻碍。第 1 个条件使垄断者没有竞争的顾虑；第 2 个条件使垄断者较少考虑或者不考虑潜在竞争者的威胁。竞争性厂商是价格接受者，

---

① Dansby, E. and R. Willig, Industry Performance Gradient Indexes. *American Economic Review*, 1979, 69: pp. 249–260.

② 斯蒂芬·马丁：《高级产业经济学》，上海财经大学出版社 2003 年版，第 140~160 页。

而垄断厂商是价格的制定者。竞争性企业接受所给定的价格，调整其产出直到其边际成本等于价格。在竞争性市场中公司的规模很小，它可以用市场价格卖出所有他想卖的东西。当垄断者生产和销售一个追加单位的产出时，它必须使需求曲线下移，在下移的过程中，必然使价格与原来相比有所下降，由此我们可以得到边际收益的概念。边际收益是需求量每单位变化所导致的总收益的变化：

$$\text{边际收益 } MR = \frac{\Delta TR}{\Delta Q} = P + Q\frac{\Delta P}{\Delta Q} < P \tag{6-1}$$

由于追加一个单位产出的销售要求需求曲线向下移动，所以边际收益小于价格。也就是说，追加一个单位产出的销售会降低价格，引起单位收益的损失，而原本它是可以用高价格出售的。亚当·斯密（1776）认为，垄断价格总是会在可达到的最高水平上运行。垄断价格究竟会高到什么程度呢？根据勒纳（1934）的研究，我们可以用公式（6-2）来回答这一问题。在公式（6-2）中，最后一个等式用了 ε，它是需求的价格弹性，指商品价格每变化一个百分点，相应的需求量变化百分之几。

$$MR = P + Q\frac{\Delta P}{\Delta Q} = P\left(1 + \frac{Q}{P} \cdot \frac{\Delta P}{\Delta Q}\right) = P\left(1 - \frac{1}{\varepsilon}\right) \tag{6-2}$$

其中：

$$\varepsilon = \frac{\Delta Q/Q}{\Delta P/P} = \frac{P}{Q} \cdot \frac{\Delta Q}{\Delta P} \tag{6-3}$$

因为价格和需求量之间呈反向变化，所以 $\Delta Q/\Delta P$ 总是负的。在公式（6-3）中冠以负号，可以使 ε 为正号以简化讨论。利用需求对价格变化的敏感度原理，我们可以从公式（6-2）中获得计算市场势力的勒纳垄断指数。垄断者将会选择边际成本等于边际收益的产量从而使利润最大化。公式（6-2）就成为：

$$MR = P\left(1 - \frac{1}{\varepsilon}\right) = MC \tag{6-4}$$

垄断情况下福利损失的根源是垄断者对产出的限制导致价格高于边际成本，这使我们可以通过计算价格高于边际成本的程度来测量垄断者的市场势力的程度。从公式（6-4）中我们可知，在垄断情况下，价格高于边际成本的程度是：

$$\frac{P - MC}{P} = \frac{1}{\varepsilon} \tag{6-5}$$

对于垄断者来说，其控制价格的能力也有一定的限度，垄断者在提价时顾客会离开他的市场。如果需求量对价格十分敏感，需求的价格弹性会很大，公式（6-5）右边的数值会很小，利润最大化的价格就会趋向于边际成本。在这种市场中，追求利润最大化的垄断者会把其产量限制在竞争性水平以下。另外，如果需求的价格弹性会很小，垄断者更会倾向于提价。当需求量并不随价格上升而下降很多，追求利润最大化的垄断者会把其价格提升到边际成本以上，同时又不发生损失。

勒纳（1934）应用设定产量的寡占模型对价格成本差额进行了规范分析，为使用不同的盈利性衡量尺度来具体测度市场势力的变化提供了理论指导。在寡占的情况下，生产同质产品的单个企业的价格成本边际（PCM）为：

$$\frac{p - MC_i}{p} = \frac{a_i + (1 - a_i)s_i}{\varepsilon_{Qp}} \tag{6-6}$$

上式中，a_i 是企业 i 的推测弹性参数，s_i 是企业 i 的市场份额。鉴于在实际测度中获得边际成本数据的难度较大，我们假定规模报酬不变，这样就可以用平均成本替代边际成本，价格—边际成本的差额与价格—平均成本的差额就相等。平均成本中包含投资的正常收益率，即：

$$AC_i = \frac{wL_i + \lambda_i p^k K_i}{q_i} \tag{6-7}$$

将（6-7）式代入（6-6）式并整理，可以得到：

$$\frac{pq_i - wL_i}{pq_i} = \frac{a_i + (1 - a_i)s_i}{\varepsilon_{Qp}} + \lambda_i \frac{p^k K_i}{pq_i} \tag{6-8}$$

从（6-8）式可以看出，企业价格成本差额随企业的市场份额、企业资本成本和企业资本密集程度的上升而上升。（6-8）式可以由企业层面的收益数据、除资本成本外的成本数据和资本密集程度的数据估计得到。价格成本边际还可以通过经验性分析得到（Goldberg，1964）：

$$PCM_i = a_0 + a_1 s_1 + a_2 \frac{p^k K_i}{pq_i} + \varepsilon_i \tag{6-9}$$

（6-9）式中，ε_i 为随机误差项，参数 a_0 和 a_1 可以通过估计得到，由于 a_i 和 ε_{Qp} 估计值是 a_0 和 a_1 估计值的非线性函数，并且近似地有 $a_i = a_0/(a_0 + a_1)$，$\varepsilon_{Qp} = 1/(a_0 + a_1)$，由此可以估计得到 a_i 和 ε_{Qp}。在（6-8）式所构成的模型中，如果 $a_0 + a_1 s_i$ 在统计意义上大于零，那就表明企业具有市场势力并运用了市场势力。为了估算产业价格—成本差额的表达式，假定推测变分参数 a_i 对于所有的企业都具有相同的值，那么可以将（6-8）式对所有 i 乘以 s_i 并加总所有企业的值，就可以得到产业的价格—成本差额：

$$\frac{pQ - wL}{pQ} = \frac{a + (1 - a)H}{\varepsilon_{Qp}} + \bar{\lambda} \frac{p^k K}{pQ} \tag{6-10}$$

(6-10) 式中，H 是表示市场集中度的赫芬达尔指数，$\bar{\lambda}$ 是加权平均的资本租赁成本。从 (6-10) 式可以看出，产业的价格—成本差额随市场集中度、产业平均资本成本和产业平均资本密集程度的提高而上升（马丁，2003）。

以上分析的是规模报酬不变时的价格—成本差异，下面讨论企业规模报酬变化时的情形（Martin，1988）。规模报酬的性质可以用函数系数来表示，函数系数是平均成本与边际成本之比：

$$FC_i = \frac{AC_i}{MC_i} \tag{6-11}$$

如果函数系数大于 1，意味着平均成本大于边际成本，平均成本随产量的增加而下降，存在规模报酬递增；如果函数系数小于 1，意味着平均成本小于边际成本，平均成本随产量的增加而上升，存在规模报酬递减；如果函数系数等于 1，意味着平均成本等于边际成本，规模报酬不变。综合 (6-6) 式和 (6-11) 式可以得到：

$$\frac{p - MC_i}{p} = 1 - \frac{1}{FC_i} \frac{AC_i}{p} = \frac{a_i + (1 - a_i) s_i}{\varepsilon_{Qp}} \tag{6-12}$$

从 (6-12) 式中解出 AC_i/p，并用 1 去减所得出的解，可以得到规模报酬变化时价格—成本差额的表达式：

$$\frac{p - AC_i}{p} = 1 - FC_i + FC_i \frac{a_i + (1 - a_i) s_i}{\varepsilon_{Qp}} \tag{6-13}$$

将 (6-7) 式代入 (6-13) 式，可以得到规模报酬变化时价格—成本差额的计算公式，这一公式也可以看成是总的销售收益率：

$$\frac{pq_i - wL_i}{pq_i} = 1 - FC_i + FC_i \frac{a_i + (1 - a_i) s_i}{\varepsilon_{Qp}} + \lambda_i \frac{p^k K_i}{pq_i} \tag{6-14}$$

从 (6-14) 式可以看出：①在规模报酬变化时，企业的价格—成本差额随企业市场份额、企业资本的租赁成本和企业资本密集程度的提高而上升，企业的市场势力也将相应增大；②在测定市场势力时需要对函数系数进行说明。在所有其他条件既定的情况下，函数系数提高，即规模报酬递增，会减少企业利润最大化时的价格—成本差额，但企业边际成本下降的幅度足以使企业利润增加；③如果 $a_i + (1 - a_i) s_i / \varepsilon_{Qp}$ 在统计上大于零，就表明企业具有市场势力，并且行使了市场势力；④在 a_0 和 a_1 的估计值以及市场份额既定的情况下，函数系数越大，即规模经济性越显著，$a_i + (1 - a_i) s_i / \varepsilon_{Qp}$ 在统计上大于零的概率就越大。

6.4.4 剩余需求弹性

对市场势力进行直接测度需要用到较为复杂的计量经济技术。较为常用的市场势力直接评估方法是基于估计剩余需求弹性和 Logit 需求模型的方法。一种评估市场势力和并购效应的定量技术是由贝克和布雷斯纳汉（1985，1988）提出的，这种技术是基于剩余需求弹性的直接评估方法。一般而言，某厂商 i 的剩余需求弹性的估计值越小，就意味着价格上涨时很大比例的消费者会继续从厂商 i 那里购买，而不是转向其他厂商或停止购买，这就说明厂商的市场势力越大。反之，剩余需求弹性的估计值越大，就意味着厂商的市场势力越小。我们考察一个由 n 个单产品厂商组成的行业。首先，我们要推算每个厂商所面对的剩余需求，并且介绍如何用它来估计每个厂商的市场势力（莫塔，2006）。厂商 $i(i=1, \cdots, n)$ 所面对的直接需求可写作：

$$q_i = D_i(p_i, p_{-i}, y) \tag{6-15}$$

上式中，向量 p_{-i} 表示出了厂商 i 之外的所有的其他厂商，向量 y 表示一个影响需求的外生变量的向量。对于每个厂商，利润最大化的一阶条件可以定义最优反应函数的向量形式：

$$p_i = R_i(p_{-i}, y, w, c_i) \tag{6-16}$$

上式中，w 表示规模为 L、包含行业特有成本的变量，而 c_i 则表示厂商 i 的特有成本。由以上表达式可得出除厂商 i 之外的全部厂商的最优反应函数的向量形式：

$$p_{-i} = R_{-i}(p_i, y, w, c_{-i}) \tag{6-17}$$

上式中，c_{-i} 表示包含厂商 i 以外全部厂商特有成本变量的向量。将（6-8）式逆向代入直接需求，我们就能求得厂商 i 的剩余需求函数 $q_i^r = D_i^r(p_i, p_{-i}, (p_i, y, w, c_{-i}), y)$，或者更简单地表示为：

$$q_i^r = D_i^r(p_i, w, c_{-i}, y) \tag{6-18}$$

于是，待估计方程可采取下列形式：

$$\ln q_i^r = a_i + \beta_i \ln p_i + \sum_{s \neq i}^{s} \gamma_{is} y_s + \sum_{l=1}^{l} u_{il} w_l + \sum_{k \neq i} \delta_{ik} c_k + \upsilon_i \tag{6-19}$$

上式中，a_i 是一个常量。β_i 就能给出剩余需求弹性（相反数）的估计值（因为 $d\ln q_i^r / d\ln p_i = -(dq_i^r/q_i^r)/(dp_i/p_i) = \epsilon_{ii}^r$），系数 γ_{is}、u_{il} 和 δ_{ik} 分别是需求、行业成本和除厂商 i 之外其他厂商的成本，而 υ_i 是误差项。但是，单独对（6-19）式进行回归，不可能得出相关统计量，因为这里有一个在供给—需求体现中被共同决定的 p_i 和 q_i 之间（它们都是外生变量，而 p_i 出现在方程（6-19）等号的右边）的同时性问题。通常，这个问题采用工具变量法估计方程（6-19）的方式解决。把 c_i 作为价格 p_i 的工具变量，因为 c_i（厂商 I 的特有成本）与 p_i 具有相关性，而与剩余不相关，并且不是（6-19）中的解释变量。这样，我们就能求得厂商 i 剩余需求弹性的一个估计值，这就是它的市场势力估计值：ϵ_i^r 的估计值越小，厂商 i 的市场势力就越大。

必须指出，采用这种方法所需要的唯一厂商层面数据是那个我们想知道其市场势力的厂商价格、需求量和成本数据。在一个存在寡头厂商和众多小厂商生产同质产品的行业里（DF/CF 模型假设，一个占优厂商在市场里拥有足够大的市场份额；市场上存在众多竞争性厂商，接受占优厂商的定价；产品是同质的），假设厂商 i 追求利润最大化为目标，利润函数为：

$$\pi_i = P_i(Q_i) \times Q_i - C_i(Q_i)$$

利润最大化一阶条件为：

$$(\partial P_i / \partial Q_i) Q + P_i - \partial C_i / \partial Q_i = 0$$

则可以得到勒纳指数与需求弹性之间的关系，即：

$$L_i = \frac{P_i - MC_i}{P_i} = \frac{1}{\varepsilon_i}$$

其中 $MC_i = \partial C_i / \partial Q_i$ 为厂商的边际成本，$\varepsilon_i = -\frac{\partial Q_i}{\partial P_i} \div \frac{Q_i}{P_i}$。

定义市场的需求量为 Q_m，厂商 i 之外其他厂商供给量为 Q_j，则：

$$Q_i = Q_m - Q_j \quad (Q_i \text{ 被称为剩余需求})$$

$$\partial Q_i / \partial P_i = \partial Q_m / \partial P_i - \partial Q_j / \partial P_i$$

由于 $\varepsilon_i = -(\partial Q_i / \partial P_i) \times (P_i / Q_i)$，所以：

$$\varepsilon_i = -(\partial Q_m / \partial P_i)(P_i / Q_i) + (\partial Q_j / \partial P_i)(P_i / Q_i) \quad (\text{剩余需求弹性})$$

可以得到：

$$\varepsilon_i = \varepsilon_m (1/S_i) + \varepsilon_j (1 - S_i)/S_i$$

其中 $\varepsilon_m = -(\partial Q_m / \partial P_i) \times (P_i / Q_m)$、$\varepsilon_j = (\partial Q_j / \partial P_i) \times (P_i / Q_j)$、$S_i$ 为厂商 i 产品的市场份额。则勒纳指数为：

$$L_i = S_i / [\varepsilon_m + \varepsilon_j (1 - S_i)]$$

当市场上厂商产品价格唯一时，厂商的市场势力取决于厂商的市场份额 S_i、产品的市场需求弹性 ε_m 和产品的供给弹性 ε_j，厂商的市场势力是由三个不同的方面共同决定的。从以上推导可以看出，厂商的市场势力与厂商产品需求弹性、产品的市场需求弹性和产品的供给弹性负相关，与厂商产品的市场份额正相关。所以用市场份额推断厂商的市场势力有一定合理性，但是不全面，要综合考虑产品的需求弹性、供给弹性以及替代产品和进入退出障碍等方面综合计算[1]。

6.4.5 Logit 需求模型

可以用来估计市场势力和模拟并购效应的 Logit 需求模型也是一种直接估算方法（莫塔，2006）。假设有 n 种产品，对于消费者来说都是互斥的选项，并且构成可能选项的集合 C；消费者 i 消费产品 j 可获得下列效用：

$$U_{ij} = a_j - \beta p_j + e_{ij} \qquad (6-20)$$

上式中，解释变量价格是选项特有的（即产品特有的），而且所有的选项系数相同（即对于所有的 j 和 k，$\beta_j = \beta_k = \beta$），$a_j$ 是产品特有的常量，而随机分量 e_{ij} 既可以是观察不到的产品特征，也可以是个体 i（同样是观察不到的）个体偏好。

由个体效用最大化可求得 j 被全体消费者选中的概率：

$$\pi_j = \Pr(U_j > U_k), \text{ 且 } k \in C, k \neq j \qquad (6-21)$$

公式 (6-20) 可改写成：

$$\pi_j = \Pr[(e_{ik} - e_{ij}) < (a_j - \beta p_j) - (a_k - \beta p_k)], \text{ 所有的 } k \in C, k \neq j$$

$$(6-22)$$

需要注意的是，每个 $(e_{ik} - e_{ij})$ 都是随机变量。通过对全部的剩余需求分布进行定义，我们就能求得 (n-1 维度) 多元随机变量联合累积分布。该分布表示产品 j 作为产品特征和参数函数被选中的概率 π_j。更确切地说，我们能够证明，如果全部剩余需求根据极值分布独立并分布相同。则所有 π_j 的 Logit 分布函数为：

$$\pi_j = \frac{\exp(a_j - \beta p_j)}{\sum_{k \in C} \exp(a_k - \beta p_k)} \qquad (6-23)$$

Logit 模型中需要估计的参数是那些属于效用函数的参数，即各 a_j 和 β。既然我们知道概率 π_j，并且假设和获得有关个体选择和价格的数据，因此可用极大似然法来估计各 a_j 和 β。要解决 Logit 模型固有的不确定性问题，其中的一个 a_j 必须被设定等于某个任意值，而且第 n 种产品被视为价格为 0 的外部产品。我们把除第 n 种产品以外的所有其他产品视为内部产品。

使用这种模型会遇到一个难题。选中某种产品的概率不但取决于这种产品的效用，而且还取决于——正如我们从方程式 (6-21) 中已经知道的那样——其他没有被选中产品的效用。这就要求我们先识别各种可能选项的集

---

[1] William M. Landes and Richard A. Posner, Market Power in Antitrust Cases [J]. *Harvard Law Review*, 1981 (5), pp. 937–996.

合，然后找到关于所有没有被选中的选项的特征数据。这个可能非常困难，而且成本很高。不过，可供替代的方法就是运用抽样的选择法，也就是只采用做出选择的个体的数据，或者特定个体做出的选择的排序问题（莫塔，2006）。

如果被观察的选项特征与未被观察到的选项特征发生共变，那么采用个体及其选择的数据来估计 Logit 模型会遇到内生性问题。例如，当一种产品未被观察到的质量提高了这种产品的价格（极大似然估计值也许能说明消费者愿意购买一种质量较高的产品，尽管是未被观察到的质量驱使他们这样做）时，情况就是如此。工具变量法能够帮助我们解决这个问题。价格弹性（这里表示为正值）和交叉价格弹性可以定义如下：

$$\varepsilon_{jj} = \beta p_j (1 - \pi_j)$$

$$\varepsilon_{jk} = \beta p_k \pi_k$$

因此，以上获得的各 a_j 和 β 的估计值可以用来计算模型的所有相关弹性。

6.4.6 测度市场势力的其他方法

（1）托宾 q 值。托宾（1969）将 q 定义为企业股票市值与资本重置成本的比率。托宾的 q 理论提供了一种有关股票价格和投资支出相互关联的理论。如果 q 大于 1，那么企业的市场价值要高于资本的重置成本，新厂房设备的资本要低于企业的市场价值。这种情况下，公司可发行较少的股票而买到较多的投资品，投资支出便会增加。如果 q 小于 1，即公司市场价值低于资本的重置成本，厂商将不会购买新的投资品。如果公司想获得资本，它将购买其他较便宜的企业而获得旧的资本品，这样投资支出将会降低。反映在货币政策上的影响就是：当货币供应量上升，股票价格上升，托宾的 q 上升，企业投资扩张，从而国民收入也扩张。林登伯格和罗斯（Lindenberg and Ross，1981）等产业经济学家则把 q 作为衡量市场势力的一项指标。他们认为，投资者会抬高企业股票的市值以借此反映企业未来经济利润的贴现值，因而运用市场势力的企业的 q 值会大于 1。斯迈洛克等（Smirlock et al.，1984）试图通过假定市场份额和 q 比率呈显著的正相关关系来反映效率，并用集中度和 q 比率显著的正相关关系来反映市场势力。塞林格（Salinger，1984）认为，作为长期市场势力的衡量尺度，托宾 q 值优于盈利性衡量指标，q 值不易产生测量误差。谢泼德（Shepherd，1986）指出，产业经济学的传统观点是市场份额对市场势力的影响可以反映特定企业的市场势力，他采用相对校准的规定比较了 117 家美国大型企业样本的 q 值和股东权益收益率。研究结果显示，市场势力和广告有高度显著的正相关性；市场势力与市场集中度有中等显著的相关性；当 q 作为因变量而不是收益率作为因变量时，市场势力与市场集中度的相关性就不显著了,而市场势力与销售增长率相关的显著性上升。谢泼德(1986)的研究结果表明了托宾 q 值与盈利性衡量尺度应是互相补充的而不是互相替代的,两者都包含了市场势力的信息,没有足够的理由认为其中的哪一个衡量尺度优于另一个。斯皮勒(Spiller,1985)的研究表明,风险和市场势力影响 q 值的方式相同。

(2)潘扎—罗西统计量。潘扎和罗西(Panzar and Rosse,1987)定义了一个变量来估计市场势力。他们从没有税收或金融市场的企业静态模型开始,假设企业以利润最大化为目标,利润函数为:

$$\pi = pq_1 - w_1 L_1 - \lambda_1 p_1^k K_1 = R(L_1, K_1) - C(L_1, K_1; w_1, \lambda_1)$$

上式中,R 是收益函数,C 是成本函数。假定简略形式的收益函数为:

$$R^*(w_1, \lambda_1) = R[L_1^*(w_1, \lambda_1), K_1^*(w_1, \lambda_1)]$$

上式中,L_1^* 和 K_1^* 是利润最大化时的投入水平。潘扎和罗西(1987)定义的变量为:

$$\varphi \equiv \frac{w_1}{R^*} \frac{\partial R^*}{\partial w_1} + \frac{\lambda_1}{R^*} \frac{\partial R^*}{\partial \lambda_1}$$

这一变量被称作潘扎—罗西统计量。潘扎—罗西统计量用于判断市场势力时具有以下性质:①在垄断市场上,$\varphi < 0$;②在对称的垄断竞争行业均衡中,$\varphi < 1$;③在长期竞争均衡中,$\varphi = 1$。通过估计简略形式的收益函数,可以得到潘扎—罗西统计量,并检验其中所有约束条件是否都被满足。谢弗(Shaffer,1983)证明了潘扎—罗西统计量与单个企业面临的需求价格弹性之间的关系,即:

$$\varphi = 1 - \varepsilon_{qp}$$

由于单个企业的勒纳指数为:

$$L_i = \frac{1}{\varepsilon_{qp}}$$

综合以上算式,我们可以得到潘扎—罗西统计量与勒纳指数之间的关系:

$$\varphi = 1 - \frac{1}{L_i}$$

如果将勒纳指数表示成推测弹性的形式,我们也可以得到潘扎—罗西统计量的推测变分形式。我们知道,勒纳指数是衡量市场势力的常用指标,从潘扎—罗西统计量与勒纳指数之间的关系可以获知,潘扎—罗西统计量也可以用于估计市场势力。

6.5 市场势力与效率

6.5.1 市场势力与成本效率

假设在一个食品加工行业里有 N 家厂商把一种原料加工成产品，并且原料加工成产品的比例是确定的（q 既可以表示原料投入量，也可以表示产品产出量）。除了一种原料投入之外生产过程不需要其他物质资料的投入，其他投入品厂商在竞争市场上购买，并且其他投入品之间的投入比例可以是变化的。每个厂商的产品面临的是竞争市场，而在上游原料市场上厂商面临的是不完全竞争市场。第 i 个厂商面临的利润函数为：

$$\pi_i = (p - w(Q))q_i - C_i(q_i, v)$$

其中，q 表示原料投入和产出投入，p 是产出产品的价格。w 是原料投入品的价格，$Q = \sum_i^N q_i$ 是产业内所有原料投入的总和，$C(\cdot)$ 是生产过程成本方程，v 表示除了原料投入以外其他投入品的价格的向量。利润最大化对 q_i 求导得到的一阶条件为：

$$p = w + \frac{q_i}{Q} \frac{w}{\eta}(1 + \theta_i) + c_i(q_i, v)$$

其中，$\eta = (dQ/dw)(w/Q) > 0$ 是原料投入的供给弹性，$\theta_i = \sum_{j \neq i}^N (dq_j/dq_i)$ 表示厂商 i 对竞争对手在原料市场投入上的反应。$c_i(q_i, v)$ 是生产过程的边际成本。

假设厂商 i 生产过程成本方程是广义里昂惕夫（Generalized Leontief）形式：

$$C_i(q_i, v) = q_i \sum_i \sum_j \alpha_{ij}(v_i v_j)^{1/2} + (q_i)^2 \sum_i \beta_i v_i$$

那么：

$$p = w + \frac{q_i}{Q} \frac{w}{\eta}(1 + \theta_i) + \sum_i \sum_j \alpha_{ij}(v_i v_j)^{1/2} + 2(q_i) \sum_i \beta_i v$$

对上面的方程进行变形可得：

$$M = \frac{H(1 + \Theta)}{\eta} + \sum_i \sum_j \alpha_{ij} \frac{(v_i v_j)^{1/2}}{w} + 2HQ \sum_i \beta_i \frac{v_i}{w}$$

其中，$M = (p - w)/w$ 为原料投入的边际成本，$H = \sum_i (q_i/Q)^2$ 是 HHI 指

数，$\Theta = (\sum_i q_i^2 \theta_i)/(\sum_i q_i^2)$ 是 N 个公司推测变分的加权平均数（Cowling and Waterson，1976）。材料投入的边际成本 M 由两部分组成，一部分是市场势力部分，由等号右边的第一个部分表示，另一部分为生产的边际成本，由等号右边的后两个式子表示。

首先我们来看第一个假设：如果所有的厂商在原材料投入方面是价格的接受者，则 $\theta_i = -1$ 或者 $\Theta = -1$ 时候 M 等于生产过程边际成本，这也就是说明每个公司都期望当购买原料数量变化对市场所造成的影响会被其他竞争对手行为的改变所抵消，那么原料市场的价格就不会改变。如果第一个假设不成立，则第二个假设就是这个产业寡头垄断的古诺竞争，例如 $\Theta = 0$，这也就意味着每个厂商不会预期它的竞争对手会根据自己原料投入的变化而变化。

假设 Θ 是个常数，则对 H 求导可以得到：

$$\frac{\partial M}{\partial H} = \frac{1+\Theta}{\eta} + 2Q \sum \beta_i \frac{v_i}{w}$$

则等号右边的第一个式子代表市场势力影响，第二部分代表成本效率效应。如果 Θ 不是常数，而是 H 的函数，则对 H 求导可以得到：

$$\frac{\partial M}{\partial H} = \frac{1 + H\Theta_H(H) + \Theta(H)}{\eta} + 2Q \sum \beta_i \frac{v_i}{w}$$

其中，$\Theta_H(H) = d\Theta/dH$。

阿萨姆（Azzam，1997）主要是把由于市场集中导致的市场势力与成本效率分离出来，并运用美国牛肉包装行业为例进行了实证分析，他测算了这个行业采购方的垄断市场势力和屠宰的成本效率。然而，成本效率影响超出了市场势力影响[①]。

6.5.2 市场势力的经济效应分析

对测量市场势力的福利成本做实证研究的学者，最早可以追溯到美国经济学家哈伯格。他用美国 73 个制造业在 1923～1928 年间的平均数据，估计了因市场势力而造成的净损失程度。哈伯格在研究中遇到了长期困扰实证研究的数据问题，即现实世界中没有现成的统计数据可以支持经济学家的模型研究，模型研究必须转化为可以容纳有效数据的形式。

假如知道了竞争和垄断条件下的价格和产出（P_c, Q_c, P_m, Q_m），计算净损失就非常容易。但是一般可以观察到的情况只是销售收入的数据 $P_m Q_m$，这

[①] Azzeddine M. Azzam, Measuring Market Power and Cost-Efficiency Effects of Industrial Concentration [J]. *The Journal of Industrial Economics*, 1997 (4), pp. 377 – 386..

是会计利润的计算方法之一。在实践中会计利润的度量并不使用投资的机会成本概念。为了把会计利润的度量作为估计经济利润的基础，可以想办法把它调整为对资本的正常报酬。这就是说，要从销售收入和经济利润的数据中，得到对净损失的估计。

由于我们是在厂商行使市场势力条件下和在竞争条件下分别比较价格水平的，因此可知，$\Delta P = P_m - P_c = P_m - C$，所以：

$$DWL = 1/2 \cdot \Delta P \Delta Q = \frac{1}{2} \cdot (\Delta P)^2 \left(\frac{\Delta Q}{\Delta P}\right) = \frac{1}{2} \cdot \left(\frac{P_M - C}{P_M}\right)^2 \cdot \frac{P_M}{Q_M} \cdot \frac{\Delta Q}{\Delta P} P_M Q_M$$

$$= \frac{1}{2}\left(\frac{P_M Q_M - cQ_M}{P_M Q_M}\right)^2 \varepsilon P_M Q_M = \frac{1}{2}\gamma^2 \varepsilon P_M Q_M$$

而 $\gamma = \dfrac{P_M - c}{P_M} = \dfrac{P_M Q_M - cQ_M}{P_M Q_M}$ 恰好是销售利润率，哈伯格用资本的平均报酬率作为正常报酬率的估计值，用会计利润减去正常报酬得到用 r 表示的经济利润率。DWL 最终表达式中的第 2 项是销售收入 $P_m Q_m$，它可以直接得到。最后一项是 ε，它是需求的价格弹性。哈伯格认为在他所研究的样本产业中，该弹性较低，就假定其等于 1。

在此基础上，哈伯格估计了 73 个产业样本中因市场势力所导致的净损失。假设在所有制造业中净损失占产出的比例不变，他估计因为制造业部门的市场势力的原因而导致的净损失占美国国民收入的比例在 0.1% 以下。显然这一数值对整个国民经济来说是微不足道的。

哈伯格的研究后来招致了很多的批评，由此引发了大量学者参与讨论。这些文献认为，他对市场势力的福利成本的估计可能太低，但作为最低限估计是比较合适的。美国经济学家柯林和穆尔的一项研究总结了这些讨论，重新估计美国市场势力的福利成本。这项研究被称为最高限估计方法。这一方法与哈伯格方法的不同表现在：估计需求价格弹性的方法和对正常投资报酬的估计方法不同、利用公司层次的数据、垄断化成本的估计等方面。

对同一种价格水平的上升，有两种不同的需求价格弹性。在高弹性市场中，随着价格上升，需求量下降很快。当社会意愿的产出没有被生产出来时，净损失是消费者剩余的损失。所以在高弹性市场中，净损失相对较大。在低弹性市场中，由于需求缺乏弹性，需求量对价格变化缺少敏感性，所以当价格上升时需求量下降相对较小。因为弹性较低时的产出量下降比弹性较高时的产出量下降要小，所以在低弹性市场中，净损失相对较小。

将 $\dfrac{P_m - c}{P_m} = \dfrac{1}{\varepsilon}$ 代入哈伯格方程可以得到：

$$DWL = \frac{1}{2}\left(\frac{P_m - c}{P_m}\right)^2 P_m Q_m \varepsilon = \frac{1}{2}\left(\frac{P_M - c}{P_M}\right) P_m Q_m = \frac{1}{2}(P_m Q_m - cQ_m)$$

最终表达式表明，我们可以用垄断利润的一半去估计净损失。垄断寡头实际上很难就联合利润最大化目标进行协调，实际的产出水平下降和净损失就要比所预期的数值小得多。正因为如此，依据最高值所进行的估计，应该作为净损失估计的最高限来看待。

哈伯格对净损失的估计，并没有考虑因垄断化而导致的社会成本。尽管如此，他承认把广告支出作为社会成本来考虑可能是合适的。按此看法，柯林和穆尔在测量垄断利润时，把 $\pi + A$ 作为垄断化的成本，这里 π 是所估计的经济利润，A 是广告支出。从公式可知，净损失就是 $1/2(\pi + A)$。

税后的但是在垄断化成本发生之前的垄断利润，就是 $\pi + A - T$，T 代表税收。假如这种利润被全部转化为社会成本，市场势力的全部成本（垄断化成本加净损失）就是：

$$\pi + A - T + \frac{1}{2}(\pi + A) = \frac{3}{2}(\pi + A) - T$$

当然，经济利润不可能全部转化为垄断利润。这就是为什么将所估计的市场势力的福利成本看作是一个最高限的原因。柯林和穆尔运用美国 734 个公司 1963～1966 年以及英国 103 个公司 1968～1969 年的数据，重新估计了因市场势力所造成的福利损失。他们把其估计结果与哈伯格及其他人的结果进行了比较。仅仅考虑净损失，柯林和穆尔在假设利润最大化条件下估计，其数值几乎是假设需求价格弹性为 1 时的 10 倍左右。用哈伯格式的净损失估计方法，虽然所得到的数值较小，只占公司产品价值的 0.4%，但它已经是哈伯格自己原先估计的数值的 4 倍左右（原先估计 DWL 占国民收入的 0.1%）。得到这一结果的原因，显然是由于柯林和穆尔运用了公司层面的数据而非产业层面的数据的结果。

当柯林和穆尔把广告支出当成反映垄断化的社会成本时，它们对福利成本的估计几乎是哈伯格估计的 2 倍之多。对美国电话电报公司的估计结果表明了垄断化支出的重要性。美国电话电报公司的平均报酬率低于柯林和穆尔所作的 12% 的正常资本报酬率的假设，它的经济利润为零，所以它的净损失估计值也为零，这一估计忽视了它创建市场势力的成本。据柯林和穆尔披露，实际上美国电话电报公司的广告支出非常巨大，在其研究的样本期内每年有 7.5 亿美元。因此，如果把广告支出作为垄断化的成本来估计，就显示出很大的福利损失。

如前所述，柯林和穆尔的估计代表了对垄断福利损失的最高限估计方法，这些估计认为市场势力的成本远远高于哈伯格的估计结果。特别地，当垄断者把资源源源不断地投入创造和保持市场势力方面时，这种支出就是社会成本的重要组成部分。

6.6 市场势力的动态变化

假设在一个产业内部存在一个占市场支配地位的垄断厂商（Dominant Firm），它占有某种资产（专利技术、行政准入限制、庞大的资产等）使其拥有市场势力和减少行业内竞争的能力。我们把这种进入威慑资本能力称作 k_t（Entry-deterring Capital），并假设 k_t 随着技术进步以及外部环境变化以贬值率 σ 进行贬值。

6.6.1 垄断厂商使用市场势力

假设 x_t 表示垄断厂商使用市场势力的规模（例如垄断厂商在市场上进行的反竞争行为）。$x_t > 0$ 表示垄断厂商在市场上进行反竞争行为提高进入障碍 k_t，如果垄断厂商不进行反竞争行为，即 $x_t = 0$，则 k_t 会按照市场的发展自然的贬值；如果厂商出售专利给他的竞争者，则 $x_t < 0$，表示 k_t 减少。k_t 的变动规律为：

$$\dot{k}_t = x_t - \sigma k_t$$

如果 k_t 等于 0，那么垄断厂商的市场势力就会消失，因此当 $k_t = 0$ 时，$x_t = \dot{k}_t = 0$。

6.6.2 市场份额和价格

假设 k_t 越大，垄断厂商的市场份额越大，即 $s'(k_t) \geq 0$，$\lim_{k_t \to \infty} s(k_t) = 1$，市场就是完全垄断市场。如果 $k_t = 0$，那么 $s(0) = 0$，市场就是完全竞争市场。

k^{inf} 表示 $s''(k^{inf}) = 0$ 时的拐点，当 $k_t \in [0, k^{inf})$ 时，报酬随着 k_t 递增，$s'(0) = 0$，$s''(k_t) > 0$；当 $k_t > k^{inf}$ 时候，$s''(k_t) < 0$，$\lim_{k_t \to \infty} s'(k_t) = 0$。假设厂商面临的向下倾斜的市场需求曲线，$d_t = d(p_t)$，则垄断厂商的生产函数表示为：

$$q_t = s(k_t)d(p_t)$$

假设垄断厂商的市场份额 s_t 与市场价格 p_t 正相关，当 $p_t = p(s_t)$ 时，$p'(s_t) \geq 0$，$p(0) = p^c$（完全竞争市场价格），$p(1) = p^m$（完全垄断市场价

格)。

假设反垄断当局会对垄断厂商滥用市场势力的行为进行处罚,成功查获垄断厂商滥用市场势力的概率为 $\rho(x_t)$,并且假设查获的概率与垄断厂商运用市场势力的规模正相关,即当 $x_t > 0$ 时,$\rho'(x_t) > 0$,$\rho''(x_t) > 0$,当 $x_t \leq 0$ 时,$\rho(x_t) = 0$。假设垄断厂商运用市场势力,并且被反垄断部门起诉,则不管反垄断部门起诉是否成功,垄断厂商都要付出 k_1 的成本,如果反垄断部门以概率 π 起诉成功则垄断厂商要被罚款 k_2,$1 - \pi$ 的概率除了 k_1 之外不用付出任何成本。

6.6.3 垄断厂商的最优决策

假设在长期中垄断厂商以获得最大贴现利润为目标来决定利用市场势力的规模,即:

$$\max_{x_t} V_t = \int_0^\infty [(p_t - c)q_t - x_t - \vartheta(x_t) - (k_1 + \pi k_2)\rho(x_t)] e^{-rt} dt,$$

上式中,r 表示折现的利率,c 表示单位生产成本,$\vartheta(x_t)$ 表示调整 k_t 的成本,$\vartheta(0) = 0$,当 $x_t > 0$ 时,$\vartheta'(x_t) \geq 0$,$\vartheta''(x_t) \geq 0$。并且假设,出售和购买一单位的 k_t 的价格都是一样的。由于 k_t 不能为负,因此在 $k_t = 0$ 时,规定:

$$-k_t \leq 0 \Rightarrow -\dot{k}_t = -(x_t - \sigma k_t) \leq 0$$

可以得到拉格朗日函数:

$$L = (p(s(k_t)) - c)s(k_t)d(p(s(k_t))) - x_t - \vartheta(x_t) - (k_1 + \pi k_2)\rho(x_t)$$
$$+ \lambda(x_t - \sigma k_t) + \theta_t(x_t - \sigma k_t)$$

其中 θ_t 是拉格朗日乘子,λ 是伴随状态变量。约束条件为:

$$x_t - \sigma k_t \geq 0,\ \theta_t \geq 0,\ \theta_t(x_t - \sigma k_t) = 0,\ k_t \geq 0$$

一阶条件(汉密尔顿函数)可以通过对 x_t 求导(运用市场势力的边际成本必须等于运用市场势力获得的边际收益)得到:

$$-1 - \vartheta' - (k_1 + \pi k_2)\rho' + \lambda_t + \theta_t = 0$$

对 k_t 求导:

$$\dot{\lambda}_t = (r + \sigma)\lambda_t - \{p'sd + (p - c)(d + sd'p')\}s' + \sigma\theta_t$$

从而可以得到 x_t 的变动规律:

$$\dot{x}_t = \frac{(r + \sigma)\{1 + \vartheta' + (k_1 + \pi k_2)\rho'\} - \{p'sd + (p - c)(d + sd'p')\}s' - r\theta_t + \dot{\theta}_t}{\vartheta'' + (k_1 + \pi k_2)\rho''}$$

最后终极条件为:

$$\lim_{t \to \infty} k_t e^{-rt} = 0$$

根据 k_t 和 x_t 的变动规律，我们可以得到三个稳定点，一个是 $\dot{x}_t(x^*,k^*)=\dot{k}_t(x^*,k^*)=0$，假设另外两个稳定点满足 $k_1^*(=0)<k_2^*<k_3^*$，从雅克比矩阵的特征值可知 k_1^*、k_3^* 是鞍稳定的，k_2^* 是不稳定的。所以只有 k_1^* 和 k_3^* 在长期中是能达到稳定的。我们假设 $k_1^*(=0)$ 表示厂商无法拥有市场势力，此时市场是完全竞争市场，$k_3^*>0$ 表示厂商完全垄断市场。在 k_1^* 和 k_3^* 之间存在一个阈值 k^T，当 $k_t<k^T$ 时，此区域定义为 I 区域，此时 k_t 向 k_1^* 运动，趋向于完全竞争市场，反之，当 $k_t>k^T$，此区域定义为 II 区域，此时 k_t 向 k_3^* 运动，趋向于完全垄断市场，所以反垄断当局可以把 $[0,s(k^T))$ 认定为安全区域，把 $[s(k^T),0)$ 作为不安全区域。

通过建立一个厂商滥用市场势力的动态模型我们可以求得垄断厂商最优决策的条件和市场势力的阈值。当反垄断当局发现垄断厂商行使市场势力谋求高额利润后，它会对这一行为进行惩罚。在均衡点存在一个阈值，当超过这个阈值市场趋向于完全垄断市场，小于这个阈值市场趋向于完全竞争市场。低于这个阈值的部分就是安全的区域，高于这个区域的值应当引起反垄断当局的关注。如果厂商的市场势力折旧速度较高，那么这个阈值就应该比较宽泛，反垄断当局应该尽量少干预。k_t（Entry-deterring Capital）的折旧速度 σ 对垄断厂商的行为也有影响，这是因为，当 σ 不同时，市场趋向于不同的市场结构[①]。

6.7 案例分析：中国航空运输业市场势力测度[②]

2002 年 10 月，中国航空运输业进行了大规模兼并重组和公司制改造，形成目前航空运输业三大巨头、五家上市公司、众多小航空公司并存的寡头垄断市场格局[③]。航空运输业的这次兼并重组促进了中国航空运输业厂商规模在短期内迅速扩大，为发挥规模经济优势、增强国际竞争力、提高运营效率提供了重要契机。兼并重组以来，中国航空运输业市场集中程度急剧提高，运营业务发展迅速，初步显示出了兼并重组和市场改革的成效。但是，也应该看到，这次兼并重组并不是以"无形之手"引导有效竞争的结果，而是以"有形之手"安排近亲联姻的结果，带有较强的行政干预色彩。行政主导下的中国航空运输

[①] Mika Kato, Transistorizes of Market Power and Antitrust Activity, Working Paper, 2008.
[②] 马立伟同志参与本案例的数据收集和相关实证分析。
[③] 三大航空公司为中国国际航空公司、中国南方航空公司和中国东方航空公司；三家中型上市航空公司为山东航空公司、海南航空公司和上海航空公司。2010 年，上海航空公司被中国东方航空公司控股收购，因而目前中国航空业内有 5 家上市公司。

业兼并重组可能带来的直接后果是，在市场集中度迅速提高、市场势力显著增强的同时，行业内部的市场竞争程度下降，资源配置的效率降低。在中国经济高速发展、人民收入较快增长、航空运输业需求弹性增加和需求量快速增长以及国际航空公司加快进入中国市场和高铁投入使用使运输业竞争加剧的背景下，有必要对兼并重组后的中国航空运输业的市场势力和运营效率进行测度分析，准确把握航空运输业发展的真实状况，为制定航空运输业相关竞争政策提供决策参考。

由于数据的可得性和行业的特殊性，国内外学术界对航空运输业的研究不如电力、电信和铁路运输等行业那样充分。在有限的研究中，贝尔格（Bailge，1981）、康恩（Kanhn，1985）、查尔斯和西布赖特（Charles and Seabright，2001）等国外学者重点关注了航空运输业的规制改革，分析了放松规制、引入竞争是否能够提高行业运营效率和社会福利水平。曹建海（2002）、王志永（2006）、陈学云（2008）和杨永忠（2008）等中国学者主要关注了航空运输业内部的行政垄断、管制政策、市场结构、制度壁垒和深化改革等问题。他们认为，兼并重组前政府过度管制下中国航空运输业存在着产业规模偏小、进入壁垒偏高、成本结构刚性、低效率和低利润等问题，航空运输业应保持规制动态化，建立规模经济与市场竞争相兼容的市场结构。张孝梅和戚聿东（2010）分析了中国深化航空运输业改革的动因与初始条件，提出了航空运输业的改革路径。截至目前，还没有学者专门讨论中国航空运输业兼并重组后的市场势力、运营效率及其相互影响。在本案例中，我们将对中国航空运输业兼并重组改革后的市场势力和运营效率进行测度，分析市场势力与运营效率之间的关系，并将三大航空公司的市场势力和运营效率与其他中小型航空公司以及整个航空运输产业的平均效率进行对比分析，从而判断兼并重组改革对中国航空运输业所产生的影响，并提出促进中国航空运输业有效竞争的政策建议。

6.7.1 理论分析与测度方法

布雷斯纳汉（1989）将市场势力（Market Power）界定为在不完全竞争市场中厂商价格高出边际成本的比率，即厂商使定价高于边际成本的能力[①]。一般而言，厂商可以通过两种渠道获得市场势力：一种是通过提高自身管理水平、在公平的市场竞争中不断增加投资和推动创新、提高厂商自身运营效率等方式赢取竞争优势从而获得市场势力；另一种渠道是通过兼并或收购等形式清

[①] 也有学者认为市场势力是指价格接近垄断价格的程度。从概念上看，这两个概念非常相似，从操作性看，前一个定义要求估计边际成本，后一个则要估计行业垄断价格。

除竞争对手、提高市场集中程度等方式获得市场势力。正是对享有一定市场势力（意味着获得一定利润的能力）的期望才驱使厂商采用效率更高的技术、改进产品质量或者引进新品种，增强竞争优势。市场势力和利润在某种程度上是对某些厂商比另一些厂商在管理上更加成功、在运营上更有效率的合理回报。因而，一定的市场势力的存在有助于促进有效竞争。厂商凭借自己的竞争优势而获得市场势力并实现"内部成长"，也是企业做大做强的必经之路。但是，市场势力的滥用会造成市场价格高于边际成本，导致消费者福利损失，降低资源配置效率；并且，拥有市场势力的厂商也不一定会促进运营效率和动态效率的提高。尤其是当相关市场上的厂商数目减少较多时，需要反垄断当局具体分析厂商市场势力与运营效率之间的关系。2002年的中国航空运输业的兼并重组是在面临激烈的国际市场竞争背景下，由政府主导的、旨在实现航空运输业规模优势、提高国际竞争力的企业改革、改组和改造。由于中国航空运输业市场势力是通过政府主导下的兼并重组实现的，而不是经过市场优胜劣汰实现的，因而需要权衡这种行政干预下的兼并重组对市场绩效的影响。如果兼并重组实现了航空业的规模经济，提高了运营效率和服务水平，增强了国际竞争力，那么并购所导致的市场势力就具有一定的社会合意性。

　　市场势力一直是反垄断政策领域需要重点关注的核心概念。从产业组织理论的发展历程来看，主要有两种测度市场势力的方法。第一种是以贝恩（1951）为代表的结构主义学派提出的、以市场集中度作为市场势力替代指标的测度方法。贝恩通过经验研究证明了产业集中度与产业利润水平之间存在正相关关系，并将市场绩效作为拥有市场势力的证据。但是，芝加哥学派的德姆塞茨（1973，1974）认为，厂商拥有较高利润水平和较高市场份额是由于厂商具有更高的运营效率的结果，市场集中度指标不能准确反映厂商的市场势力。第二种是以霍尔（Hall，1986）为代表的新经验产业组织学派提出的、通过估算推测弹性来测度市场势力的方法。由于这种方法模型建立需要很多假设，并且受到数据的约束，实际上应用起来较为困难，并且测度效果不好。由此可见，以上两种方法在测算市场势力时都不同程度地存在一些局限性。同时，基于跨产业、多部门的间接推断市场势力的研究方法也受到谢泼德（2000）等人的批评，并被贝克和布雷斯纳汉（2006）描述为"跨产业所进行的不成功的努力"。因而，市场势力的经验性研究开始从跨产业和部门转向使用单个产业和时间序列的微观数据。这已成为产业经济学经验性研究的一个新趋势。基于以上原因，本书将根据布雷斯纳汉（1989）对市场势力的定义，采用行业微观数据，通过直接估计厂商的边际成本、计算勒纳指数来测算厂商市场势力的大小。勒纳指数又称为价格—成本边际，即：

$$L = \frac{P - MC}{P}$$

边际成本（MC）是指增加一单位产量时所需追加的成本，即边际成本可以近似地表示为 MC = 总成本的变化量 ÷ 产量的变化量。令 TC_t 为 t 时期的厂商生产成本，Q_t 为厂商 t 时期的产量，则：

$$MC = \frac{\Delta TC_t}{\Delta Q_t} = \frac{TC_t - TC_{t-1}}{Q_t - Q_{t-1}}$$

由于垄断可能导致高成本，所以在用勒纳指数估计厂商市场势力时可能出现因厂商存在无效生产成本而导致厂商 MC 很高、勒纳指数很低，从而造成市场势力很低的假象[①]。为了避免出现这一假象，在衡量厂商市场势力时可以考虑厂商行为对整个行业生产活动的影响能力。本书使用厂商产出变化率与整个行业产出变化率的比值来代表厂商对整个行业的影响因子，并使用这一因子对传统的勒纳指数进行调整。这样，产业中第 i 个厂商 t 时期的市场势力可以调整后勒纳指数来表示，即

$$L_{ti} = \frac{P_{ti} - MC_{ti}}{P_{ti}} \times \frac{\Delta q_{ti}/q_{ti}}{\Delta Q_t/Q_t}$$

由于中国航空运输兼并重组和系列改革不是一蹴而就的，而是一个循序渐进的过程。这期间伴随着航空公司自身成长和发展，受外部经济环境和内部管理的影响，各年度的成本变动可能存在较大差距，从而造成估计的市场势力过度波动。为了避免上述影响造成的差异，使结果更具有动态性和可比性，在计算边际成本和对行业影响因子时，我们以兼并重组完成后的 2003 年数据为基数对各年度数据进行调整，使用各年度数据与 2003 年的差为当年的数据（如 2006 年的 TC_{2006} 为 2006 年航空公司生产成本与 2003 年生产成本之差）；价格为业务收入与产量之间的比值。为了比较整个航空运输业市场势力变动与效率变动情况，通过加权计算厂商 i 的市场势力和市场份额可以得到整个行业市场势力的估计值，即 $L = \sum M_i L_i$。

一般而言，生产单位的效率就是一个生产单位使用既定的投入量生产最大产出量之间的对比关系。本书将运用数据包络分析方法（DEA）和 Malmquist 指数来测度航空公司的运营效率。目前中国航空运输业还处于发展的上升阶段，解决的主要问题为航空运输服务的供给不足，因而我们从产出角度来测算航空运输业的效率。本书所使用的数据主要来自各年度的《从统计看民航》

[①] 中国航空运输业的发展和改革一直带有行政垄断的色彩，并且存在产权无效激励和高昂的管理成本等问题，因而很容易出现这一假象。

和相应年份的航空运输业上市公司的财务报表。

6.7.2 实证测度与分析

我们使用上述方法对代表中国航空运输业市场势力的调整后勒纳指数进行了测度，具体结果如表6-2所示。从表6-2可以看出，2004~2010年，三大航空公司的平均市场势力均高于山东航空公司、海南航空公司以及整个航空运输业的平均水平，这说明三大航空公司已经拥有较强的市场势力；海南航空的市场势力一直高于行业平均水平，具有一定的市场势力；山东航空的市场势力较为弱小，在大多数年份低于行业平均水平。无论是从具体航空公司，还是从行业平均水平来看，航空运输业的市场势力总体上是趋于上升的，这说明了中国航空运输业的市场集中程度越来越高，寡头垄断的趋势逐渐加强。

表6-2 中国航空运输业的市场势力（调整后勒纳指数）（2004~2010年）

年份	2004	2005	2006	2007	2008	2009	2010
三大航空公司均值	0.187263	0.224468	0.537536	0.524018	0.748756	0.88756	0.834099
海南航空	0.124451	0.137747	0.399228	0.489955	0.547518	0.629362	0.636764
山东航空	0.112582	0.124561	0.145356	0.202458	0.369669	0.381949	0.528544
行业水平	0.162394	0.193668	0.413279	0.382922	0.544864	0.569475	0.683788

资料来源：作者根据《从统计看民航》和上市公司的财务报表以及航空运输业的统计数据计算而得。

为了比较航空公司规模因素、成本效率因素和管理因素对运营效率的影响，我们分别选取航空公司2003~2010年的固定资产净值、主营业务成本和管理费用等3个投入指标，以总周转量为产出指标，选择规模报酬不变的CCR模型，使用DEAP2.1软件求解DEA线性规划问题，计算了各航空公司的技术效率以及分解后的纯技术效率和规模效率（见表6-3）。从表6-3可以看出：（1）三大航空公司在目前的技术和管理水平下，技术效率、纯技术效率以及规模效率均处于较高水平，规模报酬不变。这说明在目前条件下中国航空运输业可以通过提高规模提升效率水平。兼并重组改革后三大航空公司的发展速度整体上高于同时期的其他航空公司以及整个行业平均水平，且呈现规模报酬不变的特点。（2）海南航空与山东航空技术效率、纯技术效率以及规模效率处于较低状态（也称为无效状态），但规模报酬递增。海南航空与山东航空仍然存在效率提升空间，并且正处于规模报酬递增阶段，还可以通过扩大规模提高运营效率。（3）从整个行业水平来看，行业的技术效率和规模效率也处于低效率状态，并且规模报酬递减。这说明小型航空公司没有达到最低有效规模，运营效率仍处于较低水平。

表6-3　　　　航空公司技术效率、纯技术效率与规模效率

航空公司	crste	vrste	scale	规模报酬
三大航空公司均值	0.998	0.995	1.000	-
海南航空	0.831	0.868	0.957	irs
山东航空	0.891	0.852	0.891	irs
行业水平	0.934	0.916	0.934	drs

注：crste 为技术效率，vrste 为纯技术效率，scale 为规模效率；"-"表示规模报酬不变，drs 表示规模报酬递减，irs 表示规模报酬递增。

资料来源：作者根据《从统计看民航》和上市公司的财务报表以及航空运输业统计数据计算而得。

我们使用 DEAP2.1 软件对反映中国民航运输业全要素生产率变动状况的 Malmquist 指数进行了测算（见表6-4）。从表6-4可以看出，改革重组之后的航空运输业整体上处于生产前沿面上，说明2003年以后中国航空运输业的运营效率得到提升，提高了资源配置效率和国际竞争力。三大航空公司的效率比其他航空公司效率高，山东航空和海南航空公司的效率也高于行业整体水平。这说明这5家上市公司的运营效率高于其他小规模航空公司。

表6-4　　　　　　航空运输业的 Malmquist 指数

	effch	techch	pech	sech	tfpch
三大航空公司均值	1.021	1.029	1.001	1.020	1.051
海南航空	1.026	1.023	1.020	1.006	1.049
山东航空	1.017	1.030	1.000	1.017	1.048
行业水平	1.003	1.025	1.000	1.003	1.028

注：effch 为综合技术效率变动，techch 为技术变动，pech 为纯技术效率变动，sech 为规模效率变动，tfpch 为全要素生产率变动。

资料来源：作者根据航空运输业统计数据计算而得。

综合以上分析可以看出，2002年以后中国航空运输行业的市场势力呈现上升趋势，综合生产率处于生产前沿面上并不断提升。三大航空公司的市场势力、技术效率和综合运营效率高于同期其他航空公司和行业平均水平。直观地看，三大航空公司的运营效率与市场势力是同步提高的，给人的直觉是政府主

导下的兼并重组提高了航空公司运营效率，航空公司通过提升效率获得了较高市场势力。对于由效率提高而导致市场势力提升，我们无须指责，而且可以在竞争政策上继续支持航空公司扩大规模。但是，两者间的简单正相关关系并不足以说明效率提高是市场势力上升的原因，也并不足以说明市场势力提高所造成配置效率的损失与效率提高对社会福利的影响之间的关系，还需要进一步分析市场势力提高是不是效率上升的必然结果，进而发现市场势力提高的真正来源。

6.7.3 对市场势力与运营效率的进一步分析

"马歇尔冲突"既能够表明垄断与竞争之间的矛盾关系，也能够揭示效率与市场势力之间的逻辑联系。一般而言，运营效率的提高代表了厂商经营绩效的改善和竞争优势的增强，厂商能够通过发挥竞争优势提高市场势力；而市场势力上升代表厂商垄断力量的增强，而垄断往往造成配置效率下降。在中国航空运输业内，航空公司之间的差异主要是由资产规模导致的，而产出增长率不同直接导致航空公司间效率差异。因此，航空公司的资产规模和产出增长率直接影响航空公司的市场势力和效率状况。为了检验中国航空运输业兼并重组和系列改革的效果，分析航空公司市场势力来源，我们分别以市场势力（L）和全要素生产率（TFP）作为因变量，以资产规模（TA）和产出增长率（GR）为自变量构建计量分析模型。具体来讲，我们试图辨析市场势力的变化趋势是否由资产规模的大小决定，航空公司市场势力与运营效率和资产规模之间的关系。这也能够从另一个角度解释中国航空运输业兼并重组改革所导致的行业集中度的提高是否是影响市场势力的原因。除此之外，还要分析航空运输业全要素生产率与航空公司资产规模和产出增长率之间的关系，把握航空运输业效率的提高与兼并重组改革的关系。根据以上分析，构建以下模型解释市场势力、运营效率与资产规模和产出增长率之间的关系。

$$L_{it} = f(GR_{it},\ \ln(TA_{it}))$$

$$\frac{TFP_{it}}{TFP_{max}} = f(GR_{it},\ \ln(TA_{it}))$$

由于 L_{it} 和 $\frac{TFP_{it}}{TFP_{max}}$ 都在 0~1 之间，所以可以运用 Logsitic 模型对上面两个公式进行估计，可以得到：

$$\ln\left(\frac{Logsitic(L_{it})}{1-Logsitic(L_{it})}\right) = \beta_1 GR_{it} + \beta_2 \ln(TA_{it}) + \varepsilon_{it}$$

$$\ln\left(\frac{Logsitic(TFP_{it}/TFP_{max})}{1-Logsitic(TFP_{it}/TFP_{max})}\right) = \beta_3 GR_{it} + \beta_4 \ln(TA_{it}) + \mu_{it}$$

上式中的 β_1、β_2、β_3、β_4 为估计的参数，ε_{it}、μ_{it} 为误差项。我们采用 2003～2010 年的航空运输业的面板数据对上面两个模型进行了回归分析，具体结果如表 6-5 所示。

表 6-5　　　　　　　　　　　计量分析结果

	L_{it}		TFP_{it}/TFP_{max}	
	系数	T 值 (5%)	系数	T 值 (5%)
β_1	-0.106	-0.982		
β_2	0.781	-8.36		
β_3			0.201	3.12
β_4			0.661	5.37
Adj. R^2	0.475		0.615	
F 统计值	33.263		24.341	

注：T 值与 F 值的置信区间为 5%；全要素生产率（TFP）为使用 DEAP2.1 软件测算的年度数据。
资料来源：作者根据相关统计数据计算而得。

从表 6-5 可以看出，中国航空运输业市场势力与产出增长率之间的关系不显著，而与资产规模关系显著，说明市场势力是由于航空运输公司的资产规模大小决定的。全要素生产率与产出增长率和资产规模之间呈显著的正相关关系，说明了航空运输业资产规模和产出增长率直接影响全要素生产率。因此航空运输厂商资产集中度提高和资产规模扩大导致了航空运输业市场势力的提高和航空运输业效率的提高。或者说，市场势力与运营效率的提高是资产规模扩大和资产集中度提高的结果。市场势力的大小与产出增长率之间关系不显著，说明在中国航空运输业效率的提高与市场势力提高之间没有必然联系，市场势力的上升并不是效率差异所导致的。中国航空运输业兼并重组改革促进了中国航空运输业资产规模的扩大、运营效率的提高和竞争力的增强，但与此同时也造成了市场势力的增强，而市场势力的增强影响了航空运输业配置效率的改善。

6.7.4　政策含义

2002 年中国航空运输业的兼并重组和系列改革扩大了航空公司规模，在一定程度上提高了航空运输业的运营效率，增强了中国民航运输业的国际竞争力。兼并重组后的中国航空业的市场势力显著提升，但市场势力的提升是资产规模上升的结果，而不是运营效率上升所导致的。因此，我们应该以谨慎的态度对待航空运输业的市场势力变化，在制定相关竞争政策时需要权衡运营效率提高和配置效率降低对社会福利可能产生的影响。

（1）航空运输业改革需要综合分析市场势力的动态变化，合理确定航空运输业兼并重组的范围和主体。目前中国的反垄断法中只用市场集中度这一个指标来衡量厂商市场势力大小，并没有详细界定市场势力来源和滥用市场势力的具体行为，也没有明确提出市场势力的测定方法以及市场势力可能对社会福利水平的作用机理。因此，在考虑垄断行业和寡头垄断行业内的兼并重组对行业发展的影响时，注重的是扩大规模、提高市场份额和增强竞争力，没有分析和判定对于配置效率和对社会福利的影响。在判定航空运输业市场势力和对行业发展的影响时，需要结合航空运输业的规模经济、规制政策、产权结构以及价格成本进行综合分析，不能为了规模效益和运营效率的提高，而忽视市场势力对厂商行为和社会福利的影响。在评估航空运输业市场势力对于配置效率和社会福利的影响时，需要考虑市场势力和规制政策对中国航空运输业价格成本的影响，并在此基础上界定兼并重组的范围和主体。

（2）航空运输业改革需要在发挥航空运输业规模效益的同时，将提高运营效率要与放松规制和反垄断结合起来。传统的产业组织理论认为航空运输业属于自然垄断产业，垄断的市场结构更有利于提高规模效率和运营效率。但是，随着技术进步、经济发展和对自然垄断产业的认识不断加深，航空运输业的"自然垄断性"逐步降低，放松规制已成为当今世界航空运输业改革的总体趋势。英、美等国自然垄断规制改革的实证研究也证明，引入竞争、实行民营化改革能够提升自然垄断产业的运营效率。中国航空业的重组与改革需要在发挥规模效益、提高运营效率的基础上，正确处理垄断与规模、规制与竞争之间的关系，采用放松规制、引入竞争的方式推动改革、改组和改造，最终形成有序竞争的市场结构。

（3）降低进入退出壁垒，支持中小航空公司之间的兼并重组，构建公平竞争的市场环境。从上面的测算结果可以看出，航空运输行业整体效率低于五家规模较大的上市航空公司。这说明中国航空运输业中还存在很多运营效率不佳的中小航空公司，行业绩效还有很大的提升空间。为了发挥航空运输业规模经济效益，政府应该尽量避免使用行政手段进行直接干预，鼓励中小型航空公司按照市场规则进行兼并重组，在优势互补的基础上扩大规模，提高运营效率。在三大航空公司继续并购小型航空公司的评估审查中，需要进一步权衡并购造成的配置效率损失以及运营效率提高之间的关系，不能因为一味地扩大三大航空公司的规模而影响行业的公平竞争，进而降低整个行业的运营效率。

6.8 小　　结

为了评估和分析市场行为的竞争效应，首先需要分析行为发生前后市场势力的变化。市场势力是指厂商将价格提升到高于其边际成本的能力，是一种控制价格或者排除竞争的力量。市场势力往往减少社会福利，或者说，当价格高于边际成本时，生产者剩余趋于增加，但不足以抵消定价太高所导致的消费者剩余减少，产生社会福利净损失。市场支配地位是一个与市场势力紧密相关的概念，是指在相关市场上某个企业或某些企业拥有一定程度的市场势力，并可以凭借这种力量支配或控制市场价格，进而影响市场竞争的一种状态。拥有市场支配地位的企业可能利用这种经济力量或支配地位来妨碍它的竞争者、客户以及最终消费者在相关市场上进行实质竞争。在判定某一厂商是否具有市场支配地位时，需要考虑三大因素，即相关市场范围、市场份额与市场的进入壁垒。

市场势力的测度需要关注两个相互关联的问题，一是测度所采用的模型，二是测度所采用的方法。我们将测度市场势力的模型分为三大类，即结构主义模型、新经验产业组织理论模型和时间序列模型。大部分测度市场势力的方法都是以勒纳指数为基础，结合价格弹性等方法发展起来的。总体而言，测度市场势力的方法分为两大类：一类是间接测度方法，包括直接采用结构类指标进行测度和使用价格成本差额进行测度。测度市场势力的结构类指标，包括市场份额、市场集中度、赫芬达尔指数、熵指数等。一旦相关市场被界定以后，计算这些评估市场势力的结构类指标能够描绘出该市场上各厂商相对竞争地位的初步景象。由于垄断情况下福利损失的根源是垄断者对产出的限制导致价格高于边际成本，这使我们可以通过计算价格高于边际成本的程度，即价格—成本差额来测量垄断者的市场势力的程度。另一类是直接测度方法，较为常用的市场势力直接评估方法是基于估计剩余需求弹性的方法和 Logit 需求模型。一般而言，某厂商 i 的剩余需求弹性的估计值越小，就意味着价格上涨时很大比例的消费者会继续从厂商 i 那里购买，而不是转向其他厂商或停止购买，这就说明厂商的市场势力越大。反之，剩余需求弹性的估计值越大，就意味着厂商的市场势力越小。另外，产业经济学家也常用托宾 q 值和潘扎—罗西统计量来衡量市场势力。随着经济学理论的发展、计量经济模型与工具的演化和分析技术的进步，测度市场势力的模型和方法将会不断完善。

第7章 反垄断评估审查中的需求系统估计

> 要确定反垄断法应当采用什么样的经济学,必须考虑到在反垄断法中,经济学的一项重要作用是修辞性的:我们用它来讲述连贯而相关的故事,表达我们对面前世界的意义的理解。要想让故事有用,就必须让制定政策的人能够理解。当然,政策制定的人们也有义务学一学他们这一行当的工具,但经济学家也应当使自己的理论能够让广大受众听得懂……因此,对反垄断来说,最好的经济学一般是经济学著作中那些没有争议的、公认的理论。更复杂的理论当然对政策有意义,而且将来也可以成为经济学上的正统。但在这一天之前,最好还是将其留给学术界,学者们常常是为明天写作的,而不是为当下写的。
>
> ——赫伯特·霍温坎普:《联邦反托拉斯政策:竞争法律及其实践》,法律出版社2009年版,第3页。
>
> 经济学家总是在做模型,但是,将现代方法区分开来的,是它的严密性和几乎专门集中于通过正式的数学模型,而不是通过例如启发式的模型来处理问题。阿尔弗雷德·马歇尔提倡烧掉作为模型基础的数学,用文字表达观点,而现代经济学则似乎经常采取下列做法,即如果一种观点不能被转换成一种数学模型,那么就必须放弃它。
>
> ——哈里·兰德雷斯和大卫·柯南德尔:《经济思想史》(第四版),人民邮电出版社2014年版,第388页。

7.1 引　言

一般而言,反垄断政策较为关注价格竞争,对产品自身和交叉需求弹性的估计十分重要,估计需求弹性就需要首先估计需求系统。无论是在分析滥用市场支配地位行为,还是在对横向并购单边效应进行模拟分析,最关键、最困难同时也是争议最大的是对需求系统进行估计。首先，采用的需求模型越复杂，对垄断行为的反竞争效应预测就越准确（当然这需要一系列的假设前提，例如企业竞争策略不变等），但同时也意味着对数据的要求更高，耗时也将更多。其次，即使对于同一案例，采取不同的需求系统估计方法和估计模型，得出的反竞争效应也会有很大差异。最后，模拟技术还受限于"模型不确定性"（Model Uncertainty）问题。在模拟分析过程中，如果能够采用多种需求函数进行估算，然后对估算结果加以比较，再根据行业特点和结果解释力对估计模型进行选择，将是比较稳健可行的做法（Leamer，1983）。从欧美国家反垄断控制的司法实践可以看出，模拟分析技术要想在反垄断领域有更深层次的发展和进步，必须克服需求系统估计的难题。

奥布莱恩和谢夫曼（O'Brien and Scheffman，2002）对模拟分析技术中常见的计量分析问题进行了汇总和分析，认为在理论上的确存在某种需求函数来拟合现实中相应的销售和价格数据，进行需求系统估计最关键的一步就是使所选择的需求函数能够接近"真实"的函数形式，但像所有其他领域的实证分析一样，研究者不得不面对和解决诸如解释变量内生性等问题。韦登和弗罗布（Werden and Froeb，2002）指出，一方面，任何寡头模型都不能准确捕捉市场竞争过程所涉及的所有因素；但另一方面，寡头垄断模型虽然简化了现实，却能基于观察数据对需求系统进行校准并作出有价值的预测。需求系统建模的艺术就在于既能简化现实，又能捕捉到关键因素，模拟分析技术尤其适合于对差异产品市场上横向并购的单边效应进行评估分析。本章将通过对已有文献进行梳理和回顾，整理和归纳出反垄断经济分析中需求系统估计的模型与方法，并分别对各种方法的优缺点以及相关实证研究进行简要评述；然后，将介绍需求系统的估计方法和常用模型；首先介绍单一同质产品的需求系统估计，然后重点介绍差异化产品的需求系统估计①。

7.2 单一同质产品的需求系统估计

在需求系统估计的所有模型中，最简单的情形就是对单一同质性产品进行需求系统估计，因为这里只有一个市场需求方程需要估计。通过考察具体厂商所面临的实际需求，市场同质性的性质较为容易研究，因为只需要观察到要么厂商之间的价格不存在差异，要么厂商之间的价格略微不同就会导致厂商销量

---

① 刘晓燕和刘滔为本章提供了文献资料和部分初稿。

的巨大不同。下面，我们假设所研究的市场是一个由同质性产品组成的市场，市场需求函数为流行的对数线性需求函数，需求函数的初始形式为：

$$Q_t = D(P_t) = e^{a+\xi_t} P_t^{-b}$$

上式中，P 为市场价格；ξ 表示不能被模型解释的需求的成分，它是需求系统估计的一个组成部分，对于调查者而言是未知的，对于计量经济学家而言是随机的。在计量经济学方法中对 ξ 的性质做了假设，以便可以估计模型的参数 (a, b)。在同质产品市场中，市场需求函数将取决于产品的价格，而不会依赖于任何其他的潜在的替代产品的价格。对上述初始形式的需求函数取自然对数，则会产生下面的需求模型，它对于所要估计的参数 (a, b) 而言是线性的：

$$\ln Q_t = a - b \ln P_t + \xi_t$$

在市场需求系统估计中，反垄断执法机构最为关注的是需求自身价格弹性的大小。为了估计它，首先需要估计市场需求函数，从市场需求函数的参数中可以得到弹性值：

$$\varepsilon^{需求的价格弹性} = \frac{\partial \ln Q_t}{\partial \ln P_t} = -b$$

从原理上讲，为了估计同质性产品市场上的这种简单的需求模型，只需要有市场价格和销售量数据，以及处理可能存在的价格变量的内生性问题的潜在工具变量的数据[①]。

7.3 线性和对数线性需求系统估计方法

现实商业生活中，大部分市场不是由单一的同质性产品组成的，而是由差异化产品组成的，这些产品对于消费者而言是相互竞争的。消费者在不同的产品间进行选择，消费者对这些产品有着不同的偏好，并且它们通常有着不同的价格，于是差异化产品的需求系统被当作一个由单个产品的需求方程组成的系统来估计，其中产品的需求不仅取决于它自身的价格，还取决于市场中其他产品的价格。线性支出系统（Linear Expenditure System, LES）是由英国经济学家斯通（Stone, 1954）根据柯布道格拉斯函数提出。该模型将需求看作是消费支出和价格的函数，假设具有不变的自身价格弹性和交叉价格弹性。线性和

---

① 工具变量的具体估计方法参见戴维斯和迦瑟斯：《竞争与反垄断中的数量技术》，吴汉洪等译，中国人民大学出版社 2013 年版，第 364~372 页。

对数线性需求函数是最简单的需求函数表达式,其表达式分别为:

$$q_i = a_i + \sum_j b_{ij}p_j + \sum_k \gamma_{ik}z_k$$

$$\log q_i = a_i + \sum_j b_{ij}\log p_j + \sum_k \gamma_{ik}z_k$$

上式中,z_k 为需求变动的向量,q 和 p 分别为需求量和价格。

由于商品的购买数量还受到消费者收入的影响,如果将消费者收入纳入需求系统,对数线性需求系统也可以表示为以下方程组的形式:

$$\ln Q_{1t} = a_1 - b_{11}\ln P_{1t} + b_{12}\ln P_{2t} + \cdots + b_{1j}\ln P_{jt} + \gamma_1 \ln y_t + \xi_{1t}$$
$$\ln Q_{2t} = a_2 - b_{21}\ln P_{1t} + b_{22}\ln P_{2t} + \cdots + b_{2j}\ln P_{jt} + \gamma_2 \ln y_t + \xi_{2t}$$
$$\vdots$$
$$\ln Q_{jt} = a_j - b_{j1}\ln P_{1t} + b_{j2}\ln P_{2t} + \cdots + b_{jj}\ln P_{jt} + \gamma_j \ln y_t + \xi_{jt}$$

在上述对数线性需求模型中,实数 b_{jj} 给出了需求的自身价格弹性的估计值,参数 $b_{jk}(j \neq k)$ 给出了交叉价格弹性的估计。

线性需求模型最大的优势是能够方便地预测反竞争行为发生后价格的变化(Werden,1996),同时其缺陷也是非常明显的。第一,对于该模型最大的质疑是其不变弹性的假设,因为在现实中产品价格的变化通常会导致弹性的变化。第二,线性需求函数不能保证其估计的参数能够得出具有经济学意义的解。例如,如果不同品牌的产品具有替代性,则它们之间的交叉价格弹性应该为正,但是该模型在实际应用中却常常会得出负的交叉价格弹性,这就影响了该模型在实证研究中的有效性。第三个问题由克鲁克等(Crooke et al.,1999)提出,他们的研究显示采用线性需求函数的并购模拟有时甚至会得出负均衡解。

对数线性需求系统是在线性需求系统基础上演变而来的,通过价格和需求变动向量的自然对数对需求量的自然对数进行回归。该模型的最大优势是计算简便,其缺陷主要是:第一,常数弹性需求系统不能满足需求理论对需求函数加总性等的限制性规定(Deaton and Muellbauer,1980);第二,很多研究者倾向于假设需求弹性会随着价格和需求量的变化而变化[1],如果真实的需求系统不是恒定弹性,则该模型计算的模拟结果将夸大并购的单边效应(Crooke et al,1999);第三,与线性需求系统相似,对数线性系统不能保证估计的参数得出具有经济学解释的解,在有些情况下,对数线性需求系统甚至不能求出并购后的均衡解。因此,随着需求系统估计方法的发展和完善,线性和对数线性模型的应用逐渐减少。中国并购模拟分析仍处于起步阶段,需求系统估计方法

---

[1] 例如,在线性、Logit 和 AIDS 需求系统中,当需求曲线向上移动时需求也将变得更加富有弹性。

和技术的应用相对滞后。黄坤、张昕竹（2010）利用中国软饮料工业 4 位码行业的销售和进出口数据，使用一般线性和对数线性两种需求函数对汇源与可口可乐的并购进行了模拟分析，认为两者的合并在果汁市场将产生明显的单边效应。

7.4 需求系统估计的 AIDS 和 PCAIDS 模型

由于线性和对数线性需求系统的种种缺陷，经济学家转向使用其他需求模型来进行并购模拟分析，AIDS 就是备受青睐且最为流行的需求模型之一。AIDS（Almost Ideal Demand System）需求模型由迪顿和缪尔鲍尔（Deaton and Muellbauer, 1980）首先提出来，并被豪斯曼（Hausman, 1994）广泛倡导，引入并购模拟分析中。该模型将消费表示为效用和价格的函数，讨论在既定的价格体系和效用水平下，消费者如何以最少的支出达到给定的效用水平。该模型可以用函数表示为：

$$w_i = \alpha_i + \sum_j \gamma_{ij} \ln P_j + \beta_i \ln(X/P)$$

其中，w_i 表示商品 i 的支出份额。P_j 为商品 j 的价格。X 为商品消费总支出。P 为符合特定定义的价格指数，迪顿和缪尔鲍尔（1980）定义 $\ln P = \alpha_0 + \sum_k \alpha_k \ln P_k + \frac{1}{2} \sum_j \sum_k \gamma_{kj} \ln P_k \ln P_j$；其中 α_i，γ_{ij}，β_i 是待估计参数。模型满足以下约束条件：$\sum_i \alpha_i = 1$，$\sum_i \gamma_{ij} = 0$，$\sum_i \beta_i = 0$（加和性）；$\sum_j \gamma_{ij} = 0$（齐次性）；$\gamma_{ij} = \gamma_{ji}$（对称性）。另外，指数 P 通常是不可观测的，因此在应用中人们用得较多的是斯通指数 P^*，其中 $\ln P^* = \sum w_k \ln P_k$，进而 AIDS 模型可以改为如下形式：

$$w_i = \alpha_i + \sum_{j=1}^n \gamma_{ij} \ln P_j + \beta_i \ln(X/P^*)$$

以上模型也被称为近似线性的 AIDS 模型（Linear Approximate AIDs）或 LA/AIDS 模型。它使用了非常灵活的函数形式，无须施加额外的限制即可以根据数据灵活地表示出产品的价格需求弹性和交叉价格需求弹性，若能在短时间内获得多年的产品价格和可支配收入等数据，该模型将非常适合用于并购模拟分析。但 AIDS 模型也存在以下缺陷：首先，数据尤其是扫描数据的获取也是制约该模型应用的瓶颈；其次，如果需求方程包括所有相关的差异化产品，参数的估计将是一个计算负担,即所谓的维数灾难(Pofahl,2006)[①];再次,在 AIDS 模型中,每种产品的支出份额由各产品价格的对数和总支出的对数(需要由相应的价格指数校准)进行回归求得,这不仅需要估计大量的参数,而且可能出现与线性支出系统类似的交叉价格弹性符号问题,并且没有合理的经济学解释。此外,克鲁克等(1999)的模拟结果显示[②]:尽管 AIDS 模型允许弹性随着均衡价格和需求进行调整,但依然对弹性的调整进行了限制,因此,该模型进行的并购模拟与恒定弹性假设下的模拟结果差别并不大。豪斯曼、伦纳德和佐纳(Hausman,Leonard and Zona,1994)采用 AIDS 模型对北美啤酒行业进行了并购模拟[③],豪斯曼和伦纳德(Hausman and Leonard,1997)对生活用纸行业的并购模拟也采用了类似的方法。

爱泼斯坦和鲁宾菲尔德(Epstein and Rubinfeld,2001,2004)在 AIDS 模型的基础上提出了 PCAIDS(Proportionality Calibrated Almost Ideal Demand System)模型。顾名思义,通过对模型施加强的比例结构假设,使待估计的参数大大减少,同时保证了弹性正确的量级与代数符号,使其具有经济学意义。这也为后续兼并模拟提供了一个成本低且快速可靠的分析框架。该模型的表达式为:

$$s_i = a_i + \sum_i b_{ij} \ln p_j$$

同时,为了集中对价格效应即单边效应的分析,模型进一步进行全微分形式的处理,避免了对于截距项 a_i 的争论。用全微分形式表示为:

$$ds_i = \sum_j b_{ij} \frac{dp_j}{p_j}$$

PCAIDS 模型的关键在于对比例结构假设系数 b_{ij} 的讨论,在比例结构假设前提下,所有系数 b_{ij} 均可由一个系数表示为:

$$b_{ij} = \frac{-s_i s_j}{s_1(1-s_1)} b_{11}$$

通过必要的推导和合理的假设,爱泼斯坦和鲁宾菲尔德(Epstein and Rubinfeld,2001)给出了 PCAIDS 模型中系数 b_{ij} 与弹性之间的关系。第 i 种产品

[①] 当需考察的产品的数量增加时,待估计参数的数量就会呈几何倍数增加,有 n 个品牌的市场,将会生出 n^2 个变量,n 个自身价格弹性和 $n(n-1)$ 个交叉价格弹性,尤其在 AIDS 模型中,他们将由 n^2 个 b_{ij} 衍生出来。常用的维数问题解决的方案是距离度量的需求估计方法(DM)和离散选择模型(DC)。

[②] 克鲁克等(1999)对 HHI≤500 和 500<HHI<1500 的情况运用蒙特卡罗法分别进行了 1446 次和 1375 次并购模拟。

[③] 更具体地说,豪斯曼、伦纳德和佐纳(1994)在多层次需求模型的第三层次运用了 AIDS 模型来估计啤酒的需求函数,即不同品牌啤酒的需求函数。

的自身价格弹性和交叉价格弹性可以分别表示为：

$$\varepsilon_{ii} = -1 + \frac{b_{ii}}{s_i} + s_i(\varepsilon+1) \ ; \ \varepsilon_{ij} = \frac{b_{ij}}{s_j} + s_j(\varepsilon+1)$$

该模型的最大优点是其易用性，估计该模型仅需要相关产品的市场份额数据，以及某一种产品的自身价格弹性数据和整个产业的总弹性。因此，在缺乏大量的既往价格和市场份额数据的情况下，PCAID 模型是更加简单和实际的选择。同时当合并企业销售的不是非常相近的替代品时，其按比例这一假设存在与 IIA 假设类似的问题。

嵌套的 PCAIDS 模型把彼此替代性更强的产品归于一个共同的嵌套，用 ω_{ki} 来表示嵌套系数，即某嵌套内产品 k 价格变化引起另一嵌套内产品 i 市场份额变化偏离比例假设的倍数，这里产品 k 和 i 也有可能在同一嵌套之中。于是，嵌套 PCAIDS 模型中的系数 b_{jj} 表示如下：

$$b_{jj} = \frac{s_j \sum_{m \neq j} s_m \omega_{jm}}{s_1 \sum_{m \neq 1} s_m \omega_{1m}} b \ ; \ b_{ij} = -\frac{s_i s_j \omega_{ij}}{s_1 \sum_{m \neq 1} s_m \omega_{ml}} b_{11}$$

我们可以发现，嵌套的 PCAIDS 模型虽然解决了嵌套间按比例分布的问题，但每个嵌套内仍然存在该问题。爱泼斯坦和鲁宾菲尔德（2004）不仅对 PCAIDS 模型进行了介绍，而且专门针对计量分析工具做了更详尽的说明。其中计量分析分为两大部分：首先，利用 Stata 软件及获得的面板或扫描数据对需求系统进行估计；其次，开发了基于 Excel 的并购模拟程序 DG – COMP MSP，其操作界面极具亲和力，只需要在相应的位置输入相应数据即可即时获得并购模拟估计的单边效应结果，可以解决反垄断机构在运用并购模拟技术时所面临的技术和时间限制两大难题。爱泼斯坦和鲁宾菲尔德（2004）不仅利用该程序对啤酒和卫生纸行业进行了并购模拟，而且比较了同一案例采用 AIDS、Logit、PCAIDS、嵌套的 PCAIDS 需求系统时并购模拟结果的变化情况[①]。

[①] 类似研究还有：罗伯特和林达（Robert and Linda, 2008）利用 PCAIDS 模型模拟了 2000 年铁矿石巨头 Rio Tinto 与 North Ltd 以及 2001 年 CVRD 与 Caemi 并购的单边效应。并购模拟结果显示，力拓与 North Ltd 的并购不会引起铁矿石市场价格的显著提高，幅度约为 2.5%。而 CVRD 与 Caemi 的并购将导致铁矿石市场价格上升 4.5%，该模拟结果支持了委员会关于对后者进行限制性批准的决定。克拉玛（Coloma, 2004）、道克尔和卡（Dalkir and Kalkan, 2003）、皮特（Peter, 2010）等也围绕 PCAIDS 模型对化肥、手机等行业做了相关并购模拟分析。

7.5 PCAIDS 模型的拓展

7.5.1 PCAIDS 模型及其"三大假设"

为了分析的便利和不失一般性，我们假定：(1) 相关市场中有 n 个企业，每个企业生产 n_i 种产品，市场中共有 N 个品牌的产品，进行伯特兰德竞争；(2) 企业不存在产能不足的限制；(3) 并购之后不会引起市场进入；(4) 企业以利润最大化为定价策略。

品牌 j 的市场份额为 S_j ($\sum_i^N S_i = 1$)，平均产量为 q_j，平均价格为 p_j，自身价格弹性和交叉价格弹性分别为 η_{jj} 和 η_{ij}，成本为 c_j，边际利润为 $u_j = \frac{p_j - c_j}{p_j}$。则一阶条件可以表示为：

$$S + FE^T(\text{diag}(S)u) = 0 \qquad (7-1)$$

其中，S 是市场份额组成的列向量，diag(S) 是以市场份额为主对角线上的元素的矩阵，u 是边际利润组成的列向量，E^T 是所有产品弹性数据组成的矩阵，F 是反映企业生产结构的 0~1 矩阵。

企业生产结构矩阵可以从销售数据直接得到，并购之后的边际利润可以表示为：

$$u_j^1 = 1 - \frac{c_j^1}{p_j^1} = 1 - \frac{(1-u_j^0)(1+\gamma_j)}{1+\delta_j} \qquad (7-2)$$

其中，γ_j 表示边际成本变化率（一般假设并购前后边际成本不变，故常常 $\gamma_j = 0$），δ_j 表示价格变化率，是反应单边效应的重要指标。并购之后的市场份额为：

$$S_j^1 = S_j^0 + dS_j \qquad (7-3)$$

应用 AIDS 模型来分析产品的需求，需要把市场份额 S_i 写成各种产品价格 P_i 和其他影响需求的变量 Y (demand-shifting variables) 的函数。如下：

$$S_1 = a_{10} + a_{11}\ln(p_1) + a_{12}\ln(p_2) + \cdots + a_{1N}\ln(p_N) + a_{1Y}Y$$
$$S_2 = a_{20} + a_{21}\ln(p_1) + a_{22}\ln(p_2) + \cdots + a_{2N}\ln(p_N) + a_{2Y}Y$$
$$\cdots \qquad \cdots \qquad \cdots \qquad \cdots$$
$$S_N = a_{N0} + a_{N1}\ln(p_1) + a_{N2}\ln(p_2) + \cdots + a_{NN}\ln(p_N) + a_{NY}Y \qquad (7-4)$$

经过全微分变换，可以得到：

$$dS_1 = a_{11}\frac{dp_1}{p_1} + a_{12}\frac{dp_2}{p_2} + \cdots + a_{1N}\frac{dp_N}{p_N} + a_{1Y}dY$$

$$dS_2 = a_{21}\frac{dp_1}{p_1} + a_{22}\frac{dp_2}{p_2} + \cdots + a_{2N}\frac{dp_N}{p_N} + a_{2Y}dY$$

$$\cdots \quad \cdots \quad \cdots \quad \cdots$$

$$dS_N = a_{N1}\frac{dp_1}{p_1} + a_{N2}\frac{dp_2}{p_2} + \cdots + a_{NN}\frac{dp_N}{p_N} + a_{NY}dY \qquad (7-5)$$

一般在并购前后我们都假设其他影响市场需求的变量 Y 是不变的,故 $dY = 0$。从而 $dS = A\frac{dp}{p}$(矩阵形式),A 为系数矩阵。则方程(7-3)可以改写为:

$$S_j^1 = S_j^0 + \sum_j a_{ij}\delta_j \qquad (7-6)$$

在 AIDS 模型中,需求的自身价格弹性为:

$$\eta_{ii} = -1 + \frac{a_{ii}}{S_i} + S_i(\eta + 1) \qquad (7-7)$$

交叉价格弹性为: $\eta_{ij} = \frac{a_{ij}}{S_i} + S_j(\eta + 1)$ $\qquad (7-8)$

上式中,η 为行业弹性。PCAIDS 模型不仅保持了 AIDS 模型的上述性质,而且通过三个假设条件减少了对数据量的需求。下面我们加入 PCAIDS 模型的"三大假设"。

(1)比例性,即某一产品的价格上升所引起的销量减少会按照市场份额的比例分配到其他企业中去。爱泼斯坦和鲁宾菲尔德(2001)认为,这一假设是实际的并且在数据量有限的时候也是合理的。通过这一特性,可以得到:

$$a_{ij} = -\frac{S_i}{1-S_j}a_{jj} \qquad (7-9)$$

(2)加总特性,即:$a_{ii} = -\sum_{j \neq i} a_{ij}$

(3)对称性,这一假设意味着 $a_{ij} = a_{ji}$

自此,我们引入了 PCAIDS 模型的三个假设,通过联立(7-8)式和(7-9)式,可以得到:

$$a_{jj} = \frac{S_j(1-S_j)}{S_i(1-S_i)}a_{ii} \qquad (7-10)$$

PCAIDS 只需要行业弹性 η、行业中某一产品的弹性 η_{ii} 估算出 a_{ii},进而可以算出所有的 PCAIDS 系数 a_{ij},然后结合方程(7-9)、方程(7-10)就可以算出该行业所有的产品自身价格弹性和交叉价格弹性,即可以求得 E^T。对并购之后，再次利用企业利润最大化的一阶条件，将以上推导的各变量代入，可求得 δ_j，即衡量单边效应的指标。

7.5.2 加总特性与"零次齐次性"假设对比分析

PCAIDS 模型中较为重要的一个假设是加总特性，可用数学公式表示为 $\sum_{j=i}^{N} a_{ij} = 0$，这个假设意味着只有在其他影响市场需求的变量 Y 保持不变的情形下，当相关市场上所有品牌的产品价格改变相同的比例的时候，各种品牌产品的市场份额不变。在所有产品的价格都改变相同的比例的情况下，市场份额保持不变，也就是各种产品的需求量是保持不变的[①]。然而，这个假设建立的前提是其他影响市场需求的变量 Y 保持不变。影响消费者需求的因素主要有消费者偏好、收入水平、价格以及消费环境等因素。其中消费者偏好和消费环境在一段时期内是相对稳定的，可以认为保持不变，但是收入水平可能会有比较大的变动。这使得 PCAIDS 模型在消费者需求受收入影响比较大的产品中适用性不足。

"零次齐次性"假设相关市场上的收入和价格都变动相同比例的时候，消费者对某种产品的需求保持不变，即 $\sum_{j=i}^{N} a_{ij} + a_{iY} = 0$。根据消费者选择理论，消费者在无差异曲线和其预算约束相切的时候（不考虑边角解）达到效用最大化，这个切点对应的需求量就是消费者最终选择的均衡需求量。首先由于在一段时期内消费者偏好是稳定的，无差异曲线的形状没有发生变化。然后考虑预算约束，不失一般性，本文以两种商品来说明问题。假设消费者在两种商品 A 和 B 中进行选择，商品 A 和商品 B 的需求量分别为 Q_A 和 Q_B，价格分别为 P_A 和 P_B，M 为消费者的收入。则消费者的预算约束可以表示为 $M = Q_A \cdot P_A + Q_B \cdot P_B$，当 P_A、P_B 和 M 同时改变 t 倍（t 不为 0）的时候，预算约束没有变化，则无差异曲线和预算约束的切点没有发生变化，消费者对商品 A 和商品 B 的需求量是一致的。"零次齐次性"没有忽视收入对消费者需求的影响，较之于加总特性更加符合微观经济理论。

[①] 这里市场份额 $S_i = P_i Q_i / \sum_{k=i}^{N} P_k Q_k$，当 P 同比例提高的时候，市场份额不会发生变化必须要满足需求量不变。

7.5.3 PCAIDS 模型的进一步拓展——H – PCAIDS 模型和 SH – PCAIDS 模型

将"零次齐次性"假设引入 PCAIDS 模型[①]，从而方程组 (7 – 4) 可以改写成：

$$S_i = a_{i0} + a_{i1}\ln(P_1/Y) + a_{i2}\ln(P_2/Y) + \cdots + a_{ij}\ln(P_j/Y) + \cdots + a_{iN}\ln(P_N/Y) \tag{7-11}$$

如果我们能够获得各个产品的价格和销售量以及市场份额的数据，就可以估计出方程组 (7 – 11) 里的各个参数，该式即 H – PCAIDS 模型的基本方程。

进一步，我们把所有的系数 a_{ij} 都可以表示成 a_{11} 的函数，用矩阵形式表示，即：

$$A = \begin{bmatrix} a_{11} & a_{12} & \cdots & a_{1N} \\ a_{21} & a_{22} & \cdots & a_{2N} \\ \cdots & \cdots & \cdots & \cdots \\ a_{N1} & a_{N2} & \cdots & a_{NN} \end{bmatrix} = \begin{bmatrix} a_{11} & \dfrac{-S_2 a_{11}}{1-S_1} & \cdots & \dfrac{-S_N a_{11}}{1-S_1} \\ \dfrac{-S_2 a_{11}}{1-S_1} & \dfrac{S_2(1-S_2)a_{11}}{S_1(1-S_1)} & \cdots & \dfrac{-S_2 S_N a_{11}}{S_1(1-S_1)} \\ \cdots & \cdots & \cdots & \cdots \\ \dfrac{-S_N a_{11}}{1-S_1} & \dfrac{-S_2 S_N a_{11}}{S_1(1-S_1)} & \cdots & \dfrac{S_N(1-S_N)a_{11}}{S_1(1-S_1)} \end{bmatrix} \tag{7-12}$$

将矩阵形式表示为方程，方程组 (7 – 4) 就被改写为：

$$S_1 = a_{10} + a_{11} \frac{\ln(P_1/Y) - \sum_{k=1}^{N} S_k \ln(P_k/Y)}{1 - S_1} \tag{7-13}$$

$$S_i = a_{i0} + a_{11} \frac{\ln(P_i/Y) - \sum_{k=1}^{N} S_k \ln(P_k/Y)}{S_1(1 - S_1)} \quad \text{其中 } i = 2, 3, \cdots, N \tag{7-14}$$

可以看到，方程组 (7 – 13)、方程组 (7 – 14) 中待估计的参数变为 N + 1 个，通过 (7 – 12) 式我们可以计算出所有的系数 a_{ij}。

现在，我们在考虑另外一个问题，当我们只能获得两种品牌产品 (品牌 1 和品牌 2) 的价格和销售量以及市场份额的数据的时候，怎么估计出所需要的参数。克鲁玛 (2006) 通过定义 B 矩阵来进行处理，如下：

[①] 类似的可以参见克鲁玛 (Coloma, 2010) 在对数线性需求系统里引入了"零次齐次性"假设。

$$B = \begin{bmatrix} a_{11} & a_{13} & \cdots & a_{1N} \\ a_{31} & a_{33} & \cdots & a_{3N} \\ \cdots & \cdots & \cdots & \cdots \\ a_{N1} & a_{N3} & \cdots & a_{NN} \end{bmatrix}^{-1} = \begin{bmatrix} a_{11} & \dfrac{-S_3 a_{11}}{1-S_1} & \cdots & \dfrac{-S_N a_{11}}{1-S_1} \\ \dfrac{-S_3 a_{11}}{1-S_1} & \dfrac{S_3(1-S_3) a_{11}}{S_1(1-S_1)} & \cdots & \dfrac{-S_3 S_N a_{11}}{S_1(1-S_1)} \\ \cdots & \cdots & \cdots & \cdots \\ \dfrac{-S_N a_{11}}{1-S_1} & \dfrac{-S_3 S_N a_{11}}{S_1(1-S_1)} & \cdots & \dfrac{S_N(1-S_N) a_{11}}{S_1(1-S_1)} \end{bmatrix}^{-1}$$

$$= \begin{bmatrix} \dfrac{(S_1+S_2)(1-S_1)}{a_{11}S_2} & \dfrac{S_1(1-S_1)}{a_{11}S_2} & \cdots & \dfrac{S_1(1-S_1)}{a_{11}S_2} \\ \dfrac{S_1(1-S_1)}{a_{11}S_2} & \dfrac{S_1(S_1+S_2)(1-S_1)}{a_{11}S_2 S_3} & \cdots & \dfrac{S_1(1-S_1)}{a_{11}S_2} \\ \cdots & \cdots & \cdots & \cdots \\ \dfrac{S_1(1-S_1)}{a_{11}S_2} & \dfrac{S_1(1-S_1)}{a_{11}S_2} & \cdots & \dfrac{S_1(S_1+S_2)(1-S_1)}{a_{11}S_2 S_N} \end{bmatrix}$$

定义 $B_2 = B^{-1}(-A_2) = 1$，其中 A_2 为矩阵 A 的第 2 列除去第 2 行元素 a_{22} 组成的列向量。将上述矩阵条件代入方程组（7-11），则可以把方程组（7-11）中的第一个方程改写为：

$$\ln(P_1/Y) = b_{10} + \frac{S_1(1-S_1)}{a_{11}S_2} + \ln(P_2/Y) \tag{7-15}$$

即 $$\frac{S_1(1-S_1)}{S_2} = -a_{11}b_{10} + a_{11}\ln\left(\frac{P_1}{P_2}\right) \tag{7-16}$$

对（7-16）式进行回归，我们就可以得到参数 a_{11} 的估计值，而 a_{11} 正是求价格弹性并进一步进行单边效应分析的关键参数，该式即 SH-PCAIDS 模型的基本方程。

7.5.4　H-PCAIDS 和 SH-PCAIDS 模型的优势分析

我们通过拓展 PCAIDS 模型而得到的 H-PCAIDS 和 SH-PCAIDS 模型具有以下优势：①降低了模拟分析的难度，提高了可操作性。首先，如果我们对 PCAIDS 模型的基本方程组（7-4）进行估计，待估计的参数为 N×(N+2) 个，H-PCAIDS 模型引入"零次齐次性"假设使得待估计的参数变为 N×(N+1) 个，减少了数据的要求。并且实际上 PCAIDS 模型往往假设行业弹性和行业中某一家企业的弹性是外生的，通过这两个数据就可以估算出所有企业的自身价格弹性和交叉价格弹性，但是这种思路并没有经过计量的检验，外生的弹性数据如果有误的话，错误会代入所有的弹性计算中，对单边效应的结果产生很大的影响。而 SH-PCAIDS 模型通过严密的数学变换,也仅需要对两个参数进行估计就可以得到单边效应的大小,并且通过了实证的检验,较之于 PCAIDS 模型更为客观。②保持了 PCAIDS 模型的主要思想。H-PCAIDS 模型和 SH-PCAIDS 模型引入"零次齐次性"假设并没有改变 PCAIDS 模型的主要思想:某种品牌产品价格上涨造成的市场份额损失,会按照上涨之前相关的市场份额比例转移到其他品牌的产品中去,因为新模型继承了 PCAIDS 模型的比例性和对称性假设。这样新模型依然保持了 PCAIDS 模型的优点,即在得到 a_{11} 估计值的情况下,可以计算出其他相关市场上所有企业的自身价格弹性和交叉价格弹性。

7.6 需求系统估计的 Logit 模型

鉴于 AIDS 系统需要估算大量参数,增加了并购模拟分析的不确定性,研究者转而考虑寻找待估参数较少的需求模型。麦克法登(McFadden,1974)等提出的离散选择模型,通过将产品投射到一个特征空间上的方法来解决差异产品需求估计的问题。相比于 AIDS 模型而言,离散选择模型一是解决了维数灾难的问题,二是克服了无法对"新产品的引入"做出估计和模拟的问题。并购模拟中常用的离散选择模型有 ALM(Antitrust Logit Model)模型、嵌套 Logit 模型和随机系数 Logit 模型(BLP 模型)等。

7.6.1 ALM(Antitrust Logit Model)模型

韦登和弗罗布(1994)与韦登等(1996)对传统 Logit 模型进行参数改进后,提出在并购模拟中利用改进的 Logit 模型对需求系统进行估计,该模型也被称之为 ALM 模型。假设消费者从一系列的替代品中进行离散选择,选择的可能性取决于内部产品被选中的概率,即内部产品的份额。利用市场份额数据,简单的 Logit 模型可以表示为:

$$\log(s_j/s_0) = \beta \cdot x_j + \alpha \cdot p_j + \gamma \cdot \log(s_{jg}) + \varepsilon_j$$

上式中,s_j 为产品 j 在整个市场的市场份额;s_0 为外部产品的市场份额;x_j 为产品 j 的特征变量;p_j 为产品 j 的价格;s_{jg} 为产品 j 在其内部产品中的市场份额。以欧文和帕克尼克(Irwin and Pavcnik,2001)有关宽体客机细分市场上波音和空车的竞争分析为例,s_j 代表某一具体机型在整个市场中所占份额,例如空客 A-320 的市场份额,s_0 为所有窄体客机的市场份额,s_{jg} 为 A-320 在所有宽体客机中的市场份额,x_j 为 A-320 可观察到的产品属性,p_j 为其价格。一旦估计出 α、β 和 γ 的值,则自身价格弹性和交叉价格弹性也能求出。

Logit 模型在并购模拟领域应用的代表有韦登（1996）对美国长途电话业进行的并购模拟，韦登和弗罗布（2002b）对瑞典两个啤酒厂商进行的并购模拟分析，韦登、弗罗布和谢夫曼（Werden, Froeb and Scheffman, 2004）对 2000 年 WordCom 并购案进行的模拟分析。在并购模拟应用于司法领域第一案——Interstate Bakeries 收购 Continental Baking 案中，司法部专家韦登利用了 Logit 需求函数对洛杉矶地区和芝加哥地区的面包市场进行了并购模拟[1]，模拟结果显示 Interstate Bakeries 和 Continental Baking 的合并将导致洛杉矶地区和芝加哥地区面包价格的上升，该结论也支持了司法部的决定。但也有人指出此次并购模拟由于韦登并没有考虑并购发生后可能的市场进入，以及独立不相关假设（Independence from Irrelevant Alternative Hypothesis, IIA 假设）和 Logit 需求函数局限性的存在而略显不足。

Logit 模型的优势在于数学运算简便和与 AIDS 模型相比相对简单的数据要求，仅得到价格、市场份额和两个需求弹性即可。在数据丰富的情况下，ALM 模型可能并不是最佳选择，但在时间有限、数据有限的并购审查中，IIA 假设能够极大地简化工作量，使并购模拟能够以较低的成本运行。对 Logit 模型最主要的批评在于其隐含的 IIA 假设，IIA 假设认为每种产品的替代性是相同的，某产品价格提高导致市场份额的损失将按市场份额比例分摊到其他产品中，用数学表示为：

$$s_j(\delta) = \frac{e^{\delta_j}}{\sum_{k=0}^{N} e^{\delta_k}} = \frac{e^{\delta_j}}{e^{\delta_i}}$$

这虽然便利了模型的估计，但却不符合现实，在差别产品市场上产品之间的替代性有强有弱。因此，简单 Logit 模型得出的结果并不精确。为了解决简单 Logit 模型对交叉价格弹性高度限制性的假设，同时保留估计参数的简约性，研究者们试图寻找不仅能够克服 IIA 假设的限制，而且能够在模型中兼顾消费者偏好和可能的产品价格内生性等条件，运用主要模型有嵌套 Logit 模型、混合 Logit 模型、随机系数 Logit 模型等。

---

[1] Interstate Bakeries 和 Continental Baking 是美国前三大山形吐司面包生产商。司法部认为二者的并购将导致 Interstate Bakeries 在加州南部和中西部地区的垄断地位。最终此起并购案得到了庭外和解，并购模拟的结论虽然并未被采用，但该并购案却对并购模拟应用于反垄断实践具有标志性和指导性的意义。具体请参考：Werden, G. J. (2000). Expert Report in United States v. Interstate Bakeries Corp. and Continental Baking Co.. *International Journal of the Economics of Business*, Vol. 7 (2), pp. 139 – 148.

7.6.2 嵌套 Logit 模型

以韦登和弗罗布（1994）为代表的学者为放松 IIA 假设，将系统内的产品进行分组或嵌套，即嵌套 Logit 模型（Nested Logit Model）。其函数表达式为：

$$\ln s_j - \ln s_0 = x_j \beta - \alpha p_j + \sigma \ln s_g^j + \xi$$

其中，s_g^j 为产品 j 在其所属的小组 g 的份额，参数 α 用以度量组内的偏好关系，在简单 Logit 模型中 $\alpha = 0$。在嵌套的 Logit 模型中，自身价格弹性和交叉价格弹性为：

$$\eta_{jj} = -\alpha p_j [1/(1-\sigma) - s_j - \sigma/(1-\sigma) s_g^j]$$

$$\eta_{jk} = \begin{cases} \alpha p_k [s_k + \sigma/(1-\sigma) s_g^k] & k \neq j, k \in g \\ \alpha p_k s_k & k \neq j, k \notin g \end{cases}$$

伊瓦尔迪和维伯文（Ivaldi and Verboven，2005）利用嵌套 Logit 模型分析了 VOLVO - SCANIA 并购对于重型汽车市场的单边效应，所用数据为欧洲 16 个国家 1997~1998 年的面板数据。模拟结果显示，Volvo 与 Scania 并购后，在丹麦、芬兰、爱尔兰、挪威、瑞典的整体式车架载重车（Rigid）提价幅度分别为 11.55%、10.03%、10.87% 和 13.17%，半挂货车牵引车（Tractor）将分别提价 8.17%、7.83%、7.36% 和 8.63%[1]。若并购后价格提高 5%，并购企业的利润会在 12 个国家显著增加，幅度最大的为瑞典、挪威、爱尔兰和丹麦，分别为 2.95%、2.74%、2.12% 和 1.63%，仅四个国家利润微减，幅度分别为 -0.7%、-0.23%、-0.07% 和 -1.14%[2]。安德鲁·乔斯科（Andrew Joskow）与罗伯特·威利格（Robert Willig）作为并购企业的代表，对 2002 年卫星数字电视领域的大型公司美国 EchoStar 通信公司并购案进行了模拟分析[3]。在我国，王继平和吴曙（2010）分别利用基本的 Logit 模型、嵌套 Logit 模型以及考虑效率改进的基本 Logit 模型对我国服务器产业进行了并购模拟分析。刘丰波、吴绪亮（2012）也利用简单 Logit 模型和嵌套 Logit 模型对我国空调业横向并购进行了模拟分析。

嵌套 Logit 模型一方面延续了简单 Logit 模型计算简便、所需数据较少的优势，同时，若该模型能合理进行组内划分，则与简单 Logit 模型相比，估计出来的结果将会更加精确，更加符合现实。但是，如果不能获得准确的先验分组

---

[1] 伊瓦尔迪和维伯文（2002）分析了欧洲 16 个国家的价格提高幅度，本书选取了 5 个最受关注的国家数据。

[2] 豪斯曼（2005）对他们的分析提出了异议。

[3] 具体可参加 ABA（2005），类似的研究还有韦登和弗罗布（1994）对美国长途电话业假设并购的模拟分析、弗尔德曼（Feldman，1994）对两个管理型医疗保健计划的模拟分析。

信息,将显著影响模拟分析的最终结果,而且由于嵌套 Logit 模型组内产品依然暗含了 IIA 假设,该模型仍然不能彻底解决 IIA 假设的问题。

7.6.3 随机系数 Logit 模型(BLP 模型)

贝里、莱文森和佩克斯(Berry, Levinsohn and Pakes, 1995)提出了随机系数 Logit 模型,也称为 BLP 模型,该模型假设产品具有一系列的特征参数,然后根据设定的特征参数进行实证模型的估计[①]。其需求模型表达式为:

$$u_{ijt} = \alpha_i y_i + \delta_{jt}(p_{jt}, x_{jt}, \xi_{jt}; \theta_1) + \mu_{ijt}(p_{jt}, x_{jt}, v_i, D_i; \theta_2) + \varepsilon_{ijt}$$

其中,

$$\delta_{jt}(p_{jt}, x_{jt}, \xi_{jt}; \theta_1) = -\alpha p_{jt} + x_{jt}\beta + \xi_{jt}$$

$$\mu_{ijt}(p_{jt}, x_{jt}, v_i; \theta_2) = [-p_{jt}, x_{jt}](\prod D_i + \sum v_i)$$

上式中,下标 t 代表市场;i 代表消费者;j 为产品。解释变量 y_i 表示消费者 i 的收入;p_{jt} 和 x_{jt} 分别表示市场 t 中产品 j 的价格和可观测到的产品特征变量;ξ_{jt} 表示无法观测到的产品特征;D_i 表示可观测的消费者人口特征;v_i 表示不可观测的消费者特征,ε_{ijt} 是独立同分布的随机扰动项。

尼沃(Nevo, 2000)采用 24 个品牌的即食麦片在 45 个城市超过 20 个季度的超市扫描数据,以伯特兰德假设为基础,利用 BLP 模型估计了即食麦片市场的需求函数,并利用估计的弹性和供给函数计算的边际成本共同模拟了该行业 5 起并购的单边效应。其中两起为成功完成的并购案,一起为中途搁浅的并购案,还有两起为假设的并购案,此次并购模拟还分析了在不同的边际成本变化情况下,单边效应的大小。格纳科斯(Genakos, 2004)使用 BLP 模型对个人计算机并购市场进行了模拟分析,并在前人的基础上进行了拓展,不仅分析了并购对整个市场的影响,而且分析了对家庭、小型企业、大型企业三个细分市场的不同影响。吕振通等(2012)等运用 BLP 的需求估计方法估计了中国汽车市场的需求;然后根据这个需求估计结果对 2009 年 3 月出台的《汽车产业调整和振兴规划》中的并购蓝图进行了并购模拟分析,并且发现 BLP 模型与简单的 Logit 和嵌套的 Logit 模型相比,能够更好地刻画"产品相似程度越高替代关系越大"的事实。

BLP 模型由于回避了参数维度灾难、彻底解决了 IIA 假设、估计的价格弹性更加符合现实逻辑,因而可以更有效、更精准地对差异产品市场进行需求分析。在时间有限的反垄断案件审查中,BLP 模型的应用受到限制,但在数据和

---

① BLP 模型的具体推导及形式可参见贝里(Berry, 1994);贝里,莱文森和佩克斯(Berry, Levinson, and Pakes, 1995)。尼沃(Nevo, 2000b)也对该模型进行了详细解释和说明。

时间条件允许的情况下,其并购模拟结果将比其他模型更加可靠。

以上模型都是离散选择模型,即都假定消费者在一定时间内只购买一次,仅选择一个产品,该假设适合于某些耐用消费品的消费,但对某些产品,尤其是日常生活用品,离散选择模型无法代表实际的消费购买行为[①]。

7.7 需求系统估计的其他方法

7.7.1 多层次需求模型

多层次需求模型(Multi-Level Demand Estimation Model)由戈尔曼(Gorman, 1971)提出,由豪斯曼等(1994)和豪斯曼和伦纳德(Hausman and Leonard, 1996)引入并购模拟分析中,其建模思想是把需求系统划分为不同的层次对需求系统进行估计。以豪斯曼等(1994)对啤酒市场的分析为例。首先将啤酒市场分为三个层次,并分别估计每一层次的需求系统。第一层次需求函数为啤酒的总需求函数;第二层次描述不同类型啤酒的需求函数,例如,优质啤酒(酒精度5%左右的麦芽啤酒)、淡啤酒、进口啤酒及非优质啤酒;第三层次分析的是第二层次分类下不同品牌啤酒的需求系统,如优质啤酒中不同品牌的需求函数。豪斯曼等(1994)采用自下而上的顺序对啤酒市场的需求函数进行了估计,在第三层次运用迪顿和缪尔鲍尔提出的 AIDS 模型,而第二层和顶层的估计则是基于对数线性需求函数[②]。最后,通过综合考虑每层的需求函数来估计出每一品牌的自身价格弹性和交叉价格弹性。

豪斯曼(1997)利用尼尔森的扫描数据,也利用多层次需求模型模拟了金伯利(Kimberly-Clark)和 Scott 并购对浴室纸价格的影响。当时,金伯利在美国部分地区推出了品牌舒洁(Kleenex)面巾纸,Scott 拥有高档品牌 Cottonelle 和经济品牌 ScotTissue 两种卫生纸。并购模拟的目的就是测算出 Kimberly-Clark 与 Scott 之间的并购能给舒洁(Kleenex)面巾纸、Cottonelle 生活用纸和 ScotTissue 生活用纸的价格带来何种影响。Kimberly-Clark 委任豪斯曼和伦纳德作为经济顾问,他们采用尼尔森1992年1月至1995年5月在美国5个城

[①] 比如碳酸饮料的消费就不满足离散选择模型的假设,杜布(Dube, 2004)的研究表明,约31%的购买者会选择一次购买多个品牌的碳酸饮料,61.5%的购买者会一次购买多个碳酸饮料,显然,消费者购买唯一产品的假设在碳酸饮料行业是不成立的。

[②] 具体函数形式可参见:Hausman, J., G. Leonard and D. Zona (1994). Competitive Analysis with Differentiated Products. *Annales d'Economie et de Statistique*, 34 (1), pp. 159–180。

市的周零售扫描数据，采用多层次需求模型估计了该起并购对市场价格和竞争的影响[1]。模拟结果显示：在有效率改进的情况下，两个品牌的价格上升并不显著，在不考虑成本节约的情况下，以上三个品牌的浴室用纸提价分别为3.5%、1.4%和2.2%。如果考虑到 Kimberly-Clark 所预计的合并后边际成本将降低约2.4%，Scott 成本将节约4%的因素，价格变化将十分小甚至会降价，价格变化分别为0.4%、-0.3%和-1.8%，这一模拟结果显然与 Kimberly-Clark 的公司利益是一致的。但是，爱泼斯坦和鲁宾菲尔德在1999年对豪斯曼和伦纳德的此次并购模拟提出了质疑，因为模型计算的交叉价格弹性存在负值，这显然与所有的产品是替代品的假设是矛盾的，除此之外，交叉价格弹性的估计不精确导致模拟价格也具有极高的不确定性。

总之，该模型是一个综合性模型，在不同的消费层次使用了不同的模型，因而同时具备了各个模型的优点，但也保留了各模型的缺陷。尼沃（2000）在运用 Logit 模型模拟即食谷物市场并购的同时，还运用相同数据采用了多层次需求函数进行了并购模拟，并比较两种模型的估计结果，结果发现多层次需求模型得出的交叉价格弹性结果较不理想，有时出现负值情况，而相似替代品的交叉价格弹性正常情况下应为正值，负的交叉价格弹性在此较难解释，得出的模拟结果也较难解释，例如，Post 与 Kellogg 合并，两家厂商的即食麦片价格都将下降。尼沃认为工具变量运用的部分失败是导致这一情况的原因。多层次需求模型最底层的需求函数是通过对所有品牌价格回归求得的，而对于密切的替代品，市场价格往往会由于策略、成本及需求等因素而出现联动情况，工具变量不可能完全分离本身价格和相似替代品价格的变化。

7.7.2 距离度量模型

同样是为了解决传统需求模型维度灾难的问题，平柯西和斯莱德（Pinkse and Slade，2004）基于归一元二次间接效用函数推导出了总需求函数，即距离度量模型（Distance-Metric Demand Model），表达式为：

$$q_i = \alpha_i + \sum_j \beta_{ij} p_j - e_i y + \mu_i$$

$B = [\beta_{ij}]$ 是一个 n 阶对称半负定的矩阵，$p = (p_1, p_2, \cdots, p_n)^T$，总收入为 y。假定 α_i 和矩阵 B 的对角线元素是产品 i 特征的函数，也就是 $\alpha_i = \alpha(v_i)$，$\beta_{ii} = \beta(v_i)$。矩阵 B 的对角线元素是产品之间距离的函数，即 $\beta_{ij} = f(d_{ij})$。函数 $f(\cdot)$ 采用半参数估计，表明距离变量 d_{ij} 如何影响产品 i 和 j 之

---

[1] 具体参见：Hausman, J. A., Leonard, G. K. (1996). Economic Analysis of Differentiated Products Mergers Using Real World Data [J]. *Geo. Mason L. Rev.*。

间的竞争程度，d_{ij} 则用以度量产品 i 与产品 j 之间的接近程度。随机变量 μ_i 表示其他未观测到的变量。距离度量模型给出的产品自身价格弹性与交叉价格弹性分别为：

$$\varepsilon_{ii} = \frac{p_i \alpha(v_i)}{q_i} \quad \varepsilon_{ij} = \frac{p_j f(d_{ij})}{q_i}$$

由此可见，距离度量模型与嵌套 Logit 模型中弹性的共同之处在于弹性均取决于产品的价格和市场份额。但是两者又有不同，距离变量模型中的交叉价格弹性同时取决于产品 i 和产品 j，而嵌套 Logit 模型中的交叉价格弹性仅取决于产品 i。因此，距离度量模型较之于嵌套 Logit 模型弹性更为灵活。拉伊和贝斯勒（Lai and Bessler，2009）把距离度量模型与 LA/AIDS 结合起来，对 1995 年 3 月 2 日美国碳酸饮料业 Cadbury 与 DPSU 的合并进行了模拟，采用了距离度量模型的模拟结果与现实较为贴近，充分证明了距离度量模型在并购模拟中的应用价值。

7.8 小　　结

需求系统估计是并购模拟分析中的关键环节，也是困扰反垄断当局的难点问题。我们在对已有文献进行回顾分析的基础上，将并购模拟分析中需求系统估计的模型和方法归纳为四大类、九种方法。在各种需求系统估计模型和方法中，随机系数离散选择模型（即 BLP 模型）数据要求最多，计算也最为复杂；PCAIDS 模型数据要求最少，计算最为简便。克鲁克等（1999）利用蒙特卡洛分析法比较了分别采用 AIDS 模型、（嵌套）Logit 模型、线性需求函数和对数线性需求函数并购模拟的结果，发现采用不同的需求函数的并购模拟结果将存在很大差异，其中采用对数线性函数的模拟计算结果单边效应最大，AIDS 需求函数次之，线性需求函数计算的单边效应最小。

我国《反垄断法》于 2008 年 8 月 1 日开始实施，一方面尽管反垄断机制形成的时间较短，但已在经营者集中反垄断审查及国际化进程方面都取得了显著的进步；另一方面与美国、欧洲等国家和地区相比依然存在较大差距，特别是有关经营者集中反垄断审查的分析呈现出过于主观、缺乏定量分析、缺乏具体证据细节的特点。虽然并购模拟分析技术早在 1995 年已经被运用到美国反垄断司法领域，但是在我国依然是处于研究和探索的初级阶段，已有研究成果还显不足：一是数量不多；二是研究的深度和广度不够；三是借鉴国外较多，内部创新不足。从现有实证研究成果看，即使对于同一案例，不同的并购模拟由于数据来源和采用需求系统的不同,也会导致研究模拟结果大相径庭。要把并购模拟很好地运用到反垄断理论研究和实践中,只基于一种模型或方法而不认真考虑具体产业和产品的现实情况,很容易出现偏误,从而失去并购模拟技术的应用价值。为了保证并购模拟实证结果的科学性、客观性和权威性,不仅要整合已有的模型和方法,以便在分析具体案例时选择最合适的需求系统,更要使其相互补充、相互印证。正是基于以上考虑,对并购模拟中最关键最困难最具争议的部分——需求系统估计的主要模型及相关的实证研究进行了汇总比较和简要评述,为并购模拟技术在我国的应用和创新提供了一个基础性的前期工作。此外,有关产品销售的扫描数据在并购模拟中非常重要,但获取此类数据的难度也限制了模拟技术在我国的发展和应用,除了依靠专业的市场调研公司,有关部门若能加快相关数据库的建设和普惠度,也能从另一个层面大大推动我国反垄断领域研究的进展。

第8章 反垄断执法的判定原则与福利标准

> 反垄断确实需要一个能够迅速而方便地对损害消费者利益的行为进行识别和处罚的机制，该机制同时还不能对更多的有利于消费者的行为形成妨碍。
>
> ——加里·利巴克：《美国的反省：如何从垄断中解放市场》，东方出版社2011年版，第294页。
>
> 传统的道德哲学理论可以大致分为三派，分别是善论、正当论和适当论。激进派（"左"倾主义者）强调善，哲学家称其为结果主义者。他们认为，存在一个先验的、高于所有人私利的共同利益。功利主义者和福利主义者是这一流派中最有话语权的代表。保守派（右倾主义者）强调正当。哲学家称之为道义论，并将其视为与左派的结果主义论相对的理论。道义论者强调天赋权利的存在，而不计后果地遵守这种权利是人们的义务，其中尤以私有产权的尊重最为重要。包括我在内的辉格党人则更倾向于认可道德规范或意愿仅受习惯和风俗约束的适当论。哲学家们对于应把我们归于上述体系的哪个部分仍存有疑虑，有时甚至忘记把我们放入整个体系之中。
>
> ——肯·宾默尔：《博弈论与社会契约》（第2卷·上），上海财经大学出版社2016年版，第167页。

反垄断政策的价值追求是维护自由企业制度和交易自由、制约垄断、增强竞争、保障竞争机制、提高经济效率、增进社会福利为根本使命。反垄断的核心问题是违法判定原则的正确确立。本身违法原则（per se rule）和合理推定原则（rule of reason）是反垄断司法的两大基本原则，也是反垄断违法判定的两大基本准则。它们是在美国反垄断司法实践中形成的、作为判断垄断及垄断行为违法与否的原则，后被各国反垄断法所采用。福利标准选择直接关系到反垄断当局的政策目标和价值取向，明确竞争政策的福利标准可以提高政策透明度、增强政策的可预期性，降低反垄断的司法成本。反垄断当局选择不同的福利标准，意味着赋予不同利益集团的福利水平以不同权重。中国反垄断控制政策正处于起步阶段，通过选择合适的福利标准明确反垄断控制的政策目标和价值取向，具有重要的政策导向意义。

8.1 本身违法原则与合理推定原则

从世界范围看，经过100多年的司法实践，反垄断法的违法判定逐渐形成了两大原则，即本身违法原则和合理推定原则。了解和把握这两大基本原则的法律内涵、来龙去脉和适用条件，对于反垄断中违法判定原则的选择十分必要。

8.1.1 本身违法原则

本身违法是指当垄断企业的规模占有市场的比例超过一定数额，或行为属法律禁止的范围之内时就判定其属于违法，无须考虑它们对市场竞争的影响。在1897年"泛密苏里运价协会案"的判定中，美国司法部认为，固定价格本身必然极大地限制成员的竞争自由，根本不必进行经济分析，仅根据性质即可判定其违反《谢尔曼法》。这是第一次表达了本身违法原则的思想。在1940年"美国政府诉索科内—维科姆案"中，法院正式采用了本身违法原则这一术语。

本身违法原则在法律上具有明确性，只要相应的行为符合法定的条件即属违法，这在条文上一目了然，具有法律与商业上的可预期性。本身违法原则便于指导对具体事实行为的违法性识别，符合成文法国家法律要求：成文法国家以成文法为唯一的法源，法律要有效地实现其规范的功能，可操作性或实用性应是它的一个基本要求。本身违法性的规定正是符合了成文法的这两点要求，而在成文法国家的反垄断法中被大量地采用。本身违法原则体现了反垄断法的严厉，同时也简化了反垄断法的适用程序，使审理案件的法院或反垄断执行机构不需对案件开展很多调查，就可认定其非法，而且原告胜诉的概率很大。因此，其最大的优势就是节省反垄断制裁的诉讼成本。在各种反竞争行为中，许多行为具有非常明确的竞争损害性，这些行为几乎总是缺少社会或经济的补偿价值。因此，在涉及其中某一行为的案件中，原告只需要证明这种行为存在，即使在被告认为此行为会促进竞争时，法律也将认定其为本身违法行为而进行处罚和禁止。

在违法判定中，本身违法原则虽然简单明了，但是也有明显的缺陷：(1)范围不确定。迄今为止，各国对本身违法行为尚未规定一个确定的范围，而本身违法原则又要求当事人的商业行为和法律的规定之间存在着一种严格的对应关系。（2）本身违法的基础是法律假设，假设与事实之间的关系不一定恰当，当事人与法院对本身违法行为的理解和认定也常常意见相左。如何确定非法垄断的范围和类型等本身就具有很大的不确定性，可能导致对被告判决的不公正。（3）本身违法原则只要求对垄断行为的存在与否做出事实上的判断，不考虑当事人的市场地位以及垄断行为的经济后果，虽然可以在一定程度上降低诉讼成本，同时也给予人们的商业行为以明确的指导，但是本身违法原则也常常容易造成巨大的社会成本，很可能遏制了生气勃勃的竞争过程，否定新的商业组织方式和经营策略。反垄断法是与经济状况密切相关的、在一个经济时期属于垄断情形，而在另一个经济时期可能就不属于垄断情形。因此，基于法律假设的本身违法性的规定在一个经济时期可能与现实相符，但随着时间推移、经济的发展、变化，它的合理性就会有问题。正是由于这个原因和维持成文法的体系性，成文法国家通过频繁地修订反垄断法来实现法律合理性和确定性的结合。反垄断法是市场经济制度中的基本法，与其他基本法相比，它的修改频率是最高的。

8.1.2 合理推定原则

反垄断法的合理推定原则，也简称为合理原则，是指市场上某些被指控为反竞争的垄断行为不被直接认定为非法，而需要通过对企业或经营者在商业领域的行为及其相关背景进行合理性分析，以是否在实质上损害有效竞争、损害整体经济、损害社会公共利益为违法标准的一项法律原则。在1897年的"泛密苏里运价协会案"中，怀特（White）法官就提出了合理推定原则的思想，但未能得到最高法院的采纳，直到1911年的"美国标准石油公司案"中，合理推定原则才成为违法判定准则；在1918年"芝加哥贸易协会诉美国政府案"中，法院进一步明确了合理推定原则的内容。依照合理推定原则，只有"不合理"的限制竞争行为才属于《谢尔曼法》第一条禁止的范围，市场上某些反竞争行为并不一定必然被视为非法，而需要根据具体情况来确定。尽管该行为形式上限制了竞争，但同时又具有推动竞争的作用或其他有利于社会整体利益的实现，如有利于采用新技术降低产品成本，更好地满足消费者的需要，该行为就被视为合法。也就是说，合理推定原则只有全面衡量垄断或垄断行为对市场的影响之后，才能确定它们是否违法。

合理推定原则究其实质是一种以经济利益比较为核心的原则，通过合理推定原则来判断垄断带来的负经济效应或正经济效应的大小，以便决定是否适用反垄断制裁，这使得合理推定原则具有很强的适应性和灵活性。在反垄断法中，垄断情形是与经济状况密切相关、视具体的经济背景而决定的，垄断只是一个经济概念，并未成为一个明确的法律概念，因此，大量与垄断有关的问题，如垄断、滥用市场优势地位、卡特尔、兼并等问题都只能依其经济效果，即是否阻碍竞争为违法与否的标准，而难以根据行为本身来进行直接判断。在成熟的市场经济国家，合理推定原则逐渐成为反垄断法中基础性的违法确认原则，这是因为：(1) 合理推定原则反对严格的成文法字面解释，主张并非所有的成文法规定的垄断都是违法的。(2) 合理推定原则并不以市场结构为主旨，坚持市场支配地位本身并不违法的原则。从总的竞争政策层面来讲，合理推定原则是结构主义和行为主义的融合，反垄断并不反对规模经济。合理推定原则将那些虽然限制竞争、但有助于促进社会发展和技术进步的市场交易、协议联合或企业兼并等行为排除于法律的适用之外。(3) 合理推定原则承认市场失灵和市场存在交易成本等市场缺陷，同时坚持一切行为的具体分析以市场竞争规则为基本规则，以现实的市场中的不完全竞争状态为基本的分析参数，不以传统的完全自由竞争模式为标准来判断行为的违法性，同时保障公平和效益两个法律价值。

同样，合理推定原则也具有一些不足之处：(1) 增加了不确定性。合理推定原则的使用使商业企业面对的不确定性增加，企业自身难以确定哪个协议或行为是非法的，除非有相应机构的判决或解释。某项行为合理与否具有动态性，即今日的合理并不等于明日的合理，反之亦然。(2) 高额的费用。依据合理推定原则进行的彻底调查，相关诉讼费用非常高，这使得合理推定原则在反垄断法中难以成为违法确认的唯一原则。(3) 冗长的诉讼期间。有些反垄断案件从起诉到结案长达十几年，马拉松式的诉讼过程使得诉讼各方消耗大量人力、物力。(4) 复杂的判定过程。合理推定原则的使用对法院组成人员的素质要求很高，需要具备法学和经济学的相关素养。

8.1.3 本身违法原则与合理推定原则的比较

本身违法原则和合理推定原则都是在反垄断司法实践中逐渐形成的违法判定原则，二者之间存在着明显区别，需要在反垄断的司法实践中斟酌使用。

(1) 判定标准和程序的差异。本身违法原则反映的是一个事实定位的问题，违法行为的存在与否是法院或竞争管理机构做出裁决的基础，判定程序相对简单。合理推定原则反映的是一个价值判断问题，合理推定原则强调的是对当事人限制竞争行为后果的考量，当事人的主观意图并不重要，当事人的行为是否限制了竞争也并不重要，问题的关键在于这种限制带来的好处是否大于限制所产生的害处。如果害处大于好处，那么就要受到反垄断法的规制；如果好处大于害处,对限制竞争行为的规制就是没有意义的。

(2) 考察的内容不同。本身违法原则主要关注的是当事人是否存在主观恶意,当事人之间进行共谋的事实或当事人单方面滥用支配地位的行为都显示、表露了当事人的恶意。反垄断法所规制的就是当事人实施垄断行为的恶意,而不管当事人的市场地位,当事人所限制的价格的合理性,当事人是否已经实施了限制竞争的行为以及当事人行为的可能后果。合理推定原则要考虑当事人所处产业的市场结构,当事人的市场权力,当事人限制竞争的目的,当事人限制竞争的必要性等因素。

(3) 体现的反垄断目标不同。本身违法原则往往体现对多重立法目标的维护,偏重于保护公平竞争、竞争者的平等地位和经济自由。合理推定原则常常体现出对经济效率和社会整体利益目标的偏爱,偏重于提高经济效率、追求资源的有效利用。

(4) 理论依据与适用范围不同。哈佛学派的结构主义主张对本身违法原则的影响较大,而芝加哥学派的行为主义倾向对合理推定原则也产生过重大影响。本身违法原则主要适用于行政性垄断、操纵价格、划分市场、搭售行为等反竞争行为的判定,而合理推定原则适用范围较广,包括经济性垄断、滥用市场优势地位、卡特尔、兼并等。

(5) 司法成本的差异。对于严重限制竞争的协议,适用本身违法原则有助于提高司法效率,减少司法资源的浪费。由于合理推定原则的适用要全面了解案情,调查事项繁多,各种因素的相对重要性也无法做到法定化、规范化,因而有的学者认为反垄断法具有"模糊性"的特点,说到底无非是其适用的确定性、一致性较弱,这固然能够更灵活地适应案情,但弹性过大,因而有人指出,适用合理推定原则的案件,几乎没有一件是完全合理的。而本身违法原则却能够快刀斩乱麻,而且其适用范围较为确定,因而其稳定性与明确性均较强。本身违法原则确立了明确的合法与违法的界线,这使得对法律概念与法律规则进行等级排列与建构成为可能。而合理推定原则正好相反,它强调对具体的合理与非合理因素进行分析、比较,从经济事实的比较中找出经济行为或结构的合法性因素。因此,强调合理推定原则,势必会使反垄断法减少语义逻辑性,加强经济性和事实性等因素,强调经济的合理性分析,减弱反垄断法规则的体系性。

在反垄断法中,本身违法原则简便易行,合理推定原则追求经济效率,两大原则均有其存在的合理性。在具体的违法判定实践中,本身违法原则和合理推定原则都存在不足,具有相对性和互补性,不能完全替代对方而成为反垄断违法判定的唯一准则。虽然本身违法原则规制的协议排斥合理推定原则的介入，但两条原则的适用范围并无泾渭分明的界线，两大原则也不是格格不入的。事实上，本身违法原则已被后来的合理推定原则所包含、所覆盖，只是它省略了一道复杂的分析程序而已。在一些场合下，两大原则可以相互补充，甚至相辅相成。

8.2 中国反垄断中违法判定原则的选择

中国正处于由计划经济体制向市场经济体制过渡的转轨时期，行政力量干预市场竞争的现象比较普遍，反垄断的主要任务之一在于反行政性垄断。由于行政性垄断的形成原因、表现形式和危害程度都具有特殊性，并且行政性垄断涉及部门利益、行业利益和地方利益，各个利益集团相互混杂，使得转轨时期反行政性垄断任务十分艰巨而复杂。这种艰巨性和复杂性首先表现在垄断行为的认定上，关键在于违法判定原则的选择。转型时期，中国反垄断中违法判定原则的选择基准应是：（1）有利于形成有效竞争，保护公平竞争，保护消费者利益，严格禁止滥用行政力量干预市场竞争；（2）有利于市场发育，打击地方保护主义和市场分割行为，有利于形成全国统一市场；（3）有利于提高经济效率，保护社会整体利益，增强产业竞争力。转型时期中国反垄断中违法判定原则的选择基准可以保持动态性，根据垄断程度和形式的变化而适当调整侧重点。如果将中国所需经历的经济转型时期分为转型前期和转型后期两个阶段，那么转型前期，行政性垄断比较普遍、危害程度较大，所以违法判定原则的选择应该以有利于形成有效竞争和有利于形成全国统一大市场为重点；转型后期，行政性垄断仍然存在但不是反垄断的主要矛盾，所以违法判定原则的选择应该以有利于提高经济效率和增强产业竞争力为重点。

作为反垄断的违法判定原则，本身违法原则和合理推定原则将在很长一段时间内并存，但在反垄断的不同阶段应有所侧重。根据转型时期中国垄断发展的阶段性特点和反垄断中违法判定原则的选择基准的动态变化，中国反垄断中违法判定原则的选择可以分为两个阶段：

8.2.1 本身违法原则为主、合理推定原则为辅的阶段

这一阶段属于经济转型和体制转轨的前期。市场经济体制处于不断发育、完善的过程之中，计划经济体制的惯性影响广泛存在，行政权力干预、限制和禁止竞争的现象比较普遍，反行政性垄断是反垄断的主要任务，部门垄断、行业垄断、地方保护、市场分割等行政性垄断对市场发育、经济发展、社会公平

和消费者福利水平的影响较大,并且反垄断的法律体系不够完备,反垄断的司法实践处于探索和完善过程。这一阶段,之所以在反行政性垄断的违法判定中主要使用本身违法原则而较少使用合理推定原则,是因为考虑到了以下因素:

(1) 转型前期行政性垄断的特殊性。在这一时期,行政性垄断行为是一种比较严重的、明显的、滥用行政权力限制市场竞争的行为,行政性垄断行为往往直接地表现出来,而且其中限制竞争、人为地制造资源的稀缺性、获取垄断利润的意图非常明显,行为的不合理性表现得异常直观,行为的危害程度较大。因此,采用本身违法原则来规制这些行政性垄断行为比较直接、有力,并且能够体现执法当局反行政性垄断的勇气和决心,对行政性垄断的行为主体产生震慑作用。

(2) 转型前期反行政性垄断的价值目标。保护公平竞争,促进全国统一大市场的形成,形成有利于价格机制发挥资源配置的基础性作用的市场环境,是转型前期中国反行政性垄断的主要目标。同时,中国现阶段的反垄断司法不大可能仅追求经济效率的唯一目标,往往还要保护中小竞争者和消费者的利益。这就使得在反垄断的违法判定中不可能大范围地采用合理推定原则。

(3) 反行政性垄断司法的直接和间接成本。转型初期的行政性垄断中,由于行为主体的特殊性,表现形式的多样性,危害程度的复杂性,如果在违法判定中采用合理推定原则,调查持续时间长,诉讼的直接成本高,给社会带来的间接成本更高。因此,采用本身违法原则更能体现经济节约和司法效率。合理推定原则创立的本意是弥补本身违法原则的不足,使案件的判决更趋合理。然而,大量的案例表明,这一目的并没达到,反而增加诉讼成本。事实上,合理推定原则自问世以来,就一直备受责难。甚至有学者认为,运用合理推定原则审判的案件没有一件是完全合理的。合理推定原则的弹性使得它的适用范围可宽可窄,适用标准可严可松。正因为如此,在转轨经济国家中,尤其是在反行政性垄断中,较少使用合理推定原则。

(4) 对反行政性垄断执法机构和人员的要求。反垄断法的不确定性和合理推定原则的采用,要求执法机构具有较高的权威性、较强的专业性和较大的独立性。在具体适用中,合理推定原则由于缺乏明确的立法指引,因而法官的自由裁量起决定性作用。这对司法体制以及法官素质是一项很大的挑战。而反垄断案件一般案情都较为复杂,加上经济分析方法本来就不是法官所擅长的,因而不仅影响了效率,而且案件的公正结果也是无法保证的。我国现行的反垄断执法机构分别为国家工商行政管理部门、商务管理部门、物价管理部门等,多头管理容易产生相互推诿、责任不清和执法混乱,并且中国反垄断执法人员很难受到比较系统的经济学训练,因此,现阶段较多采用只需进行事实定位的本身违法原则，也是一种合理选择。

8.2.2 以合理推定原则为主、本身违法原则为辅的阶段

这一阶段属于经济转型和体制转轨的后期。随着市场经济体制的逐步完善、全国统一大市场的形成、市场配置资源基础性作用的发挥和反垄断司法体系的成熟，行政性垄断现象将大幅度减少，并且表现形式和实施手段将更加隐蔽，行政性垄断与经济性垄断的界限更加模糊，反垄断不再适于直接大量使用本身违法原则，而应建立以合理推定原则为主、本身违法原则为辅的反垄断体制，违法判定的主导原则应逐渐从本身违法原则向合理推定原则过渡。

在这一阶段，一方面，随着我国社会经济生活市场化程度的加深，经济性垄断成为反垄断的主要矛盾，比较典型的、传统的行政性垄断行为将因为面临严厉的行政、刑事处罚和高额的民事赔偿而大幅度地减少，剩余的行政性垄断行为往往具有"非典型性"，危害程度下降，并且与经济性垄断相伴随。对于这些垄断后果和效率理由并存的垄断行为的认定和处理就需要合理推定原则来进行，本身违法原则只能起到辅助作用。另一方面，经济全球化步伐的加快，使国际竞争更加激烈，提高经济效率，增强产业国际竞争力，成为违法判定原则选择时应该优先考虑的目标，这就需要运用合理推定原则来处理反垄断案件。随着法律体系的完善，反垄断法主要承担"优化配置资源，提高经济效益，实现生产合理化，鼓励创新，促进技术进步，提高消费者福利"的任务。这也要求更多地运用合理推定原则。

20世纪70年代后期以来，西方国家在反垄断违法判定中出现了一种新的趋势，即一些法院在判决中已经承认将本身违法和合理推定原则对立起来的二元判定模式的局限性，而逐步采用一元序列判定模式。在该模式中，本身违法原则和合理分析原则并非对峙的两极，而是一个单一的分析进程的组成部分。这种模式根据各种限制竞争的商业行为的性质的不同进行不同层次的合理分析。具体做法是：首先，应用本身违法原则对限制竞争行为进行"入门分析"，考察这种行为是否总是具有反竞争后果，是否缺乏相应的效率理由，如果能确定，法院就不需要进行进一步的分析，这相当于二元分析模式中的本身违法原则。其次，如果被告的行为一方面限制了竞争，另一方面又能提高效率，或者说被告提出了抗辩理由，这时就要进行经济分析，往往考察三个问题：（1）该行为是否具有反竞争后果；（2）该行为所产生的效率是否压倒可能产生的反竞争后果；（3）该限制竞争的行为是否为达到效率目标所不可缺少的。最后，如果行为的后果比较复杂，就需要对该行为进行全面的、传统的合理性分析，根据合理推定原则分析结果进行法律判定。可以看出，这种一元

序列判定模式其实就是以合理推定原则为主、本身违法原则为辅的违法判定模式。在反垄断司法实践中，执法机构的关系理顺和职责明确、既懂法学又懂经济学的法官队伍的建设等也为不同层次的合理推定原则的适用提供了现实可能性。因为诉讼成本的制约，我国反垄断法司法不可能采用古典的、无所不包的合理推定原则，而将更多地采用不同层次的合理推定原则，这样，保留了本身违法原则的"低成本"的优点，又通过简化或分解了的合理推定原则使得合理推定原则具有可操作性，从而最终实现由二元判定模式向一元序列判定模式的转变。

8.3 反垄断政策的福利标准

任何反垄断控制体系都是直接或间接地建立在某些福利标准的基础之上（Williamson，1968）。福利标准选择直接关系到反垄断当局的政策目标和价值取向，明确竞争政策的福利标准可以提高政策透明度，增强政策的可预期性，降低反垄断的司法成本。一项垄断行为将会影响不同利益集团（消费者、股票持有者、管理者、雇员、供应商、债权人和竞争对手等）的福利水平，明确福利标准的目的就是要表明以上影响中的哪一些影响将被重点考虑，如何在一些个体的积极效应与另一些个体的消极效应之间进行权衡。如果反垄断当局考虑社会财富分配状况，那么在反垄断评估分析中应根据每个个体在社会财富分配中的地位赋予其相应的权重，以衡量社会财富分配的变动情况。然而，在实践中，反垄断当局是在利益集团层次上，而不是在个体层次上，分析垄断行为的财富效应。反垄断当局选择不同的福利标准，意味着赋予不同利益集团的福利水平以不同权重。中国反垄断控制政策正处于起步阶段，通过选择合适的福利标准明确反垄断控制的政策目标和价值取向，具有重要的政策导向意义。

学术界较早讨论反垄断控制福利标准的是贝赞可和施普尔伯（Besanko and Spulber，1993）。他们认为，并购企业在并购可能带来的成本节约方面具有信息优势，因而在福利标准选择时应该赋予消费者剩余较高权重，以抵消信息不对称可能带来的消极后果[1]。韦登（1996）认为消费者福利标准只需考虑消费者福利变化，便于反垄断当局在并购反垄断控制中实施[2]。里昂（Lyons，

---

[1] Besanko D. and D. F. Spulber. Contested Merger and Equilibrium Antitrust Policy. *Journal of Law, Industry, Economics and Organization*, 1993, 9 (1): pp. 1 – 23.

[2] Werden, G. J.. A Robust Test for Consumer Welfare Enhancing Mergers among Sellers of Differentiated Products. *Journal of Industrial Economics*, 1996, 44 (4): pp. 409 – 423.

2002）考虑了不同市场结构下评估效率的难易程度和替代并购的可能性，也认为消费者福利标准优于社会总福利标准[1]。内文和罗勒（Neven and Roller，2005）分析了游说集团和"规制俘获"对福利标准选择的影响，认为并购企业更有势力和途径去影响反垄断当局的决策，因而在福利标准的选择中应该偏向消费者利益[2]。

以上学者倾向于选择消费者福利标准，还有一些学者倾向于选择社会总福利标准。法约尔和卡茨（Farrell and Katz，2006）认为，反垄断不是直截了当的福利主义，一些降低消费者福利、但能够增加社会总福利的并购可以被批准；实证证据显示，消费者福利标准并非最优，社会总福利标准更适用于司法实践[3]。任肯斯（Renckens，2006）指出，如果考虑执法成本和政策偏好，选择社会总福利标准会更好一些；政策制定者可以将消费者利益纳入反垄断当局自身偏好，并赋予较高权重[4]。德拉马诺（De la Mano，2002）认为，在并购发生前评估并购可能导致的再分配效应十分困难，因而在并购分析中采用社会总福利标准、关注并购是否能够带来效率是较好的选择[5]。海耶（Heyer，2006）注意到，虽然消费者消费的产品并非是他们自己生产的，但从某种意义上说经济中的生产者也是消费者，"消费者剩余比生产者剩余更重要"这一论断没有经济学依据，因而他倾向于采用社会总福利标准[6]。诺克和温斯顿（Nocke and Whinston，2008）认为，反垄断当局试图最大化折现的预期消费者福利的反垄断政策是一项目光短浅的政策，只考虑并购申报时的消费者福利变化，可能导致发生更多的Ⅰ类错误；如果采用社会总福利标准，反垄断当局就有可能最优化动态反垄断政策[7]。

在并购评估审查中反垄断当局应该采用什么样的福利标准，不仅学术界存在较大争论，而且在司法实践中也出现明显分歧。美国《横向并购指南》采用的是消费者福利标准，而在其司法实践中又常常应用社会总福利标准，因此

---

[1] Lyons, B. R., Could Politicians be More Right than Economists? A Theory of Merger Standard, Norwich, UEA. Unpublished Manuscript, 2002.

[2] Neven D. J. and L. H. Roller, Consumer Surplus vs. Welfare Standard in a Political Economy Model of Merger Control. *International Journal of Industrial Organization*, 2005, 23（2）: pp. 829 – 848.

[3] Farrell J. and M. L. Katz, The Economics of Welfare Standard in Antitrust. *Competition Policy International*, 2006（3）: pp. 673 – 701.

[4] Renckens, A., Policy Preferences and the Choice of a Welfare Standard, University of Antwerp, Working Paper, 2006.

[5] De la Mano, For the Consumer's Sake: The Competitive Effects of Efficiencies in European Merger Control, EC Enterprise Paper No. 11, 2002.

[6] Heyer, K., Welfare Standard and Merger Analysis: Why Not the Best? *Competition Policy International*, 2006, 2（2）: pp. 3 – 21.

[7] Nocke, V. and M. D. Whinston, Dynamic Merger Review, CSIO Working Paper, No. 99, 2008.

美国反垄断当局采用的是打着"消费者福利标准"标签的社会总福利标准（Farrell and Katz，2006）。寇拉斯基和迪克（Kolasky and Dick，2003）认为，美国并购反垄断控制中所采用的福利标准从消费者标准演化为"消费者福利与社会总福利的混合标准"[①]。欧盟竞争委员会前主席蒙迪（Monti，2001）公开宣称"欧盟竞争政策的目标是最大化消费者福利"[②]；欧盟并购条例也将消费者福利标准作为并购控制的福利标准。然而，在司法实践中，欧盟委员会重点关注的不是消费者利益，而是促进产业内竞争，提高产业国际竞争力，提升社会总福利水平（Gifford and Kurdrle，2005）。从加拿大《竞争法》第九十六条第1款看，反垄断当局采用的是社会总福利标准，然而竞争法庭在一些案例中采用社会总福利标准，而在另一些案例中又更倾向于消费者福利标准。英国在《企业法》（2002）颁布之前，倾向于采用社会总福利标准，而在《企业法》（2002）颁布之后又转向了消费者福利标准。

本书将在对反垄断控制福利标准进行界定的基础上归纳出福利标准的主要类型，对比分析经常使用的消费者福利标准和社会总福利标准，深入研究横向并购的福利影响和福利标准选择的理论依据，进而明确提出中国企业横向并购反垄断控制中的福利标准。

8.4 福利标准的类型

经济福利是"经济学中用于测度产业绩效的标准概念，它可以衡量经济中不同集团的总福利状况，在一个给定的产业内，福利就是总剩余，即消费者剩余与生产者剩余之和"（Motta，2004）。根据福利的这一概念，可以将福利标准界定为"在经济分析中界定不同集团的福利状况时所采用的规则"。并购评估审查中福利标准的界定十分重要，它是进行并购反垄断分析的出发点。并购可能产生积极或消极的福利效应，这些福利效应对于并购中不同的集团具有不同的影响：一方面，一项提高市场势力的并购即使不产生效率，也将对并购企业带来积极的福利效应，有时候甚至会给相关市场上的竞争对手带来利益；另一方面，一项使市场势力上升的并购，在不产生效率或者产生了效率不传递给消费者时，将给消费者带来消极的福利效应。为了提高并购政策的确定性和透

---

① Kolasky, W. J. and A. R. Dick, The Merger Guidelines and the Integration of Efficiencies into Antitrust Review of Horizontal Mergers. *Antitrust Law Journal*, 2003, 71 (3): pp. 207–242.

② Monti, M., The Future of Competition Policy in the European Union, Speech at the Merchant Taylor's Hall, July 9, 2001.

明度，政策制定者需要明确：应该分别给并购带来的积极效应和消极效应赋予多少权重，以及与此相关的，应该如何给相关市场上不同集团的利益赋予多少权重。这种权重选择就反映在福利标准之中。因此，从并购政策的角度界定，福利标准就是在赋予不同市场参与者的福利相应权重时所采用的规则，福利标准的选择取决于反垄断当局在并购评估审查中希望最大化谁的福利。几乎所有国家的反垄断当局在评估并购效应时都会考虑到两大利益集团，即消费者和生产者（股票持有者）；在选择福利标准时都会权衡消费者与生产者的福利。根据在并购分析中给不同利益集团赋予的权重不同，我们可以将福利标准分为以下五种类型：

8.4.1 价格标准

根据价格标准（Price Standard），一项并购只有在不导致价格上升的情况下才有可能被批准。在这一标准下，并购的效率因素十分重要，因为要使并购不导致价格上升，首先需要产生成本节约，而效率因素是产生成本节约的直接来源。在这一标准下，一项并购即使产生了显著效率，只要导致了价格上涨，就将被阻止。

8.4.2 消费者福利标准

根据消费者福利标准（Consumer's Welfare Standard），一项并购，当且仅当能够给消费者带来利益时才有可能被批准。这一标准与价格标准有些相似[1]，都将消费者的福利状况放在首位，不同之处在于：价格标准只关注并购后价格的变化情况，而消费者福利标准不仅关注价格，而且关注产品和服务的质量、创新等因素，也就是说消费者福利标准允许并购通过非价格因素变化增加消费者福利（Bian and McFetridge，2000）。在某些特殊的情况下，一项并购在导致价格小幅上升的同时可能使消费者福利增加（例如产品质量较大幅度提升）。根据价格标准这一并购将被拒绝，而根据消费者标准，这一并购可能被接受。

8.4.3 社会总福利标准

社会总福利标准（Total Welfare Standard）考虑的是社会福利总体状况，即消费者剩余与生产者剩余之和；一项并购只要能够增加社会总福利水平，就可以被批准，较为简便易行。根据这种标准，如果一项并购给生产者创造的财

---

[1] 大部分学者没有明确区分开价格标准与消费者剩余标准，见 Bian and McFetridge (2000)，Roller et al. (2001)，De la Mano (2002)。

富大于消费者损失的财富,那么这项并购应被批准。因此,分配状况不予考虑。需要强调的是,根据这一标准,一项可能导致价格上升的并购也可能被批准。社会总福利标准主要考虑了社会总福利的最大化问题,强调了并购产生的效率获得,只要效率效应大于反竞争效应,并购就具有社会合意性。

8.4.4 Hillsdown 标准

Hillsdown 标准源自于加拿大法官里德(Reed)在 Canada v. Hillsdown Holding 并购案判决中的附带意见书,将其归纳为 Hillsdown 标准的是经济学家麦克垂迪(McFetridege, 1998)。根据这一标准,效率所得(资源节约或成本节约)必须超过消费者福利损失,并且在并购分析的福利权衡中,赋予消费者剩余的权重大于生产者剩余。司法实践显示,这一标准比社会总福利标准要严格一些,比消费者福利标准和价格标准要更宽松一些。这一标准考虑了收入分配问题,但没有消费者福利标准那么严格。只要并购能够带来充分的效率(至少大于消费者剩余的损失),即使是该项并购可能导致价格上升,也有可能被批准。

8.4.5 Killer 标准

根据这一标准,一项并购,只有当所有的效率获得都传递给消费者时,才能被反垄断当局批准。这一标准建立在十分严格的财富分配要求基础上,主张并购带来的利得应全部由消费者享有(Roller et al., 2001)。由于 Killer 标准仅适用于完全竞争市场上,因此这一标准在并购评估审查中从未使用。

我们可以根据对收入分配的关注程度对以上标准进行排序:社会总福利标准(不考虑分配问题)、Hillsdown 标准、价格标准、消费者福利标准和 Killer 标准(收入分配问题十分重要)。福利标准的选择影响到效率抗辩能否使用、在什么程度上使用,社会总福利标准注重的是并购能否带来明显的效率,允许并购企业以效率因素进行抗辩;消费者福利标准注重的是并购对消费者福利的影响,一般不允许企业进行效率抗辩。消费者福利标准和社会总福利标准是最典型也是最常用的两种福利标准,各国反垄断当局在司法实践中通常是在这两种福利标准之间进行选择。

8.5 消费者福利标准和社会总福利标准的经济学解析

并购对于社会福利的多重效应使得评估并购的福利效应变得异常复杂。如果并购导致产品多样化程度下降或者产品价格上升，那么消费者福利就将受损。但是，如果并购导致的成本节约能够传递到消费者价格，或者导致新产品的引入，或者使消费者能够进入更大的网络，那么并购最终会增进消费者福利。如果并购能够导致产业范围的价格上升，那么竞争对手也能从该项并购中获益；但是，如果并购导致的效率不能轻易被模仿，那么竞争对手的境况可能变得更差。如果不能获得关于并购的详细信息（例如，并购发生的相关市场的经济特征，并购企业的商业计划，实际的和潜在的竞争对手的反应等），那么就不可能评估出并购对于消费者福利和竞争对手的影响方向和大小。因此，在并购控制之前首先需要确定福利标准，然后应用并购前后的相关数据评估各集团的福利变化。

8.5.1　社会总福利标准与消费者福利标准差异的经济学解释

社会总福利标准与消费者福利标准的主要区别体现在，对并购可能产生效率的态度和处理方式不同。在社会总福利标准下，一项并购，即使是导致价格上涨，降低消费者福利，只要能够增加社会总福利，也有可能被批准。也就是说，此时从并购中产生的效率获得必须足够大，能够超过给消费者带来的损害。在社会总福利标准下进行福利权衡比较时，没有哪一个个体或者利益集团会赋予比其他个体或利益集团更大的权重。在并购评估审查中，不考虑并购对于财富分配的影响。在消费者福利标准下，情况正好相反：只考虑并购对于消费者福利的影响。如果使用消费者福利标准，两起具有相同的社会总福利效应的并购可能具有不同的命运：一个被禁止，而另一个被批准；一项具有较低效率的并购可能由于能够有利于消费者而被批准，而另一项具有较高效率的并购由于不利于消费者而被禁止（Padilla，2006）。并不是所有损害消费者利益的并购都具有负的总福利效应；同时，可能存在这样类型的并购，即具有负的总福利效应却能够不损害消费者利益，或者至少是在反垄断当局评估该项并购所使用的时间范围内不损害消费者利益。反垄断当局在并购评估审查中采用消费者福利标准时可能难以考虑到并购的所有效率效应，因而会增加犯Ⅰ类错误和Ⅱ类错误的概率。以公平分配为理由而采用消费者福利标准可能难以严格得到实证支持，并且消费者福利标准不易于反垄断执法（Ross，2005）。

福利标准的选择不仅是一个理论问题，它能够决定并购评估审查的结果。虽然福利标准的选择不会使每一起并购案的结果都出现差异，但是的确有一些并购案在社会总福利标准下能够被批准，而在消费者福利标准下将被禁止。下面，我们应用"威廉姆森替换"分析框架来讨论这两个福利标准的差别[①]。假定一个双寡头垄断市场上的两个企业生产同质产品，该相关市场上具有线性市场需求，我们用 AD 表示，MR 表示与此相对应的边际收益曲线；技术的规模报酬不变，因而边际成本为线性，MC_D 表示并购前的边际成本曲线，MC_E 表示如果并购产生效率后的边际成本曲线；相关市场上的企业符合利润最大化的理性假设。并购前两家企业的产量之和为 Q_D，单位产品价格为 P_D，边际成本为 MC_D。此时的消费者剩余为三角形 AHP_D，生产者剩余为四边形 $P_D HGC_D$。下面，假定这两家企业相互并购，将可能出现三种情况：

（1）第一种情况。并购没有产生效率，边际成本仍然为 C_D，但是并购导致垄断，产出下降到垄断水平 Q_M（低于并购前的产出水平），价格上升到垄断价格 P_M（高于并购前的价格水平）。结果，消费者剩余下降到三角形 ACP_M，生产者剩余上升到四边形 $P_M CFC_D$。社会总福利出现了净损失（三角形 CDH），生产者剩余的增加来自于消费者剩余的下降（见图 8 - 1）。在这种情况下，无论是采用社会总福利标准还是采用消费者福利标准，这一并购都不具有社会合意性，因而将被禁止。

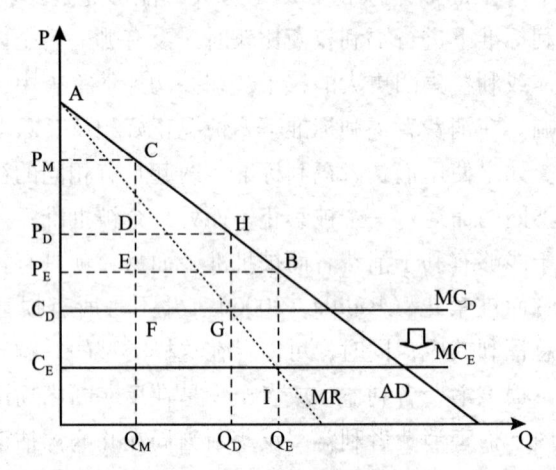

图 8 - 1　福利标准的"威廉姆森替换"分析（Ⅰ）

[①] O. E. Williamson 在 5 篇独立论文中提出并发展"威廉姆森替换"分析框架。提出这一分析框架的论文是 Economies as an Antitrust Defense: the Welfare Tradeoff. *The American Economic Review*, 1968, 58, pp. 18 - 36. 其他 4 篇论文分别是：①Economies as an Antitrust Defense: Correction and Reply. *The American Economic Review*, 1968 (58): pp. 1372 - 1385；②Allocative Efficiency and the Limits of Antitrust. *The American Economic Review*, 1969 (59): pp. 105 - 116；③Economies as an Antitrust Defense: Reply. *The American Economic Review*, 1969 (58): pp. 954 - 960；④Economies as an Antitrust Defense: Revisited. *the University of Pennsylvania Law Review*, 1977 (12): pp. 699 - 721.

（2）第二种情况。并购产生了显著的效率，边际成本下降到 C_E，产出提高到 Q_E；假定并购带来的效率能够传递给消费者，使单位产品价格降低到 P_E（低于垄断价格和并购前的寡头垄断价格）。这样，消费者剩余和生产者剩余都提高，消费者剩余提高到三角形 ABP_E，生产者剩余提高到四边形 P_EBIC_E（见图 8-1）。因而，消费者剩余和社会总福利都提高了，无论是采用社会总福利标准还是采用消费者福利标准，这一并购都具有社会合意性，因而将被批准。

（3）第三种情况。虽然并购产生了效率，但是不仅并购产生的效率没有传递给消费者，而且在并购导致的市场势力作用下，并购后的价格 P_E 高于并购前价格（见图 8-2）。并购产生的效率使边际成本下降为 C_E，产量为 Q_E（低于并购前产量，高于没有效率时的垄断产量），并购后的价格为 P_E（高于并购前的价格，低于没有效率时的垄断价格）。在这种情况下，消费者剩余从 AHP_D 下降到 ABP_E，生产者剩余从 P_DHGC_D 上升到 P_EBIC_E，生产者剩余的增加大于消费者剩余的下降，社会总福利水平提高了。此时，反垄断当局采用不同的福利标准会出现不同的决策结果：在消费者福利标准下，并购将被禁止；在社会总福利标准下，并购将被批准。

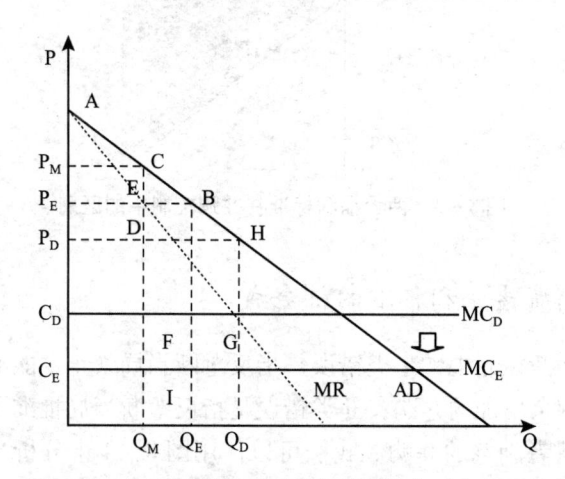

图 8-2 福利标准的"威廉姆森替换"分析（Ⅱ）

在并购评估审查中，社会总福利标准与消费者福利标准的主要区别也可以用图 8-3 来说明。我们用 ΔCS 表示并购导致的消费者剩余的变化，$\Delta \prod^M$ 表示并购导致的并购企业利润的变化。分别以 ΔCS 和 $\Delta \prod^M$ 作为坐标轴，可以形成图 8-3 所示的几个区域。区域 D 和区域 E 内的并购将导致并购企业的利润下降，因而不会发生；区域 C 内的并购虽然能够增加并购企业利润，但是社会总福利下降了，因而在两种福利标准下都将被禁止。在社会总福利标准下，区域 A 和区域 B 内的并购增进了社会总福利，因而都将批准；而在消费者福利标准下，只有区域 A 内的并购会被批准，区域 B 内的并购由于损害了消费者利益，因而将被禁止。假如有两起并购，一起并购为 M_1 发生在区域 A 内，另一起并购为 M_2 发生在区域 B 内（具体位置如图 8-3 所示）。在两种福利标准下，M_1 都将被批准；而在消费者福利标准下 M_2 将被禁止。很明显，M_2 给社会带来的福利远远大于 M_1。或者说，M_2 的社会合意程度远远大于 M_1，只是由于 M_2 降低了消费者福利，就被禁止了。由此可以看出这两种福利标准的差异。

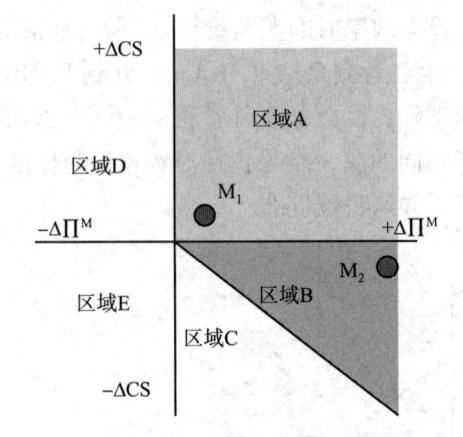

图 8-3 两大福利标准在并购控制中的区别

8.5.2 消费者福利标准的机会成本

在并购反垄断控制中，Ⅰ类错误是指反垄断当局禁止了能够导致社会福利上升和消费者剩余增加的并购；Ⅱ类错误是指反垄断当局批准了导致社会福利下降和损害消费者利益的并购。我们可以使用图 8-4 来分析当反垄断当局采用消费者福利标准时犯错误的可能性，即选择消费者福利标准的机会成本。图 4 的横轴表示并购对于非并购企业利润的影响，纵轴表示并购对于消费者福利的影响。在消费者福利标准下，区域 A、区域 C 和区域 D 内的并购都将被反垄断当局批准，而区域 B、区域 E 和区域 F 内的并购都将被反垄断当局拒绝。对于区域 A、区域 C 内的并购而言，由于并购的净外部性和消费者剩余都为正，因而应用消费者福利标准没有异议。然而，对于区域 D 内的并购而言，其净外部性为负，批准这类并购就犯了Ⅱ类错误。区域 B 内的并购由于损害了消费者利益，如果反垄断当局采用消费者福利标准将拒绝此类并购，实际上区域 B

内的并购具有正外部性,因而此时反垄断当局犯了 I 类错误。由于很少有并购发生于区域 B,因而反垄断当局犯此类错误的可能性不大。在并购评估审查中,反垄断当局采用消费者福利标准时犯 I 类和 II 类错误的可能性可以用图 8-4 表示。如果采用社会总福利标准,这类错误可以避免。

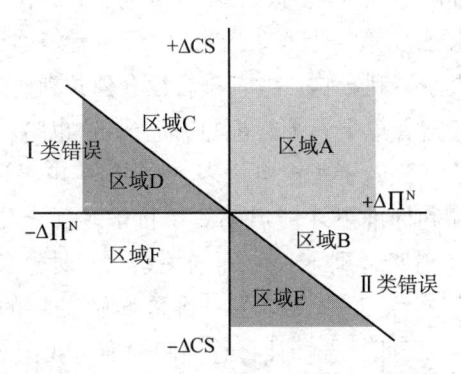

图 8-4 消费者福利标准与 I 类和 II 类错误

8.6 中国反垄断政策的福利标准选择

《中华人民共和国反垄断法》(以下简称《反垄断法》)的颁布实施标志着中国竞争政策走上了体系化、程序化和规范化轨道,中国横向并购控制政策也正在逐步发展和完善之中,明确并购控制政策的福利标准不仅增强横向并购反垄断控制中审查和评估的确定性,降低法律实施的成本,而且能够引导企业的并购行为,鼓励企业通过参与具有社会合意性的并购做大做强,扩大经营规模,提升企业和产业的国际竞争力①。《反垄断法》在第一章第一条中阐述竞争政策的目标时措辞比较原则:"为了预防和制止垄断行为,保护市场公平竞争,提高经济运行效率,维护消费者利益和社会公共利益,促进社会主义市场经济健康发展,特制定本法"。一般而言,竞争政策涉及的内容很多,包括卡特尔、滥用市场支配地位、经营者集中、行政性垄断等,其政策目标多元化是符合中国实际的。然而,我们认为,现阶段中国并购反垄断控制政策宜使用一元化目标,选择社会总福利标准。

(1) 选择社会总福利标准与《反垄断法》的内在逻辑目标是一致的。选择社会总福利标准与反垄断法提出的"提高经济运行效率、维护社会公共利

---

① 在我国反垄断相关法律和文件中,将企业并购称为经营者集中。

益"的政策目标是内在一致的,与"保护市场公平竞争、维护消费者利益"的政策目标也不矛盾。在我国现行法律框架下,采用社会总福利标准主要有以下依据:①根据《反垄断法》第二十七条第三、第五和第六款,经营者集中评估审查中应当考虑到并购对技术进步和国民经济发展等产生的有利影响。只有采用社会总福利标准才能考虑到并购对技术进步和国民经济发展等产生的有利影响。②《反垄断法》第二十八条指出,"经营者能够证明该集中对竞争产生的有利影响明显大于不利影响,或者符合社会公共利益的,国务院反垄断执法机构可以作出对经营者集中不予禁止的决定,"这也暗示了社会总福利标准;③根据商务部颁布的《经营者集中申报表》,在集中申报过程中可以启动效率抗辩,而只有在总福利标准下才能启动效率抗辩。社会公共利益(社会总福利)与消费者利益(消费者剩余)之间的关系在某种意义上相当于"将蛋糕做大"与"分蛋糕"的关系,只有在"将蛋糕做大"的前提下尽量公平地"分蛋糕"才有意义。因此,选择社会总福利标准与我国现阶段的宏观政策取向也是一致的。

(2)选择社会总福利标准便于在并购评估分析中纳入效率因素,使具有社会合意性的并购能够通过反垄断当局的评估审查。社会总福利标准允许效率抗辩,即如果并购产生效率获得大于其带来的反竞争效应,那么就批准该项并购。而消费者福利标准只考虑并购是否侵害了消费者福利,如果不利于消费者,不管该项并购带来了多大效率也将予以禁止。或者说,社会总福利标准和消费者福利标准的政策导向不同。现阶段,中国产业发展中的一个突出问题是,竞争性行业的市场集中度过低,很多行业面临着过度竞争甚至恶性竞争,这不利于企业的健康成长,也不利于产业竞争力的提升。尤其是一些外向度较高的行业,"多头对外,恶性竞争"导致利益流失,甚至使一些民族品牌在国际竞争中被外资收购或吞并。横向并购是企业扩大规模的捷径,但只有能够产生效率的并购才能够有利于降低成本、增强市场竞争力。在并购评估审查中采用社会总福利标准、加入效率抗辩,可以引导企业突出并购的效率动机,鼓励企业通过合理并购,扩大经营规模,提升市场竞争力。

(3)选择社会总福利标准有利于提高经济运行质量,促进经济增长和技术进步。提高资源配置效率、实现优势互补是企业发起并购的主要动机之一,选择社会总福利标准可以鼓励企业通过合理并购实现跨越式发展。同时,只有选择社会总福利标准,才能充分考虑并购可能产生的生产效率、配置效率和动态效率。因而,选择社会总福利标准能够激发企业发展活力,提高经济运行效率。民营经济的发展是中国经济保持快速发展的潜力之一,打破瓶颈制约,鼓励民营经济发展,也是提高中国经济发展质量和增强经济活力的措施之一。采用社会总福利标准更有利于鼓励民营企业通过合理集中扩大经营规模，提高市场竞争能力。并购带来的研发创新方面的利益属于动态效率，在一般的并购评估中很难也很少予以考虑。只有在并购评估中采用社会总福利标准、允许效率抗辩这一途径，才能让反垄断当局关注并购可能带来的动态效率。从这一意义上说，采用社会总福利标准、允许并购企业进行效率抗辩，有利于推进高新技术产业发展。正因为如此，欧美国家的反垄断当局在涉及高新技术产业内的并购时，总是优先考虑并购可能产生的效率因素。

（4）选择社会总福利标准能够减少利益集团和政治因素对并购判定的影响。由于消费者福利既包括价格因素，也包括产品和服务质量、信息、网络效应等因素，因而并购是否能增进消费者福利，既较为含糊，也难以在事前准确地进行量化分析，因而常常成为利益集团寻租的工具。社会总福利标准使并购评估的余地和空间变大，并且以增进社会总福利、产生净剩余为标准，目标明确，容易操作，能够减少利益集团和政治因素对并购判定的影响。当然，在原则上确定社会总福利标准的同时，也要关注消费者利益，在反垄断当局的目标函数中赋予消费者剩余一个较高的权重；尤其是在司法实践中，对于明显损害消费者利益的并购，应采用一般推定方法直接予以禁止。

8.7 小 结

从世界范围看，经过100多年的司法实践，反垄断法的违法判定逐渐形成了两大原则，即本身违法原则和合理推定原则。本身违法是指当垄断企业的规模占有市场的比例超过一定数额，或行为属法律禁止的范围之内时就判定其属于违法，无须考虑它们对市场竞争的影响。本身违法原则在法律上具有明确性，只要相应的行为符合法定的条件即属违法，这在条文上一目了然，具有法律与商业上的可预期性；但是本身违法原则也有明显的缺陷。合理推定原则是指市场上某些被指控为反竞争的垄断行为不被直接认定为非法，而需要通过对企业或经营者在商业领域的行为及其相关背景进行合理性分析，以是否在实质上损害有效竞争、损害整体经济、损害社会公共利益为违法标准的一项法律原则。合理推定原则究其实质是一种以经济利益比较为核心的原则，通过合理推定原则来判断垄断带来的负经济效应或正经济效应的大小，以便决定是否适用反垄断制裁，这使得合理推定原则具有很强的适应性和灵活性。同样，合理推定原则也具有一些不足之处。作为反垄断的违法判定原则，本身违法原则和合理推定原则将在很长一段时间内并存，但在反垄断的不同阶段应有所侧重。根据转型时期中国垄断发展的阶段性特点和反垄断中违法判定原则的选择基准的动态变化，中国反垄断中违法判定原则的选择可以分为两个阶段：即本身违法原则为主、合理推定原则为辅的阶段和以合理推定原则为主、本身违法原则为辅的阶段。

在并购评估审查中，反垄断当局在评估并购对于经济效率的影响时，需要应用社会总福利标准；即使是在考虑分配公平时，也没有充分理由背离这一标准（Kolasky and Dick，2003）。虽然经济学家们偏好社会总福利标准，然而福利标准的选择不仅仅是一个理论问题，更多的是一个政策决策问题。虽然很多国家的竞争法将消费者福利标准作为并购控制的福利标准，然而在司法实践中，并购标准的选择并不是十分明确，并且竞争法与竞争法的实施（案例法）有时候也会出现不完全一致的情况。前欧盟竞争委员会主席蒙迪在2001年的一次公开演讲中就宣称"欧盟竞争政策的目标是消费者福利"[1]。欧盟并购条例也将消费者福利标准作为并购控制的福利标准，明确要求并购的经济性要有利于消费者，效率评估的基准是"并购不能导致消费者的福利状况恶化"。欧盟并购条例（2004）和横向并购指南（2004）都规定效率必须是"可证实的、并购所特有的并且能够有利于消费者"。由此可以看出，欧盟竞争法采用的是消费者福利标准。然而，在司法实践中，一些并购案例显示，欧盟委员会关注的不是消费者利益，而是促进产业内的竞争，提高产业竞争力（Gifford and Kudrle，2005）。美国《横向并购指南》第四条中要求并购产生的效率要能够传递给消费者，采用的是消费者福利标准；然而，在其司法实践中又常常应用社会总福利标准。所以，一些学者认为，美国反垄断当局采用的是打着"消费者福利标准"标签的社会总福利标准（Farrell and Katz，2006）；还有一些学者认为，美国并购反垄断控制中所采用的福利标准从消费者标准演化为"消费者福利与社会总福利的混合标准"（Kolasky and Dick，2003）。寇拉斯基和迪克（2003）认为，一方面，消费者福利仍然是并购政策的核心；但另一方面，效率因素已经作为抵消反竞争效应的重要因素，对传递率的要求也逐渐变得宽松；因而，美国并购政策的现行福利标准是消费者福利标准和社会总福利标准的一种混合[2]。从加拿大竞争法第九十六条第一款看，加拿大反垄断当局采用的是社会总福利标准。然而在案例法中，情况有所变化，在福利标准的采用上有些让人困惑。例如，在Hillsdown（1992）案中，竞争法庭没有采用社会总

---

[1] Monti, M., The Future of Competition Policy in the European Union, Speech at the Merchant Taylor's Hall, July 9, 2001.

[2] Kolasky, W. J. and A. R. Dick, The Merger Guidelines and the Integration of Efficiencies into Antitrust Review of Horizontal Mergers. *Antitrust Law Journal*, 2003, 71 (3)：pp. 207 – 242.

福利标准，而是似乎更倾向于消费者福利标准，以至于这一案例中所采用的标准后来被学界称为"Hillsdown 标准"。英国在《企业法》（2002）颁布之前，倾向于采用社会总福利标准，而在《企业法》（2002）颁布之后转向了消费者福利标准（Padilla，2005）。在司法实践中，虽然在并购评估审查中，反垄断当局考虑了效率因素，但是没有一项最终判定是以效率为主要依据作出的，因而可以认为英国在司法实践中采用的是消费者福利标准。

在横向并购反垄断控制中，福利标准的选择体现了反垄断当局的政策目标和价值取向。并购反垄断控制的福利标准有五种类型，即价格标准、消费者福利标准、社会总福利标准、Hillsdown 标准和 Killer 标准。其中，世界各国并购反垄断控制中最常用的是消费者福利标准和社会总福利标准。在确定并购控制政策目标时，是选择消费者福利标准，还是选择社会总福利标准，实质上不仅是一个经济理论问题，而且是一个政治决策问题，它涉及竞争政策的价值判断。消费者福利标准受到那些认为反垄断当局应该阻止福利从一个集团转移给另一个集团者的执法者所"青睐"。只有当效率获得的性质和规模能够使得"即使是在减少竞争的市场上"消费者的福利水平不会比并购前更差时，消费者福利标准才接受效率抗辩。然而，当受并购影响的不止一个市场时，反竞争效应和效率将在这些不同市场上非对称地分布，此时替换还是可能发生。这就会在理论上提出一个问题：一部分消费者的福利改进是否可以权衡或抵消另外一部分消费者的福利损失。然而，在大多数情况下，还是有可能在不显著减少其他市场上的效率的前提下，找到抵消市场不利影响的补救措施。消费者福利标准和社会总福利标准主要区别体现在对并购可能产生效率的态度和处理方式不同。在社会总福利标准下，并购企业可以通过效率抗辩使具有社会合意性的并购获得批准。社会总福利标准不仅能够考虑到所有受并购影响个体的福利水平，而且也是唯一能够充分反映并购对于配置效率、生产效率和动态效率所产生的影响的标准。虽然一些国家的竞争法将消费者福利标准作为并购控制的福利标准，然而在司法实践中往往采用社会总福利标准，重视并购可能产生的效率，鼓励企业通过并购提升市场竞争能力。现阶段，中国企业横向并购反垄断控制政策宜采用社会总福利标准，同时在反垄断当局的目标函数中赋予消费者福利一个较大的权重，以保护消费者利益。

第9章 反垄断执法中的安全港规则

> 在某种意义上自相矛盾的一件事是，反垄断领域中争议最好之处可能恰恰也是经济理论之政策基础最为薄弱之处。
>
> ——迈克尔·温斯顿：《反垄断经济学前沿》，东北财经大学出版社2007年版，第20页。
>
> 我们选择什么样的指数并不仅仅是一个数学问题，而且是一个我们如何进行行为假定的问题。这种指数可能对衡量这种情形来说更好，另一种指数则可能更适合于其他情形。
>
> ——赫伯特·霍温坎普：《联邦反托拉斯政策：竞争法律及其实践》，法律出版社2009年版，第566页。

9.1 引　言

反垄断执法中的安全港（部分国家称为"安全区"）规则，就是以市场份额、行为特征或市场后果为标准设定一定区域或范围，给予反垄断例外与豁免。例如，专利许可和知识产权领域常常基于市场份额、替代技术个数或创新实体个数设置"安全区"，对于落在"安全区"的行为给予反垄断豁免或特许。安全港规则后来较多地应用于经营者集中反垄断控制政策中，本章分析和介绍的安全港规则就是指经营者集中反垄断控制中的安全港规则。企业并购（M&A）是企业兼并（Merger）和收购（Acquisition）的统称，也称为经营者集中，泛指在市场机制作用下，企业为了成功地进入新的产品市场或新的区域市场，而获取其他企业控制权或管理权的产权交易活动。在反垄断法实施中，各国一般将企业并购按行业划分为横向并购、纵向并购和混合并购三种类型。其中，横向并购是企业并购行为中最为常见的方式，参与并购的企业之间通常是竞争关系，通过并购可以直接消灭竞争对手，对竞争的影响较大，是各国反垄断政策规制的重点。从逻辑上讲，一个完整的企业并购反垄断规制过程包括三个阶段，即市场界定、计算市场份额或市场集中度、依据有关市场份额或市场集中度信息进行企业并购规制的实体分析。安全港规则（Safe Harbor）就是在进行企业并购实体分析前，依据市场份额信息对一些规模不大、对竞争不产生实质性影响的并购免于审查。因而，安全港规则是一种筛选机制，反垄断当局在并购反垄断审查开始前将那些不太可能对竞争造成实质性损害的并购和特殊行业、特殊目的的并购，通过量化标准自然排除在审查范围之外，不再对市场交易效应进行深入的分析、评估和审查。一般而言，存在着三种可能的安全港执行标准，第一种是"强安全港"标准，在这种标准下，反垄断执法机构对低于所确定门槛值的并购交易不予禁止；第二种为"弱安全港"标准，这种标准下存在若干前提假设，对于符合前提假设的且低于所确定门槛值的并购交易不予禁止，但交易若与假设条件相抵触，则将进入审查程序；第三种为"参考安全港"标准，在这种标准下，反垄断执法机构在并购审查中仅将安全港门槛值作为审查的参考依据之一[①]。目前，世界主要国家和地区的企业并购反垄断规制政策中都设置了安全港规则，对于符合安全港标准的并购，反垄断当局一般不会进行深度调查而予以核准。

中国正在酝酿制定经营者集中竞争评估指南，在指南中是否设置安全港规则，如何设置安全港规则，如何确定安全港规则的量化标准，各界存在较大争议。本章将对安全港规则进行深入探讨，在比较分析世界主要国家和地区的横向并购审查指南中的安全港规则及其量化标准的基础上，研究中国经营者集中竞争评估指南中设置安全港规则的理论依据和必要性，提出并测算符合中国国情的安全港规则的量化标准，以供相关决策部门在制定经营者集中竞争评估指南时参考。

9.2　设置安全港规则的理论依据

企业并购反垄断审查的重点和难点是对并购产生的反竞争效应和抵消反竞争效应的因素进行评估分析。横向并购的反竞争效应主要包括两种：①单边效

[①] ICN（International Competition Network），Report on Merger Guidelines，April 2004，Chapter 3，1.28. available at http：//www.internationalcompetitionnetwork.org/media/library/conference_3rd_seoul_2004/vickers.pdf.

应，是指即使并购后的厂商不与市场中其他厂商合谋，仍旧能够通过单边操纵产量或价格而使利润上升的反竞争效应。单边效应源于并购企业之间竞争的内部化，并购后的厂商不需要考虑对手的反应，仅通过单方面改变自身行为就能够产生反竞争效果。②协调效应，是指厂商数目的减少及并购厂商市场份额的增加可能导致厂商间默契串谋可能性增加的反竞争效应。几家厂商一起从事默契串谋，其结果表现为他们的行为近似于单一厂商垄断，使得并购后两个企业的总体价值大于两个独立企业价值之和。对企业并购的单边效应、协调效应以及效率和福利效应进行评估，所涉及的方法和模型的技术性较强，程序复杂，操作繁琐，审查周期较长，并且由于经济分析中使用方法、模型和理论依据的差异使得审查结果具有很高的不确定性[1]。因此，在企业并购数量越来越多的情况下，世界上很多国家和地区在横向并购指南中设置了安全港规则，将不对竞争产生实质性影响的并购排除在外，以减少不必要的并购审查。美国在1982年《横向并购指南》中首次创设了安全港规则，并根据并购后的HHI指数和并购所引起的HHI指数增量确定了安全港的量化标准。在安全港规则内的并购可以不经反垄断审查而直接被许可。位于非安全港规则内的并购表现出较高的市场集中度和市场份额变化，一般需要进行反垄断评估和审查，继续分析并购的单边效应、协调效应和效率因素、创新因素等。然而，由于多种因素的影响，也可能使并购不能产生或者强化市场势力，或者推动行使市场势力，从而使得并购得以通过。欧盟2004年《横向并购指南》将市场份额和市场集中度指数作为设定安全港规则的依据。欧盟委员会认为，并购企业并购后的市场份额低于25%，就可以推定该项并购不会阻碍有效竞争。为了弥补市场份额指标的不全面性，欧盟《横向并购指南》在安全港设置中同样采用了HHI指数作为量化标准。日本、澳大利亚、加拿大、巴西等国也都在本国企业并购反垄断规制政策中设置了安全港规则。一般而言，在企业横向并购反垄断规制政策中设置安全港规则的主要依据是：

（1）设置安全港规则可以更好地发挥企业横向并购指南的作用，提高法律的确定性和可靠性。横向并购指南是实施反垄断法的操作性条例，它需要起到的作用是，改进反垄断当局执行企业并购政策的可预期性和降低在企业并购领域反垄断法执行的不确定性，而安全港规则正是发挥这一作用的有效经济标准，并且是最简洁、最直接的标准。横向并购指南对企业并购的审查是一种事前评估，主要分析并购对竞争效果可能产生的影响，是一种带有前瞻性、预测

---

[1] Ivaldi, M. and F. Verboven, Quantifying the Effects from Horizontal Mergers in European Competition Policy. *International Journal of Industrial Organization*, 2005 (23): pp. 669–691.

性的分析，需要使用量化标准降低这种前瞻性分析的不确定性。设置安全港规则可以提高并购规制过程中的可预测性，使企业在并购之初就可以较为准确地预见反垄断当局的审查结果，缩短审查时间，便于并购企业抓住商机，最快实现并购带来的特定效率。

（2）设置安全港规则能够提高并购审查效率，降低执法成本。一般情况下，对于一起达到并购申报标准的企业横向并购的全面评估需要经过以下步骤：一是对相关市场进行界定，测算相关企业的市场份额；二是对并购的潜在反竞争效应进行评估和分析；三是考虑市场进入问题；四是考虑并购特有的效率；五是考虑破产和退出资产因素（见图9-1）。在第一步中，如果使用安全港的具体判断指标对所有并购案进行初步筛选，将那些不对竞争产生实质性影响的并购免于审查和评估，可以减少反垄断机构需要进一步评估和审查的并购案数量，简化并购审查程序，将有限的司法资源用于那些被认为更有可能对竞争产生实质性损害的并购案件的审查中，从而能够提高反垄断执法的资源配置效率，降低执法成本。

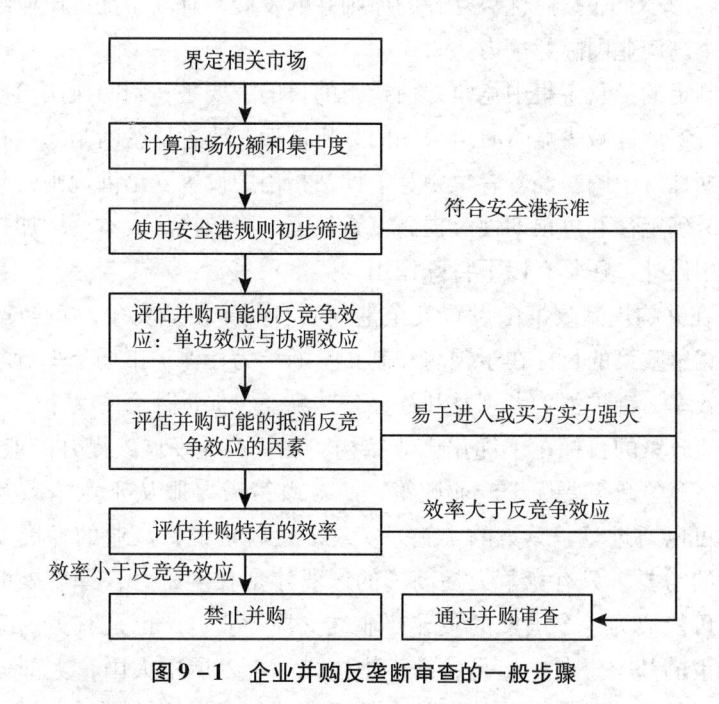

图9-1 企业并购反垄断审查的一般步骤

（3）安全港规则能够增加执法的透明度，更好传递反垄断当局的政策意图，引导和规范企业的并购行为。安全港规则通过一套可操作性较强的量化标准，传递了反垄断当局的政策意图，体现了并购指南保护有效竞争、追求经济效率的价值取向。在全球化背景和新经济条件下，技术创新对经济增长和提高产业国际竞争力的作用日益突出，安全港的设置为在竞争政策中融入产业政策提供了平台。同时，通过实施安全港规则，允许中小企业通过市场机制实现优势互补型的并购，有助于实现充分有效竞争。

(4) 在并购指南中设置安全港规则符合反垄断政策效率化转向的总体趋势。芝加哥学派兴起以来，反垄断政策表现出制裁重点由针对垄断市场结构向垄断行为转向的总体趋势。按照芝加哥学派的观点，垄断的市场结构与垄断行为之间并非一一对应关系，垄断结构并不必然导致垄断行为。安全港规则的设置体现了反垄断政策中的实质减少竞争标准，有利于反垄断执行当局将注意力转移到对垄断行为的关注上。

(5) 设置安全港规则能够增强反垄断政策的机动性，有利于优化产业结构，提升产业竞争力。安全港规则传递了一种信号，对竞争不造成实质损害的企业并购不会受到反垄断当局的干扰，尤其是那些市场份额中等偏上的企业间的并购，使用 HHI 指数的安全港规则能够使其免于反垄断审查，变相鼓励了这种并购。中小企业按照优势互补的原则并购发展，有利于推进产业结构的优化调整，提高产业国际竞争力。

中国制定的经营者集中竞争评估指南的目的主要是，阐明执法当局判断一起并购是否实质性减少竞争时所采用的分析框架，改进反垄断当局执行并购政策的可预期性。中国在经营者集中竞争评估指南中设置安全港规则，除了能够提高法律的确定性和可预期性、提高审查效率、降低执法成本、增加执法的透明度等作用以外，还具有以下特殊作用：

(1) 在并购规制政策中设置安全港规则有利于协调竞争政策与产业政策的关系。竞争政策的目标在于预防和制止垄断行为，保护市场公平竞争，提高经济运行效率，维护消费者利益和社会公共利益，促进社会主义市场经济健康发展。产业政策的目标在于优化产业结构，加快产业发展，提升产业竞争力。一般而言，竞争政策要优于产业政策，产业政策需要服从于竞争政策，产业政策目标可以通过竞争政策的实施来实现。也就是说，产业的发展要服从于竞争政策的需要，只有竞争力提高了的产业才是有生命力、有发展前途的产业，才有可能成为一个国家的主导产业或支柱产业。这也是欧美国家实施并购规制政策的基本经验。但是，由于中国是一个发展中大国，大部分产业的市场集中度较低，部分产业长期处在低于合理经济规模的水平上运行，产业政策的重要性显得更加突出，部分行业实施适当的产业政策更为重要。产业政策优于竞争政策只能建立在企业并购规章制度的例外条款中，其中安全港规则就是一种并购规模例外的制度安排。在全球化时代，竞争政策需要着力提高本国企业的国际竞争力。通过设置安全港规则来协调竞争政策与产业政策的关系，可以避免竞争政策成为产业政策的附庸，减少政府对于企业并购的行政干预。

（2）在并购规制政策中设置安全港规则有利于实现国民经济的战略性调整。在市场经济快速发展的过程中，企业并购作为现代经济运行中的一个突出现象，成为企业成长的一种非常重要的方式，是企业竞争的重要手段之一，是大企业完成规模集聚、实现快速发展的主要途径，也是调整经济结构的重要举措。经济转型时期，要实现国民经济的战略性调整离不开大规模的企业并购和资产重组，这就从客观上要求并购规制当局在设计和审批企业并购时按照促进有效竞争的原则，对并购规制进行合理引导。中小企业在刺激经济增长、提高产业竞争力、促进就业及加快改革等方面具有极其重要的作用。中小企业的并购行为符合刺激有效竞争的要求，能够提高产业竞争力，改善发展的条件，提高社会生活水平。安全港规则的设置，一方面为国有经济内部中小企业之间的整合提供了规制例外，另一方面为民营经济参与国有中小企业的并购和国民经济的战略性调整提供了绿色通道，从而能够促进民营经济和中小企业的发展，推动国民经济的战略性调整。在经济转型的特殊背景下，不同所有制企业之间的并购数量会急剧增加，安全港规则的设置减少了政府干预市场竞争的机会，从而能够为国民经济发展营造良好的法制环境。

（3）设置安全港规则有利于扩大对外开放，引导企业更好地参与国际竞争。多年以来，中国出口企业在国际贸易中始终存在多头对外、恶性竞争、自相残杀的问题。通过在并购规制政策中设置安全港规则向出口企业传递鼓励并购、规范竞争的信息，有利于引导出口企业规范竞争行为，通过资产整合，形成统一对外、合理竞争的出口格局。随着经济全球化趋势的加快，跨国并购和跨区域并购的案例会越来越多，如何对这类并购案件进行有理有据的反垄断规制，是中国反垄断当局亟须解决的问题。根据《中华人民共和国反垄断法》尽快制定出台并购规制政策，既是实践发展的需要，也是与国际规则接轨的需要。安全港规则简洁明了，既传递了鼓励的信息：反垄断当局不禁止那些对竞争不产生实质性损害的并购，鼓励国外资本参与中国中小企业的资产整合；又传递了禁止的信息：反垄断当局将集中资源评估可能损害竞争的并购，将对那些可能损害竞争的并购产生威慑作用。然而，安全港规则有利于世界各国的企业经营者了解中国竞争政策，增强并购行为的目的性，提高并购的成功率。

9.3 单一安全港规则的量化准则

设计安全港规则需要计算市场份额或者市场集中度,衡量市场势力。市场份额是指一定时期内企业产出占市场总销售额的比例,市场集中度描述特定市场中卖者或买者的规模结构,是对一个或者多个企业的市场份额或规模分布状况的测度。安全港设计中一般是使用行业集中度指标(CR_n)[①]或赫芬达尔—赫希曼指数(HHI)。[②] 尽管产业集中度指标明晰简洁,但该数据只提供了参与并购企业自身的市场占有状况,对市场中占主导地位企业市场份额不够敏感,所以仅仅使用产业集中度指标用设置安全港规则是不全面的。[③] 而 HHI 指数考虑了企业规模分布和集中度两个方面,它比行业集中度指标更能够反映市场上规模分布对集中度的影响,因而在指导政府制定反垄断政策方面更具实际意义。对那些市场份额中等偏上的企业间的并购来说,同样的市场份额采用 HHI 指数计量方法得出的市场集中度要比采用 CR_4 计量的要低。因而,用 HHI 指数取代 CR_n 指数,反垄断政策实际上从严厉走向了宽松,这与世界各国反垄断政策的总体趋势是一致的。反垄断执法机构对市场集中度的考察包括两个方面,一是考察并购行为发生后的 HHI 数值,依据该数值可以初步判定并购发生后市场上的竞争状况;二是考察并购行为实施前后 HHI 指数的变化程度,这可以准确反映该项并购对市场集中度造成的直接影响,即反映该项并购对市场竞争的削弱程度[④]。

世界主要国家和地区在设置安全港规则时采用的量化标准从总体上可以分为两大类:一类是使用 HHI 指数作为基准来设定安全港;另一类是使用 CR_n 指数作为基准来设定安全港,如表 9-1 所示。

[①] 行业集中度通常用 CR_n 来表示,它是某一行业内前 n 家大企业所占的市场份额的总和,可用公式表示为 $CR_n = \sum_{i=1}^{n} S_i$,其中,$S_i$ 为第 i 个企业所占的市场份额;n 为企业数目,在实际应用中通常选 4 或 8。

[②] 赫芬达尔—赫希曼指数,简称为 HHI 指数,它通过把一个产业中所有企业的市场份额的平方相加来测量市场集中状况,可用公式表示为 $HHI = \sum_{i=1}^{n} S_i^2$。其中,$S_i$ 为第 i 个企业所占的市场份额;n 为行业内所有企业的数目。

[③] William, K. and C. Shapiro, 2000, Antitrust Policy: A Century of Economic and Legal Thinking. *Journal of Economic Perspectives*, Vol. 14, No. 1: pp. 43–60.

[④] 在并购之前,并购企业的市场份额对 HHI 的贡献为它们各自平方的和:$(a)^2 + (b)^2$。并购之后,贡献是它们的和的平方:$(a+b)^2$,它等于 $(a)^2 + (b)^2 + 2ab$。因此,HHI 的变化可以表示为 $2ab$。

表 9–1　世界主要国家和地区安全港规则的 HHI 或 CR$_4$ 量化基准

国家	HHI/ΔHHI	国家	CR$_4$/ΔCR$_4$
美国	①HHI < 1000； ②1000 ≤ HHI ≤ 1800，且 ΔHHI < 100； ③HHI > 1800，且 ΔHHI < 50。	加拿大	①S$_i$ + S$_j$ < 35%； ②S$_i$ + S$_j$ < 10%，且 CR$_4$ < 65%。
欧盟	①HHI < 1000； ②1000 ≤ HHI ≤ 2000，且 ΔHHI < 250； ③HHI > 2000，且 ΔHHI < 150。	澳大利亚	①S$_i$ + S$_j$ < 15%； ②15% ≤ S$_i$ + S$_j$ ≤ 40%，且 CR$_4$ < 75%。
日本	①HHI < 1500； ②1500 ≤ HHI ≤ 2500，且 ΔHHI < 250； ③HHI > 2500，且 ΔHHI < 150。	巴西	①S$_i$ + S$_j$ < 10%； ②15% ≤ S$_i$ + S$_j$ ≤ 40%，且 CR$_4$ < 60%。
英国	①HHI < 1000； ②1000 ≤ HHI ≤ 1800，且 ΔHHI < 100； ③HHI > 1800，且 ΔHHI < 50。	德国	①S$_i$ + S$_j$ < 15%； ②15% ≤ S$_i$ + S$_j$ ≤ 40%，且 CR$_3$ < 50% 或 CR$_5$ < 66.7%。
爱尔兰	①HHI < 1000； ②1000 ≤ HHI ≤ 1800，且 ΔHHI < 100； ③HHI > 1800，且 ΔHHI < 50。	新西兰	①S$_i$ + S$_j$ < 20%； ②20% ≤ S$_i$ + S$_j$ ≤ 40%，且 CR$_3$ < 70%。

注：S$_i$ + S$_j$ 表示并购后的并购企业联合市场份额，ΔHHI 表示由并购导致的 HHI 的改变值。
资料来源：作者根据布茨罗西（Buccirossi，2008）、董红霞（2007）、尚明（2004）等资料整理。

借鉴世界主要国家和地区在企业并购规制方面的立法和执法经验，以中国特殊国情为基本依据，经过对典型行业的模拟分析和测算验证，我们确定采用 HHI 指数来确立中国经营者集中竞争评估指南中安全港规则的量化标准，具体标准为：（1）企业并购后如果市场上的 HHI 指数达不到 1000，该市场可以被认定为低集中度的市场，此时的企业并购不具有反竞争的效果，一般不需要作进一步分析。（2）如果企业并购后的 HHI 指数在 1000～2000 之间，该市场就是中度集中的市场，并购可能会引发竞争当局所关注的竞争问题。在这样的市场上，如果企业并购行为使 HHI 指数提高了不足 200，则不会产生反竞争效果，不需要作进一步分析；如果 HHI 指数提高程度超过 200，则可能引发竞争问题，需要作进一步分析。（3）如果企业并购后的 HHI 指数在 2000 以上，则视其为高度集中的市场。此时如果与并购发生前相比，HHI 指数提高了不足 100，则不具有反竞争效果，不需要作进一步分析；如果 HHI 指数提高程度超过 100，则认定其可能产生反竞争效果，必须作进一步分析。中国经营者集中竞争评估指南中企业横向并购反垄断规制的安全港如图 9–2 所示。中国经营者集中竞争评估指南中安全港量化标准设置的主要依据为：

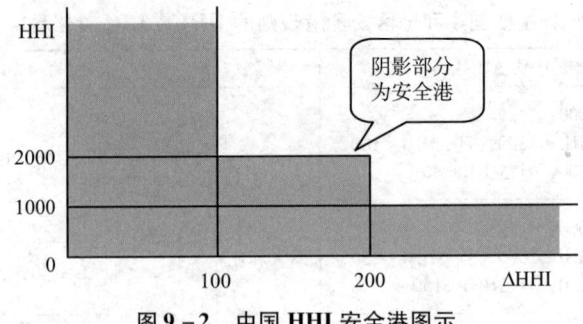

图 9-2 中国 HHI 安全港图示

（阴影部分为安全港）

（1）HHI 指数为 1000 的市场相当于市场中至少有 10 个规模相同的企业在竞争，这是低度集中的市场，企业难以影响、限制或排除有效竞争。因此，如果并购后的市场集中度小于 1000，的确不需要作进一步的竞争分析。

（2）当前中国大多数行业的市场集中度较低，评估一起并购的筛选门槛不能太高。中国国内市场容量较大，国内经济正处于新一轮经济增长的扩展期，考虑到贯彻产业政策的需要，企业并购规制中的安全港规则应当采用中间偏松的标准较好。设置适中的安全港指数既可以放松对中小企业并购的反垄断规制，又可以使更多的可能产生反竞争效果的并购进入审查程序，防止疏漏。安全港的门槛太高就难以对有些具有反竞争效果的并购进行必要的规制；门槛太低，则又会加重当事企业的负担，增加并购审查的工作量和执法成本，从而降低执法效率，造成不必要的社会资源浪费，并且有可能产生与产业政策相抵触的效果。

（3）HHI 指数变动 100，相当于一个市场份额为 10% 的企业和一个市场份额为 5% 的企业合并所造成的市场集中度增加（2×10×5）；HHI 指数变动 200，相当于两个市场份额为 10% 的企业合并所造成的集中程度增加（2×10×10）。如果企业并购后的 HHI 指数在 1000~2000 之间，并购带来的 HHI 指数变动小于 200，相当于行业内中等规模企业之间的并购，不会对竞争产生实质性损害，无需作进一步的评估审查；如果企业并购后的 HHI 指数在 2000 以上，在并购带来的 HHI 指数变动小于 100 时，这种并购大多发生在该行业的中小企业之间，不会对竞争产生实质性影响，也不需要作进一步的评估审查。

（4）我们设置的安全港量化标准既实现了与世界上大多数国家和地区的安全港规则接轨，又考虑到了中国的特殊国情。与世界上主要国家和地区的安全港规则的量化标准相比较，我们设置的安全港量化标准处于中间水平。中国安全港门槛值比美国的门槛值稍高，主要是考虑到中国仍是发展中国家，大多数行业的市场集中度较低，企业规模普遍较小，提升产业的国际竞争力的任务艰巨，需要鼓励中小企业之间的并购。实质上，美国在实际执行中，HHI 指数要远高于指南中的门槛值。中国安全港中的 HHI 指数变化值比欧盟的门槛值稍低，主要是考虑到中国企业并购可能受到非市场因素的影响，通过 HHI 指数变化值可以有效监控和防止行政力量对于企业并购的影响。欧盟横向并购指南适用于整个欧盟区，HHI 指数变化的门槛值太低可能对成员国产生较多的制约，提高法律执行成本，降低指南的指导价值，从而损害并购指南在欧盟区内的权威性。

（5）安全港的量化标准是指南性的标准，是进行经营者集中竞争评估的一个参考和出发点。在安全港区域以外的企业并购，经过反竞争效果评估以及抵消反竞争效果因素的分析后，也有可能不被禁止。也就是说，如果一起并购不在安全港门槛范围内，未必表明这起并购一定会削弱市场中的有效竞争。它只是表明需要进行进一步的调查，来评价反竞争效果的程度。安全港规则的量化标准不是一个免疫指标，进入安全港区域的企业并购，如果对竞争产生明显的实质性损害，仍然可能进行进一步的反垄断审查。制定安全港规则的目的就是要筛选出不会对竞争产生实质性损害的并购，免予审查，而将司法资源集中于可能对竞争产生损害的并购。

9.4 基于并购模拟的差异化安全港规则量化标准[①]

以上我们借鉴世界主要国家的安全港规则提出我国安全港规则的量化标准。不过，这是一个单一的安全港规则量化标准，没有区分不同行业和不同价格容忍度。下面，我们应用并购模拟分析技术检验世界各国安全港规则量化标准的合理性，并使用 R 语言模拟运算我国的差异化安全港规则量化标准。

9.4.1 欧美国家安全港规则量化标准的局限性

在反垄断审查领域，并购模拟可以实现对特定企业横向并购单边效应的量化分析。在理论上，如果能完成对市场上所有可能发生横向并购单边效应的模拟分析，通过大量的并购模拟就可以估算出最有可能带来较大幅度产品价格上涨的横向并购市场份额等信息，从而实现对安全港量化标准的测算。国际上通常将安全港规则作为反垄断调查的门槛指标。目前国际上对安全港的设置主要有两类指标，一类是参与并购企业的市场份额，一类是 HHI 和 ΔHHI。虽然安

[①] 刘晓燕博士提供了模拟计算的结果和部分研究初稿。

全港规则在国际范围的反垄断审查中发挥着重要的作用,但各国标准却不尽相同。我国经营者集中的安全港和国外设置的安全港规则具有较大的差异,显得更为宽松,随着我国反垄断审查国际化进程的加快,以及国内产业结构调整、企业并购的增加,迫切需要进一步对安全港规则量化标准的设置进行更深入的论证。

在国际范围内,即使是反垄断理论研究和实践经验都非常丰富的欧美国家,安全港规则的设置也存在一些问题:一是安全港的设置本身存在诸多风险,其结果的准确性主要依赖于相关市场界定是否科学、将市场份额自身作为衡量差异化产品市场竞争程度是否合理以及容易导致Ⅱ类错误的发生,以上因素导致了安全港规则的设置过于保守。如布里格斯(Briggs, 1987)的报告指出,20世纪80年代里根政府期间,几乎所有纳入并购审查案件所在市场的HHI都超过2000,ΔHHI超过了200。二是安全港规则的设置标准在各国不尽相同,如欧盟、加拿大、日本、英国以及2010年前的美国都使用市场份额和HHI提高幅度作为安全港设置的量化指标,但量化的指标却各不相同,市场份额标准较低的为25%,高的则达40%,存在较大的差异。参差不齐的安全港量化标准在国际经济一体化的背景下加大了反垄断审查国际协调的难度。三是不同安全港标准有时会出现互相矛盾的情形,如在欧盟,两个市场份额各占12.5%的企业并购,且导致HHI指数增加313时,根据参与并购企业的市场份额不超过25%的标准,将受到安全港规则的保护免受反垄断调查,但依据ΔHHI标准又需要接受反垄断调查。四是各国对于安全港规则的设置都存在主观设定的情形,都没有提供本国安全港规则设置的依据(Yang and Pickford, 2011)。

在理论研究上,由于研究数据和计算的繁杂,国内外的研究成果匮乏,且现有的研究有待于进一步深化。莱文(Levin, 1990)建议一项并购若参与并购厂商的市场份额在并购后不超过50%就不应该受到损害竞争的质疑,但他假设非参与并购厂商采取古诺竞争的模式与现实有一定的差异。杨和皮克福德(Yang and Pickford, 2011)通过模拟测算得出的安全港规则为并购双方的市场份额不超过33%,但他们的测算过程中市场份额等数据通过计算机随机生成,没有很好的考虑反垄断审查的实际情况。在我国,黄坤和张昕竹(2011)采用非参数法估计了我国安全港规则,以并购案件显著地损害竞争的概率(筛选率)进行安全港的测算,测算了当筛选率为5%时的安全港规则。但是5%筛选率的选择有待商榷,因为随着经济形势的发展、并购态势的演变,并购案件损害竞争的概率是不断变化的,并不是一成不变的。本章利用PCAIDS模型进行模拟实验的过程中,对市场份额的设置基于我国经营者集中反垄断审查公告中公布的市场份额数据，得出的结论将更加符合我国现实情况，同时也大大减少了模拟实验的次数。在对弹性值的设置时，主要考虑了反垄断审查中工业企业占绝大多数比例的现实，基于对国内外工业企业产品的弹性考察进行了设置。在模拟实验阶段，将通过 R 语言使用 PCAIDS 模型进行大量的并购模拟计算，保证了测算的安全港更加符合大数定律。通过本章的并购模拟实验，以期对以下问题提供相关解释：安全港规则的合理标准应为多少？能否通过并购模拟实现模拟实验和反垄断审查结论的互相检验？同时，如果通过 PCAIDS 模型模拟计算的结果符合现实情形，也能进一步佐证模拟分析在经营者集中反垄断审查中的合理性和适用性。

9.4.2 单一安全港规则的悖论

根据美国《横向并购指南》，假设厂商 1 和厂商 2 参与并购，并购前的市场份额分别为 s_1 和 s_2。则并购后的 HHI 为：

$$\text{HHI}_{\text{post-merger}} = \sum_i (s_i)^2 - (s_1)^2 - (s_2)^2 + (s_1 + s_2)^2 = \sum_i (s_i)^2 + 2s_1 s_2$$

并购后 HHI 的变化为：

$$\Delta \text{HHI} = \text{HHI}_{\text{post-merger}} - \text{HHI}_{\text{pre-merger}} = 2s_1 s_2$$

相应的安全港规则可以表示为：

$$2s_1 s_2 < \delta$$

此处 δ 为 HHI 指数变化的最大幅度。

1992 年美国《横向并购指南》提供了两种可供选择的安全港规则。一是参与并购企业的市场份额低于 35%；二是并购前后 HHI 指数的变化低于 50（并购前 HHI 指数低于 1800），或低于 100（并购前的 HHI 指数为 1000 ~ 1800）。从字面意思来讲，35% 的安全港规则将使市场份额之和低于 35% 的并购案免于单边效应的审查，现实中这样的案例并不少见。2010 年《横向并购指南》对以上安全港规则进行了修正，具体为：剔除了 35% 的安全港规则，而以 HHI < 1500，ΔHHI < 100 为新的安全港标准。在此将通过数理分析和并购模拟对 35% 市场份额安全港标准加以分析。

依据 1992 年美国《横向并购指南》δ 的取值将为 100（并购前的 HHI 低于 1800）或 50（并购前的 HHI 指数大于 1800）。进一步整理可以得到：

$$s_2 < \delta / (2s_1)$$

假设 $s_1 + s_2 > 35\%$，可以求得：

$$s_2 > 35\% - s_1$$

进一步可以推导出：

$$35\% - s_1 < \delta/(2s_1)$$

相当于：

$$s_1^2 - 35\% s_1 + \delta/2 > 0$$

应用以上的二次方公式，假设以上等式等于0，求解 s_1 的两个解。当 s_1 小于最小值（且 $s_2 > 35\% - s_1$）或大于最大值（且 $s_2 < \delta/2s_1$）时，不等式成立。通过替换 δ 求二次方程的解可以发现，安全港规则限制了较小规模厂商的并购，该市场份额最高为1.5%（并购前 HHI 至少为 1000~1800），最小为 0.74%（并购前的 HHI 超过 1800）。

当 $\delta = 100$（并购前的 HHI 低于 1800）时，方程为：

$$s_1^2 - 35 s_1 + 50 > 0$$

解为：

$$0 < s_1 < 1.5\% \text{ 或 } 35\% > s_1 > 33.5\%$$

当 $\delta = 50$ 时（并购前的 HHI 指数大于 1800），方程为：

$$s_1^2 - 35 s_1 + 25.5 > 0$$

解为：

$$35\% > s_1 > 34.26\% \text{ 或 } 0 < s_1 < 0.74\%$$

可以发现，35%的 HHI 安全港标准限制并购的最小厂商规模为1.5%（并购前的 HHI 指数位于 1000~1800）和0.74%（并购前的 HHI 超过 1800）。以上局限性由安全港规则的内在机制决定，与弹性等市场特性无关。在安全港规则设置上，如果固守单一的安全港标准，将无法克服以上问题。进一步假设行业弹性为 -1，参与并购的厂商产品的弹性为 -3，且并购不存在效率的改进和嵌套分组的情形下，使用 PCAIDS 模型进行并购模拟。结果显示，不论企业的市场份额多少，并购后并购企业至少一方将有至少6%的价格上涨幅度，35%的安全港规则设置的范围过于宽松，在一定程度上反而掩护了某些反竞争的并购交易。此外，我们注意到，如果执行35%的安全港规则，将使 HHI 指数与单边效应的分析没有逻辑上的关系，有时会出现某项并购按照35%的安全港规则将接受反垄断审查而根据 HHI 指数的变化又将免于审查的情况。

9.4.3　模拟模型与假设

本章并购模拟实验的目的是模拟短期内差异化产品市场上横向并购的单边效应。在此假设寡头垄断市场中两个厂商进行横向并购，产品为不完全替代的差异化产品。为便于并购模拟的开展，假设每个厂商只生产一种产品或一个"品牌"。并购模拟在不同的市场假设条件下进行，涉及厂商数量、市场集中度、需求的价格弹性。通过不同假设条件下的并购模拟结果，对安全港规则的设置进行分析。本章模拟分析的相关假设如下：

（1）价格上涨门槛值的设置。由于很少有反垄断机构明确提出能够损害竞争的提价幅度，本章门槛值的设置参照 SSNIP 取值①，取 3%、5%②、10% 的价格上涨幅度作为竞争损害的价格上涨门槛值。

（2）伯特兰德竞争和单边效应。本章的并购模拟假设企业间进行伯特兰德竞争，且不存在任何显性或隐性的串谋③以及新的竞争者的加入、产品的重新定位或者效率的提高。在这种情况下，两个直接竞争对手的并购意味着两者之间的竞争将内部化，从而使并购后的实体有单方面提价的动机，即单边效应。

（3）PCAIDS 模型与并购模拟。并购模拟中常用的需求系统估计模型有 AIDS 模型、Logit 模型等。本章并购模拟选用爱泼斯坦和鲁宾菲尔德（Epstein and Rubinfeld, 2002）提出的 PCAIDS 模型。PCAIDS 模型为 AIDS 模型的近似计算。和 AIDS 模型相比，运用 PCAIDS 模型进行并购模拟仅需要整个行业的需求弹性和某一厂商的需求弹性以及市场中各厂商的市场份额即可。该模型对资料要求较少且能拥有较高的准确度等特点成为被广泛接受的需求系统模型之一。

（4）企业数量、规模分布和萨顿边界。本次安全港规则的模拟实验中企业规模分布主要受两个方面的约束：第一个约束是企业规模分布不违反萨顿（1998）企业规模分布的下限④。通过这一约束，设定需要考虑可能的企业规模分布范围，可显著减少所需的并购模拟次数。第二个制约因素是市场上企业的数量设置为 3～12。数量 3 是并购前最少的企业数量以使得并购后企业可能继续留在伯特兰德竞争中⑤。数量 12 是满足并购前 HHI 小于 1000，并购后 HHI 大于 1000 且满足萨顿下界的最小数字⑥。第三是企业规模设置参考了我国商务部反垄断局有关经营者集中的附加限制性条件批准和禁止批准案件的市场份额数据。通过分析商务部自 2008 年以来公布的经营者集中公告，自 2008

---

① SSNIP 测试一般而言采用 5%～10% 作为常用幅度。
② 某些低利润的市场价格门槛的取值应大大低于 5%，这一标准需要根据市场的具体情况进行调整。
③ 有一些安全港准则的设置，如加拿大，就对串谋的情形进行了考虑。
④ 该下限通过对在美国和德国工业中四位数级别的行业研究中得出。萨顿的下限被定义如下：
$$c_k \geq \frac{k}{N} \times \left(1 - \ln \frac{k}{N}\right)$$
⑤ 我们假设市场中的企业竞争在并购后依然为伯特兰德竞争。如果市场的两家企业并购成为垄断企业，则伯特兰德竞争可能不适用。
⑥ HHI 指数会随着市场上企业的减少和规模分布的不均而增加。数值为 1000 的 HHI 指数在很多国家的并购指南中被作为是否影响竞争的分界点，如英国、欧盟。当企业规模分布满足萨顿的下限时，在有 12 家企业在市场上时，最低的 HHI 指数为 976，有 11 家公司在市场上时，其 HHI 指数为 1035。

年至 2015 年三季度，共无条件批准经营者集中案件 1218 件，附加限制性条件批准或禁止批准案件 25 件，其中 16 项横向并购，9 项纵向并购。经分析 25 件附加限制性条件批准和禁止批准的经营者集中案件的通告，共有 13 件横向并购的经营者集中通告信息公布了相关市场的市场份额和 HHI 信息，其中有 11 个相关市场明确给出了参与并购方的市场份额数据，具体为：并购前参与并购厂商市场份额较大一方的市场份额最小值为 1%，最大为 72%（见表 9-2）。5 个相关市场中大厂商的市场份额位于 10%~30% 之间，占比 45.5%；9 个相关市场中大厂商的市场份额位于 10%~52.3% 的区间，占比 82%。市场份额较小一方的市场份额最大值为 47.7%，最小为 1%，7 个相关市场中较小厂商的市场份额位于 10%~20% 的区间，占比 63.6%。此外，还有 6 个相关市场给出了参与并购厂商的总市场份额之和，分别为 33%、60%、45%~50%、60%、70%、66.4%，均值为 55.7%~56.6%。

表 9-2 附加限制性条件批准和禁止的经营者集中案件中参与并购厂商市场份额

相关市场	参与并购方的市场份额			涉及的经营者集中案件
2G	20%~25%	5%~10%		诺基亚收购阿尔卡特朗讯
3G WCDMA	15%~20%	10%~15%		诺基亚收购阿尔卡特朗讯
4G LTE	5%~10%	5%~10%		诺基亚收购阿尔卡特朗讯
航运	20.6%	15.2%	10.9%	马士基、地中海航运、达飞设立网络中心
血透透析器	19%	3%		美国百特国际有限公司收购瑞典金宝
飞机交流发电系统	72%	12%		联合技术收购古德里奇
硬盘	29%	18%		西部数据收购日立存储
自动络筒机电子清纱器	52.3%	42.7%		佩内洛普有限责任公司收购萨维奥纺织机械
人类药品和动物保健品	38%	11.4%		辉瑞公司收购惠氏
氰乙酸乙酯	45%~50%	45%~50%		汉高香港与天德化工组建合营企业
眼科抗炎/抗感染化合物	60%	1%		诺华股份公司收购爱尔康公司

资料来源：商务部反垄断局。

鉴于以上分析，对参与并购厂商市场份额大的一方，其市场份额取值区间为 10%~60%，市场份额较小一方的市场份额取值区间为 5%~20%。此外，还针对参与企业市场份额与以上区间的偏离幅度超过 5% 的并购案特别进行了检验。

(5) 市场弹性及产品的替代性。自 1998 年《反垄断法》实施以来，至 2015 年 11 月我国附加限制性条件批准的经营者集中案件共 24 起，主要集中于工业企业，因此本次模拟实验将主要参考相关工业企业的弹性。韦登和弗罗布 (2002) 计算典型的美国制造业的弹性约 -1.5。皮克福德和瓦伊 (Pickford and Wai, 1995) 研究发现四位数制造业企业在平均成本利润率为 80%、价格增长幅度为 5% 的情况下，利用临界损失分析，得出平均的需求价格弹性为 -1.2。本章假设行业需求价格弹性的范围在 -1 和 -2 之间，在一般情况下，自身价格弹性将大于行业弹性。豪斯曼和伦纳德 (2005) 估计 4 个生产健康美容产品企业的价格弹性在 -1.6 和 -2.2 之间。豪斯曼、伦纳德和佐纳 (1994) 估计啤酒产品的自身价格弹性在 -4.1 和 -6.3 之间。韦登、弗罗布和谢夫曼 (2003) 在分析 Sprint 和 WorldCom 的并购案时，假设 WorldCom 的需求价格弹性为 -1.5 到 -4.0。尼沃 (Nevo, 2000) 估算美国即食谷物的自身价格弹性在 -1.6 和 -4.6 之间。在我国，余东华、刘滔 (2014) 对电冰箱的弹性估计值为 -1.23。在这些证据的基础上，我们将参与并购厂商中市场份额最大厂商的自身价格弹性设定为 -1.5 和 -5 之间，弹性的取值采取间隔 0.5 的方法，对弹性为 -1.5、-2、-2.5、-3、-3.5、-4、-4.5 和 -5 的情形进行了模拟分析。确定了市场的需求弹性和某一产品的自身价格弹性，我们就可以使用 PCAIDS 模型以及各企业的市场份额来进行并购模拟。

9.4.4 模拟实验及结果

本章模拟实验旨在检验在合理的市场环境下，经营者集中对市场竞争尤其是价格的影响。行业的需求价格弹性取值设定为 -1、-1.5、-2；行业内单个厂商的需求价格弹性取值为 -1.5、-2、-2.5、-3、-3.5、-4、-4.5、-5；参与并购较大厂商的市场份额为 10%~60%；参与并购较小厂商的市场份额为 5%~20%。以上弹性数据根据国内外各种产品需求价格弹性的研究数据匡算得出，市场份额数据根据我国经营者集中反垄断审查公告中限制性批准和禁止批准的经营者集中案件相关厂商的市场份额分析得出，因此，本次模拟实验能很好地拟合我国经营者集中反垄断审查的实践，得出的模拟结果将更具有针对性（见表 9-3~表 9-7）。在模拟实验的运算过程中，使用 R 语言模拟了以上数据区间的经营者集中对价格的影响，共实现模拟运算 130431 次。

表9-3　　　　　　　　　并购模拟结果的统计数据描述

	参与并购厂商的市场份额之和（%）	并购前的HHI	并购后的HHI	ΔHHI	并购后市场份额较大厂商的提价（%）	并购后市场份额较小厂商的提价（%）
平均	50.89	2322.243	3281.898	959.65	5.661408	11.54259
标准差	14.12	852.1198	1240.427	502.5	4.98835	105.3035
最小值	10	836.4	947.5	100	0.5475288	1.000752
最大值	80	4237.5	6600	2400	59.40904	9.568456
观测数	130431	130431	130431	130431	130431	130431

表9-4　　　　　　并购后厂商的提价幅度小于3%的模拟结果统计

	参与并购厂商的市场份额之和（%）	并购前的HHI	并购后的HHI	ΔHHI	并购后市场份额较大厂商的提价（%）	并购后市场份额较小厂商的提价（%）
平均	35.36614	1710.82	2086.285	375.4649	1.471855	4.356689
标准差	10.75547	678.1389	771.2272	130.7015	0.3430028	1.943326
最小值	15	836.4	947.5	100	0.5475288	1.000752
最大值	65	4237.5	4837.5	704	1.999939	12.19025
观测数	20577	20577	20577	20577	20577	20577

表9-5　　　　　　并购后厂商的提价幅度小于5%的模拟结果统计

	参与并购厂商的市场份额之和（%）	并购前的HHI	并购后的HHI	ΔHHI	并购后市场份额较大厂商的提价（%）	并购后市场份额较小厂商的提价（%）
平均	42.38341	1970.537	2558.953	588.4151	2.459002	6.181076
标准差	11.87251	771.5122	917.476	243.6417	0.8686412	2.956146
最小值	15	836.4	947.5	100	0.5475288	1.000752
最大值	69	4237.5	5241.5	1260	4	21.06405
观测数	60930	60930	60930	60930	60930	60930

表9-6　　　　　　并购后厂商的提价幅度小于7%的模拟结果统计

	参与并购厂商的市场份额之和（%）	并购前的HHI	并购后的HHI	ΔHHI	并购后市场份额较大厂商的提价（%）	并购后市场份额较小厂商的提价（%）
平均	46.87631	2134.946	2913.013	778.0671	3.532756	7.880536
标准差	12.72614	794.0665	1038.92	370.6324	1.627283	4.04704
最小值	15	836.4	947.5	100	0.5475288	1.000752

续表

	参与并购厂商的市场份额之和（%）	并购前的HHI	并购后的HHI	ΔHHI	并购后市场份额较大厂商的提价（%）	并购后市场份额较小厂商的提价（%）
最大值	76	4237.5	6064	2040	6.99999	39.17404
观测数	97795	97795	97795	97795	97795	97795

表9-7　并购后厂商的提价幅度小于10%的模拟结果统计

	参与并购厂商的市场份额之和（%）	并购前的HHI	并购后的HHI	ΔHHI	并购后市场份额较大厂商的提价（%）	并购后市场份额较小厂商的提价（%）
平均	48.40827	2202.613	3048.391	845.7783	4.023397	8.700521
标准差	13.22531	811.5906	1107.974	420.9775	2.07195	4.750921
最小值	15	836.4	947.5	100	0.5475288	1.000752
最大值	80	4237.5	6600	2400	8.999675	46.65294
观测数	110153	110153	110153	110153	110153	110153

（1）模拟结果对各国安全港规则合理性的分析。如表9-4所示，当参与并购厂商的市场份额平均值为35.37%时，带来较小厂商的提价幅度平均为4.36%，较大厂商的提价幅度平均为1.47%。可以发现，巴西将安全港规则设置为20%显然过于严格，因为当参与并购厂商的市场份额之和为20%时，并购带来的单边效应要小于并购厂商市场份额之和为35.37%情形下的单边效应，将20%作为安全港规则，将在一定程度上增加反垄断当局进行进一步调查的并购案件的数量。从表9-7可以发现，当参与并购厂商的市场份额平均值为48.41%时，参与并购较大厂商和较小厂商的价格提高幅度均值分别为4.02%和8.7%，较小厂商提价幅度的最大值达到了46.65%，HHI平均增加845.78。因此，本书也不赞同莱文（1990）建议任何并购若并购后的实体市场份额不超过50%就不应该受到反垄断调查的观点。

（2）价格上涨阈值设置对安全港规则模拟结果的影响分析。通过分析可以发现，采取不同的价格上涨幅度作为安全港测试的阈值，将对安全港的取值产生显著影响。当以3%作为阈值时，参与并购厂商的市场份额平均值为35.37%；当采取5%的阈值时，该数值提高至42.38%；当进一步采取7%、10%的阈值时，市场份额平均值又将进一步提高。10%阈值的模拟计算结果显示，参与并购厂商的市场份额和平均为48.41%。因此，在反垄断实践中的安全港规则不应该一概而论，设定唯一的标准。而应该根据具体行业和国家的产业政策等进行分析，通过对该行业价格上涨容忍度的匡算，分别测算相关行业的安全港标准。

（3）通过并购模拟结果对安全港设置的分析。不同的行业，由于利润率的不同，对经营者集中带来的价格上涨幅度也存在容忍度的差异。在奢侈品等高利润行业，目标消费者对于并购厂商价格的提高更容易接受，可以设置更高的价格上涨阈值，如10%，得出较为宽松的安全港标准；而对于低利润行业，比如生活必需品，有时即使价格提高幅度不大，也会对目标消费者的生活带来很大的影响，可以设置相对较低的价格上涨阈值，如3%，得出相对较为严格的安全港标准。因此，在进行反垄断审查时，应根据具体行业不同的价格上涨容忍度，制定具有针对性的安全港规则。纵观各国对于安全港规则的设置，都规定了一个通用的安全港，而没有考虑参与并购厂商所在行业的具体特征。本章根据不同的价格上涨容忍度，对安全港规则进行分类设置。同时，根据安全港门槛值为整十整百的国际惯例，此处相应的数据进行了处理，测算的安全港规则如表9-8所示，若并购后相关市场的HHI满足上述条件之一时，则相应的并购案件一般不会出现严重损害相关市场竞争的情形，不需要进一步的反垄断审查。

表9-8　根据不同价格上涨容忍度进行的并购模拟结果统计

参与并购厂商提价幅度小于3%的模拟结果					
	参与并购厂商的市场份额之和（%）	并购前的HHI	并购后的HHI	ΔHHI
平均	35.36614	1710.82	2086.285	375.4649
标准差	10.75547	678.1389	771.2272	130.7015
最小值	15	836.4	947.5	100
最大值	65	4237.5	4837.5	704
参与并购厂商提价幅度大于3%小于等于5%的模拟结果					
	参与并购厂商的市场份额之和（%）	并购前的HHI	并购后的HHI	ΔHHI
平均	45.45	2017	2777	761
标准差	11.56	755	952	301
最小值	15	836	947	100
最大值	72	4238	5576	1548
参与并购厂商提价幅度大于5%小于等于7%的模拟结果					
	参与并购厂商的市场份额之和（%）	并购前的HHI	并购后的HHI	ΔHHI
平均	50	2202	3155	953
标准差	10.73	705	967	384
最小值	15	836	948	100
最大值	76	4238	6064	2040

续表

参与并购厂商提价幅度大于7%小于等于10%的模拟结果

	参与并购厂商的市场份额之和（%）	并购前的HHI	并购后的HHI	ΔHHI
平均	55.43	2507	3608	1100
标准差	10.28	705	983	437
最小值	18	845	996	130
最大值	80	4238	6600	2400

根据以上对模拟结果的统计，如果相关行业对价格上涨幅度的容忍度小于等于3%，则此类行业中安全港规则设置可参照：

①$s_i + s_j < 35\%$；②$HHI < 1500$；③$\Delta HHI < 350$。

如果相关行业对价格上涨幅度的容忍度小于等于5%，则此类行业中安全港规则设置可参照：

①$s_i + s_j < 40\%$；②$HHI < 2000$；③$\Delta HHI < 550$。

如果相关行业对价格上涨幅度的容忍度小于等于7%，则此类行业中安全港规则设置可参照：

①$s_i + s_j < 45\%$；②$HHI < 2100$；③$\Delta HHI < 750$。

如果相关行业对价格上涨幅度的容忍度小于等于10%，则此类行业中安全港规则设置可参照：

①$s_i + s_j < 50\%$；②$HHI < 2200$；③$\Delta HHI < 800$。

9.5 安全港规则的实施

在经济全球化的背景下，横向并购已经成为一种非常普遍的企业经营行为。企业通过横向并购，主观上可以促进组织结构优化、实现迅速扩张、获得规模经济效益，客观上可以起到优化产业结构、提高产业国际竞争力的作用。然而，由于并购导致市场中竞争者数量减少、市场集中度增加，也可能会对竞争产生一定的负面影响，甚至产生排除、限制市场竞争的效果。因此，对企业并购实行反垄断规制是预防和制止垄断行为，确保竞争机制在社会主义市场经济建设中发挥应有作用的需要。同时，适度的规制政策可以保护市场公平竞争，提高经济运行效率，维护消费者利益和社会公共利益，促进社会主义市场经济健康发展。实施安全港规则的实质是，根据市场份额、市场集中度水平、并购引起的集中度提高幅度，参考相关市场的行业状况、发展阶段和发展前景等因素，初步判断经营者的市场控制力，为是否对经营者集中进行进一步审查提供依据。安全港规则的实施，有利于把握和处理反垄断审查中的"度"，使得并购规制政策松严适度。评价企业并购对市场势力的影响时，需要考虑很多因素，市场份额和市场集中度是最重要的因素之一。另外，价值、成本、价格、数量、生产能力、员工数量以及效率、进入退出壁垒、破产抗辩等其他相关因素，都可能对市场势力产生影响。因而，评价并购对市场势力的影响是一项十分繁琐和复杂的工作。安全港是一个重要的筛选门槛，标准确定恰当，对那些不对市场竞争产生实质影响的并购来说，可以省去许多不必要的后续评估和审查工作。中国是一个发展中的转型经济国家，企业横向并购反垄断规制中安全港规则的实施需要考虑到中国现阶段的特殊国情，体现原则性和灵活性的统一。具体而言，中国企业横向并购反垄断规制中安全港规则的实施应注意以下事项。

9.5.1 科学界定相关市场是实施安全港规则的基本前提

相关市场是指当事人在其中从事经营活动时的有效竞争范围和判定在各当事人所经营的商品或服务之间是否存在着竞争关系的场所。科学合理地界定相关市场，对识别竞争者和潜在竞争者、判定经营者市场份额和市场集中度、认定经营者的市场地位、分析经营者的行为对市场竞争的影响、判断经营者行为是否违法以及在违法情况下需要承担的法律责任等关键问题具有重要的作用。一旦界定了相关市场，则在该市场内的企业之间所存在的竞争关系，以及具有相互竞争可能性的商品或服务的范围，也就随之被确定下来。一方面，以 HHI 指数或市场集中度指数设置安全港，其前提条件是已经准确界定了相关市场。另一方面，科学界定相关市场可以增强安全港的可靠性。由于在差别产品市场中，准确界定相关市场的难度较大，可能因为相关市场界定的随意性而降低安全港规则的实际意义。因此，实施安全港规则，需要尽可能使用明确、实际的证据，采用科学方法，准确界定相关市场。在差别产品市场中，反垄断当局需要首先评价产品的替代程度，然后评估市场份额，再应用安全港规则进行筛选。

9.5.2 保持安全港规则实施中的稳定性与动态性相统一

法律只有保持相对稳定才能保证可预期性，降低不确定性。安全港规则作为经营者集中竞争评估的操作性条例中的例外条款更需要保持相对稳定性。在保持基本稳定的前提条件下，安全港规则在具体实施中可以保持一定的动态性。这种动态性并不意味着量化标准的随意变动，而是在保持基准的前提下，体现出操作中的适度弹性。主要表现在：（1）体现时间差异。转型前期是产业大调整、大发展、大融合的时期，企业并购的反垄断规制政策需要相对灵活，安全港规则的实施宜保持适度宽松；转型后期，市场经济体制较为成熟，企业规模普遍提高，企业并购的反垄断规制趋向严厉，安全港规则的实施宜保持相对严格。考虑到中国企业统计数据的可获得性较差，部分行业的 HHI 指数统计难度大。在安全港实施早期，可以借鉴欧盟的经验，部分市场集中度较低的行业，只要通过 CR_4 能够甄选出不对竞争产生实质性影响的并购，即使无法计算 HHI 指数，也可以直接对此类并购免于审查。对于垄断性行业和市场集中度较高的竞争性行业，安全港的量化标准仍应以 HHI 指数为基准。随着统计数据的逐步完善，所有行业都应过渡到以 HHI 指数为量化标准的统一安全港规则上。（2）体现行业差异。不同的行业内的并购对消费者福利的影响存在较大差异，进入退出壁垒较低且规模经济较为明显的行业（例如纺织服装业）、分散管理难度较大的行业（例如医疗卫生业）、市场集中度较低的竞争性行业（例如化学制品业）等，实施安全港规则进行初步筛选时可保持较大弹性；市场集中度较高的垄断性行业（例如石油加工业）、与国计民生关系十分密切的行业（例如烟草加工业）、关系国家经济命脉的行业（例如金融业）等，实施安全港规则进行初步筛选时可保持一定刚性。（3）体现区域差异。现阶段竞争政策的实施，需要服从于国家经济发展战略，考虑到产业和区域经济发展的需要。可以通过企业并购审查中安全港规则实施中的区域差异，鼓励资本、技术和人才流入欠发达地区，加快中西部地区发展，促进区域平衡发展。（4）适应新经济环境的要求。新经济的本质内涵主要体现为"信息化、网络化、知识经济化和经济全球化"，以高科技创新带动信息技术革命，促成经济知识化和全球经济一体化。新经济模式所带来的新市场运作特点和规则引起了企业发展环境的极大变化。面对以知识、信息技术为基础，追求个性化、速度化和互动化为特点的新经济环境，企业并购将会出现一些新的特征和趋向。一方面并购的目标将更趋多元化，更加突出提升产业竞争力、获取并购带来的特有效率、推动技术创新；另一方面各国并购规制当局将加快竞争政策的效率化转向，进一步放松对有利于提升本国产业竞争力的并购规制。中国在企业并购的安全港规则实施中需要考虑到这些因素。

9.5.3 合理使用安全港规则的门槛值

安全港规则中的 HHI 指数门槛在执法中并不是限定性的，不能在执法决策中起决定性作用，只能作为评价一起并购的起点。通过对世界主要国家和地区并购反垄断规制实践中对安全港规则的应用统计可以发现，实施中的 HHI

指数水平总体高于指南中所设置的安全港门槛。谢夫曼、科特和西尔维亚（Scheffman, Coate and Silvia, 2003）分析了美国联邦贸易委员会 1983～2000 年横向并购反垄断审查的实际执行标准，发现与执法行为相关的最低 HHI 指数值从 1983～1984 年的 1566 跃升至 1985～1986 年的 2545；在通过审查的并购案件中，最高 HHI 指数值均超过了 4000。谢夫曼、科特和西尔维亚（2003）的研究结果表明，并购执法诉讼在实践中所表现出的实际 HHI 临界值比安全港规则中制定的标准 HHI 值要高出很多，其他相应的 HHI 值也要比标准值高很多。① 安全港规则中 HHI 门槛值，通常不能在执法决策中起决定性作用。安全港规则提供的关于市场集中度的量化标准只是分析并购对竞争影响的一个出发点，除了市场集中以外的其他因素，例如，市场进入壁垒的难易程度、效率、破产等因素也会影响到市场行为。因此，反垄断当局在使用安全港规则时需要考虑到这些因素。

9.5.4 明确安全港规则实施中的例外和可能出现的缺陷

在安全港股规则实施中，有些情况下 HHI 指数并不能作为竞争条件变化的有效替代，这些情况包括：（1）一起并购涉及一个潜在的进入者或新进入者具有较小的市场份额；（2）一个或多个并购参与者是重要的创新企业，但是不被反映在市场份额中；（3）市场参与者之间存在显著的交叉持股情况；（4）其中一个并购参与者是一个背离的企业，具有破坏协调行为的很大可能性；（5）过去或正在进行的协调迹象或便利行为仍然存在；（6）其中一个参与并购的企业并购前的市场份额超过了 50%。只有当一起并购不可能引起以上问题时，安全港规则的 HHI 指数才能对并购参与者给出有用的指向。②

我们在前面较为充分地分析了在企业并购规制中实施安全港规则的必要性和可能带来的好处，然而安全港规则不是十全十美的，它在实施中也可能存在着一些缺陷：（1）对安全港进行设置的基础是市场份额或市场集中度数据，而这两者都严重地依赖于相关市场的定义，但相关市场的界定目前并不能被认为是一门严密的科学，而且有时会产生非常困难的问题。因为免于审查的决定使更为详细的评估不再需要了，所以基于市场份额或市场集中度做出免于审查决定的困难在于，市场定义中的错误无法在下一阶段的评估中进行补救。（2）免于审查的决定使反垄断机构失去了对可能实质性损害消费者福利的并购进行调查

---

① Scheffman, D., Malcolm Coate and Louis Silvia, Twenty Years of Merger Guidelines Enforcement at the FTC: An Economic Perspective. *Antitrust Law Journal*, 2003 (71): pp. 277–318.
② 王晓晔：《企业合并中的反垄断问题》，法律出版社 1996 年版。

的机会。例如,经济学中的例子证明,生产差异化产品的两个企业之间的合并可能会实质性地提高价格——即便参与合并的企业只占有相对较低的市场份额。在这种情况下,安全港规则的量化标准只能是作为反垄断执法机构的参考指标,而不是一个免疫指标。(3)对于低集中度市场而言,安全港规则的确立实际上为企业之间的并购提供了某种激励。假设某个产业的市场结构已经接近安全港所设计的门槛值,如果市场上传闻某起并购可能发生,那么产业中正在考虑在未来进行横向并购的企业将会感到很大压力,并有可能迅速采取行动提前并购,以免被其他企业抢得先机。这一效应可能为企业间的并购施加了一个与经济效率无关的策略考虑,而这将导致一些次优企业并购决策出现。

9.6 小　　结

本章遵循以下思路对安全港规则的量化标准进行了模拟计算:(1)对安全港规则的模拟计算基于对中国经营者集中反垄断审查的结果进行,使得计算的安全港规则更加贴合我国经营者集中反垄断审查的实际情况,包括产业特征、行业特征、价格水平等。对其他国家而言,也提供了一种具有参考意义的制定安全港规则的思路。其他国家和地区也可以根据本国反垄断审查的具体实践、主要行业、产品的特征进行模拟计算,制定出符合本国国情的安全港规则。(2)本章安全港计算的经济理论基础是伯特兰德竞争模型以及 PCAIDS 模型。本章模拟了广泛市场背景下的单边效应问题,并根据模拟计算的结果,提出了根据不同行业不同价格上涨容忍度来分别划分安全港规则的思路,克服了目前国内外对于安全港规则的设置对所有行业、所有产品都一刀切的问题。(3)通过采用 PCAIDS 模型进行模拟分析完成安全港规则的模拟运算,其并模拟结果的统计分析也肯定了 PCAIDS 模型在并购模拟领域的合理性和可行性。因此,PCAIDS 模型在一定程度上可以很好地替代更为复杂的需求系统估计模型,可以在反垄断实践中加以推广应用,以便在较短的时间内完成较为复杂的经济学分析,进一步充实相关的反垄断审查经济证据,提高反垄断工作的说服力,提高工作效率。(4)在安全港规则的模拟计算过程中,本章通过 R 语言编程实现了 13 多万次的模拟计算,通过计算机程序实现了便捷的大数据运算,为我国今后的反垄断立法、执法提供了很好的借鉴思路。需要注意的是,本章关于安全港规则的讨论,只专注于并购对短期竞争的影响,而忽视了其他的限制,如潜在的进入、效率提高等因素。今后的研究,可在以上几个方面进行拓展。

随着企业并购数量的急剧增加，制定经营者集中竞争评估指南，将《反垄断法》中的原则性条款具体化，形成反垄断政策实施的配套法律体系，增强反垄断执法的可预期性，成为一项重要且紧迫的工作。安全港规则是一种筛选机制，它是指反垄断当局在并购反垄断审查开始前将那些不太可能对竞争造成实质性损害的并购和特殊行业、特殊目的的并购，通过量化标准自然排除在审查范围之外，不再对市场交易效应进行深入的分析、评估和审查。安全港规则的实施可以改进反垄断当局执行企业并购政策的可预期性，降低在企业并购领域反垄断法执行的不确定性，提高并购审查效率，降低执法成本，协调竞争政策与产业政策的关系，加快民营经济和中小企业的发展，推动国民经济战略性调整，提升产业竞争力。中国国内市场容量较大，国内经济正处于新一轮经济增长的扩展期，考虑到贯彻产业政策的需要，企业并购规制中的安全港规则应当采用中间偏松的量化标准。这样既可以放松对中小企业并购的反垄断规制，又可以使更多可能产生反竞争效果的并购进入审查程序，防止疏漏。安全港规则实施过程中，需要考虑到中国大多数产业过度竞争的特殊现实，着眼于优化经济结构和资源配置效率、实现有序竞争，促进科技进步和技术扩散、鼓励知识创新、获取规模经济和范围经济、降低成本，保持安全港规则实施中的稳定性与动态性统一。另外，也要注意到安全港规则中的 HHI 指数门槛在执法中并不是限定性的，不能在执法决策中起决定性作用，只能作为评价一起并购的起点。安全港规则实施中也存在一些例外和缺陷，需要借助于经营者集中申报标准以及竞争评估的其他工作加以弥补和纠正。

第10章　串谋、卡特尔与垄断协议

> 同业中人甚至为了娱乐或消遣也很少聚集在一起，但他们谈话的结果，往往不是阴谋对付公众，便是筹划太高价格。
>
> ——亚当·斯密：《国民财富的性质和原因的研究》，
> 商务印书馆1972年版，第122页。
>
> 人们之所以合作，并不仅仅是出于自利的原因，也是出于对他人福利的真正关心、试图维护社会规范的愿望，以及给合乎伦理的行为本身以正面的价值。
>
> ——塞缪尔·鲍尔斯和赫伯特·金迪斯：《合作的物种——人类互惠性及其演化》，
> 浙江大学出版社2015年版，第1页。

厂商在市场上的限制竞争行为可以分为横向限制行为和纵向限制行为两大类。厂商之间的横向关系如图10-1所示。

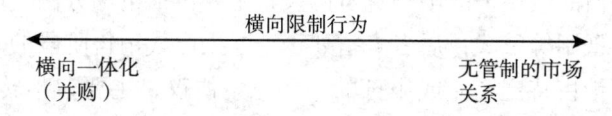

```
              横向限制行为
    ←─────────────────────────→
横向一体化                  无管制的市场
 （并购）                      关系
```

图10-1　厂商之间的横向关系

横向限制竞争行为就是指竞争者之间以消除竞争为目的、通过协议实施的协作行动，是同业经营者之间达成限制行动的契约，包括横向安排、横向价格固定行为、联合抵制和拒绝交易、厂商串谋、卡特尔与垄断协议等。最常见的横向限制竞争行为就是卡特尔协议，也称为横向垄断协议，是具有竞争关系的企业将它们的产出减少到约定水平或按约定价格销售产品的协议，主要包括协议限制价格竞争、最高限价与最低限价、协议限制产出、横向分配市场、一致拒绝交易等。一致拒绝交易是指所有的市场参与者联合起来，以捣毁或强制竞争对手为手段来获取市场势力。这类有组织的针对某一特定企业的拒绝交易行为构成联合抵制（Boycotts）。联合抵制与拒绝交易既可以用来对付同一竞争层面的竞争者，也可以用来惩治市场上不同层面，即处于产业链上下游的供应商或买方。垄断协议的核心是串谋（也称为共谋），组织形式是卡特尔，它削弱了市场主体之间的竞争和市场经济活力，在各种垄断行为中危害性较大，并且发生概率较高，因而禁止垄断协议成为世界各国反垄断法的核心内容之一。

从本章开始，我们将分别介绍和分析厂商之间的横向限制竞争行为和纵向限制竞争行为。本章首先介绍和分析企业横向限制竞争行为中的串谋、卡特尔与垄断协议。其中，串谋偏向于为限制竞争而采取的行为，垄断协议偏向于限制竞争的方式，卡特尔偏向于限制竞争的组织形式。在本章中，我们将串谋、卡特尔与横向垄断协议看作是同一种横向限制竞争行为，在行文中打通使用。

10.1 串谋、垄断协议与卡特尔的形成

10.1.1 串谋、垄断协议与卡特尔的形成条件

寡头垄断市场上的厂商数目较少且它们都意识到彼此之间是相互依存的，因而它们倾向于促成串谋，以增加利润、降低不确定性和更有效地遏制其他厂商的进入。垄断协议是指企业之间相互串谋后订立的妨碍市场竞争的联合协议，也称为限制竞争协议。垄断协议一般包括横向垄断协议和纵向垄断协议两大类，前者是指在生产或销售过程中处于同一阶段的企业之间订立的关于购买、销售特定商品或服务的限制竞争协议，主要包括市场分割、产量限制、价格操纵、联合抵制等形式；后者是指处于不同生产或销售阶段的企业之间订立的关于购买、销售特定商品或服务的限制竞争协议，主要包括转售价格维持、双重加价、搭售、限制交易等形式。通过串谋达成垄断协议而勾结在一起集体行动并限制彼此之间竞争的组织被称为卡特尔（Cartel）。卡特尔是由生产或销售某一同类商品的企业构成，他们为了垄断市场，获取高额利润，通过在商品价格、产量和销售等方面订立协定而形成同盟，统一行动。卡特尔以谋取集体利益作为主要目标，为了达到这一目的，通常做法是限制其成员的产量以抬高价格，即在卡特尔内部将订立一系列的协议，来确定整个卡特尔的产量、产品价格，指定各企业的销售额及销售区域等。卡特尔属于公开串谋，是一种合作策略性行为。卡特尔理论认为，是否能够获得寡头利润取决于卡特尔每个成员使其他成员相信它不会在任何暗中约定的价格上欺骗其他成员的能力。卡特尔内部每个成员间越是能够达成信任，保证不通过降低价格来挖取对方的客户，

它们就越能成功地索取一个高于竞争性价格的价格。因此，要在某个市场上形成卡特尔，至少需要以下三个条件：（1）卡特尔必须有能力在不引致来自非成员厂商竞争显著增加的情况下提高其所生产的产品或服务的市场价格。非成员厂商的进入或其他行业生产的相近替代品将阻止卡特尔提高价格。只有在预计卡特尔会提高价格并将其维持在高水平的情况下，企业才会有加入的积极性。这种能力的大小，与卡特尔面临的需求价格弹性有关，弹性越小，卡特尔提价的能力越强；并且预期卡特尔把价格维持在高水平的时间越久，建立卡特尔的现期价值就越大。（2）相对于预期所得而言，卡特尔成员被政府惩罚的预期较低。只有当卡特尔成员预期不会被政府抓住并遭到严厉惩罚时，卡特尔才会形成，因为巨额预期罚金将使得建立卡特尔的预期价值下降。（3）设定和执行卡特尔协议的组织成本相对于预期所得而言必须较低。使组织成本保持在低水平的因素包括涉及的厂商数目较少、行业集中度较高、谈判的复杂程度、所有厂商生产几乎完全同质的产品、行业协会的存在等。

一般而言，卡特尔组织可以采取以下九类行为促进串谋：（1）提高价格，使其超过没有串谋时的水平；（2）减少全行业的总产量，使其低于没有串谋时的水平；（3）采取措施减少买方对于价格上升的阻力；（4）改变厂商内部的激励措施，抑制厂商之间的竞争并促使形成更高的价格；（5）在成员之间分配串谋收益；（6）在成员之间进行收益和损失的再分配，以维持卡特尔协议；（7）监控垄断协议的遵守情况，进行定期沟通，强调必须遵守的卡特尔规则；（8）一旦有卡特尔成员一直大量从事违约行为，就立即取缔卡特尔组织，进行报复；（9）一旦能够成功地抑制厂商之间的竞争，卡特尔成员就会通过其他行为来寻求额外利润。从经济收益的视角来推测是否存在串谋，需要识别以上九类卡特尔行为[1]。

10.1.2 核心卡特尔及其表现形式

核心卡特尔（Hard Core Cartel）这一概念最早源自1998年经合组织发布的《理事会关于打击核心卡特尔的有效行动建议》（以下简称《建议》）。《建议》将核心卡特尔界定为"竞争者之间达成的反竞争协议、协同行为或安排，包括固定价格、串通投标、限制产量、制定配额，通过划分消费者、供应商、地域或商业渠道等方式分享或分割市场"。由于各国反垄断法对卡特尔的内涵和外延的界定存在分歧，为了方便国际社会打击国际卡特尔而加强相关国内法

---

[1] Kovacic, W. E., R. C. Marshall, L. M. Marx and H. L. White, Plus Factors and Agreement in Antitrust Law. *Michigan Law Review*, 2010, 110 (3): pp. 393–436.

制并展开国际合作的需要，经合组织在考察各成员国相关制度的基础上，提出了核心卡特尔这一概念。为了整体发展和国际合作的需要，并考虑到各成员国在卡特尔认定、评判标准、适用原则等方面的差异，核心卡特尔这一概念力图兼顾各成员国卡特尔制定的共性与差异，并在行为方面强调那些被各国视为最严重且应该被禁止的卡特尔行为。因此，核心卡特尔虽然加上了"核心"一词，其实是为了强调国际社会公认的危害最严重的卡特尔行为，与大多数国家所称的卡特尔是一回事。

核心卡特尔的典型形态包括：（1）固定价格（Price Fixing）。固定价格是指竞争者间达成的提高、固定或维持其产品或服务价格的协议。（2）串通投标（Bid Rigging）。串通投标一般是指在招投标活动中，参与投标的卡特尔成员通过串谋人为操控标价及中标主体，破坏正常招投标竞争秩序的行为。串通投标的形式包括掩护式投标、放弃投标、轮流中标、分包标的等。（3）划分市场（Share Market）。划分市场是指卡特尔成员就消费者、供货商、地区或销售渠道等约定各自所占市场的行为。划分市场行为中最常见的是划分地域市场和消费者市场。（4）限定产销量或份额（Output Restrictions or Establishing Quotas）。限定产销量或份额是指卡特尔成员约定将总产销量控制在一定范围内并分配给每个成员一定份额的行为。卡特尔往往要求各成员在一段时间内将产销量控制在一定水平之下，并根据各成员的生产销售能力、市场占有率等因素分配份额。

10.1.3 卡特尔的创建与维持

卡特尔的存在具有一定的法律障碍，很多国家的反垄断法直接判定卡特尔为非法，如美国。一些欧洲国家虽然没有明令规定卡特尔为非法，但也对卡特尔协议实行反垄断关注和管制。卡特尔是寡占市场上的少数几家厂商协调行动以实现共同利润最大化，可以采用合作寡占模型进行分析。下面，我们在不考虑法律障碍的情况下来分析一个卡特尔的价格和产量决策以及卡特尔的可维持性。假设在某一行业中已经建立了一个卡特尔组织，该组织内的所有成员将通过合作统一行动，要为某一特定产品制定统一价格。首先，该卡特尔需要估计其整个组织的边际成本曲线，如果投入品价格不随卡特尔的扩张而提高，则其边际成本曲线就是单个厂商的边际成本曲线的水平加总（见图10-2）。如果行业的产品需求曲线和边际收益曲线可以求得，那么卡特尔成员总利润最大化的产量和价格水平就可以确定。此时的产量相当于完全垄断时的产量，价格就是垄断价格。

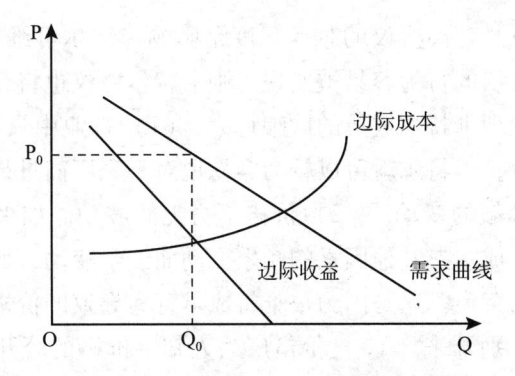

图 10－2　卡特尔的价格和产量决策

维持卡特尔的难题之一就是如何在其成员厂商之间分配产量。如果卡特尔的目标是实现整个组织的利润最大化，那么它就应该按照边际成本相等的原则在成员厂商之间分配销售额。因为如果不这样分配，则卡特尔可以通过在成员厂商之间重新分配产量来降低成本，进而使卡特尔市场给定产量的总利润上升。经济学家将这种产量配置称为理想配置，但是这种情况出现的可能性不大。这是因为，产量的分配通常决定了卡特尔的利润分配，卡特尔成员厂商很难就产量分配达成符合经济学理想结果的一致意见。产量分配往往是具有不同利益和生产能力的成员厂商之间谈判的结果，是一种各成员厂商权势角逐的政治进程，很有可能与各成员厂商生产过程中的成本效率无关。那些最具权势和影响力的谈判老手可能获得较大的销售配额，即使其较高的生产成本会导致卡特尔总成本增加。高成本成员厂商也不愿接受成本最小化所要求的少量配额，最后为了维持卡特尔的稳定性，高成本成员厂商获得的销售配额可能会大于成本最小化所要求的数量。欧佩克等卡特尔的实践表明，成员厂商的销售配额往往是依据其过去的销售水平、邻近区域或其生产能力的大小加以分配，而不是边际成本的高低。这种不经济的分配方案可能会增加卡特尔的总成本，但从维持卡特尔的稳定性的角度看，这类安排又是必要的。

卡特尔具有较强的不稳定性。这是因为，卡特尔成员厂商都具有违背卡特尔协议的内在激励，以牺牲其他成员的利益为代价谋求自身高于预期的短期利润。如果一家卡特尔成员厂商违反协议，以略低于卡特尔价格的优惠价格向消费者出售商品，那么，只要其他成员厂商仍维持协议的价格水平，他将面临一个非常有弹性的需求曲线，略微降价就能显著提高销售量，获得远大于配额产量的利润。当然，一家成员厂商背离卡特尔获得高额利润的前提是其他成员厂商不背离且不以某种方式对其进行惩罚。然而，一旦所有成员都降低价格，卡特尔就将瓦解。

发现卡特尔成员背离协议的难易程度是影响卡特尔可维持性的主要因素。如果背离卡特尔协议的行为容易被发现，则卡特尔协议也将容易维持。以下四个因素将有助于发现卡特尔成员的欺骗行为：(1) 行业中只有少数几个厂商。成员企业数量较少，卡特尔就可以较为容易地对每家厂商进行监督，更容易发现每家厂商市场份额的变动。(2) 价格不会无故波动。如果一个行业的价格因需求状况、投入成本或其他因素的频繁变动而经常变动，那么就很难发现成员对卡特尔协议的背离。这是因为很难将成员背离导致的价格波动与其他因素导致的价格波动区别开来。(3) 价格广为人知。价格的公开可以使卡特尔变动容易维持。这是因为，公开价格信息可以及时发现背离行为，降低背离者的收益，提高惩罚的及时性。(4) 所有卡特尔成员在销售链的同一点销售同质产品。如果所有厂商都销售给同一类型的消费者，欺骗和背离行为更容易被察觉。

寡占市场上的厂商可以运用多种合作策略性行为来创建和维持卡特尔。(1) 在设定统一价格的同时就其他问题反复串通。为了创造卡特尔联盟和防止成员欺骗，寡头厂商对其所有顾客收取统一价格。例如，寡头厂商可以在买卖合同中加入一条最惠国待遇条款，保证买方所支付的价格是卖方向所有顾客提供的最低价格。这一条款有助于探测出任何的降价行为，并且提高了一方从其对手厂商处获取顾客的成本。为了防止欺骗，成功的卡特尔不能仅仅设定一个统一价格，还需要在涉及价格以外的其他问题上经常沟通。(2) 分割市场或固定市场份额。一些卡特尔通过分配给每一家厂商一定的购买者或地理区域而成功防止欺骗。另一种有效的方法是卡特尔成员同意将市场份额固定，如果有厂商通过降低价格提高市场份额，其他厂商就会加以报复。(3) 建立触发价格机制。所有卡特尔成员达成协议，如果市场价格降至一定水平（触发价格）以下，每一家厂商立即将其产出扩张至卡特尔成立之前的水平，所有厂商都摒弃卡特尔协议。在这一机制下，首先背离协议降价的厂商可以在短期内有所收益，但最终将因为这种预设的惩罚机制所致的卡特尔解体而在长期利益上受损。(4) 交换信息。厂商间相互交流信息能够促成卡特尔、提高效率或消除不必要的误解。在行业的投入成本上升时，卡特尔成员厂商相互提前告知提高价格的意愿，既可以保证在市场上不以不同价格销售产品，消除提价障碍，也可以避免部分厂商提价而部分厂商不跟进的现象出现。如果存在不跟进厂商，那么倡议提价厂商就可以不实施提价。同样道理，在需求下降时期，卡特尔成员厂商相互提前告知降低价格的意愿，可以避免出现价格战。卡特尔成员厂商公开它的新顾客身份和提供的价格及数量条件，也可以让其对手信服它没有运用价格折扣来获取它们的顾客，从而可以避免引发价格战。(5) 交货定价制度。交货定价制度明确了包括运费在内的总交货价格,买方必须支付的交货价格取决于买方所处地点与某一具体地点(即交货定价基点)之间的距离,而不是取决于买卖双方所处地点之间的距离。总的交货价格等于交货定价基点的通行价格加上从该地到买方所处地点的运费。交货定价制度是一种用来方便串谋的制度设计,它能够防止相互竞争的厂商将价格折扣暗含于较低的运费索价中。这种要求所有厂商只能索取同样运费和同样价格的制度能够使那些背离串谋达成定价协议的行为很快暴露[1]。

10.2 串谋与卡特尔的经济学分析

串谋可以采取不同的形式,包括公开串谋、默契串谋以及二者之间不同程度的结合。然而,由于公开的显性串谋通常会被视为违犯反垄断法的"本身违法"行为,直接受到法律制裁;企业不敢也不会明目张胆地公开串谋,因而学术界通常关注的是默契串谋。默契串谋是能够使企业获得超额利润的默契协同行为,通常发生在企业能够重复互动地调整自己行为的市场环境下。

10.2.1 基本思路

成功的默契串谋需要满足两个条件:(1)相关市场上的企业能够就串谋结果达成一个默契协议;(2)企业能够抵制背离的诱惑维持串谋协议。默契串谋能够通过默认的协议(默契协同行为或默契理解)维持高价格,从而使参与串谋的企业获取超额利润;同时,在达成默契串谋协议以后,每家企业都有背离协议的动机,只要将自身价格较小幅度地调低于串谋价格,企业就可以攫取其他企业的市场份额,提高自身利润。然而,任何背离串谋路径的行为迟早都将被其他企业发现并引发其他企业的报复行为。为了维持默契串谋,报复行为给背叛者所带来的损失必须有足够的可能性和足以抵消背离串谋路径所获得的短期利益。这些短期利益与报复行为导致损失的大小和可能性一样,取决于并购发生所在产业的性质(Ivaldi et al., 2003)。为了使针对企业背离串谋路径的报复行为有效,与背叛企业通过背离串谋路径而获得的利润相比较,报复必须能够给背叛企业带来一个更为显著的利润损失。企业采取的报复形式很多,但是效果不一样。报复的一种简单形式是打破串谋,恢复"正常"竞争

---

[1] 关于交货定价制度的详细分析,可参见 Thisse, J. F. and X. Vives, Basing Point Pricing: Competition Versus Collusion, The Journal of Industrial Economics, 1992 (40): pp. 249–206.

和利润。也就是说，只要没有企业背离，企业将预期串谋价格一直维持下去；但是如果有一家企业试图通过削价获取短期利润，那么他们就将恢复竞争价格，并在将来再也不会串谋。这样，企业就会遵守默契串谋价格，以使串谋得以持续，因而串谋就可以自我维持。这种形式的串谋的原理很简单：企业相互信任以维持串谋价格；但是如果有一家企业背离串谋路径，那么信任消失，所有企业都行使短期利益行为。然而，他们可能以更有效的形式维持串谋行为。那就是，通过更复杂的报复行为施以更加严厉的惩罚，以维持更高的串谋价格。例如，报复行为可能包括临时的价格战，导致利润在一定时期内低于"正常"水平。报复行为还可能包括非背离企业一起采取特别行动以降低背离企业的利润，甚至导致其亏损（Porter，1983）。

多重报复和串谋机制使得一些产业内产生了默契串谋的潜在可能性。我们主要关心的是，这种潜在可能性有多大，换句话说，串谋机制的可信度有多大，串谋出现的程度有多大。虽然经济理论提供了很多关于默契串谋行为性质的见解，但是很少分析哪一些特殊产业可能或不可能在串谋均衡上出现协同，如果出现，是哪一类的串谋均衡（Fudenberg and Maskin，1986）。然而，报复机制的共同特征是，它们必须能够有效地阻止企业背离串谋路径，这就意味着它们需要满足两个条件：（1）报复行为施加给背离企业的利润损失必须足以阻止背离；（2）背离一旦发生，其他企业实施报复行为必须符合其自身的最佳利益。第二个条件可能难以评估，因为报复行为本身也是一种均衡现象。例如，在串谋自我维持的情境下，简单恢复到"正常"竞争状态的可能性总是存在的；然而，报复行为的有效性可能不够充分，或者说，报复行为造成的"惩罚"不足以阻止背离。有效的报复行为也会使发起报复的企业负担较高成本，因此从某种意义上说，报复行为不是为了企业的短期利益，而是为了长期利益，即报复行为在长期内是理性的。经济学理论可以对报复的设计机制及其共同特征做出更好的解释，同时也为洞察影响串谋效果和报复行为的结构性特征提供分析工具。

正如上面所指出的，默契串谋是在企业的动态互动中产生的。当企业在决定是继续保持还是背离串谋价格时，必须考虑和推测竞争对手未来的行动。当企业推测任何背离串谋路径、私下削价的行为都将遭到竞争对手严厉的报复时，串谋将会得以持续。由于报复发生在将来，背离产生现期利润，串谋是否能够维持取决于企业目标函数中考虑折现因素以后的现期利润与未来利润之间相对重要性的比较。也就是说，当且仅当企业给予未来利润足够大的权重时（折现因子不会太小），串谋才是可以维持的（Ivaldi et al.，2003b）。下面，我们以相同的单位可变成本生产同质产品的企业之间的串谋为例，来说明未来利润和折现因子对于串谋的影响。假定某一市场上有两家企业（双寡头）以相同的单位可变成本 c 生产相同的产品，价格竞争迫使这两家企业以成本 c 定价，即 p = c，企业无法获得超出竞争水平的利润。如果这两家企业在重复竞争中发现，它们可以通过默契行为制定并维持一个更高的价格（串谋价格）$p^C > c$，从而分享市场并获取串谋利润 π^C：

$$\pi^C = (p^C - c)D(p^C)$$

任何背离串谋价格的行为都将导致价格战，使得企业恢复到竞争性价格（Friedman，1971）。如果这两家企业具有相同的折现因子 δ，那么维持串谋价格将使每家企业获得的利润为：

$$\frac{\pi^C}{2} + \delta\frac{\pi^C}{2} + \delta^2\frac{\pi^C}{2} + \cdots = \frac{\pi^C}{2}(1 + \delta + \delta^2 + \cdots)$$

如果一家企业略微降低价格，那么它将获得整个市场，从而获得所有的串谋利润 π^C，但是随后的价格战将使未来利润全部消失。因此，每家企业愿意坚持串谋价格的条件为：

$$\frac{\pi^C}{2}(1 + \delta + \delta^2 + \cdots) \geqslant \pi^C + \delta \times 0$$

经过简单演算，可以得到维持串谋价格的折现因子取值范围，即：

$$\delta \geqslant \delta^* = \frac{1}{2}$$

在这一简单例子中，当企业以折现因子的形式赋予未来利润的权重高于某一确定水平的门槛值时，串谋价格就得以维持。在以上例子中，折现因子的这一关键门槛值 δ^* 等于 1/2，它在某种程度上反映了维持串谋的相关产业特性。如果企业的折现因子高于这一门槛水平，那么任何串谋价格都可以维持，甚至包括垄断价格。相反，如果企业的折现因子低于这一门槛值，串谋难以维持，竞争会迫使企业在任意时期内都以边际成本定价。因此，折现因子的关键门槛值反映了串谋得以维持的"难易程度"（Ivaldi et al.，2003b）。门槛值越低，串谋越容易得以维持；门槛值越高，串谋越难以维持。由此可见，确定关键门槛值的大小提供了一个评估串谋程度的"自然方式"。换句话说，为了测度产业特性对于串谋可能性的影响，我们可以考察这些产业特性是如何影响这一关键门槛值的。促进性的便利因素将降低这一关键门槛值水平，而那些使得串谋更加困难的、阻碍性的非便利因素将提高该关键门槛值水平。

10.2.2 串谋动机与背离动机的静态解释

串谋动机与背离动机取决于企业对坚持串谋与发生背离的收入比较，以及企业对于未来收益的折现程度，即企业的"耐心程度"。我们可以用"囚徒困境"博弈模型从静态角度解释企业通过协同竞争行为进行串谋的动机以及背离已经达成的串谋路径的动机（见图10-3）。假定有两家企业A和B，每家企业都需要在制定高价与制定低价之间进行策略选择。图10-3中的数字表示每个企业在高价与低价的每一种策略组合下的利润，其中每个方框中的第一个数字表示企业A的利润，第二个数字表示企业B的利润[①]。如果两个企业都制定低价（非串谋的"竞争性"价格），那么每个企业能够获得的利润都为3；相反，如果两个企业都制定高价（串谋价格），那么每个企业能够获得的利润都为10；如果一家企业制定高价而另一家企业制定低价（背离串谋价格），那么制定高价的企业获得的利润为30，制定低价的企业获得的利润为0。两家企业协同串谋的市场结果明显好于"竞争性"的市场结果，因而企业具有默契串谋的动机（见图10-3）。

	企业A 高价	企业A 低价
企业B 高价	10,10	0,30
企业B 低价	30,0	3,3

图10-3 默契串谋的"囚徒困境"

然而，如果企业B相信企业A将选择并坚持高价策略，那么企业B的利润最大化的策略选择是低价策略，获取的利润为30。换句话说，如果企业B相信企业A将坚持串谋路径，那么企业B就具有了背离串谋路径的动机。另外，如果企业B相信企业A将选择低价策略，那么企业B的利润最大化策略选择是选择低价策略。从这里可以看出，无论企业A选择什么样的价格策略，企业B的最佳选择都是低价策略。也就是说，低价策略是一个占优策略。同样的分析也适用于企业A。由此可见，当相关市场上企业之间不能持续重复互动时，企业的背离动机总是占优于企业的串谋动机。这就说明，在静态框架内，企业之间难以协同互动，因而难以实现默契串谋，即使实现也难以维持（Bishop and Lofaro，2004）。因此，影响企业之间重复协同互动的因素也将影响默契串谋产生的可能性和可维持性。

---

① 在博弈理论中也称为支付。所用数字仅是为了解释的目的，表示的是一种大小关系。

10.2.3 动态分析框架

以上分析的是静态一次性博弈，企业只进行一次价格选择。如果企业之间能够多次互动，企业就可能不会选择低价策略。在动态框架内，企业将在短期背离收益与长期串谋收益之间进行权衡，从而确定自己的策略选择（Tirole，1988）在这种情况下，只要企业对未来收益的折现因子 δ^* 大于或等于 4/5，默契串谋就能够维持。因此，在动态分析框架内影响默契串谋可维持性的关键因素是串谋的收益、背离的收益和折现因子的大小。同时，发现背离所需的时间也很重要，因为它影响到企业从背离行为中获得的收益，发现背离所需的时间越短，串谋可维持的可能性就越大。本章下面的分析采用的是动态框架。

我们将重复无限次博弈的时期表示为 t = 0，1，2，…，企业对未来收益的折现因子为 $0 < \delta < 1$。如果无限次重复博弈中存在一个子博弈精炼纳什均衡，那么串谋就是可维持的。这一均衡结果出现的前提是参与串谋的企业采取"严厉触发策略"（Grim Trigger Strategies）（Friedman，1971；Abreu，1986）。下面，我们来分析动态博弈框架下企业的串谋动机和背离动机。我们用 π_i^* 表示企业 i 坚持串谋时每一期的收益；假定竞争对手企业坚持串谋时该企业通过一期最佳反应背离串谋路径而获得的短期收益为 π_i^D（$\pi_i^D > \pi_i^*$）。背离将触发惩罚，企业 i 将在随后的所有时期内获得古诺 - 纳什均衡收益，我们用 π_i^P 表示。这样企业 i 坚持串谋获得总收益的折现值为：

$$\pi_i^{\text{Collusion}} = \sum_{t=0}^{\infty} \delta^t \pi_i^* = \frac{1}{1-\delta} \pi_i^*$$

假定企业在第 0 时期背离串谋路径，而后的 t 时期内都将遭受报复，在这种情况下企业 i 所获得的总收益的折现值为：

$$\pi_i^{\text{Deviation}} = \pi_i^D + \sum_{t=1}^{\infty} \delta^t \pi_i^P = \pi_i^D + \frac{\delta}{1-\delta} \pi_i^P$$

如果企业 i 坚持串谋所获得的总收益不小于背离串谋所获得的总收益，那么企业 i 就将坚持串谋，也就是说串谋就是可维持的。以上条件可以表示为：

$$\pi_i^{\text{Collusion}} \geq \pi_i^{\text{Deviation}}$$

即：

$$\frac{1}{1-\delta} \pi_i^* \geq \pi_i^D + \frac{\delta}{1-\delta} \pi_i^P$$

从上式可以得到：

$$\delta \geq \delta^* = \frac{\pi_i^D - \pi_i^*}{\pi_i^D - \pi_i^P}$$

从上式可以看出，企业对未来收益的折现因子越大，或者说企业越"耐心"，串谋就越容易维持；而折现因子的大小取决于串谋收益、背离收益与竞争均衡收益的大小，直接或间接影响这些收益的因素也会对串谋产生的可能性和可维持性发生影响。这一动态分析框架为分析串谋的影响因素提供了基本思路。

10.3 影响串谋和卡特尔可维持性的因素

前述我们提到，产业特性将影响串谋和卡特尔的可维持性，这些产业特性包括：产业内的一些基础的结构性变量，例如，竞争者数量、进入壁垒、企业互动的频率和市场透明度等；市场需求方的特性，例如，市场是增长、停滞不前还是下降的？有无明显的波动和商业周期？等等；市场供给方的特性，例如，市场是由技术和创新驱动的新兴市场，还是稳定技术下的成熟市场？企业在成本和生产能力方面是对称性的，还是具有明显差异的（非对称性的）？企业生产的是相似产品，还是生产明显纵向差异化或者横向产异化的产品？等等。在本节中，我们将对这些不同产业因素对于默契串谋的影响进行分析。为了使分析具有连贯性，我们尽可能使用上文的双寡头基本模型对这些影响因素进行分析。影响默契串谋形成与维持的因素很多，下面我们分别从产业与市场特性、企业及其非对称性、需求性质和其他因素等四个方面进行分析。

10.3.1 产业、市场与供给特性

（1）竞争者数量。相关市场上竞争者的数量是影响默契串谋的一个重要因素。串谋涉及的企业数量越大，协同的难度就越大，尤其是当企业之间的协同只是建立在对市场行为的默契理解上时更是如此（Compte and Jehiel, 2001）。例如，当企业数量较多时，以价格和市场份额的形式来确定一个"均衡点"可能变得越来越不明显，当企业之间的产量和成本是不对称的时，协同均衡的难度更大。当竞争者数量太多时，除了很难达成"共识"以外，还有另外一个原因使得串谋的难度变大。由于参与串谋的企业需要分享串谋利润，当参与的企业数量很多时，每个企业获得的"蛋糕"份额就变少。这就意味着：①由于企业通过将自身价格降低于串谋价格就可以从所有其他竞争对手那里获得市场份额，提高市场占有量，甚至占有整个市场，因而企业背离串谋路径的收益将会增加；②对于每个企业而言，由于其只能获得串谋利润中越来越小的份额，因而维持串谋所获得的长期利益是下降的。随着竞争者数量增加，

背离串谋的短期收益是上升的,而维持串谋的长期利益是下降的,因而阻止企业背离串谋路径的难度在增大。也正是由于以上原因,企业数量越少,相互协同的难度就越低。或者说,竞争者越多,串谋的难度越大。

假定相关市场上有 n 家企业以相同的不变成本生产同质产品,如果它们坚持串谋价格,那么每个企业获得的利润为:

$$\frac{\pi^C}{n} + \delta\frac{\pi^C}{n} + \delta^2\frac{\pi^C}{n} + \cdots = \frac{\pi^C}{n}(1 + \delta + \delta^2 + \cdots)$$

假定有一家企业将价格调低于其他竞争者(背离串谋价格),它将获得所有串谋利润 π^C,同时触发价格战。因而企业坚持串谋价格的条件为:

$$\frac{\pi^C}{n}(1 + \delta + \delta^2 + \cdots) \geq \pi^C + \delta \times 0$$

通过简单演算,可以得到串谋得以维持的折现因子的取值范围:

$$\delta \geq \delta^*(n) = 1 - \frac{1}{n}$$

同样道理,当且仅当企业赋予未来收益足够大的权重时,串谋才能得以维持。折现因子的关键门槛值取决于企业的数量:相关市场上的竞争企业数量越多,门槛水平就越高,意味着串谋得以维持的可能性就越低。当折现因素简单反映利率水平时,即 $\delta = 1/(1+r)$,上述门槛条件可以使用利率水平表示,即:

$$r \leq r^*(n) = \frac{1}{n-1}$$

也就是说,当利率水平低于某一门槛水平时,串谋就可以维持。

(2)进入壁垒。很明显,如果相关市场的进入壁垒较低,那么串谋就难以维持。首先,在缺乏进入壁垒时,任何保持超过竞争水平的价格的努力都将引发新企业进入(例如,短期进入或者实施"打了就跑"的进入策略),从而侵蚀相关市场上的串谋利润。其次,未来进入的预期将减少报复的范围,限制串谋的可维持性。也就是说,如果发生进入,背离企业遭受未来报复的损失将降低。更具体地说,对未来进入的预期不会影响企业从背离串谋中所获得的短期利益,但是减少了背离的潜在成本(放弃未来利润)。实际上,如果进入发生,对背离企业的报复就变得没有意义,因为不管在位企业过去的行为怎样,进入都将消散利润(Ivaldi et al., 2003b)。当进入的可能性上升时,企业将更有动机背离串谋价格,串谋和维持串谋的难度就将上升。为了说明这一点,我们假定在上述双寡头垄断市场上,在将来某一时期内某家企业以竞争性价格(p=c)进入市场的概率为 μ;当进入不发生时(概率为 $1-\mu$),两家在位企业是唯一的竞争对手,因而试图保持串谋。当进入不发生时,为了使串谋的可能性最大，在位企业最好的行动包括：①制定串谋价格，平分串谋利润；②只要有一家在位企业背离垄断价格，另一家企业就恢复到竞争性价格以作为对背离的报复。这种串谋行为使得每家在位企业获得利润的折现值为：

$$\frac{\pi^c}{2} + (1-\mu)\delta\frac{\pi^c}{2} + (1-\mu)\delta^2\frac{\pi^c}{2} + \cdots$$

$$= \frac{\pi^c}{2}[1 + (1-\mu)\delta + (1-\mu)\delta^2 + \cdots]$$

$$= \frac{\pi^c}{2}[\mu + (1-\mu)(1+\delta+\delta^2+\cdots)] = \frac{\pi^c}{2} + (1-\mu)\frac{\delta}{1-\delta}\frac{\pi^c}{2}$$

因而，当满足以下条件时，串谋就是可维持的：

$$\frac{\pi^c}{2} + (1-\mu)\frac{\delta}{1-\delta}\frac{\pi^c}{2} \geq \pi^c + \delta \times 0$$

即：

$$\delta \geq \delta^* = \frac{1}{2-\mu} \tag{10-1}$$

以上假定的是进入只发生于将来，如果进入也发生于现期，那么串谋行为使得在位企业获得的折现利润为：

$$(1-\mu)\frac{\pi^c}{2} + (1-\mu)\delta\frac{\pi^c}{2} + (1-\mu)\delta^2\frac{\pi^c}{2} + \cdots$$

$$= (1-\mu)\frac{\pi^c}{2}(1+\delta+\delta^2+\cdots)$$

因而串谋可维持的条件就是：

$$\frac{\pi^c}{2}\frac{(1-\mu)}{1-\delta} \geq \pi^c + \delta \times 0$$

即：

$$\delta \geq \delta^* = \frac{1+\mu}{2} \tag{10-2}$$

从式（10-1）和式（10-2）可以看出，折现因子的关键门槛值 δ^* 随着进入的概率 μ 上升而上升：进入的可能性越大，维持串谋就越困难；当进入的概率非常大（接近于1）时，门槛值就接近于1，意味着几乎不可能维持串谋。也就是说，在缺乏进入壁垒时串谋不能维持；进入壁垒越低，维持串谋的难度就越大。

（3）市场透明度。企业频繁地调整价格使得相关市场上的企业能够在其他企业发生背离行为时迅速采取报复行动。但是，其他企业在采取报复行动之前必须发现这种背离行为。因此，当单个企业价格不容易观察，或者不能从较易获得的市场数据中很容易地推断出来时，串谋可能难以维持。也就是说，有一些不确定性因素影响市场,否则竞争对手就能够通过观察自身市场份额的下降来发现背离行为。斯蒂格勒(Stigler,1964)、格林和波特(Green and Porter,1984)和阿布鲁、皮尔斯和斯塔科迪(Abreu,Pearce and Stachetti,1985)等学者的研究表明,价格和销售情况缺乏透明度并不必然完全阻碍串谋,但是的确使得串谋难以维持并限制企业协同串谋行为的范围。

蒂诺尔(Tirole,1988)在拓展格林和波特(1984)模型的基础上分析了市场透明度对于串谋的影响。假定相关市场上的每一家企业能够观察到自己的价格,但是观察不到其他企业的价格;企业面临的需求可能以一定的概率消失(销售量等于0)。当一家企业在某一给定的时间内不能销售商品时,可能的原因或者是"坏运气"(需求的不利冲击),或者是另一个企业已经"背叛"(背离串谋价格)。结果是,企业之间完美地串谋不再可能。完美地串谋要求,即使是在面临需求冲击的情况下,企业也要制定垄断价格。但是,每个企业都有动机背离串谋获取更大市场份额,并将其他企业无法销售的事实归咎于"坏运气"。

最佳串谋计划包括:串谋初始就制定垄断价格,只要每家企业保持其市场份额就维持这一价格;任何时候,只要一家企业无法销售,就在一个有限的时间内(T)发动价格战,直到恢复垄断价格。价格战需要持续足够长的时间以阻止潜在的背叛者。但是,价格战也有可能是由纯粹的"坏运气"(需求的负向冲击)而引发的;因而企业有动机限制价格战的持续时间,使价格战持续的时间正好足以规范默契串谋行为。更具体地说,我们用 μ 表示需求冲击的概率,这种串谋计划所产生的预期折现利润为:

$$V = (1-\mu)\left(\frac{\pi^C}{2} + \delta V\right) + \mu\delta^{T+1}V$$

上式右边的两个部分分别表示当需求冲击发生和不发生时的收益:在没有需求冲击时,每个企业获得串谋利润的一半,并在下一期保持串谋价格;如果发生需求冲击,那么每个企业在该时期内不能销售,在接下来的T时期内价格等于边际成本,直到在T+2时期恢复到垄断价格。从以上条件中可以得到预期折现利润V:

$$V = \frac{(1-\mu)}{1-\delta(1-\mu+\mu\delta^T)}\frac{\pi^C}{2}$$

上式表明,V随着需求冲击概率的下降而下降,随着价格战持续的时间的上升而上升。当以下条件得到满足时,串谋就可以维持:

$$V = (1-\mu)\left(\frac{\pi^C}{2} + \delta V\right) + \mu\delta^{T+1}V \geq (1-\mu)\pi^C + \delta^{T+1}V$$

上式的右边反映了这样一个事实：在缺乏需求冲击的情况下，企业背离串谋价格可以获得现期的所有串谋利润，但是将引发价格战。以上条件还可以写作：

$$\delta(1-\delta^T)V \geq \frac{\pi^C}{2}$$

由于上式的左边随着 T 的下降而下降，因而要求价格战持续的时间足够长。如果以下条件得以满足，无限期的价格战（T 无限大）将有效地维持串谋：

$$\delta \geq \frac{1}{2(1-\mu)}$$

上式表明，串谋得以维持要求需求冲击的概率不能太大。如果这一条件得到满足，那么最优的串谋计划就包括制定垄断价格（$p^C = p^M$），调整必要价格战的持续时间使其正好满足 $\delta(1-\delta^T)V \geq \frac{\pi^C}{2}$。另外，当需求冲击的可能性更大时（也可以解释为市场的透明度下降），V 也会下降，这就意味着需要更长时间的价格战来约束潜在的背离者。当考虑到市场透明度时，我们必须强调哪些因素是重要的，哪些因素可以被企业直接观察到，哪些信息能够从可以获得的市场数据中推断出来。相对于不稳定市场而言，当市场处于稳定状态时，识别背离串谋路径的行为更容易，所需要的市场数据也更少。

此外，考虑获取可以信赖的价格和产量数据所需的时间延误及数据性质也很重要。例如，专业协会有时候会公布一些关于价格、产量和产能利用率的数据。首先需要关注的是，这些信息是汇总数据还是个体数据，利用后者个体数据更容易识别背离企业（Kuhn，2001）；如果具体信息只是在较长的时间延误后获得，可能无助于维持串谋，关注定价期与公布期的时间滞后情况也很重要。

需要指出的是，在使得串谋难以执行的情况与使得企业在开始时难以协同产生串谋结果的情况之间存在一定的联系。获取价格和产量数据的难度越大，在没有显性串谋的情况下企业达成串谋价格的难度就越大。然而，将二者等价起来也是不准确的。例如，在技术标准十分明确、产品同质化程度较高的产业内，即使是在缺乏产量水平透明度的情况下，垄断价格也可能较易达成。因此，串谋协议可能容易协同产生，但难以执行。相反地，即使是在关于个体产量水平的信息透明度较高的情况下，如果产品是差异化的，那么串谋协议也难以执行。因为在这种情况下，企业很难辨清什么样的行为才能使竞争对手不至于"不安"：这样做仅仅是意味着"阻止价格削减"，还是也意味着"阻止质量改进"？消费品市场上的圣诞季促销是否会影响默契串谋的"合作精神"？等等。总之，产业内的企业数量一定时，市场透明度的降低将使得默契串谋难以执行，也可能使得默契串谋协议在当初就难以达成（Ivaldi et al., 2003b）。

（4）创新。创新活动及创新成果将使得价格串谋更加难以维持，原因在于，创新（尤其是能够取得明显技术进步的创新）能够使企业获得明显竞争优势（Stigler，1964）。这将降低未来串谋的价值，减少竞争对手实施报复所造成的损失。创新能够造成企业竞争优势的不对称，这一理论实际上是关于成本不对称的这一更一般观点的特殊延伸，但是也能够通过简单的例子进行解释。假定某一产业没有任何创新活动，在位企业能够从一个安全稳定的环境下获得收益，分享串谋利润 π^C。那么企业在选择背离串谋行为之前会犹豫不决，因为背离将导致价格战，使未来的串谋收益消散。现在假定某一在位企业能够以一定的概率实施很大的创新，这一创新能够驱使竞争对手退出市场。如果创新成功的概率很大，那么在位企业将预期它们的市场地位是短期的；因而它们将较少注意未来报复的成本，更多地企图背离串谋。我们来考虑一个双寡头市场，其中一家在位企业以概率 $\rho/2$ 实现明显的创新，用 V^I 表示相应的预期收益。两家企业拥有同等机会以相同的概率实现创新，因而相关市场上实现创新的概率为 ρ，创新不发生的概率为 $(1-\rho)$。只要没有创新出现，通过维持串谋价格 p^C，每个在位企业能够获得的预期收益为：

$$V^C = \frac{\pi^C}{2} + \delta\left[\frac{\rho}{2}V^I + \frac{\rho}{2} \times 0 + (1-\rho)\frac{\pi^C}{2}\right] + \delta^2(1-\rho)$$

$$\left[\frac{\rho}{2}V^I + \frac{\rho}{2} \times 0 + (1-\rho)\frac{\pi^C}{2}\right] + \cdots$$

$$= \frac{\pi^C}{2}\left(\frac{1}{1-\delta(1-\rho)}\right) + \delta\frac{\rho}{2}V^I\left(\frac{1}{1-\delta(1-\rho)}\right)$$

相反，如果一家企业背离串谋价格，它将在短期内获得整个利润 π^C，并触发未来的价格战，在随后的时期获得零利润，除非能够实现明显创新（背离后的时期内企业实现创新的概率为 $\rho/2$）。因此，背离企业的预期收益为：

$$V^D = \pi^C + \delta\left[\frac{\rho}{2}V^I + \frac{\rho}{2} \times 0 + (1-\rho) \times 0\right] + \delta^2(1-\rho)$$

$$\left[\frac{\rho}{2}V^I + \frac{\rho}{2} \times 0 + (1-\rho) \times 0\right] + \cdots$$

$$= \pi^C + \delta\frac{\rho}{2}V^I\left(\frac{1}{1-\delta(1-\rho)}\right)$$

如果 $V^C \geq V^D$，那么串谋就是可维持的。这一条件可以归结为：

$$\delta \geq \delta^*(\rho) = \frac{1}{2(1-\rho)} \tag{10-3}$$

从上式可以看出，当创新的概率上升时，串谋的可维持性下降。在这里，我们分析的情形是，创新来自于在位企业。当创新来自于外部企业时，分析的原理是相似的。无论创新是来自于在位企业还是外部企业，只要出现创新，对背离行为进行报复的效果都将下降。现在我们假定在每一时期内外部创新者以概率 ρ 进入市场并"扫除"现有的在位企业。因此，在位企业在每一时期内生存的概率为 $(1-\rho)$，在 T 时期内生存的概率为 $(1-\rho)^T$。只要能够生存，在位企业就将获得以下预期收益：

$$V = \frac{\pi^C}{2} + \delta(1-\rho)\frac{\pi^C}{2} + \delta^2(1-\rho)^2\frac{\pi^C}{2} + \cdots = \frac{1}{1-\delta(1-\rho)}\frac{\pi^C}{2}$$

当这一收益大于背离的短期收益时，串谋就可以维持，即：

$$\frac{1}{1-\delta(1-\rho)}\frac{\pi^C}{2} \geq \pi^C + \delta \times 0$$

因此，串谋可维持的条件为：

$$\delta \geq \delta^*(\rho) = \frac{1}{2(1-\rho)} \qquad (10-4)$$

比较式（10-3）和式（10-4），我们会发现两种情形下的结论是一样的：创新的可能性越大，维持串谋的难度就越大。因此，在创新型市场（例如，高新技术产业）上，反垄断当局可以不用过分关注串谋问题。

（5）多市场接触。大部分经济学家认为，当企业存在多市场接触（例如，在多个市场上供应产品）时，维持串谋就会更容易一些（Bernheim and Whinston，1990；Evans and Kessides，1994）。这是因为：①多市场接触提高了企业之间互动的频率[1]；②多市场接触可以缓解出现在单个市场上的非对称性问题。例如，某家企业可能在一个市场上具有竞争优势，而它的竞争对手在另一个市场上具有竞争优势，这样可以使它们在串谋协同中互相让步。单一市场分析可能认为串谋难以维持，但多市场接触使企业恢复到总体对称的情况下，从而有利于维持串谋；③多市场接触可以使企业维持那些在单一产业特性下难以维持的串谋。例如，假定在双寡头市场上的两家企业同时在另一个市场上面临更多的竞争对手，它们希望在这两个市场上维持相同的串谋利润 π^C。根据以上分析，在第一个市场上，如果折现因子大于 1/2，那么它们可以维持串谋；但是在第二个市场上，如果折现因子小于 2/3，它们就不能先验地串谋。然而，实际上，它们可以在两个市场上同时串谋。具体方法是，它们可以在第二个市场上给竞争对手一个更高的市场份额以诱使其参与串谋，然后依靠第一个

---

[1] Parker, P. M. and L. H. Roller, Oligopoly and Incentive for Horizontal Merger. *American Economic Review*, 1997 (75): pp. 219-227.

市场上的互动来约束它的背离行为①。它需要在第二个市场上给予竞争对手 $a=1-\delta$ 的市场份额,这样竞争对手就不会背离串谋,因为当 $a \geq 1-\delta$ 时,满足以下条件:

$$a\pi^C(1+\delta+\delta^2+\cdots)=\frac{a\pi^C}{1-\delta}\geq \pi^C$$

除竞争对手以外的其他企业分享第二个市场上的剩余市场份额 δ。因此,只要以下条件得到满足,这些企业就将坚持串谋路径:

$$\left(\frac{1}{2}\pi^C+\frac{\delta}{2}\pi^C\right)(1+\delta+\delta^2+\cdots)\geq \pi^C+\pi^C+\delta\times 0$$

即:

$$\delta\geq \frac{3}{5}$$

这一门槛值大于标准条件下的 1/2,但小于 2/3;因此,当企业的折现因子位于 5/12 与 2/3 之间时,企业如果只参与一个市场的供给活动,那么第二个市场上的串谋就难以维持;如果企业参与两个市场的供给活动时,两个市场上的串谋都可以得到维持。这一结论给人的直观感觉是,第一个市场上串谋可维持性的"一些松懈"可以用于促进第二个市场上串谋。因此,从总体上来说,多市场接触有利于串谋的形成和维持。

10.3.2 企业及其非对称性

(1)市场份额。经济学家通常认为,相关市场上企业之间的市场份额越是对称,企业之间就越容易串谋。乍看之下,这似乎很有道理,因为市场份额越低的企业从背离串谋中获得的收益越大,从报复行为中失去的收益越小。为了更具体地说明这一点,我们假定相关市场上有两家竞争企业,市场份额取值范围为 $s\leq 1/2$。如果满足以下条件,市场份额较小的企业将坚持串谋价格:

$$s\pi^C(1+\delta+\delta^2+\cdots)\geq \pi^C+\delta\times 0$$

即:

$$(1-s)\pi^C\leq \frac{\delta}{1-\delta}(s\pi^C-0)$$

通过计算可得:

$$\delta\geq \delta^*(s)=1-s$$

当小企业进一步失去市场份额时,或者说当两个企业的市场份额变得更加

---

① Bernheim, D. and M. Whinston, Multimarket Contact and Collusive Behavior. Rand Journal of Economics, 1990 (21): pp. 1-26.

不对称时，门槛值 δ^* 将上升，串谋将变得更加困难。然而，市场份额主要是内生的。例如，在上述产业中，假定企业以相同的不变边际成本生产相同的产品，没有理由先验地认为市场份额是对称的。换句话说，在给定的产业内，当市场份额是非对称的时，研究者可能怀疑企业具有不同的边际成本或者生产不同的产品。但是，这时候相关的问题就成为成本、产品范围或质量等更为复杂的非对称性问题。实际上，这些非对称性将：①阻碍串谋；②导致市场份额的非对称性。也就是说，当市场份额的非对称性可能不构成分析某一产业的主要相关因素时，它可能反映更为复杂的相关非对称性因素，并且倾向于使维持串谋变得更加困难。

（2）企业互动频率。我们已经提到，当相同的企业重复竞争（重复博弈）时，企业之间通过协同竞争行为进行串谋的空间就越大。相似地，当企业互动的频率（交易次数）越高，维持串谋的可能性就越大。这是因为，当企业互动频率很高时，企业将更快地对背离行为做出反应。报复行为能够来得更快，企业背离的短期利益就越小，因遭受报复而损失的长期利益就越大。如果企业不能预期到未来的再次互动，那么它们就不会默契串谋；相似地，如果企业之间互动很少，那么串谋也不太可能发生。这是因为，为了获得短期利益的背离（串谋价格）行为只能在很远的将来受到"惩罚"，企业都有现期背离的动机（Ivaldi et al., 2003b）。谢勒（1980）以美国政府购买散装疫苗时为了防止供应商串谋的实践为例对此进行了解释[①]。通过散装购买，美国政府一方面提高了每次招标采购的数量，另一方面减少了招投标的频率，限制了投标企业之间的互动频率。提高采购量意味着在每次招投标中投标者将价格降低于竞争对手的短期收益增加；减少招投标的频率意味着背离串谋的报复发生得更缓慢，这两种因素都有利于阻止串谋（Scherer, 1980）。

为了说明企业互动频率对于串谋的影响，我们继续采用基本的双寡头模型进行分析。现在假定企业只是在每个 T 时期内竞争，或者说企业只是在 T，T+1，2T+1，3T+1，…时期内竞争；更高的互动频率意味着更小的"等待时期" T。那么，串谋可维持的条件为：

$$\frac{\pi^c}{2}(1+\delta^T+\delta^{2T}+\cdots) \geq \pi^c + \delta^T \times 0$$

即

$$\delta \geq \delta^*(T) = \frac{1}{2^{1/T}}$$

[①] 参见 Scherer, M.. *Industrial Market Structure and Economic Performance*, Chicago: Rand - McNally, 1980, pp. 251-252。

关键门槛值随着 T 的增加而上升：当企业的互动变得较少时，可以预期到的、遭受未来报复的成本就变低，因而串谋就越难以维持。价格调整的频率对于串谋的影响，与此原理相似。当价格调整更为频繁时，报复行为就来得更为迅速；另外，背离企业将不能获得时间优势以攫取短期利益。这两个因素都有助于阻止串谋。因而，最重要的不是企业在每一时期内是否销售，而是它们能够调整价格的频率。调整价格的频率越高，就越容易维持串谋。我们假定在双寡头模型中企业在每一时期内"竞争"但将价格维持 T 时期，即企业在时期 1 设置价格，然后在时期 1，2，…，T 内保持该价格；在时期 T+1 再次设置价格，然后在时期 T+1，T+2，…，2T 内保持该价格；以此类推。更高频率的互动，或者说更短的 T，对应着更低刚性的价格。串谋可维持的条件为：

$$\frac{\pi^C}{2}(1+\delta+\delta^2+\cdots) \geqslant \pi^C(1+\delta+\delta^2+\cdots+\delta^{T-1})+\delta^T \times 0$$

上式的左边表示企业维持串谋时的收益，右边表示该企业在其他企业报复前能够从背离行为（在 T 时期内将价格降低于串谋价格）所获得的收益。这一条件可以导出与上面相同的门槛条件，即：

$$\delta \geqslant \delta^*(T) = \frac{1}{2^{1/T}}$$

从以上分析可以看出，企业频繁互动和价格频繁调整有助于串谋的发生和维持。

（3）成本的非对称性。成本非对称性意味着企业竞争优势的非对称性，成本非对称的程度越高，产生和维持串谋的难度越大。我们继续采用简化的双寡头垄断模型来分析成本的非对称性对于串谋的影响。假定两家企业具有不同的成本结构，成本的非对称性的存在具有以下几个含义（Bain，1948）：①企业会发现很难找到一个大家都同意的共同定价策略。具有低边际成本的企业将坚持制定一个低于其他企业希望维持的价格。更一般地说，成本结构的多样性可能排除任何定价策略的"交点"（Focal Point），加剧协同问题。另外，技术效率要求将市场份额分配给低成本企业，但是这在缺乏公开协议和单边转让协议的情况下明显难以实现（Osborne and Pitchik，1983；Schmalensee，1987）。②即使是企业同意协同给定的串谋价格，低成本企业也将难以自觉遵守。这是因为，一方面低成本企业可能从背离中获得的收益更多，另一方面它们不太担心高成本企业可能发起的报复行动（Phillips and Nowell，1992）。

我们假定双寡头垄断市场上的企业具有不同的单位成本，即低成本 c_L 和高成本 c_H，$c_H > c_L > 0$；另外，为了简化分析，我们假定市场需求缺乏弹性：只要价格不超过保留价格 p^R，企业就能够售出所有的需求 D。这一假定意味着，无论企业的成本为多少，垄断价格都等于消费者的保留价格。这一假定也解决了上文提到的第一个问题，两家企业都同意最佳的串谋价格为垄断价格，即 $p^C = p^M = p^R$。由于低成本企业可以将价格设定为等于（或略低于）其他企业的成本，因而相对于高成本企业而言，它不太害怕价格战。更一般地说，当报复行为是由低效率企业向高效率企业实施时，报复的有效性会降低[①]。特别是，低效率企业很难在不给自己带来更大损失的情况下给高效率企业造成明显的利润损失。这就意味着，低效率企业的理性报复行为对高效率企业的制约较小。因而，相对于面临一个同样的低成本企业而言，当低成本企业面临一个高成本企业时，其背离串谋行为的动机更强。假定两家企业坚持相同的市场份额，高成本企业愿意维持串谋价格的条件为：

$$(p^R - c_H)\frac{D}{2}(1 + \delta + \delta^2 + \cdots) \geq (p^R - c_H)D$$

从上式可以求得高成本企业维持串谋的门槛条件：

$$\delta \geq \frac{1}{2}$$

低成本企业愿意维持串谋价格的条件为：

$$(p^R - c_L)\frac{D}{2}(1 + \delta + \delta^2 + \cdots) \geq (p^R - c_L)D + \delta(c_H - c_L)D(1 + \delta + \delta^2 + \cdots)$$

很明显，这一条件更加严格，主要是由于报复对于低成本企业的惩罚较低。特别地，如果 $(c_H - c_L) > (p^R - c_L)/2$，那么低成本企业将从价格战中获得更多收益，因而低成本企业将不会同意平分市场份额。我们来分析成本优势为中等程度时的情形，并用 $\gamma = 2(c_H - c_L)/(p^R - c_L)$（$\gamma < 1$）来指数化这一成本优势。此时，低成本企业不背离串谋路径的条件为：

$$\delta \geq \delta^*(\gamma) = \frac{1}{2 - \gamma}$$

当两家企业具有相同的成本时，以上条件就与标准门槛值（1/2）相同。这一门槛值随着成本差异程度（γ）的上升而提高。也就是说，成本的非对称性阻碍串谋。

为了拉拢低成本企业坚持串谋行为，相关企业可以不均等地分享串谋利润，低成本企业获得较大份额。由于背离的动机取决于企业累积获得的串谋利润的相对规模与来自于报复的潜在损失之间的比较，因而害怕低程度报复的企业实际上也只能从背离中获得较低的短期收益。认识到这一点以后，相关市场

[①] 这是因为低效率的企业通过竞争制裁高效率企业的能力是有限的。参见 Ivaldi, M., B. Jullien, P. Rey, P. Seabright and J. Tirole, The Economics of Tacit Collusion, DG Competition Working Paper, 2003b。

上的企业可能默契地授予低成本企业一个较大的市场份额。然而，当这种行为有助于维持串谋时，它就不会恢复到与成本结构对称时相同的串谋概率。实际上，这种行为有助于为低成本企业提供维持串谋激励，但是与此同时它也影响了高成本企业的动机。因而这就对可能的市场份额的重新分配产生了限制。也就是说，与成本结构对称时的情形相比较，成本非对称时的串谋空间变小了；成本对称下的最有效的串谋行为对应着能够反映企业成本状况的非对称的市场份额。当授予低成本企业的市场份额为 $a \geq 1/2$ 时，低成本企业的激励约束为：

$$(p^R - c_L)aD(1 + \delta + \delta^2 + \cdots) \geq (p^R - c_L)D + \delta(c_H - c_L)D(1 + \delta + \delta^2 + \cdots)$$

市场份额 a 越大，这一条件越容易满足。提高低成本企业的市场份额将负向影响其他企业的激励约束，其他企业的激励约束为：

$$(p^R - c_H)(1 - a)D(1 + \delta + \delta^2 + \cdots) \geq (p^R - c_H)D$$

也就是 $\delta \geq a$。

因而最大化串谋空间的市场份额分配需要在"尽可能地"给予低成本企业较大市场份额的同时满足其他企业的激励约束条件，即 $a = \delta > 1/2$。这样做的结果是，降低了关键折现因子门槛值，即：

$$\delta^*(\gamma) = \frac{1}{2 - \gamma} \Rightarrow \delta^*(\gamma) = \frac{1}{2 - \gamma/2}$$

以上分析验证了我们在前文中所得到的结论，即当市场份额为内生变量时，市场份额的非对称性可能仍然提供间接证据，说明越是复杂的非对称性越倾向于阻碍串谋。

（4）产能的非对称性。产能限制通过两种途径潜在地影响串谋的可维持性：①一个产能受限的企业从背离行为中获得的收益较少；②产能瓶颈会限制企业对背离行为进行报复的能力（Abreu，1986）。乍一看上去，产能限制对于串谋的影响较为模糊，因为它在降低企业背离动机的同时也降低了其他企业惩罚背离的能力（Brock and Sheinkman，1985）。实际上，研究对称性产能的文献已经证实了产能限制对于串谋影响的这种模糊性[①]。然而，产能非对称性对于串谋的影响的模糊性低一些。与企业面临相同产能限制的情形相比较，以牺牲其他企业产能的形式提高一个企业的产能，将提高产能增加企业的背离动机，限制其他企业的报复能力。因而从总体上看，这种产能非对称性阻碍串谋（Lambson，1994）。拉姆森（Lambson，1996）举例说明了产能的轻微不对称

[①] 参见 Lambson, V. E., Optimal Penal Codes in Price-Setting Supergames with Capacity Constraints. *Review of Economic Studies*, 1987 (54): pp. 385-397。

就会阻碍串谋[1];戴维森和德内克尔(Davidson and Deneckere, 1984, 1990)、皮纳德(Penard, 1997)的研究结果显示,产能非对称性使得双寡头市场上的串谋更加困难[2]。孔特等(Compte et al., 2002)对以上观点进行了更加具体的论证,他的研究结果显示,当总体产能给定时,引入产能的非对称性的确使得串谋更加难以维持[3]。

假定双寡头垄断市场上的两个企业面临非对称的产能限制,企业1具有较高产能(K_L),企业2具有较低产能(K_S)。为了使分析简化,假定不存在可变成本,并且需求缺乏弹性:在缺乏产能限制的情况下,企业能以低于消费者保留价格 p^R 的任意价格销售产量D。这一假定降低了配给计划和剩余需求分析的复杂性[4]。如果企业以市场份额 a_L 和 a_S($a_S = 1 - a_L$)保持串谋价格 $p^C = p^R$,那么每个企业i所获得的串谋收益为 $a_i D/(1-\delta)$。相反,如果一家企业背离串谋价格,那么它将销售其所有产能,但是面临报复,报复的力度和效果受到产能限制的影响。然而可以预期到的是,相对于产能高的大企业报复产能低的小企业而言,小企业将具有较低能力去伤害大企业。因此,大企业具有更强的动机背离串谋行为:它在短期内的背离收益更大,担心报复的忧虑较小。结果是,为了拉拢产能高的企业遵守串谋协议,其他企业需要给其更高的市场份额。例如,假定双寡头市场上有一家企业背离后,两家企业又恢复到标准的价格竞争,利润与生产能力成正比。由于背离串谋的短期收益也与生产能力成正比,这就意味着背离行为的总折现收益与产能成正比。阻止企业背离的最佳途径是,根据它们的生产能力分配市场份额,即 $a_i = K_i/(K_L + K_S)$。那么,两个企业的激励条件相吻合并决定了折现因子的关键门槛值:

$$\delta \geq \delta^*(K_L, K_S) = \frac{K_L}{K_L + K_S} = \frac{1}{1+\lambda}$$

上式中,$\lambda = K_S/K_L$,它表示相对于大企业而言的小企业的相对规模。当企业的产能是对称的时,即 $K_S = K_L$,这一门槛条件与标准门槛值(1/2)是相同的;并且随着企业产能不对称性程度的提高而上升。孔特等(2002)将这

---

[1] Lambson, V. E., Optimal Penal Codes in Nearly Symmetric Bertrand Supergames with Capacity Constraints. *Journal of Mathematical Economy*, 1996 (31): pp. 151-167.

[2] Davidson C. and R. J. Deneckere, Horizontal Mergers and Collusive Behavior. *International Journal of Industrial Organization*, 1984 (2): pp. 117-132. Davidson C. and R. J. Deneckere, Excess Capacity and Collusion. *International Economic Review*, 1990 (31): pp. 521-541.

[3] Compte, O., F. Jenny and P. Rey, Capacity Constraints, Mergers and Collusion. *European Economic Review*, 2002 (46): pp. 1-29.

[4] Ivaldi, M., B. Jullien, P. Rey, P. Seabright and J. Tirole, The Economics of Tacit Collusion, DG Competition Working Paper, 2003b.

一结论一般化到任意数量的企业[①]。他将 K_s 解释为所有小企业（或者说，除一家大企业以外的所有其他企业）的累积产能，只要这一累积产能不超过市场规模，上面的门槛条件仍然适用。不过在这种情况下，市场参与者的产能之和不影响串谋的空间。当所有小企业一起能够供应整个市场时，关键门槛值只取决于产能之和，而不受产能在企业之间分布状况的影响，关键门槛值随着总产能的提高而上升。原因在于，在报复的可能性最大化的情况下，如果有必要，"小企业"团结在一起足以"消灭"大企业。因此，任何产能的进一步提高只会增强企业背离串谋价格的动机，而不对报复能力产生抵消效应。在这种情况下，任何额外产能都倾向于使得串谋变得更加困难。

（5）产品的非对称性（产品差异化）。以上分析中我们都假定企业生产的是同质产品，实际上企业常常以不同的方式试图差异化其产品供给，提高产品的非对称性。一种可能性是开发"更好的产品"，经济学家将其称作"纵向差异化"（Vertical Differentiation）。本质上，纵向差异化使企业处于非对称位置，此时的分析方法与分析生产成本非对称性时相似。一家生产更好质量产品的企业，在某种程度上与一家以更低成本提供与其他企业相同质量产品的企业的情况相类似。这家企业将从背离串谋路径中获得更高的短期收益，也不太惧怕其他企业可能的报复。为了更准确地理解这一点，我们来考虑一个需求缺乏弹性的双寡头市场，一家企业以与其他企业相同的成本提供质量更好的产品，额外的好质量给消费者带来的好处可以货币化为 b。也就是说，消费者愿意支付给低质量产品的价格为 p^R，支付给高质量产品的价格为 p^R+b。串谋行为必须保持两个企业之间的价格差异 b，否则一家企业将占有整个市场。例如，企业愿意为低质量产品保持价格 p^R，为高质量产品保持价格 p^R+b，而价格竞争将会使高质量企业在较低价格 $c+b$ 上占领整个市场。这种情形与我们已经讨论过的（两家企业以不同成本提供相同质量的产品）情形是相同的，那里所得到的结论也适用于这里。高质量企业的价格—成本边际更大，通过增加额外销售所获得的收益也越大，因而它更愿意降低价格，背离串谋路径。因此，为了抑制高质量企业的背离动机，为了达成串谋，其他企业不得不给予高质量企业一个更大的市场份额。关键折现因子门槛值也将更大。也就是说，当企业所生产产品的质量水平是差异化时，高质量企业的竞争优势越大，串谋就越困难。

产品差异化的另一种完全不同的情况是，企业提供不同特性组合，可能以

---

① Compte, O., F. Jenny and P. Rey, Capacity Constraints, Mergers and Collusion. *European Economic Review*, 2002 (46): pp. 1 – 29.

可比价格给不同类型的消费者提供差异化产品。经济学家将这种情况称为"水平差异化"（Horizontal Differentiation）。这是针对细分顾客群所实施的差异化战略，通过产生顾客忠诚，获得具体细分市场上的市场势力。实际上，顾客在购买商品时可能不愿意从其喜欢的品牌转向其他品牌，即使是在其他品牌提供小幅价格优惠的情况下也是如此[①]。这种细分战略从两个方面影响串谋空间：①这一战略使得企业更难吸引其他企业的顾客，因而它限制了从背离行为中所获得的短期收益；②它也限制了价格战的严重性，降低了企业惩罚背离行为的能力。因此，从总体上看，水平差异化对串谋的影响比较模糊。产品差异化可能使串谋变得容易，也可能使串谋变得更难，具体情况取决于竞争环境的具体性质（Ross，1992；Martin，1993）。雷斯（Raith，1996）的研究结果显示，产品差异化可能加剧不透明市场上的信息问题[②]。也就是说，即使是企业不能观察到竞争对手的价格和产量，它们仍然能够从自身价格和产量中推断出相关的信息。但是，相对于企业生产差异化产品而言，当企业生产同质产品时，这种推断可能更容易一些。这可能就是为什么反垄断当局通常将产品同质性看成是串谋促进因素的一个理由。

（6）"特立独行"企业的存在。"特立独行"表现了企业行为的非对称性。如果在一个市场上有一家企业像"特立独行者"（Maverick）那样行事，那么该企业的存在就将破坏维持串谋的努力。这一点与经济学直觉——"在等同者之间容易串谋"并不矛盾。然而，"特立独行"的概念需要正确界定。例如，一家具有明显不同的成本结构、生产能力或产品质量的企业，或者受到与其他企业不同因素影响的企业，都有可能成为"特立独行者"（Harrington，1989）。在很多情况下，这类企业的行为不同于其他企业，反映出其不同的供给条件。这种企业可能不愿意参加串谋行为，或者说，它可能在一些其他企业不愿意接受或不愿意维持的市场条件下参与串谋。还有一种情况是，一家企业可能强烈偏好于短期利益，因而有更强的动机背离串谋价格[③]。"特立独行者"的存在明显使得维持串谋的难度加大。然而，需要仔细分辨企业"特立独行"特性的起源，以确定这些特性是内在的、长期持久的特性，还是只反映了企业的临时状况。

像其他类型的不对称性一样，相关市场上的企业可能以一个更低折现因子

---

① 一种原因是消费者存在较为稳定的偏好，形成了顾客忠诚度；另一种原因是存在转换成本，形成了锁定效应。

② Raith, M., Product Differentiation, Uncertainty and Stability of Collusion, London School of Economics, Discussion Paper, No. 16, 1996.

③ Harrington, J. Collusion Among Asymmetric Firms: The Case of Different Discount Factor, International. *Journal of Industrial Organization*, 1989 (7): pp. 289 – 307.

给予"特立独行者"一个更大的市场份额；然而，由于其他企业的激励约束也必须满足，因而这行为会受到一些约束。假定市场上有三家企业，两家企业具有相同的折现因子为 $\delta > 2/3$，另一家企业（"特立独行者"）的折现因子 $\delta^m < 2/3$。由于"特立独行者"的存在，等市场份额的串谋路径难以维持，"特立独行者"将背离串谋价格，这是因为：

$$\pi^C + \delta^m \times 0 > \frac{1}{3} \times \frac{\pi^C}{1-\delta^m}$$

分配给具有相同折现因子的两家企业的最小市场份额必须满足：

$$a\frac{\pi^C}{1-\delta} \geq \pi^C + \delta \times 0$$

因而，$a = 1 - \delta$，能够给予"特立独行者"的最大市场份额为 $a^m = 1 - 2a = 2\delta - 1$，它大于 $1/3$，但小于 1。如果"特立独行"企业是一个短期利益者，那么串谋就难以维持。出现这一情形的条件是：

$$\pi^C + \delta^m \times 0 > (2\delta - 1)\frac{\pi^C}{1-\delta^m}$$

或者说，当"特立独行"企业的折现因子小于 $2(1-\delta)$ 时，串谋就难以维持。

10.3.3 需求因素

（1）需求增长。我们已经知道，当通过背离所获得的短期利益小于未来遭受报复而损失的利益时，串谋就容易维持。这就意味着，在固定市场参与者的相关市场上，当市场规模（需求）不断扩大时，现期利润小于未来的利润，串谋就更容易维持。相反，在不断萎缩的市场上，市场需求趋于下降，未来的预期利润也将下降，维持串谋的难度就越大。在市场处于崩溃边缘时的特殊情况下，企业几乎不存在"未来"，因而没有可能性去引导企业坚持串谋行为（Green and Porter, 1984）。我们仍然采用以上的双寡头模型的简单例子来分析需求变化对于默契串谋的影响。假定需求以一个稳定的比例 g 在增长，在时期 t（t=0, 1, 2, …）需求等于 $(1+g)^t D(p)$，D 表示基础的需求函数。当 g 为正数时，需求有效增长；当 g 为负数时，需求下降。通过达成串谋价格 p^C，每个企业在每一时期 t 内都获得一个利润：

$$(1+g)\frac{\pi^C}{2}, \text{其中 } \pi^C = (p^C - c)D(p^C)$$

串谋得以维持的条件为：

$$\frac{\pi^C}{2} + \delta(1+g)\frac{\pi^C}{2} + \delta^2(1+g)^2\frac{\pi^C}{2} + \cdots \geq \pi^C + \delta(1+g) \times 0$$

从上式可以得到：

$$\delta \geqslant \delta^*(g) = \frac{1}{2(1+g)}$$

这一情形与具有一个解释市场增长的修正了的折现因子（$\delta' = (1+g)\delta$）的静态市场相类似：当市场增长时（g>0），未来的权重就高；当市场需求趋于下降时（g<0），未来所占的权重就低。因此，当市场在增长时（g>0），即使是实际折现因子 δ 很小，只要调整的折现因子 $(1+g)\delta$ 保持足够水平，串谋也是可以维持的。

以上分析集中于需求增长对于默契串谋的具体影响，假定产业的其他特性（尤其是市场上企业数量）不受需求增长的影响。与理论分析的结果不一样，在司法实践中，需求增长经常解释为阻碍串谋的因素。理论与实践出现明显差异的原因可能在于，在理论分析中，我们假定了企业数量不受市场增长的影响，而在实践中，企业进入不断增长的市场更加容易，未来时期内企业进入的增加降低了现期串谋的可能性。从这个意义上说，市场增长可能与不利于串谋的市场特性相联系。然而，从进入影响和其他因素等方面理清市场增长的内在效应，并评估它们的相对大小，对于理解市场增长对串谋的影响是有用的。在进入壁垒较低的市场上，市场增长将导致新企业进入，市场增长的总体效应可能不利于串谋。然而，在市场进入壁垒较高的市场上，市场增长的内在效应可能有利于企业串谋。

(2) 需求波动与商业周期。在需求波动的市场上，串谋的可维持性较低（Rotenberg and Saloner，1986）。这是因为，当市场需求处于顶峰时，背离的短期收益最大，而因遭受报复而导致的潜在成本最低（Haltiwanger and Harrington，1991）。为了说明这一点，我们假定需求从一个时期到另一个时期是波动的，在这一时期内需求冲击是独立的，在跨时期内是均等分布的。在这种假定下，企业知道它们面对着不确定的未来，但是每一时期的前景是相同的；从"好"的市场冲击中获得的收益的概率在未来每一时期内是相同的，"坏"的冲击的损失概率也是一样。这就意味着，企业背离行为暴露时每一时期的未来报复的损失数量也是相同的。然而，在需求高于平均水平的时期，背离的短期收益也高于平均水平。因此，在这一时期内，企业必须在通过背离所获得的高于平均水平的收益与"平均水平"的惩罚所导致的损失之间进行权衡比较。很明显，在这一时期内，背离更具诱惑力；同样的道理，与需求保持稳定时相比较，需求波动时的串谋更难以维持。假定需求以相同的概率要么是低的（$(1-\varepsilon)D(p)$），要么是高的（$(1+\varepsilon)D(p)$）。平均而言，预期需求与前面所述的基本需求是相同的。通过维持串谋价格，每个企业获得预期的折现利润为：

$$V = \frac{\pi^c}{2}(1 + \delta + \delta^2 + \cdots) = \frac{1}{1-\delta}\frac{\pi^c}{2}$$

当通过"窃取"竞争对手的市场份额和利润而获得的短期利益小于未来价格战的成本时，串谋就是可维持的。未来价格战消散了预期收益 δV，而当市场需求较高时从背离行为中获得的短期利益明显较高（即 $(1+\varepsilon)\pi^c/2 > (1-\varepsilon)\pi^c/2$）。因而当现期需求较高时，如果串谋是可维持的，那么串谋可维持的条件为：

$$\delta V = \frac{1}{1-\delta}\frac{\pi^c}{2} \geq (1+\varepsilon)\frac{\pi^c}{2} \qquad (10-5)$$

即：

$$\delta \geq \delta^*(\varepsilon) = \frac{(1+\varepsilon)}{(2+\varepsilon)}$$

从上式可以看出，表示串谋可维持性的关键门槛值 δ^* 随着需求波动程度（ε）的扩大而提高。当需求的波动幅度较大且处于较高水平时，串谋变得越来越难以维持，企业被迫减少串谋行为，甚至放弃串谋。

同样的分析可以应用于更具确定性的需求波动中，例如，季节性或商业周期性波动中。同样道理，在商业周期性波动中，需求越高，企业背离串谋价格的动机就越强。然而，当商业周期处于其顶峰时，未来价格战的预期成本降低，因为报复发生在稍后的需求降低的时期内。我们来考虑一个高度简化的"商业周期"，在该周期内，需求较低下降和上升，低需求表示为 $(1-\varepsilon)D(p)$，高需求表示为 $(1+\varepsilon)D(p)$。如果企业保持串谋价格 p^c，利润的预期折现值分别表示为 V^+（高需求）和 V^-（低需求），那么：

$$V^+ = (1+\varepsilon)\frac{\pi^c}{2} + \delta V^-, \quad V^- = (1-\varepsilon)\frac{\pi^c}{2} + \delta V^+$$

并且，$V^+ \geq V \geq V^-$，即处于商业周期高峰时期的利润折现值大于平均值，处于商业周期低谷时期的利润折现值小于平均值。当需求处于较高水平（处于商业周期的高峰时期）时，如果串谋是可维持的，那么可维持的条件为：

$$\delta V^- \geq (1+\varepsilon)\frac{\pi^c}{2}$$

这一条件比上述需求随机波动时式（10-5）表示的条件更严格。在确定性商业周期的高峰，不仅从背离行为中所获得的短期收益变大了，从 $(1-\varepsilon)\pi^c/2$ 变到 $(1+\varepsilon)\pi^c/2$，而且因遭受报复而导致的成本降低了，从 δV^+ 降到 δV^-。与之相反，当需求处于商业周期的低谷时，串谋当然更容易维持。然而，从总体上来说，与缺乏需求波动时相比较，串谋还是难以维持。从周期性波动中所推导出来的门槛条件要比随机波动下的门槛值高。从以上分析可以看出，需求波动不利于串谋维持，周期性波动下的串谋可维持性要低于随机性波动下的串谋可维持性。

(3) 需求弹性。学术界通常的看法是，反垄断当局需要着重关注需求缺乏弹性的市场上的串谋[①]。然而在前文的分析中我们提到，需求弹性对于价格串谋可维持性的影响是不明确的，但当需求弹性较低时串谋的收益会更大。我们继续使用双寡头模型来解释这一点，两个企业在面临给定的需求下以相同的成本 c 生产同质产品。标准竞争将导致边际成本定价，即 p = c，因而获得零利润。如果企业通过背离串谋价格而获得的短期收益小于未来价格战的损失，那么这两个企业能够维持任意的串谋价格 $p^C > c$，分享相应的串谋利润 $\pi^C = (p^C - c)D(p^C)$。以上条件可以表示为：

$$\frac{\pi^C}{2}(1 + \delta + \delta^2 + \cdots) \geq \pi^C + \delta \times 0$$

即：

$$\delta \geq \delta^* = \frac{1}{2}$$

从以上分析可以看出，串谋得以维持的关键门槛条件不取决于消费者需求的性质，或者说，在决定关键门槛值的大小时，需求函数不起作用。如果企业的折现因子小于 1/2，无论需求曲线的形状如何，唯一的市场均衡导致竞争性价格，因而没有串谋是可以维持的。相反，如果企业的折现因子大于 1/2，无论需求曲线的形状如何，企业可以维持所有的串谋价格，甚至垄断价格。由此可见，需求弹性对于串谋的可维持性的确没有影响。这是由于需求弹性以同样的方式影响企业背离的短期收益和放弃未来串谋的长期损失。然而，需求曲线的形状的确影响串谋价格和串谋收益。在选择串谋价格时，企业必须在通过高价提高价格——成本边际与高价格导致的销售量下降之间进行权衡。理想的串谋价格是垄断价格，它可以最大化企业的联合利润 $\pi^J = (p^M - c)D(p^M)$。众所周知，需求弹性越低，这一价格就越高。更准确地说，勒纳指数与需求弹性成反比，即：

$$L = \frac{p^M - c}{p^M} = \frac{1}{\varepsilon(p^M)}$$

上式中，需求弹性等于：

[①] 然而，科利（Collie, 2004）的观点比较异类，他认为需求弹性越大，企业维持垄断水平串谋价格就越容易，参见 Collie, D., Collusion and the Elasticity of Demand. *Economics Bulletin*, 2004 (12): pp. 1–6。

$$\varepsilon(p) = \frac{pD'(p)}{D(p)}$$

以上分析反映了这样一个事实：当需求富有弹性时，企业提价所损失的销售量就较大；反之，当需求弹性较低时，企业可以在不失去过多消费者的情况下保持一个高价格，此时相对高价格下销售量与价格—成本边际之间的权衡结果最佳。因此，对于一个给定的市场规模，当需求弹性较低时，企业可以从维持垄断价格中获得更高的收益。从这一意义上说，虽然需求弹性与其他因素的性质不同，但也构成影响串谋的相关因素（Ivaldi et al., 2003b）。另外，与需求富有弹性时相比，从为消费者考虑角度看，需求缺乏弹性时的串谋需要反垄断当局更为关注。给定价格上升幅度，消费者在面临较少选择时（需求缺乏弹性）的损失更大（Tirole, 1988）。

10.3.4 影响串谋可维持性的其他因素

（1）买方势力。影响串谋的一个相关因素涉及消费者购买力量对于协同行为的抵消作用。如果购买者势力十分强大，即使是一个完全垄断者也会发现难以制定高价格。与此相类似，面临买方势力时串谋的收益将会下降。另外，斯内德尔（Snyder, 1996）注意到，大宗购买者能够通过集中订单，使企业互动频率下降，提高企业背离串谋的短期收益从而成功地打破串谋。更一般地说，大宗购买者能够设计一种程序和机制缩减串谋的空间[①]。

（2）结构上的联系。企业之间结构上的联系为企业的协同互动提供了"通道"，因而有助于产生和维持串谋。例如，所有权的交叉能够降低背离行为的短期收益；合资协议能够扩大串谋空间，例如，企业能够通过减少投资惩罚发生背离行为的合作者[②]。因此，当竞争者之间能够通过结构上的联系结合在一起时，串谋更容易发生。

（3）合作与其他协议。企业之间即使没有结构上的联系，简单的合作协议也有助于串谋的形成和维持。合作协议能够扩大串谋空间，提高惩罚背离者的可能性。尤其是在一些特定产业内，例如电信业，竞争者需要达成互联互通协议以提供更好的服务。这些协议不仅能扩大报复的范围，而且对运营商的定

[①] Snyder, J., A Dynamic Theory of Countervailing Power. *Rand Journal of Economics*, 1996（27）：pp. 747 – 769.
[②] Martin, S., R&D Joint Ventures and Tacit Product Market Collusion. *European Journal of Political Economy*, 1995（24）：pp. 357 – 379.

价策略有直接的影响①。竞争者就可以通过设计这些互联协议来促进串谋②。更一般地,企业可以改变它们之间的或者与第三方的结构性协议,以促进串谋。市场营销协议就是一个促进串谋的很好的工具。例如,朱利安和雷伊(Jullien and Rey,2002)的研究结果显示,消费品生产商能采用转售价格维持(Resale Price Maintenance,RPM)的方式在跨地域的零售市场实行统一价格,这样就更容易发现背离串谋价格的行为③。

(4) 俱乐部效应。一些市场具有俱乐部效应或网络效应,消费者可以从相同的"俱乐部"中获得利益。例如,使用相同的软件、用相同的键盘格式打字、订购相同的操作器、使用同一个运营商提供的信息等,可以解决兼容性问题,也可以增加使用该产品的效用。俱乐部效应可能使市场"倾斜"而有利于某一个企业,产生所谓的"赢者通吃(Winner-take-all)"型的竞争,从而不利于串谋。另外,俱乐部效应将产生锁定效应(Lock-ins Effects),强化巩固市场领导者的地位,提高来自于该地位的收益。假定企业试图保持相同的市场份额,那么某家企业通过削价可能引发滚雪球效应(Snowballing Effects),使得市场"倾斜"而有利于自己;该企业将获得持久的市场领导地位。由此可见,俱乐部效应会放大背离串谋路径的收益,同时锁定效应限制了报复的可能性,这两种因素都使得串谋的可能性下降。

10.4 价格以外的其他串谋形式

正如上述所指出的,企业可以通过默契协同降低相关市场的有效竞争程度,将价格提升到"竞争性"价格以上,从而获得超额利润。然而,在一些特定行业内(例如,产品高度差异化的行业),企业很难通过调整价格的行为来阻碍或降低有效竞争。但是,即使是这样的行业,企业可能发现价格串谋的替代途径,通过商业策略的非价格因素来进行协同串谋,达到降低有效竞争程度、提高垄断利润的目的。

---

① Armstrong, M., Network Interconnection in Telecommunications. *The Economic Journal*, 1998 (108): pp. 545 – 564.
② Laffont, J. J., P. Rey and J. Tirole, Network Competition: Overview and Nondiscriminatory Pricing. *Rand Journal of Economics*, 1998 (29): pp. 1 – 37.
③ Jullien, B. and P. Rey, Resale Price Maintenance and Collusion, mimeo, University of Toulouse, 2002.

10.4.1 产量竞争与串谋

价格串谋下的分析结论也适用于企业之间进行产量竞争的市场环境下。在产量竞争条件下,串谋的方式主要是企业之间通过默契协同将产量水平降低到正常竞争水平之下;如果一家企业试图通过扩大产量提高市场份额,那么其他企业就会采取报复措施,典型的报复措施是竞争对手以提高产量进行反应。这将使企业之间重新开始"正常"的产量竞争,市场重新回到较高产量水平的重复均衡状态。但是,也有可能引发竞争对手临时性的较大幅度地提高产量,使产量水平高于正常竞争水平,降低价格,迫使背离企业更大幅度地降低自身产量,即以更低价格销售更少产量,遭受更大的损失。

在讨论非串谋寡头垄断理论时我们指出,产量竞争环境下的竞争性质不同于价格竞争环境下,产量竞争环境下竞争的强度要低一些。然而,在比较两种竞争类型下串谋可能性和串谋空间的大小时,很难得到简单而又明确的结论。这是因为,产量竞争既影响报复的可能性,也影响背离串谋行为的短期收益。实际上,在产量竞争下,由于价格调整可以使竞争对手的产出顺利销售,因而企业具有较小的动机去提高产量以背离默契串谋水平。这一点有利于维持串谋。然而,在产量竞争环境下,由于背离企业能够通过调整自身产量来缓解报复带来的冲击,因而对背离行为进行报复的难度加大[1]。从总体上看,由于背离的动机下降,对报复的担心程度也下降,因而很难比较两种竞争环境下的串谋可能性与串谋的空间。

10.4.2 产能、产能投资与串谋

在一些产业内,产能选择是市场结果的决定性因素,例如,化工业、造纸业、纺织业等。在这些产业内,反垄断当局关注的是企业之间关于产能选择的潜在协同行为[2]。超额产能的存在有助于串谋价格的维持。在这里,我们主要分析企业生产接近或超过产能时的情形。在这种情况下,产能下降将导致供给减少、价格上升,串谋的主要内容就是控制产能、维持价格。这种竞争与前面分析的产能选择和产量竞争相类似,产量竞争下的串谋分析很大程度上能够应用于产能串谋分析。如果产能限制是短期的,并且市场条件允许企业调整价格销售其所有产出,产能选择完全决定产出水平,那么产能串谋与产出水平的串

---

[1] 以上比较的结果,都是相对于价格竞争环境而言的。
[2] Davidson C. and R. J. Deneckere, Horizontal Mergers and Collusive Behavior. *International Journal of Industrial Organization*, 1984 (2): pp. 117 – 132.

谋（产量竞争下的串谋）是相同的。然而，在其他情况下，由于产能竞争性质及其与价格竞争的互动，产能串谋与产量串谋之间存在一些区别（Ivaldi et al.，2003b）。

首先，产能选择并非最终产量决策。一旦产能确定，企业还需要通过价格决策进行互动。企业并非总是需要达到百分之百的产能利用率，尤其是在产能已经建立而需求却不确定时，产能与产量并非完全一致。这就意味着，产能串谋常常涉及到某些形式的价格串谋（Staiger and Wolak，1992）。此时，串谋行为面临的环境是，产能限制是短期的，需求是以一种不可预测的方式波动。在这种环境下，串谋出现的形式是，企业在低产能水平上进行协同，达成产能协议。价格串谋是否会出现取决于对需求水平的认识程度。当企业认识到需求水平较低且产业内存在较大的超额产能时，价格串谋可能在不影响未来产能串谋的前提下临时中断。

其次，产能选择不是一个持续的现象，在某些时点上企业之间选择产能的方式不一样。与价格决策相比较，产能选择的互动频率较低，较低的互动频率是阻碍串谋的一种因素。"大小不一"的产能选择可能导致"先发制人"现象：当市场机会出现或市场需求增加时，企业总是相互竞争以抢先扩大产能。这是因为，一旦某家企业已经建设了较大的产能，就将形成某种可置信的威胁，它的竞争对手就没有动机增加新的产能。

最后，产能选择串谋与产量串谋的区别还在于产能选择往往具有不可逆转性。当某一市场上产能存在的时间较长而需求增长不够快时，一家企业的产能选择将对市场产生长期影响。在这种环境下，"先发制人"策略可能显得更是刻不容缓。实际上，当产能决策具有完全的不可逆转性时，一家企业背离串谋行为将给其竞争对手造成"既成事实"，竞争对手没有其他选择，只好接受新的竞争环境。很明显，产能选择的不可逆转性能够阻碍串谋。当产能选择的不可逆转性较强、市场需求保持稳定或下降时，其对串谋的影响就较大；在这种环境下，在未来投资建设新产能的可能性就较小，因而关于产能选择的重复互动的空间就较小。相反，如果需求增长足够快，或产能折旧足够快，不可逆转性对串谋的影响就小[①]。因此，从总体上说，当产能选择串谋的性质与产量竞争环境下的产量串谋相似时，产能对串谋影响的变数较多。因而，区分产能与产量，并对投资的性质和不可逆转程度进行具体分析，是分析产能选择串谋的可行方法。

[①] Jullien, B., Dynamic Oligopoly, Quantity Competition and Collusion, Report for the European Commission, 2003.

10.4.3 顾客分享或市场分割

如果相关市场上的企业能够默契地达成协议，不"侵犯"彼此的顾客，使各自拥有相对固定的顾客群，那么也能够降低有效竞争的程度，实现默契串谋。在这样的默契串谋协议中，每一个企业都不向其竞争对手的顾客提供低价格，因为一旦它这样做了，其竞争对手将马上效仿，通过向背离企业的顾客提供低价格进行报复。企业通过默契协同有效地分配顾客，可以使它们向自己的"相对固定的"顾客制定一个高于竞争性水平的价格。这种形式的默契串谋一般发生在价格透明度较低、需求方相对集中的市场上。与顾客分享的原理相类似，市场分割也是一种默契串谋形式。在这样的默契串谋协议中，每一个企业都不进入其竞争对手"地盘"，因为它们担心竞争对手进入自己的市场。通过默契串谋分割市场，企业可以在自己独享的市场上制定一个高价格，实现地域化的垄断。

10.4.4 招投标市场上的串谋

以上的分析原理也可以应用于分析招投标市场。例如，当同一个招投标市场上重复参与的投标者数量较少、市场交易频率较高时，串谋就更容易发生。然而，招投标市场的运行机制既可以设计成阻碍串谋，也可以设计成有助于串谋。例如，密封投标拍卖产生的信息少于公开招标采购或拍卖。因此，评估招投标市场上串谋的可能性，需要深入分析该市场的组织结构和运行机制[①]。

10.5 控制串谋和卡特尔的反垄断政策

在大多数市场经济国家，反垄断当局对卡特尔都是适用"本身违法原则"，不需要进行经济分析直接宣布卡特尔为非法。近年来，由于垄断协议既具有排除、限制竞争的效果，也可能因为提高经济效率而对竞争产生促进作用，经济学家开始主张对垄断协议进行合理性分析。

10.5.1 串谋与卡特尔的危害

价格卡特尔是最典型的串谋行为，它会破坏价格作为市场导向信号的功

---

① 招投标市场上串谋机制的具体分析参见 Klemperer, P., How (Not) to Run Auction: The European 3G Telecom Auction. *European Economic Review*, 2002 (46): pp. 829–845。

能，损害市场竞争机制。但价格卡特尔下，价格被人为控制，不能真正反映商品市场的变化，无法发挥市场供求信号功能，容易导致资源浪费。同时，卡特尔会导致价格丧失激励生产者改进技术和改进生产管理的功能，生产要素不能合理被分配，劣质的产品和企业不能被市场淘汰。串谋价格一旦成为垄断价格，它们会大大超过正常价格水平。消费者会为购买这种产品付出高昂代价，这部分支出就会不公平地从消费者手中转移到卡特尔成员企业手中，从而严重损害消费者利益。数量卡特尔和分割销售市场的卡特尔是人为地限制产品的供应，限制生产者之间的自由竞争。它会导致以下结果，效益好的企业因为人为地被限制了销售市场而不能扩大生产，低效率的企业则由于其市场受到了保护，也不会被市场淘汰。因此，市场失去了优胜劣汰功能，社会资源无法得到合理配置。同时，数量卡特尔和地域卡特尔也会严重损害消费者利益，限制了消费者选择权利。

10.5.2 针对串谋和卡特尔的调查与处罚

反垄断政策主要通过两个工具对卡特尔产生作用：一是罚款。通过巨额罚款可以降低形成卡特尔的预期收益。然而，反垄断当局在罚款之前需要评估卡特尔对市场造成的损害，然后根据这一评估结果设定相应的罚款金额。另外，如果无法成功揭发和起诉卡特尔，那么无论罚款金额有多高，罚款对卡特尔都起不了威慑作用。也就是说，作为威慑卡特尔的一种策略，罚款无法单独使用。第二个工具是提高调查和成功起诉的联合概率。当发现卡特尔的概率增加时，卡特尔所能够带来的预期收益就会下降。只要反垄断当局发现和起诉卡特尔的成功概率足够高，即使不罚款，卡特尔也无法形成。

10.5.3 对垄断协议合理性的分析与评价程序

在对垄断协议（串谋或卡特尔）进行反垄断调查过程中，需要对垄断协议的合理性进行评价和分析，主要目的是判断垄断协议是否具有反竞争性。在针对某个垄断协议进行评价时，可以参考以下程序进行分析：（1）该协议是否能够明显降低产出或提高价格，如果是否定的，一般应认定其合法，如果是肯定的则进入下一步。（2）对市场竞争的限制是赤裸裸的，还是附属于其他可能产生效率或者对消费者有其他好处的企业联营或协议。如果是赤裸裸的限制竞争协议，就属于"核心卡特尔"，适用本身违法原则宣布为非法。如果是附属性的协议，则进入下一步。（3）考察施加该项限制的当事人的市场势力。对当事人所处的相关市场的市场结构进行分析，如果分析表明当事人不可能运用市场力量，则该协议不违法；如果有证据证实发生了实质性的反竞争效果，则为非法；如果运用市场势力是可能的，则进入下一步分析。（4）是否存在有力证据表明垄断协议降低了参与者的成本，或提高了产品质量，从而产生了效率获得。如果答案是否定的，则该行为为非法；如果答案是肯定的，则进入下一步分析。（5）是否存在可合理获得上述效率的其他方法，并且造成的竞争损害比上述途径更低。如果存在，则该协议为非法；如果不存在限制性更少的替代方法，则进入下一步分析。（6）权衡比较。对以上分析中获得的效率效应与反竞争效应进行权衡比较，确定是否宣布该垄断协议为非法。

10.5.4 通过宽恕或豁免政策鼓励卡特尔内部成员坦白

从市场竞争行为中辨别出卡特尔行为是非常困难的。这是因为，与反垄断机构相比较，卡特尔企业拥有信息优势，它们知道市场需求特性，更熟知自己的生产成本和运输费用，懂得如何规避反垄断当局的调查，还可以利用信息优势对反垄断当局的裁决结果进行申诉。因此，从市场竞争行为中发现令人信服的卡特尔证据很难，起诉和定罪卡特尔也有困难，裁决后赢得合谋企业的法律诉讼也有很高的司法成本。近年来，越来越多的卡特尔反垄断案件是反垄断当局利用卡特尔成员内部的矛盾和冲突，鼓励行业内部成员企业"告密"而成功调查和起诉的。反垄断政策制定者们可以制定宽恕或豁免政策来激发卡特尔内部矛盾和冲突，鼓励卡特尔成员主动揭发卡特尔行为。

卡特尔宽恕或豁免政策的主要内容是，第一个提供证据以促成成功起诉合谋的卡特尔成员将获得宽大处理，而其他成员将受到巨额罚款。即使针对卡特尔的调查已经开始，第一个前来自首坦白提供证据，且其提供的证据对成功起诉卡特尔起到了重要作用的企业，也会得到从轻处理甚至豁免其全部罪责。由于其他成员仍然面临巨额罚款，甚至企业管理层可能会被判处监禁，所以宽恕或豁免政策强烈激励着卡特尔成员成为第一个坦白者。然而，宽恕或豁免政策也具有两面性：一方面，在反垄断当局启动卡特尔调查的情况下，该政策会鼓励被调查企业主动坦白，从而有利于对卡特尔的调查和起诉；另一方面，由于该政策会提高所有卡特尔成员免于处罚的可能性，从而提高了企业参与卡特尔的预期收益，使得企业更有动机参与合谋，形成卡特尔。也就是说，针对卡特尔的宽恕或豁免政策不仅鼓励了一些原本不愿坦白的企业转而主动坦白，同时也有可能鼓励了一些原本不打算合谋的企业参与合谋。不过，近期的一些经验研究表明，针对卡特尔的宽恕或豁免政策能够有效削弱潜在卡特尔成员之间的信任，使卡特尔的形成更加困难。

10.6 小　　结

串谋、卡特尔与横向垄断协议指的是相同的横向限制竞争行为，是具有竞争关系的企业将它们的产出减少到约定水平或按约定价格销售产品的协议，主要包括协议限制价格竞争、最高限价与最低限价、协议限制产出、横向分配市场、一致拒绝交易等。寡占市场上的厂商可以运用多种合作策略性行为来创造和维持卡特尔。

影响串谋形成与维持的因素很多，从产业和市场特性的角度看，包括竞争者数量、进入壁垒、市场透明度、创新因素和多市场接触等；从企业行为与不对称性的角度看，包括市场份额、企业互动频率、成本的不对称性、产能的不对称性、产品的不对称性（产品差异化）和行为的不对称性（"特立独行"企业的存在）等；从需求特性的角度看，包括需求增长、需求波动与商业周期、需求弹性等；其他因素包括买方势力、结构上的联系、合作与其他协议和俱乐部效应等。在分析默契串谋是否产生时，这些因素之间并非孤立地发挥作用，而是相互联系、相互渗透的。并购可能对这些影响因素产生影响，从而使得默契串谋产生和维持的市场条件发生变化。企业都有使自身利润最大化的自利动机，如果企业通过默契协同而达成一个较高的市场价格，那么某家企业就有了通过制定一个略低于串谋价格的价格来提高自身利润的动机。也就是说，竞争对手共同制定高价的协同动机与企业背离协同行为的动机之间存在冲突。为了防止企业背离串谋路径，企业会在制裁背离行为的措施方面进行协同。因此，默契协同的串谋行为是否能够维持，需要将企业从协同中获得的收益与企业从背离协同中获得的收益进行比较。这也是分析串谋可维持性的基本思路。

近年来，由于垄断协议既具有排除、限制竞争的效果，也可能因为提高经济效率而对竞争产生促进作用，经济学家开始主张对垄断协议进行合理性分析。对于那些促进竞争效果能够补偿反竞争效果的垄断协议，反垄断法设置了豁免适用制度。不同反垄断法律体系中，垄断协议豁免的条件和程序也不尽相同。

第 11 章 滥用市场支配地位

> 反垄断事业接受了如下假设：(1) 假定其他情况不变，行使市场势力往往是件坏事；(2) 并不是所有情况下，行使市场势力都是坏事，实际上有些时候行使市场势力是对社会有利的；(3) 我们用来测量和处理市场势力的实证机制和法律机制不仅成本很高，而且过于粗糙，难以精准微调。
>
> ——赫伯特·霍温坎普：《反垄断事业：原理与执行》，
> 东北财经大学出版社 2011 年版，第 94 页。
>
> 在研究经济问题时，必须首先从经济角度进行整体的审视，然后才有可能进行道德和其他方面的分析；并且在实际生活中，几乎每个经济学问题都直接或间接地与信用、对外贸易以及联合和垄断的最新进展存在着复杂的相互关系。
>
> ——阿尔弗雷德·马歇尔：《经济学原理》，商务印书馆
> 2014 年版，第 722 页。

禁止滥用市场支配地位是各国反垄断政策的核心内容之一。市场经济条件下，市场主体以追求自身经济利益最大化为目标。竞争能力较强的企业通过竞争不断积累资本和市场势力，以获取市场支配地位，从而能够凭借市场支配地位实施垄断行为，牟取垄断利益。垄断厂商滥用市场支配地位将扰乱市场竞争秩序，阻碍或限制市场竞争，损害消费者利益，进而损害社会总福利。因此，需要对滥用市场支配地位的行为进行反垄断控制。

11.1 市场支配地位的经济学含义

11.1.1 市场支配地位的界定

市场支配地位（Market Dominant Position）也称为市场优势地位、垄断状

态、独占、垄断力、占有经济优势等。学术界对市场支配地位的界定分歧不大，所指的经济现象大致相同，但视角不同。有的学者是从结构的视角界定，认为市场支配地位是企业凭借其较高的市场份额，或者凭借其与技术秘密或者与取得原材料和资金的渠道以及与其他重大优势等相关的市场份额，能够决定或影响相关产品的价格，或者控制其市场或者销售的情况；有的学者是从市场行为的视角界定，认为市场支配地位是企业能够逃避市场上看不见的竞争压力，从而可以为所欲为地实施自己的经营策略，并且能够完全以符合自己利益的方式影响市场的竞争条件；有的学者从市场后果的视角界定，认为市场支配地位是单一行使企业策略性行为可以或可能对社会福利有负面效果的情况；有的学者是从能力的视角界定，认为市场支配地位是企业所获得的能够独立于其他竞争者采取影响价格和产量的行动的一种市场能力；欧共体委员会是从关系的视角界定，认为市场支配地位就是企业在独立行为时不需要考虑竞争者、买方和供货方的关系，可以独自行为影响市场竞争的情况。以上界定都具有一定的合理性，但也有一些片面性，界定市场支配地位的含义需要考虑多方面的因素。《中华人民共和国反垄断法》将市场支配地位界定为，经营者在相关市场内具有能够控制商品价格、产量或其他交易条件，或者能够阻碍、影响其他经营者进入相关市场能力的市场地位。综合以上观点，市场支配地位是指这样一种市场地位：企业凭借其在市场份额、技术、资源或资金等方面的优势获得一定的市场势力，可以在市场上不受其他企业竞争的威胁与影响，并能在竞争中独立地控制产品价格、产量或其他交易条件，或者能够阻碍潜在进入者进入相关市场，进而影响、限制或阻碍市场竞争。

市场支配地位在表面上与市场结构相关，但其实质是与企业的市场行为能力相关的一种市场状态。从经济学视角看，市场支配地位至少与以下几种能力相关：一是在不完全竞争条件下提高价格和限制产量的能力；二是一个企业或几个企业将价格提高到竞争水平之上，而且不会因此迅速地丧失大部分销售额并导致不得不停止行动的能力；三是提高价格但仍然能够保持产品需求的能力。因此，认定某家企业是否具有市场支配地位时，需要考虑以下因素：（1）企业所在相关市场上的竞争状况以及该企业的市场份额；（2）企业控制销售市场或原材料市场的能力；（3）企业的财力和技术条件；（4）其他企业对该企业在交易上的依赖程度；（5）其他企业进入相关市场的难易程度；（6）相关市场上竞争者数量及其之间的相互影响力等。

11.1.2 市场支配地位的认定

不同国家的反垄断法在认定企业是否拥有市场支配地位时，使用的量化指标也有差异。我国《反垄断法》采用市场份额标准对推定市场支配地位作了规定，《反垄断法》第十九条规定："有下列情形之一的，可以推定经营者具有市场支配地位：（一）一个经营者在相关市场的市场份额达到二分之一的；（二）两个经营者在相关市场的市场份额合计达到三分之二的；（三）三个经营者在相关市场的市场份额合计达到四分之三的。有前款第二项、第三项规定的情形，其中有的经营者市场份额不足十分之一的，不应当推定该经营者具有市场支配地位。被推定具有市场支配地位的经营者，有证据证明不具有市场支配地位的，不应当认定其具有市场支配地位"。德国《反对限制竞争法》第十九条也采用市场份额标准界定企业的市场支配地位："一个企业至少有三分之一市场份额的，推定其具有市场支配地位。由多个企业组成的整体视为具有市场支配地位，条件是：（1）该整体由三个或三个以下企业组成，它们共同占有50%的市场份额，或者（2）该整体由五个或五个以下企业组成，它们共同占有三分之二的市场份额"。由此可见，德国的认定标准比我国的认定标准要严格一些。

经济学对市场支配定位的测算主要是通过衡量市场结构和计算市场势力进行的。四种市场结构中，完全竞争和完全垄断的市场势力不需要测算，垄断竞争市场和寡占市场的市场势力的衡量指标主要包括市场集中度、赫芬达尔指数、勒纳指数、熵指数等，这些指标的具体计算方法我们已经在前文作了介绍。另外，还可以通过分析边际成本的变化、需求交叉弹性、价格策略的交替使用等方法作为衡量市场势力的辅助方法。

11.2 滥用市场支配地位行为的界定

企业通过改善产品质量、降低成本、改进服务获得竞争优势，进而获得市场支配地位，并不违法。只有滥用市场支配地位以限制、排斥和阻碍竞争才是非法的。各国反垄断法对滥用市场支配地位的界定受到反垄断政策目标的影响：如果一国反垄断政策最主要目标是保护公平竞争，那么对市场公平交易秩序的破坏、利用优势的市场地位获取不正当利益的行为就是滥用市场支配地位行为；如果一国反垄断政策选择追求经济效率，那么企业对经济效率、社会福利的减损行为就是滥用市场支配地位行为；如果将实现区域市场一体化作为反垄断政策目标，那么利用已经取得的市场支配地位实施的限制成员国之间贸易的行为就是滥用市场支配地位行为。各国反垄断法对滥用市场支配地位行为的界定不完全相同，但所指的行为具有共性。《欧盟条约》第八十二条对滥用市场支配地位行为进行了规定：一个或者多个在欧盟共同市场内或者其中的相当一部分地域内占有支配地位的企业滥用这种地位的任何行为，可能影响成员国之间贸易的，因而与共同市场不相容而被禁止；特别是禁止下列内容的滥用行为：(1) 直接或间接地实行不公平的购买或者销售价格或者其他不公平的交易条件的；(2) 限制生产、市场或者技术发展，损害消费者利益的；(3) 在相同的交易情形下，对交易当事人实行不同的交易条件，因而置其于不利的竞争地位的；(4) 要求对方当事人接受与合同主体在本质上或者商业惯例上无关联的附加义务，作为签订合同的前提条件的。

我国《反垄断法》认为，所谓滥用市场支配地位，是指经营者利用其具有的市场支配地位，以谋取垄断利润或者排挤其他竞争对手为目的实施的排除、限制竞争，或者损害其他经营者和消费者利益的行为。同时我国《反垄断法》第十七条列举了属于滥用市场支配地位的行为：(1) 以不公平的高价销售商品或者以不公平的低价购买商品；(2) 没有正当理由，以低于成本的价格销售商品；(3) 没有正当理由，拒绝与交易相对人进行交易；(4) 没有正当理由，限定交易相对人只能与其进行交易或者只能与其指定的经营者进行交易；(5) 没有正当理由搭售商品，或者在交易时附加其他不合理的交易条件；(6) 没有正当理由，对条件相同的交易相对人在交易价格等交易条件上实行差别待遇；(7) 国务院反垄断执法机构认定的其他滥用市场支配地位的行为。以上行为中，第一种是垄断价格行为，第二种属于掠夺性定价行为，第三种是拒绝交易行为，第四种是排他性交易行为，第五种是搭售行为，第六种是差别待遇或歧视性定价行为，第七种是兜底条款，规定国务院反垄断机构可以对其他滥用市场支配地位的行为进行认定。

滥用市场支配地位是企业为了维持或增强其市场支配地位、谋取垄断利润而实施的反竞争行为。在认定企业是否存在滥用市场支配地位行为时，需要考虑该行为是否具有以下特点：(1) 行为主体在相关市场上是否拥有市场支配地位；(2) 行为主体的实施滥用市场支配地位行为的目的是否是为了维持或增强其市场支配地位、谋取不当利益；(3) 实施滥用市场支配地位行为本身是否具有反竞争性，即滥用行为排除、限制了市场竞争。

11.3 滥用市场支配地位的类型及福利影响

一些国家或地区的反垄断法并不对滥用市场支配地位行为进行定义，而是采取列举的方式界定滥用行为，并且设置一个兜底性条款。滥用市场支配地位行为从性质上可以分为两大类，一类是剥削性滥用行为，另一类是妨碍性滥用行为。剥削性滥用行为指的是拥有市场支配地位的企业不受市场竞争的制约，对其他竞争对手或交易相对人提出不合理的交易条件，特别是不合理的交易价格等。剥削性滥用行为以损害不同层次上的供应商、客户或者消费者的方式，如垄断高价或垄断低价、歧视、搭售或者强加无偿条件等，来滥用其市场支配地位。妨碍性滥用行为是指拥有市场支配地位的企业为了维护自己的市场支配地位，或者为了进一步强化这个地位，或者为了将其市场支配地位延伸到相邻市场上，凭借已经取得的市场支配地位，妨碍公平竞争，排挤竞争对手，或者阻止潜在进入者进入相关市场。妨碍性滥用行为常见的表现形式有策略性低价倾销、拒绝交易、搭售等。它通过威慑潜在进入者使其丧失进入信心，或者制造进入壁垒、加大进入难度，保护自己的市场支配地位，扭曲竞争机制，限制公平竞争。下面，我们介绍和分析滥用市场支配地位行为的具体表现及其福利影响。

11.3.1 垄断高价或低价

在垄断市场上，具有市场支配地位的企业可以凭借自身的市场势力背离帕累托最优定价原则，按照自身利润最大化的原则确定销售高价或采购低价。这一垄断高价或低价将造成消费者福利损失，扭曲社会资源配置，产生社会福利净损失。因此，各国反垄断立法通常明确禁止拥有市场支配地位的企业索取垄断高价或强制采取垄断低价。一般情况下，在卖方市场条件下拥有市场支配地位的企业制定垄断高价，侵占消费者利益；在买方市场条件下拥有市场支配地位的企业制定垄断低价，侵占销售者利益。在反垄断政策实施中，为了认定拥有市场支配地位的企业是否制定了垄断高价或垄断低价，需要确定何为合理的市场公平价格。在确定市场公平价格时，需要考虑与社会平均利润率相匹配的行业正常利润，超过行业正常利润的利润就有可能是垄断高价带来的经济利润；低于行业正常利润导致的亏损就有可能是垄断低价带来的经济损失。

11.3.2 掠夺性定价

掠夺性定价是企业的一种策略性定价行为，是指拥有市场支配地位的企业无正当理由，以低于成本的价格销售商品。掠夺性定价行为的目的是通过低价将竞争对手排挤出相关市场，进而抬高价格获得垄断利润。掠夺性定价将损害竞争对手的利益，阻碍、限制或排斥市场竞争，产生明显的反竞争效应。同时，掠夺性定的最终目的是垄断市场、制定垄断高价，因而最终也将损害消费者利益。价格竞争是市场竞争的主要方式和手段，在反垄断政策实施过程中需要将掠夺性定价与正常的降价促销区分开来。企业有权以低于成本的价格销售商品，但必须有正当理由，不得以排挤竞争对手为目的，否则就有可能被认定为掠夺性定价。

11.3.3　歧视性定价与差别待遇

歧视性定价是差别待遇中的一种歧视性行为。差别待遇是指拥有市场支配地位的企业没有正当理由而对条件相同的交易对方采取不同的价格或者其他不同的交易条件。差别待遇对市场竞争和社会福利的影响十分明显：它将使相同产品的卖方因不同销售价格或买方支付不同进货价格而获得不同的交易机会，直接影响它们之间的公平竞争；而且，同一产品不同的批发价格会直接影响到零售价格，不同的零售价格则会直接影响到消费者的利益；价格歧视行为不仅影响市场竞争，而且会损害消费者利益；在差别待遇中，受到歧视的一般是经营规模小和财力不足的中小企业，它们在购买产品或者服务时必须多付款，在销售这些产品或服务时的价格自然也高，从而与那些得到优惠待遇的企业相比，在竞争中处于不利地位。

11.3.4　搭售或者附加不合理的交易条件

搭售或者附加不合理交易条件的销售行为是一种纵向约束行为，是指经营者利用其在经济或技术等方面的优势地位，在销售某种产品时强迫交易相对人购买其不需要、不愿购买的商品，或者接受其他不合理条件。搭售或者附加不合理交易条件的销售行为不仅违反交易自由原则，而且将使经营者在某一相关市场上的市场支配地位延伸到其他相关市场。搭售中较为常见的是一揽子强制销售和第三方强制销售。一揽子强制销售指的是销售商迫使或者强制购买者购买一揽子产品，而购买者只想购买其中的某个或某些商品。第三方强制销售是指在供应商品或者服务时，购买者必须从特定的第三方那里获取商品或服务作为条件，否则就拒绝供应。搭售并不必然违反反垄断法，需要分析其是否具有正当理由。本书将在以后的章节中分析其合理性和社会福利后果。

11.3.5　拒绝交易

拒绝交易也称为抵制交易，是指拥有市场支配地位的企业无正当理由拒绝向其购买者销售或供应商品的行为。拒绝交易的原因和表现形式较多，是否都属于滥用市场支配地位的行为，需要按照合理推定原则进行分析。拒绝交易的反竞争效应和福利后果主要表现在以下几个方面：（1）拒绝交易可以推动建立封闭性的销售网络，从而构成新销售网络或销售方式进入市场的障碍，提高企业进入壁垒。（2）生产商通过采用拒绝交易的方式可以强迫批发商或零售商按照其规定的价格销售商品，从而限制批发商或零售商在相关市场上的竞争，消费者无法享受到零售商之间的竞争带来的价格降低，损害了消费者的利益。（3）拒绝交易限制了消费者的购买渠道。供应商通过拒绝交易过滤了部分销售商，减少了消费者的选择空间。当生产商或供应商拒绝按照较低的批发价格销售给众多的零售商，而是按照较高价格选择性地供货给部分零售商时，消费者的利益将受到损害。（4）拒绝交易限制处于上下游生产阶段的第三方企业的经营活动。拒绝交易将第三方企业排除在相关市场之外，剥夺了第三方企业的交易权力，限制了市场竞争，这也将产生社会福利损失。

11.3.6 强制交易

强制交易是指拥有市场支配地位的企业限定交易相对人只能与其进行交易或者只能与其指定的经营者进行交易[1]。强制交易通常发生在上下游企业之间，企业强制相对人只能与它或它指定的企业进行交易，限制相对人与其竞争者进行交易。拥有市场支配地位的企业通过与交易对方订立排他性交易契约就可以达到抑制竞争者甚至将竞争者逐出市场的目的，也会妨碍下游竞争者进入市场。强制交易不仅是对合同自由和交易自由的限制，而且会排除市场竞争，甚至阻碍潜在竞争，因而具有明显的反竞争效应。

11.3.7 滥用知识产权制度

知识产权与市场支配地位的关系比较复杂。虽然拥有知识产权并不说明经营者一定拥有市场支配地位，但是知识产权对市场支配地位仍有重要影响，不能排除知识产权的拥有和行使确实存在构成市场支配地位的可能性。由于市场进入障碍是决定企业是否具有市场支配地位的一个重要因素，而知识产权具有明显的排他性，排除侵权物品销售的权利可以通过妨碍竞争来产生市场支配地位。拥有知识产权这种独占权往往会使企业在某一特定市场上形成事实上的垄断地位或者支配地位，如果企业滥用这种垄断地位或支配地位实施反竞争的行为，通过不正当地拒绝许可他人使用知识产权以消除或减少自己在特定市场上的竞争压力，或者在许可他人利用其知识产权的过程中附加了某种明显限制正常竞争的条件以获取垄断利益，那么这种对知识产权制度的不当行使行为就违背了自由公平竞争原则，将被视为滥用市场支配地位。

---

[1] 时建中：《反垄断法——法典释评与学理探源》，中国人民大学出版社2008年版。

11.3.8 联合滥用市场支配地位

联合滥用市场支配地位也叫共同滥用市场支配地位，它相当于一种卡特尔行为，是指几个企业联合控制市场的一种局面，其后果与独家垄断企业操纵市场相同。联合滥用市场支配地位行为多发生在诸如针对产品价格、数量、技术、设备、交易对象、交易地区及产销渠道等方面，少数几个大企业共同形成市场支配地位，共同实施滥用市场支配地位的行为。联合滥用市场支配地位行为具有明显的反竞争后果，其危害比联合限制竞争行为[①]更为严重，更加损害消费者利益。这是因为，联合滥用市场支配地位行为的企业，通过协议联合后的行为就像一个企业实施的行为一样，比联合限制竞争行为更稳定，可以采取的反竞争方式更多样、更隐蔽。联合滥用市场支配地位的相关规定最早出现于欧盟反垄断法《罗马条约》第八十二条第1款：一个或者多个在共同市场内或者其中的相当一部分地域内占有支配地位的企业滥用这种地位的任何行为，可能影响成员国之间贸易的，因与共同市场不相容而被禁止。

11.3.9 拒绝使用关键设施[②]

拒绝使用关键设施也称为拒绝进入基础设施，是指垄断企业凭借其拥有的、竞争对手从事生产经营所必需的关键设备、网络或者技术平台，在没有正当理由的情况下拒绝其使用的行为。关键设施的基本特征是要进入某一特定市场必须使用这一设施，潜在进入者依赖于关键设施及其拥有者。拒绝使用关键设施主要表现在需要使用线路、轨道、管道、机场及网络等基础设施才能提供相关商品或服务的公共领域，如果拥有这些关键设施的垄断企业拒绝其他竞争对手使用这些设施，就会大大限制这一领域内的市场竞争，使垄断企业可以获得高额利润。近年来，随着电信、电力、天然气、铁路、航空等一些与网络或者与基础设施相关的行业逐步放松管制，这些行业的占支配地位的企业拒绝竞争者进入网络或者使用基础设施的行为，便成为一种明显限制竞争行为，也属于滥用市场支配地位的行为。

从以上分析可以看出，对滥用市场支配地位行为可能带来的福利影响进行分析，需要考虑以下几个方面：一是对价格的影响。如果滥用行为导致价格上

---

① 联合限制竞争行为是指两个或两个以上的行为人以协议、决议或者其他联合方式实施的限制竞争行为。联合滥用市场支配地位与联合限制竞争行为不同，它是在后果上相当于一种高级形态的垄断，比联合限制竞争行为更复杂、更隐蔽、更难以监管。

② 也有一些国家的反垄断政策将拒绝使用关键设施纳入拒绝交易范围内。

涨，就将损害消费者利益；如果滥用行为导致垄断低价，就可能损害供给商的利益。二是对竞争的影响。滥用市场支配地位行为一般都会排斥、限制或阻碍竞争，这将导致垄断的市场后果，从而既损害消费者和竞争对手的利益，也损害社会总福利，并且导致资源配置的无效率。三是对创新的影响。拥有市场支配地位的企业客观上不存在市场竞争的压力，从而失去开发新技术、改善产品质量、增加产品品种的动力和积极性。这也将给社会福利带来消极影响，并导致资源配置的非效率。

11.4 滥用市场支配地位的反垄断控制

滥用市场支配地位行为具有明显的反竞争效应，需要反垄断当局进行监管。如何对滥用市场支配地位行为进行反垄断控制，在国际上一直存在不同的看法，反映在政策层面就形成了不同的监管和执法方法。滥用市场支配地位行为的反垄断控制主要存在两种制度，即结构主义的方法和行为主义的方法。结构主义方法的理论基础主要来自产业组织理论的哈佛学派，该理论认为市场结构决定了企业行为进而影响市场绩效，因而市场结构本身就可能影响竞争，高度集中的市场结构必然具有反竞争性，因而应该使用本身违法原则对滥用市场支配地位行为进行反垄断控制。行为主义方法主张市场行为才是判断对竞争影响的主要因素，对市场干预主要应针对企业滥用市场支配地位的不公平竞争行为。行为主义的理论基础主要来自于芝加哥学派，该理论反对强调市场结构的决定作用，主张采用合理推定原则对滥用市场支配地位行为进行具体分析。

11.4.1 美国反托拉斯法对滥用市场支配地位的反垄断控制

美国反垄断法也叫作反托拉斯法，它将滥用市场支配地位的垄断行为称为"垄断化"，是指在某个界定适当的相关市场上，如果由占据支配地位的企业实施则有可能非法的各种活动。美国反垄断法关于滥用市场支配地位的反垄断控制最初条款是《谢尔曼法》第二条："任何人垄断或企图垄断，或与他人联合、共谋垄断州际或外国间的商业和贸易，是严重犯罪"。《克莱顿法》第二条针对歧视性价格做出了禁止性规定："从事商业的人在其商业过程中，直接或间接地对同一等级和质量商品的买者实行价格歧视，如果价格歧视的结果实质上减少竞争或者旨在形成对商业的垄断，或妨害、破坏、阻止同那些准许或故意接受该歧视利益的人之间的竞争，或者是同他们的顾客之间的竞争，是非法的"；第三条是对排他性交易的禁止性规定："商人在其商业过程中，不管商品是否具有专利，商品是……以承租人、买者不使用其竞争者的商品为条件，予以固定价格，给予回扣、折扣，如果该行为实质上减少竞争或旨在形成商业垄断，则是非法的"。美国反托拉斯法对于什么是市场支配地位没有下过明确的定义，确认市场支配地位的权力基本在法官手里，判例法成为对滥用市场支配地位行为进行反垄断控制的重要依据。从美国反垄断政策实施的司法实践可以看出，市场占有率是判断市场支配地位的重要标准。一般认为，70%左右的市场占有率是一个临界标准，达到或超过70%就可能被判定具有市场支配地位，如果企业的市场占有率小于50%，则可能不具有市场支配地位。

美国反垄断政策实施过程中，除了《知识产权的反垄断法指南》以外，没有出台专门针对滥用市场支配地位的实施细则或指南，而是以判例法和最高法院的判决为主要参考依据。美国早期的反垄断政策受到哈佛学派的结构主义学说的影响，对石油、铝业、烟草等行业中拥有市场支配地位的大企业的滥用行为采取了企业分拆等严厉的结构救济措施。20世纪70年代以后，经济学界开始反思结构主义反垄断政策给美国经济竞争力带来的消极影响。特别是随着芝加哥学派行为主义思潮的兴起，结构主义理论和政策受到批判，以经济效率理念代替结构主义的行为主义理论逐渐成为反垄断政策实施的主导思想，反垄断政策开始向行为主义转向。美国反垄断当局开始对滥用市场支配地位的行为进行合理性经济分析，对单个企业的竞争行为持更加宽容和肯定的态度。进入21世纪以后，美国反垄断政策的实施进一步受到经济学界自由主义思潮的影响，针对滥用市场支配地位的反垄断政策更加宽松。

11.4.2 欧盟竞争法对滥用市场支配地位的反垄断控制

与其他国家和经济体不同的是，欧盟的反垄断政策的目标之一是要推进欧盟市场一体化进程，防止成员国企业阻止市场一体化的各种反竞争行为。《欧盟条约》第一百零二条是欧盟反垄断法针对滥用市场支配地位行为进行反垄断控制的实体规范。该条指出"一个或多个在欧盟内部市场或者其中的实质性区域内拥有支配地位的经营者滥用这种地位的任何行为，可能影响到成员国之间的贸易的，因与内部市场不相容而被禁止。特别禁止包括以下内容的滥用行为：①直接或间接地施加不公平的购买或者销售价格或者其他不公平的交易条件的；②限制生产、市场或者技术发展，损害消费者利益的；③在相同的交易情形下，对交易相对人实行不同的交易条件，因而置其于不利的竞争地位的；④要求对方当事人接受与合同标的在本质上或者商业惯例上无关联的附加义务，作为签订合同的前提条件的"。以上条款列举了四种滥用市场支配地位的行为。

欧盟反垄断政策区别于美国反托拉斯政策的一个重要特征就是对滥用市场支配地位的反垄断控制。欧盟反垄断政策对滥用市场支配地位特别重视，针对大企业滥用市场支配地位的反垄断政策执行一直较为严格。欧盟反垄断法所指的支配地位不仅包括经营者通过自由竞争和自身成长获得的支配力，还包括通过政府的授权或者通过拥有知识产权等获得的支配力。欧盟反垄断法中没有关于市场支配地位的成文定义，欧盟法院在反垄断政策实施的早期案例中针对市场支配地位的有关解释成为后来案例分析以及文献研究中广为引用的定义[①]。欧盟反垄断执法机构将市场份额作为评价经营者是否拥有市场支配地位的最重要因素，同时也关注通过立法、知识产权或者设定其他条件而获得的垄断地位或者实质性减少竞争能力的地位。确认经营者共同拥有市场支配地位，并对其滥用共同市场支配地位的行为进行反垄断控制，是欧盟反垄断政策的一个特色。但是，欧盟反垄断法并没有对多个企业拥有的共同市场支配地位做出进一步的解释和规定，实践中如何认定共同市场支配地位，如何区分滥用共同市场支配地位与垄断协议（卡特尔）行为，一直存在争议。在反垄断司法实践中，欧盟法院对多个企业共同拥有市场支配地位进行了解释。在CEWAL案（2000年）中，欧盟法院认为，共同支配地位是指两个或者两个以上的经营者在法律上独立但是在市场上采取共同行为，作为一个共同主体针对竞争者、交易对象或者消费者采取共同行动。在随后的Airtours案（2002年）中，欧盟法院又做出了进一步解释："作为经营者集中所产生的后果，共同支配地位在共同体市场或其实质性地域内显著地降低有效竞争，因其改变了相关市场内的市场结构，伴随着具有寡头支配地位的每个企业清楚地意识到它们的共同利益。从经济合理性出发，它们会采取建立在竞争价格之上的共同策略。但这种行为不具备适用第八十一条协议或协调行为的特征，也不具备让其实际或者潜在的竞争者、顾客或消费者采取有效反制措施的特征"。从以上两个案例中的解释可以看出，欧盟反垄断政策中关于共同支配地位的反垄断控制是针对那些具有共同行为特征但是又很难按照卡特尔协议或者协调行为进行禁止的共同限制竞争行为。

2008年，欧盟委员会公布了《委员会关于支配性企业的排他性滥用行为适用欧共体条约第八十二条的实施指南》，明确表达了欧盟对滥用行为的态度，并对具体的滥用行为提出了分析的基本理论框架。该指南通过对滥用市场支配地位行为的经济分析，建立了欧盟委员会对滥用行为的评价标准、排他性滥用行为的消极后果及可能带来的经济效率的分析框架，并表达了委员会对滥用行为将继续采取严厉政策的立场。该指南并没有涵盖共同支配地位行为，只适用

[①] 戴龙：《滥用市场支配地位的规制研究》，中国人民大学出版社2012年版。

于对单个企业的滥用行为的分析。这表明欧盟委员会正在忽视这一容易引起混乱的滥用共同市场支配地位的反垄断控制，将司法资源更多地集中于针对单个企业的行为，这使得欧盟反垄断法的立场更加趋于接近美国发托拉斯法的立场。欧盟委员会在评价支配企业的排他性滥用行为时一般要考虑以下因素：（1）支配性企业的市场地位或市场份额；（2）相关市场的条件，包括市场扩张、进入壁垒、退出障碍等；（3）支配性企业的竞争对手的市场地位；（4）支配性企业的顾客或者供应商的市场地位；（5）被指控滥用的行为范围；（6）排除现实的可能证据；（7）任何排他性战略的直接证据等。在经济全球化时代，欧盟委员会大力加强对滥用行为的反垄断控制，针对跨国企业的滥用行为做出了一系列违法判决，显示了欧盟委员会对于滥用行为的强势立场。

11.4.3　日本禁止垄断法对滥用市场支配地位的反垄断控制

日本《禁止垄断法》（也称为《禁止独占法》）的主要目标是禁止私人垄断，涵盖了垄断协议、滥用市场支配地位和经营者集中行为。日本《禁止垄断法》第二条第5款所界定的私人垄断包括经营者之间的结合以及串谋、经营者单独采取的排除或支配行为。与欧美反垄断法不同的是，《禁止垄断法》界定的属于私人垄断的单独或共同行为并不要求行为人具有市场支配地位，只要这种排除或支配行为实质性地限制竞争，就有可能会受到反垄断法的制裁。除了对私人垄断的控制以外，《禁止垄断法》对滥用市场支配地位的反垄断控制还存在一个富有特色的针对不公平交易方法的规制。《禁止垄断法》第二条第9款规定：不公平交易方法是指符合下列规定，可能对公平竞争带来妨害，由公正交易委员会认定的行为：（1）不公正地歧视其他经营者；（2）用不公平的价格进行交易；（3）不正当地引诱或者强制竞争者的顾客同自己进行交易的；（4）以不正当的限制对方事业活动的条件来进行交易的；（5）不正当地利用自己在交易上的地位来同对方进行交易的；（6）不正当地妨碍其他经营者与其交易对方进行的交易，在该经营者是公司的情况时，不正当地引诱、唆使或者强制该公司的股东或高管，使该公司的股东或高管做出对公司不利的行为。公正交易委员会认定的使用不公平交易方法的行为范围较广，涵盖了从不正当竞争到属于私人垄断的绝大多数行为，包括共同拒绝交易、其他拒绝交易行为、差别价格、交易条件等差别性对待、经营者联合实施的差别性对待、不当廉价销售、不当高价购买、欺骗性引诱顾客、使用不当利益引诱顾客、搭售、附加排他性条件交易、转售价格维持、附加约束性条件交易、滥用优势地位、妨碍竞争者的交易、对竞争公司的内部干预等16种行为，其中涵盖了滥用市场支配地位行为。

日本《禁止垄断法》关于滥用市场支配地位的反垄断控制的明显特征是将其区分为私人垄断和不公平交易方法两类进行反垄断控制。由于不公平交易方法规制的范围过于广泛，日本《禁止垄断法》中关于协议及滥用行为的大多数案例都是通过不公平交易方法的认定予以反垄断控制，使得私人垄断规制的作用降低。20 世纪 90 年代以前，日本的反垄断政策执行较为宽松，较多由公平交易委员会自行调查和处罚涉及不公平交易方法的行为，而较少借助于司法干预来处理私人垄断问题。"二战"以后，以通产省为代表执行的产业政策主导了日本经济发展，竞争政策处于非主流地位，日本公正交易委员会难以有所作为，《禁止垄断法》的实施情况并不理想。20 世纪 90 年代以后，受到国际社会压力，日本政府开始强化对《禁止垄断法》的实施，提升了公正交易委员会的执法权威，并处理了一系列反垄断案件。

11.4.4 我国反垄断法对滥用市场支配地位的反垄断控制

我国《反垄断法》第六条对滥用市场支配地位规制做出了一般性规定，第三章中的第十七、第十八和第十九条对滥用市场支配地位做出了实体规定。其中，第六条规定了构成滥用市场支配地位的基本要素，第十七条列举了滥用市场支配地位的六种行为，即垄断高价或低价、掠夺性定价、拒绝交易、限定交易、搭售或附加不合理交易条件、歧视性交易或差别待遇；第十八条列举了认定经营者是否具有市场支配地位时应当考虑的主要因素，包括市场份额、市场竞争状况、经营者控制销售市场或原材料市场的能力、经营者的财力和技术条件、其他经营者在交易上的依赖程度和市场进入的难易程度等；第十九条规定了推定经营者具有市场支配地位的标准，确立了以市场份额为主要依据对市场支配地位进行推定的方式。在我国反垄断执法的分工中，发改委和工商总局是对滥用市场支配地位进行反垄断控制的执法机构。其中，发改委负责与价格有关的滥用行为的执法，工商总局负责除价格之外的滥用行为的执法。然而，在实际案件中，对属于滥用市场支配地位的价格垄断行为和非价格垄断行为很难区分，需要反垄断执法机构进行裁决。因此，我国反垄断执法分工中将滥用市场支配地位区分为价格行为和非价格行为，并由不同执法机构进行反垄断控制，可能会引发执法实践中的不确定性和低效率。

由于《反垄断法》只对滥用市场支配地位做出了原则性的规定，发改委和工商总局分别出台了相关细则，对滥用市场支配地位的反垄断控制进行了详细解释和具体规定。2010 年，发改委先后公布了《反价格垄断规定》和《反价格垄断行政执法程序规定》。《反价格垄断规定》对《反垄断法》的相关条款进行了详细解释，并提出了实施反价格垄断的具体程序和操作性方法。《反价格垄断规定》提出了认定不公平高价和不公平低价需要考虑的因素，确立了掠夺性价格的标准并列举了不属于掠夺性定价的行为，规定了拒绝交易、限定交易、搭售行为、歧视性交易等垄断行为中实施价格垄断行为的所谓"正当理由"的内容。《反价格垄断行政执法程序规定》确立了政府价格部门负责反价格垄断执法的授权执法和程序规定。该《规定》同时明确，省级政府价格主管部门针对自己辖区内的价格垄断案件，不需要经过国家发改委授权就可以直接根据《反垄断法》进行调查处理。2009年，工商总局公布了《工商行政管理机关查处垄断协议、滥用市场支配地位案件程序规定》，详细规定了工商行政管理部门在授权执法以及查处滥用市场支配地位行为的具体程序。该《规定》第三条第二款规定：国家工商总局采用个案授权的形式，根据具体的案件查处需要，决定是否需要授权省级工商行政管理部门进行执法，但是被授权的省级工商行政管理部门不得再次向下级工商行政管理部门授权。也就是说，省级工商行政管理部门在处理本辖区内的垄断案件时，必须先上报国家工商总局，经过总局授权后才能实施调查处理。2010年工商总局公布了《工商行政管理机关禁止滥用市场支配地位行为的规定》（以下简称《规定》），对属于工商部门执法范围的滥用市场支配地位行为做出了详细解释和具体规定。工商总局的《规定》重点对拒绝交易、限定交易行为、搭售或附条件交易和歧视性交易行为进行了详细解释，并有意回避了这些行为中由发改委负责执法的价格行为。工商总局在其《规定》中分别列举了拒绝交易、限定交易行为、搭售或附加不合理条件交易、差别性待遇的具体形式、情形和方式。

除了《反垄断法》和国家发改委、工商总局公布的相关规定以外，对滥用市场支配地位行为进行反垄断控制的法律法规还有《反不正当竞争法》、《价格法》、《电信条例》、《电力法》等法律法规。《反不正当竞争法》第六条规定：公用企业或者其他依法具有独占地位的经营者，不得限定他人购买其指定的经营者的商品，以排挤其他经营者的公平竞争；第十一条规定：经营者不得以排挤竞争对手为目的，以低于成本的价格销售商品；第十二条规定：经营者销售商品，不得违背购买者的意愿搭售商品或者附加其他不合理的条件。由此可见，《反不正当竞争法》对掠夺性定价、强制交易、搭售附加不合理条件等滥用市场支配地位的行为进行了反垄断控制。《价格法》第十四条规定：提供相同商品或者服务的经营者，不得对具有同等交易条件的其他经营者实行价格歧视；经营者不得在依法降价处理鲜活商品、季节性商品、积压商品等商品外，为了排挤竞争对手或者独占市场，以低于成本的价格倾销，扰乱正常的生产经营秩序，损害国家利益或者其他经营者的合法权益。《电信条例》第四十一条规定：电信服务经营者不得无正当理由拒绝、拖延或者中止对电信用户的电信服务；禁止电信服务经营商限定电信用户购买其制定的电信终端设备或者拒绝电信用户使用自备的已经取得入网许可的电信终端设备；电信业务经营者在电信服务中，不得以任何方式限定电信用户使用其指定的业务；第四十二条规定：禁止电信业务经营者以任何方式限制电信用户选择其他电信业务经营者依法开办的电信服务；第七十二条规定：电信服务经营者不得以排挤竞争对手为目的，低于成本提供电信业务或者服务，进行不正当竞争。《电力法》第二十六条规定：供电营业区内的供电营业结构，对本营业区内的用户有按照国家规定供电的义务；不得违反国家规定其对营业区内申请用电的单位和个人拒绝供电；第四十一条规定：对同一电网内的同一电压等级、同一用电类别的用户，执行相同的电价标准。

11.5 小　　结

滥用市场支配地位是西方国家反垄断法的三大支柱之一，是我国反垄断法的四大支柱之一，也是反垄断政策执行中最富有挑战性的领域之一。各国反垄断法并不禁止市场支配地位本身，而是禁止滥用市场支配地位的行为。在对滥用市场支配地位行为进行反垄断控制中，判别经营者是否具有市场支配地位、认定滥用市场支配地位行为，十分关键。市场支配地位是指这样一种市场地位：企业凭借其在市场份额、技术、资源或资金等方面的优势，可以在市场上不受其他企业竞争的威胁与影响，并能在竞争中独立地控制产品价格、产量或其他交易条件，或者能够阻碍潜在进入者进入相关市场。不同国家的反垄断法在认定企业是否拥有市场支配地位时，使用的量化指标也有差异。经济学对市场支配定位的测算主要是通过衡量市场结构和计算市场势力进行的。各国反垄断法对滥用市场支配地位的界定受到反垄断政策目标的影响。我国《反垄断法》认为，所谓滥用市场支配地位，是指经营者利用其具有的市场支配地位，以谋取垄断利润或者排挤其他竞争对手为目的实施的排除、限制竞争，或者损害其他经营者和消费者利益的行为。

滥用市场支配地位行为在性质上可以分为两大类，一类是剥削性滥用行为，另一类是妨碍性滥用行为。剥削性滥用行为指的是拥有市场支配地位的企业不受市场竞争的制约，对其他竞争对手或交易相对人提出不合理的交易条件，特别是不合理的交易价格等。剥削性滥用行为以损害不同层次上的供应商、客户或者消费者的方式，如垄断高价或垄断低价、歧视、搭售或者强加无偿条件等，来滥用其市场支配地位。妨碍性滥用行为是指拥有市场支配地位的企业为了维护自己的市场支配地位，或者为了进一步强化这个地位，或者为了将其市场支配地位延伸到相邻市场上，凭借已经取得的市场支配地位，妨碍公平竞争，排挤竞争对手，或者阻止潜在进入者进入相关市场。妨碍性滥用行为常见的表现形式有策略性低价倾销、拒绝交易、搭售等。它通过威慑潜在进入者使其丧失进入信心，或者制造进入壁垒、加大进入难度，保护自己的市场支配地位，扭曲竞争机制，限制公平竞争。本章介绍和分析了垄断高价或低价、掠夺性定价、歧视性定价与差别待遇、搭售或者附加不合理的交易条件、拒绝交易、强制交易、滥用知识产权制度、联合滥用市场支配地位、拒绝使用关键设施等9种滥用市场支配地位行为及其福利影响。分析滥用市场支配地位行为的标准就是评估该行为对市场竞争的限制、对竞争对手的排挤、对消费者福利的损害产生的影响，以最终得出此种行为是否为垄断市场或企图垄断市场的行为。

滥用市场支配地位行为具有明显的反竞争效应，需要反垄断当局进行监管。如何对滥用市场支配地位行为进行反垄断控制，在国际上一直存在不同的看法，反映在政策层面就形成了不同的监管和执法方法。本章介绍了美国、欧盟、日本和中国等国家和地区对滥用市场支配地位行为的反垄断控制政策。

第 12 章　策略性定价及其反垄断控制

> 按社会作为一个整体的观点看,价格歧视是否可取,无法一言以蔽之。
> ——琼·罗宾逊:《不完全竞争经济学》,华夏出版社 2012 年版,第 187 页。
>
> 反托拉斯法并不是也并不能被用来要求企业给它们产品定出不合理的高价(这惩罚的是消费者)以便使得效率低的竞争者可以继续营业。
> ——奥利弗·威廉姆森:《反托拉斯经济学:兼并、协约和策略性行为》,商务印书馆 2014 年版,第 328 页。

12.1　引　言

为了追求最大化利润目标,厂商往往会发起一些旨在减少已有或潜在对手带来的竞争的行动。这些行动统称为策略性行为,其后果是将严重影响市场环境,改变竞争结果。厂商的策略性行为可以分为合作策略性行为和非合作策略性行为两类。合作策略性行为包括厂商旨在协调行业内各家厂商行动和限制竞争性行为发生而采取的一些行动,这些行为通过减少竞争而使本行业内各家厂商获利。非合作策略性行为包括厂商为追求利润最大化所采取的提高其竞争地位的一些行动,该类行为通常以降低竞争对手的利润为代价来增加己方的利润。企业的策略性行为包括投资策略、成本策略、产品差异化策略、价格策略、销售策略、并购策略、研发策略、经营策略等。市场经济条件下,市场竞争中最普遍、最有效的方式是价格竞争,生产商往往通过实施策略性定价方式获取最大化利润。本章主要分析厂商最常见的策略性行为,即策略性定价行为①。策略性定价行为是厂商为了提高利润所采取的旨在影响市场结构、竞争对手信念和消费者偏好的定价行为总称。

厂商将在所处市场条件下根据自己最大化利润的要求，为其生产的或销售的商品制定价格。由于寡占市场上的厂商拥有一定的市场势力，它们将应用这种势力实施策略性定价行为，以追求利润最大化。策略性定价的形式很多，包括非统一定价、掠夺性定价、限止进入定价等。本章首先分析非统一定价方式。所谓的非统一定价是指向不同顾客出售同样产品或服务时索取不同的价格，或者根据顾客购买量的大小对顾客收取不同的价格。非统一定价的方式包括价格歧视、两部制收费、数量折扣、搭配销售和质量歧视等。

12.2 歧视性定价

拥有一定市场势力的垄断厂商为了增加利润放弃自己产品的单一价格政策，以不同价格出售同一产品的定价策略被称为歧视性定价（Price Discrimination），也称为区别定价。歧视性定价是一种策略性定价行为，能否可行取决于以下三个条件：(1) 厂商必须拥有一定的市场势力，能够将价格提高到边际成本之上。(2) 厂商需要知道或能够推断出消费者对每一单位产品的支付意愿，而这个支付意愿必须因消费者或销量的不同而不同。也就是说，厂商必须能够确定它可以向谁索取高价、向谁索取低价。(3) 不同的消费者群体能够被清晰地分离开来。例如，能够依据消费者的年龄、收入、地理区位等外生条件来加以区分，或者依据消费者的购买量、购买时间、购买用途等内生条件来加以区分。(4) 商品的买主不能套利，厂商要有能力阻止或限制支付低价的顾客将产品转售给支付高价格的顾客。限制转售是使所有类型的价格歧视成立的必要条件。如果不存在交易成本，"一价法则"意味着同质产品在任何地方都以同一价格销售。但在价格歧视下，如果以低价从垄断者那里购买商品的需求者对那些必须以高价购买该商品的需求者而言，就成了比垄断者更有吸引力的卖主。这样低价购买者可以通过转售实现套利，歧视性定价策略就无法成功。价格歧视分为三种类型，即一级价格歧视、二级价格歧视和三级价格歧视。

---

① 具有垄断势力的厂商在相关市场上除了实施策略性价格行为以外，还会实施一些非定价策略，我们已经分析过的纵向约束行为就属于此类，另外还有提高竞争对手成本的策略性投资行为、网络经济中的非兼容选择行为等。

12.2.1 一级价格歧视

如果每一个买主都能够被垄断者辨认出来,并且可以向买主索取他愿意为商品支付的最高价格,就构成一级价格歧视,也称为完全价格歧视。在一级价格歧视下,垄断者可以完全确定每个消费者的需求,并可以以特定的价格为每个消费者提供特定数量的商品,从而攫取所有的消费者剩余,使得需求者变成一群对垄断者的产品无论是买还是不买都无所谓的人。垄断厂商将对每一个买主的每一单位购买指定等于买主最高支付的价格,直到边际买主不再愿意支付商品的边际成本时为止。实施一级价格歧视的垄断厂商将销售 Q^* 单位的产品,其边际消费者支付的价格为 P^*(见图 12-1)。在这种情况下,所有的消费者剩余都被垄断者获取,不存在无谓损失。因此,在一级价格歧视下,厂商达到了有效的产量水平,任何额外产出的成本都将超过其社会价值,因而一级价格歧视下的资源配置是有效率的,最后一单位的产品实现了边际成本定价。但是,一级价格歧视使消费者的状况变差了,消费者无法获得消费者剩余,出现了分配不公。

图 12-1 一级价格歧视

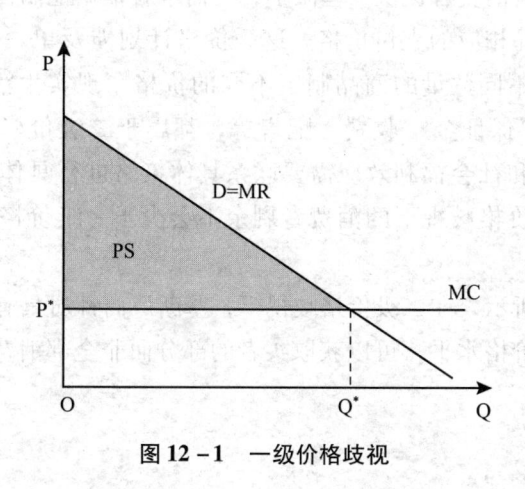

图 12-1 描述了利润最大化的垄断厂商实施一级价格歧视的情形。当垄断厂商可以对顾客实施一级价格歧视时,需求曲线与边际收益曲线重合,该生产者为了实现利润最大化就会选择边际成本曲线与需求曲线的相交点的产量水平进行生产。这一产量水平是社会最优的产量水平,实现了资源的有效配置。但是,消费者剩余为零,图中阴影部分面积就是由消费者剩余转化而来的生产者剩余,它等于:

$$\pi(Q) = \int_0^Q D(Q)dQ - C(Q)$$

利润最大化的一阶条件为：

$$p = D(Q) = MC(Q)$$

这与完全竞争市场上的一阶条件相同。不过，一级价格歧视厂商只是对最后一位边际消费者索取等于边际成本的价格，而对其他消费者的要价均高于这一价格。

12.2.2 二级价格歧视

垄断者知道存在具有不同消费需求的不同类型的消费者，但是他不知道每个特定的消费者属于哪种消费类型，于是垄断者设置特定的价格/数量组合，或固定费用与单位产品价格组合，使消费者自己去"揭示自己的消费类型"，这种价格策略就是二级价格歧视。二级价格歧视也称为非线性定价，它意味着每单位产品的价格不是不变，而是取决于购买的数量。在二级价格歧视策略下，由于垄断厂商不能分辨它所面临的消费者属于哪一种类型，它不得不选择一个价格计划，向消费者提供一些激励，使需求者根据他们自己的支付意愿自动归类分组，选择相应的支付价格。这一价格计划涉及单一非线性定价策略的设定，或者给不同数量的商品制定不同的价格，现实生活中的数量折扣、最小购买要求、"保证金"收费、配售等，都属于二级价格歧视。二级价格歧视的配置效率和社会福利效应需要联系具体策略进行具体分析。不过可以明确的是，二级价格歧视下的消费者剩余不会少于一级价格歧视和三级价格歧视。

如图 12-2 所示，在二级价格歧视下，垄断厂商针对具有不同需求量的消费者制定不同的价格水平，可以获取买者的部分而非全部消费者剩余，增加其收入和利润。

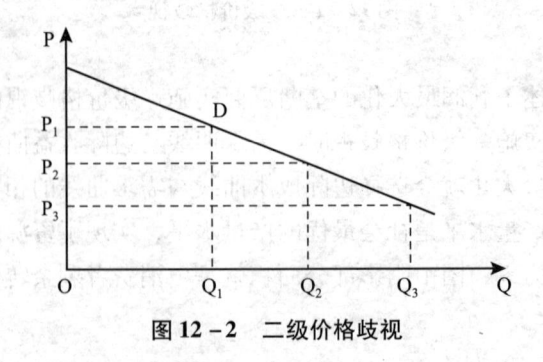

图 12-2 二级价格歧视

12.2.3 三级价格歧视

如果可以将买主分为少数几个可辨认的市场，并且市场是可以分隔的，那么垄断者就可以在每一个市场上实行不同的垄断定价政策，这就是三级价格歧视。也就是说，垄断者可以区分不同消费者类型，对不同的消费者类型收取的价格不同，但对购买数量在某个范围内的消费者索取的价格是相同的。在三级价格歧视策略下，垄断者需要对这些市场的需求弹性有足够的认识，在每一个市场上根据拟弹性规则定价。垄断者按照边际成本等于边际收益的原则定价，不同市场上销售的是相同的产品，边际成本相同，因而有：

$$\max_{q_i,q_j} \pi = p_i(q_i)q_i + p_j(q_j)q_j - c(q_i + q_j)$$

上式中，c 是厂商的总成本，取一阶导数，可以得到利润最大化均衡条件：

$$\frac{\partial \pi}{\partial q_i} = p_i(q_i) + \frac{dp_i}{dq_i}q_i - \frac{dc}{dx} = 0$$

$$\frac{\partial \pi}{\partial q_j} = p_j(q_j) + \frac{dp_j}{dq_j}q_j - \frac{dc}{dx} = 0$$

从上式可以得到：

$$MR_i = MR_j = MC$$

由于：

$$MR = P(q)\left(1 + \frac{1}{e}\right)$$

上式中，e 为需求的价格弹性，因此可以得到：

$$P_i\left(1 + \frac{1}{e_i}\right) = P_j\left(1 + \frac{1}{e_j}\right)$$

将上式简单变形可以得到：

$$\frac{P_i}{P_j} = \frac{(1 + 1/e_j)}{(1 + 1/e_i)}$$

由此可见，在价格歧视策略下，需求弹性小的市场上利润最大化时的价格相对较高。只要不同市场之间的套利行为可以避免，这种价格歧视策略就可以维持。三级价格歧视对社会福利的影响较为困难，需要联系成本曲线和需求曲线的具体形状进行具体分析（见图12-3）。一般而言，如果多元价格策略只有通过价格歧视使总产出增加时才会优于一价政策；三级价格歧视越接近于一级价格歧视，它就越有可能得出一个比非歧视的垄断定价更富有效率的结果，但同时影响了收入分配。然而，在大多数情况下，垄断者往往是通过多元价格政策和价格歧视获取垄断利润，在损害消费者利益的同时，导致更多的效率损失。三级价格歧视的效率损失来自于三个方面：(1) 垄断的低效率。三级价格歧视下，价格高于边际成本导致产出受到限制，从而导致产出低效率。(2) 消费的低效率。三级价格歧视下，由于不同消费者为同一产品支付的价格不同，所以每个消费者的边际支付意愿各不相同，这说明还没有充分利用进一步交易的机会，从而导致低效率。(3) 消费者为了得到低价，可能不得不花费资源进行搜寻或讨价还价，厂商不能从这种花费中得到好处，造成社会资源的净损失。

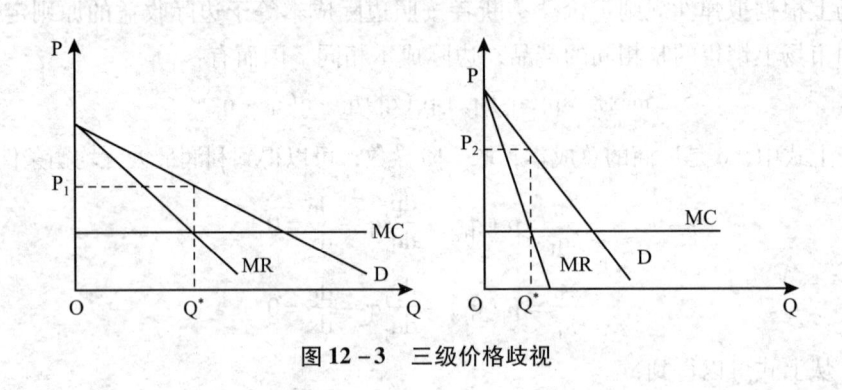

图 12 - 3　三级价格歧视

价格歧视对社会福利的影响较为复杂。多数情况下，价格歧视的存在暗示了帕累托效率的缺乏，这是因为不同的消费者面对不同的边际替代率，交易的有效形式没有实现，即没有实现不同商品的边际效用之比等于它们的市场价格之比。一般情况下，当允许实施价格歧视时，垄断厂商会获取较高利润；而单个消费者的福利得失情况，则取决于其所处市场的歧视价格低于还是高于统一价格。因而，对整体福利的影响可定义为总消费者剩余与厂商利润之和。价格歧视增加社会福利的充要条件是价格歧视导致消费增加，从而导致总产出增加①。同时，产出增加量必须足够大以至于能够抵消与统一价格政策相关联的垄断价格扭曲，并且能够补偿与不同边际替代率相关的福利缺失②。一般而言，面对线性的需求曲线和成本曲线，价格歧视会使得生产商剩余增加额小于消费者剩余减少额，导致总剩余净减少，从而削减社会整体福利。但是如果线性需求曲线假设不成立，价格歧视的福利效应就变得复杂且不确定。下面，我们通过一个简单模型的推导和演算，表示与价格歧视相关的福利变化的最大值

---

① 例如，价格歧视可能诱致原本不对产品进行消费的某一群体在产品价格降低时开始消费，并且低价区的消费增加量大于高价区的消费减少量。参见沃德曼和詹森 (2009)，第 350 ~ 352 页。
② 这是因为价格歧视扭曲了消费者之间的边际替代率，这一扭曲与统一价格政策相比往往会减少福利。

和最小值,即福利效应的边界。

假设有两个市场 A 和 B,厂商在 A 市场面临的是非线性且富有弹性的需求曲线,如图 12-4(1)所示;在 B 市场面临的是非线性且缺乏弹性的需求曲线,如图 12-4(2)所示。为了使分析简便,假定两个市场上可选择的歧视性价格分别为 P_1 和 $P_2(P_1 < P_2)$,并且符合利润最大化原则,是可选择的最佳价格;不实行歧视价格时的统一价格为 P^*。实行歧视价格时,A 市场上变化的销售量为 Δq_1,B 市场上变化的销售量为 Δq_2,并且 $\Delta q_1 > 0$,$\Delta q_2 < 0$,二者绝对值的相对大小未定。若实际福利水平的变化量为 ΔW,则存在价格歧视时:

$$\Delta W = (歧视导致的收入增加) - (歧视导致的收入损失)$$

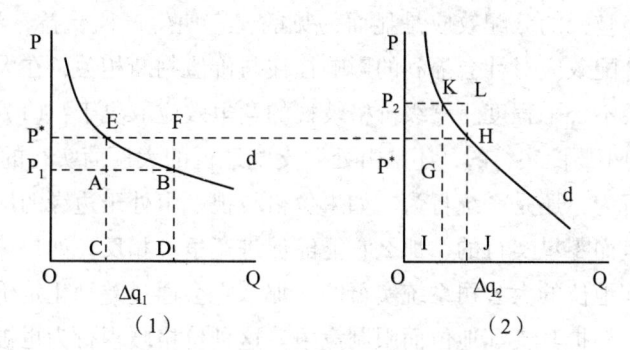

图 12-4 三级价格歧视的福利效应

在图 12-4 中,

$$\Delta W = (ABCD + ABE) - (GHIJ + GHK)$$

从图 12-4(1)可知:$\Delta W \geqslant (ABCD) - (GHIJ + GHK + HKL)$。根据假定条件,该式可表示为:

$$\Delta W \geqslant (P_1 - MC)\Delta q_1 + (P_2 - MC)\Delta q_2 \qquad (12-1)$$

式(12-1)就是 ΔW 的最低边界。在 n 个不同的市场中这一最低边界的通式是:

$$\Delta W \geqslant \sum_{i=1}^{n}(P_i - MC)\Delta q_i \qquad (12-2)$$

从图 12-4(2)可知:$\Delta W \leqslant (ABCD + ABE + BEF) - (GHIJ)$。根据假定条件,该式可表示为:

$$\Delta W \leqslant (P^* - MC)\Delta q_1 + (P^* - MC)\Delta q_2 \qquad (12-3)$$

式(12-3)就是 ΔW 的最高边界。在 n 个不同的市场中这一最高边界的通式是:

$$\Delta W \leq (P^* - MC)(\sum_{i=1}^{n} \Delta q_i) \qquad (12-4)$$

从式（12-4）可以看出，如果 $\sum \Delta q_i < 0$，则表示价格歧视导致总产出下降，此时肯定会降低社会福利水平。即使是 $\sum \Delta q_i > 0$，总产出增加使得最高边界福利正向改变，式（12-2）也有可能导致最低边界福利为负，所以社会福利水平仍可能因价格歧视而下降。有了价格歧视的最高和最低福利边界的计算公式以后，就可以判断某一具体价格歧视行为的福利效应。如果能够满足使式（12-2）为正值，则价格歧视肯定能够增加社会总福利。而要满足这一点是很困难的：所有的歧视价格均要高于成本，产量的变化不会为负。

三级价格歧视的分配效应是显而易见的，它使生产商受益，消费者受损。这种收入再分配效应对社会福利的影响往往与价值判断相关，在大多数情况下它将增加社会不公平程度。三级价格歧视的竞争效应取决于：（1）这种行为是由处于边缘的小厂商实行的，还是由处于支配地位的大厂商实行的；（2）价格歧视是零星行为，还是系统行为。如果价格歧视是由处于边缘的厂商试图得到更多的销售量而零星实行的，那么它能够促进竞争。相反，如果价格歧视是由处于市场支配地位的大公司系统实行的，那么它会通过差别化定价、削弱或驱逐竞争对手、保护其支配地位而限制竞争。这种价格歧视行为也被称作是掠夺性价格歧视。

12.3 掠夺性定价

掠夺性定价是指，在寡占市场上，某家具有市场势力的厂商为了将竞争对手挤出市场或为了吓退有意进入该市场的潜在对手而降低价格，等待竞争对手退出市场后再行提价的策略性行为。在大多数情况下，实施掠夺性定价策略的厂商会将价格压低至其成本以下，通过承担短期损失来换取长期收益。因此，掠夺性定价往往表现为价格水平的下降，但其目的不是为了扩大市场需求，而是为了消灭或驱逐现有竞争对手，迫使它们停止营业或者被低价兼并，从而确定自己在市场上的垄断地位。在反垄断司法实践中，需要科学区分对竞争正常反应的合法降价行为与驱逐对手的非法定价行为。盲目地将市场低价认定为掠夺性定价并进行控制，可能造成较高的市场价格，并可能鼓励低效率企业进入市场，从而带来福利损失。

12.3.1 掠夺性定价成功的条件

掠夺性定价策略的成功实施需要满足一系列条件：（1）实施掠夺性定价策略的厂商必须让对手深信它会将价格降低到成本以下，并且对手不退出该行业它就不恢复价格。此时，只有当厂商比它的对手更能长期忍受低价时，该策略才有可能成功。尤其是如果两个厂商是对称的，即它们具有完全相同的成本曲线，则其中实施掠夺性定价的一方将比对手付出更大的代价。为维持较低的掠夺性价格，掠夺方必须满足在此价格基础上的所有需求，而它的竞争对手这时可以自由地减产，以减少损失。在这种情况下，掠夺性定价很难成功。（2）如果竞争对手实施反威胁策略，掠夺性定价策略就会失效。针对掠夺性企业的降价，竞争对手可通过事前签订长期合约、稳定客户和价格、与其他厂商合并以及在掠夺期内采取适当转产或减产等策略，都可以降低掠夺方成功的可能性。（3）相关市场的进出并非完全自由，并且实施掠夺性定价的厂商能够使潜在进入者相信，它的定价行为将使进入者得不偿失。如果企业退出市场无须太大成本，新企业可以实施"打了就跑"（Hit and Run）的策略，多次进出市场，导致掠夺性定价策略失效。如果掠夺性定价厂商成功迫使竞争对手退出市场，那么它应努力控制对手的资产或者确保这些资产将永远撤出该行业。

12.3.2 实力对称厂商之间的掠夺性定价

我们首先分析实力相当的厂商组成的掠夺性定价模型，考察一下掠夺性定价策略实施的难度。假定某产业只有两家企业：一家为老企业，是掠夺方；另一家为该产业的新企业，两家企业的成本函数完全相同。为了让新企业遭受损失，逼它退出市场，老企业将市场价格压低至 P'（见图12-5）。在 P' 价格水平上，市场需求曲线显示两家企业须生产 Q_2 单位的产品来满足需求。如果新企业不退出而生产 Q_1 单位的产品。新企业的损失为 A。为保持 P' 这个价格水平，老企业必须生产 $Q_3 = Q_2 - Q_1$ 单位产品，以将整个产业的总产出维持在 Q_2。因此，老企业的边际成本和平均成本都比新企业高，所以它的损失是 A + B。也就是说，为了维持低价，掠夺方必须满足在此价格水平上的所有需求，从而使得老企业比新企业多损失区域 B。

在掠夺性定价实施的过程中，消费者将因为享受了低价而获得更多的消费者剩余。掠夺性价格一般都低于成本，远低于双寡头价格，厂商的损失转换成了消费者剩余。然而，如果掠夺性定价策略成功，新厂商被老厂商赶出了市场，那么老厂商就会将价格提高到垄断水平，以弥补掠夺性定价期间造成的损失。此时，由于垄断价格高于双寡头价格，消费者将蒙受损失，并将导致社会福利净损失。

图 12-5　掠夺性定价

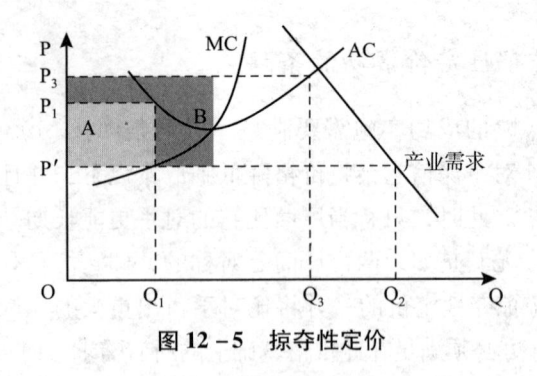

12.3.3　实力非对称厂商之间的掠夺性定价

当新老厂商之间具有成本差别时，低成本的老厂商能够在掠夺性低价中制定低于新厂商成本而高于自己成本的新价格，这样在价格战中它仍然能够盈利。当老厂商具有明显的成本优势时，掠夺性定价模型中老厂商的降价行为可能是符合追求利润最大化目标的行为。新厂商观察到这一行为后，可能会去推测老厂商是一家低成本厂商，因而它会主动放弃价格战，退出相关市场或放弃进入相关市场。结果是通过运用掠夺性低价反击进入者将使老厂商得以建立起低成本的声誉，使得它的掠夺性定价威胁变成可置信威胁。正是因为如此，一些不具有成本优势的老厂商也有可能采用这一策略，事先推出一段时间的低价，让潜在进入者错误地认为它是一家低成本厂商。换句话说，一家高成本的老厂商低于成本定价如果能够让新厂商产生老厂商是低成本厂商的幻觉，那么掠夺性定价就是一种理性的策略，能够阻止新厂商的进入。

12.3.4　认定掠夺性定价的标准

在反垄断司法实践中，如何认定掠夺性定价行为，还存在一些争议。一些学者认为，若一家厂商定价低于其短期边际成本，那么它的定价就是掠夺性定价（Areeda and Turner，1975）。这一标准的逻辑推理是，一个追求最大化利润的厂商不会选择在价格低于其短期边际成本下生产，除非它是出于策略方面的考虑，为了将竞争对手赶出市场以便于在将来最终实现利润最大化。许多经济学家和法学家对以上标准提出了异议，有人认为应以长期边际成本为标准，有人认为应以平均成本为标准，还有一些学者建议以某厂商长期定价模式或其长期产出量来确定其是否采用了掠夺性定价[1]。威廉姆森（1977）提出的产量标

---

[1] Easterbrook, F. H., Predatory Strategies and Counter Strstegies. *University of Chicago Law Review*, 1981, 48, pp. 263–279.

准就是建立在限制性定价和进入阻止模型基础上的认定标准。产量标准认为，掠夺性定价是在位企业面对新进入企业做出扩大产量的直接结果，因此在为企业是否扩大产量是判定定价合法性的重要原则。然而，以上标准都存在一个共同的缺陷，那就是很难付诸实际应用。这是因为：（1）用来确定短期边际成本或平均成本的数据不易获取；（2）其他与价格掠夺的因素会对检验标准产生干扰。例如，一些厂商在新进入某一行业时，为了博得消费者的青睐，往往会以低于短期边际成本或平均可变成本的价格展开产品促销，以作为吸引未来顾客的投资、扩大产品知名度。正因为如此，也有学者建议，只有当一家厂商通过降价将另一家厂商赶出该行业后又提高价格时，才能被视为实施掠夺性定价策略。

围绕如何对掠夺性定价进行经济分析，理论界出现了四个较有影响的理论流派：（1）成本基础派（Cost-based School）。该理论流派强调审查垄断者成本与价格之间的关系，垄断者在可合理预见的短期边际成本之下定价应当被定为非法。在边际成本不易计算的情况下，可使用平均可变成本作为替代。（2）结构过滤流派（Structural Filter School）。该理论流派主张只有特定的市场结构特征使得掠夺性定价成为可能时才使用成本分析法。如果市场进入很方便，掠夺性定价者无法收回低于成本定价的损失，那么就无法实施掠夺性定价。（3）"不管"流派（'No Rule' School）。该理论流派认为掠夺性定价很少出现，而且属于非理性行为，因此应该忽略不管。掠夺目标的成功抵制、新进入的可能性以及在位企业的扩大生产，常常使得掠夺性定价失去作用。该流派反复强调，针对掠夺性定价的反垄断干预常常压制了价格竞争，使得消费者没有机会受益于低价。（4）博弈分析流派（Game-theoretic School）。该理论流派把掠夺性定价视为一定条件下的理性策略，并拒绝承认成本基础分析法在辨别非法行为方面的基础性作用。该流派强调，所谓掠夺性定价其实是在位企业利用信息不对称向目标企业发出博弈信号，示意要求他们退出市场或者减产。凭借掠夺性定价，在位企业发出信号以警示潜在进入者"进入无利可图"，或者向现有的竞争者证明"坚持不如退出"[1]。

在不完全信息掠夺性定价理论博弈模型中，主要有三种代表性理论模型，分别是声誉模型、信号模型和不完善金融市场"深钱袋"模型。声誉模型认为，在面临一系列企业进入威胁的情况下，在位企业通过制定一个低价格与第一个进入者进行价格战，试图建立一个自己是"强硬"攻击性在位企业的声誉，并向未来的潜在进入者传递它们在该市场难以盈利的不利信息，影响它们

---

[1] 盖尔霍恩等：《反垄断法与经济学》，任勇等翻译，法律出版社2008年第五版，第133~134页。

的进入后的获利预期和进入决策，从而阻止它们进入该市场。信号模型的主要思想是，在位企业利用信息优势，通过掠夺性定价向潜在进入者显示自己是低成本企业，表明进入是无利可图的，以诱使竞争对手退出市场，或者诱使竞争对手降低产出。不完善金融市场"深钱袋"模型认为，一个企业的资产状况影响着它获得外部资金支持的能力，在位企业已经积累了大量资源（深钱袋），一般不会面临融资约束，而新进入企业由于资源有限（浅钱袋），必须借款以进入市场，参与竞争。在位企业制定掠夺性价格，将降低新进入企业盈利可能性和资产价值，从而降低新进入企业获得贷款的能力，最终将其挤出市场。

在现实商业社会中，掠夺性定价很难成为一种有利可图的策略。反垄断当局需要对掠夺性定价持谨慎态度，这是因为当市场竞争很猛烈时，一些不具有成本优势的企业就会发出对竞争对手在实施掠夺性定价的指控。其实，这种竞争是有益于消费者和社会的。

12.4 两部制定价

两部制定价是一种非线性定价方式，在实际效果上相当于二级价格歧视。实行两部制定价的厂商先向消费者收取一笔与消费量大小无关的购买费（固定费用），然后再按照消费量收取每单位的使用费（Schmalensee，1981），记为 $T(q) = A + pq$。例如，租车公司出租一辆车先要向租车人收取一笔固定费用，然后再按里程收费，就属于两部制定价。与价格歧视同样道理，厂商要实施两部制定价就必须能够采用某种手段防止转售发生。否则，一位消费者就可以通过支付一笔固定费用后采购下所有商品再转售给其他消费者而牟利。如果这样，厂商就只能收取到一笔固定费用。

我们先来考察最简单的两部制定价，即单一形式的两部制定价。假设只存在两类消费者，它们的需求曲线如图12–6所示。

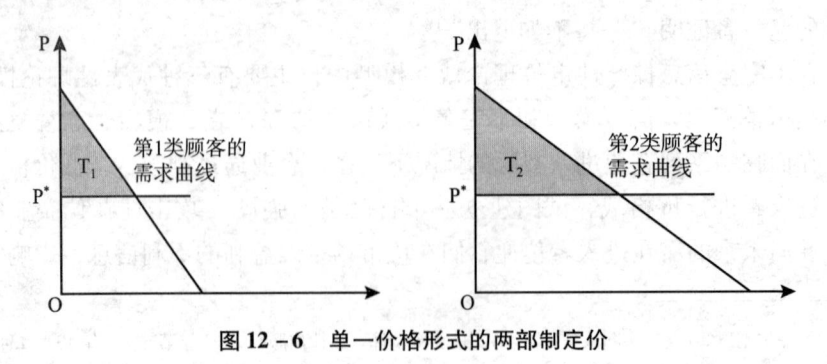

图12–6 单一价格形式的两部制定价

从图12-6可以看出,当价格为p^*时,第2类消费者愿意比第1类消费者购买更多,从而前者所获得的消费者剩余大于后者的消费者剩余。如果定价为p^*的厂商能够准确获知每位消费者的类型,它就可以向第1类消费者索取金额为T_1的固定费用,向第2类消费者索取金额为T_2的固定费用。这样它就可以索取全部的消费者剩余。假设厂商采用单一的两部制定价方式,为了追求利润最大化,它将固定费用定为T,单价定为p^*。如果p^*大于平均可变成本,厂商多销售一个单位的产品,净收益便会增加。如果厂商无法区分消费者类型,在实施单一形式的两部制定价时,为了包容第1类消费者,厂商索取的购买权费就不能超过T_1。如果超过了T_1,第1类消费者就可能拒绝购买产品;如果索取的固定费用等于T_1,厂商就会损失一部分由第2类消费者的固定费用带来的收益。这时厂商就需要权衡取舍,是收取较高固定费用舍弃第1类消费者,还是收取较低固定费用兼顾两类消费者。在很多情况下,厂商盯住第2类消费者而放弃第1类消费者反而能够获取更高的利润。从以上分析可以发现,两类消费者的需求曲线差异越大,厂商运用单一形式的两部制定价来剥夺第2类消费者的剩余就越困难。因此,在现实商业生活中,厂商常常摈弃单一形式的两部制定价方式,采用最优化的两部制定价。

在两部制定价中,消费者支付的价格是购买数量的函数,厂商有权力选择能够实现利润最大化目标的任何函数。下面,我们介绍一种较为简单的非单一价格形式的两部制定价。假设一家厂商知道两种类型消费者的需求曲线和不同类型消费者在人群中的分布情况,但是不知道具体某一个消费者属于哪一类。这时厂商可以向消费者提供两种不同的两部制定价安排供其选择,每个消费者会根据自己的偏好选择能给它带来更高效用的两部制定价方式(见图12-7)。

图12-7 可供选择的两部制定价方案

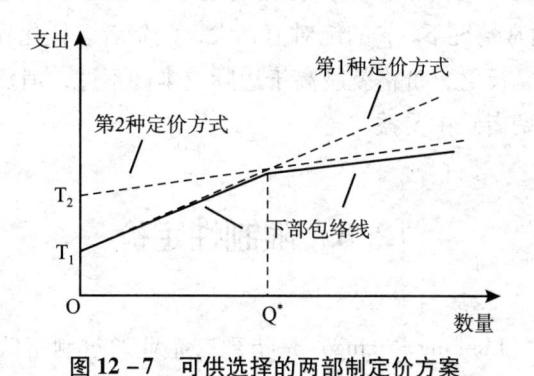

图12-7中,两条虚线分别代表两种两部制定价方案,它们在纵轴上的截

距代表各自的固定费用，斜率表示不变的边际成本。如果消费者购买数量少（小于Q^*），那么他将选择第1种两部制定价方式，这样他的支出就较少；如果他购买的数量多（大于Q^*），那么他将选择第2种两部制定价方式。这样，消费者将选择两条虚线的下部包络线，也就是图12-6中的拗折线。

在两部制定价中，如果厂商能够准确获知单个消费者的需求信息，那么它能够实施的最佳策略就是向每位消费者索取等同于边际成本 m 的价格，另外再向每位消费者索取一笔总付的购买权费，以剥夺消费者的全部剩余。设 p 为每单位产品使用价格，T 为固定付费，N 为消费者数量，Q 为对产品的总需求量，既是价格的函数，也是固定付费的函数；参数 α 用来对消费者进行分类，它表示消费者对产品的看重程度系数，α 越高消费者对产品产生的支付意愿就越高，$f(\alpha)$ 为 α 类型消费者群体中的消费者数量。并且，参数 α 在区间 $\underline{\alpha}$ 和 $\bar{\alpha}$ 之间波动。对于任意的 p、T，存在一个临界值 α^*，超过这一临界值的消费者将购买产品，低于这一临界值的消费者不会购买产品，α^* 型的消费者被称为边际消费者。这样就可以推导出最优两部制定价公式：

$$\frac{p-m}{p} = -\frac{1}{\varepsilon}\left(1 - \frac{q^*}{\bar{q}}\right)$$

上式中，$q^* = q(p, \alpha^*)$，是边际消费者的需求；$\bar{q} = Q(p, T)/N$，是所有购买产品的消费者的平均购买量；$q^*/\bar{q}$ 是边际消费者的购买量与所有购买产品的消费者的平均购买量的比率，$(1 - q^*/\bar{q})$ 可以用来测定消费者的多样化程度；ε 是购买产品的消费者的需求价格弹性，它等于：

$$\varepsilon = \int_{\alpha^*}^{\bar{\alpha}} \frac{q}{Q} \frac{p}{q} \frac{\partial q(p, \alpha)}{\partial p} f(\alpha) d\alpha$$

这里的 ε 与通常的需求价格弹性略有区别，它记录的是价格上升带来的 α^* 的变化。在通常情况下，ε 的绝对值越大，消费者多样化程度越低，使用价格 p 就越靠近 m。反之，价格就越高于边际成本。不过，消费者的多样化能够让需求量大的消费者从中受益。

12.5 限制性定价

限制性定价（Limiting Pricing）是指现有企业通过制定低于诱发进入的价格来防范新企业进入，这一价格水平使潜在进入者认识到进入市场后，预期获得回报将与克服进入障碍以及遭到报复所付出的代价正好相抵，从而放弃进入。限制性定价是在位企业通过制定当前的价格策略来影响潜在进入者对进入市场后利润水平的预期，从而影响潜在企业的进入决策，以达到限制潜在企业进入的目的。因此，限制性定价又称为限止进入定价。早期的限制性定价理论研究的是静态限制性定价，该理论认为，潜在进入者相信新企业进入后原有在位企业不会改变其产量[①]。这样，潜在进入者进入市场后行业的总产量是它的产量与原有在位企业现行产量之和，超过需求的产量将导致市场价格下降。原有企业为了达到遏制潜在进入者进入市场的目的，会调整它的产量水平及相应的价格水平，从而消除导致潜在企业进入的诱因。

下面我们用一个简单的模型来说明限制性定价的基本原理。假定在位企业与潜在的新企业的平均成本函数相同。在位企业产量为 Q_2（并且在新企业进入后仍将维持这个产量），那么，新企业面对的需求曲线为剩余需求曲线。如果新企业决定不进入，那么老企业将以价格 P′ 销售 Q_2 单位产品；如果新企业进入该产业，并且产量为 Q_1，那么产业的总产量为 $Q_1 + Q_2$，价格则为 P″。此时，价格正好等于新企业的平均成本，新企业进不进入该产业结果都一样（见图 12-8）。

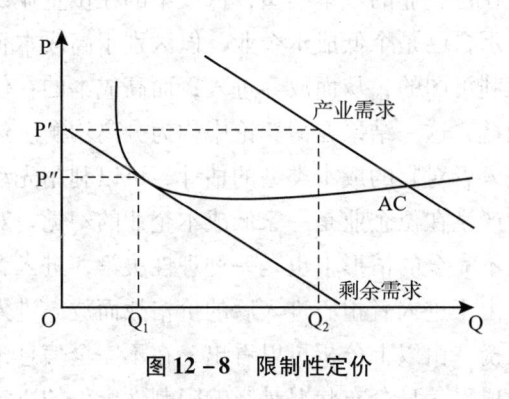

图 12-8　限制性定价

如果老企业将产量定在 Q_2 以致新企业面临的剩余需求曲线恰好低于或等于它的平均成本曲线，那么新企业就无从生产出能使它盈利的产量。老企业能够在价格 P′ 上销售 Q_2 数量产品，P′ 高于其平均生产成本但又能消除新企业进入的诱因。

但是，从理性角度出发，潜在企业在已知成本结构和需求函数的情况下，完全可以做出是否进入的决策，在位企业在潜在企业进入前所采取的定价策略与其进入后的均衡结果并没有必然联系。也就是说，原有在位企业在潜在进入

---

① 后来这一假定被称为西罗斯—拉比尼假定（Sylos-Labini Postulate）。

者进入前后保持产量不变的假定是不可置信的,理性的在位企业很少通过静态限制性定价策略来阻止潜在者进入。对于追求利润最大化的理性企业而言,它必须在当前利润和未来利润之间进行权衡,进而采取跨时期利润总额最大化的动态限制性定价策略。主导企业定价模型、连续进入模型等分析了在从属企业或新企业在不同进入方式或速度的情形下,在位企业所采取的最优定价策略。这些模型表明,理性的在位企业不会不计代价地把所有新进入企业或从属企业逐出市场,它需要平衡当前利润和未来市场份额,根据市场初始规模、市场需求状况、新企业或从属企业的价格敏感性、进入的时间滞后期、自身的成本优势、非价格进入壁垒等因素确定最佳定价策略和市场均衡价格。

米尔格罗姆和罗伯茨(1982)将信息经济学和博弈论的相关分析方法引入限制性定价理论中,提出了不完全信息下的限制性定价理论[①]。他们认为,在现实商业社会中,市场信息是不完全的,对手的成本函数、战略性决策和整个市场的需求状况对于企业而言都不是完全知识,在位企业针对潜在的进入企业的限制性定价行为可以看作是不对称信息博弈行为。在信息不对称的情况下,进入者不知道原有在位企业的成本类型,低成本的在位企业试图利用限制性定价手段向进入者显示自己是个低成本企业,以区别于高成本企业,使进入者认为进入该市场是无利可图的,从而放弃进入;而高成本的在位企业则制定高价格才符合其自身利益,这一结果在博弈论中称为分离均衡。然而,高成本的在位企业为了扰乱进入者对它的成本类型的估计,可以利用先动优势采取限制性定价手段使进入者产生在位企业是一家低成本企业的幻觉。对于高成本的在位企业而言,在信息不完全的情形下也是一种理性决策,进入者可能误认为它是一家低成本企业。由于进入者担心进入后的价格战而放弃进入,这一结果在博弈论中称为混同均衡。由以上分析可以看出,在不完全信息条件下,在位企业与潜在进入企业的成本信息分布状况是影响限制性定价的决定性因素。

从理论上分析,静态限制性定价遏制了潜在进入者的进入,对竞争企业是不利的,但是限制性定价降低了产品价格,消费者可以从中受益。因此,静态的限制性定价的净福利效应是不明确的,需要联系具体情境进行分析。在不完全信息条件下,限制性定价的福利效果受到信息分布状况的影响。如果不完全信息下的限制性定价既提高了价格又遏制了潜在进入者的进入,那么其净福利效应就是负的,需要反垄断当局进行关注。

---

① P. Milgrom and J. Roberts, Limit Pricing and Entry under Incomplete Information: An Equilibrium Analysis. *Econometrica*, 1982,(2): pp. 443-459.

12.6 自然垄断行业的定价行为

政府常常对具有自然垄断性的公用事业部门进行价格管制。价格管制不属于企业的策略性定价行为，而是政府为了平衡公用事业部门和消费者之间的利益而确定公平合理的价格。因而，这里仅作简单介绍。

12.6.1 边际成本定价

"最好的"管制价格是，一方面它能够接近资源配置的理想状态（边际成本），同时又能够带来充分的收益，足以弥补厂商全部成本。边际成本定价是经济学家为效率价格提出来的理想处方。管制部门根据厂商生产商品或提供服务的边际成本制定商品或服务的销售价格，就是边际成本定价（见图 12-9）。边际成本定价的主要原理是，如果所有的商品都按照边际成本定价，则尽管消费者的决策只是为了增进自己福利，但结果却会增进整个社会的福利。

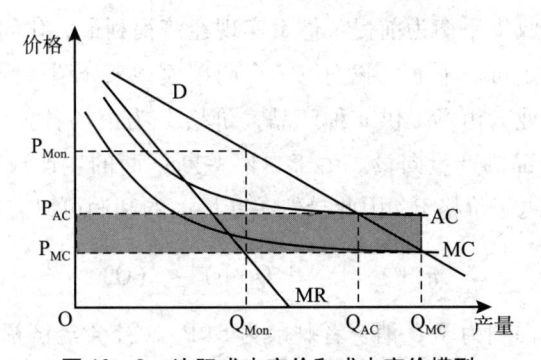

图 12-9 边际成本定价和成本定价模型

图 12-9 中，D 表示需求曲线，MR 为边际收益曲线，MC 为边际成本曲线，AC 为平均成本曲线。边际成本定价就是按照 P = MC 的原则定价，能够实现帕累托最优的资源配置效率。从规范角度看，边际成本定价是最优的定价方式，但是对于自然垄断行业而言，存在一定的规模经济，成本曲线在一定范围内表现为向右下方倾斜，而且边际成本曲线位于平均成本曲线的下方。这种情况下，如果按边际成本定价将使得垄断企业面临亏损，图 12-8 中的阴影部分面积就是亏损额。这就意味着政府要对固定成本损失的部分进行补偿，以维持公共事业企业的发展。

12.6.2 平均成本定价

平均成本定价法是使管制价格与平均成本相等（如图12-9）。根据平均成本定价法，价格等于平均成本（P=AC），政府对企业不再进行补贴，企业靠自己来平衡企业自身的收入和支出，使企业达到盈亏相抵。在此种情况下，厂商不再亏损，厂商会继续经营，但是经济利润却为零。这就是预算平衡的政策。预算平衡的规则可以使政府保证不会自动的补贴低效率的企业。也就是说，杜绝政府向企业进行这些转移支付会硬化低效企业的预算约束，迫使企业更多地承担它们不当决策的后果。和边际成本定价相比，会使得企业更加关注其固定成本，因为较高的固定成本会转化为较高的价格，从而导致产量的缩减，反过来又会影响到企业。但是，平均成本定价会使企业失去降低成本的内在动机，导致出现阿弗奇—约翰逊效应（A-J效应）[1]。

12.6.3 拉姆塞定价

拉姆塞（1927）提出了一种定价模式，能够解决企业在提供多种不同产品或服务时，在收支平衡为前提条件下实现经济福利最大化问题。这一定价模式被称为拉姆塞定价。下面，我们以一个简单模型来介绍拉姆塞定价。假设一个多产品经营企业为市场提供n种产品，价格P为市场各种产品的价格向量，产量Q为n种产品的产量向量。由于自然垄断厂商的生产成本C决定于产量Q，产量Q又取决于价格P，因此自然垄断厂商的利润可以表示为：

$$\pi(P) = \sum_{i=1}^{n} P_i Q_i(p) - C(Q)$$

令社会经济福利为W，消费者剩余为S(P)，社会经济福利可以表示为消费者剩余与生产者剩余之和，即

$$W = S(P) + \pi(P)$$

消费者剩余取决于企业的价格结构，如果第i种产品的价格增长很小一个单位，那么消费者剩余就会损失该单位量乘以第i种产品的需求量。在这种情况下，边际成本定价无疑是实现帕累托最优的价格。但是，正如上面所指出的，边际成本定价将导致企业亏损，需要政府通过转移支付来进行补贴，而补贴又具有很高的机会成本。因此，各国管制机构很少采用边际成本定价方式，

---

[1] 被管制企业为了最大限度地获取利润，可能以一种缺乏效率的方式行动，它们倾向于使用更多的资本来替代其他要素，最终导致产品在缺乏效率的高成本下生产出来。如果只有资本和劳动两种要素，这就意味着资本劳动比率超过成本最小化时的资本劳动比例。这种扭曲被叫作A-J效应。

而是在确保企业不亏损的前提下，寻求社会福利最大化的解决方案。在 $\pi \geq 0$ 的约束下，求解使 W 最大化时的 P。通过求社会福利最大化的一阶条件，可以得到：

$$\frac{P_i - MC_i}{P_j - MC_j} = \frac{MR_i - MC_i}{MR_j - MC_j} \quad (i \neq j)$$

上式就是拉姆塞定价模型。与传统的单一垄断定价相比较，拉姆塞定价可以减少福利损失，并能根据用户的实际支付能力和需求特点定价，充分利用现有生产能力，扩大产量，补偿生产者的成本，调动生产者的积极性。然而，拉姆塞定价在价格管制实践中较少被采用，而是较多地作为其他定价方式的一种参照标准。这是因为，拉姆塞定价需要正确地进行市场细分，取得每个细分市场的需求弹性和成本信息，实际工作中管理者难以获得足够信息来制定拉姆塞定价；拉姆塞定价针对需求弹性制定价格，可能损害需求弹性小的那部分消费者的利益，有失公平，与公用事业普遍服务的目标相冲突。

12.6.4　高峰负荷定价

高峰负荷定价是指在一些需求波动巨大的自然垄断行业，对高峰需求制定高价，对非高峰需求制定低价的一种定价方式。垄断厂商针对需求价格弹性随时间变动的特点，按照时间将总需求划分成不同的区间，并对不同区间制定不同的价格。因此，高峰负荷定价是价格歧视的一种具体形式。高峰负荷定价在对电力行业的价格管制中应用最广泛。电力行业的需求波动较大，而需求波动又引致厂商边际成本变动。高峰负荷定价一方面使定价反映成本的变动，另一方面又起到了平抑需求波动的作用。

在高峰负荷定价的应用中，一般采用负荷率这一指标来衡量固定资产的利用率和边际成本的变动。负荷率的计算公式为：

$$负荷率 = 平均负荷/最大负荷 \times 100\%$$

负荷率越低，意味着高峰需求与非高峰需求的差异越大，非高峰期间固定资产的闲置率越大。高峰负荷定价就是一种刺激提高负荷率的价格管制制度。在具体实施高峰负荷定价时，需要科学合理地界定高峰需求和非高峰需求，电力行业可以按月或季节来区分高峰需求和非高峰需求，夏季属于高峰需求季节，可制定较高的电力价格；冬季属于用电低谷期，可制定较低的电力价格，以刺激消费。通过高峰负荷定价，可以在一定程度上熨平消费高峰和低谷的落差，提高负荷率，提高产业固定资产的利用率，实现社会资源的优化配置。

12.7 策略性定价的反垄断控制

对策略性定价的反垄断控制有两个着眼点,一是判断它对社会福利水平的影响,二是判断它对市场公平竞争的影响。策略性定价对于社会福利水平的影响较为复杂,不能一概而论,需要联系市场结构特征、价格扭曲程度、生产商市场地位和产品属性具体分析。策略性定价对于公平竞争可能产生的影响主要有以下情形:

(1) 具有市场支配地位的生产商,如果通过实施策略性定价行为,排除或限制竞争,损害消费者利益,将被视为从事了滥用市场支配地位的行为,接受反垄断审查。大部分带有掠夺性的价格歧视行为是系统的并且由处于市场支配地位的厂商实行,能够削弱竞争对手或将竞争对手驱逐出市场,它给竞争带来了严重威胁,也会深度损害消费者利益,应该被视为非法。

(2) 不具有市场支配地位,但是具有一定的市场势力的生产商,直接或间接对同质商品的买者实施策略性定价,如果策略性定价的结果实质上减少竞争或旨在形成对市场的垄断,或妨害、破坏、阻止同那些准许或故意接受该歧视利益的人之间的竞争,或者是同他们的顾客间的竞争,则该策略性定价行为是非法的。例如,美国的《罗宾逊—帕特曼法》(1936年)的第二条(a)规定:仅当歧视造成的影响将实质性地减少竞争或者倾向于在任何商业中产生某一垄断时,或者将损害、毁灭或阻止与给予或故意收取此类歧视利益的人之间的竞争时,或者将损害、毁灭或阻止与任何一方的客户之间的竞争时……价格歧视才被认为是非法的。

(3) 厂商在其经营过程中,在国内对同一品质、数量、等级的商品,通过给予买者比其他竞争者更高的折价回扣、补贴、广告劳务费等故意进行歧视,或为了破坏竞争、消灭竞争者,以低于其竞争者的价格出售或以不合理低价出售,将会损害公平竞争,扰乱竞争秩序,因而也应被视为非法。

(4) 多数的临时或零星的策略性定价可能通过局部降价使价格更接近边际成本而促进效率,同时给消费者提供更多的物美价廉的商品,并且不对竞争和竞争者造成实质性损害,这类策略性定价不会被禁止。如果所有的策略性定价都被排除,存在规模经济的厂商的产出可能下降,平均成本上升。因此,消除所有的策略性定价可能提高社会生产的平均成本,使消费者支付更高价格。

以上分析表明,策略性定价的反垄断分析有三大要件:一是厂商在相关市场上是否具有市场支配地位;二是厂商是否存在策略性定价行为;三是策略性定价行为是否产生了危害竞争的结果。

12.8 小　　结

　　市场经济条件下，市场竞争中最普遍、最有效的方式是价格竞争，生产商往往通过实施策略性定价方式获取最大化利润。策略性定价行为是厂商为了提高利润所采取的旨在影响市场结构、竞争对手信念和消费者偏好的定价行为总称。拥有一定市场势力的垄断厂商为了增加利润放弃自己产品的单一价格政策，以不同价格出售同一产品的定价策略被称为歧视性定价，也称为区别定价。价格歧视分为三种类型，即一级价格歧视、二级价格歧视和三级价格歧视。价格歧视的竞争效应取决于：（1）这种行为是由处于边缘的小厂商实行的，还是由处于支配地位的大厂商实行的；（2）价格歧视是零星行为，还是系统行为。如果价格歧视是由处于边缘的厂商试图得到更多的销售量而零星实行的，那么它能够促进竞争。相反，如果价格歧视是由处于市场支配地位的大公司系统实行的，那么它会通过差别化定价、削弱或驱逐竞争对手、保护其支配地位而限制竞争。

　　掠夺性定价是指在寡占市场上，某家具有市场势力的厂商为了将竞争对手挤出市场或为了吓退有意进入该市场的潜在对手而降低价格，等待竞争对手退出市场后再行提价的策略性行为。在大多数情况下，实施掠夺性定价策略的厂商会将价格压低至其成本以下，通过承担短期损失来换取长期收益。因此，掠夺性定价往往表现为价格水平的下降，但其目的不是为了扩大市场需求，而是为了消灭或驱逐现有竞争对手，迫使它们停止营业或者被低价兼并，从而确定自己在市场上的垄断地位。在现实商业社会中，掠夺性定价很难成为一种有利可图的策略。反垄断当局需要对掠夺性定价持谨慎态度，这是因为当市场竞争很猛烈时，一些不具有成本优势的企业就会发出对竞争对手在实施掠夺性定价的指控。其实，这种竞争是有益于消费者和社会的。

　　两部制定价是一种非线性定价方式，在实际效果上相当于二级价格歧视。实行两部制定价的厂商先向消费者收取一笔与消费量大小无关的购买费（固定费用），然后再按照消费量收取每单位的使用费。在两部制定价中，消费者支付的价格是购买数量的函数，厂商有权力选择能够实现利润最大化目标的任何函数。限制性定价是指现有企业通过制定低于诱发进入的价格来防范新企业进入，这一价格水平使潜在进入者认识到进入市场后，预期获得回报将与克服进入障碍以及遭到报复所付出的代价正好相抵，从而放弃进入。

限制性定价是在位企业通过制定当前的价格策略来影响潜在进入者对进入市场后利润水平的预期，从而影响潜在企业的进入决策，以达到限制潜在企业进入的目的。因此，限制性定价又称为限止进入定价。米尔格罗姆和罗伯茨（1982）将信息经济学和博弈论的相关分析方法引入限制性定价理论中，提出了不完全信息下的限制性定价理论。从理论上分析，静态限制性定价遏制了潜在进入者的进入，对竞争企业是不利的，但是限制性定价降低了产品价格，消费者可以从中受益。因此，静态的限制性定价的净福利效应是不明确的，需要联系具体情境进行分析。在不完全信息条件下，限制性定价的福利效果受到信息分布状况的影响。如果不完全信息下的限制性定价既提高了价格又遏制了潜在进入者的进入，那么其净福利效应就是负的，需要反垄断当局进行关注。

政府常常对具有自然垄断性的公用事业部门进行价格管制。价格管制不属于企业的策略性定价行为，而是政府为了平衡公用事业部门和消费者之间的利益而确定公平合理的价格。自然垄断行业内的定价方式包括边际成本定价、平均成本定价、拉姆塞定价和高峰负荷定价。

对策略性定价的反垄断控制需要重点考虑两点：一是分析它对社会福利水平的影响；二是判断它对市场公平竞争的影响。策略性定价对于社会福利水平的影响较为复杂，不能一概而论，需要联系市场结构特征、价格扭曲程度、生产商市场地位和产品属性进行具体分析。

第 13 章 纵向约束及其反垄断控制

> 日新月异的技术、持续变动的要素成本比率、多样化的经济、政治系统中多样化的市场结构——当所有这些导致问题复杂化的环境变量被剥离出去之后,现代工业社会只剩下两条标示其根本属性的主线:理性,它是制度的灵魂;变化,它是理性逻辑推演的必然结果——理性的本质在于不断地寻求、掌握、运用各种手段以达到特定的目的,其本身蕴含着一个持续不断地调整、改造、适应的过程,这就是变化。两条基本线索依次作用于经济和社会的价值与结构,其结果构成了物竞天择原理的核心。
>
> ——大卫·兰德斯:《解除束缚的普罗米修斯》(第二版),
> 华夏出版社 2007 年第 2 版,第 545 页。
>
> 纵向关系不可能很快成为经济学或反托拉斯法的一个稳定领域。……企业之间的纵向关系总是依赖于具体情境。如果技术、消费者偏好或其他环境条件改变,导致企业相应地改变其纵向关系,则很可能引起客户或供应商因受到不利影响而抱怨。由此很可能引发诉讼,而针对反竞争的指控,也几乎肯定会有基于效率考虑的有力反驳。有关纵向关系的正面与负面作用的创造性理论贡献也肯定会延续。……可以肯定的是,纵向关系仍将是一锅丰盛的炖汤。
>
> ——约翰·克伍卡和劳伦斯·怀特:《反托拉斯革命:经济学、竞争与政策》
> (第五版),经济科学出版社 2014 年版,第 356 页。

13.1 纵向约束及其主要类型

厂商与厂商的纵向关系存在着两个极端和一个中间情况,两个极端分别是纵向一体化和没有管制的市场交易关系,位于中间的纵向限制竞争行为就是纵向约束,也称为纵向限制或纵向协议。根据产业经济学的界定,参与商品或服务一个以上连续的生产或销售环节的厂商是纵向一体化的厂商。非纵向一体化的厂商从其他厂商那里购买生产或销售过程所需的投入品或服务。但是,非纵向一体化的厂商可以与交易厂商签订长期的、具有约束力的合同,合同中就价格、销售区域、其他条款或行为方式做出明确规定。这种合同约束就称为纵向约束。纵向约束也属于一种策略性行为,它将影响该厂商及其他相关厂商的决策和行为。

由于销售商通过垄断加成所获得的利润归于销售商而非制造商,因此,制造商不希望它的销售商进一步限制产出或等效地将它的价格提高到垄断价格。每一家制造商都希望销售商以最有利于制造商的方式定价和销售,因而与销售商签订销售合同的制造商除了要求销售商支付产品价格以外,还可能对销售商的行为施加纵向约束。这些纵向约束是通过制造商和销售商之间的合同协商来确定的,包括销售的最低数量要求、销售区域分割、不可销售竞争性的其他替代品、最低限价等。制造商希望通过纵向约束建立一个尽可能有效的销售体系,以实现自身的利润最大化目标。

防止销售商中的搭便车行为也是厂商实施纵向约束的理由之一。销售商的搭便车行为是指,当几家独立的厂商销售一家制造商的产品时,每一家销售商都有动机从其他销售商的推销行为中获益而不进行支付。例如,有一家销售商对某制造商的产品进行了大量广告宣传(或其他销售努力),花费了高额成本,而另一家销售商也销售这一产品。第一家销售商创造了使两家销售商都获益的对这种产品的需求,而第二家销售商没有产生任何成本,且不对第一家销售商进行任何补偿。这就是销售商中的搭便车行为。在这种情况下,任何厂商都没有动机投入成本进行销售推广或其他销售努力。由于搭便车减少了销售商推销制造商产品的动机,制造商就有可能通过纵向约束来处理搭便车问题。处理销售商搭便车行为的纵向约束措施包括,市场封锁、划定独占区域、转售价格维持、制造商代表销售商做广告或对销售商的销售努力进行补偿等。纵向约束的主要类型如表 13-1 所示。

表 13-1　　　　　　　　　　纵向约束的主要类型

约束工具	主要类型	纵向约束形式
价格	非线性定价	制定非线性价格,特许费
	价格上限	$p \leq \bar{p}$
	价格下限	$p \geq \underline{p}$
	转售价格维持	$\bar{p} = \underline{p}$

续表

约束工具	主要类型	纵向约束形式
数量	数量强制	数量固定：$\bar{q} = \underline{q}$
		数量上限：$q \leq \bar{q}$
		数量下限：$q \geq \underline{q}$
区域	独占区域	特定地理区域内的独家经销
	排他性顾客群	顾客的纵向分割
供给	捆绑销售（搭售）	零售商销售供应商的搭配商品
	排他性交易	零售商不能销售其他厂商的竞争性替代品
	拒绝供应	通过选择性分销体系来控制分销商的数量
零售商特征	选择性分销	制造商根据零售商的质量选择有限数量的零售商
	特许经营	特许者向特许经营人授予已被证明可行的经营方法、商标或品牌等的使用权

资料来源：根据唐晓华等《产业组织与信息》（经济管理出版社 2005 年版）第 108 页表 5-1 修改。

本章将重点分析纵向关系中的纵向一体化和纵向限制中的转售价格维持、独占区域、捆绑销售、特许经营和排他性交易，并分析纵向约束的福利效果及反垄断政策。

13.2 纵向一体化

纵向一体化（Vertical Integration）是纵向关系的一个极端，是从纵向实现控制权的扩张，属于纵向并购的一种形式。在某些情况下，制造商也许觉得很难利用纵向约束条款来促使零售商采取自己所希望的行为，此时它们可能会实施纵向一体化策略。所谓的纵向一体化，是厂商将关键性的投入产出关系纳入自己的控制范围，以非市场交易而不是市场手段处理生产和经营业务，以达到提高自身市场控制力的一种方法。纵向一体化是资源配置方式的一种转换，以企业内部契约替代市场外部契约，也是纵向约束的一种替代方式。厂商选择纵向一体化的动机在于降低成本或消除市场外部性，通过纵向一体化获得以下好处：

（1）降低交易成本。厂商之间发生交易会产生交易成本，例如，签订和执行合约的成本，当这类成本较为高昂时，某些厂商可能通过机会主义行为剥削厂商。例如，如果某家汽车制造商的某个重要零部件仅存在一家供应商，那么这家供应商就可以在汽车制造商因需求上升需要更多零部件供应时提高价格，而汽车制造商在短期内别无选择。即使能够预见这种交易的复杂性和依赖性，也很难设计一个合同来完全消除两家厂商的任意一家对另一家实行敲竹杠等机会主义行为的动机。厂商对这类高交易成本做出的反应之一就是纵向一体化，由自己来进行生产活动，变外部谈判为内部监督。经济学家认为，有四种交易的交易成本较为高昂，足以使纵向一体化变得可行。这四类交易是专业化资产、使监督难以进行的不确定性、信息和广泛的协调[①]。

（2）确保重要投入品的稳定供应。标准化的市场模型认为，价格机制是配置资源的有效方式，投入品将在价格机制引导下保障充分供给。然而，在现实商业社会中，某些特殊的市场上，价格不是分配商品的唯一机制，此时保障投入品的供给十分重要。当投入品的分配是一种概率且投入品的供给存在较大的不确定性时，厂商就有动机通过纵向一体化提高获得投入品的概率，自己生产满足可预期需求水平的投入品，以确保重要投入品的稳定供应。

（3）纠正外部性引起的市场失灵。外部性是市场失灵的领域之一，厂商可以通过纵向一体化实现外部经济内部化，纠正外部性引起的市场失灵。例如，一家具有良好声誉的厂商可以通过纵向一体化开设只销售自家品牌商品的零售店，将信誉外部经济内部化。

（4）规避政府管制和税收。厂商可以通过纵向一体化以规避或避免来自政府的价格控制、税收和其他管制。例如，政府对某一重要物资进行价格控制时，实力雄厚的厂商可以通过购买生产该物资的供给商而绕过政府的价格控制。不同地区的税率和税收体系可能存在差异，一家纵向一体化的厂商可以通过简单地改变它由一个部门向另一个部门出售其内部生产的物资的转移价格，即可将利润从一地转移到另一地，从而实现避税的目的。纵向一体化厂商的不同生产环节所受到的政府管制措施可能存在差异，通过将利润从受管制部门转移到未受管制部门，厂商可以提高总体利润。

（5）增强市场势力。厂商通过纵向一体化能够提高市场集中度，从而增强市场势力，增加垄断利润。一家竞争性产业中某一生产过程所使用的某一关键投入品的垄断供应商能够通过前向一体化来垄断生产产业，增强市场势力，提高自身利润。作为买方的厂商也可以通过收购它的唯一供应商而增强市场势力。同时，一家垄断供应商可能通过纵向一体化防止消费者转售而获得市场势力，从而成功地实施价格歧视，增加自身利润。

---

① 详细分析可参见卡尔顿和佩洛夫：《现代产业组织》（下册），黄亚钧等译，上海三联书店和上海人民出版社1998年版，第735～738页。

(6) 消除市场势力的损害。正如一家厂商可以通过纵向一体化来提高自身市场势力一样，另一家厂商也可以通过纵向一体化来降低或抵消交易对象的市场势力。例如，假设只有甲厂商一家厂商销售乙厂商生产过程所必需的一种投入品。如果甲厂商凭借自身市场势力向乙厂商收取高垄断价格，乙厂商可以通过后向一体化，自己生产那种投入品，以抵消甲厂商的市场势力。

13.3 独占区域

独占区域（Exclusive Territory）也称为排他性区域或独家经销，是指某一制造商分配给各分销商一定的地理区域作为独家经营区域，不允许其他分销商在该地区经营的做法。独占区域是特许经营的一种极端形式，是生产商在一个地区只保留一家经销商独家经销其产品。独占区域提供了销售商促销产品的积极性并阻止了某一销售商利用另一销售商在促销方面的努力而搭便车的行为。它可以刺激下游企业提高在服务上的投资，因为它保证了企业可以获得投资产生的利益。即使是独占区域为下游企业带来了市场势力从而降低了产量，上游企业也有激励提供这样的协议，因为它使上游的需求弹性下降，从而降低了上游的市场竞争程度。下面，以一个涉及两个产品、两个区域且各区域内均为线性需求的价格竞争模型（见图 13-1）来讨论这一观点①。

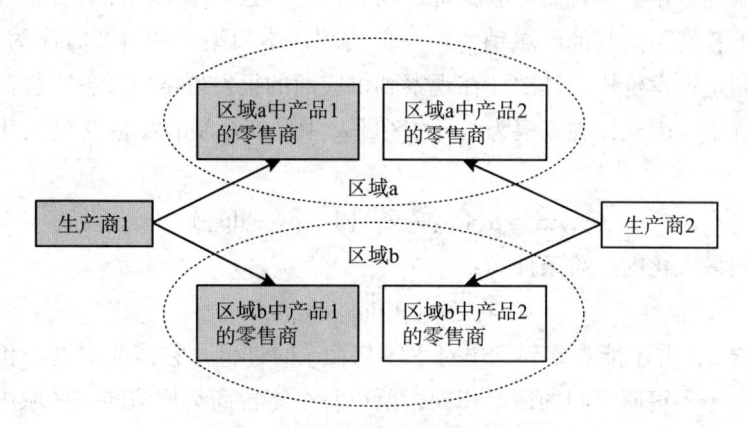

图 13-1　两区域的独占区域模型

---

① Rey, P. and J. Stiglitz, The Role of Exclusive Territories in Producers' Competition. *Rand Journal of Economics*, 1995, 26: pp. 431-451.

如图 13-1 所示，假设每个区域的每种产品只有一个零售商，并且零售商在其他区域销售时不需要考虑任何运输成本。这就说明如果没有独占区域的存在，相同产品的零售商之间就会呈现伯特兰德竞争，在区域 $k \in \{a, b\}$ 中销售产品 $i \in \{1, 2\}$ 的零售商以其单位成本销售产品。单位成本等于批发价格 w_i 加上零售中产生的单位成本。为了分析简便，假定零售中产生的单位成本为 0，于是有：

$$p_{ia} = p_{ib} = w_i$$

也就是说，零售商之间是完全竞争的，上游企业可以按照标准的寡头垄断模型来定价。区域 k 的需求是：

$$D_k = \alpha_k(1 - p_{ik} + dp_{jk})$$

上式中，$i \neq j \in \{1, 2\}$，$k \in \{a, b\}$，$\alpha_a + \alpha_b = 1$，$0 \leq d < 1$，每个上游企业制定 w_i 来最大化 $w_i(1 - w_i + dw_j)$，这里假定各上游企业的边际成本固定、相等且设为 0。可以求得均衡价格为：

$$p^* = w^* = \frac{1}{2-d}$$

每个上游企业的利润为：

$$\pi^c = \frac{1}{(2-d)^2}$$

现在假设生产商（上游企业）授予每个零售商（下游企业）独占区域。因为在这种安排下零售商能够获得正利润，所以它们愿意在拥有各自独占区域的前提下签署不向其他区域销售产品的协议。本模型中的博弈时序为：首先，生产商制定批发价格；其次，在观察到供应商的批发价格后，各零售商同时制定零售价格。因此，在规模为 α_k 的区域 k 中，产品 i 的零售商最大化其自身利润：

$$\pi_k = \alpha_k(p_{ik} - w_i)(1 - p_{ik} + dp_{jk})$$

利润最大化的一阶条件为：

$$1 - 2p_{ik} + dp_{jk} + w_i = 0$$

零售商 i 并不能观察到竞争对手零售商 j 的进价，它需要对这个价格进行预期。由于零售商之间的情况相同，所以每个零售商都相信同一区域内的竞争对手面对的是均衡批发价格 w^*。这样，通过对每个零售商求解，可以得到零售价格：

$$p_{ik}(w_i, w^*) = \frac{2}{4-d^2}\left[1 + \frac{d(1+w^*)}{2} + w_i\right]$$

如果 $w_i = w^*$，上式就可以简化为：

$$p_{ik}(w^*, w^*) = \frac{1+w^*}{2-d}$$

因为在所有区域都是如此，生产商 i 最大化其利润：

$$\max \pi_i = w_i [1 - p_{ik}(w_i, w^*) + dp_{jk}(w_i, w^*)]$$

一阶条件为：

$$1 - p_{ik}(w_i, w^*) - w_i \frac{\partial p_{ik}(w_i, w^*)}{\partial w_i} + dp_{jk}(w_i, w^*) = 0$$

由于均衡时 $w_i = w^*$，且 $\partial p_{ik}(w_i, w^*)/\partial w_i = 2/(4-d^2)$，上式可以化简为：

$$1 - \frac{1-d}{2-d}(1+w^*) - w^* \frac{2}{4-d^2} = 0$$

从上式可以求出 w^*，即

$$w^* = \frac{2+d}{4-d-d^2}$$

将上式代入上文给出的零售价格公式，可得均衡时的零售价格

$$p^* = \frac{6-d^2}{(2-d)(4-d-d^2)}$$

生产商的均衡利润为

$$\pi^* = \frac{2+d}{2-d} \frac{2}{(4-d-d^2)^2}$$

通过计算可知，存在独占区域的情况下，当 d 足够大时[①]，独占区域下的市场上利润高于竞争性市场上的利润。这也就是说，当两种商品的替代性很强，也就是零售商在同一区域内竞争很激烈的时候，存在独占区域时，上游企业（生产商）能够获得更大的利润，零售商也会因此获利，但是这损害了消费者的利益和社会总福利。

从以上模型分析可以看出，尽管零售商能够分享商品利润，提供独占区域依然使生产商有利可图。这是因为，它导致上游市场的价格需求弹性下降，减轻了生产商面临的竞争强度。虽然以上结论是基于一个较为简单的特殊模型得到的，但是即使基本条件有所改变，主要结论仍然是成立的。在评估独占区域的经济后果时，也应考虑到，独占区域也并非一无是处。它在抑制了品牌内竞争的同时，可能间接地提升了品牌间的竞争程度。这是因为，经销商因排除了其他经营同一品牌的竞争者，就有动机和积极性在享有垄断经营权的区域内潜心经营，努力开拓市场。另外，独占区域可能通过使销售商获得规模经济而降低分配成本，即借助于一个更大的销售量来分摊固定成本，从而降低单位销售成本。

[①] 雷伊和斯蒂格利茨（Rey and Stiglitz, 1995）计算了 d 的取值范围是 $0.78 < d < 1$。

13.4 转售价格维持

转售价格维持（Resale Price Maintenance，RPM）又称为纵向价格限制或转售价格控制，是具有垄断地位的制造商制定零售商售价的最低限度，以控制其产品对消费者的零售价格。通俗地说，转售价格维持就是生产商与销售商约定，就其产品转售与第三人时，或第三人再行转售时，必须遵守生产商规定的价格要求。如果零售商违反转售价格维持协议，生产商就会采取断绝供货、取消折扣、给予违约金处罚等经济制裁。转售价格维持可以分为两种方式：一是生产商选用各种方式限制或约定交易相对人与第三方之间交易时的销售价格；二是生产商除了对交易相对人限制或约定转售价格以外，还要求其约束或限制其他购买者再转售时的销售价格。转售价格维持既有可能是最高转售价格维持，也有可能是最低转售价格维持。同一品牌的生产商与销售商之间的利益既有一致的地方，也有不同之处。虽然提高产品质量、产量、售后服务等对生产商和销售商都有利，但是在如何提高价格、价格定在什么位置上比较适宜等问题上，双方存在分歧。转售价格维持能够比较妥当地协调这一问题，它能够提升营销效率，在推进生产商提高产品性能、销售商改善服务的同时，减低品牌内产品的竞争。

转售价格维持使生产商拥有定价力量，从而潜在地削弱了零售商之间的竞争。在生产商不直接销售产品的市场中，零售商除了降低交易成本以外，还发挥着许多其他重要作用。例如，零售商需要致力于提供更多的服务。生产商意识到他们的定价策略不应该破坏零售商在服务上的投资激励。为了规范地分析这种环境下转售价格维持的作用，可以考虑一个拥有单个上游生产商和两个同时销售该生产商产品的竞争性下游销售商的市场[1]。这两个零售商的选址之间符合豪特林模型的横向差异，并且在不施行转售价格维持时在价格和服务上进行竞争。由于时间的机会成本不同，分布在不同横向位置和不同服务维度的消费者是非同质的。当保留价格有限时，这就意味着那些位于远离产品处和具有很高的时间机会成本的消费者不会购买任何产品。定义产品零售价格为 p_i，零售商的服务质量为 s_i，零售商 i 对生产商产品的需求函数为 Q_i。这样，每个零售商的利润可以表示为：

---

[1] Winter, R., Vertical Control and Priceversus Non-Price Competition. *Quarterly Journal of Economics*, 1993（1）：pp. 61–76.

$$\pi_i(p_1, p_2, s_1, s_2) = (p_i - w)Q_i(p_1, p_2, s_1, s_2) - K_i(s_i)$$

上式中，w 为批发价格，K 是提供水平为 s_i 的服务所需的成本。生产商的利润为：

$$\pi_p = (w - c)(q_1 + q_2)$$

在不实施转售价格维持的环境中，生产商只是简单地制定一个线性无歧视的批发价格 w。下面，将这个解与生产商同时制定批发价格和下限零售价格时的解进行比较。这个产业的总利润为：

$$\pi_t(p_1, p_2, s_1, s_2) = (p_1 - c)Q_1(p_1, p_2, s_1, s_2) + \\ (p_2 - c)Q_2(p_1, p_2, s_1, s_2) - K_1(s_1) - K_2(s_2)$$

产业利润最大化的一阶条件为 $\partial \pi_t / \partial p_i = 0$ 和 $\partial \pi_t / \partial s_i = 0$。根据上式，零售商 i 的利润可以改写为：

$$\pi_i(p_1, p_2, s_1, s_2) = \pi_t(p_1, p_2, s_1, s_2) - (w - c)Q_i(p_1, p_2, s_1, s_2) - \\ (p_j - c)Q_j(p_1, p_2, s_1, s_2) - K_i(s_i)$$

当批发价格给定时，每个零售商选择 p_i 和 s_i 来最大化其利润，一阶条件为：

$$\frac{\partial \pi_i}{\partial p_i} = \frac{\partial \pi_t}{\partial p_i} - (w - c)\frac{\partial Q_i}{\partial p_i} - (p_j - c)\frac{\partial Q_j}{\partial p_i} = 0$$

$$\frac{\partial \pi_i}{\partial s_i} = \frac{\partial \pi_t}{\partial s_i} - (w - c)\frac{\partial Q_i}{\partial s_i} - (p_j - c)\frac{\partial Q_j}{\partial s_i} = 0$$

如果一阶条件的最后两项互相抵消，零售商得到的解实际上就将整个纵向产业体系的利润最大化了。第二项涵盖了价格和服务水平的纵向外部性；第三项表示横向外部性，这来自于零售商之间的完全竞争，即每个零售商都不考虑价格和服务水平的改变为其竞争对手带来的影响。假设生产商可以设定是这两种效应正好抵消的批发价格 w，那么重新整理后可以得到：

$$\frac{\frac{\partial Q_i}{\partial p_i}}{\frac{\partial Q_i}{\partial p_i} + \frac{\partial Q_j}{\partial p_i}} = \frac{\frac{\partial Q_i}{\partial s_i}}{\frac{\partial Q_i}{\partial s_i} + \frac{\partial Q_j}{\partial s_i}}$$

然而，现实中上式往往无法成立，等号左边往往大于右边。这是因为，消费者对价格竞争要比服务竞争更敏感，同时某些零售商也是对价格竞争更加敏感。如果消费者对价格竞争要比对服务竞争敏感，那么生产商使用转售价格维持将提高零售价格并带来更多的零售服务。相反，如果消费者对价格竞争不敏感，则零售价格和服务将降低。零售商若要吸引竞争对手的顾客，提高服务水平不如降低价格的作用大。所以，零售商更倾向于进行价格竞争，而生产商可以设置一个价格下限来改善均衡结果，使用转售价格维持来矫正横向或纵向外部性。

零售商的促销努力有可能遭遇的另外一个重要问题是其他零售商的搭便车行为[1]。如果市场上的消费者首先了解产品信息,再寻找最理想的购买价格,零售商就几乎没有激励来增加零售服务上的投入。面对这种正的横向外部性,生产商可以使用转售价格维持来避免出现那些会损害零售商服务投资激励的破坏性价格竞争,保护零售商的边际利润。在信息不对称的情况下,零售商可以通过推介和提供售后保证向消费者传递某种产品是高质量产品的信息。转售价格维持可以提供零售商向消费者发送正确信号的激励。如果没有转售价格维持这种纵向约束,一些消费者从一家零售商处获知了生产商产品质量的信息后,就可以向未提供这种服务但售价更为低廉的零售商那里购买产品,这就伤害了零售商花费成本来提供此类服务的积极性。因此,转售价格维持可以很好地激励零售商投资于提高零售服务质量。当然,转售价格维持也有可能存在反竞争效应。例如,转售价格维持能够提高上游市场卡特尔可维持性。这是因为,转售价格维持消除了零售价格的多变性,使得价格更加透明和统一,并且在这种限制下卡特尔成员对于价格的任何背离都很容易被发现,这就促进了卡特尔成员之间串谋的稳定性。

13.5 搭售与捆绑销售

13.5.1 概念界定

搭售(Tying)是一种非线性定价方法,是指顾客只有在同意购买另一种商品的情况下,才能购买这种商品。搭售协议也是一种限制纵向关系的合同安排,出卖人或出租人要求买方或承租人在购买、承租某一商品或服务时,必须以同时购买、承租不同的商品或服务为前置条件。买方或承租方希望得到的商品或服务称为"搭售商品或服务",被迫接受的商品或服务称为"被搭售商品或服务"。搭售有两种形式,即条件搭售和捆绑销售。条件搭售是将两种或多种产品结合在一起销售,并且不明确规定消费者对这些产品必须购买的数量。不管采用哪种搭售方式,消费者支付的价格都不一样。在条件搭售中,购买企业某种产品的顾客还必须购买该企业生产的其他产品,它常常应用于对某一服务的消费需要同时具备两种产品的情况,例如打印机与墨盒。对于那些对价格

---

[1] 贝拉弗雷姆和佩泽:《产业组织:市场和策略》,陈宏民和胥莉翻译,格致出版社2010年版。

敏感的消费者而言，把两种产品结合在一起出售是一种典型的数量折扣方法。在通常情况下，厂商无法准确获知哪些消费者最常使用它的产品，谁愿意支付的价格最高。在这种情况下，厂商可以通过采用条件搭售的方式来识别出哪些消费者的用量大，进而向他们收取高价，以获取利润。

捆绑销售（Bundling Sale）也称为成套搭售，是指在一个组合中销售两个或两个以上的产品。识别捆绑销售的方法是捆绑组合中的产品总是以一个固定的比例搭配。当只能购买销售组合时为纯粹捆绑销售；当可单独购买产品或销售组合时，则为混合捆绑销售。我们主要分析前者。按照捆绑客体之间的关系可以将捆绑销售分为相关捆绑和不相关捆绑。从捆绑销售客体之间的相关性，可以大致判断出实施捆绑销售的动机。相关捆绑是指销售的主体产品与被捆绑的客体之间的性能具有互补性，将被捆绑的客体捆绑到原来的产品上以后，要么能够使原有产品功能得到强化，要么直接增加新功能。不相关捆绑销售是把两个或两个以上的并不具有内在联系的产品捆绑在一起进行销售的行为。不相关捆绑是从攫取利益的角度出发，将并无联系产品捆绑在一起销售，需要厂商拥有市场势力。在捆绑销售条件下，两个产品被组合在一起，从而使顾客无法单独购买；这样就可以通过对很多产品设置唯一价格来减少消费者的异质性，而不是通过增加价格选择来迎合消费者的不同偏好。销售两种或多种商品的企业可以使用捆绑销售的方法来增加利润。尤其是那些无法直接进行价格歧视的企业，可以通过采用捆绑销售向消费者收取不同的价格，但能否增加利润还要取决于消费者的偏好和企业阻止购买者转售的能力。

13.5.2 搭售的经济分析与杠杆理论

分析搭售的传统经济理论是杠杆理论，该理论认为，卖方以具有市场势力的第一种商品为杠杆强迫买方购买第二种商品，从而否定了卖方竞争对手进入第二种商品市场的机会，同时也迫使买方放弃了自由选择权。为了阻止卖方垄断被搭售商品，必须阻止卖方以其对搭售商品的支配力为杠杆，进入被搭售商品市场。总结前人关于搭售的相关文献，关于搭售的杠杆作用主要有五种：预先排除竞争对手；提高竞争对手的成本；促进与竞争对手的共谋；增加进入阻碍；利用信息不对称获取利润[1]。20世纪50年代后期到20世纪70年代，杠杆理论作为分析搭售协议的基本工具受到了批判和攻击，反垄断当局逐渐放弃了这一分析工具。杠杆理论的缺陷在于，这一理论包含

---

[1] 详细分析，请参考文学国：《滥用与规制——反垄断法对企业滥用市场优势地位行为之规制》，法律出版社2003年版，第384~390页。

了太多不应有的相关因素，却没有考虑到搭售是否是有效运用已有经济力量的唯一方式，试图否定厂商的利润最大化动机，并且夸大了通过搭售将对某种产品的垄断力量拓展到其他经济领域的可能性。搭售卖方以搭售产品为获取利润最大化的手段，是经济人的固有之意，他有权生产与搭售产品配套的被搭售产品，而不应当被事先敌视性地假设为运用了额外的垄断力量或是一项新的垄断结果。

捆绑销售往往增加垄断企业的销售量，但是否会增加垄断企业的利润是不确定的。判断捆绑销售是否能够增加利润，需要计算利润最大化的非捆绑销售价格和捆绑销售价格。然后，根据不同消费者对不同产品的偏好差异和需求价格弹性，决定是否采取捆绑销售方式。捆绑销售利润的高低主要取决于消费者对于所提供产品偏好的分布状况和产品的生产成本。将一组产品捆绑销售的唯一条件是，消费者对两种商品具有不同的价值判断，对两种商品的需求负相关，即愿意为一种商品支付高价的消费者不愿意为另一种商品支付高价。当一种商品被出售给不同消费者时，保留价格最低的购买者决定了该种商品的价格。如果不同消费者的保留价格存在很大差异，垄断企业就不得不定低价来增加销售量。通过捆绑销售需求负相关的商品或服务，垄断企业缩小了保留价格之间的差异，使它在收取高价的情况下仍然能够保持原有的销量。在决定是否采取以及如何采取捆绑销售方式时，垄断厂商有三种策略：单独销售、单纯捆绑销售和混合捆绑销售。一般而言，如果消费者具有异质性并且对两种产品的保留价格无相关性且都为均匀分布，产品的价值相互独立且边际成本为零，那么与单独销售相比较，垄断厂商可以通过单纯捆绑销售来增加利润；厂商通过设定产品捆绑组合的价格低于单独销售时的价格之和来增加产品需求，此时消费者增加了购买数量，福利状况也会变好。对两种产品的保留价格相对较高的消费者更偏好单纯捆绑销售，而对其中一种产品的保留价格较高但对另一种较低的消费者更偏好单独销售。从单纯捆绑销售转为混合捆绑销售可以使垄断厂商的利润增加。这是因为，在混合捆绑销售时，捆绑组合的价格比单纯捆绑组合的价格更高，每个部分的销售价格也高于单独销售时的价格。因此，混合捆绑销售策略下的消费者剩余比单纯捆绑销售策略下的消费者剩余减少了。如果产品的边际成本大于零，在单纯捆绑销售时，部分消费者可能在他们对产品的保留价格低于产品边际成本时依然不得不购买产品；混合捆绑销售可以通过引导此类消费者购买单个商品而非捆绑组合产品来消除这种无效率的行为，从而改善社会福利。

13.5.3 搭售的理由与竞争效应

搭售是厂商追求利润最大化目标的一种理性行为,厂商采用搭售方式的理由如下:(1)搭配销售可以用来提高效率。当几件产品及其组合需要共同消费才能给消费者带来效用时,搭售能够降低交易费用。例如,需要系鞋带的鞋子与鞋带一起销售比分开销售,可能更具有效率。汽车的组件可以分开销售,但消费者更愿意购买整车,节约交易费用、组装成本和搜寻成本。(2)搭配销售可以避开价格管制。假定政府对某一特定商品实行价格管制,并且管制价格低于供需相等时形成的市场出清价格,厂商可以采用搭售另外一种产品并索取高价的方式来规避价格管制。例如,如果政府对电力价格进行管制,制定了低于均衡价格的电费标准。如果电力公司有权销售电灯泡,那么它就将强迫消费者在得到电力服务的同时以高价购买电灯泡,将电费价格转移到电灯泡上,从而成功避开电费管制。(3)搭配销售可以暗中给予价格折扣。在寡占市场上,组成卡特尔的串谋厂商想瞒过其他成员厂商秘密地给予价格折扣以扩大销量,它可以以串谋价格销售某种产品,同时向购买者以非常低的价格销售另一种产品。这样,它就可以间接推行价格折扣,扩大该种产品的市场份额。(4)搭配销售可以保证质量。某些厂商在销售某一产品后要求独家提供售后服务,其实也属于搭售。这种搭售的理由是它不相信其他厂商的售后服务,担心不当的售后服务影响产品质量,导致消费者无法区别问题到底出在哪里:是产品质量问题,还是售后服务问题。除此以外,在特定情况下,搭售能够增强厂商的市场势力。搭售很有可能使可变投入品市场从竞争市场转变为垄断市场,尤其是当搭配销售的产品属于互补品时,搭售可以作为一种将在位竞争对手驱逐出局和阻止潜在进入者进入市场的手段。搭售是厂商利用消费者对不同产品的相对偏好不同而实施的销售行为,厂商能够通过搭售从市场上获取更多的剩余。

13.5.4 搭售与价格歧视

垄断厂商实施搭售秘而不宣的动机是提高利润,尤其是厂商垄断了某种产品的生产和销售,它搭配另外一种产品就有可能提高利润。在很多情况下,搭售充当了价格歧视的手段。同其他就相同产品向不同消费者索取不同价格的非线性定价方式一样,只有当消费者之间不能进行转售交易时,厂商才能够采用搭售来进行价格歧视。如果产品包内的产品都是垄断产品,当不同消费者购买同一产品包时对产品包内的组成产品所赋予的相对值是有所差异的,那么垄断厂商就可以针对同一产品向不同的消费者索取不同的价格;如果产品包内的产品的需求相互独立，产品包内含有一种竞争性产品，垄断厂商就没有动机按固定比例将产品组合成产品包进行搭售；如果各种产品的需求彼此间存在关联，这种需求上的关联性将刺激厂商运用搭售来实施价格歧视，避免消费者的低效率行为，提高自己的利润（Mathewson and Winter，1992）。在大多数情况下，垄断厂商可能将几种相关产品与垄断产品进行搭售。

以搭售安排进行价格歧视构成违犯反垄断法的标准是，卖方必须对搭售产品有足够的经济力量（主要是指市场势力），以限制被搭售商品市场的自由竞争。一方面，要真正运用搭售实行价格歧视，卖方需要在搭售商品上拥有一定的市场势力。如果搭售产品是完全竞争的，处于不利地位的买方或被要求支付较高价格的承租人就会用脚投票，转向他处购买或租赁。拥有市场势力的卖方可以采用价格歧视策略赚取比单一价格更高的利润。以搭售为手段进行价格歧视是否合法，经济学家与法学家之间存在争议。法学家注意到，以可变比率的搭售进行的价格歧视，可使具有支配力量的经营者获取比单独对搭售商品制定利润最大化价格时更大的利益。因而，必须对搭售进行必要的控制和制裁。经济学家注意到，搭售常常比以单一垄断价格进行价格歧视时带来的产出要高，从而有利于减少资源的不当配置。因而，搭售具有配置效率，反垄断当局应当关注搭售的经济目的，放松对此类搭售的管制。

13.6　互惠安排与特许经营

13.6.1　互惠安排

互惠安排（Reciprocal Arrangements）也称为相互交易，是指卖方向买方出售或租赁某种产品，其条件是卖方从买方购买另一种产品；或者，买方购买某种产品的条件是，卖方也要从它这里购买产品。反垄断执法机构对互惠安排的分析，与对搭售一样，也是采用杠杆理论或进入壁垒理论进行分析。

对互惠安排的反垄断控制需要对其进行经济分析，主要是分析它对市场竞争和效率的影响。一般而言，互惠安排将产生市场排斥，提高进入壁垒。这是因为，在存在互惠安排的情况下，进入者必须进入两个环节。需要同时进入两个环节的确是一种进入壁垒，不过只有当这会降低进入的可能性时，才构成有效的阻碍。多数企业是由于其他原因制定互惠安排的，这些原因几乎都是竞争性的、有效率的。虽然对于互惠而言，由于产品来自于不同的来源，在市场上向不同的方向流动，产生像搭售那样的生产或交易效率的机会要少一些，但是互惠安排是可以带来某些效率的。第一，将两笔销售合成一笔交易，可以减少使用市场的成本；第二，互惠安排能够达成某些销售效率，例如节省运输成本；第三，订立互惠协议有助于企业预先确保自己的市场，从而减少新投资的风险。例如，互惠安排有助于减少意外的取消合同，因为这种协议使取消合同的成本增加了；第四，互惠协议也常常是市场的促进因素，或者大企业可以通过这一机制在较小的关联市场上充当中间人；最后，互惠安排也可以成为进行质量控制的机制。

互惠安排也可以成为规避反垄断法的工具。（1）企业可以采用互惠安排来进行价格歧视，同时又能规避反垄断法的制裁。例如，销售商可以通过高价采购将本想通过歧视性价格给予购买商的优惠转移给购买商。（2）卡特尔成员也可以采用互惠安排对卡特尔进行欺骗：以卡特尔价格销售，再以超竞争价格从对方那里购买其他产品。（3）受价格管制的企业可以采用互惠安排来规避管制。毫无疑问，互惠安排是一种纵向约束行为，但因为互惠安排较少是反竞争性的，因此各国反垄断法中较少对互惠安排进行反垄断控制。因为，在集中性的市场上，反垄断机构如果禁止互惠，很有可能会将某个本来会解体的卡特尔或寡头垄断给救了[1]。

13.6.2 特许经营

特许经营（Franchise）是一种比较常见的纵向关系，是指授权人向代理人出售商业模式或品牌经营权，授权人将自己拥有的商标、商号、产品、专利、经营模式等以合同的形式授予代理人使用，代理人按照合同规定，授权人统一的业务模式下从事经营活动。在特许经营安排下，代理人以授权人的品牌生产、销售某种产品或服务，并且能够得到授权人在人员培训、组织结构、经营管理、商品采购、营销服务等方面的支持；代理人的义务是要向授权人支付一定的费用，一般是一个固定的特许经营费加上一定比例的提成。

特许经营的一般模式是，由代理人出资并拥有特许经营店，在法律上是一个独立的实体；但是也有部分特许经营店是由授权人拥有的，管理者仅是雇佣关系。如果代理人拥有特许经营店，那么授权人将与他签订一些合同，对代理人的行为施加一定约束。特许经营能够有效解决纵向关系中的搭便车问题：（1）特许经营一般是排他性经营，能够避免产品的品牌内竞争，在一定程度上缓解搭便车问题。（2）特许经营一般要设立专营区，至少是在同一地区内

---

[1] 关于互惠协议的相关分析，参见霍温坎普：《联邦反托拉斯政策：竞争法律及其实践》，许光耀等译，法律出版社2008年第3版，第474~477页。

会限制特许经营店的数量，可以在一定程度上避免零售商在广告等营销努力上的搭便车行为。（3）特许经营一般是统一做广告，统一采购，这一方面可以保证特许经营产品的质量，另一方面也可以减少零售商的搭便车行为。同时，还可以提高特许经营系统的讨价还价能力，降低交易成本。

特许经营可能通过固定价格或划分市场的方法限制相关市场的竞争，从而产生社会福利损失。因而，需要对其进行反垄断评估审查和控制。分析特许经营中的限制竞争效果的步骤和方法已经比较成熟，主要包括以下步骤：第一步，判断是否适用本身违法原则；第二步，如果不适用本身非法原则，就适用合理推定原则，可以通过以下方式确定特许经营已经或可能具有反竞争效果：（1）证明存在"赤裸裸的限制"，其对价格或产量的反竞争效果是明显的；（2）证明存在实际的反竞争效果；（3）证明被告在经过合理确定的相关市场上具有支配力。以上三点任何一点只要满足了都足以证明特许经营中的限制性做法具有反竞争效果，不需要证明其他两点，这就是快速检视合理规则，也称为简易合理规则。第三步，如果上述第一点和第二点都不能满足，那就要证明被告在经过合理确定的相关市场上具有支配力。这一步需要做的工作有：（1）合理界定相关市场；（2）确定是否存在市场支配力，可以通过计算市场份额、考虑市场进入壁垒和评估市场上的竞争水平。如果以上条件都满足，就需要对该类特许经营行为进行反垄断控制。

13.7 排他性交易

13.7.1 概念界定

排他性交易（Exclusive Dealings）也称为排除交易，它是品牌间的纵向限制行为，是指上游厂商与下游厂商签订排他性合约以实现封锁市场和阻止潜在进入者进入市场的目的。根据合约，买方只能全部从供应商处购买它所需的某种商品，而不能再和第三方进行同样的交易，买方从供应商之外即其竞争对手处购买的可能性被直接或间接地排除了，致使这种商业安排对品牌间竞争产生了负面影响。排他性交易与独占区域的区别在于，独占区域强调的是输出问题，其矛头更多地指向供应商（生产商），限制其面向经销售（零售商）竞争对手的供应，即供应商在一定区域内只能向此家经销商供货，不得寻求第二家经销商；排他性交易的着眼点是合同本身，限制的是经销商，要求经销商在一定时期内不得在这一合同供应商之外寻求货源，与其他供应商交易。经销商的某一类（或全部）商品的供应问题只能来自合同上的这一家供应商。因此，二者限制的对象存在差异，合同内容存在差异。

如果上下游厂商之间的协议只要求买方完全购进上游厂商的产品或服务，不得从其竞争对手处进货，而没有涉及后续产品与服务问题，这类合同就是排他性交易协议；如果卖方要求买方在购买其产品后调换零配件时，只能接受其配件与服务，那么这一交易合同就是搭售协议。排他性交易和搭售协议具有相同的经济影响，都构成了对买方的强制并阻碍了竞争对手的交易机会。排他性交易与搭售的区别在于：搭售需要凭借厂商在主打产品上的市场势力来强制销售第二种或多种其他商品；排他性交易则是厂商提供一份合同，要求买方承诺不得与其竞争对手进行交易，不涉及第二种产品。排他性交易中，一方在购买或销售某一种产品时必然会以其市场势力去影响品牌内的竞争，进而排除品牌间竞争者的交易机会。

13.7.2 排他性交易的目的

芝加哥学派更多地强调排他性交易的正面意义，他们认为排他性交易并非一种有利可图的垄断机制，而是一种卓有成效、富有效率的合同形式，它意味着生产商放弃了其对产品的直接控制，交由经销商去经营，从而为后者进入市场创造了条件[①]。芝加哥学派分析了排他性交易的独特价值：

（1）抢占销售出口，排挤竞争对手。排他性交易能够有效地阻止卖方竞争对手的市场交易机会，提高或创造卖方的市场势力，抢占销售渠道和出口。如果一家拥有很大市场份额的生产商要求与销售商签订排他性协议，其他生产商由于不能单独满足各经销商经营的需要，它们的产品就可能被各经销商摒弃，它们就很有可能被挤出市场。同时，排他性交易合同对潜在进入者也会产生重要影响，在某程度上形成进入壁垒。这是因为，排他性交易合同使潜在进入者对进入后的销售前景不看好，担心自己的产品会被挡在市场之外，出于对这一排他性安排的担忧，它们可能打消进入的念头。排他性交易合约可以建立一个互利机制，使两个签约在位厂商的利润都大于它们在潜在进入者进入后获得的利润。排他性交易在为具有市场势力的生产商抢占销售出口的同时，也在一定程度上侵犯了其竞争对手和经销商的交易自由与交易机会，堵塞了竞争对手的销售出口。

（2）确保卖方的市场份额与交易价格。从上游厂商的视角看，签订排他性交易协议往往成为供应商保留市场份额、防止客户流失的一种手段。当供应

---

① 具体介绍参见吴玉岭：《契约自由的滥用与规制》，江苏人民出版社2007年版，第270~272页。

商的销量和市场份额相对稳定时,它就能高效地组织生产,精心提高产品质量,进而进一步提高市场份额,从而增进消费者福利。从下游厂商的视角看,买方也希望能够拥有稳定的供货渠道,商品价格能够相对稳定,尽可能地保证其经营活动不受货源不稳等市场供应因素的影响,或减缓这种市场冲击,降低因此而增加的开支。

(3) 提高经销商的品牌忠诚度和销售努力程度。签订排他性交易合同可以"套牢"经销商,保持和提升经销商对商品的忠诚度和销售努力水平。当一个经销商的经济命运全部依赖于某一产品或品牌时,他就会有强烈的内在驱动力去推动这一产品或品牌的销售。排他性交易也有利于新产品的开发和营销。生产商付出大量财力、物力和精力开发出某一新产品,他当然希望经销商努力推销自己的新产品,排他性交易合同可以保证经销商转移其经销策略,专门从事新产品的营销,这有利于新产品快速提升市场份额。从这一点上说,排他性交易可能实质上激励品牌间竞争,提升市场潜在竞争程度:①排他性交易以及由此产生的经销商对品牌或产品的忠诚度可以降低新产品或新品牌的进入壁垒,有利于促进新产品或新品牌的进入,从而加强了产品的竞争程度;②排他性交易安排为相对较弱的品牌与市场占有率较高的企业展开竞争并赢得一席之地提供了可能,这也有利于推动市场竞争;③在排他性交易的推动下,经销商会全力以赴地改进服务,提升消费者购物体验,从而有助于实现公共利益。

排他性交易合同也可能带来一系列问题,限制或阻碍市场竞争:①一个拥有较强市场势力的生产商可能会以提高佣金、降低批发价格、根据销售配额实施折扣返还等策略,刺激经销商努力推销其产品,从而阻碍竞争对手的商品流向经销商手中,降低经销商所在市场同类产品的竞争程度。②拥有市场势力的经销商可能满足于现状,反制生产商,限制其他经销商插手这一品牌,其结果可能导致这一品牌内的竞争程度下降。③生产商与经销商为了共同的利益可能联手抗衡其他品牌,以排他性交易合同代替纵向整合,在排他性交易的外表下从事真正的纵向一体化行为,从而限制或阻碍市场竞争。排他性交易所带来的以上限制或阻碍市场竞争的效应被称为"排斥效应"。

13.7.3 排他性交易的经济分析

由于排他性交易对市场竞争的影响存在不确定性,对其进行反垄断控制时经常采用合理推定原则,并允许厂商进行效率抗辩。生产商常常希望以排他性交易合同作为获取商品销售渠道或占有市场的一种方式。他们认为,这类合同可以提高分销效率,促进商品的产出,最终增强市场的竞争程度;依托生产商与经销商之间的紧密联系,经销商由内在利益驱动去促进商品的销售,从而培养并强化了经销商和消费者对品牌的忠诚度。这一关系必将大大推动经销商从自身利益出发,努力提高这一品牌商品的销售额,而这有利于推动市场竞争。如果没有这种紧密的合同关系,供应商或许就不会大胆地在资本、创新与新产品研发等方面进行投资。从排他性交易合同的另一方即经销商来看,为避免市场波动,从供应商处获得稳定可靠的供货来源,他们对排他性交易合同也持积极的支持态度。这一合同安排具有降低乃至最小化双方交易成本的功能,从而有利于增进社会福利。

以上是芝加哥学派的观点,他们分析了排他性交易合同可能带来的效率效应,批判了排他性交易将产生"排斥效应"的观点。他们指出,一个在位厂商要想与一个买主(或分销商)签订一份排他性交易合同,就必须让后者从中受益;一个理性的买主不会愿意接受一份迫使自己从一个低效率在位厂商那里采购的合同。例如,假设某一行业有一个在位垄断厂商、一个效率高于在位厂商的潜在进入者和一个唯一的买主。在位厂商的成本是 C_I,潜在进入者的成本是 $C_E(C_E < C_I)$,如图 13-2 所示。

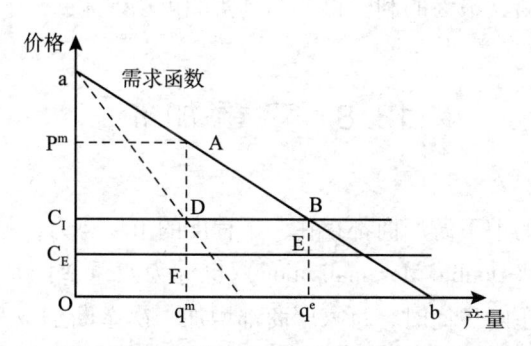

图 13-2 芝加哥学派对排他性交易合同的排斥效应的反驳分析

如果在位厂商独家垄断,就可以赚取利润 π^m,即图 13-2 中的 $P^m A D C_I$;买主能够获得的剩余为 CS^m,即图 13-2 中三角形 $ap^m A$ 的面积。如果潜在进入者进入该行业,就会把价格定在略低于 C_I 的水平上,从而占有整个市场。因此,如果潜在进入者进入该行业,价格就会略低于 C_I,此时买主获得的剩余为 CS^e,相当于图 13-2 中三角形 $aC_I B$ 的面积。买主如果接受排他性交易合同,那么就要承诺即使有进入者进入该行业,也只从垄断厂商那里进货。这样就会阻止进入者进入,而买主最终需要支付垄断价格,倘若买主拒绝这份合同要约,买主就会引发进入,并且能够从较低价格中受益。当然,在位者也许会向买主允诺提供补偿,以说服它接受合同。不过,在位厂商提供的补偿不会大于其垄断利润,而买主如果接受合同就会损失低价采购所能产生的全部消费者剩余。买主获得的补偿 t 必须大于发生进入事件给它带来的收益,它等于 $CS^e - CS^m$,即图 13-2 中的 $P^m ABC_1$。然而,在位厂商显然不能提供如此高的补偿,因为垄断导致的社会福利净损失的存在使得它获得的垄断利润 $\pi^m < CS^e - CS^m$。由此可见,买主之所以接受排他性交易合同,是因为它们会导致一定的效率改进。由于效率改进有利于这种合同的厂商和消费者,因此反垄断当局没有理由对此进行干预和禁止。后来又有大量学者针对芝加哥学派的以上观点进行了批判性研究,证明了在位厂商会利用排他性交易合同来阻止进入,并借助于不同外部性来解释实施排斥有利可图的原因。

在反垄断分析中也应注意到,排他性交易合同的范围可能会比达到预计的经济目标或合理的商业行为的范围要宽泛得多,合同期限或附加条款可能超出补偿供应商投资、提高其分销效率、解决搭便车问题的必要程度。也就是说,排他性交易具有一定的正当性,但也不能完全排除它仍有可能被用于限制或阻碍竞争的目的。在反垄断司法实践中,反垄断当局需要将排他性交易的排他性后果与这一协议带来的经济效率相比较,分析其所带来的提升与降低竞争效果,以权衡与判断其最终的利弊得失和真实的市场效果。

13.8 双重加价

只要产业链的上下游厂商都存在一定程度的市场势力,就会出现双重加价问题。双重加价(Double Marginalization)也称为双重垄断加成,是指当制造商和销售商都是垄断厂商时,每家厂商都增加一次垄断加成①,消费者将面临两次加成。双重加价是一种纵向外部性,它会导致价格高于纵向结构下的最优价格水平。我们先来考察双重加价可能产生的损失,然后看一看厂商如何通过纵向约束来防止这些损失。

假设一家垄断制造商和一家垄断零售商通过纵向一体化成为一家垄断厂商,其面临一条向下倾斜的需求曲线 D_1,如图 13-3(a)所示。为了使分析简便且不失一般性,假定销售成本为零。为了实现利润最大化,该厂商将生产并销售 Q^* 单位的产品,价格为 p^*,利润 π^* 等于每单位垄断加成乘以产量。

---

① 这里的垄断加成是指价格与边际成本的差额,即 (P-MC),为正值。

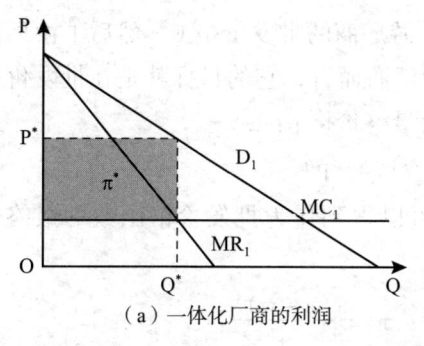

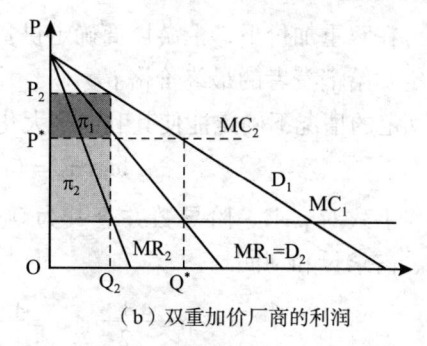

图 13-3 一体化厂商与双重加价厂商的利润比较

（a）一体化厂商的利润　　（b）双重加价厂商的利润

下面分析双重加价可能产生的损失，如图 13-3（b）所示。假设垄断的上游制造商将产品委托给一家垄断的下游厂商来销售。由于每家厂商在它的单位成本上增加了一个垄断加成，所以存在双重垄断加价。此时，销售商面临的需求曲线仍然是 D_1，边际收益曲线为 MR_1。制造商向销售商索取的每单位产品批发价格为 p^*，销售商将此价格看成它的边际成本 MC_2。销售商通过销售 Q_2 单位的产品实现利润最大化。销售商需要的产品数量取决于制造商的批发价格，并由其边际收益曲线 MR_1 与 $P_2(MC_2)$ 的交点决定。此时，制造商面临的需求曲线等于销售商的边际收入曲线 MR_1，制造商的边际收益曲线为 MR_2。在这种情况下，制造商将选择 MC_1 与 MR_2 的交点处对应的产量（在图 13-3（b）中正好等于 Q_2），从而实现利润最大化。

从图 13-3 可以看出，双重加价会给消费者带来损失，也有可能给厂商带来损失。制造商索取高于它的边际成本 MC_1 的价格 p^*，销售商制定高于它的边际成本（MC_2）的价格 P_2。在线性需求曲线下，$p^* < p_2$。面对双重加价的消费者购买的产量 Q_2 小于存在一家一体化厂商时的产量 Q^*。对比图 13-3 中的两种情形可以发现，消费者的福利下降了，厂商的总利润也降低了，即有 $\pi_1 + \pi_2 < \pi^*$ 存在。

下面，我们用一个简单模型来说明双重加价的福利效果。假设：（1）上游厂商 U 是某种产品的独家制造商，它不能直接销售自己生产的产品，而是依靠下游零售商 D 来销售。零售商从生产商那里进货，然后再卖给最终消费者。（2）消费者需求由 $q = a - p$ 给出，其中 q 是需求量，p 是消费者支付的最终价格，a 是一个大于零的参数。（3）制造商的单位生产成本是 $c(c > a)$，零售商的单位成本等于制造商制定的单位批发价格 $w(w > c)$，其他转售成本为 0。我们首先分析双重加价下的最终均衡价格和利润情况，然后求出纵向一体化厂商直接销售下的最终均衡价格和利润情况，最后进行比较。

在双重加价下，上游厂商确定供货下游厂商的批发价格 w，然后下游厂商确定卖给消费者的最终价格 p。对于下游厂商而言，它的目标就是在批发价格 w 既定的情况下确定能使其利润最大化的最终价格 p：

$$\max_p \pi_D = (p-w)(a-p)$$

上式对 p 求一阶导数并令其为 0，可以得到作为批发价格函数的最终价格、需求量和利润：

$$p = \frac{a+w}{2}; \quad q = \frac{a-w}{2}; \quad \pi_D = \frac{(a-w)^2}{4}$$

上游制造商能够完全预期到下游零售商的决策，它知道作为批发价格函数的零售商订货量 q。制造商的问题就是确定能够使自己利润最大化的批发价格 w：

$$\max_w (w-c)\frac{a-w}{2}$$

根据利润最大化的一阶条件，可以求得：

$$w = \frac{a+c}{2}$$

将均衡批发价格代入下游厂商的均衡解，就可以求得最终均衡价格、上下游厂商分别获得的利润以及双重加价下纵向产业链所获得的总利润：

$$p^{DM} = \frac{3a+c}{4}$$

$$\pi_U^{DM} = \frac{(a-c)^2}{8}; \quad \pi_D^{DM} = \frac{(a-c)^2}{16}$$

$$\pi_T^{DM} = \pi_U^{DM} + \pi_D^{DM} = \frac{3(a-c)^2}{16}$$

现在假设上下游厂商进行纵向合并成为一家厂商，制造商能够直接把产品销售给消费者。此时，制造商的问题就变成了标准垄断厂商的利润最大化问题：

$$\max_p \pi_{VI} = (p-c)(a-p)$$

同理可以求得均衡解：

$$p^{VI} = \frac{a+c}{2}$$

$$q^{VI} = \frac{a-c}{2}$$

$$\pi^{VI} = \frac{(a-c)^2}{4}$$

很明显，双重加价下的价格高于一体化下的价格，总利润小于一体化下的利润；由于双重加价下的产量小于一体化下的产量，价格上涨，所以消费者剩余减少。

从以上分析可以看出，连续垄断下的消费者剩余、厂商利润和社会总福利都比单个一体化厂商垄断下的境况更糟。很明显，厂商通过纵向一体化可以解决这一问题。然而，并不是所有的上下游厂商都可以实现一体化经营。当生产商与销售商地理距离太远或文化差异太大时，制造商纵向一体化到销售领域的成本可能过于高昂。这时候，纵向约束是一种替代方式，可以解决双重加价带来的损失问题。为了解决双重加价可能带来的损失，具有垄断地位的制造商可以采取的纵向约束包括：（1）可能制定最高转售价格，限制销售商定价行为；（2）使用数量限制对销售商实施销售配额，规定销售商必须销售的最低数量；（3）制定两部制定价等更加复杂的定价方案，最大限度攫取销售商的利润。

13.9　纵向约束的福利效果与反垄断政策

一般而言，制造商使用多种纵向约束措施来影响销售商的行为，通常会限制可能在市场发生的竞争，提高市场势力。但是，同时也有可能减少搭便车行为，消除外部性，从而激励销售商付出销售产品的额外努力，从而使消费者获益。因此，纵向约束的福利效果需要将以上两种影响进行权衡比较。

（1）增进社会福利的效果。一项纵向约束，如果允许厂商更有效地推销其产品并导致可能按更低的价格销售更多产出，那么它就是既有利于厂商又有利于消费者的行为。例如，某项纵向约束提高了现存厂商的产出水平，或者鼓励了新厂商的进入，就有可能增加产量、降低价格，从而使消费者获益。纵向约束可以鼓励新产品的推出。新产品的推出需要大量的营销努力，零售商之间很容易产生搭便车现象，因而抑制了零售商的销售努力，不利于新产品推向市场。但是，如果制造商对零售商行为施加了限制，就会使得零售商专注于营销努力上，有助于制造商推出新产品。纵向约束还有可能在限制品牌内竞争的同时鼓励了品牌间的竞争，刺激了不同品牌厂商的销售努力，这也可能产生社会合意性的福利效果。所谓纵向约束的社会合意性福利效果是指纵向约束行为对厂商和消费者都是有利的，制造商产品销量达到最大，消费者也获得了更高的价值。

（2）限制竞争的效果。在某些特殊情况下，纵向约束可以用作阻止或限制竞争的目的。首先，纵向约束可能导致制造商卡特尔或销售商卡特尔的形成。如果一组销售商是销售某一产品的唯一销售商，那么它们可能迫使制造商允许独占区域,通过分配销售区域形成区域性垄断,限制销售商之间的竞争,使它们更易于串谋,导致较高的消费者价格。纵向约束也可以帮助制造商维持卡特尔。例如,如果制造商全部同意索取相同的批发价格并通过纵向约束来强制销售商实施转售价格协议,那么如果任何一家制造商通过降低价格背叛协议,其他制造商就可以比较容易发现欺骗行为,从而提高惩罚的及时性。这有利于提高卡特尔的可维持性。很明显,纵向约束有利于厂商串谋和形成卡特尔,将损害消费者利益。其次,纵向约束还可以通过提高进入产业的难度来限制或阻止市场竞争。例如,制造商既可以通过纵向约束控制稀缺的销售渠道来阻止潜在进入者进入市场,还可以通过设立专卖制度来控制销售,提高进入成本或阻止进入。这类策略性行为也具有反竞争性质,产生损害社会福利的不利效果。

(3) 福利效果不明确。纵向约束也有可能成为实施价格歧视的工具。例如,假定某家电制造商想向广东的销售商索取较高的批发价格而向广西的销售商索取较低的批发价格。但是,如果没有任何纵向约束协议或行为,独立的广西销售商能够通过向广东销售商转卖它从制造商处购得的产品而获利,价格歧视就难以奏效。通过给予独立的销售商独占区域以交换不转卖协议,该家电制造商就可以在广东和广西就同一产品制定不同价格,从而成功地实施价格歧视。由于价格歧视的福利效果是不明确的,因而这类纵向约束行为的福利效果也是不确定的,需要联系具体情境进行分析。

(4) 反垄断政策。学界对横向限制和约束的反垄断政策争议较小,基本认为横向固定价格、横向产出限制、横向市场分割等行为总体上应被视作本身违法。然而,在纵向约束方面,理论界还远没有达成共识,即使是固定价格之类的协议,不同学派的立场迥异,甚至相互对立。哈佛学派认为应对纵向约束和限制行为采取本身违法原则,禁止任何纵向约束行为。芝加哥学派认为,实施纵向限制的买卖双方不是竞争对手,限制的目的不是为了提高价格或限制产出,而多为增加市场供应量,普遍带有扩大社会财富的功能。他们认为,经济生活中所有的纵向限制,包括转售价格维持和非价格限制都是有效率的。垄断者阻止潜在进入者进入相关纵向市场,并不能使其长时间获得超额垄断利润。因而,芝加哥学派主张对纵向约束采取不干涉政策。后芝加哥学派承认不完全竞争可能在连续市场阶段上出现,从而影响纵向经济关系。他们运用"双阶段模型"评价了制造商与零售商的纵向行为,发现制造商与零售商的利益可能会产生分歧,因而二者单独决策而非联合决策会产生外部性。纵向约束正是为了治理这种利益分歧而出现的,但通过消除外部性而增加制造商和零售商的共同利润很有可能不是社会最优选择。后芝加哥学派认为,纵向约束可能具有"良性效应",例如,修正下游的价格扭曲、优化投资规模、消除可避免的交易成本等，但是也有可能产生"恶性效应"，例如，对新进入者的排挤、损害在位竞争者之间的品牌内和品牌间竞争等[1]。因此，反垄断执法机构需要权衡在不完全竞争存在的情况下以上两种效应的大小，从而采取相应的反垄断政策。

加尔布雷斯（1952）针对纵向上下游连续垄断的情况提出了一个假说，认为制造商和零售商之间的寡头竞争会形成一种"抗衡力量"，从而抵消各自的垄断力量，最终降低消费品的价格。这就是著名的"加尔布雷斯假说"，它的引申含义是，纵向约束可以分为基于主导地位的约束和基于协议的约束两类，前者存在于上下游只有一个阶段存在垄断势力，后者存在于两个阶段都存在市场势力的情况。"加尔布雷斯假说"引起了经济学家的争论，一些学者通过双边垄断与二部制定价并存的情形证明了"加尔布雷斯假说"并不成立；还有一些学者从不同角度论证了"加尔布雷斯假说"在理论上可以有条件成立。

正如前面分析所指出的，纵向约束既有可能推动价格固定、创设阻碍竞争的障碍，也有可能提高产出水平，鼓励品牌间竞争。正因为纵向约束既有可能促进竞争，也有可能产生反竞争效果，需要反垄断执法机构区别不同类型进行具体评价。反垄断当局会对一些价格纵向约束行为进行反垄断控制，一些国家直接认定其为非法。不过，大多数国家的反垄断当局会对一些非价格纵向约束行为进行经济分析，包括当事人所处的相关市场的结构、当事人各自在相关市场上的地位、纵向约束行为产生的动机和条件、纵向约束行为可能带来的市场效应等，然后采用合理推定原则分析其对社会福利的影响，并作出反垄断司法裁决。

13.10 小　　结

非纵向一体化的厂商可以与交易厂商签订长期的、具有约束力的合同，合同中就价格、销售区域、其他条款或行为方式作出明确规定。这种合同约束就称为纵向约束。纵向约束也属于一种策略性行为，它将影响该厂商及其他相关厂商的决策和行为。纵向约束行为主要包括转售价格维持、独占区域、捆绑销售、特许经营、排他性交易等。不同的纵向约束措施可以同时使用。例如，转售价格维持可以与特许经营、数量限额同时使用，独占交易可以与特许经营结合使用，此时的福利后果分析更加复杂。

---

[1] 于立、吴绪亮、唐要家、冯博等：《法律经济学的学科定位与理论应用》，法律出版社 2013 年版，第 74~78 页。

纵向一体化是纵向关系的一个极端，是从纵向实现控制权的扩张，属于纵向并购的一种形式，它是厂商将关键性的投入产出关系纳入自己控制范围，以非市场交易而不是市场手段处理生产和经营业务，以达到提高自身市场控制力的一种方法。厂商选择纵向一体化的动机在于降低成本或消除市场外部性，通过纵向一体化可以降低交易成本、确保重要投入品的稳定供应、纠正外部性引起的市场失灵、规避政府管制和税收、增强市场势力、消除市场势力的损害等。

独占区域也称为排他性区域或独家经销，是指某一制造商分配给各分销商一定的地理区域作为独家经营区域，不允许其他分销商在该地区经营的做法。独占区域提供了销售商促销产品的积极性并阻止了某一销售商利用另一销售商在促销方面的努力而搭便车的行为。它可以刺激下游企业提高在服务上的投资，因为它保证了企业可以获得投资产生的利益。即使是独占区域为下游企业带来了市场势力从而降低了产量，上游企业也有激励提供这样的协议，因为它使上游的需求弹性下降，从而降低了上游的市场竞争程度。在评估独占区域的经济后果时，也应考虑到，独占区域也并非一无是处。它在抑制了品牌内竞争的同时，可能间接地提升了品牌间的竞争程度。

转售价格维持又称为纵向价格限制或转售价格控制，是具有垄断地位的制造商制定零售商售价的最低限度，以控制其产品对消费者的零售价格。转售价格维持可以分为两种方式：一是生产商选用各种方式限制或约定交易相对人与第三方之间交易时的销售价格；二是生产商除了对交易相对人限制或约定转售价格以外，还要求其约束或限制其他购买者再转售时的销售价格。转售价格维持既有可能是最高转售价格维持，也有可能是最低转售价格维持。转售价格维持使生产商拥有定价力量，从而潜在地削弱了零售商之间的竞争。同时，生产商可以使用转售价格维持来避免出现那些会损害零售商服务投资激励的破坏性价格竞争，保护零售商的边际利润，可以提供零售商向消费者发送正确信号的激励，可以很好地激励零售商投资于提高零售服务质量。

搭售是一种非线性定价方法，是指顾客只有在同意购买另一种商品的情况下，才能购买这种商品。搭售协议也是一种限制纵向关系的合同安排，出卖人或出租人要求买方或承租人在购买、承租某一商品或服务时，必须以同时购买、承租不同的商品或服务为前置条件。搭售是厂商追求利润最大化目标的一种理性行为，厂商采用搭售方式的理由包括提高效率、避开价格管制、暗中给予价格折扣、保证质量等。在很多情况下，搭售能够充当价格歧视的手段。捆绑销售也称为成套搭售，是指在一个组合中销售两个或两个以上的产品。识别捆绑销售的方法是捆绑组合中的产品总是以一个固定的比例搭配。分析搭售的传统经济理论是杠杆理论，该理论认为，卖方以具有市场势力的第一种商品为杠杆强迫买方购买第二种商品,从而否定了卖方竞争对手进入第二种商品市场的机会,同时也迫使买方放弃了自由选择权。捆绑销售往往增加垄断企业的销售量,但是否会增加垄断企业的利润是不确定的。

特许经营是一种比较常见的纵向关系,是指授权人向代理人出售商业模式或品牌经营权,授权人将自己拥有的商标、商号、产品、专利、经营模式等以合同的形式授予代理人使用,代理人按照合同规定,授权人统一的业务模式下从事经营活动。特许经营的一般模式是,由代理人出资并拥有特许经营店,在法律上是一个独立的实体;但是也有部分特许经营店是由授权人拥有的,管理者仅是雇佣关系。特许经营可能通过固定价格或划分市场的方法限制相关市场的竞争,从而产生社会福利损失。因而,需要对其进行反垄断评估审查和控制。

排他性交易也称为排除交易,它是品牌间的纵向限制行为,是指上游厂商与下游厂商签订排他性合约以实现封锁市场和阻止潜在进入者进入市场的目的。芝加哥学派更多地强调排他性交易的正面意义,他们认为排他性交易并非一种有利可图的垄断机制,而是一种卓有成效、富有效率的合同形式,它意味着生产商放弃了其对产品的直接控制,交由经销商去经营,从而为后者进入市场创造了条件。排他性交易合同也可能带来一系列问题,限制或阻碍市场竞争。由于排他性交易对市场竞争的影响存在不确定性,对其进行反垄断控制时经常采用合理推定原则,并允许厂商进行效率抗辩。

双重加价也称为双重垄断加成,是指当制造商和销售商都是垄断厂商时,每家厂商都增加一次垄断加成,消费者将面临两次加成。双重加价是一种纵向外部性,它会导致价格高于纵向结构下的最优价格水平。双重加价会给消费者带来损失,也有可能给厂商带来损失。为了解决双重加价可能带来的损失,具有垄断地位的制造商可以采取的纵向约束包括:(1)可能制定最高转售价格,限制销售商定价行为;(2)使用数量限制对销售商实行销售配额,规定销售商必须销售的最低数量;(3)制定两部制定价等更加复杂的定价方案,最大限度攫取销售商的利润。

一般而言,制造商使用多种纵向约束措施来影响销售商的行为,通常会限制可能在市场发生的竞争,提高市场势力。但是,同时也有可能减少搭便车行为,消除外部性,从而激励销售商付出销售产品的额外努力,从而使消费者获益。因此,纵向约束的福利效果需要将以上两种影响进行权衡比较。纵向约束既有可能推动价格固定、创设阻碍竞争的障碍,也有可能提高产出水平,鼓励品牌间竞争。正因为纵向约束既有可能促进竞争,也有可能产生反竞争效果,需要反垄断执法机构区别不同类型进行具体评价。

第14章 经营者集中及其反垄断控制

> 我们今天面临着效率悖论：现代反托拉斯法旨在帮助我们获得效率，然而，由于信任主导厂商的经营策略或处于领先地位的厂商的合作会带来效率，美国的反托拉斯法实际上保护了垄断和寡头垄断，阻碍了有创新力的挑战，结果抑制了效率。……近百年来，美国反托拉斯法反对市场势力。美国反托拉斯法为竞争服务，而不是主要为效率服务，尽管效率是备受期待的副产品。当下反托拉斯界假定，反托拉斯是为了效率，效率的目标应主导反托拉斯案例的结果，反托拉斯的范围不应超越效率。
> ——艾莉诺·福克斯：《超越芝加哥学派：保守经济分析对美国反托拉斯的影响》，经济科学出版社2013年版，第69、79页。
>
> 反垄断法禁止通过企业一体化来形成、维持及强化资本关系及人际关系，实质性地限制了一定交易领域的竞争的行为。
> ——柳川隆和川滨升：《竞争策略与竞争政策》，中国人民大学出版社2013年版，第109页。

经营者集中能够在较短时间内合并或联合多个企业的资产、人员、技术、营销渠道等经营资源，迅速汇集并协调整合多个企业的生产经营能力和活动，因而成为经营者扩大经营规模、提高生产经营效率、强化市场竞争力、帮助经营者进入新的市场领域的经济手段。经营者集中能够产生效率，同时也有可能产生反竞争效应，损害竞争对手和消费者利益。各国出于促进市场竞争、维护优化资源配置的市场机制、保护消费者权益的需要，在反垄断法中都将经营者集中控制作为重要内容之一，要求达到一定规模的经营者集中必须向反垄断执法机构进行事前申报。

本章将对经营者集中的形式、方式和动机进行简单介绍，然后分析经营者集中可能产生的效率效应和反竞争效应，最后提出对经营者集中进行反垄断控制的相关政策建议。本章只对经营者集中的反竞争效应进行总体分析，包括经营者集中对价格的影响、对消费者的影响、对竞争对手的影响和对社会福利水平的影响，经营者集中的单边效应和协同效应在第十五章和第十六章分别具体介绍。由于企业并购是经营者集中的主要形式，本章和第十五章、第十六章中主要以企业并购为例对经营者集中进行经济分析。

14.1 经营者集中的形式、方式与动机

14.1.1 经营者集中的形式与主要方式

经营者集中又称为企业并购或企业联合，是企业成长、扩大规模或进入新市场的一种手段。当两家或更多的独立企业按照一定的方式合并成一家企业的产权交易行为或资产转移行为，就是经营者集中[①]。根据《中华人民共和国反垄断法》第四章对经营者集中的界定，经营者集中是指下列情形：（1）经营者合并；（2）经营者通过取得股权或资产的方式取得对其他经营者的控制权；（3）经营者通过合同等方式取得对其他经营者的控制权或者能够对其他经营者施加决定性影响。

经营者集中表现为企业兼并、企业合并和企业收购等形式，三种形式在含义上有所重叠，但也有区别。企业兼并是指两个以上企业按照一定的方式组成一个企业的产权交易行为，其最终结果是只有一个企业保留其法人地位。企业兼并又分为横向兼并、纵向兼并和混合兼并三种。企业合并是指两个或两个以上企业的法定重组，重组后原有企业都不再保留其合法地位，而是组成一家新企业。企业合并又可以分为吸收合并和新设合并两种。企业收购是指一家企业通过一定的方式取得另一家企业的产权，从而获得该企业控制权的产权交易行为。从收购手段的不同，可以将企业收购分为资产收购和股份收购，股份收购又包括参股收购、控股收购和全面收购。企业兼并与企业合并有共同之处，但也存在着明显的区别：（1）企业兼并表现为兼并企业法人资格的存续和被兼并企业法人资格的消失，而企业合并是原来的企业法人资格都消失，产生一家新的有法人资格的企业实体；（2）企业兼并是一方吞并另一方，双方具有不平等的地位，而企业合并是平等关系基础上的合作；（3）企业兼并涉及被兼

[①] 我国反垄断法律中将这种现象称为经营者集中，国外的反垄断法对这种现象的称谓较多，包括企业集中、企业并购、企业结合、企业合并、企业兼并、企业收购等。因此，在本章和第十五章、第十六章中，我们将经营者集中与企业并购在同一意义上混用。

并企业产权的有偿转让，企业合并则不涉及产权的有偿转让。企业兼并和企业收购合称为企业并购，都是通过企业产权交易或转移的形式实现对被并购企业的控制。但是二者也有一定的区别：（1）企业兼并中被兼并企业的全部资产成为兼并方的资产，而企业收购着重强调收购方通过资本或股权的购买来实现对被收购企业的控制；（2）企业兼并中被兼并企业的法人资格将消失，而在企业收购中被收购方的法人资格仍然存在，即使是全资收购的情况下，被收购企业的法人资格仍将以子公司的形式保留。

经营者集中通常采用的方式主要有购买资产、整体接收和股权并购三种。（1）购买资产。购买资产是指并购企业通过出资收买被并购企业的资产，控制被并购企业的主要有形和无形资产，以达到将被并购企业的生产能力、经营网络和销售渠道等收归己有的目的。资产购买意味着并购方获得的是被并购方的资产而非其他法定权益。通过购买资产实现经营者集中可以享受低税待遇，避开债务纠纷，增加资产选择的自由度，降低不确定性风险。（2）整体接收。整体接收是指并购方用整体承担被并购方债务的代价来换取被并购方的所有权，同时并购方需要接收被并购方的职工。整体接收不需要在短期内拿出巨额资金来支付并购资产的价格，被并购企业的债务可由并购方的信誉或被并购方的资产来担保；整体接收对被并购企业的生产经营活动破坏较小，能够较快利用被并购企业的无形资产和生产能力来增强并购企业的市场势力。（3）股权购并。股权购并包括吸收股份式并购和控股式并购两种。吸收股份式并购是指被并购企业的所有者将被并购企业的净资产作为股金投入并购方，成为并购企业的股东。吸收股份式并购是参与各方的股本合并，能够将不同企业的资产融合在一起，实现存量资产的优化配置。控股式并购是指一个企业通过购买其他企业的股权，达到控股所需的股权比例，从而控制被并购企业的经营管理权。控股式并购需要取得被并购企业的大量股权，以实现对被并购企业的控制。股权购并的操作相对简单，可以充分利用并购双方的生产和经营优势，实现取长补短，较快扩大企业规模和市场份额。不同的集中方式都有其自身的优点和缺点，需要联系具体的环境比较各种方式的成本和收益之后，才能制定出合理可行的集中方案和实施方式。

14.1.2 经营者集中的动机

经营者集中的动机是指经营者为什么要采取兼并、收购等行为而不是自我积累的方式来成长和壮大。经营者集中的动机十分复杂，并且公开宣称的动机与实际动机并不一定完全一致。概括而言，经营者集中的动机包括以下几种：

（1）追求最大化利润的动机。追求利润是经营者从事所有市场行为的原始动力和根本动机。在市场经济条件下，企业的所有活动有一个共同的出发点，那就是实现长期利润最大化。经营者集中可以使企业迅速扩大规模，实现规模经济效益，从而获得更多的利润。

（2）击败或消灭竞争对手的动机。竞争是市场经济活力之源，是推动经济发展的基本力量。然而，企业天然地想阻止或限制竞争，通过垄断市场获得超额利润。通过经营者集中，企业可以消灭竞争对手或击败竞争对手，提高市场份额，获得市场竞争力，从而获得更大的生存空间和生存能力。

（3）获得协同效应的动机。企业并购能够带来协同效应，产生技术上的经济性，降低企业成本，提高资源配置效率和企业效益。所谓的协同效应是指，企业通过活动和资源的关联和共享，实现规模经济和范围经济，从而提高整个企业的效益。经营者集中能够带来的协同效应包括生产经营的协同效应、管理经营的协同效应、资本经营的协同效应和财务活动的协同效应等。

（4）实现多元化经营的动机。企业通过混合并购能够实现经营业务的拓展和延伸，开展多元化经营，从而有效地降低企业经营风险，提升企业价值。当企业有意向某一新兴业务领域或新的区域市场渗透时，可以通过并购该领域或该区域的在位企业实现业务活动的平稳安全过渡，降低投资风险。

（5）增强市场势力的动机。企业可以通过并购相关市场上的同业竞争者实现市场份额扩张，提高市场势力和长期获利能力。企业并购最直接的效应就是减少了市场竞争者的数量，使市场相对集中，从而增强市场势力。

在现实商业生活中，经营者集中的动机更加复杂，除了以上动机以外，可能还有拓宽销售渠道、进行结构调整、减少代理成本和交易费用、保证生产要素的稳定供应、实现企业之间的策略联合，等等。并且，经营者集中的动机会随着时间的推移和企业发展阶段的不同而动态变化，需要从多因素视角动态把握经营者集中的真正动机。

14.2　经营者集中的效率效应

14.2.1　效率的界定

虽然企业参与集中的动机很多并且常常因为经济社会环境的不同而有所不同，但是反垄断领域的专家们常常将这些不同的动机归纳为两大类：一是效率动机，经营者集中带来的效率能够改善并购企业的处境，降低成本；二是市场势力动机，企业通过集中可以减少相关市场上的竞争者数量，降低竞争压力，产生市场势力，甚至提高产品价格。在大部分情况下，经营者集中是由这两类动机同时驱动的①。很明显，后一动机是反垄断当局所不允许的。因为产生市场势力可能损害市场竞争，提高价格会降低消费者福利。因此，几乎所有的参与集中企业在向反垄断当局申报并购时，都不会显露第二类动机，只会渲染第一类动机。正因为如此，经营者集中评估审查中对企业的并购动机进行分析，尤其是对效率进行分析十分重要，它能够帮助反垄断当局辨别企业并购的真正动机。

对效率因素进行分析，首先需要明确何谓经营者集中可能产生的效率及效率的具体来源。首先我们来对效率进行界定。效率是一个多维度的概念，在不同学科有不同的内涵和外延。在实际生活中，效率是指单位时间完成的工作量，或劳动的效果与劳动量的比率。比如劳动生产率通常用单位时间内所生产的产品数量（或产值），或用单位产品生产所耗费的劳动时间来计算。一般情况下，单位时间内生产的产品数量越多，单位产品所包含的劳动量越少，劳动生产率就越高，即劳动效率越高；反之，劳动效率则越低。在经济学中，效率与资源配置问题相关，通常指经济效率，即以最低的成本使用资源来生产消费者估价最高的众多商品和服务。效率是以帕累托最优原理（Pareto Superiority Principle）为基准进行界定的，因而经济效率可以作为比较市场运行实际效果的一个标准②。在本书中，效率是指生产效率、配置效率或动态效率所导致的成本节约③。配置效率指的是这样一种状态，即所有的商品和服务根据消费者愿意支付的价格在消费者之间进行配置，价格从不超过生产该商品或服务的边际成本。配置效率是在完全竞争的条件下获得的，在这一条件下，任何一个给定的生产商都无法通过降低产量来影响价格，因而降低产量是无利可图的。与此相反，配置非效率是指企业通过行使市场势力、降低产量，影响价格，从而使价格高于边际成本的一种资源配置状态④。生产效率是指商品和服务能够以最低成本生产或提供，通过投入品最有效率的结合实现了产量最大化，这意味

---

① 克伍卡和怀特（2007）将企业参与并购的原因归纳为七种：（1）利用规模经济或范围经济产生协同效应，从而降低成本、增强竞争优势；（2）提高市场占有率，获得垄断力量，从而控制价格、获取超额利润；（3）通过购买一个现存企业的方式而不是通过购买资产或重投建设的方式进入一个新市场；（4）创制一个内部资本市场，互抵经营中的风险，或者通过内部融资降低成本；（5）利用税法把联合税单减少到超过并购交易成本；（6）多元化经营，分散风险；（7）经理人自利动机，例如经理人通过并购将企业规模做大从而追求更高的工资、地位，更多的津贴等。

② 马吉尔等主编：《经济学百科全书》（中文版），吴易风等翻译，中国人民大学出版社 2009 年版，第 449~451 页。

③ 通常情况下，经济学家们认为经济效率包括这三个部分。参见 Roger J. V. Bergh and Peter D. Camesasca, European Competition Law and Economics. Intersentia, 2001, pp. 5 – 6。

④ Simon Bishop and David Walker. The Economics of EC Competition Law – Concepts, Application and Measurement, 2nd Ed., Sweet & Maxwell, 2002, pp. 20 – 21。

着以尽可能少的社会资源生产尽可能多的社会财富[1]。动态效率是在当生产者持续进行创新或开发新产品以吸引消费者或者扩大市场份额时所获得的成本节约。市场竞争被认为是能够通过提高配置效率和生产效率以及鼓励创新而获得经济效率。经济效率的三个组成部分之间并不是完全相互一致的，在并购评估审查中，三者之间可能出现相互冲突的情况。例如，并购可能通过实现规模经济或范围经济而提高生产效率，但是也可能因为市场势力上升而使得并购企业有能力制定高于边际成本的价格，降低配置效率。

14.2.2 效率的来源与分类

一起并购只有在能够带来成本节约或者产生其他形式的效率时，才有可能增进消费者福利或者社会总福利。并购带来的效率可以通过不同的途径产生，对并购可能产生的效率进行分类有利于清晰而又系统地理解并购对于消费者剩余和社会总福利水平产生的影响。我们可以根据不同的标准对并购可能带来的效率进行分类，并分析其来源。

1. 生产函数分类法

根据生产函数的概念，可以将并购可能带来的效率分为五种[2]：

（1）生产的合理化。生产的合理化主要是指，在没有提高联合技术能力的情况下，通过生产过程的跨企业重新调整和重新布局所带来的成本节约。也就是说，并购企业的生产可能性前沿没有变化，只是将产量在具有不同效率的工厂之间进行转移（从效率低的工厂转移到效率高的工厂）和再分配而实现成本节约，它意味着现有生产能力的更好利用。参与并购的不同企业之间的合理分工、优势互补也可以降低生产成本，实现效率提升。因此，生产合理化意味着在生产层次上的跨工厂（车间）的资源最优配置。例如，参与并购的某家企业在人力资源管理和培训方面具有十分成功的经验，而另一家企业在生产方面（例如生产设备、厂房等）具有明显优势，并购后的优势互补和产量重新分配将提高生产效率。

并购前，参与并购的不同企业由于物质资本的差异、专利的差异、竞争优势的差异、产量的差异而导致生产边际成本具有差异。并购后，新企业成为多工厂企业，能够通过在具有不同边际成本的工厂之间的产量再分配，将产量从高边际成本工厂转移到低边际成本工厂，实现成本节约。当所有工厂的边际成

---

[1] Richard Whish. *Competition Law*, Oxford University Press, Butterworth, 4th Ed., 2001, P. 3.
[2] 这五种效率大多都来自于生产过程中的成本节约，下文中我们称这五种形式的成本节约为生产过程中的五种成本节约，也有经济学家称这五种成本节约为生产效率。参见 Scherer, F. M., and D. Ross. *Industrial Market Structure and Economic Performance*, 3rd edition, 1991, Boston：Houghton Mifflin。

本相等时，产量的再分配过程也就完成了。这样，由于初始边际成本的差异，不同的工厂生产不同产量的产品，以实现最终边际成本相等。极端的情况是，当某一企业的边际成本是如此之低，以至于并购后的所有产量都转移至这家企业，以实现生产的最优再配置。此时，并购后企业将关闭其他低效率的工厂，以节约维持这些工厂运营的固定成本。

图14-1表示了生产合理化导致的边际成本下降对于消费者福利和社会总福利的影响，这里假定了成本下降能够以价格降低的形式传递给消费者。在图14-1中，边际成本从MC下降到MC′，价格从P下降到P′。成本下降导致的消费者剩余增加为三角形A加上梯形C，生产合理化导致的生产者利润变化为三角形B减去梯形C；利润的上升来自于成本下降和产量增加，利润的下降来自于价格的下降。因此，总福利的增加为三角形A与三角形B之和，梯形C表示了福利从生产者向消费者的转移。因此，在成本下降能够以价格降低的形式传递给消费者的情况下，生产合理化能够增加消费者剩余和社会总福利水平，具有"社会合意性"。

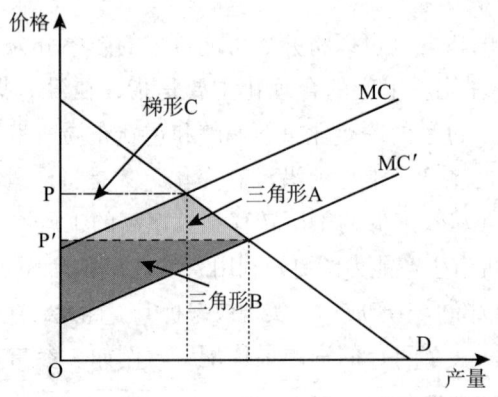

图14-1 生产合理化导致的边际成本下降对于消费者福利和社会总福利的影响

（2）规模经济。规模经济主要是指并购后总产量的提高而降低生产的平均成本，当涉及多产品企业的并购时可能出现范围经济性①。规模经济性常常成为效率抗辩的主要证据之一，评估这一证据的有效性时需要考虑规模经济的来源和能否实现。规模经济拓展了企业的联合生产能力，可能使企业的生产可能性前沿曲线向外移动。规模经济可以分为短期规模经济和长期规模经济。

①短期规模经济。潜在的短期规模经济来自于两个方面：一是通过并购减

---

① 规模经济和范围经济都可以成本函数的形式进行表示，规模经济性可表示为 $\frac{dAC(q)}{dq}<0$，或者 $MC(q)<AC(q)$；范围经济性可以表示为 $C(q_1, q_2) < C(q_1, 0) + C(0, q_2)$。

少或消除企业内部不可分割任务所耗费的固定成本。所谓的不可分割任务是指不论企业规模的大小，由于技术的不可分割性，为了保证企业能够正常运营，所必须维持的最低规模的投入耗费，包括维持日常经营的管理和支持费用，最低规模的市场营销费用，人事服务费用等。这些不可分割任务所涉及的成本并不随着产量的提高而上升，属于固定成本范畴。并购前，所有的企业都必须投入这些固定费用。并购后，可以节省部分这些不可分割任务所涉及的固定成本而实现规模经济。二是通过跨工厂（车间）的生产的重新配置来实现规模经济，也就是通过实现资源配置的合理化节约生产成本。之所以将这类成本节约归入短期规模经济，而不是生产的合理化，是因为并购企业在边际成本曲线向下倾斜的区间内生产，随着产量的上升，短期边际成本下降（Shapiro and Farrell，1990）。谢勒和罗斯（Scherer and Ross，1991）将并购可能导致的规模经济分为四种类型：1）资本筹集的规模经济性[1]；2）工厂层次的规模经济性；3）产品层次的规模经济性；4）市场营销的规模经济性。

②长期规模经济。当某一企业的投入增加一倍，而产量的增加超过一倍时，我们称该企业实现了长期规模经济。产品层次的规模报酬与单个产品总产量的变化相关，工厂层次的规模报酬与该工厂内全部产品的总产量的变化相关，企业层次的规模报酬与该企业内管理多工厂而实现的经济性相关。实现长期规模经济的原因有：首先，当一家企业的产量较小时，它往往倾向于投入较少而使用较为低级的技术，因而边际成本较高。当企业产量上升时，增加在生产技术方面的投入是具有经济性的，这将导致边际成本下降。其次，长期规模经济可以通过生产专业化来实现。当每个工人将精力和努力专注于特定工艺和任务时能够提高效率。同样道理，使用大型机械设备生产的单位产品的平均能源消耗可能小于小型机械设备；并且根据某些物理规律，生产大型设备时，随着容积的上升，单位容积所耗费的材料是下降的。通过并购实现长期规模经济，需要并购企业之间在物质资本投资上进行合作，实现资产的融合和一体化[2]。在长期内，并购企业通过在未来投资决策上的一体化来创建新企业的成本和风险相对较低。企业现有资本的折旧和旧工厂的更新都需要未来投资，并且随着市场规模的扩大，新的投资机会将不断涌向。企业研发活动、市场营销活动也可以实现长期规模经济，并购后的单一品牌在广告费用方面也可以实现

---

[1] 当一家大型企业并购一家小企业时，可能产生资本筹集的规模经济性，因为并购后小企业可以获得大企业的资本成本较低的好处。但是，如果并购产生商业风险，那么这种资本筹集的规模经济性会被抵消。如果并购带来的商业风险很高，那么并购后的资本筹集成本可能上升。

[2] 短期内，由于工厂已经建立，重建的成本较高，可以通过重新配置资本实现规模经济，所以短期规模经济的获取不需要对资产进行重构。

节约，销售努力和分销网络的并购可以节约销售成本（Kitching，1967）。

参与并购的企业生产差异化产品时也可以实现规模经济（Scherer et al.，1975；Panzar，1989）。并购前，同一个企业拥有生产不同产品的生产线；并购后，并购企业可以将生产相同产品的生产线集中到同一个工厂（企业），可以实现生产的专业化，减少转移生产的时间，实现流程经济性。当然，生产差异化产品的企业之间的并购可能导致产品多样性的减少，从而影响消费者消费选择的多样性。这一因素在并购评估审查过程中也需要考虑。

③范围经济性。并购也可能产生范围经济，范围经济的来源包括：1）联合生产。多产品生产需要相同的投入品或者互为投入品，并购后能够形成纵向产业链，上游生产的与下游生产形成循环经济，产生成本节约。2）不可分割性。由于一些产品或任务具有不可分性，单一产品生产规模扩大时，由人力劳动控制的流水线生产会更加经济。由机器人和电脑控制的机械生产线会使小批量生产也能够保持低成本。机器人生产线能够使单一产品的类型多样化，从而可以充分利用与自动化相联系的经济性。3）网络经济性。典型的例子是航空业，大飞机上一个座位的成本低于小飞机，这就使得航空公司有动机通过提供与一站式服务相关的网络式安排来组织航空服务。具有不同目的地的旅客登上一架更大的飞机，来自不同城市的飞机在大约相同的时间停泊在中心机场，旅客重新组合，使得每架大客机可以继续尽可能多地载客航行（Bailey and Friedlaender，1982）。4）知识分享。当不同产品需要相同的知识、技术和工艺时，多产品企业可能比单一企业更具有成本效率（Teece，1980）。

（3）技术进步。技术进步主要是指，并购后不同企业的集成创新、知识和生产工艺的扩散，由于预期创新收益增加从而增强创新动机，加大研发创新投入，加快新产品研发等。技术进步包括生产过程创新和产品创新两个方面，生产过程创新（也称为工艺创新）可以是既有产品的生产成本下降，产品创新可以提高既有产品的质量和附加价值，两种创新都可以使生产可能性前沿外移（Tirole，1988）。

由于在专利、经验、管理和组织结构等方面的差异，不同的企业具有不同的技术和管理能力。企业之间的并购可能使技术诀窍在参与并购的不同企业之间外溢扩散，从而使并购企业的不同工厂向其生产可能性前沿接近，也可以说并购前生产效率较低的企业的生产可能性前沿曲线在并购后向外拓展（见图14-2）。①技术的单向扩散。当一家并购企业在技术和工艺等各方面都具有优势，并购可以使其他企业向其模仿和学习，接受相对高级的技术和工艺。举例来说，管理较差的企业可以向先进企业学习，好的管理方法可以取代差的管理方法。由于先进企业并没有向其他相对落后的企业学习，因而这种技术和工艺的扩散是单向的。②技术的双向扩散。在这种情况下,并购企业各有所长,拥有相互补充的技能或资产时,双向扩散就成为可能,并购后企业之间相互学习,提高技术水平和管理能力。举例来说,并购企业可能拥有相互补充的专利技术,并购后共同使用可以改进生产工艺、提高生产技术和产品质量。同样道理,在管理方面,不同企业管理经验和管理特长可以相互补充,取长补短。假设有一家技术密集型的新企业刚刚开发出一件具有竞争优势的高新技术产品,但是由于缺乏市场营销经验和市场分销渠道而不能将产品推向市场。如果该企业与一家较为成熟的、拥有市场认可品牌和固定分销网络的同行企业并购,可以及时将该新产品推向市场,实现经济效益。技术的双向扩散也可以通过"干中学"(Learning by Doing)得以实现,并购企业通过"干中学"和"干中学"的外溢,可以降低企业的平均成本,实现"动态规模经济"(见图14-3)①。

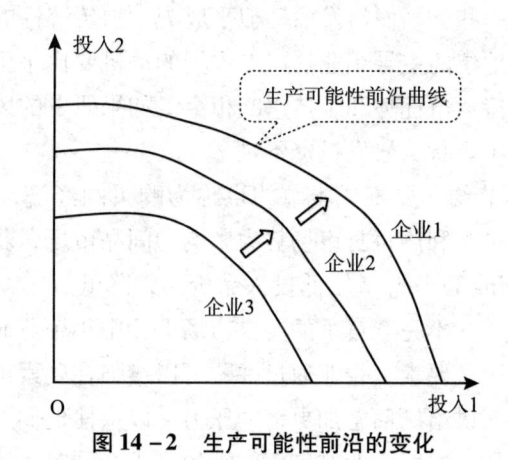

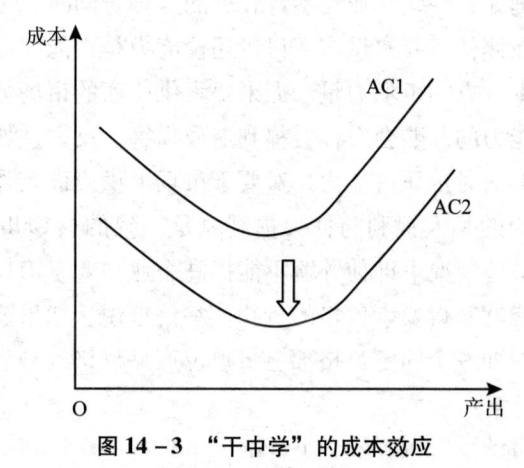

图14-2 生产可能性前沿的变化

图14-3 "干中学"的成本效应

---

① 一些经济学家将这一效率归入并购带来的动态效率。

并购能够对企业的研发激励产生影响,通过联合研发活动促进技术进步是很多企业参与并购的主要动机之一。生产过程或工艺上的创新能够降低成本,产品质量提升和新产品的开发能够提升企业的市场竞争力,因此并购后的联合投资和研发活动能够产生明显的规模经济。进而言之,并购还能够改变研发激励。企业的研发活动往往受到竞争对手的影响,研发决策带有一定的策略性。研发活动带有一定的非专有性,模仿和研究成果的信息外露,使得过度竞争市场上企业的研发动机下降。从这个意义上说,并购能够使研发收益内部化,从而提升企业研发动机,增强研发激励。即使是在研发成果不外溢的情况下,竞争程度也会影响研发动机。在大型主导企业是否仍然具有足够的动机投资于研发活动这一问题上,产业经济学家已经进行了大量的研究。这一问题的答案取决于研发的预期收益的大小。相对于小型企业而言,大型主导企业的研发投资所涉及的风险要小一些,因而研发活动似乎成为一项传统性的投资。在这种情况下,居市场支配地位的主导企业的研发投资的动机要比小型企业强烈,因为它需要通过研发保持竞争优势和维持垄断租金。如果研发的风险很高,那么主导企业有可能满足于现状,研发投资不足[1]。

(4) 要素成本节约。要素成本节约也称为购买的经济性。购买的经济性主要是指并购企业可能利用自身市场势力影响中间品市场,获取投入品价格的谈判优势(Bargaining Power),压低投入品价格,降低成本,从而降低产品价格,有利于消费者。在不完全竞争的要素市场上,中小企业通常需要以高于边际成本的价格购买生产要素。企业通过并购可以增强在要素市场上的讨价还价能力,向上游的要素供给厂商施加更多的压力,以迫使他们降低要素价格,以获得数量折扣。例如,并购企业在签订较大的广告合同时,可以获得广告费用的折扣。当然,在评估对要素供应商讨价还价能力是否能够提高社会福利效果时,还需要考虑供应方的市场力量。如果要素供应商的市场势力很小,那么这种提升讨价还价能力的并购会对社会福利造成损害。反之,如果通过并购提升企业在要素市场上的讨价还价能力是对要素市场上供应商较强的市场势力的一种抗衡,那么并购的私人福利与社会福利就是一致的(Galbraith,1952)。值得注意的是,在某些情况下即使并购不能提高企业在要素市场上的讨价还价能力,并购企业也能够获得要素价格的折扣。举例来说,如果要素市场上供应商实行两部价格制,即一个固定价格加上每单位产品价格(或者某种形式的非线

---

[1] 关于垄断市场和大型企业是否有利于技术创新,学术界存在较大争论。熊彼特提出了所谓的"熊彼特假说",认为垄断的市场结构能够增加创新的预期收益,并且能够减少技术外溢,大型企业具有更强的承担风险的能力和雄厚的资金,这些条件都有利于技术创新。具体的争论情况,请参考余东华:《双重转型下的中国产业组织优化研究》,经济管理出版社2008年版,第11~15页。

性定价)①，那么企业通过并购可以成为大宗高端用户，从而以更大的购买量分摊固定成本而使平均成本下降。另外，并购可能降低资本的使用成本。由于信息的非对称性、预期还款率的差异等原因，资本市场的功能是非完全的，企业很难总是以竞争性的利率获得资本。中小企业和正处成长期的企业，往往面临着偏紧的流动性约束；而大企业常常与外部资本市场有着较好的业务合作关系，一些衰退行业的大企业甚至会出现流动性过剩。如果中小企业通过并购加入大企业或内部业务扩展空间较小的企业，将会获得新的筹资机会，并降低筹资成本。

（5）管理改进与 X－非效率的下降。上市公司的所有权和经营权的分离会导致所有者和经营者之间的信息不对称问题，从而使得企业经营管理人员不再以企业利润最大化为目标，这种管理松弛和管理失效会导致内部非效率，也称为 X－非效率（Leibenstein，1966）。虽然大型企业往往通过利润分享计划、股票期权计划等给予经营层实现利润最大化目标的激励，但是由于经营者希望实现个人抱负（获得更大的权力、成为更大的公司或成长型公司的领导者等）、不愿更改既定战略、不愿承认个人的错误、阻止裁减富余人员等原因，经营者往往偏离所有者目标，甚至与所有者目标产生冲突，出现所谓的"委托—代理问题"②。股票所有者只能通过公司董事会影响或控制管理者的决策，但是由于信息的不对称性和收集信息的成本较高，董事会影响管理层决策的能力是有限的。企业内部效率受管理技术和管理经验的影响，也受到与并购相关的其他因素的影响，比如说，并购本身就是资本市场对管理层进行约束的一种重要力量，也是产品市场对管理层进行约束的一种重要力量。同时，并购能够提升对不同的参与并购的企业之间进行相对绩效评估的可能性，绩效相对较好的企业的经营者在并购后可能继续保留管理者地位。这些例子都说明并购有利于减少管理松弛。

①并购、管理松弛与公司控制权市场。管理松弛导致企业价值低估和股票价格下降，这将诱导其他公司购买、重组或者兼并该企业，迫使该企业重新回到利润最大化的轨道。马里斯（Marris，1964）和曼尼（Manne，1965）认为，不需要考虑股票持有者和经营者之间的信息不对称问题，只要存在公司控制权市场上的接管威胁，就可以约束现有管理层的管理松弛行为。也就是说，公司接管的威胁可以成为公司管理层的约束工具。然而，管理者并不是在接管以后

---

① 由于无论购买量的大小，都必须支付等额的固定价格，这种定价机制实质上是一种在高端用户和低端用户之间的价格歧视，购买量较大的高端用户购买要素的实际价格要低于购买量较小的低端用户。

② Manne, H. G., Mergers and the Market for Control. *The Journal of Political Economy*, 1965, 73 (2): pp. 110 – 120.

立即受到惩罚，相反，有时他们甚至能够获得数额较大的补偿，也称为管理层的"金色降落伞"①。这种惩罚的大小主要取决于既有管理租金的丧失，包括管理层的特权、在职消费（例如，私人飞机、超大的办公室、巨额的职务补贴等）②。假定对管理松弛的经营者存在足够高的、充分的惩罚威胁，一个运行良好的公司控制权市场能够保证管理的非效率难以持久。然而，公司接管对于管理松弛的约束力受到以下几种因素的制约：首先，对管理层的约束存在搭便车问题。接管者方需要花费成本收集被接管公司管理非效率的信息，只有当被接管公司在被接管时的股票价格低于接管后的股票价格，接管方才能够获利。这样，每一个现有的被接管公司的股票持有者都不愿意卖出股票，以等待被接管后的股票价格上涨（Grossman and Hart, 1980）。解决搭便车问题的一种方法是对股权进行稀释摊薄，即允许接管方（大股东）将被接管公司的一部分股权以不利于小股东的条款转卖给该接管公司所有的另一家企业。其次，被接管企业的现有管理层可能采取行动对接管标的（Take-over Bid）产生影响。例如，有时候被接管企业的现有管理层可能实施"毒药丸计划"作为反接管的手段③。因而，谢勒（1980）质疑接管对于管理层的约束力，他认为由于接管的成本高昂，因而只能在管理非效率十分严重的情况下采用。公司控制权市场的接管威胁对于管理层的约束力理论还存在一个问题，那就是这一理论很难进行实证检验。这是因为约束威胁很难量化测度，实际接管案例的研究不能提供这一方面的信息。接管威胁对管理层的约束理论在设计并购控制机制和政策方面具有潜在的重要作用，然而截至目前，国内外学术界还没有展开这一方面的研究。从以上分析我们可以推断，如果竞争政策使得接管变得更加困难，那么将降低接管威胁的约束力。假定对某一家企业 A 的最熟悉的市场竞争者 B，由于最有可能拥有企业 A 的管理非效率的信息，因而形成了对企业 A 最有效的接管威胁。企业 B 希望并购企业 A，但是如果不允许效率抗辩，那么企业 B 就不能实施并购，这种接管威胁的约束也就不存在了，企业 A 的管理问题会一直存在下去。作为一种折中，有人可能建议临时允许企业 B 接管企业 A，在改进企业 A 的现有管理水平、消除管理松弛后，企业 B 应尽快将企业 A 售出，推向市场。这种折中方案的问题在于，接管者在认识到自己的接管行为是在培

---

① "金色降落伞"是指目标公司为高层管理者制定的特殊制度，如果目标公司被并购，管理者将得到数量可观的一笔钱作为离职的补偿。

② Scharfstein, David, The Disciplinary Role of Takeover. *Review of Economic Studies*, 1988, 55 (2): pp. 185 – 199.

③ 公司接管中的"毒药丸计划"是指给并购行为设置高价格障碍的各种手段，最常见的是目标公司给股东的一种分红权，规定公司一旦被接管或吞并，公司就要向所有股东派发一定金额的红利。或者规定一旦并购发生，该公司就赋予本公司现有股东购买优先股的权利。

养一个较强大的竞争对手后,就不会在一开始实施接管行为,如果企业 A 也认识到了这一点,接管威胁的约束力仍然不存在。

②产品市场竞争与企业内部效率。当产品市场上的竞争程度较低时,管理层和企业雇员付出的努力较低,产品成本较高。这种较低的努力程度和较高的产品成本会对社会福利水平产生损害。经济学家和政策制定者在这一点上意见一致,因而放松规制、保护自由贸易等促进竞争的政策相继出台。关于产品市场竞争不足对于管理层和雇员影响的实证研究结果比较零碎,但研究结论的方向是相同的:市场竞争压力较大时,X-非效率较低;企业能够独享市场封闭市场时,X-非效率往往较高;X-非效率与资源配置不当一样,都能够导致社会福利损失,并且二者所导致的社会福利损失的大小相当(Scherer and Ross,1990)。实证研究表明,如果存在破产风险,并且破产企业在挽回所有未投资的企业基金后不给予管理者任何额外补偿,那么管理者将付出更大的努力,降低企业破产风险。这时候,产品市场竞争程度的变化会影响企业破产的风险,同时也会影响管理者的努力程度(Grossman and Hart,1980)。产品市场竞争程度的上升将对管理层激励产生两个方面的影响:一是它将提高企业停业清算的可能性,这种风险将提高企业管理层的努力程度;二是它将减少企业利润,这将降低管理层付出高努力水平的吸引力(Schmidt,1997)。企业的有限责任可以成为约束企业内部效率的工具,并且产品市场竞争越激烈,这种约束力就越强。然而,即使促进竞争的政策降低 X-非效率,社会福利所得也可能低于风险的低效配置导致的福利损失。赫马林(Hermalin,1992)认为,在签订聘用合同的谈判中,管理者通常具有较大讨价还价的能力,能够分得较大块的"蛋糕"。如果管理者的努力程度不变,产品市场竞争程度的上升将使委托者和代理者分割的"蛋糕"变小,因而自然减少了管理者的财富。为了保证自身财富不减少,管理者面对竞争程度的上升将付出更多的努力。因而,如果"懈怠"是一种正常品,那么竞争程度上升将减少"懈怠"[①]。一般而言,产品市场竞争能够增进企业管理层的努力程度,减少管理松弛和 X-非效率。因此,从这一点上看,企业并购能够通过产品市场竞争程度的变化影响管理者努力程度。

2. 第二种分类方法

第二种分类方法主要应用于并购分析的特定环境下,效率来自于成本节约,将成本节约分为真实成本节约和再分配所带来的成本节约。再分配所获得

[①] Hermalin, B. E., The Effects of Competition on Executive Behavior. *Land Journal of Economics*, 1990, 23 (3): pp. 350-365.

成本节约主要体现在财务上，例如并购后的税收下降，部分投入要素的购买经济性，即并购企业利用自身市场势力影响要素市场，获取投入品价格的谈判优势，压低投入品价格，也属于通过财富再分配所获得的成本节约，整个社会的财富总量并没有增加。真实的成本节约主要是指在经济活动中节约了生产资源而导致的成本下降，规模经济、技术进步、管理松弛的减少和部分要素购买经济性，属于真实的成本节约。真实的成本节约以更少的资源生产了等量的社会财富，或者以等量的资源生产了更多的社会财富，因而真实的成本节约创造了社会财富。这种分类方法比较重要，这是因为在并购评估审查的效率抗辩中，反垄断当局往往只考虑真实的成本节约所带来的效率。

3. 第三种分类方法

第三种分类方法也应用于并购分析的特定环境下，将成本节约分为固定成本节约和可变成本节约。这种方法的重要性体现在，当效率是来自于可变成本的节约，而不是固定成本的节约时，这种效率不仅能够增加并购企业的利润，而且能够增进消费者福利。换句话说，可变成本节约能够以降低价格的形式传递给消费者，而固定成本节约往往只转化为生产者利润。固定成本节约可能来自于规模经济性、技术进步和要素购买经济性，可变成本节约可能来自于上文所讨论的生产成本节约的五种形式。

4. 第四种分类方法

第四种分类方法将效率分为企业层次的效率和产业层次的效率两种。产业层次的效率主要来自于这种成本节约：通过生产过程的再分配，生产从并购企业转移到其竞争对手而导致整个产业的生产成本下降。生产过程中的五种成本节约都可能发生在企业层次和产业层次。

5. 第五种分类方法

第五种分类方法将效率分为相关市场上的效率和其他市场上的效率。在并购评估审查的效率抗辩中，一般只考虑相关市场上的效率。

6. 其他分类方法

根据效率来源与效率特征，还可以将效率分为生产效率与分配效率，静态效率与动态效率，交易效率与管理效率，供给方效率与需求方效率，等等[1]。由于在后文中要提到需求方效率和动态效率，所以在这里我们简单分析一下这两种类型的效率。

---

[1] 在本章中，我们主要应用第一种分类方法。关于将效率分为生产效率与分配效率，静态效率与动态效率，交易效率与管理效率的分类方法的详细讨论，请参考 Kolasky, W. J. and A. R. Dick, The Merger Guidelines and the Integration of Efficiencies in to Antitrust Review of Horizontal Mergers, US Department of Justice, Celebration of the 20th Anniversary of the Guidelines, June 10th 2002.

(1) 需求方效率。所谓的需求方效率是指由于市场需求扩大而带来的福利增加①。在一些情况下，并购能够扩大市场需求：①并购可以使得并购企业开展联合研发、联合使用知识产权等，从而能够开发出新产品，或者改进已有产品质量，实现产品创新②；②并购还能够通过联合使用并购企业的分销网络帮助已有产品进入新市场，或者为新产品开拓市场；③并购能够通过提高"一站式"服务（One-stop Shopping）机会增加已有产品的消费者价值；④在网络型产业中，并购能够将已有网络联合成一个更大的网络，产生消费的规模经济与范围经济（网络外部性），从而增加消费者福利。图 14-4 表示了改进产品的商业推广给消费者剩余带来的正向影响。

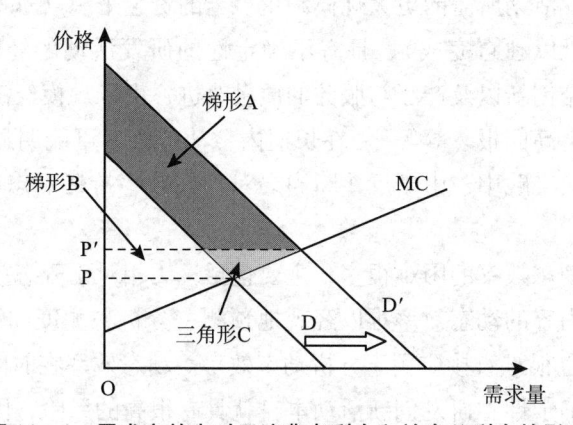

图 14-4 需求方效率对于消费者剩余和社会总剩余的影响

在图 14-4 中，新产品或改进产品的引入使市场需求曲线由 D 外移到 D′，这反映了改进产品市场需求的增加。在竞争性市场上，供给曲线由边际成本曲线 MC 表示，需求曲线的移动使价格由 P 上升到 P′。需求方效率对于消费者的影响为梯形 A（改进产品的需求曲线与原需求曲线之间的差额部分）减去梯形 B（价格上升导致的消费者剩余减少）。需求方效率对于社会总福利的影响为梯形 A 与三角形 C 之和，它等于消费者福利的变化（梯形 A 减去梯形 B）加上生产者福利剩余的增加（梯形 B 加上三角形 C）。需求方效率对于消费者福利的净影响，取决于需求增加幅度与价格上升幅度的大小，需求增加越多，价格上升越小，消费者剩余增加就越多。消费者剩余减少的那一块面积（梯形 B）转移给了生产者，因此需求方效率总是能够增加

---

① Evans D. S. and A. J. Padilla, Demand-Side Efficiencies in Merger Control, World Competition 2003, 26, P. 167.
② Lerner, J. and J. Tirole, Effcient Patent Pools. *American Economic Review*, 2004, 94, P. 691.

社会总福利。

（2）动态效率。通常情况下，经济学家们将效率分为三种类型，生产效率、配置效率（二者合称为静态效率）和动态效率[1]。动态效率也叫创新效率，主要是指由技术创新和进步所带来的成本节约或收益增加，包括新产品的引入、已有产品的质量改进和应用新工艺而导致的单位成本下降等[2]。在并购可能产生的效率中，动态效率可能是潜在的、最可观的、与并购相关的经济性，也被认为是最难以评估的效率，因而往往被反垄断当局忽略。与并购相关的动态效率种类较多，常常被提到的有：互补的研发资源通过横向一体化所产生的规模经济性；减少重复研发活动所节约的资源；知识产权的联合开发与应用；昂贵的研发活动所需的更大规模和更稳定的资金来源（这些研发活动在并购前单个企业难以独自完成）；具有不确定性的研发活动的经济风险的降低；更快速度的产品创新以及产品与服务的质量改进；由于规模经济的存在，产品或工艺创新的更高回报，等等[3]。在长期内，动态效率可能明显增进消费者福利，但是在司法实践中，由于反垄断当局对动态效率持怀疑态度[4]，其所起的作用很有限。

实证测度动态效率的困难很多，主要包括：①相对于静态效率而言，以技术进步为主要内容的动态效率难以客观地预测、分析、测度和证实，"威廉姆森替换"框架也很难直接应用于分析动态效率。动态效率在时间和程度上具有很大程度的不确定性，研发创新活动本身就具有很高的风险，因而在并购分析中客观测度动态效率具有更大的障碍[5]。②信息与取证问题。动态效率通常具有较为复杂的性质，对动态效率的评估需要大量信息，而这些信息无论是对并购企业而言，还是对反垄断当局而言，都较难获得。这些信息要么不存在（取决于未来新技术发展等事件），要么是并购企业的内部信息。因而存在两个问题：首先，信息是不充分的，也就是说反垄断当局没有充分的信息对并购可能

---

[1] Kolasky, W. J. and A. R. Dick, The Merger Guidelines and the Integration of Efficiencies into Antitrust Review of Horizontal Mergers. *Antitrust Law Journal*, 2003, 71 (3): pp. 207 – 242.

[2] Brodley, J. F., The Economic Goals of Antitrust: Efficiency, Consumer Welfare and Technological Progress. *New York University Law Review*, 1987 (62): pp. 1020 – 1033.

[3] Fackelmann, C. R., Dynamic Efficiency Considerations in EC Merger Control: An Intractable Subject or a Promising Chance for Innovation? The University of Oxford, Center for Competition Law and Policy, Working Paper, No. 9, 2006.

[4] 欧盟竞争委员会前主席莫迪（2002）就曾经强调"对效率持一种健康的怀疑态度是很重要的"，参见 Monti, M., Review of the EC Merger Regulation – Roadmap to the Reform Project, Conference on Reform of European Merger Control, British Chamber of Commerce, Brussels, Commossion Press Release Speech 02 – 252, 2002。

[5] Jorde, T. M. and D. J. Teece, Rule of Reason Analysis of Horizontal Arrangements: Arrangements Designed to Advance Innavation and Commercialize Technology, FTC Working Paper, 2006.

带来的动态效率进行认定；其次，信息是不对称的，也就是说在并购企业与反垄断当局之间存在着重大的信息差距。随之而来的问题是，并购企业经常夸大并购可能带来的潜在动态效率[1]。与信息问题紧密相关的是并购企业的举证问题，在效率抗辩中声称一项动态效率较为容易，但证明一项动态效率却很困难。在并购评估审查中，反垄断当局越是具有"同情心"，就越有可能犯Ⅰ类错误。③动态效率实现的时间问题。在司法实践中，一项声称的效率预期实现所需的时间越长，其在效率分析中的权重就会越低。一般而言，动态效率是一个长期的概念，而非短期概念，因而用其来抵消短期的潜在反竞争效应较为困难（Fackelmann，2006）。另外，静态效率很容易通过成本节约和价格下降的形式表现出来，相对容易预测和度量，而动态效率在很多情况下以成本不变、质量改进或全新的质量—成本组合的形式出现，因而难以通过成本和价格效应进行预测和度量。从这一意义上说，反垄断当局会觉得动态效率好像不太容易传递给消费者，因而往往不予以考虑。④动态效率的跨市场影响。并购导致的动态效率（例如，新产品开发）可能影响多个市场，一项并购可能在相关市场上产生反竞争效应，但可能同时在其他非相关市场上产生动态效率（Motta，2004）。例如，两家软件企业进行并购，反竞争效应可能发生在一个产品市场（文字处理软件），而可认知效率发生在另一个产品市场（杀毒软件）。同样道理，一个并购企业的业务涉及多个区域市场，反竞争效应和效率效应可能发生在不同的区域市场上。然而，跨市场进行效率获得和反竞争效应的权衡与替换分析，可能给反垄断当局带来更大的困难。这一困难不仅在于这将涉及复杂的收入分配公平问题，而且在于信息、证据和测度问题。⑤并购也有可能不利于创新。当一项并购能够避免企业进行重复研发项目时，该项并购通常能够给并购企业带来最大的动态效率。然而，当特定产品存在"创新的主要极点"时，企业创新的动机会明显下降。正因为如此，两条创新路径并购成一条创新路径可能意味着潜在消除了未来的产品多样化，因而潜在地减少了未来的竞争（Padilla，2005）。更进一步，竞争的压力下降可能使得并购企业觉得没有必要更多地投资于研发获得更多的效率，或者将这些效率传递给消费者。正因为动态效率较为复杂，难以客观评估和测度，因而很多国家的反垄断当局在司法实践中给其留下的空间很小，动态效率在效率抗辩中所起的作用往往不会很明显。

---

[1] Cosnita, A. and J. P. Tropeano, Merger Control with Asymmetric Information – What Structure Remedies Can and Cannot Achieve, EUREQUA Working Paper, 2005.

14.3 经营者集中的反竞争效应分析

竞争和效率是两个不同的概念，经营者集中能够独立地对两者分别产生影响，并且这种影响既可能是积极的，也可能是消极的。也就说，经营者集中可能在带来效率的同时损害竞争。如果从效率和竞争的角度进行分析，经营者集中可能产生四种类型的结果：(1) 带来效率获得，提高竞争程度；(2) 带来效率损失，降低竞争程度；(3) 带来效率获得，降低竞争程度；(4) 带来效率损失，提高竞争程度。因此，即使是一项能够明显产生效率的并购也需要进行反竞争效应的评估。反垄断当局关注经营者集中行为的主要原因在于经营者集中可能阻止、妨碍或不利于市场竞争，在相关市场上产生持续负面影响：第一方面的负面影响，也是最为人熟知的后果，就是竞争减少会导致价格水平上升；第二个方面的影响是，竞争程度下降会导致管理松弛和 X – 非效率；第三个方面的影响是，竞争程度下降会降低企业提供多样化产品和创新的动机；最后，还有一个方面的影响常被提及但还没有被深入研究，即企业管理者具有有限理性，他们的很多决策是基于自己的信念和偏见，而不是基于事实和决策本身所应有的内在逻辑。作为决策非完全理性的一个必然结果是，市场竞争能够起到一个选择工具的作用。如果竞争较为激烈，只有那些管理者恰好具有最为正确的信念和偏见的企业才能够生存和发展壮大。这些企业能够以一个较低的成本生产符合消费者需求的产品。而那些管理者信念与偏见与市场相左的企业将被市场淘汰。相反，如果市场竞争程度很低，即使是以较高成本生产较低质量产品的企业也能够在市场上生存。

经营者集中可能通过减少相关市场上的竞争者数量而单方面提高并购企业市场势力，从而使参与集中的企业能够提高价格，我们称这种现象为"单边效应"；经营者集中还有可能改变市场条件，更有利于相关市场上的企业相互串谋，从而使价格上升，我们称这种现象为"协同效应"。无论是"单边效应"，还是"协同效应"，都会妨碍市场竞争，市场竞争程度的下降会导致产品价格上升[①]。产品市场价格上升备受关注，主要原因有以下两点：(1) 价格上升将导致财富从消费者转移到生产者，产生财富再分配效应；(2) 产品价格上升到边际成本之上会产生（或强化）资源配置的非效率，也称为无谓损失

---

① 关于经营者集中的单边效应和协同效应，我们将在后面两章中专门进行分析，本章是从经营者集中可能产生的市场后果的角度分析并购的反竞争效应。

(Dead-weight Loss)。当产品的价格超过边际成本时,从社会福利最大化的角度来看,应该提高产量,每提高单位产量所增加的社会福利等于现有价格减去边际成本。大部分国家的反垄断当局已经优先关注价格上升导致的再分配效应,但是经济学家却倾向于关注社会福利总水平,即优先关注并购可能导致的资源配置的非效率(无谓损失)。无论竞争政策关注的是什么,对于经营者集中的竞争效应的正确评估都要求对产业内互动竞争的性质有一个较好的理解和把握。一般而言,寡占市场理论认为,随着市场上企业数目的减少,价格将会出现上涨。不考虑成本下降因素,对于经营者集中带来的价格上涨的担心是合理的,因而需要区分是什么因素导致了价格上涨。首先,两个或多个企业之间的并购能够提高企业的单边市场力量[1]。并购前,企业之间相互竞争,不需要考虑它们的产量和价格决策对于竞争对手利润可能产生的影响;并购后,并购企业需要最大化联合利润,因而需要考虑产量上升、价格下降对于每一家企业产品市场份额的不利影响。其次,并购可能促使企业行为从竞争转向合谋,或者有利于相关市场上的企业在一个较高价格水平上进行合谋[2]。随着企业数量的减少,维持秘密的卡特尔协议变得更加容易。当这类行为发生后,并购将提高相关市场上的合谋企业的市场力量。

经营者集中可能导致的价格上升风险会受到一些因素的制约。首先,相关市场上存在的实际竞争对手生产与并购企业相同的产品会制约价格的上涨;其次,长期内进入相关市场的可能性能够有效制约并购企业涨价的意图;再次,在中间品市场上,市场力量强大的买家会行使讨价还价能力,以制约并购企业提高价格;最后,可能出现这种情况,参与并购的某一家企业可能由于产品需求下降而成为"失败企业",即使并购没有发生,该企业也将退出市场。这样,即使不考虑并购,该市场上幸存企业的市场份额也将上升。在后文的分析中,我们假定进入新企业市场较为困难,并且不存在"失败企业",市场上的购买者是价格接受者。

为了全面评估经营者集中的反竞争效应,首先需要明确并购控制政策的目标。在并购控制政策的目标的争论中,常常提到的政策目标包括:(1)消费者剩余。并购评估分析应该建立在保护消费者利益的基础上,重点关注并购对市场竞争的影响可能带来的价格效应。(2)社会总剩余。并购评估分析应该同时关注消费者利益和生产者利益,社会总剩余是消费者剩余和生产者剩余之和,并购控制政策的目标是使社会总剩余最大化。(3)其他目标。这些目标

---

[1] 这一现象被称为单边效应,本书的第15章将详细分析。
[2] 这一现象被称为协同效应,本书的第16章将详细分析。

包括促进就业、地区均衡发展、中小企业的生存、国有企业竞争力、增强本国企业的国际市场竞争力等。并购评估审查中，保护就业常常涉及政治考虑，对就业的影响应该纳入并购的成本—收益分析。然而需要注意到，反垄断当局出于就业考虑设计的保护原有产业结构的并购控制政策在长期内往往不是最佳的保护就业途径（Jenny，1997）。以上三类目标中，并购审查评估中考虑较多的是前两类目标。

14.3.1 价格效应

经营者集中可能通过两种途径损害消费者利益：一是并购通过减少企业数量而有利于串谋行为的发生，二是并购通过提高市场集中度而有利于单边行为的发生。由于横向并购减少了市场上竞争企业的数量，所以通常认为并购倾向于提高价格。然而，要全面了解并购的价格效应，需要针对不同竞争模式和不同效率类型进行具体分析。考虑一个简单行业，所有企业生产相同的产品，具有相同的不变成本函数，并且并购没有带来效率改进。在这种情况下，大多数寡占理论认为并购将导致价格上升[①]。

同质产品的古诺模型比较适合于分析并购产生的效率对价格的影响。因为在伯特兰德模型中，非效率企业在市场上很难生存，因而在分析此问题上该模型的适用性稍差一些。夏皮罗和法约尔（Shapiro and Farrell，1990）构建了一个古诺模型，企业以设定产量为手段展开竞争[②]。为了分析简便，他们假定所有企业生产同质产品。在这一框架下，他们分析了要想使并购能够降低价格、提高产量、增进消费者福利所必需的内部效率的性质和大小。从他们的分析中能够得到以下结论：（1）为了实现并购后价格下降，并购企业需要较大幅度地降低边际成本；（2）如果内部效率仅包括生产合理化和固定成本节约，那么并购将导致价格上涨[③]；（3）如果生产合理化伴随着可变成本节约，那么并购可能降低价格。在上文中我们分析的五种类型的效率中，以下几种效率如果足够大，就可以保证并购后的价格降低：一是长期规模经济和产品层次的规模

[①] 在文中假定下，古诺模型中，价格将上升；价格默契合谋模型中，价格或者上升，或者不变（如果在并购前就存在全面合谋）；生产同质产品的伯特兰德模型中，价格或者保持不变，或者上升（如果兼并导致独家垄断）；生产异质产品的伯特兰德模型中，在线性需求和对称竞争假定下，价格将上升。

[②] 然而，在那些以价格为竞争手段的产业内，应用伯特兰德模型分析更为便利，参见（韦登和弗罗布，1995）。

[③] 固定成本节约不能降低边际成本，因而不能降低产品价格，这一点比较明显。然而，生产合理化为什么不能降低价格，这一点不是很明显。生产合理化往往是将产量从边际成本高的工厂转移到边际成本低的工厂，这将降低高成本工厂的边际成本，但同时提高了低成本工厂的边际成本。这种变化的净效应是导致价格上涨，具体分析参见夏皮罗和法约尔（1990）。

经济；二是来自于技术和工艺扩散的技术进步和来自于创新动机增强的研发投资增加；三是购买经济性。以上效率类型有一个共同点，长期内它们都能够导致边际成本下降。现在的问题是，多大的边际成本下降才能导致价格下降。我们将能够导致价格下降的最小的边际成本下降量称为边际成本最低下降量。夏皮罗和法约尔（1990）的研究显示，并购前企业不同的市场份额、市场需求弹性等相对容易观察的变量影响边际成本最低下降量。正如大多数静态寡占模型一样，夏皮罗和法约尔的分析强调了边际成本（而不是固定成本）在降低价格上的重要性。在动态寡占模型中，当新企业能够进入市场时，固定成本节约也能够影响价格。是否是并购后的价格下降只能来自于明显的边际成本下降呢？这一问题很难得到一般的结论，因为价格竞争的程度依赖于产品差异化的性质[①]。

下面我们用古诺模型来分析并购及其产生的效率对价格的影响。首先来看并购可能对价格产生的影响。我们假定相关市场上在并购前有 n（n≥3）家规模相等的企业，两家企业参与并购，并购后企业数量变为 n−1 家；市场需求函数为 $P = a - Q$，企业的成本函数为 $c(q) = cq_i$。并购前如果企业的成本相同，那么它们的规模也相等，为 $(a-c)/(n+1)$。如果并购没有产生效率，并购后 n−1 家企业的规模也将相等，为 $(a-c)/n$。这样，该项并购减少了相关市场上的企业数量，将导致价格上升：

$$\Delta p = \frac{a-c}{n(n+1)}$$

如果我们假定参与并购的两家企业所在的市场上企业规模不相等，那么结果稍有变化。在古诺模型中，成本差异可能导致企业规模不相等。高效率企业（成本较低）将比低效率企业（成本较高）拥有一个更大的市场份额。

$$q_i = \frac{a - nc_i + \sum_{i=1}^{n} c_i - c_i}{n+1}$$

假定有两家企业，它们的边际成本分别为 c_1 和 c_2，$c_1 = c_2 = c_m$ 该产业的平均边际成本为 $\bar{c}$，这两家企业偏离该产业的平均边际成本量为 e，即 $c_1 = c_2 = c_m = \bar{c} - e$，假定这两家企业相互并购。如果它们在并购前比竞争对手更有效率，那么它们并购前的市场份额将超过其竞争对手；反之反是。这两家有效率的企业之间的并购对于价格的影响为：

[①] 例如，如果产品是同质的，伯特兰德模型认为，即使市场内只有两家企业，该市场上也将出现完全竞争的价格水平，即价格等于边际成本。当市场价格高于边际成本时，企业就有动机将价格降到竞争对手之下从而获得整个市场。正是这个原因，在价格竞争模型中，往往将产品假定为差异化的。

$$\Delta P = \frac{a-c_m}{n(n+1)} - \frac{e}{n+1} = \frac{a-\bar{c}}{n(n+1)} + \frac{e}{n}$$

一般情况下，$\bar{c} \leq c$，所以：

$$\frac{a-\bar{c}}{n(n+1)} + \frac{e}{n} > \frac{a-c}{n(n+1)}$$

从以上分析可以看出，两家相对有效率企业之间的并购对价格的影响要大于两家与竞争对手等效率企业之间的并购。这是因为作为并购的结果，两家并购企业的市场份额缩小了。如果两家相对有效率的企业之间发生并购，平均产业成本将上升。当然这是在假定并购前的企业数量大于或等于3，并且并购没有产生效率的情况下得到的结论[①]。

在古诺寡头垄断市场上，并购的价格上升效应能够被成本节约效应所减轻。假定并购后市场上并购企业的边际成本下降了ε，那么并购后市场价格将下降：

$$\Delta P = -\frac{\varepsilon}{n}$$

从上式可以看出，在相对集中的市场上一家企业的成本下降给消费者带来的福利要大于企业数量较多的市场。价格下降幅度只依赖于市场上的企业数量，而不取决于成本节约企业的相对规模。如果一项并购导致的成本节约能够抵消并购的价格上升效应，那么这项并购就不会损害消费者的利益。

在并购前企业规模（市场份额）相同的情况下，我们可以得到：

$$\Delta P = -\frac{\varepsilon}{n} = \frac{a-c}{n(n+1)}$$

即：

$$\varepsilon = \frac{a-c}{n+1}$$

在并购前企业规模（市场份额）不相同的情况下，我们可以得到：

$$\Delta P = -\frac{\varepsilon}{n} = \frac{a-c_m \pm ne}{n(n+1)}$$

即：

$$\varepsilon = \frac{a-\bar{c}}{n+1} \pm e$$

从以上等式可以推导出，并购前企业数量（n）越少，保持价格不变所需

[①] 如果并购前相关市场上只有2家企业，那么并购将导致垄断，企业成本和行业成本就没有区别，以上结论就不成立。参见 Brouwer, M. T., Horizontal Mergers and Efficiencies: Theory and Antitrust Practice. *European Journal of Law and Economics*, 2008 (26): pp. 11-26.

成本节约（ε）就越大。具有相对成本优势的两个企业之间的并购要求更大的成本节约（+e），以保持价格不变；相反，具有相对成本劣势的两个企业之间的并购要求稍小的成本节约（-e）。

韦登和弗罗布（1994）研究了一个产品对称差异化的行业，他们假定该行业内如果一家企业每提高一单位价格，将使所有竞争对手的市场份额上升相同的比例。韦登和弗罗布认为，如果一项并购只能产生固定成本节约和生产合理化配置，而不能产生其他内部效率，那么这个行业内的所有产品的价格将在并购后上升；价格上升的幅度取决于不同产品的市场份额[①]。由于产品是差异化的，不同的产品具有不同的价格。因此，并购的价格效应更加复杂。在不同产品的价格变动幅度方面，韦登和弗罗布得到以下两个结论：（1）并购企业的产品价格的提升幅度高于其他竞争企业；（2）具有较大市场份额的竞争企业的产品价格提升幅度高于具有较小市场份额的竞争企业；（3）明显的边际成本下降，边际成本降到低于参与并购的所有企业中的并购前最低边际成本，是并购后价格下降的必要条件。这一结论与夏皮罗和法约尔（1990）通过构建一般古诺模型所得到的结论基本相同。

以上的分析都是基于并购后企业没有进行合谋的，下面考虑企业合谋的情况。在特定环境下，企业即使是在没有机会签订一个具有法律约束力的合约的条件下，也会维持一个类似于卡特尔的协议。前提条件是，没有司法系统的帮助，企业也能够发现并惩罚那些违反协议的价格行为。关于企业合谋的经济模型试图勾画出那些能够维持一个类似于卡特尔的协议的确切条件。这些模型也能够帮助评估并购是否会对产业内的联合市场力量产生影响。一种分析并购对于合谋作用的方法是，假定一开始没有发生合谋，然后分析并购是否有利于促进合谋，在什么条件下有利于促进合谋。市场集中度和合谋的可能性之间存在一种正相关关系，越是集中度高的市场结构，越有利于企业合谋（Stigler，1964；Friedman，1971）。市场集中度的上升意味着：通过欺骗从竞争对手那里"窃取"市场份额的利润下降，发现作弊的概率上升，合谋中的协调问题减少。相对于非合谋的伯特兰德模型和古诺模型而言，合谋的经济模型对并购的价格效应的预测能力要小很多。一种合谋结果是可维持的意味着一系列其他合谋结果也是可维持的，这一事实导致合谋模型缺乏预测能力。因而问题是需要预测哪一类的合谋协议需要企业间相互协调。如果在合谋模型中对哪一类合谋协议需要企业间相互协调做出一些具体的假定，那么这一模型就会获得对并

[①] Werden G. J. and Froeb L. M., The Effects of Merger in Differentiated Products Industries: Logit Demand and Merger Policy. *Journal of Law, Economics and Organization*, 1994, 10 (2): pp. 407–426.

购效应的较强的预测能力。如果企业之间合谋而不是相互竞争，那么并购导致价格降低的最低成本要求会变小。这一结论的经济学直觉告诉我们，如果企业在并购前已经成功合谋，那么并购将消除并购前企业合谋所导致的非效率。为了说明这一观点，我们假定有两家企业，企业 1 和企业 2，企业 1 具有较高的（不变的）边际成本 MC_1（见图 14-5（1）），企业 2 具有较低的（不变的）边际成本 MC_2（见图 14-5（2））。在充分合谋协议下，两家企业通过讨价还价（瓜分市场）分配产量，使市场价格位于两个假定的垄断价格之间：高成本企业（如果它是一个垄断者）选择的垄断价格 P_1 和低成本企业（如果它是一个垄断者）选择的垄断价格 P_2（见图 14-5（3））。这一价格的具体位置取决于两家企业的讨价还价能力。现在假定这两家企业实现并购，产量将在两个工厂之间进行理性调整，所有产量将从高成本企业转移到低成本企业。结果，价格将降低到较低的垄断价格 P_2（见图 14-5（3））。因此，在充分合谋的行业中，即使没有效率改进，并购也将降低价格。

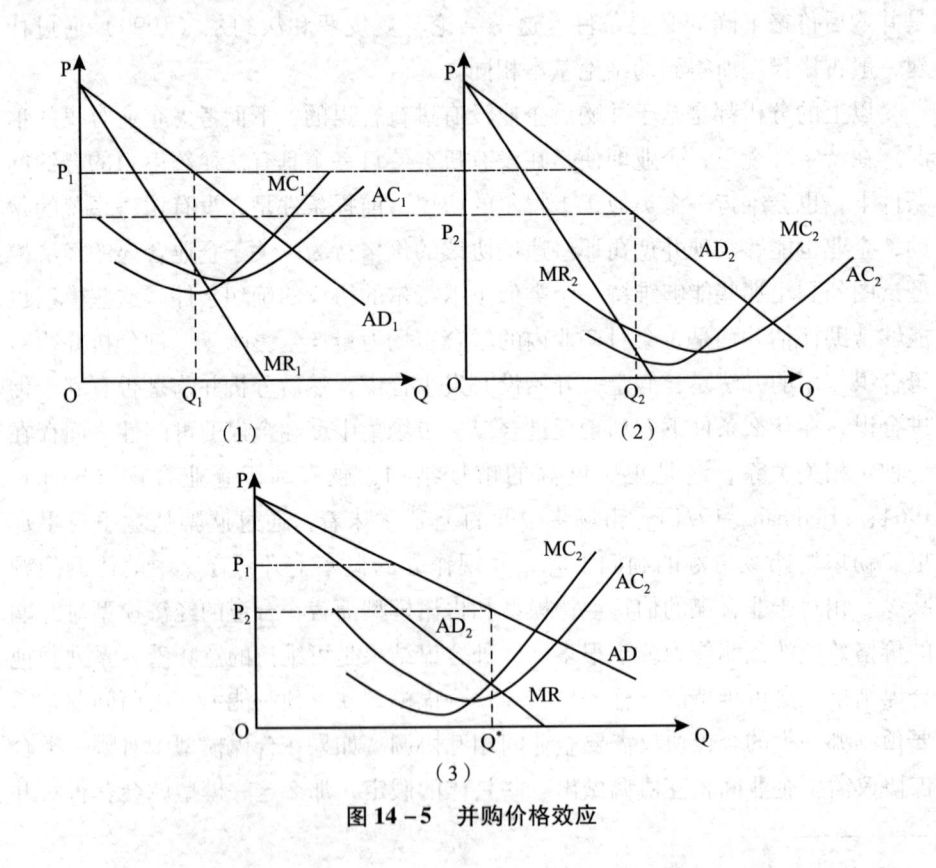

图 14-5 并购价格效应

从以上分析可以看出，不同的竞争模式对应着不同的竞争模型。市场上企业之间的竞争模式受到企业所能获得的关于自己、竞争对手和所在市场的信息的影响。市场竞争模式影响并购的价格效应，不同的竞争模式可能使并购产生不同的价格效应。以上我们仅仅是应用已有的竞争模型分析了几种情况。实际上，并购的价格效应不仅仅如此，由于实际经济生活中很多竞争模式很难应用已有的经济模型进行分析，或者说经济学理论中的经济模型太少，因而在全面分析并购所产生的价格效应方面还有许多工作要做①。竞争模式和竞争模型的多样化给竞争政策的设计带来了困难，竞争政策的制定是以所有模型为基础还是以其中一个模型为基础？如果是以其中一个模型为理论基础，是该选择哪一个？或者，竞争政策应该更有弹性一些，怎样变得更加富有弹性？理想的选择当然是，反垄断当局能够根据每一个特定的并购，应用最适合于该项并购的实际竞争模型进行评估分析。然而，这样做的前提是，反垄断当局能够对该项并购所涉及的市场上的竞争模式十分了解。或者说，反垄断当局拥有该市场上的充分信息。如果不能达到这一要求，反垄断当局只能采用折中方案，以"最坏情境"为基准，要求并购企业提供相关市场上的、能够被证实的证据，以作为反垄断当局决策的依据。

14.3.2 社会总福利效应

很多经济学家坚持认为竞争政策的设计不能仅仅以保护消费者利益为目标，而应是以最大化社会总福利为目标。在这种政策目标下，经济学家不认为剩余从消费者转移到生产者而导致的价格上升是一个经济问题，但是如果价格上涨导致资源配置的非效率，出现社会福利净损失，就是一个需要认真考虑的经济问题了。

1. 并购福利效应与"威廉姆森替换"

在应用社会总福利的分析方法进行并购分析方面，最具影响的成果当属威廉姆森（Williamson）于1968年发表在《美国经济评论》上的《反垄断抗辩经济学：福利权衡》(*Economies as an Antitrust Defense: The Welfare Tradeoffs*)一文②。威廉姆森假定并购前的市场是完全竞争的，价格等于边际成本；并购完成后并购企业获得一定程度的市场势力，产量下降，价格上升。然后，威廉姆森比较了并购后价格上升导致的社会福利净损失与并购带来的企业内部效率之间的大小，认为用于弥补价格上升所导致社会福利净损失所需的成本节约不

---

① 一个简单的例子是，几乎所有的经济模型都假定企业的管理者是充分理性的，但是实际经济生活中管理者是有限理性的。这一假定的变化会导致经济模型更加复杂化。

② "威廉姆森替换"分析框架主要应用于社会总福利标准下的并购分析，如果反垄断当局采用的是消费者福利标准，"威廉姆森替换"分析框架的应用价值就小多了。

需要很大，并提出了"威廉姆森替换"（Williamson Tradeoffs）的概念和分析框架（见图 14-6）。虽然威廉姆森的关于"用于弥补价格上升所导致社会福利净损失所需的成本节约不需要很大"这一结论不具有一般性[①]，但是这一分析框架由于其具有较强解释力[②]，后来成为经济学家和反垄断当局进行并购分析的基本框架之一（Roller et al., 2000; Fackelmann, 2006）。下面，我们用扩展后的"威廉姆森替换"分析框架来讨论并购对于社会总福利的影响（见图 14-6）。

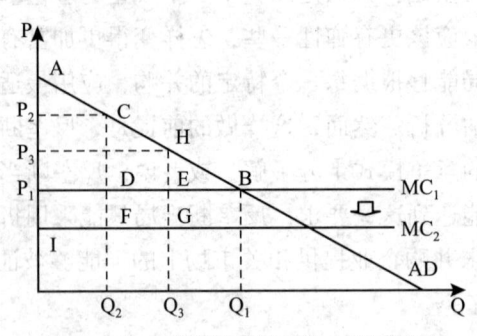

图 14-6 "威廉姆森替换"与并购分析

资料来源：Williamson（1968）、Roller et al.（2001）和 Fackelmann（2006）等。

图 14-6 中，AD 表示某种产品的市场需求，MC 表示边际成本，Q 表示产量，P 表示价格水平。下面，我们考虑一个生产同质产品的产业，单位成本不变，边际成本等于平均成本且在并购前为 MC_1，并购后由于内部效率实现了成本节约降到 MC_2。下面我们分别分析并购导致企业行为变化的三种可能出现的情形：

（1）从完全竞争到垄断。这是最为简单的一种情况。并购前，在完全竞争的价格水平 P_1 上，社会总剩余与消费者剩余相等[③]，为三角形 ABP_1。并购后，单位成本下降，市场结构由完全竞争转变为垄断，此时的价格水平为垄断价格 P_2，社会总福利等于消费者剩余 ACP_2 加上生产者剩余 P_2CFI。可以看出，并购导致的福利变化为矩形 P_1DFI 与三角形 CDB 之间的差额。从社会总福利的角度考虑，只要当并购后生产的成本节约 P_1DFI 能够替换并购导致的社会福

[①] 弥补价格上升导致的社会福利净损失所需的成本节约的大小，依赖于并购前和并购后的市场竞争程度。

[②] 威廉姆森的分析框架不依赖于特定的效率类型，我们在前文分析的五种类型的成本节约都可以纳入威廉姆森的这一分析框架。

[③] 为了分析的方便，我们假定在完全竞争的价格水平上，生产者剩余为 0。社会总福利等于消费者剩余加上生产者剩余。

利净损失 CDB 时，也就是说并购没有导致社会福利净损失，该项并购才有可能被批准。

（2）从完全竞争到"部分垄断"。这是威廉姆森（1968）原文中所分析的一种情况。威廉姆森假设并购导致市场结构从完全竞争转变为"部分垄断"（Partial Monopoly），或者说并购后的企业在市场上存在一定的市场势力，但不是完全垄断，市场结构相当于垄断竞争或寡头垄断。此时，价格由 P_1 上升到 P_3，而不是 P_2。由于并购后的产量 Q_3 高于第一种情况下的垄断产量 Q_2，因而获得更多的内部成本节约，记为 P_1EGI，从图中能够很明显地看出，$P_1EGI > P_1DFI$。并购导致的社会福利净损失为 HBE，并且 HBE < CDB。因此，与第一种情况相比较，在这种情况下成本节约较多而社会福利净损失较少，"威廉姆森替换"较为容易实现。以上两种情形的区别说明，准确了解并购后价格上升的幅度对于并购分析而言十分重要。

（3）从"部分垄断"到完全垄断。这种情况说明了了解并购前市场竞争状况（市场势力）对于并购评估分析的重要性。假定并购前的市场结构为"部分垄断"，价格为 P_3，高于边际成本 MC_1，产量为 Q_3。并购后市场结构为完全垄断，边际成本降到 MC_2，垄断价格为 P_2。社会总福利从并购前的 $AHEP_1$ 变为并购后的 ACFI。因此，"威廉姆森替换"为内部效率带来的成本节约 P_1DFI 和产量下降导致的社会福利净损失 CHED 之间的替换。

从以上分析可以看出，并购具有三种效应：一是限制产量而产生的社会福利净损失，二是由于价格上升而从消费者转移给生产者的福利，三是成本降低而产生的效率[①]。"威廉姆森替换"就是权衡比较第一部分和第三部分的大小。一般而言，如果一项并购导致整个行业的产出下降较少，原本为非竞争性的行业的内部成本效率上升较大，那么内部成本效率与社会福利损失之间的替换就比较容易实现。内部成本节约导致的效率获得与产业的产出水平成正比，产出下降导致的社会福利净损失与价格—成本边际（Price-cost Margin）成正比（Weiss，1992）。因此，要准确评估福利替换，首先需要对并购前的产量水平和价格—成本加成有一个较为准确的估计。并购前的产量乘以预期的单位成本下降量近似等于预期的福利所得；并购前的价格—成本加成乘以预期的产量下降量近似地等于预期的福利损失。在实证分析中，比较预期的福利所得与预期的福利损失的主要困难在于如何估量预期的成本下降和预期的产量下降（Roller et al.，2000；Fackelmann，2006）。

"威廉姆斯替换"分析框架中，在评估分析单位成本节约所带来的效率获

---

① 利用本模型也可以分析并购没有产生效率时的情形。相对而言，这一分析较为简单，故略去。

得是基于整个产业的产量变化,这种方法在假定该行业的所有企业都参与该项并购的情况下是合理的。然而在经济实践中,大部分并购只有行业中的部分企业参与,评估并购导致的内部成本节约时只能考虑并购企业的产量。"威廉姆斯替换"分析框架的另外一个困难是评估并购导致的实际成本下降,并购企业在申报中总是尽可能地声称并购会导致成本下降、效率上升。法约尔和夏皮罗(1990)提出了一种评估行业内部分企业参与并购的方法,这种方法不需要依赖于并购企业申报时所声称的内部效率。法约尔和夏皮罗构建了一个评估并购所产生的外部性的古诺模型,一项并购所产生的外部性包括对消费者的影响和对未参与并购的竞争企业的影响。如果外部性为正,那么该项并购必然提高社会总福利,因为一项申报的并购对于并购企业本身总是被认为能够获利的(否则,并购企业就不会参与并购)。法约尔和夏皮罗推导了在价格上升(产量下降)条件下一项并购能够产生正外部性的条件[1]。他们发现并购企业的市场份额应足够小:当两家企业(或多家企业)通过并购降低产量时,其他未参与并购的竞争企业能够扩大产量,并且竞争企业所扩大的产量小于并购企业所缩减的产量。结果是伴随着并购企业产量的下降,行业内的产量从并购企业重新配置给它们的竞争对手企业。如果参与并购的企业的效率低于其竞争对手,那么这种产量的重新配置有利于社会总福利水平的提高。如果并购企业的市场份额相对较小,并购企业的效率低于其他竞争企业是可能存在的。总而言之,并购企业拥有一个相对较小的市场份额,意味着它们具有相对较低的效率,产量从并购企业重新配置到竞争对手企业,使得该项并购能够产生正的外部性[2]。与此相反,如果两家(或多家)企业属于具有较大市场份额的大企业,通过并购限制产量,具有相对较低效率的竞争对手企业的产量将被重新配置转移到并购企业,这种并购将产生负外部性。在这种情况下,只有当可证实的并购带来的内部效率足够大时,社会总福利水平才可能为正。法约尔和夏皮罗的分析方法的主要贡献有两点:一是他们指出了并购分析中被传统分析方法所忽视一种潜在重要效应,即产量在竞争对手之间的重新配置所产生的效应;二是他们应用古诺竞争模型分析后认为,正是由于存在以上效应,一项并购即使不存在内部效率(或者内部效率不能被证实),也可能是有利于增进社会总福利。法约尔和夏皮罗的古诺模型中关于并购企业市场份额的相对简单而具体的条件不

---

[1] Farrell J. and Shapiro C., Horizontal Merger: An Equilibrium Analysis, American Economic Review, 1990, 80 (1): pp. 107 – 126.
[2] 莱文(1990)构建了一个产品同质性和企业通过设定产量竞争的模型,分析结果显示,在假定不存在产量合理化以外的其他内部效率的情况下,市场份额小于50%的并购都是无利可图的。他们的研究进一步显示,任何类型的并购,不管是增加产量还是减低产量,只要市场份额低于50%,该项并购就能够提高社会福利。

能一般化到产品差异化的伯特兰德模型中。产品差异化是与具体市场相联系的,其本身就难以进行简单的一般化的描述。

以上分析都是假定并购不诱致新企业进入相关市场的前提条件下进行的。韦登和弗罗布(1998)放松了这一假定,研究了新企业进入对于并购价格效应的影响。在一些情况下,并购企业为了阻止新企业进入,需要降低价格,因此进入的潜在威胁能够减小价格上升幅度,降低企业获利的可能性。如果企业是理性的,并且具有充分信息,只有当并购能够产生明显的效率获得,或者能够观察到较高的进入障碍时,它们才发起一项并购。只有当进入因素能够纳入效率考虑,并且并购产生明显效率缺乏强有力证据时,进入因素才作为效率抗辩因素。

2. 并购的外部性分析

并购可能产生的外部性将对市场竞争和社会福利产生以下影响:

(1)并购的外部性与竞争效应。如果我们假定并购总是能够给并购企业自身带来正的私人利润,那么当一项并购能够带来正的净外部性(Net Externa Effect,NEE)时,它总是能够增加社会总福利。我们将净外部性(NEE)界定为消费者剩余变化(ΔCW)与非并购企业利润变化($\Delta \prod^N$)之和,即:

$$NEE = \Delta CW + \Delta \prod^N$$

根据横向并购的净外部性可以将并购的竞争效应分为四种类型:同时增加消费者剩余和非并购企业利润、同时降低消费者剩余和非并购企业利润、增加消费者剩余但降低非并购企业利润、降低消费者剩余但增加非并购企业利润[1]。我们以消费者剩余的变化值和非并购企业利润的变化值为坐标,可以将以上四种类型表示在图 14-7 中。

在图 14-7 中,区域 A、区域 B 和区域 C 表示并购能够带来正的净外部性(正外部性),区域 F、区域 D 和区域 E 表示并购带来的是负的净外部性(负外部性)。由于区域 F 表示的消费者剩余变化值和非并购企业利润变化值皆为负,没有进一步分析的经济学价值。①在区域 A 中的并购能够产生正外部性,同时提高消费者剩余和非并购企业利润。由于非并购企业(竞争对手)的利润增加了,所以发生在这一区域的并购将导致价格上升(消费者剩余将下降),但同时产生了较为明显的需求方效率,使得消费者剩余增加,这一增加

---

[1] 其中的第二种类型导致的净外部性肯定为负,在这里不做详细分析。

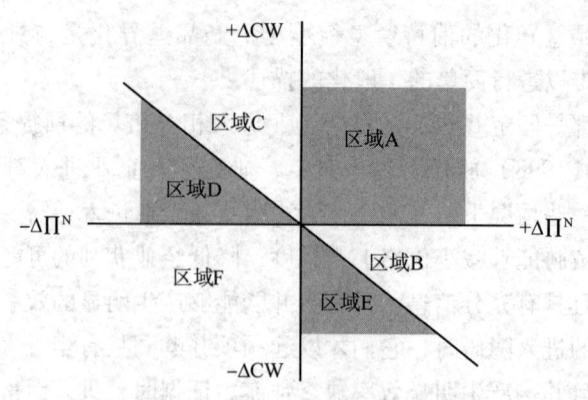

图 14-7 横向并购的净外部性分析

量大于价格上升而导致的消费者剩余的下降量，从而使得消费者净剩余增加。②在区域 B 和区域 E 中的并购导致消费者剩余下降，但提高了非并购企业的利润。在区域 B，第二种效应在数量上大于第一种效应，因而并购的净外部性为正；区域 E 的情况相反。当一项并购不产生效率，或者产生的效率不能传递给消费者时，该项并购将有可能提高非并购企业的利润，降低消费者剩余；并且，消费者剩余的下降量一般要大于并购给竞争对手带来的正外部性，即并购的净外部性为负。所以，发生在区域 E 的并购与发生于区域 B 的并购存在明显的区别。③在区域 C 和区域 D 中的并购增加了消费者剩余，但降低了非并购企业的利润。在区域 C，第一种效应居于主导地位，因而并购的净外部性为正；区域 D 的情况相反。当一项并购能够产生显著的成本节约和需求方效率时，该项并购将有可能增加消费者剩余，降低非并购企业的利润，然而，哪一种效应处于主导地位，还不太明确，它取决于：（A）效率获得的大小，效率的大小将决定消费者剩余受影响程度和非并购企业联合市场份额的下降程度；（B）非并购企业利润总量受并购影响而下降的程度。当并购能够产生显著的效率，并且这一效率能够传递给消费者时，并购企业就相当于从竞争对手那里窃取了一个较为明显的销售份额。这将使非并购企业的收入下降，如果产出存在规模经济（例如，固定成本的存在），那么这也将使竞争对手企业的平均成本上升。因此，当平均成本较大幅度上升导致产量下降时，该项并购就将较大幅度地减少非并购企业的总利润。在这种情况下，产生明显效率获得的并购具有负外部性（区域 D），它所产生效率获得被认为是一种"效率侵犯"（Efficiency Offense）。正如我们所分析的，所有具有正外部性的并购都能够增加社会总福利。因此，区域 A、区域 B 和区域 C 内的并购对社会总福利将产生积极影响。然而，并不是所有具有负外部性的并购都会对社会总福利产生负向影响，这是因为并购企业利润的上升可能抵消并购的负外部性（Williamson，1968）。

（2）并购的外部性与效率水平。我们用 e 表示并购可能产生的效率，效率水平较低时 $e = e_L$，效率水平较高时 $e = e_H$。我们假定无论并购后效率水平的高低，并购对于并购企业而言都是有利可图的，即：

$$\prod\nolimits_H > \prod\nolimits_L > \prod\nolimits_N$$

上式中，$\prod_H$ 和 $\prod_L$ 分别表示并购被批准后高效率水平和低效率水平下并购企业能够获得的利润；$\prod_N$ 表示并购被阻止后并购企业（联合）的利润。更进一步，我们假定当且仅当并购能够产生较高水平的效率时，该项并购才能提高社会总福利水平，也就是：

$$W_H > W_N > W_L$$

W_H 和 W_L 分别表示如果并购被批准且并购能够产生高效率水平和低效率水平时的社会总福利（未加权的消费者剩余与产业利润之和），W_N 表示并购被阻止时的社会总福利水平。为了书写的简便，我们令 $\Delta\prod_i \equiv \prod_i - \prod_N$，$\Delta W_i \equiv W_i - W_N (i = L, H)$。根据这一等式，我们可以得到：

$$\Delta\prod\nolimits_H > \Delta\prod\nolimits_L > 0 ; \Delta W_H > 0 > \Delta W_L$$

因此，当 $\Delta W_H < \Delta\prod_H$ 时，并购存在负外部性；当 $\Delta W_H > \Delta\prod_H$ 时，并购存在正外部性（Farrell and Shapiro，1990）。根据这一界定，我们可以得到：

$$\Delta W_H > \Delta\prod\nolimits_H \Leftrightarrow \Delta CS_H > 0$$

ΔCS_H 表示并购被批准时，如果并购能够产生高水平效率时的消费者剩余。这一假定说明，如果并购存在正外部性，那么消费者和生产者都能从高效率水平的并购中获得剩余。如果考虑到并购对消费者剩余的影响只能通过其对市场价格的影响来实现，消费者剩余与市场价格成反比，那么消费者剩余为正就等同于高水平效率导致了并购后的市场价格降低。并购能够产生的不同效率水平对于不同利益集团的影响可以用图 14－8 表示。

图 14－8 中，$\Delta\prod^I$ 表示并购企业（Insider）的利润，$\Delta\prod^O$ 表示非并购企业（Outsider）的利润。这一图形是根据同质产品市场上的古诺竞争模型推导出来的，假定并购前相关市场上至少有三家成本对称的企业，需求函数和成本函数都为线性，效率参数 e 是从并购企业的边际成本节约中推导出来的。从图 14－8 中可以看出，如果并购带来的效率水平低于门槛值 e^0，那么并购企业自身也将出现福利损失；要想使并购的福利效应为正，效率水平必须超过门槛值

e'，$e' > e^o$。因此，以效率水平的门槛值来表示，我们在前面的假定就相当于：

$$e_L \in (e^o, e') \text{ 和 } e_H > e'$$

从图14-8中我们还可以看出，在达到门槛值$e''(e'' > e')$之前，非并购企业的利润和消费者剩余的变化值总是正的。当效率高于这一门槛水平时，并购将导致市场价格下降，并购带来的社会福利将超过并购企业的利润。因而，当并购可能产生的效率水平$e_H \in (e', e'')$时，并购就存在负外部性；当并购可能产生的效率水平$e_H > e''$时，并购就存在正外部性。

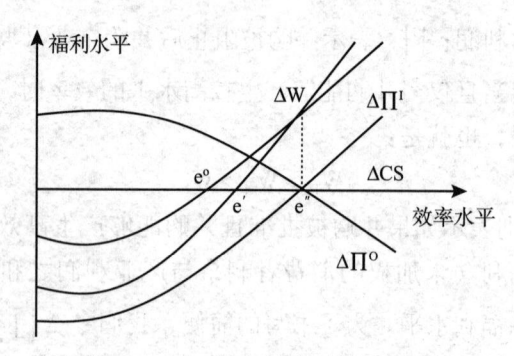

图14-8 不同效率水平下的福利状况

资料来源：Neven and Roller（2005）和 Lagerlof and Heidhues（2005）。

14.3.3 并购对于消费者福利的影响

并购产生的效率对于消费者价格的影响程度取决于这些效率能够传递给消费者的程度，即传递率的大小。如果在并购没有产生效率的情况下并购企业的利润上升了，那么这一利润属于再分配所得，它要么来自于其他企业（市场份额下降或者投入要素价格下降），要么来自于企业雇员（裁员或者削减工资），要么来自于消费者（价格上升或质量下降），要么来自于政府（税收减少）[1]。传递率不仅影响并购后社会财富的再分配，也影响到并购带来的社会福利净损失。并购产生的效率传递给消费者的越多，那么并购可能导致的社会福利净损失就将越小。经济学理论揭示，一个配置有效率的市场上，价格总是等于边际成本。这就意味着并购发生的相关市场上要想达到配置效率，就必须将并购所产生的效率全部传递给消费者。

---

[1] Tichy, G., What Do We Know about Success and Failure of Merger? *Journal of Industry, Competition and Trade*, 2001, 1 (4): pp. 353-376.

14.3.4 并购对竞争对手的影响

如果并购产生市场势力,并购企业就能够提高价格、降低产量,因而竞争对手就有可能获得更多的市场需求,在跟随并购企业提高价格的同时扩大产量。并购导致的价格提高和产量下降的程度取决于相关市场上的竞争模式(Roller et al.,2001)。但是,如果并购企业预期到其并购将给竞争对手带来好处大于给自己带来的好处,它们就可能不发起该项并购。我们继续用古诺模型来分析并购对与竞争对手的影响。在古诺市场上,如果企业规模不受并购影响,那么并购将不会给竞争对手带来好处。在效率不变的情况下,如果竞争对手扩大产出和利润,那么就要求它们的成本下降。如果并购企业的规模保持不变,等于并购前两家并购企业市场份额之和,即 $q_m = q_1 + q_2$,那么竞争对手的利润将保持不变。我们假定相关市场上在并购前有 $n(n \geqslant 3)$ 家规模相等的企业,两家企业参与并购,并购后企业数量变为 $n-1$ 家;市场需求函数为 $P = a - Q$,企业的成本函数为 $c(q) = cq_i$。并购前如果企业的成本相同,那么它们的规模也相等,为 $(a-c)/(n+1)$。如果并购产生了效率,并购后并购企业的市场规模将上升,上升幅度为:

$$\Delta q_m = \frac{n-1}{n}\varepsilon$$

上式中,ε 为并购给并购企业带来的效率(边际成本下降量)。此时,并购企业的规模为:

$$q_m = \frac{a-c}{n} + \frac{n-1}{n}\varepsilon$$

如果并购企业的成本下降一定的规模,并购企业的产出(规模)将保持不变,即:

$$q_m = q_1 + q_2 = \frac{a-c}{n} + \frac{n-1}{n}\varepsilon = \frac{2(a-c)}{n+1}$$

从以上等式可以推出:

$$\varepsilon = \frac{a-c}{n+1}$$

也就是说,只有当效率获得(ε)等于上式时,并购才不会给竞争对手带来好处。如果并购带来的是一个较小的成本节约,那么将会促使竞争对手增加产量和利润。保持竞争对手产量不变所要求的成本节约与保持价格不变所要求的成本节约相等[①]。由此,我们可以得到一个有意思的结论,在寡头垄断市场

---

① 请参见本章的第1小节的相关结论。

上，由于并购企业不愿使其竞争对手获益，一般只会发生不损害消费者利益的并购。如果成本节约保持在这一水平上，并购企业自身将获得净效益。

如果我们假定当并购企业认为自己从某项并购中获得预期收益大于其竞争对手时，该企业都将完成该项并购，那么结果与上文的分析会稍有差异。我们仍然假定同质产品的古诺市场上并购前 n 家企业的规模相同，两家企业并购产生了明显的效率（ε），并购后竞争对手（非并购企业）的规模（市场份额）为：

$$q_r = \frac{a-(n-1)c+nc-2c-\varepsilon}{n} = \frac{a-c-\varepsilon}{n}$$

并购企业的规模等于：

$$q_m = \frac{a-(n-1)(c-\varepsilon)+(n-2)c}{n} = \frac{a-c+(n-1)\varepsilon}{n}$$

并购企业（$q_1 + q_2$）的利润将增加一倍（两家企业并购），如果下式成立：

$$q_r^2 = \frac{1}{2}q_m^2, \text{ 即 } q_r = 0.707 q_m$$

将 q_r 和 q_m 的等式代入上式后可以得到：

$$\frac{a-c-\varepsilon}{n} = 0.707 \frac{a-c+(n-1)\varepsilon}{n}$$

即：

$$\varepsilon = -\frac{0.293(a-c)}{0.707n+0.293}$$

如果并购带来的效率（ε）低于这一门槛值，那么并购给竞争对手带来的利益大于给并购企业自身带来的利益。这就意味着一些并购既能够给并购企业带来利得，也可能给相关市场上的竞争对手带来好处，然而这将损害消费者利益。能够使并购企业和竞争对手获得同等利益的成本节约的门槛值（临界值）大约为保持价格不变时成本节约门槛值的一半。以上推导的成本节约的临界值只是要求成本下降的下限值。实际上，并购是有成本的，这就要求并购企业能够获得一个溢价来弥补成本。也就是说，能够使并购企业和竞争对手获得同等利益的成本节约实际上更有利于竞争对手，因为它不需要为并购"买单"。

下面我们来分析当相关市场上企业规模不相等时的情况。在古诺市场上，如果企业的成本条件不一样，那么它们就会以不相等的规模进行水平竞争。当某一市场上的有一部分企业处于次优规模时，并购更有可能带来规模经济（Brouwer，2008）。并购前两家拟并购企业的产出及产出之和可以分别表示为：

$$q_1 = \frac{a - nc_1 + \sum_{i=1}^{n} c_i - c_1}{n+1}$$

$$q_2 = \frac{a - nc_2 + \sum_{i=1}^{n} c_i - c_2}{n+1}$$

$$q_1 + q_2 = \frac{2a - (n+1)(c_1 + c_2) + 2\sum_{i=1}^{n} c_i}{n+1}$$

并购后并购企业的产出为:

$$q_m = \frac{a - (n-1)c_m + \sum_{i=1}^{n} c_i - (c_1 + c_2)}{n}$$

并购导致的规模下降为:

$$\Delta q_m = -\frac{(n-1)(a + \sum_{i=1}^{n} c_i) - (n^2 - 1)(c_1 + c_2 - c_m)}{n(n+1)}$$

为了保持竞争对手的利润不变,并购导致的成本节约应满足:

$$\frac{n-1}{n}\varepsilon - \Delta q_m = 0$$

将相关变量代入上式,可以求得成本节约的临界值:

$$\varepsilon = \frac{a + \sum_{i=1}^{n} c_i - (n+1)(c_1 + c_2 - c_m)}{n+1}$$

如果我们假定 $c_1 = c_2 = c_m$,那么上式可以变为:

$$\varepsilon = \frac{a + n\bar{c} - (n+1)c_m}{n+1}$$

上式中,$\bar{c}$ 为并购所在行业的平均边际成本,$c_m = \bar{c} - e$,e 为并购企业边际成本与行业平均边际成本的一个偏离量。那么有

$$\varepsilon = \frac{a - \bar{c}}{n+1} + e \text{ 或者 } \varepsilon = \frac{a - c_m + ne}{n+1}$$

从以上等式可以看出,如果并购前的企业数量(n)较大,那么所要求的成本下降幅度就较小;相对有效率的企业的并购动机要比没有成本优势的企业弱一些。并购给并购企业带来的利益与给竞争对手带来的利益之间存在替换关系;如果其他企业的利润下降,并购将提高并购企业的盈利能力。因而,横向并购可以被看作是并购企业采取的针对竞争对手的敌对行为。

14.4　经营者集中的反垄断控制

我国反垄断控制政策正在制定和完善的过程之中，在制定政策的过程中就将经营者集中可能导致的效率效应、反竞争效应和社会福利效应考虑周全，有利于提高政策的透明度和可操作性。我国《反垄断法》第四章对经营者集中申报义务、申报标准、事先申报制度和未申报法律后果作出了原则性规定，是对经营者集中进行反垄断控制的法律依据。同时，负责经营者集中的反垄断机构国家商务部也制定了相应的实施细则和指南，为我国经营者集中的反垄断控制提供了较好的操作性规章。

1. 强化法律法规的实施，严格事前申报制度

我国已于2008年开始实施《反垄断法》，其中第四章对经营者集中进行了规定，但是由于《反垄断法》的特殊定位，其只能对相关妨碍竞争的行为进行原则性的规定，在实际执法过程中仅仅依据《反垄断法》还是不够的，需要制定具体的操作性法规，以指导相关执法行为。2008年以来，我国反垄断执法机关先后公布了一系列指导经营者集中反垄断控制的相关规定和办法，包括《国务院关于经营者集中申报标准的规定》（2008年）、《经营者集中申报办法》（2009年）、《经营者集中审查办法》（2009年）、《关于实施经营者集中资产或业务剥离的暂行规定》（2010年）《关于评估经营者集中竞争影响的暂行规定》（2011年）、《未依法申报经营者集中调查处理暂行办法》（2011年）、《关于经营者集中简易案件适用标准的暂行规定》（2014年）、《关于经营者集中简易案件申报的指导意见（试行）》（2014）、《关于经营者集中申报的指导意见》（2014年）、《关于经营者集中附加限制性条件的规定（试行）》（2014年）、《关于规范经营者集中案件申报名称的指导意见》（2017年）等。截至目前，我国已经初步形成了经营者集中反垄断控制的法律法规体系，下一步应强化法律法规的实施，做到有法必依、执法必严。经营者集中达到一定规模后，必须向反垄断机构事先申报。根据《国务院关于经营者集中申报标准的规定》，经营者集中达到下列标准之一的，经营者应当事先向国务院商务主管部门申报，未申报的不得实施集中：①参与集中的所有经营者上一会计年度在全球范围内的营业额合计超过100亿元人民币，并且其中至少两个经营者上一会计年度在中国境内的营业额均超过4亿元人民币；②参与集中的所有经营者上一会计年度在中国境内的营业额合计超过20亿元人民币，并且其中至少两个经营者上一会计年度在中国境内的营业额均超过4亿元人民币。营业额的计

算，应当考虑银行、保险、证券、期货等特殊行业、领域的实际情况，具体办法由国务院商务主管部门会同国务院有关部门制定。

2. 明确经营者集中反垄断控制的程序、步骤和方法

反垄断法规定的经营者申报义务是一项强制性义务，只要经营者集中达到申报标准的，经营者就必须向反垄断执法机构申报，反垄断执法机构依法进行相应审查。如果达到标准而未向反垄断执法机构进行申报，就构成违反反垄断法，承担申报义务的经营者应当承担相应法律责任，且该经营者集中也不得继续实施。反垄断法一般都会规定经营者集中反垄断申报所应当提交的文件和资料以及申报资料补正制度，并对评估审查的基本程序、基本步骤、主要方法和审查期限等作出规定，提高经营者集中审查制度的透明度和可预期性。经营者集中的反垄断评估审查包括初步审查和进一步审查两个阶段。我国《反垄断法》第二十五条规定了经营者集中反垄断初步审查的程序性问题，第二十六条规定了进一步审查的程序性问题。为了给反垄断执法机构对经营者集中作出判定提供司法依据，反垄断法还要规定经营者集中反垄断审查的实质标准、经营者集中的抗辩、豁免和救济的制度和措施。

3. 经营者集中反垄断控制要综合考虑与市场结构和市场影响相关的因素，允许并购企业进行效率抗辩

各国反垄断法都要求反垄断执法机构在评估审查经营者集中时，要综合考虑可能对市场竞争产生影响的各种因素，包括经营者集中对相关市场上的市场份额、市场势力、市场集中度、市场进入、技术进步、消费者、竞争对手、国民经济发展等可能带来的影响。在我国现有法律框架下，启动效率抗辩主要有以下依据：（1）根据《反垄断法》第二十七条，主张集中将对技术进步和国民经济的发展产生有利影响；（2）根据《反垄断法》第二十八条，主张集中对竞争产生的有利影响明显大于不利影响，或者符合社会公共利益；（3）根据商务部颁布的《经营者集中申报办法》，在集中申报过程中可以启动效率抗辩。在一般情况下，并购带来的效率提升能够增进社会总体福利，并且在一定的条件下可以传递到消费者价格，从而增进消费者福利。在某些特殊情况下，并购带来的效率提升对竞争可能产生的负面效应：阻止进入、市场支配地位形成，从而损害消费者福利。因此，需要对并购产生的效率进行具体分析。在并购评估审查中允许效率抗辩可以引导企业更好地选择和设计并购，使该项并购能够产生更多的预期效率获得，以通过反垄断当局的评估审查。

4. 及时发布相关公告和信息

经营者集中审查决定的公告制度是经营者集中反垄断控制制度的一个重要组成部分，世界主要国家反垄断法中关于执法机构相关决定的公告制度，都对

公告主体、公告内容、公告方式、发布公告的媒介、公告时间和次数等作出具体细致的规定。为提高执法的透明度，规范执法行为，保证公众的知情权，反垄断当局应及时公布经营者集中判定的相关信息。并购公告可以作为以后执法的依据之一，弥补指南的不足。及时对并购案例进行总结，逐步形成可供其他并购企业参考的并购判定案例，可以降低并购反垄断控制的交易成本。随着经济社会环境的变化，审查评估因素在并购评估审查中的作用可能随之发生变化。公告可以及时反映这一变化，增强并购反垄断控制的弹性。公告中详细说明效率效应和反竞争效应是怎样评估、测算的，可以为拟进行类似并购的企业提供参考，使其能够提前预测该项并购被批准的可能性，因而从这个意义上说公告也具有一定的承诺价值。

5. 并购发生后对效率因素进行跟踪评估

一项并购批准后，反垄断当局可以在某一时间内（如3年）对该项并购所承诺的效率、该项并购对价格和市场份额的实际影响等进行跟踪评估，以发现并购评估审查中存在的不足、效率因素对消费者福利的实际影响（实际传递率）等。这一工作有助于反垄断当局获得对并购可能带来的效率的更加准确的认识，改进并购评估审查程序和方法，准确定位效率因素在横向并购反垄断控制中的作用。

14.5 小　　结

经营者集中又称为企业并购或企业联合，是企业成长和扩大规模的一种手段。两家或更多的独立企业按照一定的方式合并成一家企业的产权交易行为或资产转移行为，就是经营者集中。经营者集中表现为企业兼并、企业合并和企业收购等形式，三种形式在含义上有所重叠，但也有区别。经营者集中通常采用的方式主要有购买资产、整体接收和股权并购三种。经营者集中的动机包括追求最大化利润、击败或消灭竞争对手、获得协同效应、实现多元化经营和增强市场势力等。

经营者集中可能产生的效率主要包括生产效率、配置效率和动态效率。其中，生产效率主要来自生产合理化、规模经济、范围经济和技术进步；配置效率主要来自于减少管理松弛现象和降低 X-非效率而产生的成本节约和要素使用效率提升；动态效率由技术创新和进步所带来的成本节约或收益增加，包括新产品的引入、已有产品的质量改进和应用新工艺而导致的单位成本下降等。在经营者集中反垄断审查中，生产效率和配置效率属于静态效率，易于测度、证实和检验，因而受到反垄断当局的更多关注；而动态效率的测度难度大、实现周期长并且难以证实，因而在效率抗辩中所起的作用不太明显。

经营者集中可能通过两种途径损害消费者利益：一是通过减少企业数量而有利于串谋行为的发生，这被称为协同效应；二是通过提高市场集中度而有利于单边行为的发生，这被称为单边效应。由于横向并购减少了市场上竞争企业的数量，所以通常认为并购倾向于提高价格。然而，要全面了解并购的价格效应，需要针对不同竞争模式和不同效率类型进行具体分析。不同的竞争模式对应着不同的竞争模型，市场上企业之间的竞争模式受到企业所能获得的关于自己、竞争对手和所在市场的信息的影响。市场竞争模式影响并购的价格效应，不同的竞争模式可能使并购产生不同的价格效应。

可以使用"威廉姆森替换"框架分析并购对于社会总福利的影响：一是限制产量而产生的社会福利净损失，二是由于价格上升而从消费者转移给生产者的福利，三是成本降低而产生的效率。"威廉姆森替换"就是权衡比较第一部分和第三部分的大小。很多经济学家坚持认为竞争政策的设计不能仅仅以保护消费者利益为目标，而应是以最大化社会总福利为目标。在这种政策目标下，经济学家不认为剩余从消费者转移到生产者而导致的价格上升是一个经济问题，但是如果价格上涨导致资源配置的非效率，出现社会福利净损失，就是一个需要认真考虑的经济问题了。经营者集中能够产生外部性，根据并购的净外部性可以将并购的竞争效应分为四种类型：同时增加消费者剩余和非并购企业利润、同时降低增加消费者剩余和非并购企业利润、增加消费者剩余但降低非并购企业利润、降低消费者剩余但增加非并购企业利润。经营者集中将对相关市场上的非并购企业（竞争对手）产生影响。分析结果显示，当相关市场上企业规模相等时，如果并购带来的效率低于某一门槛值，那么并购给竞争对手带来的利益大于给并购企业自身带来的利益。也就是说，某些并购既能够给并购企业带来利得，也可能给相关市场上的竞争对手带来好处，然而这将损害消费者利益。

对经营者集中进行反垄断控制，需要强化相关法律法规的实施，严格事前申报制度，明确经营者集中反垄断控制的程序、步骤和方法，在评估审查中综合考虑与市场结构和市场影响相关的因素，允许并购企业进行效率抗辩；评估审查结束后要及时发布相关公告和信息，并在并购发生后对并购实际产生的市场后果进行跟踪评估。

第15章 经营者集中的单边效应

> 一方面，有些批评家认为，执法部门批准了过多反竞争的并购，高估了市场进入与效率改进的前景，却低估了在高集中度行业的卖方协调行为。另一方面，另一些人则相信执法部门未充分考虑并购可能带来的效率改进。只要并购政策依然是反托拉斯的主题，对这些问题的辩论很可能将一直延续；不太可能达成使双方都满意的解决方案。
>
> ——约翰·克伍卡和劳伦斯·怀特：《反托拉斯革命：经济学、竞争与政策》（第五版），经济科学出版社2014年版，第356页。
>
> 横向合并能够通过削减生产成本或者营销成本而产生效率收益，同时会因合并后的企业把价格定在竞争水平以上而减少社会福利。在决定一个横向合并是否应当被认为是反竞争的时候，经济合理性标准将要求对这些福利进行权衡。但是，正如我们在反垄断的其他领域所看到的，一个合理性检测对实施机构施加了沉重的管理负担。管理关注与经济合理性关注之间的紧张关系在横向合并的发展过程中得到了特别关注。
>
> ——基斯·希尔顿：《反垄断法：经济学原理和普通法演进》，北京大学出版社2009年版，第252页。

15.1 导　言

经营者集中反垄断控制的重要一环就是对其竞争效应进行评估分析，分析的重点包括两个方面，一是经营者集中的反竞争效应，二是经营者集中可能带来的效率。评估经营者集中的反竞争效应所涉及的主要问题是评估经营者集中是否将提高或增强市场势力。更具体一点说，就是评估经营者集中是否将导致显著的价格上升。在理论上，经营者集中增强市场势力的机制至少有两种：一是本应相互竞争的企业在集中后串谋（协同行为）；二是参与集中企业的独立行为（单边行为）。因而在实际评估分析中，衡量并购的反竞争效应时主要是考虑并购的单边效应和协同效应（Farrell and Shapiro, 1990）。也就是说，经营者集中对竞争可能产生的威胁除了来自具有市场支配地位企业的行为以外，还可能来自单边行为和协同行为[①]。因此，在评估经营者集中可能对竞争产生的影响时，需要考虑两个方面：（1）企业是采用独自竞争的方式，而不是以串谋的方式应对市场条件变化时，评估给定市场集中状况下市场价格、产量或其他重要的市场变量可能发生的变化，也就是所谓的单边效应；（2）评估市场集中状况变化可能对企业串谋动机产生的影响，也就是所谓的协同效应[②]。

单边效应就是当并购后的市场集中度足够高时，即使是所有的企业都不具有独立的市场支配地位，也不进行默契串谋，它们对市场条件（独自竞争）的利润最大化反应就会产生损害竞争的效果。也就是说，即使并购没有产生具有市场支配地位的企业，只要并购使得竞争性限制消失，也会产生单边效应。一般而言，单边市场势力可能来自两种情形，一是成本的差异性，二是产品的差异化。也就是说，企业单边提高价格的能力与其所生产产品的可替代性有关，当参与集中企业内部产品的可替代性程度很高，而与非参与集中企业的产品的可替代性程度很低时，参与集中企业就有动机实施单边行为，提高产品价格[③]。协同效应就是并购后企业以默契串谋的形式协调价格或生产行为，以获得超额利润而产生的损害竞争的效应。并购导致协同效应的原因在于，相关市场上竞争者数量的减少，使得本应相互竞争的企业可以协调各自行为，以设置高于竞争价格（边际成本）的价格（Willig, 1991）。简单地说，单边效应就是单个企业市场势力的非协同使用而对市场结果产生的影响；协同效应就是在重复竞争中企业协同使用市场势力而对市场结果产生的影响。因而，单边效应与单个企业的市场力量相联系，协同效应与重复博弈中的默契串谋相联系（Coate, 2010）。单边行为和协同行为都属于处于垄断和完全竞争之间的寡头竞争行为，这种策略性行为足以影响市场后果，对竞争产生威胁[④]。二者的区别在于，单边行为在考虑竞争对手行为时假定竞争对手行为是给定的，不会因自身行为而发生变化；而协同行为需要考虑策略性行为的相互作用，并根据竞争对手行为可能发生的变化调整自身行为。

---

① 欧盟并购规制条例中也将协同行为称为集体支配地位（Collective Dominance），关于集体支配地位的相关分析，参见 Winckler, A. and M. Hansen, Collective Dominance under the EC Merger Control Regulation. *Common Market Law Review*, 1993（30）: pp. 787–828。

② Ivaldi M. and F. Verboven, Quantifying the Effects from Horizontal Mergers in European Competition Policy, IDEI Working Paper, 2003.

③ Mills, R. and R. Weinstein, Unilateral Effects of Merger: The Simulation Approach, Working Paper, 1999.

④ 单边行为往往能够产生市场势力，使企业能够将价格维持在竞争价格之上。相对于竞争对手的技术优势、显著的产品差异化和进入壁垒也可以使企业行使单边行为。

德内克尔和戴维森（Deneckere and Davidson，1985）是较早研究单边效应的学者。他们的研究结果显示，在企业以竞争方式制定价格的市场上，并购往往能够产生单边效应或协同效应，给内部企业（参与并购的企业）和外部企业（未参与并购的企业）带来利益。相互替代的产品之间的并购给企业带来了提价动机。这是因为在价格竞争模型中，价格是策略性互补的，除非并购能够产生十分显著的成本节约，否则并购总能够使相关市场上的总体价格水平上升[1]。法约尔和夏皮罗（1990）使用古诺产量竞争模型得出了相类似的结果，虽然在产量竞争模型中产量是策略性替代的，即参与集中企业减少产量而竞争对手（非参与集中企业）提高产量，但是经营者集中仍然导致较高的价格[2]。丰赛尔等（Foncel et al.，2007）认为产生以上结果的原因在于，参与集中企业生产的产品之间往往是高度替代的，在某种意义上说其提价行为是理性的。这是因为参与集中企业内部一种产品价格上升所导致的消费者流失可能被参与集中企业生产的另一种产品"捕获"。换一句话说，在差异化产品的条件下，并购后价格是否上升不取决于参与集中企业是否成为市场支配者，而是取决于其生产的产品的相互替代性。产品的替代性越高，单边效应就越大。因而，分析并购的单边效应需要计算相关市场上产品的自身价格弹性和交叉价格弹性[3]。

20世纪90年代以后，随着实证产业组织理论的兴起以及计量分析方法和分析工具的不断发展和完善，欧美国家的反垄断当局在学术界的影响下开始注重对单边效应的量化分析，并逐步从关注并购对市场结构的影响转向关注并购对企业市场行为的影响上，分析方法也从传统HHI方法，即测度HHI指数及其变化的方法，转向对并购进行模拟分析，即分析并购对价格、产量和社会福利水平（包括消费者剩余）可能产生的影响[4]。在经济理论和分析方法的驱动下，单边效应分析已经成为并购控制和竞争分析中创新成果频出的领域，一大批优秀的产业经济学家对经营者集中的单边效应进行了研究。韦登和弗罗布（1994）[5]、

---

[1] Deneckere, R. and C. Davidson, Incentives to Form Coalitions with Bertrand Competition. *RAND Journal of Economics*, 1985 (16): pp. 473 –486.

[2] Farrell J. and C. Shapiro, Horizontal Merger: An Equilibrium Analysis. *American Economic Review*, 1990 (80): pp. 107 –126.

[3] Foncel, J., M. Ivaldi and J. Motis, Identifying Merger Unilateral Effects: HHI or Simulation? Working Paper, 2007.

[4] 美国在2010年颁布的横向并购指南在保持1992年指南中相关条文的基础上扩展了对单边效应的理论背景分析，强调了分析竞争效应的直接和间接证据。

[5] Werden, G. J. and L. M. Froeb, The Effects of Mergers in Differentiated Products Industries: Logit Model and Merger Policy. *Journal of Law, Economics and Organization*, 1994 (10): pp. 407 –426.

第 15 章 经营者集中的单边效应

豪斯曼、伦纳德和佐纳（1994）[1]、尼沃（2000）[2]、夏约兰特和夏皮罗（Jayarante and Shapiro，2000）[3]、平柯西和斯莱德（Pinkse and Slade，2004）[4]、伊瓦尔迪和维伯文（Ivaldi and Verboven，2003）[5]、斯莱德（Slade，2006）[6]等学者采用模拟分析方法，将并购前的静态纳什均衡与并购后均衡相比较，评估了寡占市场上经营者集中的单边效应。斯莱德（2006）运用模拟分析方法对发生于英国酿造行业的经营者集中的单边效应进行了分析，讨论了模拟分析方法的缺点。关于并购模拟分析模型，他认为，简单的计量模型可以在较短时期内对并购效应展开分析，且易于被非专业人士理解，但其预测结果往往出现偏误，会对决策产生误导；复杂的模型更可靠，但分析耗时较长，并且分析过程由于复杂而缺乏透明度。因此，分析者需要在模型复杂程度和模型的解释力（或者说，易操作性与准确性）之间进行权衡[7]。法约尔和夏皮罗（2008）引入了 UPP（Upward Pressure on Price）方法作为单边效应分析一个参照，这一方法以并购模拟中的 Nash-Bertrand 分析为基础，关注的是参与集中企业的定价策略。如果将价格上升压力与传递率结合起来分析，就能够实现对并购的单边效应进行较为简单的预测[8]。科特（Coate，2010）应用美国 1993~2009 年的 184 个案例样本对 FTC 并购政策中的单边效应分析状况进行回顾，发现大约半数的样本采用的是支配地位企业（垄断）模型进行评估的，其余的案例进行了较为复杂的单边效应分析，单边效应分析的结果对于 FTC 的决策起了很大的影响作用[9]。

本章将借鉴已有研究成果的基础上，对经营者集中单边效应评估的理论依据、经济模型、评估方法和评估程序进行研究，对比分析不同竞争环境下单边效应的差异。在本章结构安排为，首先，讨论分析单边效应的理论基础和分析

---

[1] Hausman J. A., G. K. Leonard and D. Zona, Competitive Analysis with Differentiated Products. *Journal of Econometrics and Statistic*, 1994 (34): pp. 159-180.

[2] Nevo, A., Mergers with Differentiated Product: The Case of the Ready-to-Eat Cereal Industry. *Rand Journal of Economics*, 2000 (31): pp. 395-421.

[3] Jayarante J. and C. Shapiro, Simulating Partial Asset Divestitures to Fix Merger. *International Journal of Economics of Business*, 2000 (7): pp. 179-200.

[4] Pinkse, J. and M. Slade, Merger, Brand Competition and the Price of a Pint. *European Economic Review*, 2004 (48): pp. 617-643.

[5] Ivaldi M. and F. Verboven, Quantifying the Effects from Horizontal Mergers in European Competition Policy, IDEI Working Paper, 2003.

[6][7] Slade, M. E., Merger Simulations of Unilateral Effects: What Can We Learn from the UK Brewing Industry? UK ESRC Working Paper, 2006.

[8] Farrell J. and Carl Shapiro, Antitrust Evaluation of Horizontal Mergers: An Economic Alternative to Market Definition. A Revised Version of the Paper Prepared for the Federal Trade Commission's February 2008 "Unilateral Effects Analysis and Litigation Workshop."

[9] Coate, M. B., Unilateral Effects in Merger Analysis: Models, Merits and Merger Policy, FTC Working Paper, 2010.

模型,并简要讨论不同模型下分析单边效应的基本思路;然后,从价格竞争和产量竞争两个视角研究并购的单边效应,分析参与集中企业与非参与集中企业的策略互动,并比较分析不同生产条件下单边效应的差异;第四部分,讨论并购的结构效应,具体分析并购对于效率、进入、退出等市场结构性因素的单边影响;第五部分,提出单边效应分析的程序、工具和方法,详细讨论经营者集中竞争效应模拟分析的结构性程序。最后是本章小结。需要说明的是,本章继续以企业并购为例分析经营者集中的单边效应。

15.2 经营者集中反垄断控制与单边效应

相关市场上的竞争者之间的并购可能提高并购企业或非并购企业的市场势力。经营者集中反垄断控制的主要任务之一就是评估市场势力上升对均衡价格、市场进入壁垒可能产生的影响。反垄断当局需要将市场势力上升所带来的反竞争效应与并购可能带来的效率效应进行权衡比较。

正如前面所指出的,不论企业是以价格还是以产量(或产能)进行竞争,竞争者之间的并购将提高企业市场势力,从而(在并购缺乏效率效应时)导致价格上升、产量下降[①]。然而,市场势力上升所产生的具体效应将取决于相关市场上企业竞争的类型(数量竞争与价格竞争)。为了能够理解不同竞争环境下市场势力上升所产生的总体效应,下面我们分别分析并购对于并购企业自身和对非并购企业(剩余企业)的影响。

(1) 竞争类型与并购企业的单边效应。在两种类型竞争(伯特兰德价格竞争和古诺数量竞争)下,并购对于并购企业本身的影响在性质上是相同的。假设有两家生产不完全替代品的企业之间进行并购,无论是在数量竞争下,还是在价格竞争下,在给定其他非并购企业决策的前提下,并购而成的新企业都获得了这两种产品剩余需求(The Residual Demand)的垄断地位;而在并购前这两家企业不仅需要对其他企业的决策进行反应,而且需要在它们之间进行竞争。换句话说,并购使得这两家企业可以更好地协调它们的产品价格。但是,如果这两种产品之间具有可替代性(即使是不完全替代性),提高一种产品的价格将导致部分消费者转而购买更多的另一种产品;相似地,减少一种产品的生产将提高另一种产品的价格。在并购前,每一家企业都需要考虑提价的潜在

[①] 如果并购能够产生明显的效率,并且这一效率大于并购可能产生的反竞争效应,那么这一结论将不成立。

损失（顾客流失到另一家企业）；并购消除了这种潜在损失。因而，并购后并购企业就有动机提高价格—成本边际或者降低每种产品的产量。然而，价格提高和产量降低的程度取决于产品的相互替代程度、与非并购企业生产的产品之间的可替代程度以及竞争的性质。相对于生产不完全替代品的企业之间的并购而言，生产相近替代品的企业之间的并购更有可能提高价格或降低产量。相似地，如果非并购企业生产的产品与并购企业生产的产品之间的替代程度越高，那么并购企业提高价格或降低产量的幅度就越低。后一种效应在价格竞争环境下更为明显，这是因为在价格竞争环境下，消除替代品之间的竞争显得更为重要。

（2）竞争类型与非并购企业的单边效应。经营者集中对于非并购企业的影响在很大程度上取决于竞争的类型。在两种竞争类型下，并购企业提高价格或者降低产量都将减轻非并购企业的竞争压力，从而使它们有机会获取较高的利润。然而，至于非并购企业如何应对并购企业的市场行为，两种竞争环境下稍有差异。①当相关市场上的企业是以价格进行竞争时，这些价格常常是策略互补的：一种产品的价格上升通常将导致竞争企业提高它们自己所生产产品的价格（尽管提价幅度可能稍低）。因此，并购企业的价格上升将触发非并购企业的正向反应，从而进一步鼓励并购企业提高产品价格。正因为相关市场上的价格是策略性互补的，并购对于新企业行为的直接影响将由于企业适应新的产业结构而加剧，并购导致的单边效应将更加明显。②当相关市场上的企业是以产量进行竞争时，这些产量常常是策略替代的：一种产品的产量下降通常会导致竞争企业扩大它们自身的产量（尽管产量扩大的幅度可能小于产量下降的幅度）。因此，并购企业的产量下降将触发非并购企业的反向反应，从而将阻止并购企业进一步降低产量。正因为相关市场上的产量是策略性替代的，并购对于新企业行为的直接影响将由于企业适应新的产业结构而减弱，并购导致的单边效应将趋于降低。

（3）竞争类型与并购动机。在并购分析中，只考虑并购对于并购企业的影响，忽视其他竞争者的反应动机，可能产生并购价格效应的评估偏差。对于价格竞争的行业，这种偏差将导致低估价格上升的可能性和上升幅度；对于产量竞争的行业，这种偏差将导致高估价格上升的可能性和上升幅度。相关市场上价格和产量的性质（策略互补或者策略替代）也会影响到企业的并购动机。在价格竞争环境下，策略互补性意味着即使是在缺乏效率获得的情况下，并购可能也是有利可图的。这是因为，参与并购的企业消除了彼此之间的竞争，并且诱致非并购企业提高价格。换句话说，并购使得并购企业获得了它们所生产产品的剩余需求的垄断地位，并且这一剩余需求将由于非并购企业的价格上升而增加（剩余需求曲线外移）。在产量竞争环境下，策略替代性意味着在缺乏明显效率获得的情况下，并购可能是无利可图的。由于并购企业消除了彼此之间的竞争，并购触发了非并购企业（竞争对手）更具进攻性的反应，这即使不会降低均衡价格，也有可能足以降低并购企业的利润。

（4）互补型产品之间的并购及其单边效应。以上我们分析的是生产替代品的企业之间的并购可能产生的单边效应。值得注意的是，生产互补性产品的企业之间的并购的可能产生的单边效应与生产替代品的企业之间的并购是相反的。所谓互补品，是一种产品的价格上升将降低另一种产品的需求。并购可以使这种效应内部化，使并购企业降低价格或者扩大产出。在价格竞争环境下，竞争性产品的供给者（即与并购企业生产具有替代性的零部件的供应商）通常会降低价格；这种并购将对所有的价格产生（有利于消费者的）合意性影响。在产量竞争环境下，竞争性产品的供应商对并购企业扩大产出的反应是降低自身产出，但降低的幅度通常小于并购企业产出提高的幅度。因而，这种并购也能对价格、产出和消费者剩余产生合意性影响。

从以上分析可以看出，评估并购的影响需要具体分析竞争的性质和竞争性产品之间的相互替代程度。在经营者集中反垄断评估审查的司法实践中，评估分析可以建立在寡头竞争模型之上。如果能够获得相关数据，我们可以使用计量分析工具来估计市场需求方和供给方的相关结构变量；使用计量分析模型来评估并购对每个企业的价格和产出的影响，进而分析消费者剩余可能发生的变化。同时，可以在计量分析中纳入并购可能产生的效率获得的不同假设，进行比较分析，从而判断该项并购的社会合意性。

15.3 价格竞争、产量竞争与单边效应分析

并购分析的目的之一就是要应用并购前可以获得的信息对并购后相关市场上的均衡价格和产量进行预测和评估。如果评估和预测是正确的，那么事前的评价要比事后的评估更具效率。尤其是当并购的效应能够被预测时，成本高昂的资产剥离就可以避免（Slade, 2006）。在分析并购的单边效应时，我们重点关注的是寡头垄断市场上并购对价格、产出和消费者剩余可能产生的短期效果。为了便于分析，我们假定供给的产品范围和生产这些产品的技术不受并购的影响。并购的直接后果是将两家企业的生产和经营活动纳入同一所有者和管理者之下。所有权结构的改变将影响企业行为和价格、产量决策，因而在分析并购时既要考虑并购企业的新动机，也要考虑竞争对手企业对并购的反应。在

分析并购的单边效应时,我们可以按部就班地评估以下效应:第一步,我们假定竞争对手的行为不受并购影响。要想做到这一点,我们需要弄清楚竞争对手行为的确切经济意义。当相关市场上的产品是不完全替代品时,一种产品的价格或产量的任何变化都将影响其他产品的需求。当需求发生变化时,竞争性产品的价格和销售不可能不受影响。我们将区分两种情况进行分析:一种情况是,竞争性产品的价格保持不变,销售量将根据需求变化进行调整;另一种情况是,竞争性产品的销售量保持不变,而对价格进行调整。前一种情况与价格竞争相对应,后一种情况与产量竞争相对应。第二步,我们将分析竞争对手对于并购的反应,这一反应可能取决于相关市场上的竞争环境,即企业是以价格进行竞争,还是以产量进行竞争。第三步,我们将结合并购对并购企业和非并购企业的效应,讨论并购的总体均衡效应。

当相关市场上的企业生产的是替代性产品时,相对于并购前而言,并购后市场均衡分析的一般结论为:(1)相关市场上所有产品的价格将上升;(2)并购企业的销售量将下降;(3)非并购企业的销售量将增加[1]。除了以上一般性结论以外,相关市场上竞争的性质、并购企业行为变化的相对重要性和竞争对手的反应将影响单边效应的大小。因而,对并购效应的准确评估需要理解价格竞争与产量竞争之间的异同。

15.3.1 价格竞争下的单边效应

我们假定某一相关市场上有 n 个相互竞争的企业,每个企业都生产一种差异化产品,并且这产品之间具有(不完全的)替代性。每个企业都可以用一个生产函数和一个成本函数进行界定。在以下分析中,我们假定每个企业的单位可变成本保持不变,也就是说,不同企业的边际成本和平均可变成本之间没有差别。固定成本不影响价格和生产短期决策,因而在开始分析时可以不予考虑;但会影响到并购对效率获得、市场进入与退出等的效应。企业 i 的销售量不仅取决于自身价格 p_i,而且取决于其他企业的价格。价格与销售量之间的关系可以用需求函数表示如下:

$$q_i = D_i(p_1, p_2, \cdots, p_n)$$

上式表明,企业 i 的销售量受到所有产品价格的影响。竞争性产品价格的任何变化都将导致消费者在替代性产品中的重新选择,这将影响到所有产品的需求。当一家企业的价格上升时销售量将出现下降,反映了这家企业的部分顾

---

[1] Ivaldi M., B. Jullien, P. Rey, P. Seabright and J. Tirole, The Economics of Unilateral Effects, IDEI Working Paper, 2003.

客将通过转向购买其他替代性产品或者停止购买该类产品以应对价格上涨的事实。销售量下降的程度可以用需求的自身价格弹性进行测度,这一弹性 $\varepsilon_i(p_1, p_2, \cdots, p_n)$ 也受到所有其他产品价格的影响(Ivaldi et al.,2003)。需求的自身价格弹性与产品之间的可替代性程度直接相关:当产品之间是高度可替代的时,企业 i 价格上升将导致该企业产品较大数量的被替代,销售量下降幅度较大。因此,在给定的价格水平下,产品的可替代程度越高,需求的自身价格弹性就越大。

1. 寡头竞争与价格的相互影响

价格竞争环境下,在给定其竞争对手价格的条件下,每个企业都通过设定价格来实现最大化利润。这就相当于最大化销售收入与可变成本之间的差额。对于其他企业任意给定的价格,但企业 i 变动价格时,其销售量将按照上文界定的需求函数关系进行变动。价格和产量之间的这种关系被称为剩余需求曲线[1]。如果需求量是固定的(需求缺乏价格弹性),那么价格上升将提高销售收入。也就是说,价格上升 1% 将使销售收入提高 1%;由于成本没有发生变化,增加的销售收入都将转化为企业的利润。如果需求的价格弹性不等于 0,那么价格上升 1% 将导致销售量下降,下降的幅度等于需求的自身价格弹性;同时,销售量下降将导致利润下降 ε_i%。价格上升 1% 导致利润变化的总体效应可以表示为:

$$\Delta \pi = R_i - \varepsilon_i \pi_i$$

上式中,R_i 代表销售产品 i 所获得的收益,π_i 代表销售产品 i 所获得的可变利润。上式右边的第一项反映了价格上升一个百分点时的收益增加,第二项反映了销售下降导致的收益流失。只要 $\Delta \pi > 0$,即价格上升的收益增加大于销售下降的收益流失时,企业就将继续提高价格。我们用 L_i 来表示企业 i 的勒纳指数(Lerner Index),那么:

$$L_i = \frac{p_i - MC_i}{p_i}$$

企业 i 的最优价格就是使勒纳指数等于剩余需求的自身价格弹性的倒数[2],即:

$$L_i = \frac{1}{\varepsilon_i}$$

上式的左边是对利润边际(价格成本边际)的一种测度,右边是对该项

---

[1] Shapiro, K., Theories of Oligopoly Behavior, in Schmalensee R. and Willig R. eds, Handbook of Industrial Organization, Amsterdam: North Holland, 1989.
[2] Tirole, J.. *The Theory of Industrial Organization*, MIT Press, 1988.

产品与其他产品之间的替代程度的一种测度。在给定价格弹性能够反映消费者的替代可能性的情况下，上式表明：产品之间的可替代性越高，价格就越接近于边际成本。值得注意的是，在价格竞争环境下，企业之间是如何相互作用的。勒纳指数是企业决策的依据之一，它的大小只取决于企业自身价格和可变成本。企业的价格决策只有在其自身价格弹性受到影响时才受到其他企业策略的影响。换句话说，其他企业如果想影响企业 i 的价格决策，只有改变企业 i 的顾客在消费时的可替代机会，才能改变企业 i 的剩余需求的自身价格弹性。

首先，以上分析的一个直观结论就是，企业的最优价格与单位可变成本是正相关的。给定自身价格弹性，当单位可变成本上升时，价格将使得勒纳指数与弹性倒数相等。因此，单位可变成本的上升将转化为价格上升，尽管不是一对一地同比例上升。

其次，假定需求增加一个固定的数量，产品可替代性程度以一个绝对值的形式保持不变（需求曲线的斜率保持不变），价格上升 1% 将导致销售下降。但是，由于总销售量已经上升，需求下降的百分比将降低，需求的自身价格弹性也将下降。因此，企业面临一个较高的勒纳指数，并相应地设定一个较高的价格。在市场均衡条件下，每个企业在给定其他企业价格的情况下设置自身最优价格。由于相关市场上的产品需求是相互关联的，这就要求所有价格进行联合决策。要想理解市场均衡，评估当价格变动时产品之间如何相互替代十分关键。产品相互替代时的典型情形是，给定企业 i 的价格，产品 i 的需求自身价格弹性将随着竞争性产品价格的上升而降低。这是因为，当竞争性产品的价格更加昂贵时，随着企业 i 价格的上升，消费者转换到竞争性产品的意愿将更低。这是因为，将竞争性产品作为产品 i 的替代品将更加昂贵。

另一个直接效应是，如果竞争性产品的价格上升，那么企业 i 的产品需求将增加。正如上面所解释的，在这种情况下，对于一个固定数量的产品可替代程度，企业将提高价格。

以上分析可以推导出均衡分析的关键结论。由于在竞争性产品价格上升时企业面临的竞争压力下降，它将设置一个更高的价格：通常情况下，当相关市场上的产品是相互替代的时，竞争性企业的价格越高，企业设置的最优价格就越高，其销售量也越大。在经济学文献中，通常将这一性质称为价格的"策略互补性"。价格的"策略互补性"是指，如果在外生性原因的作用下，某企业的竞争对手提高价格，那么这一企业也将相应地提高自身产品价格。这是由于以下事实的存在：企业面临一个位置较高且缺乏弹性的剩余需求曲线，它改变了边际利润与销售量之间的权衡关系。同时需要注意的是，尽管与价格保持不变时相比较，销售量上升的程度要小一些，但在价格上升的同时销售量还是有所上升①。竞争对手企业价格上升的直接效应是使企业面临的剩余需求弹性增加、销售量上升，企业利用这一机会提高价格，这将部分抵消需求增加，但不会全部抵消，因而企业可以在较高价格水平上销售更多的产品。

与以上价格上升时的原理相似，在寡占的相关市场上任意一家企业的价格下降都将带动市场上所有企业的价格下降。例如，假设一家企业通过创新降低了单位生产成本，那么根据利润最大化规则，这家企业将降低价格。假定与创新前的价格相比较，这家创新企业发现将价格降低 5% 是最优的，其竞争对手对此的反应是降低自身价格。当所有企业都降价时，创新企业将发现，与创新前比较其面临的需求下降了，因而只能再次降价。市场最后将产生新的均衡，并且趋于稳定。在新的均衡点上，所有企业的价格都下降了，并且创新企业的价格下降幅度将超过 5%。

2. 并购的价格效应

为了分析并购的价格效应，我们假定企业 i 与企业 j 合并，并分析其对均衡价格的影响。为了能够从融合活动中抽象出并购的结构效应，我们假定并购后的企业具有相同的技术可能性：它以并购前企业 i 相同的可变成本生产产品 i，以并购前企业 j 相同的可变成本生产产品 j。也就是说，我们假定并购没有使企业 i 与企业 j 产生协调效应，没有资本的重新分配，没有产品的重新设计，等等。一句话，也就是没有产生效率效应②。在这种假定下，并购前与并购后的唯一差别在于，并购后产品 i 和产品 j 由同一个企业生产；企业关心的是两种产品所能产生的总利润。

(1) 并购企业价格策略的内部协调。并购分析的第一步是理解并购后新企业的行为，并将其与并购前进行比较。为了便于比较分析，我们假定相关市场上竞争性产品（除产品 i 和产品 j 以外）的价格在并购后保持不变。在没有技术进步的情况下，将企业 i 和企业 j 合并为一家企业，意味着新企业将协调产品 i 和产品 j 的价格，以实现两种产品的联合利润最大化。并购企业行为的主要变化在于，当它权衡提高一种产品（例如，产品 i）的价格的利弊时，它将考虑到产品 i 价格的上升将诱使产品 j 对产品 i 的部分替代。产品 i 与产品 j 的相互替代性将减少产品 i 提价后消费者流失的经济损失，这是因为产品 i 下降的部分需求能够被产品 j 销售量的额外增加所弥补。

下面，我们分析当并购企业将产品 i 的价格提高 1% 时对总利润的影响。

---

① Baker J. and T. Bresnahan, The Gains from Merger or Collusion in Product Differentiated Industries. *Journal of Industrial Economics*, 1985 (33): pp. 427–444.

② 实际上，大部分并购将产生效率，本书的第 14 章对并购可能产生的效率进行了较为具体和深入的分析。

除了前面分析的效应（产品 i 的价格——成本边际上升、销售量下降）以外，我们还需要考虑到其对产品 j 销售情况所产生的影响。这一影响可以用产品 j 与产品 i 之间的交叉价格弹性（ε_{ij}）来分析。$\varepsilon_{ij}(p_1, p_2, \cdots, p_n)$ 的大小取决于相关市场上的所有产品的价格，用产品 j 销售量变化的百分比来表示。当产品 i 的价格提高 1% 时，消费者将用其他产品来替代产品 i，其销售量将下降 ε_i%。但由于部分替代发生在并购企业内部，它将提高产品 j 的销售量，使利润增加 ε_{ij}%。因此，产品 i 价格提高 1% 将导致并购企业利润变化为（用货币单位的百分比表示）：

$$\Delta\pi = R_i - \varepsilon_i\pi_i + \varepsilon_{ij}\pi_j$$

同时销售两种产品时的联合利润变化要比仅销售产品 i 时的利润变化更可取一些（增加更多一些或下降更少一些）。结果是，并购后两种产品的最优价格将高于并购前两个独立企业的最优价格。也就是说，两种产品的勒纳指数都变大了：

$$L_i = \frac{1}{\varepsilon_i - \varepsilon_{ij}z_{ji}} > \frac{1}{\varepsilon_i}; \quad L_j = \frac{1}{\varepsilon_j - \varepsilon_{ij}z_{ij}} > \frac{1}{\varepsilon_j}$$

上式中，$z_{ji} = \frac{\pi_j}{\pi_i}$，它测度的是产品 j 所产生利润的相对份额。并购后企业与并购前两个独立企业设置价格的差异取决于并购企业所生产产品相互替代的交叉弹性，交叉弹性越大，价格就越高。如果一种产品（产品 j）能够产生的利润水平越高，那么另外一种产品（产品 i）可以制定的价格就越高。这是因为，在这种情况下，由产品替代所导致的产品 j 的销售收益的增加将大于产品 i 销售收入的下降。

从以上分析我们可以得到以下结论：①当生产不完全替代产品的企业之间进行并购，给定非并购企业的价格，并购企业并购后的最优价格高于并购前的最优价格。这一价格效应的大小依赖于并购企业所生产产品的相互替代程度。如果并购企业所生产产品的相互替代程度很低，那么当产品 i 的价格上升时，其需求下降中只有很少一部分转移到产品 j。也就是说，并购企业很难在产品 i 与产品 j 的价格之间进行协调，并购对价格行为的影响效应很小。由此我们可以认为：②并购企业所生产产品的可替代程度越高，并购所导致的价格内部协调效应就越强。很明显，这一效应还受到相关市场上其他竞争对手所施加的竞争压力的限制。如果竞争对手的产品与并购企业的产品的相互替代程度较高，那么并购企业提价的任何企图都将导致较高的替代和销售量较大幅度的下降。因此，③非并购企业产品与并购企业产品的可替代程度越高，并购所导致的价格内部协调效应就越弱。因此，在评估并购可能导致的内部价格协调效应时，需要将并购企业内部产品的替代程度与并购企业和非并购企业产品之间的替代程度进行比较。当并购企业所生产产品之间的替代程度较高，而并购企业与非并购企业的产品之间的替代程度较低时，价格的内部协调效应就越强。反之，价格的内部协调效应就越弱。

（2）竞争对手的反应。相关市场上的均衡价格是由市场上所有企业相互作用而产生的，任意一家企业定价行为的变化都会影响到所有企业的价格决策。对并购价格效应的正确评估要求考虑并购对于竞争对手的影响及其反应，并购后的均衡价格是在并购企业与非并购企业的重复博弈中产生的。并购企业制定高价格的倾向是进行并购分析的基本要素。从竞争对手的角度看，由于并购企业试图制定更高价格，并购后其面临的竞争压力下降了。如果并购企业提高其产品价格，并购后竞争对手产品需求将上升。更进一步，由于价格上升，并购企业的产品对于顾客的吸引力下降，竞争对手通过替代这些产品将降低失去顾客的风险，因而它们对于并购的反应是提高自身价格[①]。

并购企业的提价行为导致其竞争力相对下降，竞争对手的需求上升。作为对此的反应，竞争对手也将提高价格。然而需要指出的是，虽然竞争对手提价将会对其初始上升的需求产生消极作用，但不会完全抵消。换句话说，通常情况下，竞争对手对于并购企业提高价格的反应会使其价格和销售量高于并购前的水平；而不会过度反应，导致销售量下降。

（3）并购企业的回馈效应。以上我们分析了并购对于并购企业和非并购企业可能产生的效应，这些效应提供了并购的直观定性影响。然而，要想理解并购所产生的最终总体影响，需要分析这两种效应是如何相互作用的。我们来看一个并购企业定价行为的例子。前面已经提到，如果竞争对手的价格保持不变，并购企业将提高自身价格，例如，将产品 i 的价格提高 $p_i\%$，将产品 j 的价格提高 $p_j\%$。但是，竞争对手会对此做出反应，也提高自身产品价格，并购企业在制定价格时需要考虑到这一点。在价格竞争环境下，当竞争对手的价格上升时，企业最优价格也将上升。这就意味着，当并购企业考虑到竞争对手的反应时，它就应将价格提升超过 $p_i\%$ 和 $p_j\%$。我们将这种效应成为正向回馈效应。很明显，它将放大并购对于价格的影响。也就是说，并购企业价格上升的幅度大于并购前竞争性产品的最优价格的上升幅度。正向回馈效应是价格"策略性互补"的结果。由于竞争对手对于并购的反应是采用具有较低攻击性定价策略，并购企业面临着比并购前更低的竞争压力，并购企业将更大幅度地提高价格。因此，回馈效应倾向于放大并购对于价格的影响。

---

① Vives X.. *Oligopoly Pricing*, MIT Press, 1999：pp. 86–89.

（4）均衡效应。需要注意的是，竞争对手也有可能产生一个相类似的回馈效应。如果我们只根据并购企业相对于并购前提价 $p_i\%$ 和 $p_j\%$ 来计算竞争对手的反应，那么我们将低估其最终反应。因为它们将根据并购企业的最终提价幅度进行反应，而并购企业的最终提价幅度会超过 $p_i\%$ 和 $p_j\%$。因此，内部协调效应与竞争对手的反应这两种效应将相互增强。但从总体上看，这并不影响并购对于价格影响的定性结论：相关市场上相互替代的产品之间的并购将导致市场上所有产品的价格普遍上涨；通常也会导致并购企业产品销量下降，非并购企业（竞争对手）的销量增加。然而，回馈效应将影响到价格和产量变化的幅度。并购企业所设置的价格将高于假定并购不影响竞争对手价格时所设置的水平。这就意味着存在某种乘数效应放大了并购对价格的影响。因此，如果反垄断当局只关注并购企业的价格，忽视对于均衡价格的分析，可能导致不准确的结论。换句话说，准确评估并购对于价格的影响，需要对相关市场上的所有企业进行完整的均衡分析。

15.3.2 产量竞争下的单边效应

以上的分析都假定相关市场上的企业固定价格、调整产量以适应其所面临的需求，即企业选择价格、调整供给以满足市场需求。这要求企业在生产能力方面有充足的弹性。然而，有一些行业中企业的生产能力具有刚性（或者产量调整需要较长时间）。在这种情况下，企业只好选择产量，然后调整价格以使其剩余需求等于其供给[1]。下面，我们就来考虑这种市场，市场上的企业首先选择向市场供给的产量，然后制定能够将产品全部售出的价格。我们用 q_i 表示企业 i 的产量。在给定产量选择的情况下，企业 i 将产品售出的价格取决于其他企业所制定的价格，而其他企业所制定的价格又依赖于其所生产的产量[2]。因而，一家企业为出售其所有产品而制定的价格不仅取决于其自身的产量，而且取决于相关市场上所有其他企业的产量。我们可以将这一关系表示为：

$$p_i = P_i(q_1, q_2, \cdots, q_n)$$

上式表示，企业 i 所生产产品的最终价格是相关市场上所有其他企业所生产的产品产量的函数，这一关系式也称为反需求函数。在产量竞争环境下，企业选择向市场供给的产量。但确定产量之前，它必须考虑到当其产量变化时，

---

[1] Slade, M. E., Merger Simulations of Unilateral Effects: What Can We Learn from the UK Brewing Industry? UK ESRC Working Paper, 2006.
[2] 其他企业所制定的价格需要恰好能够将其所选择的产量售出。

其价格不得不进行调整。

即使是在产量竞争的情况下,消费者仍然是以市场价格作为选择的依据。这就意味着,在给定产品性质的情况下,将最终需求量与 n 个价格联系在一起的 n 个需求函数($q_i = D_i(p_1, p_2, \cdots, p_n)$)所表示的价格–产量关系与将 n 个价格与 n 个产量联系在一起的 n 个反需求函数($p_i = P_i(q_1, q_2, \cdots, q_n)$)是相同的。实际上,反需求函数可以通过需求函数推导出来。价格竞争与产量竞争的区别不是反映在企业自身的变量选择上,而是发生在竞争对手的变量选择上。在价格竞争环境下,一家企业选择不同价格意味着其他企业以不变的价格销售不同的产量;而在产量竞争环境下,一家企业选择不同的产量意味着其他企业不同的价格销售不变的产量。

1. 产量竞争与寡占均衡

当企业设定产量时,其所面临的问题仍然是在高价格—成本加成/低销售量与低价格—成本加成/高销售量之间的选择。实际上,提高产量有利于企业扩大销售,但同时将迫使企业降低价格,从而降低价格—成本加成[1]。为了与上节的价格竞争分析相对应,我们假设企业 i 需求下降的百分比将导致企业 i 的最终价格上升 1%。在价格竞争环境下,我们将这一百分比表示为需求的自身价格弹性,即 ε_i。在产量竞争环境下,我们将这一百分比表示为 $e_i(q_1, q_2, \cdots, q_n)$,即:

$$e_i = -\frac{\partial q_i}{\partial P_i(q_1, q_2, \cdots, q_n)} \times \frac{P_i(q_1, q_2, \cdots, q_n)}{q_i}$$

那么,与上一节的原理相同,企业 i 的产量每下降 $e_i\%$,其产品价格将上升 1%,导致其利润变化:

$$\Delta \pi = R_i - e_i \pi_i$$

也就是说,企业若降低产量,其销售价格就将上升,这将带来额外的利润增加。结果,企业 i 的最优产量选择将使得其勒纳指数等于:

$$L_i = \frac{1}{e_i}$$

从以上分析可以看出,企业策略选择的性质没有发生变化。如果所有企业需求下降的百分比 $e_i(q_1, q_2, \cdots, q_n)$ 等于需求的自身价格弹性 $\varepsilon_i(p_1, p_2, \cdots, p_n)$,那么产量竞争与价格竞争的市场结果是相同的。但是,当企业选择产量进行竞争时,价格—成本加成与销售量之间平衡的性质发生了变化。

---

[1] Ivaldi M., B. Jullien, P. Rey, P. Seabright and J. Tirole, The Economics of Unilateral Effects, IDEI Working Paper, 2003a.

特别地，当我们将给定产量下的 $e_i(q_1, q_2, \cdots, q_n)$ 与需求自身价格弹性 ε_i $(p_1, p_2, \cdots, p_n)$ 进行比较，评估价格竞争与产量竞争时，会发现前者小于后者[1]，即：

$$e_i = \varepsilon_i - \frac{\varepsilon_{ij}\varepsilon_{ji}}{\varepsilon_j} < \varepsilon_i$$

这意味着，从相同的市场结果（所有产品的价格和产量都相同）出发，一家企业将价格提高相同的幅度，产量竞争下的销售量下降的幅度要小于价格竞争下的销售量下降的幅度。为了说明这一点，我们来分析价格竞争与产量竞争的差异。对于垄断市场上一家企业而言，其所面临的需求决定了其能够以任意给定的价格销售其全部产量，或者说，它需要制定一个价格使其能够卖掉任意给定的产量。因此，这一企业在决策时是选择价格还是选择产量是没有差异的。然而，在寡占市场上，需求是相关的，因而一家企业在价格或产量决策上的任何变化都将引起竞争对手的反应。当企业在权衡其价格—销售量的替换关系时，相关的弹性取决于它对竞争对手可能做出反应的推测。当企业认为其竞争对手将保持价格不变而调整产量时，自身价格弹性 ε_i 就是相关的决策依据。在产量竞争环境下，企业认为其竞争对手将调整价格以保持产量，并使产量能够全部售出[2]。当企业降低产量而提高价格时，立竿见影的效果是，导致其所生产产品的需求被竞争对手的产品所取代；但是竞争对手已经在现行价格售卖其产品；因此，如果它们不增加产品供给，竞争性产品的价格就将上升。也就是说，在寡占市场上，当一家企业减少其产量，所有产品的价格都将上升。当所有产品价格都上升时，竞争性产品将成为相对缺乏吸引力的替代品，因而降价企业面临来自市场上已有竞争性产品的约束相对变小。这将使得与给定产量下降相联系的价格上升幅度变大：给定相同的价格上升幅度，与价格竞争相比较，产量竞争环境下的销售量下降幅度更小一些；或者说，相对于价格竞争环境而言，企业倾向于在产量竞争环境下选择更低的产量和更高的价格[3]。

---

[1] 举例说明这一关系。假定企业 1 和企业 2 的线性需求函数分别为 $D_1(p_1, p_2) = a - p_1 + 0.5p_2$ 和 $D_2(p_1, p_2) = a - p_2 + 0.5p_1$，那么这两个企业面临的反需求函数分别为 $p_1 = 2a - \frac{4}{3}q_1 - \frac{2}{3}q_2$ 和 $p_2 = 2a - \frac{4}{3}q_2 - \frac{2}{3}q_1$。在给定价格 (p_2, p_2) 和产量 (q_1, q_2) 的情况下，我们可以计算出 $\varepsilon_{ij} = \frac{p_1}{q_1}$，$e_1 = \frac{3p_1}{4q_1}$，即 $e_1 < \varepsilon_1$。

[2] Scherer F. M., Comment on Willig R., Merger Analysis, Industrial Organization Theory and Merger Guidelines, Brooking Paper: Microeconomics, 2002.

[3] 在产量竞争环境下，价格是以限制替代效应的途径进行调整的。这样，企业面临更小的竞争压力，结果其价格倾向于更高，而产量倾向于更低。

总而言之，一家企业所生产的产量出现外生性下降将减轻其竞争对手的竞争压力，使得这些竞争对手企业能够在更高的价格上售出相同的产量。或者说，竞争对手企业的最优反应就是提高其销售量。因此，一般而言，在产量竞争环境下，如果一家企业向市场供给的最优产量越高，那么竞争对手企业向市场供给的产量就越低。在经济学文献中，通常将这一性质称为产量的"策略替代性"。这一性质虽然不反映企业行为方式的差异，但的确反映了企业受竞争对手策略选择的影响与价格竞争环境下是不相同的。在价格竞争环境下，由于价格是企业的决策变量，竞争对手提高价格对企业的影响是销售量上升；在产量竞争环境下，由于产量是企业的决策变量，竞争对手降低产量对企业的影响是给定销售量下的价格上升。二者的区别可以通过图 15-1 表示。

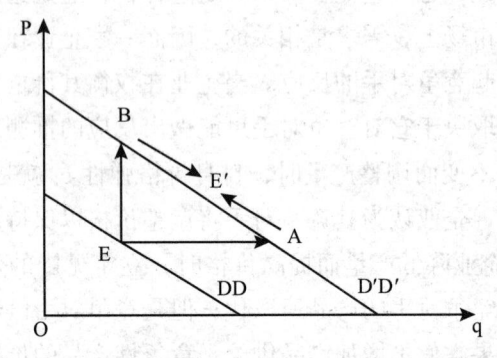

图 15-1 价格竞争与产量竞争下企业行为比较

图 15-1 中，DD 为企业的初始剩余需求曲线，企业生产最优决策点为 E。由于竞争对手提高价格或降低产量，企业的剩余需求曲线向外移动到 D′D′。那么，在价格竞争环境下，初始效应是使点 E 移动到点 A（价格不变、产量增加），企业的最终反应是提高价格并将新的均衡决策点移动到点 E′，与初始决策点相比较产量和价格都上升了；在产量竞争环境下，初始效应是价格调整以使得点 E 移动到点 B（产量不变、价格上升），企业的最终反应是增加产量并将新的均衡决策点移动到点 E′，与初始决策点相比较产量和价格都上升了。由此可以看出，价格竞争和产量竞争下的均衡结果虽然相同，但是企业的反应和变化路径是有区别的。

2. 产量竞争下的并购效应

产量竞争下的并购效应分析与价格竞争下的并购效应分析的原理是相同的，区别在于企业选择的竞争变量由价格变为产量，相关的需求关系由需求函数变成了反需求函数。

(1) 产量内部协调的价格效应。一般而言，给定其他企业的产量，并购后新企业生产的产量将低于并购前企业的产量之和，因而将导致其产品价格上升。也就是说，并购将导致并购企业的产量压缩，将提高所有产品的价格。然而，随着竞争对手性质的不同，并购的产量效应的大小也将不同。正如前面所解释的，当并购企业的产量下降时竞争性产品的价格将不同程度地上升。伊瓦尔迪等（2003a）等的分析表明，与假定竞争对手的价格保持在并购发生前的水平时对最优价格—产量变化的评估相比较，假定竞争对手的产量保持在并购发生前的水平时对最优价格—产量变化的评估将导致一个更高的价格[1]。

(2) 竞争对手的反应。与价格竞争环境下竞争对手的反应相类似，产量竞争下并购也降低了竞争对手企业的竞争压力。在面临一个不太激进的竞争对手和更高的需求时，竞争对手企业的反应是生产更多的产品[2]。也就是说，在产量竞争环境下，竞争对手对于并购的反应是提高产品供给量。在性质上，产量竞争下的并购效应与价格竞争下的并购效应是相似的，企业都想在提高销售量与提高价格之间取得平衡。权衡的结果是，竞争对手的反应在一定程度上降低了并购对于价格的影响，但不会抵消这一影响。也就是说，竞争对手的反应是导致竞争性产品的产量和价格同时上升，而不仅仅是提高价格。

(3) 回馈效应与均衡效应。然而，竞争策略（产量竞争或价格竞争）的选择不一样，对并购企业的回馈效应的分析也不一样。我们再次考虑并购企业的行为，假定并购企业根据竞争对手在并购发生前的产量，并在并购后进行内部协调，将供给量降低 $x_i\%$。与此同时，并购企业也应预期到竞争对手对于并购的反应是提高供给量。与价格竞争环境下相比较，产量竞争下并购企业受竞争对手企业反应的影响不同。在价格竞争环境下，并购企业设定价格并保持不变，因而销售量上升，这有利于提高利润。在产量竞争环境下，由于企业保持销售量不变，竞争对手的反应是提高产量而需求不变的情况下，并购企业的价格将下降。因而在选择了产量水平后，并购企业的价格受到竞争对手反应的负向影响，这不利于增加利润。换句话说，在产量竞争环境下，并购企业的境况因竞争对手对于并购的反应而变差了。在给定竞争对手提高供给量的情况下，并购企业的初始反应应当是更大幅度地降低产量，产量的最终下降幅度将超过 $x_i\%$。这一反应缓和了并购企业额外增加的供给量对于并购企业价格的影响。反过来，这意味着竞争对手在预期到并购企业的回馈效应后应当更大幅度地提

---

[1] Ivaldi M., B. Jullien, P. Rey, P. Seabright and J. Tirole, The Economics of Unilateral Effects, Working Paper, 2003a.

[2] Davidson C. and R. Deneckere, Incentives to form Coalitions with Bertrand Competition. *Rand Journal of Economics*, 1985 (16): pp. 473-486.

高供给量。

并购的初始效应是提高所有产品的价格,然而这一效应被竞争对手以提高供给量作为对并购的反应这一行为所部分抵消。与价格竞争环境下相比较,产量竞争环境下由于一些企业的产量上升而另一些企业的产量下降,回馈效应对于均衡价格的总体影响不够明确。在通常情况下,回馈效应削弱了并购的影响,但不会逆转这一影响的性质。回馈效应放大了并购对于并购企业产量水平的影响。也就是说,当竞争对手对于并购的反应是提高产量时,并购企业均衡产量的下降幅度要大于假定竞争对手保持产量不变时的幅度。因此,一般而言,当企业以产量竞争时,所有产品的并购后价格都将上升,并购企业的销售量下降,竞争对手(非并购企业)的销售量上升。由此我们可以看出,价格竞争与产量竞争下的定性结论是相同的。

如果我们评估同质产品市场上的均衡状况,并购的总体效应是降低市场上的总供给量。然而,这一下降幅度小于在评估竞争对手并购前产量下所预测内部协调效应时的下降幅度。因而,最终价格的上升幅度也将变小。这就意味着,回馈效应倾向于削弱并购对于价格的影响。换句话说,竞争对手的反应削弱了并购企业降低产量对于最终价格的消极影响。关注一般情况下并购对于最终价格的影响,我们将会发现两种效应:并购企业降低产量将促使价格上升,但竞争对手的反应(提高产量)将产生一个抵消效应(压制价格)。结果是,在产量竞争环境下,均衡价格的上升幅度小于假定竞争对手保持产量不变时所预测的价格上升幅度。因而,如果忽视了均衡效应,可能导致高估并购对于最终价格的影响。

在产量竞争环境下,虽然回馈效应倾向于使价格稳定,但是这并不意味着并购的单边效应比价格竞争下单边效应更小。即使是如果价格竞争和产量竞争下都存在价格—成本加成,因而产出都已经低于有效率的水平,出现这一现象的原因也可能是由于两种情况下的并购前价格水平不一样。但在一般情况下,产量竞争下的并购企业内部协调效应要比价格竞争下的大。原因与人们解释为什么产量竞争比价格竞争导致更高的先验价格一样。在产量竞争环境下,由于竞争性产品的价格已经向上调整,并购企业任何通过削减产量提高价格—成本边际的企图实现起来都较为便利。

总结以上分析,我们可以得到这一结论:在产量竞争环境下,并购企业的内部协调效应较强,但这一效应将会被回馈效应削弱;而在价格竞争环境下,并购企业的内部协调效应较弱,但这一效应将会被回馈效应增强。这一结论告诉我们,很难先验性地判断那一种竞争环境下的并购更需要重点关注,需要反垄断当局应用实证方法逐案进行具体均衡分析。

15.4 经营者集中、市场支配地位与单边效应

美国横向并购指南中所使用的测试标准是"实质性减少竞争",这一标准明确要求对并购进行评估审查时要考虑并购的所有均衡效应,它不仅应用于分析并购企业而且要分析整个相关市场上的竞争状况。另外,"单一市场支配地位"标准仅考虑并购企业自身,评估其在相关市场上的地位。然而,"单一市场支配地位"标准并不意味着不需要考虑并购可能产生的均衡效应,它的问题是是否需要考虑所有的均衡效应。一般而言,应用单一市场支配地位测试涉及两个前提条件:(1)并购企业的最终市场份额很高,高于相关市场上所有任意一个竞争对手的市场份额;(2)并购能够为并购企业带来实质性的价格上升。

(1) 非市场支配地位与市场势力。与市场份额标准相关的一个问题是,即使并购后相关市场上没有明确处于市场支配地位的企业,并购仍有可能产生较强的均衡效应。如果并购后没有企业居于市场支配地位,那么在单一市场支配地位标准下,该项并购将不会被禁止。然而,仍有证据表明,这类并购可能对均衡价格产生较强的影响。这可能发生于当相关市场已经较为集中、并购提高了市场集中度但没有给并购企业或其任何一个竞争对手带来明显的竞争优势的情况下[1]。类似的问题还可能出现在并购发起企业将资产转售给第三方企业时。假定有两家参与并购的企业合计持有相关市场上的超过40%的生产性资产(例如,技术、工艺、设备、实物和人类资本等),准备将这些资产的一部分转售给第三方企业。通过这种途径重新平衡市场份额,留下少于40%的市场份额给并购企业。通过这种交易,并购企业能够逃避单一市场支配地位测试。当企业适应了政府的反垄断控制政策,了解了如何处理并购可以规避政府政策以后,通过使用包括在并购交易中转售部分资产给竞争对手等方法,从而避免产生单一市场支配地位的这种情况会越来越普遍。因此,市场支配地位意味着市场势力,但非市场支配地位并不意味着不存在市场势力。评估一项并购的单边效应,仅仅依据该项并购是否产生了市场支配地位是不够的,还需要评估该项并购对于市场势力的影响。

(2) 非支配企业之间的并购。在分析并购的均衡效应时,反垄断当局将

---

[1] Ivaldi M., B. Jullien, P. Rey, P. Seabright and J. Tirole, The Economics of Unilateral Effects, Working Paper, 2003a.

会发现一些具有非支配地位的企业之间的并购可能对消费者产生消极影响。我们来考虑以下情形，相关市场上共有三家企业，其中一家企业拥有60%的市场份额，另两家企业分别拥有20%的市场份额。现在假定这两家较小规模的企业合并。分析结果显示，相关市场上所有产品的价格都将上升；并且，并购企业的最终市场份额小于40%，支配企业的市场份额将上升。在这种环境下，并购将对均衡价格产生较强的影响。在评估这种类型的并购时，反垄断当局应当注意和考虑到所有的效应，而不仅仅是并购企业自身是否居于市场支配地位。即使是并购企业在长期内可能成为支配企业的一个有力竞争者，但是在短期内如果并购不能带来明显的效率，也将损害到消费者利益。因而，单一支配地位测试与全面均衡分析的关键区别在于，后者比前者覆盖到更广范围的反竞争效应。然而，这并不意味着采用全面均衡分析将使经营者集中的反垄断控制更为严格。这是因为，有时候并购的均衡效应使得其反竞争后果看上去比以单一支配地位测试为依据获得的结果更小。例如，假定以产量竞争的相关市场上有两家市场份额为22%的企业发生并购。这项并购最初将形成一家市场份额为44%的新企业，足够产生单一市场支配地位。然而，相关市场上其他企业的均衡反应将是提高它们自身产量，从而很有可能显著地削弱并购对于价格的初始影响。也就是说，采用全面均衡分析可能使得该项并购的反竞争后果小于采用单一市场支配地位测试的后果。

（3）价格效应评估。无论是因为参与并购的一家企业处于市场支配地位而达到市场份额标准，还是因为并购后的联合市场份额足以达到市场份额标准，都不难分析。实际上，将所有的均衡效应囊括用来评估并购对价格最终影响的评价程序中，既是可能的，也是可取的。首先，由于并购的内部协调效应是组成和影响总体效应的关键因素，以估算并购企业的剩余需求为基础评估最优价格已经提供了分析价格效应的有用信息[①]。实际上，它提供了评估内部协调效应大小的基本思路。然而，假定其他企业不对并购产生反应而忽视均衡效应，将会导致并购后价格评估的偏误：在价格竞争环境下，它将低估并购的价格效应；在产量竞争环境下，它将高估并购的价格效应。是采用这种评估方法，还是采用正确的全面均衡分析，可能导致最终评估结果的巨大差异。其次，评估中涉及另一个问题是，是否应该将单一市场支配地位测试解释为仅将注意力放在并购企业的价格和产量上。需要指出的是，这样做可能被误导。由于相关市场上的所有企业的价格都受到并购的影响，正确评估并购对于消费者

---

① Baker J. and T. Bresnahan, Estimating the Residual Demand Curve Facing a Single Firm. *International Journal of Industrial Organization*, 1988（6）：pp. 283 – 300.

影响的方法应是以总体市场效应分析为基础。举例来说，有两起并购后市场份额都为40%的并购，如果第一起导致并购企业的价格上升5%、竞争性产品的价格上升4%，第二起并购导致并购企业的价格上升7%、竞争性产品的价格上升1%，那么前者对消费者造成的损害反而大于后者[1]。一般性的结论是，当我们评估并购对价格的影响，进而评估并购对于消费者利益的影响时，最好采用全面均衡分析方法对相关市场上的所有价格进行评估。

15.5 集中度指数与市场势力

早期，美国反垄断当局经常使用集中度指数来衡量单边效应的大小。集中度指数是测度产业集中程度的统计性指标，它可以用于协助评估者对并购进行评估分析。在并购案中，集中度指数本身并不是问题，问题在于市场势力水平和并购对市场势力可能产生的影响。与集中度指数相关的核心问题在于，它能否反映企业的市场势力以及在多大程度上反映市场势力。在单一市场支配地位测试中，所使用的指数自然是并购企业的联合市场份额。经济学文献给予了涉及规模较大企业的并购较多关注，并在模型构建和分析方法等方面进行了尝试。法约尔和夏皮罗（1990）使用一般均衡分析方法分析了产量竞争环境下的并购。他们认为，当并购只涉及较低市场份额的企业时，并购对市场均衡价格的影响并不明显[2]。麦卡菲和威廉姆斯（McAfee and Williams，1992）使用单一市场支配地位测试方法对并购进行了分析。他们的研究结果显示，当并购产生或者涉及相关市场上规模最大的企业时，将具有最大的损害效应。根据这一结论，当并购只涉及小规模（或低市场份额）企业时，它就会获得一个先验的较好处理结果（被反垄断当局无条件批准）[3]。

经济学研究中，最为常用的市场集中度指数是 HHI 指数（the Herfindahl – Hirschman Index），它是市场上所有企业的市场份额（以百分数表示）的平方和。例如，美国并购指南中所使用的就是并购后 HHI 指数（以 1000 和 1800 为门槛条件），并将并购前与并购后的 HHI 指数的变化值（ΔHHI，门槛条件

---

[1] Ivaldi M., B. Jullien, P. Rey, P. Seabright and J. Tirole, The Economics of Unilateral Effects, Working Paper, 2003.
[2] Farrell J. and C. Shapiro, Horizontal Merger: An Equilibrium Analysis. *American Economic Review*, 1990 (80): pp. 107 – 126.
[3] McAfee P. and M. Williams, Horizontal Mergers and Antitrust Policy. *Journal of Industrial Economics*, 1992 (40): pp. 181 – 187.

分别为100和50）作为初始筛选的工具[①]。HHI指数反映了市场上企业的数量及企业市场份额的分布状况，能够较为准确地描述市场的集中程度。例如，如果市场上只有一个垄断者，那么HHI指数就等于10000；如果市场上有n个市场份额相等的企业，那么HHI指数就等于10000除以n。举例来说，HHI指数等于1000时，既可能市场上包括10个规模相等的企业；也有可能包括市场份额为30%的企业一家，市场份额为1.43%的企业49家。如果市场上有一家企业的市场份额为35%或更高，那么这一市场的HHI指数将超过1225。并购导致的HHI指数变化值等于并购企业市场份额之积的两倍。例如，一家市场份额为35%的企业与另一家市场份额为2%的企业合并，相关市场上的市场份额将提高140。

HHI指数的主要原理能够通过同质产品的古诺模型进行阐述。实际上，单位可变成本的价格加成（勒纳指数）与企业的市场份额是成比例的，比例系数等于市场需求价格弹性的倒数。利用这一关系，在给定需求弹性的情况下，我们可以得到价格对于市场平均成本的加成与HHI指数的比例关系。假定同质产品和数量竞争的市场上的总需求为 $Q = D(p)$，那么正如我们在前面中所推导的，企业的均衡价格满足：

$$\frac{p-c_i}{p}=\frac{s_i}{\varepsilon}, \text{其中}, s_i=\frac{q_i}{Q}$$

s_i 为企业的市场份额，ε 为总需求的价格弹性。单位平均成本（等于总可变成本除以总产量）为 $c = \sum_i s_i c_i$。根据定义，$H = \sum_i (s_i)^2$，HHI指数等于H乘以10000。采用加权的勒纳指数，我们可以得到：

$$\frac{p-c}{p}=\frac{H}{\varepsilon}=\frac{HHI}{10000\varepsilon}$$

从上式可以推导出，如果需求的价格弹性不变，平均单位成本的价格加成（市场势力）与HHI指数成正比；市场总平均利润与产品的HHI指数和市场总收益 $\left(H\frac{pQ}{\varepsilon}\right)$ 成比例关系。因此，在古诺模型中，HHI指数能够较好地反映平均市场势力。在这里需要指出的是，这一结论只使用于并购前的HHI指数，在古诺模型分析中，并购后的HHI指数并不是最终市场势力的准确指示器。这是因为，古诺模型也能够预测到，并购后并购企业的市场份额要小于并购前并购企业的联合市场份额，因而HHI指数的简单相加可能高估并购企业的最

[①] 这一系列门槛条件，又称为安全港。参见余东华、乔岳、张伟：《经营者集中反垄断控制中的安全港规则研究》，载于《产业经济研究》2010年第3期，第37~39页。

终市场份额[1]。HHI 指数是在同质产品假定下构建的，对差异化产品市场的解释力很低，也不是价格竞争环境下市场势力的良好"指示器"。而在现实经济中，大部分并购发生在差异化产品市场，并且企业之间往往是进行价格竞争。另外，还需要指出的是，HHI 指数并不能测度市场势力的绝对值，即同样的 HHI 指数水平能够反应不同的市场势力水平或者不同产业中的价格水平[2]。虽然 HHI 指数在测度市场势力方面存在着一些限制，但是在产量竞争环境下，当产品是较为接近的替代品时，它仍然被认为是测度市场势力的一个良好指标。但是，在差异化产品和价格竞争环境下，HHI 指数并不能准确测度市场势力，或者说 HHI 指数不是测度市场势力的良好指标[3]。在差异化产品和价格竞争环境下，并购的效应在很大程度上取决于并购企业内部产品的交叉价格弹性以及并购企业产品与非并购企业产品之间的交叉价格弹性。因而，当拥有较大市场份额的两家企业销售不完全替代品时，市场份额可能包含的关于市场势力的信息较少。在这种情况下，以产品的相互替代程度指标，而不是市场份额指标对并购效应进行分析，可能更合理一些（Willig，1991）。例如，在一些情况下，评估分析产品的交叉价格弹性与自身价格弹性的比例可能获得一些关于市场势力的有用信息（Ivaldi et al.，2003）。

15.6 经营者集中的结构效应分析

在以上分析中，我们都假定并购没有对技术、产品开发以及成本等因素产生影响。实际上，大部分并购都将影响这些结构性变量，并且这些因素常常成为企业发起并购的动机。我们还假定并购对市场结构的唯一影响在于将两个企业纳入统一所有权，其他企业保持不变。由于并购是相关市场上市场结构的主要变化，它可能导致竞争对手的反应不仅仅限于价格和生产决策。实际上它将影响竞争对手的整个产业策略，例如，引入新产品以应对并购，新的竞争者可能进入相关市场等。从评估的视角分析，当只有所有权而没有结构性特征受到并购影响时，就开始对可能发生的以上结构性效应进行评估是明智的。支持这一观点的强有力论据是，这种评估能够以过去的市场数据为基础，最小化对前

---

[1] Anderson S., De Palma A. and J. F. Thisse, Discrete Choice Theory of Product Differentiation, MIT Press, 1992.

[2] Ivaldi M., B. Jullien, P. Rey, P. Seabright and J. Tirole, The Economics of Unilateral Effects, Working Paper, 2003a.

[3] Willig R., Merger Analysis, Industrial Organization Theory and Merger Guidelines, Brooking Paper: Microeconomics, 1991, pp. 281-332.

瞻性分析的依赖。因而，这一分析成为评估程序中最可靠的部分。然而，它只能用于并购评估分析的基准，在分析并购对技术和市场结构的影响的同时，还需要分析并购的其他效应。

15.6.1 效率获得效应

并购的效率获得效应不是本章分析的重点，我们将在其他章节中具体分析，这里仅从并购的市场结构效应的视角进行简要概述。在经营者集中评估审查中，反垄断当局要对并购的反竞争效应（包括单边效应和协同效应）与并购可能带来的效率之间进行比较，因而在这里我们主要从二者之间联系的角度讨论并购的效率获得效应。

并购可能产生多种类型的效率，既有可能产生于并购企业有形资产的更有效率的利用，例如，产量在不同工厂之间的重新分配而产生的生产合理化、规模经济与范围经济、更有效率的投资等[1]；也有可能产生于无形资产的整合和使用，例如，生产工艺与诀窍的共享、管理合理化、研发与创新、生产线的重新布局、形成购买方市场势力等[2]。一些效率获得将通过价格降低、质量改进和新产品引入等形式传递给消费者，另外一些效率获得（例如，固定成本下降）将转化为企业利润，因而反垄断当局对待不同效率的态度也不一样[3]。在经营者集中反垄断控制的评估审查中，这些效率将以不同的方式纳入评估程序，除非评估过于困难，或者要求大量的前瞻性的预测分析，而相关数据和信息又难以获得。由于当（除了所有权以外）并购没有导致结构性变化时的基准情形是价格将上升，因而评估并购导致的结构性变化所产生的效应就是要分析价格变化的方向与幅度。一般而言，批准并购（或只禁止一小部分并购）恰恰是因为假定并购能够提高效率，最终能够给市场带来更好的产品或更低的价格。

自威廉姆森（Williamson，1968）提出"威廉姆森分析框架"之后，经营者集中评估分析的一项主要工作就是对并购可能产生的反竞争效应与并购可能带来的效率进行权衡比较[4]。然而，对效率进行评估分析是一项很困难的工作。效率是潜在的，在并购评估分析时，效率尚未实现。因而，需要对其进行

---

[1] Perry M. K. and R. H. Porter, Oligopoly and the Incentive for Horizontal Merger. *American Economic Review*, 1985 (75): pp. 219–227.

[2] Scherer F. M. and D. Ross, Industrial Market Structure and Economic Performance, 3. ed., Boston: Houghton Mifflin, 1990.

[3] 关于并购可能产生效率的类型和反垄断当局的处理方式的具体分析，参见第14章。

[4] Williamson O. E., Economies as an Antitrust Defense: the Welfare Tradeoff. *The American Economic Review*, 1968, 58, pp. 18–36.

事前评估，但在数据和信息不足的情况下进行事前评估几乎是不可能的。并购企业通常具有信息优势，当其根据自身偏好和利益将信息传递给反垄断当局，可能降低评估的可靠性。

那么，是否可以通过事后评估来解决这一问题呢？事后评估可能缓解信息不充分的问题，但有可能产生新的问题：(1) 由于长期效率的实现具有较长的时滞，因而事后评估也不能解决以上问题。还有一些效率可能涉及商业秘密，也不能公开提供给负责评估的外部专家。例如，基于特定知识和技术的新产品创新，需要受到商业秘密保护，如果不将知识和技术提交给外部专家就很难评估新产品创新的价值和社会福利效应，而若提交了知识和技术，就将丧失对商业秘密的保护。(2) 即使是短期效率，大部分效率获得也具有不确定性，它们可能实现，也可能难以实现，并且实现的大小很难预测。因而，很难在事后区分以下两种情形：一种情形是企业试图努力实现但无法实现的效率获得，另一种情形是企业不想实现而冒称的效率获得。因而，事后评估可能使将并购评估置于一个非常危险的境地，提高犯Ⅰ类或Ⅱ类错误的概率。(3) 一旦并购在短期内被批准并且已经完成，事后纠正错误决策的可能性很小。拆分并购企业的资产剥离是一个成本高昂的过程，可能导致更大的非效率。财务处罚的作用有限，并且可能使企业的财务境况变化，具有很大的破坏性。因而，对效率获得进行事后评估是不现实的。

鉴于并购可能产生的效率需要在事前进行评估，在实践中可以采用两种基本方法进行估算。第一种方法是，以一般推定方法为基础，通过设定一些门槛条件而不依赖于效率的明确量化值，判定并购能够产生某些效率。这就相当于设计一个程序，通过这一程序批准那些对竞争没有明显影响的并购。门槛条件可以使用市场集中度指数或价格上升幅度等指标进行设定。这一方法的主要好处在于简单而快捷，不会给评估程序带来额外的负担。然而，这一方法是不完善的，其作用也是有限的。实际上，有一些并购会对竞争产生明显的影响，但同时也会产生显著的效率来弥补其反竞争效应。因而，采用这一方法可能拒绝那些具有较高社会合意度的并购，提高犯Ⅰ类错误的概率。第二种方法是，针对第一种方法的不足，引入效率抗辩，就是在并购评估中对并购的反竞争效应与并购可能带来的效率进行权衡比较[①]。

15.6.2 进入、退出与潜在竞争

并购的结构效应主要体现在其市场结构效应上，包括对市场进入和退出条

[①] 对效率抗辩问题的具体分析请参见余东华：《横向并购反垄断控制中的效率抗辩研究》，北京大学出版社2014年版。

件的影响以及对市场潜在竞争状况的影响。

1. 并购对进入壁垒的影响

如果相关市场上的潜在竞争是有效的,也就是说相关市场为可竞争市场(Contestable Market),那么并购企业将不会处于这种位置:能够利用其上升了的市场势力策略性地提高进入壁垒。这种分析同样适用于退出,反垄断当局需要考虑并购是否提高了并购企业参与掠夺性定价的能力。实际上,掠夺性定价与进入壁垒的关系十分紧密。掠夺性定价是以自戕的形式驱逐竞争对手,实施这一策略的企业需要在竞争对手退出市场后提高价格补偿损失,如果竞争对手能够在提价后自由进入,那么掠夺性定价策略就会宣告失败。因而,掠夺性定价策略是否能够成功实施,在某种程度上取决于市场是否存在进入壁垒。正如捆绑销售、限制性定价等行为一样,并购后的掠夺性定价与滥用市场支配地位相关,反垄断当局将在并购后进行干预。

2. 并购对市场潜在竞争状况的影响

并购可能导致新企业(或新产品)进入相关市场。由于并购降低了相关市场上的竞争程度,并购后进入的获利可能性高于并购前进入的获利可能性,因而将提高企业进入的动机和频度。这种进入将降低或者抵消并购产生的消极效应。很明显,当相关市场上的进入壁垒降低时,进入的可能性就会增加。因而,需要评估并购对于相关市场进入壁垒的影响。通常情况下,是否对其进行单独评估取决于信息状况,包括对技术工艺要求、人力资本要求等信息的定性判断。在这里我们需要指出市场潜在竞争状况与效率之间的关系。对较低的进入壁垒采取宽容态度的原因不仅在于促进竞争考虑,而且在于其有利于提高效率的强假定。实际上,企业在决定是否发起并购时会关注潜在竞争状况。当进入壁垒较低时,通过并购降低竞争程度的作用是有限的,因而企业可能放弃并购。这一点强化了对低进入壁垒采取宽容态度的必要性:相关市场缺乏进入壁垒应当成为有助于并购获得批准的依据。换句话说,进入壁垒和市场潜在竞争状况应成为并购评估审查的重点内容之一。

3. 并购对企业退出的影响

并购对相关市场上现有企业退出的影响较为复杂。如果并购降低了相关市场上的竞争程度,那么相关市场上的所有企业都将从并购中获利。也就是说,并购通过提高市场获利性降低了现有企业退出市场的动机。这并不是说企业退出不会发生,但如果发生,那可能是由并购的其他效应所致。例如,如果并购带来了明显的效率获得,包括成本降低、技术进步、规模经济和范围经济等,从而使并购产生的新企业相对于并购前而言更有效率,那么相关市场上的那些缺乏效率的企业将被迫退出市场。但是,这种情况只能是在当并购带来的效率获得如此之大以使得并购后的价格明显低于并购前（没有企业退出）时才会发生。在这种情况下，并购产生的效率弥补了企业退出对竞争的影响，高效率的企业和具有创新性的企业取代了低效率企业，进而推动了产业发展。因而，并购能够增进社会福利，具有社会合意性。

15.7 经营者集中单边效应的评估方法

20世纪70年代以来，经济学的主要发展方向之一就是计量分析方法和工具的不断完善并应用于经济学的各个分支学科，极大地提高了经济学理论解释经济现象的能力。然而在反垄断与竞争政策领域，由于分析工具和数据可获得性等原因，最近20年才在并购效应量化分析方面取得较大进展，实证分析的工具和方法逐步完善。很长一段时间内，企业和产业层次的具体数据的缺乏制约了实证分析的发展。计算机技术的进步在很大程度上降低了管理企业、产业和市场所产生的大样本数据的成本。数据可获得性的提高和处理数据成本的下降还不足以解释产业组织领域实证测试和评估的发展。20世纪80年代以后，计量分析方法也取得了明显的进展，经济学家可以更好地理解回归分析的结果并对其做出更为复杂的解释，进而更好地判断回归分析的信度和效度。实证计量分析能够解决由复杂理论模型分析所产生而又不能很好解决的问题。同时，由于博弈论大量应用于研究不完全竞争市场，经济理论本身也获得了长足的发展。计量经济学、经济理论和计算机科学的发展以及这三个领域研究成果的充分结合，使得一个新的经济学领域——实证产业组织理论得以出现并较快发展。从经济学的视角对竞争理论和竞争政策进行实证分析就属于实证产业组织理论的一部分。在评估并购效应和测算市场支配地位时，就要应用实证产业组织的工具和方法[1]。

近年来，在竞争政策领域，应用量化分析工具和方法对并购进行实证分析的文献数量激增，尤其是在欧美国家[2]。初期，应用量化分析方法的主要例子是相关市场的界定，后来量化分析方法逐步用于测度市场力量。实际上，到现在，每一种可以获得的量化分析工具都已应用于并购的整体效应分析。竞争政

---

[1] Phlips L.. *Applied Industrial Economics*, Cambridge: Cambridge University Press, 1998.

[2] 在20世纪90年代以前，美国反垄断当局倾向于采用市场集中度指数（主要是HHI指数）来测度并购的单边效应。然而，这导致一系列问题，并招致了很多经济学家的批评。90年代以后，评估单边效应的方法和工具趋于多元化。毕晓普和沃克（1999）对此进行了综述，参见 Bishop S. and M. Walker. *The Economics of EC Competition Law*, London: Sweet & Maxwell, 1999.

策领域量化分析的工具箱可以分为两个部分：（1）第一部分包含的工具很多，包括所有的能够应用于提供反垄断案例分析所需实证证据的统计方法，例如，回归分析、因素分析、相关性分析、格兰杰因果关系分析、协整检验分析等。具体选择哪一种分析方法取决于案例的性质和所获得的数据的特性与质量。我们将这一部分实证分析称为"简化形式的实证分析"（Empirical Reduced-form Analysis），它意味着案例与经济模型之间建立的关系是间接的、不完全的和非正式的。（2）竞争政策领域第二部分工具被称为"结构形式的实证分析"（Empirical Structural-form Analysis）。在这里，量化分析是由经济模型引导的，而经济模型是作为解释均衡条件下测量现象的数据之间关系的工具。因此，这类方法属于研究主体行为的方法，它的主要特征是，首先需要将经济主体行为模型化，然后测度它所面临的外部限制或技术限制。结构分析的主要优势是它与经济理论的内在一贯性。使用结构性分析方法面临两个问题：一是它必须显示出与所分析案例的相关性，表明使用该方法是合适的；二是它必须能够解释数据的质量，当数据不正确时，它必须能够解释结果如何受到影响。在简化分析与结构分析之间进行选择时所涉及的主要问题是数据的可获得性。例如，当无法获得产量数据、只能获得价格数据时，明显不能通过使用完整的均衡分析模型来描述价格与产量的关联性。然而，当构成经济模型的结构性模型无法构建时，通过简化形式分析所获得的结果能够解释经济模型的部分成分。也就是说，分析工具的两个构成部分之间的关系与其说是相互替代，还不如说是互补的（Ivaldi et al.，2003a）。

"结构形式的实证分析"的代表性方法是并购模拟分析方法[①]。并购模拟分析方法以经济模型为基础，提供了量化并购可能产生的预期单边效应的分析工具，并能够洞察并购对价格、产量和消费者福利变化的影响。模拟分析的结果比传统的指南方法[②]要更加确定一些，估计到的价格和产量变化是"有形的"，在较少依赖一些"武断的"结构性指标的情况下对并购的单边效应进行较为直接的解释分析。首先，模拟分析是从分析消费者需求开始的，通过模拟需求函数计算出需求的自身价格弹性和交叉价格弹性，从而测度相关市场上产品之间的相互替代性。其次，利用历史数据估计相关市场上

[①] 近年来，竞争政策领域出现了大量对并购单边效应进行模拟分析的文献，代表性的文献包括 Baker and Rubinfeld（1999）、Capps et al.（2003）、Dubow et al.（2004）、Epstein and Rubinfeld（2001，2004）、Kokkoris（2005）、Walker（2005）、Weiskopf（2003）、Werden et al.（2004）、Werden and Froeb（2006）等。

[②] 传统指南方法是指美国1992年并购指南所提出的用市场集中度（HHI指数）的变化情况衡量单边效应的方法，参见 Mills, R. and R. Weinstein, Unilateral Effects of Merger: The Simulation Approach, Working Paper, 1999.

并购没有发生的情况下（或并购前）的价格和销售量，根据勒纳指数与需求的自身价格弹性之间的关系，测算出使利润最大化的价格和边际成本。再次，模拟分析并购后的价格和销售量。如果并购企业仍然生产并购前的产品，那么它就需要考虑这些产品之间的交叉价格弹性和非并购企业的反应，从而确定价格变化的幅度。最后，对模拟分析的结果进行解释。将模拟的价格变化与非并购价格（假定并购不发生时的价格或并购前价格）进行比较，从而确定并购对于价格的影响程度。或者说，并购的单边效应就是并购前与并购后均衡价格的差异[1]。

15.7.1 量化分析的结构性程序

从理论分析部分可以看出，并购分析需要考虑大量的相互作用、相互影响的因素，例如，市场规模、产品数量和种类、企业数量和性质、时间跨度、不确定性等。相关市场上竞争的性质是这些因素相互依赖、相互作用的结果。量化结构分析的目的就是提供一个能够分析这些因素作用效果的工具，来测试这些因素之间相互关系的有效性和稳健性，并评估这些因素所产生的不同效应。另外，作为对真实世界的一个近似估计，结构性分析要提供一种模拟和预测因素变化所导致的后果，例如，产业内企业数量的变化会对价格产生什么影响。结构性分析常常与计量分析相联系，涉及对经济模型的统计估计，包括对模型中的参数值估计，以获得对产生经济数据过程的最佳近似。当数据不可获得或者不够完整而不能应用于统计估计时，研究者需要对模型进行校准，赋予模型参数在给定可获得信息下最为准确的值。在评估分析中，模型校准允许研究者构建一个工具变量来理解特定案例中的关键问题[2]。然而，它仅能提供参考性的信息，不能提供任何关于市场结果的稳健性或显著性的测度。

量化分析的结构性程序是以"结构形式的实证分析"为基础的，是对差异化产品市场进行静态寡占分析的基本步骤。在这一分析中，市场势力不仅来自于市场上数量较少的竞争者，而且来自市场上产品之间的相互替代性，或者说产品的差异化程度。这一程序包括五个基本步骤，如图15-2所示。

---

[1] 丰赛尔等（Foncel et al., 2007）比较了并购模拟分析方法与HHI指数方法的区别与联系，参见 Foncel, J., M. Ivaldi and J. Motis, Identifying Merger Unilateral Effects: HHI or Simulation? Working Paper, 2007.

[2] Werden, G. J. and L. M. Froeb, The Entry-inducing Effects of Horizontal Mergers: An Exploratory Analysis, *The Journal of Industrial Economics*, 1998 (46): pp. 525–543.

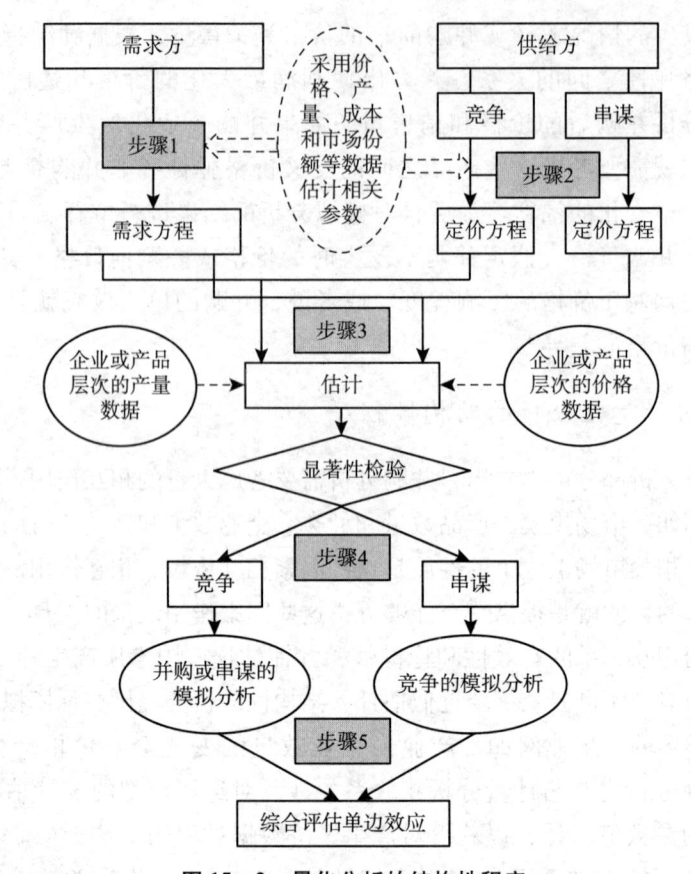

图 15-2　量化分析的结构性程序

资料来源：作者根据 Ivaldi et al（2003a）、Weiskopf（2003）等修改。

1. 步骤1：需求模型界定与估计

并购分析的结构性程序的第一步是界定需求模型，以预测和评估相关市场上的消费者行为。由于特定产品的需求表示的是这一产品的产量与其自身价格以及其他产品价格的关系，因而需求模型能够为我们测度需求的自身价格弹性和交叉价格弹性提供信息。需求模型的量化界定与评估（或校准）在整个分析程序中起着十分关键的作用。这也是为什么需求模型的测度问题是经济计量分析中引起争论的重要来源。

（1）Logit 模型。在这里，我们用一个不失一般性的具体模型来说明竞争量化分析中的结构性程序。假如某一双寡头垄断市场上有企业 i 和企业 j，每个企业生产一种产品，并且这两种产品之间是相互替代的。消费者可以在这两种产品之间进行选择，也可以选择市场外部产品，我们用指数 σ 来表示。在这里，外部产品的作用是考虑其他潜在替代性的存在，以及所有其他产品的价格指数效应。在这个意义上,它解释了以一个未知参数来衡量的市场规模。我们用 y_i 表示产品 i 的产量,M 表示市场规模。那么,产品 i 的市场份额就是 $s_i = y_i/M$。相应地,y_o 表示外部产品的产量,市场规模就等于所有产品产量之和,即 $M = y_i + y_j + y_o$。考虑到外部产品,假定产品 i 的市场份额 s_i 是当其质量最高、价格最低时的最高市场份额,那么,计量分析的任务就是利用可观察到的价格和市场份额数据测度市场份额的质量和价格效应。假定产品 i 的市场份额 s_i 由于该产品的某一因素 w_i 的作用而与外部产品的市场份额 s_o 成比例,即:

$$s_i = w_i s_o \tag{15-1}$$

我们将这一因素 w_i 称为产品 i 的"效用"。换句话说,产品 i 的市场份额与这一产品的效用成比例[1]。w_i 来源于产品质量和成本的比较。特别地,我们假定产品 i 效用的对数 W_i 是产品质量的未知货币价值(用参数 b_i 表示)与产品成本之间的差额,即:

$$W_i = \ln w_i = b_i - ap_i \tag{15-2}$$

式(15-2)中,参数 a 测度的是价格的效应,是一个未知数。换句话说,等式(15-2)意味着效用的对数是质量和价格的线性组合,参数 a 可以被看作是质量和价格之间的交换比率。在这里,质量是用来表示代表性消费者对产品价值界定的通用术语。计量分析的任务就是采用观察到的价格和市场份额数据来估计 a 和 b_is。将等式(15-1)和等式(15-2)结合起来,可以得到需求函数:

$$\ln s_i = \ln s_o + b_i - ap_i \tag{15-3}$$

根据这一函数,我们可以计算出消费者剩余 CS,即:

$$CS = \frac{1}{a}\ln(1 + w_i + w_j) \tag{15-4}$$

产品 i 的需求自身价格弹性 ε_{ii} 与它的价格和所有其他产品的市场份额成比例[2],即:

$$\varepsilon_{ii} = -ap_i(1 - s_i) = -ap_i(s_o + s_j) \tag{15-5}$$

等式(15-5)说明,可以采用市场份额和价格的信息来评估弹性参数,并且弹性是不恒定的。产品 i 相对于产品 j 的需求交叉价格弹性与产品 j 的价格和市场份额成比例,即:

$$\varepsilon_{ij} = ap_j s_j \tag{15-6}$$

---

[1] 关于需求模型估计中外部产品的作用,参见 Slade, M. E., *Merger Simulations of Unilateral Effects: What Can We Learn from the UK Brewing Industry?* UK ESRC Working Paper, 2006。
[2] 参见 Anderson S., De Palma and J. F. Thisse. *Discrete Choice Models of Product Differentiation*, Cambridge: The MIT Press, 1992, P. 423。

同样道理，当价格和市场份额数据可以获得时，交叉价格弹性可以比例常数进行评估。产品之间的分流率（Diversion Ratio）表示的是由于某种产品价格上升，其销售量流转到另一种产品的比率。在这里，分流率可以价格和市场份额进行测算。实际上，产品 i 与产品 j 之间的分流率可以通过产品 i 相对于产品 j 的需求交叉价格弹性与产品 i 的自身价格弹性的比率来进行测算，即：

$$D_{ij} = \frac{\varepsilon_{ij}}{-\varepsilon_{ii}} \frac{s_i}{s_j} = \frac{p_j s_i}{p_i(1-s_i)} \qquad (15-7)$$

从等式（15-7）中可以看出，分流率可以采用观察到的价格和市场份额数据直接计算得到。

（2）分组嵌套 Logit 模型。如果需求函数采用分组嵌套 Logit 模型（the Nested Logit Model，简称 NL 模型），分析的步骤和原理是基本相同的，不同点在于，在 NL 模型中需要将 n 种产品（或品牌）分为 G 组，即 g = 1, 2, …, G；将外部产品放入 O 组。在对产品进行分组时将性质或功能相似的产品分到相同的组别，例如具有差异化性质的啤酒可以分为淡啤、浓啤、黑啤等。NL 模型的估计方程为：

$$\ln(s_i) - \ln(s_o) = \beta^T x_i - ap_i + \sigma \ln(\bar{s}_i/g) + \xi_i \qquad (15-8)$$

其中，$\bar{s}_i/g$ 表示品牌（或产品）在组别 g 内的份额，参数 $\sigma (0 \leq \sigma \leq 1)$ 表示组内偏好的相关性，在普通 Logit 模型中 σ 等于 0。当采用 NL 模型时，需求的自身价格弹性和交叉价格弹性分别为：

$$\varepsilon_{ii} = ap_i[(s_i-1)/(1-\sigma) + \sigma/(1-\sigma) \times (\bar{s}_i/g)] \qquad (15-9)$$

$$\varepsilon_{ij} = \begin{cases} ap_j[s_j + \sigma/(1-\sigma) \times (\bar{s}_j/g)], & j \neq i, j \in g \\ ap_j s_j, & j \neq i, j \notin g \end{cases} \qquad (15-10)$$

分流率的计算方法是与纯粹 Logit 模型是相同的。

（3）LA/AIDS 模型。如果采用线性近似的 AIDS 模型（the Linear Approximate Almost Idea Demand System，LA/AIDS）来估计需求函数（Hausman et al.，1994；Werden，1997），那么初始模型可以采取以下形式：

$$w_i = a_i + \sum_{j=1}^{N} \gamma_{ij} \ln(p_j) + \beta_i \ln(X/P^*)$$

上式中，w_i 是产品（或品牌）i 上的支出份额，即 $w_i = (p_i q_i)/X$；p_i 是产品 i 的价格，q_i 是产品 i 的需求量，X 是一组产品上的总支出；P^* 是价格指数，并且：

$$\ln(P^*) = a_0 + \sum_j a_j \ln(p_j) + (0.5) \sum_j \sum_i \gamma_{ij} \ln(p_i) \ln(p_j)$$

如果产品是同质的且是对称的，那么有 $\sum_{i=1}^{N} a_i = 1$，$\sum_{i=1}^{N} \beta_i = 0$，

$\sum_{i=1}^{N} \gamma_{ij} = 0$。如果，$\sum_{j=1}^{N} \gamma_{ij} = 0$，则产品是同质的；如果 $\gamma_{ij} = \gamma_{ji}$，则产品是对称的。采用德拉甘斯卡和吉恩（Draganska and Jain，2005）的方法，我们将表示产品线长度的参数 l 加入初始模型：

$$w_i = a_i + \sum_{j=1}^{N} \gamma_{ij}\ln(p_j) + \beta_i\ln(X/P^*) + \theta_i l_i + \lambda_i l_i^2$$

上式中的参数满足以下条件：$\sum_{i=1}^{N} a_i = 1$，$\sum_{i=1}^{N} \beta_i = 0$，$\sum_{i=1}^{N} \gamma_{ij} = 0$，$\sum_{j=1}^{N} \theta_i = 0$，$\sum_{j=1}^{N} \lambda_i = 0$。需求的交叉价格弹性为：

$$\varepsilon_{ij} = -\delta_{ij} + \frac{\gamma_{ij} - \beta_i w_j}{w_i}$$

其中，当 i = j 时，$\delta_{ij} = 1$；i ≠ j 时，$\delta_{ij} = 0$。需求相对于产品线长度的弹性可以表示为：

$$\varepsilon_i^l = (\theta_i + 2\lambda_i l_i)\frac{l_i}{w_i}$$

利用以上弹性公式和相关产品的市场份额就可以计算出分流率。利用价格、产量等数据以及分流率、弹性等计算公式就可以估计出需求函数中的参数。

2. 步骤 2：供给模型的界定与估计

每一个企业的供给模型都包括两个组成部分：成本函数与目标函数。目标函数在决定均衡类型方面起着关键作用；成本函数是企业在产业内所面临的技术条件的经济描述。成本函数的信息有助于我们测度规模经济和范围经济，评估参与并购企业的成本互补性[①]。这可以应用于评估并购可能产生的效率（成本节约）。我们继续采用上一节的例子来进行分析。假定企业 i 在生产产品时面临固定成本 F_i 和不变的边际成本 c_i，那么生产产量 y_i 的总成本为可变成本与固定成本之和，即：

$$C_i = c_i y_i + F_i \qquad (15-11)$$

界定供给模型的第二个因素是目标函数。让我们先来考虑表示企业策略性行为两个极端情况。第一种情况是，企业选择其自身价格以最大化其利润，假

[①] 在估计边际成本时可以采用三种方法。一是外生成本，研究者能够获得单位成本信息，将这些信息代入均衡的一阶条件就可以获得边际成本。二是隐含成本，研究者假定企业参与某种特定博弈（例如，伯特兰德），求出博弈均衡的一阶条件。通常情况下，这些条件中包括边际成本和需求参数的信息，然后研究者就可以将估计到的需求参数值代入这些条件，求出边际成本。三是估计成本，就是采用计量经济学方法从市场均衡的一阶条件中估计出边际成本。具体分析参见 Slade, M. E., Merger Simulations of Unilateral Effects: What Can We Learn from the UK Brewing Industry? UK ESRC Working Paper, 2006.

定它的竞争对手采取同样的策略,这是伯特兰德假定。第二种情况是,企业联合设定价格并使联合利润最大化,这属于默契串谋。企业其他类型的行为也可以采用同样的方式进行分析。例如,企业可以是古诺竞争者;或者一家特定企业是斯塔克尔伯格(Stackelberg)竞争者,其他企业是跟随者。企业行为的不同假定对应着不同的具体价格方程,市场均衡价格和产量也会出现差异,也就是说市场结果和研究结论受到企业行为选择的影响。下面,我们主要分析上面界定的两种极端情况。

假定企业进行价格竞争(伯特兰德假定),那么企业 i 最大化其利润 π_i,即:

$$\pi_i = p_i y_i - C_i = (p_i - c_i) y_i - F_i \tag{15-12}$$

式(15-12)中的产量 y_i 是从企业 i 的市场份额与市场规模得到的,即 $y_i = s_i M$。

为了实现其目标,企业行为必须满足我们所熟悉的规则,即它的收益取决于消费者的支付意愿。消费者的支付意愿可以用自身价格弹性的倒数来表示。当自身价格弹性较低时,产品 i 的支付意愿就较高,企业就可以制定一个较高的价格。这一规则说明,价格—成本加成比率必须等于自身价格弹性的倒数,即:

$$\frac{p_i - c_i}{p_i} = -\frac{1}{\varepsilon_{ii}} \tag{15-13}$$

我们可以用一个简单的例子来说明这一规则。假定企业 i 的价格—成本边际(价格与边际成本之差)与所有其他产品联合市场份额之和呈反比例关系,即:

$$m_i = p_i - c_i = \frac{1}{a(1 - s_i)} \tag{15-14}$$

由于每个企业生产一种产品,产品具有差异化,价格不等于边际成本。也就是说,企业的价格—成本边际不等于 0,企业具有一定的市场势力。等式(15-13)和等式(15-14)揭示了价格、市场份额和需求弹性的信息,因而可以用于评估边际成本。

现在假定企业 i 与企业 j 合并,并购企业最大化其联合利润。也即是说,并购企业将选择价格 $\tilde{p}_i$ 和 $\tilde{p}_j$,以使下式最大化:

$$\pi_i + \pi_j = p_i y_i - C_i + p_j y_j - C_j = (p_i - c_i) y_i + (p_j - c_j) y_j - (F_i + F_j) \tag{15-15}$$

以上简单的设定与默契串谋下的市场结果没有明显区别。当考虑到产品具有相互替代性时,这一定价规则比 Bertrand 均衡下的定价规则要复杂得多。这一定价规则被设置为:

$$\frac{\tilde{p}_i - c_i}{\tilde{p}_i} = \frac{1}{-\tilde{\varepsilon}_{ii}} + \frac{\tilde{p}_j - c_j}{\tilde{p}_j}\tilde{D}_{ji}\frac{\tilde{p}_j}{\tilde{p}_i} \qquad (15-16)$$

从式（15-16）可以看出，并购效应明显取决于分流率的大小，也就是说，取决于产品相互替代程度①。通过简单的代数演算，可以将等式（15-16）的结果纳入等式（15-14）的简单例子中，即：

$$\tilde{m}_i = \tilde{p}_i - c_i = \frac{1}{a\tilde{s}_o} \qquad (15-17)$$

换句话说，如果两个企业并购或者串谋，每一种产品的价格—成本边际相等并且与外部产品市场份额的倒数成比例。

从以上分析可以看出，等式（15-13）所给出的伯特兰德假定下的定价规则与等式（15-16）所给出的当企业并购或串谋时的定价规则是不一样的②。这样，反垄断当局就可以通过比较等式（15-16）与等式（15-13）下所形成价格—成本边际差异来评估并购（或串谋的）潜在效应。更一般地，每一种均衡类型下都对应着相应的定价规则，需要采用不同的模型进行评估。

3. 步骤3：估计方法与显著性和稳健性检验

在这一步骤中，需要描述估计经济模型的计量过程，利用统计方法调适经济模型使其与观察数据相适应，分析者可以通过这一分析过程获得需求和成本模型中的参数值。一旦参数值已知，价格与市场份额的均衡关系就被确定下来。

选择正确的估计方法是计量分析的关键问题，也是引起计量经济学家们争论的原因之一。数量众多的软件包的可获得为比较可以应用于特定情况下的不同计量分析提供了范围很广的统计和计量方法与工具。然而，争论不能局限于工具选择本身，因为工具选择既不能独立于所分析的数据类型，也不能独立于经济模型本身的特性。尽管如此，回顾一下我们已经介绍过的可以用于估计模型类型的两种评估策略，也是有必要的。（1）第一种方法是在不考虑定价规则的情况下估计需求模型。这种方法将导致价格的内生性问题，因为价格与市场份额一起是均衡条件下同时确定的。如果不考虑这种同时性，那么估计就有可能难以达到统计质量所要求的标准。为防止这一问题发生，计量经济学家们通常采用工具变量方法③。假定这一问题已经得到解决，分析者就可以通过求解价格方程估计成本和边际成本值。这样，分析者就已经获得模拟并购所需的

---

① 变量上方的波浪号表示这些变量值是在并购后计算所得的均衡值。
② 等式（15-14）和等式（15-17）分别是等式（15-13）和等式（15-16）的简单举例。
③ Goldberg P. K., Product Differentiation and Oligopoly in International Market: The Case of the U. S. Automobile Industry. *Econometrica*, 1995 (63): pp. 891-951.

变量值。(2) 第二种方法是在所假定的经济行为下同时估计需求函数和定价方程。从计量经济学意义来界定均衡模型（发现模型参数的有意义的估计值），需要大量信息，这种信息通常是以外生变量的形式存在[1]。无论是采用哪一种分析方法，分析者都需要根据对企业行为的假定，设定不同的参数，然后采用相关数据和模型对参数进行估计，从而确定不同变量之间的关系，比较并购前后的市场均衡，评估并购对于价格和产量的影响。

在不同的估计模型之间进行选择时，一种方法就是将使用这些模型估计到的边际成本值与观察到的边际成本值进行比较。但使用这种方法的前提条件是边际成本能够观察到，因而较少使用。实际上，用于估计边际成本的数据通常来源于企业的会计系统。在产品中分配特定成本的任务很复杂，这就意味着使用这种数据来源估计的边际成本很有可能明显不同于从经济模型中所获得的。在众多模型中进行选择的一种替代方法就是使用可以获得的计量工具箱进行应用测试。模型选择的程序本身就可以成为一个分析工具。在竞争分析中，有两种类型的程序已经被采用。一种是以 Vuong 测试为基础，称为非嵌套测试（Non-nested Test），即统计上相互比较的两个模型中每个模型不能通过简单的代数运算从另一个模型推导出来[2]。这种测试的原理在于在相同条件下比较每一个模型的拟合优度（Goodness-of-fit）。测试值是以标准正态密度函数的形式渐近分布的。在一些正的临界值以上，一个模型的拟合值明显好于另一个模型；在对称性的负临界值以下，另一个模型的拟合值更好；在两个临界值之间，两个模型的优劣难以区分。加斯美和弗扬（Gasmi and Vuong, 1991）、加斯美、拉丰和弗扬（Gasmi, Laffont and Vuong, 1992）和约曼德鲁和洛伦塞斯（Jaumandreu and Lorences, 2002）等学者使用这一测试方法对模型选择问题进行了分析[3]。第二种模型选择的测试程序被称为 Davidson – MacKinnon 测试[4]。这种测试的经济学直觉很简单，如果通过使用模型 A 估计到的价格—成本边际对采用模型 B 估计到的价格—成本边际具有显著影响，那就意味着模型 B 在某种程度上是不完全的，难以正确地表达数据之间的关系，应被放弃[5]。这种测试的优点在于便于应用。芬斯特拉和莱文森（Feenstra and Levinsohn,

---

[1] Kennedy P.. *A Guide to Econometrics*, Cambridge, MA: The MIT Press, 1998, pp. 152 – 155.

[2] 参见 Vuong Q., Likelihood Ratio Test for Model Selection and Non-nested Hypotheses. *Econometrica*, 1989 (57): pp. 307 – 333。

[3] Jaumandreu J. and J. Lorences, Modeling Price Competition Across Many Markets. *European Economic Review*, 2002 (46): pp. 93 – 115.

[4] Davidson R. and J. MacKinnon. *Estimation and Inference in Econometrics*, New York, Oxford: Oxford University Press, 1993.

[5] White, W. H.. *Econometric Analysis*, London: Prentice – Hall International, 2000.

1995)、丰赛尔（2002）等学者采用这种方法分析了竞争评估中的模型选择问题[1][2]。

4. 步骤4：社会福利与市场势力的模拟分析

在这一步骤中，需要模拟企业行为的变化，评估与此相联系的消费者剩余和社会福利的变化。模拟分析的结果很大程度上取决于模型选择测试的结果。例如，假定模型选择测试的结果表明，在统计上串谋假定比伯特兰德假定表现更好，那么在串谋假定下所获得的参数值应被保留当作真值，用于福利分析。尤其是当企业是伯特兰德竞争者时，我们将串谋假定下估计到的参数值代入伯特兰德均衡方程中，就能够估计出价格、市场份额和消费者剩余。需要注意的是，如果我们假定两种市场行为（伯特兰德竞争和串谋）下的需求函数的参数值相等，那么模拟分析的程序就是采用在串谋假定下估计得到的边际成本值来测算社会福利的变化情况。如果情况相反，即假定模型选择测试的结果表明，在统计上伯特兰德假定比串谋假定表现更好，进一步假定两个企业宣布并购的意图，那么现在的问题是测度并购的潜在效应。这时候，在并购的模拟分析中所使用的参数值是在伯特兰德假定下估计得到的。

使用上述程序对并购效应的测度值是否稳健，也是并购分析中的一个关键问题。市场份额和弹性值受到所选择的市场规模的影响，并且因并购而导致的价格上升是一个复杂的非线性函数，因而推导出并购所导致的价格变化的置信区间不是一项简单的任务。一种方法是采用引导指令技术（Bootstrap Technique）进行统计推断[3]。在规模更大的寡占市场上，以上分析、评估和模拟方法也可以相同的程序进行。然而，除了能够评估申报的并购以外，分析者也能够模拟分析寡占市场上其他企业可能在将来预期发生的并购。如果申报的并购没有被反垄断当局批准，这些备择并购将有可能提出申报。即使是市场上的所有企业都参与一起并购，这一结果与串谋协议的市场结果是没有区别的[4]。因此，通过测度企业的价格—成本边际，应用以上分析程序，我们可以评估以下三种情形下的市场势力与市场势力的变化：（1）产业的初始状态：在这个阶段，市场势力被假定为完全来自产品差异化；（2）出现申报并购或任何可预

---

[1] Feenstra R. C. and J. Levinsohn, Estimating Markups and Market Conducts with Multidimensional Product Attributes. *Review of Economic Studies*, 1995 (62): pp. 19–52.

[2] Foncel J., Selection of Market Conducts in the Telephone Equipment Market in France, mimeo, 2002.

[3] 具体程序和应用参见 Ivaldi M. and F. Verboven, Quantifying the Effects from Horizontal Mergers in European Competition Policy, IDEI Working Paper, 2003.

[4] Ivaldi M. and F. Verboven, Quantifying the Effects from Horizontal Mergers in European Competition Policy, IDEI Working Paper, 2003.

见的并购的产业：与初始状态相比较，市场势力的变化就是对单边效应（即并购的市场集中效应）的测度；（3）存在默契串谋（或所有企业并购成一个垄断者）的产业：与初始状态相比较，市场势力的变化是对协同效应（或串谋效应）的测度[①]。

虽然市场势力的分解可以采用已有的计量工具和数量方法来进行，然而如何预测市场上相对于产业初始状态而言可能发生的企业行为（例如，并购还是串谋），仍是需要研究的问题。也即是说，以上分析方法和分析程序可以用于分析已经存在的串谋，或者评估并购或串谋的效应，然而一项并购如何影响串谋或将要发生的其他并购发生的可能性，这一程序和方法难以给出明确答案。

5. 步骤5：综合评估并购的单边效应

在完成需求函数的界定与估计、供给函数的界定与估计、估计方法与显著性和稳健性检验、社会福利与市场势力的模拟分析的基础上，对并购单边效应进行综合权衡和量化评估。评估的内容包括，并购对于市场势力的影响（市场集中度状况）、并购导致的企业单边提高价格或限制产量的能力及市场后果、对消费者福利和社会福利的量化影响。完成了前四步的评估分析以后，第五步的评估分析属于总结、权衡和量化分析，从而得到最终的评估结果。

15.7.2 量化分析的注意事项

当采用实际数据进行量化分析时，结构性程序将会面临一些技术性事项，可能影响到评估分析的结果[②]。考虑这些事项时，需要再次关注数据问题。在解释结构性程序时，我们假定了价格和市场份额数据是可获得的。尤其是当转向估计差异化产品模型时，发现需要大量关于外生变量和工具变量的信息，而这些信息不是总能获得的。

1. 需求建模的函数形式

需求模型是整个评估分析过程的一个重要组成部分。学术界经常使用两类模型来估计需求关系：（1）第一类模型将消费者偏好界定在"产品空间"（Product Space）上，或者说是连续选择（Continuous Choice）需求；（2）第二类模型将消费者偏好界定在"特征空间"（Characteristic Space）上，或者说是离散选择（Discrete Choice）需求。需求的连续选择模型，也称为对数线性模型（Log-linear Model），或AIDS模型（Almost Ideal Demand System），使用起

[①] Baker, J. B. and T. F. Breshahan, Empirical Methods of Identifying and Measuring Market Power. *Antitrust Law Journal*, 1992 (61): pp. 3-16.

[②] Kosken D., D. Brien, D. Scheffman and M. Vita, Demand System Estimation and Its Application to Horizontal Merger Analysis, Working Paper, 2003.

来不太方便，这是因为随着所分析的产品数量的增加，参数的数量也会成倍增加。需求的离散选择模型是通过将消费者的偏好界定为产品特征的函数上，而不是产品本身。消费者偏好对于不同产品特征的更大灵活性可以通过引入消费者的特征进行设定。更进一步，这一模型不仅可以将可以观察到的产品特征引入分析，还可以将分析者未观察到的属性引入分析。未观察到的属性是指那些生产这一产品的企业和消费者能够观察到、但分析者难以量化的产品属性，例如产品质量、广告效应等。

产品差异化模型的结果对消费者偏好的假定是高度敏感的[1]。理想的需求模型不能限制市场上产品之间的替代性。正因为如此，需求模型必须具有充分的"弹性"，包含足够数量的参数。问题在于，当涉及产品差异化市场时，产品种类可能很多，从而需要估计的参数变得很多。即使是隐含在理性和行为良好的代表性消费者假定中的必要条件得到满足[2]，参数的数量仍然足以引起严重的估计问题。在已有的经济学文献中，计量经济学家们提出了两种方法来解决这一问题。

第一种方法是通过提出多层级预算的假定来对模型进行限定[3]。在这一设定中，代表性的消费者在某一"高水平"消费集团之间分配其收入，然后在集团内部将集团的消费在商品之间进行分配以获得商品组别，以此类推。在最低阶段（通常根据品牌选择划分），需求方程根据所谓的 AIDS（Almost Ideal Demand System）模型进行界定[4]。这一方法面临三个问题：（1）尽管消费者偏好的可分性假设可以被测试，将产品分配到不同组别仍属于一种特殊安排；（2）如何解释消费者的异质性，如何解决消费者偏好的累加性问题，在这一设定并不明朗；（3）当每一组别（或集团）内部的品牌数量仍然很多时，这一方法也束手无策。

第二种方法包括各种类型的 Logit 模型[5]。这一方法的主要优势在于能够简约参数的数量。从前文我们对需求模型所进行的估计可以看出，纯粹的 Logit 模型对可替代性的方式施加了较强的限制。然而，分组嵌套 Logit（the Nested Logit）模型和这些模型最新版本随机系数 Logit 模型（the Random Coef-

---

[1] Perloff J. and S. Salop, Equilibrium with Product Differentiation. *Review of Economic Studies*, 1985 (52): pp. 315 – 328.
[2] 这一假定通常能够减少需求模型中参数的数量。
[3] 参见 Hausman J. A., G. K. Leonard and D. Zona, Competitive Analysis with Differentiated Products. *Journal of Econometrics and Statistic*, 1994 (34): pp. 159 – 180。
[4] Hausman J. A. and G. K. Leonard, Economic Analysis of Differentiated Products Merger Using Real World Data. *George Mason Law Review*, 1997 (5): pp. 321 – 346.
[5] Nevo, A., Mergers with Differentiated Product: The Case of the Ready-to – Eat Cereal Industry. *Rand Journal of Economics*, 2000 (31): pp. 395 – 421.

ficient Logit Model）表现出了更大的"弹性"。这些模型假定消费者在一组产品中进行离散选择，每一种产品都可以表示在一个特定空间内，这一空间比产品空间要小很多。这就给出了一个更易处理的模型。然而，当解释消费者和产品的不可观察的异质性时，估计程序会变得很繁琐[①]。

2. 供给函数的建模与估计

在构建供给模型和估计需求函数时，市场供给方的两个特征需要考虑，一是相关市场上企业间竞争性质的假定，二是成本函数性质的假定。在考虑竞争性质时，在差异化产品的分析框架里，伯特兰德价格竞争假定是最为便利的分析工具。平柯西和斯莱德（Pinkse and Slade, 2001, 2004）等在并购模拟分析中对这一假定的适用性进行了测试，他们的结果显示，伯特兰德价格竞争假定下对供给函数的估计结果的信度和效度都符合研究需要[②]。多产品企业的供给函数建模时需要考虑到品牌间的替代性，即其中一种品牌产品的价格上升，要考虑到有多少流失的需求会转移到该企业的其他品牌产品。实际上，如果在供给函数建模时不考虑多产品因素，可能导致对企业价格—成本边际的估计偏误（低估价格—成本边际）。

3. 效率获得的测度

并购所产生的成本协同效应（Cost Synergies）能够补偿由于并购企业将产品替代效应内部化而产生的价格上升[③]。在我们用于分析结构性程序的静态模型中，唯一有意义的成本协同效应是考虑边际成本的变化。为了尽可能评估并购的成本协同效应对于边际成本的影响，分析者可以在并购后的价格环境下，通过测度边际成本的变化值来解释这些效应[④]。此时，如何评估成本协同效应导致的边际成本下降所能够传递给消费者的比例，是一个重要的问题[⑤]。另外，需要注意的是，并购企业之间成本协同效应不能解释规模经济。在规模报酬递增的行业内，了解成本协同效应与规模效应是同时产生还是相互抵触是十分重要的[⑥]。

[①] Berry, S., Estimating Discrete Choice Model of Product Differentiation. *Rand Journal of Economics*, 1994 (25): pp. 242–262.

[②] Pinkse, J. and M. Slade, Merger, Brand Competition and the Price of a Pint. *European Economic Review*, 2004 (48): pp. 617–643.

[③] Roller, L. H., J. Stennek and F. Verboven, Efficiency Gains in Mergers, Working Paper, 2000.

[④] Ivaldi M. and F. Verboven, Quantifying the Effects from Horizontal Mergers in European Competition Policy, IDEI Working Paper, 2003.

[⑤] 评估方法的讨论可参见：Ashenfelter, O., D. Shmore, J. B. Baker and S. M. McKerman, Identifying the Firm-specific Cost Pass-through Rate, Federal Trade Commission, Working Paper, No. 217, 1998。

[⑥] Froeb, L., S. Tschantz and G. Werden, Pass-through Rates and the Price Effects of Mergers, Owen Working Paper, 2001.

4. 数据的获取与质量

毋庸置疑，量化分析需要数据。在当代"电脑化"的经济社会中数据来源已经多样化，因而问题的主要方面不在于数据的可获得性，而在于能够适用于并购分析时所选择工具的数据的可靠性。应用强大的分析工具来分析不足或不恰当的数据，无法获得有价值的结论。在实证研究中，理想的数据集很难轻易获得。数据不充分就意味着它们不能反映评估分析的案例或过程的所有方面。例如，它们只能反映有限的过程或经济单位，或者它们所测度变量不完全或出现偏误。也就是说，量化分析的优势和劣势很大程度上取决于所获得数据的类型。首先，它随着数据聚集程度的变化而变化。大部分分类数据是通过调查所获得个体数据。例如，为获得整体人口状况的家户调查数据，能够提供给定时期内的测度汽车所有权的所有必需信息。从这些数据中，我们能够容易地以销售额或以汽车股票的形式来评估各汽车企业的市场份额。另一个个体数据的例子是所谓的"扫描数据"，它是从各销售点的交易记录中收集而来的。然而由于技术原因，这类数据不易获得。它们是从特定的地理区域、特定的分销渠道、特定的细分市场、特定的时间内收集的，这一收集过程可能不是中性的，从而可能影响量化分析的结果。数据库的通常类型包括：个体单位样本数据；提供给定时间内一系列个体单位汇总信息的界面数据；时间序列数据；面板数据等。每一类数据都有一些需要注意的特定事项，统计学和计量经济学文献中对这些事项进行了详细的解释①。

15.7.3 替代和补充性分析方法

以上讨论的是"结构形式的实证分析"方法，实际上在竞争分析中还有一类"简化形式的实证分析"方法。这类方法虽然不与经济模型直接联系，但是也需要建立在经济理论的基础上并应用统计分析工具进行分析②。"简化形式的实证分析"方法在一些情况下可以作为"结构形式的实证分析"方法的替代，一些情况下可以作为补充，弥补"结构形式的实证分析"的不足。

1. 价格相关性分析

当时间序列的数据可以获得时，这种分析方法就可以应用于竞争分析中。例如，相关市场界定和寻找串谋协议的证据时，常常采用这一分析方法。这种方法的原理很简单。当两种产品的价格同步变化时，两种价格之间的相关系数

---

① Davidson R. and J. MacKinnon. *Estimation and Inference in Econometrics*, New York, Oxford: Oxford University Press, 1993.

② Bishop, S. and M. Walker. *The Economics of EC Competition Law*, London: Sweet & Maxwell, 1999.

就较大且为正，那么结论就是这两种产品应属于同一个相关市场。相反，如果两种产品的价格表现出负相关性，那么这两种产品就不属于同一个相关市场。当然，问题在于如何确定这两种情况的确切门槛水平或分界点。也就是说，当两种产品的价格正相关但相关系数较小时，应该得到什么样的结论。这种方法的另外一个缺点是，可能出现伪相关。两种产品的价格具有相关性可能是因为它们具有共同的影响因素，例如原材料价格可能对两种完全不同产品的价格产生较强的影响，出现伪相关性。这就是为什么标准的价格相关分析常常需要使用一些更复杂的分析工具（例如，格兰杰因果检验和协整检验）进行补充，以解决伪相关问题。

2. 剩余需求分析

由于能够应用于任意市场并且只需要有限的数据，剩余需求分析的应用较广，分析力较强[1]。只要一家企业价格和产量的时间序列数据以及部分成本转换的数据可以获得，就可以应用这一方法[2]。这一方法常用于反垄断中的相关市场界定，也可以用于测度并购或串谋的效应（Baker and Bresnahan，1985）。剩余需求方程表示的是，在考虑其他企业供给反应的情况下，一家企业价格和产量之间的关系。完全竞争市场上的企业面临的是无限弹性的剩余需求曲线。剩余需求曲线的弹性越大，企业提供价格的能力就越低，这是实证分析的基本原理[3]。剩余需求分析与经济模型是相关的，因为企业的剩余需求曲线可以从差异化产品模型中推导出来。这种方法的主要优点是不需要计算交叉价格弹性。在应用这一方法时，除了需要企业的价格和产量数据以外，还需要一些附加的数据以控制其他企业供给方面的反应。通常采用的附加数据是成本转换因子。然而，观察其他企业的成本并不容易，因此分析者常使用能够解释测度偏误的代理变量[4]。

3. 价格—集中度测试

使用这一方法的目的在于评估给定市场上的价格与市场集中度之间的关系，它的理论依据是 SCP（Structure-conduct-performance）范式，即用市场集中度水平表示的市场结构影响用价格水平表示的市场绩效。当价格与市场集中度之间存在较强的正相关关系时，一项能够明显提高市场集中度的并购应该引

---

[1] Baker, J. B. and T. F. Breshahan, The Gains from Merger or Collusion in Product Differentiated Industries. *Journal of Industrial Economics*, 1985 (33): pp. 427 – 444.

[2] 剩余需求分析的具体模型和方法，参见本书第7章。

[3] Werden, G. J. and L. M. Froeb, Residual Demand Estimation for Market Delineation: Complications and Limitation. *Review of Industrial Organization*, 1991 (3): pp. 33 – 48.

[4] Baker, J. B. and T. F. Breshahan, Estimating the Residual Demand Curve Facing a Single Firm, International *Journal of Industrial Organization*, 1988 (6): pp. 283 – 300.

起反垄断当局的关注。在测试价格与市场集中度之间的关系时，常用的分析工具是回归分析，有时候也根据情况在价格与市场集中度的回归分析中增加一些其他变量。当测试所采用的是企业层次的数据时，会产生内生性问题，即测度企业市场份额的集中度水平通常并不独立于企业的价格水平。如果不考虑这一相互作用效应，回归分析的结果就会受到影响。但是，这也不会使分析结果自动失效，因为潜在的偏误应在正确的方向上，不会产生抵消效应。如果数据是可获得的，结构性分析可以避免这一问题（Ivaldi et al.，2003a）。

4. UPP 测试

无论是单边效应，还是协同效应，都会阻止或妨碍市场竞争，从而导致产品价格上升，损害消费者利益。一般而言，企业之间形成默契串谋的难度较大，即使形成也难以长期维持，因而协同效应对消费者的损害相对较小，单边效应逐渐成为各国反垄断机构评估审查的重点和核心。反垄断当局在单边效应的评估分析中通常采用传统的结构分析方法或并购模拟分析方法，这两种方法都存在着明显的不足。为了弥补单边效应评估分析中的不足，法约尔和夏皮罗（2008）以韦登（1996）和布莱恩和萨洛普（Brien and Salop，2000）的思想为基础，提出了一种测度横向并购单边效应的新方法，即价格上涨压力测试（Upward Pricing Pressure Test），简称"UPP 检验"。美国司法部（DOJ）和联邦贸易委员会（FTC）已将这一新方法引入到其最新修订的《横向并购指南（2010）》中。可以预见，UPP 检验作为一种简单、便捷和相对科学的方法，将在以后的反垄断司法实践中越来越多地得到应用。

在传统的反垄断司法实践中，横向并购评估审查的常用工具是基于市场集中度的结构分析方法和并购模拟分析方法。结构分析方法以相关市场界定为起点，通过比较并购前后赫芬达尔指数（HHI）或者市场集中度的大小以及变化情况，来判定横向并购是否能够产生单边效应。结构分析方法是以哈佛学派的结构主义观点为理论依据，以市场结构的变化来武断地判定企业并购的社会合意性，可能使得能够带来明显效率、增进社会福利的并购被反垄断当局禁止。并且，结构分析方法过分依赖于相关市场的界定，不适用于差异化产品市场上的横向并购评估审查。模拟分析方法是以 SSNIP（小而明显的非暂时性价格上升，Small but Significant and Non-transitory Increase in Price）测试为理论基础，采用并购企业并购前的市场数据估计相关市场上的需求系统，再根据并购前后的弹性数据测算并购产生的单边效应。一方面，模拟分析方法对数据要求过高，而且模拟结果严重依赖于设定的需求系统，需求系统的估计方法不同，可能导致测算结果出现较大差异；另一方面，模拟分析的举证成本过高、周期较长，这也限制了该方法在反垄断执法中的使用。随着宏观环境的变化、技术进步的加快和创新因素的凸显，受数据、程序、方法等因素的制约，结构分析方法和模拟分析方法在司法实践中的局限性日益明显。UPP 检验方法较好地弥补了结构分析方法和模拟分析方法的缺陷，可以简单、便捷、科学地测度横向并购可能产生的单边效应，因而引起了越来越多的学者的关注和执法机构的青睐。法约尔和夏皮罗（2010）通过对 UPP 方法中的转移率进行修正，得到了适用于差异化产品的古诺模型，可以用于测算并购对相关市场上价格的影响程度。索吉（Serge，2010）通过修正相邻替代品之间的转移率，构建了投标模型，拓展了 UPP 检验的应用范围。施马兰西（Schmalensee，2010）在假定一阶线性需求函数、信息完全对称市场和并购不会引起其他厂商价格变化的基础上，推导出了 UPP 检验的价格上涨幅度（$\Delta P/P$），增强了 UPP 检验的实用性。科特（2011）针对 UPP 检验在实践过程中存在标准较为严格的缺陷，修正了 UPP 模型，并应用修正后的模型对 FTC 的 152 个案例进行实证分析，确立了 UPP 检验在实践中的成本节约基准值，提升了 UPP 检验方法应用于反垄断评估审查中的便利性和准确性。

UPP 检验的基本分析思路是：企业间的横向并购可能导致两种改变价格的力量，一种是涨价压力，另一种是降价动力，通过比较这两种相反力量的净效应，可以鉴别给定的横向并购是否存在价格上涨的压力，价格上涨压力的大小即为横向并购的单边效应。如果并购后的单边效应大于效率提高所带来的成本节约，那么并购带来的生产成本降低不足以抵消其单边效应，并购的净效应是导致价格水平的上涨，并购就具有反竞争效应。反之，并购后价格下降，该项并购就有利于消费者，能够增加社会福利。为了分析方便且不失一般性，我们假设：（1）并购仅涉及两家生产单一产品的企业，企业 1 和企业 2 分别生产产品 1 和产品 2，并且产品 1 和产品 2 之间具有差异性，是不完全替代品；（2）并购前的市场需求结构是给定的，均衡价格由伯特兰德竞争决定；（3）企业之间开展静态博弈，不考虑潜在竞争者的进入以及在位企业的扩张、重组等动态因素。

首先考虑并购可能带来的单边效应。我们用 P_1、P_2 表示并购前产品 1 和产品 2 的价格，P_3 表示所有没有参与并购的企业所生产产品的价格集；C_1、C_2 分别是并购前产品 1 和产品 2 的边际成本，这样并购前企业 1 的利润可以表示为：

$$\prod\nolimits_1(p_1) = (p_1 - c_1)Q_1(p_1, p_2, p_3)$$

企业 1 实现利润最大化的一阶条件为：

$$\frac{\partial \prod\nolimits_1(p_1)}{\partial p_1} = (p_1 - c_1)\frac{\partial Q_1(p_1, p_2, p_3)}{\partial p_1} + Q_1(p_1, p_2, p_3) = 0$$

(15 – 18)

企业 1 与企业 2 并购后的企业为 m，则：

$$\prod_m(p_1, p_2) = (p_1 - c_1)Q_1(p_1, p_2, p_3) + (p_2 - c_2)Q_2(p_1, p_2, p_3)$$

并购后企业 m 实现利润最大化，则：

$$\frac{\partial \prod_m(p_1, p_2)}{\partial p_1} = (p_1 - c_1)\frac{\partial Q_1(p_1, p_2, p_3)}{\partial p_1} + Q_1(p_1, p_2, p_3) + (p_2 - c_2)\frac{\partial Q_2(p_1, p_2, p_3)}{\partial p_1}$$

将（15-18）式代入上式，可以得到：

$$\frac{\partial \prod_m(p_1, p_2)}{\partial p_1} = (p_2 - c_2)\frac{\partial Q_2(p_1, p_2, p_3)}{\partial p_1} \quad (15-19)$$

再考虑并购后产生的效率改进对企业的影响。我们用 E_1 表示并购带来的效率提高或成本节约。为集中讨论效率的影响，我们假设 $\frac{\partial Q_2}{\partial p_1} = 0$，那么可以得到：

$$\frac{\partial \prod_m(p_1, p_2)}{\partial p_1} = (p_1 - (1 - E_1)c_1)\frac{\partial Q_1(p_1, p_2, p_3)}{\partial p_1} + Q_1(p_1, p_2, p_3)$$

$$= (p_1 - c_1)\frac{\partial Q_1(p_1, p_2, p_3)}{\partial p_1} + Q_1(p_1, p_2, p_3) +$$

$$E_1 c_1 \frac{\partial Q_1(p_1, p_2, p_3)}{\partial p_1} \quad (15-20)$$

同理，根据（15-18）式可知（15-20）式的前两项和为 0，式（15-20）可以简化为：

$$\frac{\partial \prod_m(p_1, p_2)}{\partial p_1} = E_1 c_1 \frac{\partial Q_1(p_1, p_2, p_3)}{\partial p_1} \quad (15-21)$$

我们用 UPP 表示并购带来的价格上涨压力。综合（15-18）式~（15-21）式，可以得到：

$$UPP_1 = (p_2 - c_2)\frac{\partial Q_2(p_1, p_2, p_3)}{\partial p_2} + E_1 c_1 \frac{\partial Q_1(p_1, p_2, p_3)}{\partial p_1}$$

$$(15-22)$$

（15-22）式两边同时除以 $\frac{\partial Q_1}{\partial p_1}$，并用 D_{12} 表示产品 1 和产品 2 之间的转移率，可以得到：

$$UPP_1 = (p_2 - c_2)D_{12} + E_1 c_1$$

同理推导，可得：

$$UPP_2 = (p_1 - c_1)D_{21} + E_2 c_2$$

在实证分析中由于 E 很难计算，通常通过计算价格上涨压力（UPP）为零时所需要的最低成本节约值来代替 E 值，从而计算并购可能导致的 UPP。显然，能够保证价格不上涨的 E 值都是大于零的，针对这种情况，法约尔和夏皮罗（Farrell and Shapiro，2010）提出以 10% 为成本节约基准值，通过判断并购所需的最低节约成本 E 与成本节约基准值 10% 的大小关系来判定并购是否会产生价格上涨压力。如果某项并购所需的最低节约成本 E 大于基准值 10%，则该项并购就会产生价格上涨压力，即产生所谓的单边效应；反之反是。法约尔和夏皮罗的这一改进使得 UPP 变得更加简便，且增强了 UPP 检验的可操作性。然而，以 10% 为成本节约基准值的理论依据不够充足。为了使 UPP 检验变得更加简单、便捷，增强成本节约基准值选择的合理性，科特（2011）对原始的 UPP 模型进行了修正，修正后的 UPP 模型可以表示为：

$$UPP_c = \max(D_{12} \cdot M_2 \cdot S_1, \ D_{21} \cdot M_1 \cdot S_2)$$

上式中 S 表示产品并购前的市场份额，M 表示并购企业的毛利润率。科特（2011）运用上述公式测算了 FTC 的 152 个案例的 UPP 值，发现超过 2/3 的案例不存在明显的价格上涨压力，且最优化的成本节约基准值在 2%~3%。

15.7.4　简要评论

我们分析了两类并购评估中常用的量化分析方法，即"简化形式的实证分析方法"和"结构形式的实证分析方法"。在单边效应评估中，可以根据并购本身的特性和相关数据的可获得性选择不同的具体分析方法和工具，也可以同时使用这两类分析方法，使其分析结果相互补充、相互印证，从而提高量化分析的准确性。一般而言，采用量化分析方法和工具对并购单边效应进行评估，可以提高决策的科学性，降低犯错误的概率。然而，近年来，关于经济模型在评估并购反竞争效应方面应当起到什么样的作用，各界的争论很大。谢夫曼和西蒙斯（Scheffman and Simons，2010）等学者认为，依赖经济模型评估来界定相关市场或评估并购效应都是没有充分理由的，尤其是应用理论化的经济模型来评估并购的单边效应，需要大量数学化的关键假定，这些较强的假定将会产生使评估分析远离实际世界。没有这些假定，基于价格—成本边际、分流率和模拟分析而得到的价格上升的预测，是没有理由的。谢夫曼和西蒙斯（2010）指出，并购分析中经济模型的假定要求需求、成本和竞争者的反应都很"平滑"，用于表示它们之间关系的函数都是可微的。这样的假定不是基于经济现实，而是基于分析技术便利性的需要，以使得数学模型能够以应用微积分为基础。因而，谢夫曼和西蒙斯认为，用于分析差异化产品市场上并购的潜在单边效应的经济模型不能够为预测反竞争效应提供一个符合现实的实证基础[1]。韦登（2010）对谢夫曼和西蒙斯的观点进行了反驳，认为用于单边效应的量化分析的经济模型具有一定的现实合理性，分析结果能够为反垄断当局评估并购的反竞争效应提供依据。针对谢夫曼和西蒙斯对经济模型假定的批评，韦登进行了回应，并且认为他们用于论证的陡峭的折弯需求曲线不具有典型性。韦登认为，即使消费者对价格变化产生非对称性的反应，也并不意味着品牌层次的需求曲线会出现陡峭的折弯[2]。关于经济模型在并购分析中作用的争论一直在持续，这种争论并不意味着经济模型的预测结果对于并购反垄断控制没有参考价值，但是的确提醒决策者在并购评估审查中需要针对具体案例辩证地对待模型预测结果。

15.8 小　　结

相关市场上生产能够相互替代产品的企业之间进行并购能够的确能够产生单边效应，提高价格，降低消费者福利水平，反垄断当局需要在经营者集中的反垄断控制中对并购的单边效应进行评估分析。在评估并购可能产生的反竞争效应、分析并购的单边效应时，反垄断当局首先关注的是并购对于市场势力的影响。而影响并购企业市场势力大小的因素，不仅包括并购企业的市场份额，而且包括相关市场上并购企业内部产品之间的替代性以及并购企业产品与非并购企业生产的产品之间的替代程度。后者可以用需求的自身价格弹性（分流率）和交叉价格弹性来表示。这就需要反垄断当局采用计量分析方法对这些变量进行估计。单边效应与市场集中度的变化紧密相连，为了简化并购评估审查程序，可以使用市场集中度指标设置简单的筛选机制，将明显不具有反竞争效应的并购排除在外，集中分析可能产生明显市场势力的并购。然而，由于产品差异化程度影响单边效应大小，仅依据市场集中度及其变化来评估单边效应很可能产生错误的结果，应用具体模型和方法对并购进行模拟分析，可以降低反垄断当局犯Ⅰ类错误和Ⅱ类错误的概率。

在评估经营者集中的单边效应时，需要根据相关市场上的竞争性质和类型选择不同的计量模型，较常使用的模型主要为古诺竞争模型和伯特兰德竞争模

---

[1] Scheffman D. and J. Simons, Unilateral Effects for Differentiated Products: Theory, Assumptions and Research. *The Antitrust Source*, 2010（4）：pp. 1 – 9.
[2] Werden, G. J., Unilateral Effects for Differentiated Products: A Response to Scheffman and Simons. *The Antitrust Source*, 2010（6）：pp. 1 – 6.

型。两种模型下，竞争条件的差异使企业的策略行为选择不一样，而企业行为的差异导致了市场后果的差异，因而并购的单边效应大小也存在一定的差异。在产量竞争环境下，并购企业的内部协调效应较强，但这一效应将会被回馈效应削弱；而在价格竞争环境下，并购企业的内部协调效应较弱，但这一效应将会被回馈效应增强。这一结论告诉我们，很难先验性地判断那一种竞争环境下的并购更需要重点关注，需要反垄断当局应用实证方法逐案（Case-to-case）进行具体均衡分析。评估单边效应的实证方法可以分为两大类，一类是"简化形式的实证分析方法"，另一类是"结构形式的实证分析方法"。"简化形式的实证分析方法"包括相关性分析、回归分析、市场集中度指数测试等，它可以用作"结构形式的实证分析方法"的补充。使用"结构形式的实证分析方法"评估并购单边效应的程序也称为结构性程序，主要包括四个步骤，即估计需求函数、估计供给函数、稳健性和显著性检验以及市场势力和社会福利效应的模拟分析。

  经济模型只是对复杂现实问题的简化，对待模型分析结果需要谨慎，在单边效应分析方面也是如此。需求模型和分析方法的选择、数据的获得性与质量等因素对并购模拟分析的结果会产生重要影响。同时，也应看到，影响竞争性质的非价格、非产量因素很难全部纳入模型分析，例如，进入与退出壁垒、买方势力、品牌、促销、商品位置与货架竞争等，很难以变量或参数形式进入并购分析模型，这也将影响到并购分析的结果。企业之间的动态竞争以及创造性和适应性行为的博弈演化过程对并购单边效应的影响也需要考虑。这就表明，在并购单边效应理论和分析方法与工具方面，还有许多研究需要进一步深化。

第16章 经营者集中的协同效应

> 虽然横向兼并和价格操纵都有助于提高价格（兼并在此方面比价格操纵更有效），但两者之间仍存在重要区别：兼并可能会更显著地改进效率。这使得在有损竞争的价格效应与有利竞争的效率效应之间如何权衡成为兼并分析的中心问题。
> ——迈克尔·温斯顿：《反垄断经济学前沿》，东北财经大学出版社2007年版，第42页。
>
> 反垄断始终存在的一个问题是怎样解决从独立行动到合谋的序列。在此序列内任何一点的行动都可能是反竞争的，但不同的干预方式适合不同的点。
> ——奥利弗·布莱克：《反垄断的哲学基础》，东北财经大学出版社2010年版，第171页。

16.1 导　言

经营者集中除了可能产生垄断（或市场支配地位企业）从而可能对竞争形成威胁以外，还可能通过产生其他反竞争效应损害市场有效竞争。一般而言，经营者集中可能带来的反竞争效应包括单边效应和协同效应两个方面。经营者集中的单边效应是指，当集中导致市场集中程度足够高时，单一企业即使不居于市场支配地位，也能够通过对特定市场条件进行利润最大化反应，独立地行使市场势力，产生反竞争的市场后果。经营者集中的协同效应是指，当集中导致相关市场上的竞争环境改变时，一些企业将通过默契串谋威胁市场竞争，产生与单一企业居于市场支配地位时相类似的市场后果。欧盟反垄断当局将这种默契串谋行为称为"集体市场支配地位（Collective Dominance）"，美国反垄断当局将其称为协同效应。单边效应也称为经营者集中的"静态效应"，它反映了在给定竞争对手市场行为不发生变化的情况下，经营者集中对于企业单方面提高价格和降低产量的动机和能力的影响；协同效应也称为经营者集中的"动态效率",它反映了经营者集中对于企业之间互动协同以达成默契串谋以及维持串谋的动机和能力的影响[1]。单边效应和协同效应都将对消费者福利产生不利影响,因而成为各国反垄断当局在经营者集中控制时评估分析的重点内容之一(Ordover,2008)。第15章已经分析了评估单边效应的理论基础、模型、方法和步骤,本章主要研究评估协同效应的相关理论、模型、方法和步骤。

虽然对经营者集中单边效应进行评估分析的历史不长,但用于单边效应分析的理论和方法起步较早,用于单边效应分析的两个静态模型已经有100多年的历史:古诺模型(1838)及其拓展可以用于分析企业生产高度相似的产品、通过产量或产能进行竞争的寡占市场;伯特兰德模型(1883)及其拓展可以用于分析企业生产差异化产品、通过价格进行竞争的寡占市场。讨论和分析这两个模型的经济学文献浩如烟海,应用这两个模型分析单边效应的文献也在近年内大量出现。也就是说,单边效应分析的模型、工具和方法已经比较成熟。相对于单边效应分析而言,协同效应分析的理论和方法起步较晚,并且经营者集中协同效应分析的难度更大,需要比较并购前后影响市场条件的不同因素,分析影响的途径和方式,通过分析不同因素对于协同行为、发现背离行为的可能性和惩罚的影响,来评估协同效应发生的可能性。

相关市场上企业之间的协同行为很容易引发企业之间的默契串谋,因此协同效应分析与默契串谋分析在很大程度上是相通的(或者说是重叠的),并且在大多数情况下,经济学家们是借助于串谋模型来分析协同效应的。因此,默契串谋领域理论和实证分析方面的进展能够为分析协同效应提供新方法和新工具。斯蒂格勒(Stigler,1964)分析了寡占市场上的串谋问题[2],弗里德曼(Friedman,1971)采用非合作博弈模型分析了企业参与串谋的动机[3],他们富有开拓性的工作为协同效应分析提供了一个基本思路和简单框架。伊瓦尔迪、朱利安、雷伊、西布莱特和蒂诺尔(Ivaldi, Jullien, Rey, Seabright and Tirole, 2003)沿袭和汇总了大部分产业经济学教材中关于默契串谋的观点,系统分析了默契串谋的经济学原理,讨论了影响默契串谋形成与维持的因素,提出了默契串谋发生的机制[4]。蒂诺尔(1988)、夏皮罗(1989)、莫塔(Motta,2004)

---

[1] 毕晓普和拉弗罗(Bishop and Lofaro, 2004)将单边效应称为"单一市场支配地位效应"(Single-firm Dominance Effects),将协同效应称为"联合市场支配地位效应"(Collective Dominance Effects)。参见 Bishop S. and A. Lofaro, A Legal and Economic Consensus? The Theory and Practice of Coordinated Effects in EC Merger Control, The Antitrust Bulletin, 2004 (summer): pp. 195 – 242.
[2] Stigler, G. J., A Theory of Oligopoly. *Journal of Politic Economics*, 1964 (72): pp. 44 – 71.
[3] Friedman, J., A Non-cooperative Equilibrium for Supergames. *Review of Economic Studies*, 1971 (28): pp. 1 – 12.
[4] Ivaldi, M., B. Jullien, P. Rey, P. Seabright and J. Tirole, The Economics of Tacit Collusion, DG Competition Working Paper, 2003b.

和福伊尔施泰因（Feuerstein，2005）对产业组织理论中的串谋理论的发展和演进进行了回顾和评述，总结了无限次重复博弈框架下的串谋理论，讨论了影响串谋产生和维持的因素[1]。霍尔特（Holt，1995）[2]、赫克等（Huck et al.，2000）[3]、戴维斯（Davis，2002）[4]、阿尔塔维拉等（Altavilla et al.，2006）[5]和苏腾思和伯特斯（Suetens and Portters，2007）[6]采用实验产业组织理论（Experimental IO）的研究方法分析了伯特兰德价格竞争与古诺产量竞争环境下串谋发生的难易程度。他们的研究结果显示，伯特兰德串谋的可能性大于古诺串谋的可能性。

影响默契串谋和协同效应的因素很多，既有产业和市场因素，也有企业自身因素，还可能包括并购交易的特性。孔特、珍妮和雷伊（Compte，Jenny and Rey，2002）首次以产能限制、资产转移为基础讨论了并购的协同效应。他们采用受产能限制和产能分布不对称的 Bertrand – Edgeworth 同质产品动态竞争模型，分析了资产转移效应和协同效应，并以 Nestle – Perrier 并购案为例进行了实证检验[7]。在模型中，他们假定了所有消费者具有相同的保留价格，因而最优串谋只能发生在保留价格水平上，或者根本没有串谋能够维持，这就排除了并购的价格效应，使其研究具有一定的局限性。奥勒扎克（Olczak，2009）通过拓展孔特等（Compte et al.，2002）不对称企业默契串谋模型对比分析了静态均衡下的单边效应与串谋均衡下的协同效应，及其对于消费者福利的影响，并同样以 Nestle – Perrier 并购案为例对其分析结果进行了检验。奥勒扎克（2009）的研究结果显示，单边效应对于消费者福利的损害较为明显，协同效应因为一般情况下难以维持较长时间而对消费者的损害相对小一些；企业数量的增加（新进入者）和企业不对称性程度的提高都会使默契串谋变得不稳定，

---

[1] Feuerstein, S., Collusion in Industrial Economics: A Survey. *Journal of Industry, Competition and Trade*, 2005（5）：pp. 163 – 198.

[2] Holt, C. A., Industrial Organization: A Survey of Laboratory Reseach, in J. H. Kagel and A. E. Roth (eds). *The Handbook of Experimental Economics*, New Jersey: Princeton University Press, 1995, pp. 349 – 444.

[3] Huck, S., H. Normann and J. Oechssler, Does Information about Competitors' Action Increase or Decrease Competition in Experimantal Oligopoly Market? *Internatioanl Journal of Industrial Organization*, 2000（18）：pp. 39 – 57.

[4] Davis, D. D., Strategic Interaction, Market Information and Predicting the Effects of Mergers in Differentiated Product Markets. *Internatioanl Journal of Industrial Organization*, 2002（20）：pp. 1277 – 1312.

[5] Altavilla, C., L. Luini and P. Sbriglia, Social Learning in Market Games. *Journal of Economic Behavior and Organization*, 2006（36）：pp. 192 – 231.

[6] Suetens, S. and J. Portters, Bertrand Colludes more than Cournot. *Experimental Economics*, 2007（10）：pp. 71 – 77.

[7] Compte, O., F. Jenny and P. Rey, Capacity Constraints, Mergers and Collusion. *European Economic Review*, 2002（46）：pp. 1 – 29.

默契串谋的打破将导致价格下降,因而消费者剩余将增加[1]。贝克尔(Baker, 2002)以航空产业内的具体并购案为例,讨论了如何界定相关市场上的"特立独行企业",分析了"特立独行企业"对于默契串谋和协同效应的影响。他认为,有三种方法可以识别"特立独行企业",这三种方法是显示性偏好方法、自然经验方法和先验事实方法;在不完全协同的产业内,"特立独行企业"将限制串谋价格的上升;分析"特立独行企业"在寡占市场上企业协同中的作用有利于区分促进竞争的并购与反竞争的并购[2]。兰贝蒂尼和舒尔茨(Lambertini and Schultz, 2003)研究了市场竞争变量(价格或产量)对于最优串谋的影响。他的研究结果显示,如果企业的折现因子较高,无论是在价格竞争,还是在产量竞争下,串谋集团都能实现垄断利润。否则,如果产品是相互替代的,那么在串谋期间企业选择产量协同是最优的;如果产品是互补的,企业选择价格协同是最优的[3]。库恩(Kuhn, 2004)在产异化产品模型框架内分析了并购的协同效应,研究了资产转移与分布(企业规模)、惩罚计划、多市场接触、产品创新等因素对协同效应的影响。他假定了企业资产具有产品差异性,即生产不同产品所需的资产是不同的,因而在并购中可以将企业资产单独售卖或者整体转移给其他企业。库恩(2004)的研究结果显示,在对称最优惩罚计划下(Symmetric Optimal Punishment Schemes),当资产转移给最大企业而最小企业的规模不变时,小企业具有很强的背离串谋价格的动机,因而最可行的串谋价格将趋于下降;在充分最优惩罚计划下(Fully Optimal Punishment Schemes),规模变大的企业价格将上升,而规模变小的企业价格将下降,这种价格背离不利于串谋的维持;在所有情况下并购都是无利可图的,除非相关市场上企业间的产品线是非对称的[4]。库恩(2004)只比较了给定的一个市场与另一个市场上串谋的范围及其可维持性,没有研究并购对于正在发生的串谋的影响,这使得其研究具有一定的局限性。

瓦斯孔塞卢斯(Vasconcelos, 2005)构建了一个成本不对称下的产量博弈模型,分析了维持默契串谋的充分必要条件和并购对默契串谋可能产生的影响。他认为,企业有形资产的分布将影响企业的边际成本,从而影响串谋范围

---

[1] Olczak, M., Unilateral versus Coordinated Effects: Comparing the Impact on Consumer Welfare of Alternative Merger Outcomes, Working Paper, 2009.

[2] Baker, J. B., Mavericks, Mergers and Exclusion: Proving Coordinated Competitive Effects Under the Antitrust Law. *New York University Law Review*, 2002 (77): pp. 135 – 203.

[3] Lambertini L. and C. Schultz, Price or Quantity in Tacit Collusion? *Economics Latter*, 2003 (78): pp. 131 – 137.

[4] Kuhn, K. U., The Coordinated Effects of Mergers in Differentiated Products Markets, Bepress Legal Repository, Working Paper, 2004.

和可维持性；如果并购导致资产分布的不对称性上升，那么该项并购将阻碍串谋的发生[1]。戴维斯（Davis，2006）对并购的潜在协同效应进行了模拟分析。他首先构建了一个差异化产品下的伯特兰德价格竞争模型对一次性博弈中的单边效应进行了模拟分析；然后，将模型拓展至无限期重复博弈，对比分析了协同效应下的串谋收益与背离收益，并以具体数字为例对并购的协同效应进行了模拟分析。戴维斯（2006）认为，对单边效应进行模拟分析的工具和方法可以经过拓展应用于协同效应的模拟分析；在模型的实际设定中，一是必须根据发现背离行为所需的时间确定好"时期"的长度，二是必须确定好串谋与竞争环境下的未来收益的顺序[2]。

博弈论引入串谋和协同效应分析，极大地提高了经济学对于串谋现象和协同效应的解释力。马丁（Martin，2006）构建了一个特殊形式的非合作串谋（Non-cooperative Collusion）模型，分析了严厉触发策略下的默契串谋均衡解，比较了在缺乏相应竞争政策时默契串谋与显性串谋的差异，最后讨论竞争政策和市场制度对企业默契串谋行为的影响。马丁（2006）认为，反垄断当局加大并购控制政策的执行力度和处罚力度能够提高消费者福利，并且使得企业在默契串谋下获得的企业价值大于公开串谋下下获得的价值，一次性博弈行为下获得的价值大于默契串谋下获得的价值[3]。盖尔、马歇尔、马克斯和理查德（Gayle，Marshall，Marx and Richard，2011）构建了一个寡占采购模型从理论上分析了并购的协同效应，并将该模型应用于真实世界，进行了实证检验，量化测度了欧盟 Vitamins Cartel 中 Rhone – Poulenc/ Takeda 并购案（2010）和美国 BASF – CIBA 并购案（2009）的协同效应。他们的研究结果显示，以 UPP（Upward Pricing Pressure）为基础的分析方法不能直接评估并购的协同效应，用此方法对并购进行评估分析是不充分的。在他们的分析中，不存在与并购相关的价格上升压力，甚至不存在效率效应，但并购仍然使相关市场上的企业产生了协同互动的强烈动机和明显激励[4]。戴维斯和休斯（Davis and Huse，2010）在回顾分析了并购单边效应模拟分析（Unilateral Effects Merger Simulation）的实证文献、应用博弈理论定价模型（Game\Theoretic Pricing Models）

---

[1] Vasconcelos, H., Tacit Collusion, Cost Asymmetries and Mergers. *Rand Journal of Economics*, 2005 (36): pp. 39 – 62.

[2] Davis, P., Coordinated Effects Merger Simulation with Linear Demands, CEPR Working Paper, 2006.

[3] Martin, S., Competition Policy, Collusion and Tacit Collusion. *International Journal of Industrial Organization*, 2006 (24): pp. 1299 – 1332.

[4] Gayle, W. R., R. C. Marshall, L. M. Marx and J. F. Richard, Coordinated Effects in the 2010 Horizontal Merger Guidelines. *Review of Industrial Organization*, 2011 (39): pp. 39 – 56.

评估企业行为的经验研究和非对称条件下的默契协同理论研究的基础上，分别构建了理论分析和模拟分析模型，对并购的协同效应进行了评估，并应用相关并购案例进行了实证测算[1]。甘斯兰特、佩尔松和瓦肯塞拉斯（Ganslandt, Persson and Vasconselos, 2011）通过构建一个重复博弈的寡占模型分析了串谋可能性与成本非对称性之间的关系。他们的研究结果显示，串谋可能性与成本非对称性之间存在一个倒"U"型关系：当企业成本的不对称性程度很低时，企业之间不进行串谋；当企业成本不对称性程度居于中等水平时，企业的确进行串谋；当企业成本不对称性程度很高时，企业之间又不进行串谋。阻止并购以形成对称性产业结构的并购控制政策，可能适得其反[2]。

20世纪90年代以后，欧美国家的反垄断当局在并购评估审查中开始注重协同效应分析，出现了大量的关于协同效应分析的具体案例。一些经济学家利用欧美国家反垄断当局这些判例对并购协同效应进行了经验分析。科特和麦克切斯尼（Coate and McChesney, 1992）[3]、科曼尼和夏皮罗（Khemani and Shapiro, 1993）[4]和科特和尤瑞克（Coate and Ulrick, 2006, 2009）[5]等对美国、加拿大和英国的并购案例进行了统计分析；琳赛等（Lindsay et al., 2003）[6]、伯格曼等（Bergman et al., 2005）[7]、卡里等（Carree et al., 2008）[8]、博格特和图罗拉（Bougette and Turolla, 2008）[9]和戴维斯等（Davies et al., 2011）[10]

---

[1] Davis P. J. and C. Huse, Estimating the Coordinated Effects of Merger, UK Competition Commission Working Paper, 2010.

[2] Ganslandt, M., L. Persson and H. Vasconselos, Endogenous Merger and Collusion in Asymmetric Market Structure, Working Paper, 2011.

[3] Coate, M. B. and F. S. McChesney, Empirical Evidence on FTC Enforcement of the Merger Guidelines. *Economic Enquiry*, 1992 (30): pp. 277 – 293.

[4] Khemani R. S. and D. M. Shapiro, An Empirical Analysis of Canadian Merger Policy. *The Journal of Industrial Economics*, 1993 (41): pp. 161 – 177.

[5] Coate M. B. and S. W. Ulrick, Transparency at the Federal Trade Commission: The Horizontal Merger Review Process 1996 – 2003. *Antitrust Law Journal*, 2006 (73): pp. 531 – 570.
Coate M. B. and S. W. Ulrick, Influential Evidence in Merger Enforcement at the Federal Trade Commission, Issues in Competition Law and Policy: ABA Section of Antitrust Law, 2009.

[6] Lindsay, A., E. Leechi and G. Williams, Econometric Study into EC Merger Decisions since 2000. *European Competition Law Review*, 2003 (24): pp. 673 – 682.

[7] Bergman, M., M. Jackobsson and C. Razo, An Econometric Analysis of the European Commission Merger Decision. *International Journal of Industrial Organization*, 2005 (23): pp. 717 – 737.

[8] Carree, M. A., A. Gunster and M. P. Schinkel, European Antitrust Policy: An Analysis of Commission Decision during 1964 – 2002, Amsterdam Center for Law and Economics Working Paper, No. 6, 2008.

[9] Bougette P. and S. Turolla, Market Structure, Political Surrounding and Merger Remedies: An Empirical Investigation of the EC's Decision. *European Journal of Law and Economics*, 2008 (25): pp. 125 – 150.

[10] Dacies, S., M. Olczak and H. Coles, Tacit Collusion, Firm Asymmetries and Numbers: Evidence from EC Merger Cases. *International Journal of Industrial Organization*, 2011 (29): pp. 221 – 231.

等分析了欧盟并购案例;伯格曼等(2009)[1] 对欧盟与美国的并购案例进行了比较分析。虽然这些研究在具体目标和细节上具有一定差异,但它们也有一些共同特点:所使用的典型数据库是大量不同的并购判例;观察单位是单个并购案;因变量是反垄断当局的"决策",并且都采取了"二进制",即干预或不干预;解释变量往往分为两大类,即市场份额(或市场集中度)与其他市场特性变量,例如进入壁垒、买方势力、超额产能、成本对称性等;在分析并购可能产生的单边效应的同时分析协同效应。

以上是经济学界关于默契串谋行为和协同效应的主流观点。然而,理论界的一些具有代表性的非主流观点也值得我们关注。大多数经济学家认为,并购导致相关市场上竞争者数量减少,市场集中度提高,使得串谋更容易发生。然而,戴维森和德内克尔(Davidson and Denechere,1984)的研究结论与此相反。戴维森和德内克尔(1984)在假定需求函数为线性、成本不变的情况下分别构建了产量竞争和价格竞争博弈模型,发现并购降低了默契串谋发生的可能性。他们认为出现这种反常结论的原因是,并购将导致市场结构发生变化,这种变化给外部企业的"搭便车"行为提供了更大的动机、激励和可能,而"搭便车"行为的存在使得企业参与默契串谋无利可图。换句话说,并购后价格上升给非串谋企业带来的好处大于串谋企业,因而串谋企业存在较强的背离串谋路径的动机[2]。大多数经济学认为,默契串谋往往导致价格上升或产量下降,从而将损害消费者利益。然而,费希特曼和帕克斯(Fershtman and Pakes,1998)的观点与此相左。费希特曼和帕克斯(1998)应用了埃里克森和帕克斯(Ericson and Pakes,1995)的分析框架和帕克斯和麦奎尔(Pakes and McGuire,1994)的计算方法分析了动态寡占市场上的默契串谋与价格战。与斯马兰西(Schmalensee,1987),哈林顿(Harrington,1989),弗登伯格、莱文和马斯金(Fudenberg, Levine and Maskin,1994)等经济学家所做的研究不同,弗希特曼和帕克斯(1998)改变了同质性企业和市场环境稳定的假定,拓展了串谋分析框架,引入企业异质性假定和代表进入、退出和投资行为的变量,得出了与主流观点不同的结论。弗希特曼和帕克斯(1998)认为,容易发生串谋的产业也是容易发生价格战的产业,价格战促使企业开发新产品、发展已有产品,因而这种产业常常能够为消费者提供更多种类与更高质量的产品。串谋能够增加产品种类、提高产品质量的积极效应能够补偿串谋价格给消

---

[1] Bergman, M., M. B. Coate, M. Jackobsson and S. W. Ulrick, Atlantic Divide of Gulf Stream Convergence: Merger Policy in the European Union and the United States, Working Paper, 2009.

[2] Davidson C. and R. Denechere, Horizontal Mergers and Collusive Behavior. *International Journal of Industrial Organization*, 1984 (2): pp. 117–132.

费者带来的消极效应,因而在串谋性产业中消费者剩余会增加。据此,他们指出那些认为串谋总是损害消费者利益的观点是错误的[1]。一部分经济学家认为,需求富有弹性的市场上不易产生默契串谋,即使产生了也难以维持;还有一部分经济学家认为,需求弹性与串谋可维持性之间的关系不是非常明确。然而,科利(Collie,2004)的观点也明显不同于经济学界的主流观点。科利(2004)通过构建一个无限期重复博弈的古诺寡占模型,研究了需求弹性与串谋可维持性之间的关系。他的研究结果显示,相关市场上需求弹性越大,企业维持串谋的能力就越强。科利(2004)认为,需求弹性从三个方面影响串谋的可维持性:(1)当企业以垄断价格进行串谋时,需求弹性越大,价格—成本边际就越低,在需求弹性上升时这将降低企业背离串谋路径的动机;(2)需求弹性越大,企业背离串谋路径时削价的幅度就越小,在需求弹性上升时这将提高企业背离串谋路径的动机;(3)需求弹性越大,古诺-纳什均衡利润与垄断价格时的串谋利润之比就越大,这将降低企业背离串谋路径恢复到古诺-纳什均衡时的损失,在需求弹性上升时这将提高企业背离串谋路径的动机。然而第一个效应大于第二个和第三个效应之和,因此当需求弹性上升时,企业背离串谋路径的动机将下降。也就是说,需求弹性越大,将串谋维持在垄断价格的难度就越小[2]。

相对于单边效应的评估而言,一方面协同效应评估分析本身较为复杂,另一方面对协同效应的研究工作起步也相对较晚。因而,在并购协同效应的评估分析方面,还有大量的问题有待深化研究和逐步完善。本章结构如下:第2节分析默契串谋经济学原理以及串谋对经营者集中反垄断控制的影响,同时讨论经营者集中可能对默契串谋产生的影响;第3节讨论评估协同效应的模型与方法,以及协同效应评估在理论和实践上的新进展;第4节提出评估协同效应的分类方法与基本步骤,为反垄断当局的司法实践提供一个用于评估协同效应的分析框架;第5节是本章小结。

16.2　串谋、经营者集中及其反垄断控制

相关市场上影响串谋可维持性的因素很多,一些市场特性(因素)有助

---

[1] Fershtman, C. and A. Pakes, A Dynamic Oligopoly with Collusion and Price War, Working Paper, 1998.
[2] Collie, D., Collusion and the Elasticity of Demand. *Economics Bulletin*, 2004 (12): pp. 1 – 6.

于促进串谋，一些因素倾向于阻碍串谋，根据这些因素从总体上预测串谋的可能性可能是一件较为复杂的事情。另外，相同的市场环境下可能出现不同的市场均衡。也就是说，企业可能维持串谋的"事实"并不意味着企业实际上能成功做到。我们也可以从重复博弈理论中获知，即使是在存在其他均衡，在该均衡中企业能够在每个时期都维持垄断价格，企业也有可能在每一个时期都进行充分竞争，好像该时期是博弈的最后一个时期。或者说，重复博弈倾向于产生多重均衡，特别是，一次性博弈静态均衡的重复也可能是重复博弈的一个均衡（子博弈精炼均衡）。因此，串谋定价均衡的形式很多。也就是说，不能仅仅依据理论分析来确定串谋是否实际发生。在反垄断的事后环境下，对产业过去历史资料和数据的分析有助于判断以上问题。在并购控制的环境下，情况是不一样的。反垄断当局必须在事前对产业的未来演化进行评估；过去的历史资料只能为分析提供有限的信息。然而，难度大并不意味着不可能，反垄断当局可以解决不同但相关的问题：并购是否产生了有利于串谋（或企业之间相互协同）的市场环境，或者说，在并购后的市场环境中串谋是否变得更加容易维持了？

一项并购常常影响与串谋可维持性相关的产业和市场特性，有时候强化这些因素，使串谋更容易产生或维持；有时候使这些因素之间相互抵消，使串谋难以维持。例如，并购减少了相关市场上的竞争者数量，将倾向于促进串谋；但是它也能够使剩余的竞争者变得不对称，从而阻碍串谋。因此，并购对串谋的影响可能涉及对一些可能相互冲突的效应的评估。理想的做法是，构建一个"元模型"将所有的相关因素都包括进去。然而，前文的分析已经表明，这种囊括一切的"元模型"可能不易处理，因而也是无用的。因此，需要界定每一个特定产业内与串谋最为相关的产业特性，并将其进行排序分析。

16.2.1 并购对于产业特性的影响

并购可以通过改变产业特性而影响串谋发生和维持的可能性，从而影响协同效应的大小。产业特性包括的因素较多，并购对这些因素的影响不是孤立的，而是相互交织、相互作用地产生方向不一的影响。在竞争者数量方面，一项"消灭"明显竞争对手的并购将有利于企业相互协同产生串谋，并使得串谋更具可维持性。一般而言，相关市场上的竞争者数量越小，协同的成本就越低，协同所需的时间就越短；同时，发现背离行为所需的时间越短，企业从背离行为中获得短期收益就越低，企业背离的动机就越弱。在进入壁垒方面，一项能够提高市场进入壁垒的并购可能有利于串谋，反垄断当局需要更多地关注进入壁垒较高市场上发生的并购和并购后进入壁垒较高的市场上的串谋。进入壁垒越高，潜在进入者"搭便车"的机会就越少，企业参与串谋所获得的串谋利润就越高，企业背离串谋路径的动机也就越弱。在企业互动频率方面，并购对此因素的直接影响可能较小，并且影响方向也不明确，但在评估是否存在串谋时也需要联系特定的市场条件和产业环境考虑这一因素。在市场透明度方面，有些并购可能直接影响这一因素。例如，生产商与分销商之间的并购可能使生产者能够更好地了解竞争对手的营销策略，从而较易判断竞争对手是否背离了串谋协议。在需求特性方面，主要考虑并购是否会影响市场规模和消费者偏好，一般而言并购对于需求特性的直接影响并不明显。在创新方面，如果并购能够使企业研发投入增加，促进企业创新，那么就将使串谋难以维持。反之，如果并购限制了创新，那么该项并购就可能有助于串谋的维持。在企业对称性方面，并购将影响到企业的成本结构、产能和产品范围。如果一项并购使企业之间恢复对称性，那么这项并购将有助于串谋；反之，如果一项并购产生不对称性或使本来已经存在的不对称性进一步扩大，那么这项并购将阻碍串谋。在产品同质性方面，并购的影响并不明显。在多市场接触方面，如果并购能够明显提高同一个企业参与竞争的市场数量，那么这项并购将提高串谋的可能性。在需求弹性、买方势力方面，主要评估并购是否能产生大购买者，提高买方势力。例如，买方之间的并购可能打破串谋。在其他因素方面，主要分析并购是否在企业之间产生结构上的联系或其他合作协议，以及是否能够消除"特立独行"企业等。

16.2.2 串谋因素对并购控制的影响

在评估并购对于串谋因素的影响时，有些因素显示出相关性，而有些因素好像不受到并购的影响，因而在并购评估中需要对这些因素进行分类。

首先，一些可能受到或不受到并购影响的因素对企业维持默契串谋的能力具有决定性影响。这些因素包括进入壁垒、互动频率、研发创新。在缺乏进入壁垒、企业互动频率很低或者由创新驱动的市场上，企业之间默契串谋的空间很小。因此，只要产业呈现出这些特征中的某一个特征，串谋就不构成评估分析的重要问题。

其次，有一些因素既与串谋相关又受到并购的直接影响。这些因素包括市场参与者的数量、企业之间对称性的程度等。通过消除竞争对手，并购能够减少竞争者数量，从而有助于串谋。相关市场上剩下的企业数量越小，这一效应就越明显。相比之下，一项产生或强化成本、产能或产品种类不对称性的并购，将使串谋变得更困难。有些并购可能在减少竞争者数量的同时，导致企业之间出现不对称性。只要关键变量的数量是有限的，就有可能对这两种相互冲突的效应之间的权衡比较进行评估。我们来看一个例子：假定最初有 3 个对称性的企业以相同的成本 c 生产相同的产品，并以相同的保留价格 p 卖给消费者。现在考虑两个企业进行并购，并购后企业的成本下降为 $c' < c$。我们用 $\gamma = 2(c - c')/(p - c')$ 表示并购后并购企业的相对成本优势，前面的分析已经显示，并购前折现因子的关键门槛值为 $\delta^* = 2/3$，并购后折现因子的关键门槛值为 $\delta^{**} = 2/(4 - \gamma)$。如果成本优势 γ 超过 1，那么并购将从总体上有助于串谋；反之反是。

最后，有一些因素对串谋的可维持性能够产生影响，但可能不受到并购的直接影响。在这些因素中，市场透明度是一个关键因素。其他因素包括产品差异化、需求的性质、多市场接触和特定市场的组织结构（例如，招投标市场）等。这些因素与评估串谋可能性是相关的。

另外需要注意的是，这些因素之间可能发生相互影响；例如，需求增长的效应取决于进入壁垒的高低。如果进入壁垒很高，需求增长将促进串谋；如果进入壁垒较低，需求增长可能诱致新企业进入，抵消进入壁垒的影响，反而阻碍串谋。同样道理，产品差异化可能影响市场透明度。因此，在评估并购效应时，需要将这些相互影响的因素结合起来分析。

16.3 评估协同效应的模型与方法

20 世纪 90 年代以后，经营者集中的单边效应和协同效应成为反垄断经济学家们和并购司法诉讼分析中的前沿问题。一些计量经济学家通过构建复杂的经济模型对并购的价格效应进行了预测和分析。欧多瓦（Ordover, 2008）指出，在对单边效应与协同效应进行深度分析时，二者之间存在一定的联系[①]。从技术上说，单边效应反映了价格—产量组合从一个静态的并购前均衡移向一个静态的并购后均衡。例如，如果假定相关市场上企业之间进行的是产量竞争，那么单边效应就能被描述成从一个并购前的古诺-纳什均衡移向另一个古诺-纳什均衡，该均衡中的独立企业数量减少了（Farrell and Shapiro, 1990）。如果相关市场上企业之间进行的是价格竞争，那么并购将导致一个并购前的伯特兰德-纳什均衡移动到一个并购后的伯特兰德-纳什均衡，在后一个均衡中，并购企业将对其所生产的产品进行重新定价，还有可能将一些产品退出市

---

① Ordover, J. A., Coordinated Effects, in 2 Issues in Competition Law and Policy, 2008, pp. 1359 – 1383.

场。经济学家已经创造了很多并购模拟分析工具，用来测算并购后"静态的"均衡价格。从经济模型中得到的结论往往是，独立企业（或品牌）数量的减少通常导致较高的价格。为了反驳这一"方向性的"预测，并购企业不得不提供具有说服力的证据，由于效率的存在它们没有单边动机提高价格，或者由于竞争对手提高产量，它们没有能力提高价格。因而，单边效应分析的是，假定潜在的或已有的竞争对手的市场行为不发生变化的情况下，并购对于并购企业在并购后单边提高价格、限制产量、降低产品质量、改变竞争方向和条件等方面的动机和能力的影响。换句话说，这种局部均衡的分析方法假定了竞争对手在并购前后保持价格和产量不变。在并购模拟分析中，竞争对手的反应被纳入假设因素中，并购后的博弈性质没有发生变化。并购的动态效应就是协同效应分析的主题，它通过以下几种途径与静态分析相联系：（1）将默契串谋"模型化"为重复互动博弈的均衡结果是经济学中的标准做法，每一次互动仅是进行一次静态的古诺博弈或伯特兰德博弈。（2）在模型设定中，询问企业以下问题是合理的：与单一静态博弈的市场结果相比较，重复互动博弈是否能够使它们实现更加有利可图的市场后果。（3）因为并购减少企业数量，影响市场参与者的利润函数，改变非串谋状态下的纳什均衡，因而影响企业实行和维持串谋结果的动机和能力。这些效应可能使默契串谋的可能性增加或下降。结果是，相对于单边效应分析而言，协同效应的评估分析变得十分复杂且不够准确。此外，关于产业特性是提高还是降低协同效应的可能性，学术界很难达成一致意见。默契协同指的是这样一种情形，相关市场上的两个或多个企业通过默契互动接受更缓和的竞争模式从而能够提高市场价格。接受更缓和的竞争模式通常是指企业之间能够对彼此行为达到一种默契理解。然而，这种理解并不涉及任何显性协议甚至企业之间的直接交流，而是依赖于企业认识到相互之间的竞争性互动并相应地调整自己的竞争模式。

经营者集中将对相关市场上企业之间协同互动的范围、机会、可能性和收益产生影响。对并购协同效应的传统分析很少对这些影响进行量化测度，而是从企业数量、赫芬达尔指数、发现和惩罚背离行为的能力、进入壁垒、"特立独行企业"等方面进行讨论。20世纪90年代以后，量化分析的数理模型和计量分析工具逐步引入协同效应的评估分析，对并购可能产生的协同效应进行量化分析，产生了一些新的评估方法和工具。在本节中我们首先对分析协同效应的起点——斯蒂格勒分析框架和基本模型进行讨论，然后分别介绍评估协同效应的传统方法和新方法，最后提出协同效应分析一般步骤。

16.3.1 斯蒂格勒分析框架与基本模型

由于协同效应的分析逻辑是建立在串谋经济学的基础上,首先回顾一下斯蒂格勒(1964)分析寡占市场上串谋问题的方法[1],然后用一个很简单的数学模型来阐明这一方法,对于理解协同效应分析模型和分析方法很有帮助。斯蒂格勒(1964)的开创性论文发表之后,经济学家和反垄断当局已经意识到,分析默契协同效应需要:(1)潜在协同者通过市场信号(不同于公开协同与信息交流)能够达成如何以及在多大程度上抑制竞争的协议;(2)企业能够很快发现背离"公认协议"的行为,并且判断的准确程度较高;(3)企业能够对背离企业使用(或可信地威胁使用)效果明显的惩罚,这种威胁足以在一开始就劝阻潜在背叛者;(4)串谋后果不会因受到外部经济力量的影响而变得不稳定,外部经济力量包括潜在进入者、消费者、非串谋企业或其他外部冲击。虽然这些条件在各种理论情境下原则上能够得到满足,但是默契协同得以发生并成功维持的实证证据实际上很少(Levenstein and Suslow,2006)。此外,在哪些产业特征如何影响以上四个方面,学术界也没有共识。然而,由于斯蒂格勒分析方法在分析协同效应时使用了一个较为合理且较为严谨的分析框架,因而这一方法仍然具有较强的解释力。

1. 基本模型

假定某一产业内有 $N(N>2)$ 家企业,这些企业以相同的边际成本 c 生产同质产品;如果这些企业不相互串谋,每个企业获得的利润为 π^{comp},利润的大小取决于企业数量、边际成本、产品需求参数和竞争的性质;如果这些企业相互串谋,每个企业获得的利润为:

$$\frac{\pi^{mon}}{N} > \pi^{comp}$$

其中,π^{mon} 为(假定)该市场由独家企业垄断时的利润。在以上假定条件下,企业就有串谋的动机,通过提高价格(或限制产量)分享垄断利润。然而,即使这些企业具有串谋的动机,它们也有可能难以实现串谋。虽然该市场上的所有企业都能够从串谋中获得更高的收益,但是如果企业背离串谋的收益高于串谋收益,那么每个企业都有背离串谋的潜在动机。假定有一家企业背叛串谋协议,它可以通过将自身价格略微调低于垄断价格而掠夺所有其他企业的需求,获得短期收益。那么,背离串谋路径的一期回报就约等于整个产业的垄断利润,即 π^{mon}。假定背离串谋的行为在一期之后就被发现,一旦发现,其他

---

[1] Stigler, G. J., A Theory of Oligopoly. *Journal of Politic Economics*, 1964(72): pp. 44–71.

企业将通过回复古诺行为（或伯特兰德行为）并永远坚持这一行为对背叛者进行报复，每个企业在串谋失败以后的每个时期获得的利润为 π^{comp}（Abreu, 1986）。假定相关市场上的企业之间进行的是伯特兰德价格竞争，由于产品是同质的，所以 $\pi^{comp}=0$。因此，背离串谋路径的企业能够获得的利润为 $V(d) = \pi^{mon} + \delta \times 0 = \pi^{mon}$。其中 $\delta(0<\delta<1)$ 为折现因子，它表示未来收益折算为现值的比率。为了评估背离行为是否是有利可图的，企业需要将背离串谋所获得的收益与维持串谋所获得的收益进行比较。如果我们用 $V(m)$ 表示维持串谋时每期获得的收益，那么：

$$V(m) = \frac{\pi^{mon}}{N} + \delta V(m)$$

也就是说，现期坚持默契串谋收益的净现值等于现期所分享到的垄断利润加上下期坚持串谋所获收益的净现值。如果 $V(m) > V(d)$，企业就没有背叛的动机。也就是说，如果坚持串谋协议的动机与企业利润最大化动机是激励相容的，那么串谋就可以维持。从以上分析中我们可以推导出，如果 $1/N > (1-\delta)$，那么串谋协议就可以被维持。这一条件也可以写作：

$$\delta > 1 - \frac{1}{N}$$

从以上简单模型中我们可以得到：（1）企业数量（N）越少，串谋越易维持；（2）企业对未来收益流的折现率越低（企业具有"耐心"，即 δ 越小），串谋越容易维持[1]。由于 $\delta=1/(1+r)$（r 为利率水平），δ 也可以表示企业对未来收益的耐心程度。斯蒂格勒分析框架的这一基本模型为分析协同效应提供了以下几个方面的启示：（1）在其他条件不变的情况下，企业数量的减少将使得默契串谋变得更加容易；（2）即使是相关市场有利于企业之间进行协同互动（默契串谋），只要市场参与者的未来收益的"耐心程度"很低，那么串谋也是难以维持的；（3）如果并购影响了企业对未来收益的折现因子，使得它们变得更加"耐心"，那么并购将使得串谋更有可能发生，且更易维持；（4）如果背离串谋路径的行为被发现的概率较小，或者需要几个时期才能发现，串谋的可能性就较小。

2. 基本模型的简单拓展

上述已经指出，表示"不耐心"程度的折现因子 δ 是一个影响串谋可能性的重要变量，它可以当作测度企业维持串谋价格（或串谋产量）能力的一个混合度量指标。因此，在评估分析协同效应时，就可以考虑哪些因素影响 δ

---

[1] 这一结果与我们在"串谋影响因素"分析中所得到的结果是一致的。

的大小。实际上，一些影响 δ 的产业特性因素，也影响默契串谋发生的可能性的大小和可维持的难易程度。卡布尔（Cabral，2000）研究了影响折现因子关键值的因素，他用一个简单的关系式表示了折现因子与产业在下一期继续存在的可能性（h）、产业的预期增长率（1 + g）、企业之间的互动频率（f）之间的关系，即：

$$\delta = \frac{h(1+g)}{1+\frac{r}{f}}$$

沿着同一方向延长背离与惩罚的时间，就等于在模型中提高折现因子；降低了背离被发现的可能性。从其他不同角度拓展这一基本模型也是可能的（Ivaldi et al.，2003b）。欧多瓦（2008）从"特立独行"企业、市场不确定性和透明度等两个维度对基本模型进行了拓展[1]。"特立独行"企业具有比其他企业更低的折现因子，具有较强的经济动机去背离串谋协议。如果相关市场上的企业预期到"特立独行"企业将背离串谋协议，那么它们在一开始就不会达成串谋协议。因此，"特立独行"企业的存在有利于打破串谋。然而，如果并购能够"消灭""特立独行"企业，或者减弱"特立独行"企业背离串谋协议的动机，那么该项并购将提高并购后相关市场上发生协同效应的风险。反之，如果并购能够产生"特立独行"企业，或者增强"特立独行"企业背离串谋协议的动机，那么该项并购将降低协同的可能性。相关市场上信息的不完全性和不对称性不利于企业之间进行协同互动，达成串谋协议。在信息不完全和不对称的市场上，一方面，企业行为变化不易观察，发现背叛行为更加困难；另一方面，在缺乏公开交流的情况下，企业之间通过默契协同达成串谋协议更加困难，因而将降低串谋的动机。

16.3.2 协同效应分析的传统方法

分析并购的协同效应涉及寡占市场上企业之间默契串谋，而串谋协议是在企业多次协同互动后形成的，因而协同效应分析需要应用动态经济分析方法。寡占市场的动态博弈理论和计量经济学的发展为协同效应分析提供了方法论和工具箱。虽然如此，相对于单边效应分析而言，协同效应分析模型和方法方面仍然存在很多争论，很多地方需要进一步发展和完善。迪克（Dick，2005）在评论 Arch Coal 案例时对协同效应的传统分析方法进行了总结，他认为传统分

---

[1] 参见 Ordover, J. A., Coordinated Effects, in 2 Issues in Competition Law and Policy, 2008, pp. 1359 – 1383。

析方法是建立在三个"支柱"之上的。这三个"支柱"是：结构性推定、市场因素清单和历史资料①。下面，我们对与这三个"支柱"相对应的三种传统分析方法进行讨论。

1. 结构性推定

结构性推定方法的基本思路是，市场集中度与企业默契串谋之间存在正向关系，并购减少了企业数量、提高了市场集中度，因而并购会有利于并购后企业之间进行协同串谋；并且有效竞争者的数量减少越多，市场集中度上升越多，默契串谋发生的可能性就越大，协同效应就可能越明显（Dick，2005）。从前面的分析中我们可以清晰地看到，企业数目的减少和随之而来的市场集中度的上升并不必然使串谋不可避免地发生，甚至也并不必然使串谋更有可能产生或更趋稳定。在衡量并购发生协同效应的可能性时，如果仅仅依据并购减少了企业数量，并认为企业数量减少将自动减少企业面临的协同问题、提高企业参与默契串谋的动机，从而认为并购产生协同效应。这种判断是不充分的。实际上，并购可能通过改变企业的成本结构、使其更有可能获得更高的市场份额，将一个"温顺的"市场参与者变成一个"特立独行者"。并购也有可能改变企业背离串谋路径的动机，因为它能够改变背离的短期利润和协同利润的相对大小。此外，如果我们承认并购能够带来效率获得，那么这一效应也需要纳入协同效应分析。

并购也能影响相关市场上创新的方向和力度，从而使得假定的串谋收益变得不稳定。然而，在评估并购的协同效应时如何考虑并购带来的效率获得中的这类动态效率，仍然是一个尚未解决的问题（Katz and Shelanski，2007）。在动态竞争市场上，这类动态效率对于串谋可维持性的影响很明显，创新可能使企业获得不对称的竞争优势，从而使串谋变得不稳定。例如，并购可能使参与并购的企业能够利用从固定成本节约中获得资金，从事新的研发和创新项目，在长期内，这将使得串谋难以维持。

产业组织经济学家的大量实证分析结果也对结构性推定方法提出了质疑。虽然如此，结构性推定方法并没有消失，并购后相关市场的集中度及其变化在并购评估分析中仍然起着重要作用。欧多瓦（2008）认为，当并购使得相关市场上的企业从一个合理数量减少到4个、3个或者2个时，反垄断当局开始关注这种并购可能使在位企业更易于串谋，是有道理的；然而很难在给定市场上找到一个临界的市场集中度水平，高于这一水平的并购就将提高发生协同效

---

① Dick, A., Coordinated Effects Analysis: The Arch Coal Decision. *Antitrust Source*, 2005 (3): pp. 3–15.

应的可能性①。贝克尔和夏皮罗（2007）认为，结构性推定方法在一些特定的分析中应该继续保留，因为一些"重要的"产业组织模型预测到，（在缺乏效率的情况下）市场集中度上升将导致更高的价格，相关市场上的"两个企业不足以确保竞争性的市场后果"②。他们注意到，在协同效应分析中，卖者数量的减少提高了并购产生"特立独行者"的可能性，尤其是在相关市场上卖者很少时。当然，如果有证据直接显示并购将"消灭"或"削弱""特立独行者"时，结构性推定方法的重要性就会下降③。

2. 市场因素清单方法

协同效应的传统分析也依赖于所谓的市场因素清单，这些因素被认为有助于评估相关市场上发生串谋的可能性。实际上，美国1992年的《横向并购指南》中就列出了影响串谋发生和维持的一些市场因素。在前面，我们已经对影响串谋的因素进行了具体分析，在这里，我们仅从不同视角对这些因素进行简单归类分析。影响协同效应的相关因素包括：市场集中度、进入的可能性、企业和产品的同质性、超额生产能力及其在企业之间的分布状况、定价和其他竞争决策的透明度、需求的稳定性、市场合同，等等（Motta, 2004）。在并购协同效应的评估分析中，这些市场因素清单的价值毋庸置疑，但是了解其局限性也是很重要的。

首先，当每一个市场的特征都用对串谋成功概率具有不同影响方向的诸多"清单"因素进行描述时，这些因素的综合影响较难准确评估。例如，同一市场中，定价策略可能比较透明（有利于串谋），但市场中的交易量很大且交易频率较低（产生背离串谋路径的动机）。更难处理的是，有些因素的影响方向是模糊的。例如，超额产能使得惩罚背离行为的措施迅速而有效从而能使串谋保持稳定，但也能产生背离的动机。因此，超额产能是否是有利于协同的因素以复杂的方式取决于企业是否拥有以及为什么拥有。再例如，多市场契约可能被看成是串谋的有利因素，然而实际上并非总是如此（Bernheim and Whinston, 1990）。另外，托马斯和威利格（Thomas and Willig, 2006）的研究结果显示，当不同市场受到本地因素冲击时，将这些不同市场连接起来的竞争性反应实际上将破坏协同行为④。因此，从执行的角度看，比较合理的做法是，关注给定市场的最突出的特点，从这些市场特点中找到支持或反对并购的依据。例如，

---

① Ordover, J. A., Coordinated Effects, in 2 Issues in Competition Law and Policy, 2008, pp. 1359–1383.

②③ Baker, J. and C. Shapiro, Reinvigorating Horizontal Merger Enforcement, Working Paper, 2007.

④ Thomas CJ. And R. D. Willig, The Risk of Contagion from Multimarket Contact. *International Journal of Industrial Organization*, 2006 (24): pp. 1157–1165.

如果阻碍协同的主要因素是不同企业产品范围的差异，那么相对于不影响这些突出特征的并购而言，使这些特征"均质化"的并购可能存在更多问题。

其次，与以上是相关的，由于清单因素不提供这些因素与默契串谋可能性之间的可以测度的联系，或者并购导致的协同效应的大小，它们潜在的不同性质的影响不能进行统计汇总。正因为如此，它们留下了大量的不确定性和模糊性，不利于更好地进行并购控制。这也可能是结构性推定方法仍然得以保留的原因之一。同时，市场因素清单方法的一个不利的也许是出乎意料的副作用就是，当相关市场表现出有利于协同的不同特征时，分析者可能得出一个无理的结论——该市场上已经发生协同行为。这种推定既没有道理也难以反证，并且将提高拒绝并购的概率。它之所以可能是无理的，是因为即使市场上出现有利于协同的特征，由于背离假定串谋计划的动机的存在，企业也有可能难以实现串谋[1]。它之所以难以反证，是因为不可能测试并购前的市场结果是否严重偏离了静态古诺（或伯特兰德）基准（Ordover, 2008）。

最后，市场因素清单方法能够被看成是主要关注现期的市场状态，然而协同效应分析的核心问题是，并购是否放松了并购前已经存在的、限制串谋（协同互动）发生和维持的可能性的因素。因此，市场因素清单方法在以下情况下是最有用的：将"清单因素"与分析并购对（影响并购后协同可能性的）特定因素的影响结合起来。例如，一项并购如果"同质化"了企业的成本和产品组合，那么可能使企业更易达成价格协议。但是，如果并购沿着某些重要的方向加剧了差异化，那么它就可能使企业难以协同。与此相类似，如果并购"消灭"了"特立独行"企业，那么它就有助于协同；如果并购产生了"特立独行"企业或强化了"特立独行"企业的地位，那么它将破坏协同。在并购协同效应评估的司法实践中，欧美国家都比较重视对这些"清单因素"的分析，但对于如何处理这些"清单因素"，态度并不是十分明确。正如毕晓普和沃克（Bishop and Walker, 2002）所指出的那样，经济理论已经在达到和维持默契串谋的条件方面提供了有用的洞见，但在确定足以达到或维持默契协同的产业特性方面很少成功；并购控制实践中的主要问题在于，理论和实证文献都没有提供充分指导用于判断以下情况，特定产业中当并购减少供应者数量时，是否及如何导致该市场上的竞争性质从"相互竞争"转向"默契串谋"[2]。

---

[1] Kaplow L. and C. Shapiro, Antitrust, Harvard Law School, John M. Olin Center for Law and Economics, Discussion Paper, NO. 575, 2007.

[2] Bishop S. and M. Walker, The Economics of EC Competition Law: Concepts, Application and Measurement, 2002, P. 280.

3. 历史资料分析方法

这里的历史资料主要是指表明企业并购前行为的证据，例如，并购前企图串谋的动机、促进串谋的协同行为、成功串谋等方面的资料。毫无疑问，在评估并购对于竞争可能产生的损害时，这种证据具有某种程度上的"佐证价值"。如果能够合理地证明并购真正减少了相关市场上企业过去企图协同的一些限制条件或阻碍因素，那么历史资料的证据价值就更大。然而，当证据较为模糊或主观性较强时，依据这种资料进行判断也具有固有的内在风险。反垄断当局在采用并购企业和其竞争对手提供的历史资料作为证据时需要十分谨慎，需要结合特定环境和其他因素进行综合权衡。当然，如果相关证据明确显示，相关市场上企业在并购前就已经成功实现协同，这就意味着这些企业已经找到了解决激励相容问题的路径。历史证据越模糊，其引起的争论就越大，它只能为并购评估审查提供有限的"佐证价值"。

16.3.3 协同效应分析的新进展

1. 协同机制分析

在默契串谋的分析模型中，我们假定卡特尔成员以某种相同的行动过程进行协同，实际上低估了串谋的难度。即使是相关市场上存在企业同意且没有企业有动机背离的一些共同的行动过程，还是有可能出现"协同问题"：（1）相关市场上可能存在多种串谋结果，这些结果企业在原则上能够接受，但是不同的企业还是可能偏好不同的结果。市场上可能存在多个合理的协同点，但为成功串谋，企业必须首先发现有哪些可能的市场结果，然后选择并执行其中的一个市场结果。如果在执行哪一个市场结果方面难以达成一致，那么协同将半途而废，或者在一开始就无法达成串谋协议。（2）企业必须拥有一些灵活应对市场条件不断变化的协同机制。在缺乏公开信息交流的条件下，可能仅仅由于"市场信号"过于缓慢，应对市场条件变化十分困难，或者不可能。（3）当需要对背离串谋路径的行为进行惩罚时，企业可能不得不在"惩罚策略"方面进行协同。恢复到"竞争状态"可能是一个简单的方法，然而它对不同的市场参与者意味着不同的结果，因而也可能存在争论。（4）由于对于所有的市场参与者而言惩罚成本很高，即使是在触发惩罚的阶段有些企业可能仍然愿意协同。如果某家企业"惩罚的炮火"过于猛烈可能让别的企业觉得该企业也在背叛串谋协议，因而导致默契串谋进一步解体；但是如果对惩罚限制过多又可能助长背叛行为，减少串谋成功的机会（Harrington and Skrzypacz, 2007）。虽然在实际市场上阻碍协同成功的因素很多，然而协同成功的例子也为数不少（Levenstein and Suslow, 2006）。

企业在协同串谋时所面临的阻碍因素也使得评估并购协同效应的任务变得更加复杂。由于相对于伯特兰德和古诺静态竞争的主流模型而言,协同效应分析的经济基础更不完善且更加复杂,评估并购的协同效应并不比量化分析单边效应更容易。美国和欧盟近期的并购案例中所强调的新方法是,将分析集中于描述和实证测试协同机制,尤其是在并购可能使协同变得更有可能产生时。与并购指南相一致,这种方法目的是,解释并购如何较大程度地放松某些特定因素的,这些因素限制了并购前在动态竞争的市场环境下企业将价格提高到竞争水平以上的能力与动机。反过来,这就要求在使用明确默契串谋模型的环境下实证和量化地表明并购使得下列现象更易发生:(1)在竞争的关键维度上达到或保持"默契协议"[①];(2)发现背离协议的行为,从而劝阻企业背叛协议;(3)通过更有效的惩罚方法阻止企业背离协同行为。换句话说,并购效应分析必须描述协同机制的主要构件,包括协同能够执行和维持的主要途径和要素。

协同机制分析还需要解决一些其他方面的问题,需要对这些问题进行单独分析和评估。(1)假定的串谋行为更有可能采取什么样的特定形式?它将意味着什么,是产量压缩、价格上升、产能限制,还是顾客分配?哪些商业决策将保持独立?(2)作为分析协同机制的一部分,反垄断当局应当评估并购企业(在假定同意在其商业策略的某些方面进行协同时)如何能够在协同变量的水平上实际达成一致。例如,同意在顾客分配上进行串谋是一回事,而在缺乏直接沟通的情况下如何达成实际串谋协议又是另一回事。协同的条款和内容越复杂,在缺乏公开沟通的情况下执行的难度就越大,发生串谋的可能性就越低。(3)假定相关市场上存在协同条款和协议,如何监督这些协同条款的执行?特别地,如果透明度足够高的市场使得发现背离行为成为可能,那么并购是否能够提高市场透明度?当协同允许企业市场行为具有一定的灵活性时,遵守协议的行为与背离协议的行为很难区分。这将产生背离诱惑,使协同失败,或者难以产生协同。还有,对背叛串谋协议的惩罚措施如何执行?串谋协议如何根据市场冲击进行调整?对以上问题进行分析,有助于明确界定协同机制。另外,分析协同的潜在机制对于评估并购对于协同机制的影响也有帮助。换句话说,弄清楚在并购没有发生时是什么条件(或因素)阻止了协同,并购将如何改变这些条件,也是协同效应分析中一项很重要的工作。

2. 临界损失分析

临界损失(Critical Loss)是指"假想的垄断者决定实施明显的且非暂时

---

① 这里的"默契协议"是指企业之间的一种"默契理解",不是形成文字的正式协议。后文的"默契理解"在某种意义上就等同于"默契协议"。

的小幅度提价仍然可以获利的销量减少的最大值"。临界损失分析法就是通过分析当假想的垄断者提价时，伴随着价格的上涨而引起涨价商品的市场占有率下降，对于由此造成的损失（临界损失），提价起了多大作用，来比较精确地判断现实中的企业能否实施提价的一种分析方法。临界损失分析方法常用于相关市场界定和单边效应分析，但也可以用于协同效应分析，用以确定一个SSNIP（Small but Significant and Non-transitory Increase in Price，即"小而显著的非暂时性价格上升"）是否能使并购后的假定串谋者获利[1]。如果相关市场得以正确界定，那么一个SSNIP就能够让相关市场上的所有企业通过像一个垄断者那样行动（串谋）而获利。然而，这并不意味着一个SSNIP能够在并购后相关市场上被成功地实施。临界损失分析面临的问题是，并购是否及如何使部分（或全部）在位企业产生将价格提升到高于并购前水平（接近垄断水平）的动机和能力。换句话说，并购在多大程度上能够缓解阻碍企业产生提价动机的因素。（1）相关市场上的企业必须能够选择一个"合理的"默契串谋行动计划。在缺乏直接沟通的情况下，实现这一点十分困难。因此，作为评估程序的组成部分，反垄断当局需要解释企业如何能够达成那种假定行动计划，仅援用企业互动的"协调点"是不够的。（2）对于每一个假定的串谋者，协同行为必须符合个体理性约束和激励相容约束。然而，产业内可能不存在符合这些要求的默契串谋计划。因而，采用临界损失分析必须认识到，假定的垄断者会认为潜在价格上升对于并购后企业而言是不可行的。尽管如此，使用5%~10%的SSNIP方法还是有助于经验分析，揭示这种价格上涨是否可以实施和维持。例如，如果一些企业有动机和能力背离假定的SSNIP，那么，企业在缺乏公开串谋的情况下难以实施这一价格上涨。（3）虽然假定的垄断者能够根据外部冲击调整其行为，但串谋集团可能难以有效地做到这一点。因此，在临界损失分析中需要考虑到SSNIP的可维持性和持久性。

3. 市场模拟分析

模拟分析方法主要是通过对企业串谋行为进行模拟分析来评估并购可能产生的协同效应（Paha，2011）。默契串谋不仅发生在同质产品产业内，也有可能发生在差异化产品市场上。因此，假定市场需求由能够反应代表性市场主体的效用函数给定，就能够模型化差异化产品的差异程度。模拟分析的基本方程为：

---

[1] 余东华：《反垄断法实施中相关市场界定的SSNIP方法研究》，载于《经济评论》2010年第3期。

$$V = q_0 + U(q) = q_0 + vq'\tau - \frac{n}{2(1+\mu)}\left[q'q + \frac{\mu}{n}(q'\tau)^2\right] \quad (16-1)$$

式（16-1）中，q_0 是消费者的外部选项；q 是（n×1）维向量，其要素是 n 种产品的产量 q_i；每一个企业只生产一种产品，因而产业内一共有 n 个企业。τ 是（n×1）维向量，其每一个要素取值为 1；v 为正参数，$\mu \in [0, \infty)$ 代表 n 种产品之间的可替代性程度。根据这一效用函数，代表性的市场主体将生产一定数量的每一种产品。每一种产品都是由一个单产品企业以边际成本 c_i 生产的。边际成本具有两个特点：（1）它们是企业特有的，使得企业不对称；（2）假定每一个时期都有成本冲击，边际成本呈现出随机行走的特征（Harrington，2008）。这一成本特性使得模拟模型动态化。企业 i 的边际成本 $c_{i,t}$ 可以采用下列方程产生：

$$c_{i,t} = \begin{cases} a_1 \cdot v + a_{2i,t} \cdot s_t, & \text{如果 } t=1 \\ c_{i,t-1} + a_{2i,t} \cdot s_t, & \text{如果 } t>1 \end{cases} \quad (16-2)$$

$$\left.\begin{array}{l} a_1 \in [0; 1] \\ a_{2i,t} \approx CN\left(\dfrac{a_3+1}{2}, \mu^{-2}, a_3, 1\right) \\ a_3 \in [0; 1] \\ a_4 \in [0; 1] \end{array}\right\} \quad (16-3)$$

$$s_t \in \begin{cases} [-a_4 \cdot (a_1 \cdot v); a_4 \cdot (a_1 \cdot v)] & \text{如果 } t=1 \\ [-a_4 \cdot \min_t(c_{i,t-1}); a_4 \cdot \min_t(c_{i,t-1})] & \text{如果 } t>1 \end{cases} \quad (16-4)$$

边际成本的基础水平，即在初始期（t=1）时的取值，取决于变量 v 与百分比 a_1 的积，变量 v 与商品的保留价格紧密相关。企业之间成本的非对称性可以通过在边际成本初始水平上增加一个企业特有变量 $a_{2i,t} \cdot s_t$ 来量化表示。$a_{2i,t}$ 表示企业特有的技术参数，它是在截尾正态分布区间 $[a_3, 1]$ 中随机确定的。边际成本的方差 μ^{-2} 用来表示产品同质化程度 μ 是下降的。成本冲击 s_t 是在由方程（16-4）给定的均匀分布区间中随机确定的。$a_4 \in [0; 1]$ 决定了成本冲击的幅度。设定 $a_4=0$，就会导致不同企业的边际成本是对称的，也是稳定的。这一区间确保了边际成本不会为负。边际成本被假定为在时期 t（t>1）内遵循随机行走模式，因而在每个时期 t 内，随机的冲击变量 s_t 都加在每个企业 i 的最后一期边际成本上。边际成本冲击对于所有企业而言是相等的，能够被认为是投入价格的波动。方程（16-4）中的 $\min_t(c_{i,t-1})$ 表示所有企业在最后一期的最小边际成本。

串谋企业 i 可能发现背离串谋路径是有利可图的，它们宁愿获得背离利润

π_{di}，而不是串谋利润 π_i。弗里德曼（1973）认为，当企业实施严厉的触发策略时，在动态博弈中的串谋是稳定的[①]。当观察到背离行为以后，所有的企业都恢复到竞争均衡，企业 i 只能获得竞争性利润 π_{ci}。因此，只要满足以下条件，串谋企业就不会背离串谋协议：

$$\frac{\pi_{di} - \pi_i}{\pi_{di} - \pi_{ci}} \leq \delta(1-p) \tag{16-5}$$

在不等式（16-5）中，$\delta = 1/(1+r)$，它表示企业对未来收益的折现因子；p 表示串谋被反垄断当局发现的概率。成本冲击可能产生新的成本分布使一些串谋企业发现背离串谋协议是有利可图的。在这种情况下，串谋企业为了防止企业背离，主动降低串谋价格。为了分析这一机制是如何运行的，我们假定所有企业的边际成本都可以被其他企业完全地观察到。因此，在现行价格下任何企业背离串谋协议是否能够获得超额利润，都能够被所有的企业预期到。如果没有企业具有背离动机，即对于所有企业而言，不等式（16-5）都得到满足，那么所有企业将联合设置利润最大化的价格，并获得利润 π_{jpi}。如果至少有一家企业发现背离串谋协议是有利可图的，那么串谋企业可以通过在现期设定一个使背叛者无利可图的价格来阻止叛离。恢复到竞争价格是较为便利的，而设置一个价格能够使所有企业同时满足不等式（16-5）是较为困难的。然而，串谋企业在完全已知的稳定均衡上进行协同是可行的。这一策略可以用等式（16-6）表示如下：

$$\pi_i = \begin{cases} \pi_{jpi}, & \text{if } \forall j \in [1, m] \, \dfrac{\pi_{dj} - \pi_{jpi}}{\pi_{dj} - \pi_{cj}} \leq \delta(1-p) \\ \pi_{ci}, & \text{if } \exists j \in [1, m] \, \dfrac{\pi_{dj} - \pi_{jpi}}{\pi_{dj} - \pi_{cj}} \leq \delta(1-p) \end{cases} \tag{16-6}$$

这里的防御性的价格下降不是来自于需求冲击，而是来自成本冲击。即使企业知道在严厉触发策略下现行串谋能够保持稳定，它们也不需要个体激励去加入或组成一个卡特尔。这是因为，企业常常在竞争边缘获得的利润高于在卡特尔中获得的利润。边缘性企业可以在卡特尔价格保护伞下扩大产量，而串谋企业需要降低产量以维持价格稳定。这种搭便车效应对于那些规模较小且效率不高的企业而言更为明显。以上模型可以应用于串谋产业内生成数据，用于串谋的协同效应和可维持性的模拟分析[②]。

[①] Friedman, J., A Non-cooperative Equilibrium for Supergames. *Review of Economic Studies*, 1971 (28): pp. 1–12.

[②] 具体模拟分析的例子，参见 Paha, J., Empirical Methods in the Analysis of Collusion. *Empirica*, 2011 (2): pp. 351–398.

4. 评估方法与评估实践的新进展

20世纪90年代以后，并购协同效应的经济分析在理论和实证两个方面都发展较快，在评估分析方法方面取得了一些突破。(1) 一些理论文献解释了利润最大化的商业策略的复杂性和波动性是如何阻止并购前和并购后的协同串谋的 (Harrington and Skrzypacz, 2007)。如果市场是明显波动的，利润最大化的寡头垄断者在市场上单独行动时就需要实行复杂的商业策略（例如，广告、投资、定价、研发等），频繁调整其市场行为。这对于串谋的动机和可维持性的影响是很明显的：如果利润最大化目标要求企业的市场行为灵活多变，那么当给定企业对其市场行为进行调整时，其竞争对手很难（或花费很长时间）区分"合法"的策略调整与背叛行为。如果竞争对手不能预测或"读懂"其他企业的利润最大化策略行为，它们可能被迫放弃灵活性，接受简单的行为策略以确保一些（或许是有限的）协同得以维持。然而，简单、稳定和可预测的策略可能远离利润最大化目标。因此，如果采用这些策略，从合作中获得的收益可能被稳定化的价格所限制，同时背离串谋路径的收益会上升。因而，假定的串谋者需要在简化行为规则（以便于达成串谋并易于被监督）的成本与从串谋中所获得收入之间进行一种复杂的权衡。实际上，向有助于达成默契串谋的目标"屈服"的利润最大化的行为规则越多，能够设计出简单协同机制（让潜在的串谋者能够同意且在面对变化了的市场条件时能够维持的策略）的可能性就越小。另外，理论界引入了动态博弈模型，从理论上分析和评估并购后企业之间互动而产生的协同效应。(2) 一些并购分析的评估实践关注了定价异质性对于协同效应发生的可能性的重要影响 (Ordover, 2008)。例如，在 Sony-BMG 一案中[①]，欧盟委员会认为，音乐唱片市场上企业的平行定价策略使得该市场在并购前就已经存在一定程度的协同，Sony 与 Bertelsmann AG 并购可能加剧并购后该市场上的协同效应。参与并购的企业提供了CD唱片平均价格的证据，证明在并购前相关市场上并不存在平行定价行为，定价行为及价格波动的证据与竞争性市场假定是一致的。最后，欧盟委员会认定了这些证据，认为 Sony-BMG 的合资行为符合共同市场要求，批准了这一交易。然而，此后，平行定价仍然成为默契串谋的证据之一。在 Cruise Ships (FTC File No. 021 0041, 2002) 一案中，美国联邦贸易委员会经过大量调查分析后认为，Royal Caribbean Cruise Ltd. 与 P&O Princess Cruises Plc. 的合并既不会单边提高价格，也不会默契协同提高价格。在分析游轮产业时需要考虑的产业特征是，该产业提供的产品——给定游轮的泊位是一种固定的高度易腐的产品，该产业

[①] Sony-BMG, Case No. COMP/M. 3333, Commission Decision of July 19, 2004.

的定价极其复杂。并且，该产业是由"收益管理"驱动的行业，应用的是高度复杂的需求演化模型：过快地卖出一个空位可能意味着放弃了一个将其卖给稍后愿意出更高价格的顾客的机会；将一个空位保留的时间过长可能意味着永远卖不出去。收益管理模型涉及大量的产品日常定价变量，需要考虑到不同顾客的需求价格弹性以及价格歧视策略。因而，并购分析关注的重点是，作为一种工具的收益管理在潜在价格歧视中的作用。由于没有发现该行业存在降低定价复杂性的方法，也没有发现针对特定顾客的价格歧视行为，联邦贸易委员会没有阻止该项并购[1]。（3）一些经济学家使用具体案例对并购的协同效应进行了量化测度。科瓦契奇、马歇尔、马克斯和舒伦贝格（Kovacic，Marshall，Marx and Schulenberg，2006）将并购协同效应分析过程分为三个组成部分，即协同互动的结构、每种结构发生的可能性和每种协同结构下每个企业的收益，将并购前和并购后相关市场上的以上协同收益测算出来，通过比较就可以发现并购的协同效应。然后，他们分别以 Arch Coal 案和 Hospital Corporation 案为例，对这种量化分析方法进行了说明和检验[2]。科瓦契奇、马歇尔、马克斯和舒伦贝格（2006）所采取的具体步骤是：首先，选择一个适当的竞争模型，这一模型可以是产量竞争模型、差异化产品价格竞争模型、拍卖竞争模型或者是结合了给定产业特征的其他竞争模型；其次，调适和校准模型，使其适应并购前市场和并购前企业的相关特征；最后，在这一竞争框架内测算并购效应和并购后不同串谋方式下的效应，并进行比较[3]。

从以上分析可以看出，默契串谋如果存在，也是发生（或维持）在一种复杂的市场环境中，这种环境复杂程度比最复杂的理论模型所能考虑到的更加复杂。然而，这些理论模型能够提供一些指导，帮助分析者辨别哪些类型的经验证据可能帮助证实（或证伪）并购后串谋风险。尤其是，在现实中，那些对顾客异质性和市场波动性进行反应的商业策略是十分复杂的，表明这种复杂性的经验证据在缓和对并购后串谋风险的关心方面，还有很长的路要走。即使是十分复杂且解释力很强的并购模拟计量分析，虽然可以用于部分并购案例的协同效应模拟分析，但很难成为协同效应分析的标准工具。

---

[1] Coleman, M. T., D. W. Meyer and D. T. Scheffman, Economic Analyses of Mergers at the FTC: The Cruise Ships Mergers Investigation. *Industrial Organization Review*, 2003 (23): pp. 121 – 135.

[2] Kovacic, W. E., R. C. Marshall, L. M. Marx and S. P. Schulenberg, Quantitative Analysis of Coordinated Effects, Working Paper, 2006.

[3] 在 Arch Coal 案的量化分析中，他们采用的是拍卖竞争模型；在 Hospital Corporation 案中，他们采用的是差异化产品的价格竞争模型。具体分析参见 Kovacic, W. E., R. C. Marshall, L. M. Marx and S. P. Schulenberg, Quantitative Analysis of Coordinated Effects, Working Paper, 2006.

16.4 协同效应的分类评估与步骤

协同效应的分类评估与清单分析法是相互联系的。清单分析方法的主要缺陷在于，它既没有为评估协同效应提供一个系统的分析框架，也没有构成一种"积分制度"，来对有利于促进默契串谋的市场因素（所谓的"增进垄断因素"，Oligopoly-plus Factor）与阻碍成功串谋的市场因素（所谓的"阻止垄断因素"，Oligopoly-minus Factor）进行权衡比较，从而能够预期到并购的协同效应大小。评估并购对协同效应的较为系统的分析框架是将竞争评估分为四个步骤：内部因素评估、外部因素评估、评估并购对于企业达成和维持默契协同的可能性的影响和评估并购协同效应（见图 16-1）。

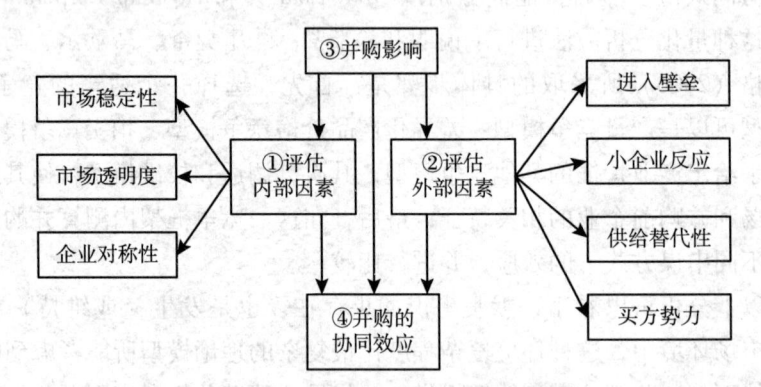

图 16-1 协同效应的评估分析步骤

内部因素是指影响企业形成"协同集团"（Coordinating Group）并像一个单一市场实体那样行动的能力。评估内部因素首先考察的是，假定协同集团在不面临外来企业（包括实际的和潜在竞争对手）或消费者的竞争压力的情况下，产业特性是否能够有助于企业达到"默契理解"（Tacit Understanding），从而降低企业之间有效竞争的程度。很明显，这是并购产生协同效应的必要条件（而非充分条件）。即使是不存在其他的竞争性限制，如果涉嫌形成协同集团的企业既不能产生也不能维持默契理解，那么并购就不会产生协同效应。即使是所考虑的产业特性表明内部因素有助于协同集团产生或维持默契协议，并购可能仍然不会产生协同效应。这是因为，任何默契理解都有可能被其他竞争性限制（例如，外部因素）所削弱。任何协同效应的竞争性评估都需要考虑并购带来的结构性变化是否使得剩余企业更有可能达成或维持默契协议。虽然并购将明显减少供应者数量，提高市场集中度，但是相关市场上的很多产业特性与并购前相比并没有变化。例如，如果某一市场在并购前的特征是透明定价，那么并购后可能仍然是透明定价。因此，在分析并购是否产生协同效应时，需要理解的关键问题是产业特性为什么不足以在并购前使企业产生协同，而在并购后可能使企业之间产生协同。

16.4.1 评估内部因素

评估内部因素的目的就是要评估相关市场上的企业在没有竞争性限制的情况下产生和维持默契串谋能力。即使可以假定形成所谓的协同集团的企业没有面临其他的竞争性限制（例如，没有其他的市场参与者，没有潜在的新进入企业），产业特性可能仍然阻止企业达成或维持一个明显降低竞争程度的默契理解。影响这种情况是否存在的因素可以分为三大类，即市场稳定性、市场条件的透明度和市场上不同竞争者之间的对称性。由于这些因素影响协同集团内部企业达到或维持默契协议的能力，因而被称为内部因素。在评估并购产生协同效应的可能性时，需要对以上三个方面的因素进行详细分析，以准确评估并购导致默契协同行为的风险。

1. 市场稳定性

协同集团内的企业如果想将一个明显降低有效竞争程度的默契理解维持一段时间，稳定的相关市场是一个必要条件。在一个市场条件不断变化的市场上，企业将协同行为从一个时期保持到另一个时期就会变得更加困难。相反，如果市场条件保持相对稳定，企业之间进行协同会变得更容易。另外，如果市场规模保持相对稳定，企业将会认识到相互竞争不会扩大市场规模，但是会导致收益流失、成本上升，因而这将提高它们的协同动机。如果一个产业满足以下三个条件，那么该产业就可以被认为是充分稳定的，并且为并购产生可维持的协同效应提供了现实的前景：（1）随着时间的推移，需求和价格相对稳定或者以可以预测到的方式发生变化。除非这种市场条件得到满足，否则任何背离默契理解的行为都难以迅速被发现，报复行为难以迅速实施。市场条件保持稳定使得企业更容易区分需求变化是来自反映产业特性发生基本变化的市场事件（例如，对需求冲击的反应），还是来自协同集团内部一个或几个企业的背离行为。（2）协同集团所面临的需求弹性较低。实际上，协同集团所面临的需求弹性很高意味着企图通过达成默契理解所获得的收益可能很低。（3）相关市场上的创新步伐很慢。实际上，在创新步伐很快的市场上，竞争对手供应的产品与每个企业的市场地位都会随着时间的推移发生变化。这就意味着竞争者之间的"博弈"在不断变化，这将使得维持默契协议更加困难。

2. 市场透明度

为了使协同集团内部企业能够维持默契协议，需要每个企业都能够观察到其他企业的价格和产量行为。当不能实现这一点时，协同集团的企业将更有动机背离默契协议，因为它们的背离行为很难被其他协同企业发现。一个市场是否能够被认为是足够透明的，不仅取决于企业观察其他企业制定的实际交易价格的能力，而且取决于企业是否能够观察到每个企业的市场销售量和市场集中度。(1)协同集团内的企业越容易观察到集团内部其他企业的价格或产量，就越容易监督其他企业的竞争行为，因而就能够提高快速识别背离默契协议行为的能力，并进行迅速报复。然而，需要注意的是，即使"菜单价格"（List Price）能够被充分观察到，如果"菜单价格"不代表消费者所支付的典型价格，或者不同消费者支付的价格存在较高程度的差异（例如，价格歧视），那么这也并不必然意味着市场透明度很高。(2)市场集中度影响产业的透明度。在一个相对集中的市场上，背离默契协议的行为更易被发现，因而企业背离默契协议的动机就会下降。相对于大企业而言，小企业背离行为被发现的可能性较小，因为小企业对于总市场份额的影响也较小。另外，自身销售量不明原因的变化可能提醒企业是否有其他企业发生了背离行为；企业的市场份额越大，就越有可能使企业能够区分出需求波动导致的销售量下降与其他企业背离默契协议而导致的销售量下降。

3. 企业对称性

如果协同集团内企业在价格水平（或产量水平）方面具有相同的观点，那么这些企业达成或维持默契协议的能力将会提高（Scherer，1980）。当协同集团内部企业具有不同的动机和激励时，不同企业很难接受一个共同的价格，这将倾向于降低企业达成和维持默契协议的能力。影响企业对称性进而影响企业达成和维持默契协议能力的因素包括：(1)如果企业以不同的成本生产，那么企业维持默契协议就更加困难。这是因为几乎任何企图达成超出竞争性水平的价格默契协议，都不可避免地使协同集团内一些企业具有强烈的背离动机。例如，相对于具有较高边际成本和较低超额产能的企业而言，具有较低边际成本和较高超额产能的企业将具有更大的动机通过背离默契协议去寻求额外销售。(2)当协同集团内部企业生产的产品是差异化产品时，企业就很难就不同类型的产品都接受的"公平"价格计划达成默契协议。例如，在看重产品质量的行业内，由于竞争不仅发生于价格方面，而且发生于产品质量方面，因而默契协同很难达成和维持。产品定制尤其使得默契协议难以维持，这是因为每一个订单都代表了一种新产品的产生，而新产品在价格计划中的位置是不明确的。

16.4.2　评估外部因素

评估外部因素的目的就是要评估相关市场上的企业所面临的来自外部的竞争性限制，包括潜在进入者、消费者可能的反应等。正如前面所指出的，即使是内部因素显示协同集团内的企业能够达成和维持降低有效竞争程度的默契协议，"联合市场支配地位"（协同效应）还是不一定能够实际发生。实际上，反竞争性的默契串谋发生的一个必要条件是，协同集团必须具有联合市场势力，或者说，它们应能够将价格提高到现有水平之上，并且不受到协同集团外部因素的充分限制。这就使得评估外部因素与分析单一市场支配地位（单边效应）的影响因素相类似。评估外部因素需要考虑以下问题：（1）进入的难易程度。进入相关市场越容易，协同集团维持默契协议的能力就越低。价格上升会吸引新企业进入，而新企业进入将迫使价格下降。（2）小规模竞争企业对并购后价格上升的反应能力。扩大产量的壁垒较低，即小企业能够较易转变为中等企业进而转变为大企业，将使得默契协同更加难以维持。（3）供给方的可替代性。供给方的联系代表了一种不稳定因素，因为如果另一种生产能力能够很容易地转移到相关市场上，那么协同集团所属生产能力的所有者就很难执行默契协议。供给方可替代性的潜在效应与扩大产量壁垒较低和进入较容易的潜在效应相似，协同集团外部的企业能够破坏默契协议。（4）购买方势力，也就是大宗购买者抵消所谓的寡占集团市场势力的能力。大宗买主能够为协同集团内企业提供更大的背离动机和激励，因而能够破坏默契串谋均衡。如果一个占有市场需求较大比例的买主提供一个价格，这一价格略低于市场上的默契串谋价格，但明显高于企业的边际成本，那么协同集团内部的企业就具有很强烈的动机接受大宗买主的报价，串谋协议就会被打破。

应该注意的是，外部因素的考量为评估并购协同效应提供了一个有用的"政策过滤器"。如果外部因素足以阻止企业提高价格，那么协同效应就能够较为容易地消失。这是因为，即使我们假定企业能够充分协同其竞争行为，无论是在并购前还是在并购后，它们仍然不拥有将价格提高到现行价格之上的能力。同时需要注意的是，这里所使用的评估协同效应发生可能性的框架与评估单边效应时的框架是并行的。实际上，在评估内部因素时要求所谓的寡占集团应该能够像一个独立实体那样行事；在评估外部因素时要求寡占集团联合起来分享一个市场支配地位，即在不受到外部因素的充分限制时能够将价格提高到现行水平之上。这一阶段的分析，包括进入难易程度的评估、小竞争者对于并购后价格上升的反应能力、大宗购买者抵消寡占集团市场势力的能力，与评估一项并购是否产生显著的单边效应所必需的分析是相类似的（Ivaldi et al., 2003）。

16.4.3 评估并购的影响

评估并购的影响，目的就是要评估并购是如何影响内部因素和外部因素，评估并购如何影响竞争模式，进而评估是否产生协同效应。虽然经济理论在达到和维持默契协议的必要条件方面提供了很多有用的洞见，但是它在识别足以达成和维持默契协同的产业特性方面，做得还不够成功。相对而言，经济理论较多地关注了协同行为维持的机制，而较少关注初期协同行为产生的机制（Bishop and Lofaro，2004）。经营者集中反垄断控制司法实践中的一个特殊问题是，当并购通过减少特定产业内的竞争者数量，导致产业从非默契串谋转向默契串谋时，理论上和实证上的文献都没有提供充分指导，用以评估这种可能性。仔细考虑并购导致的结构性变化如何提高并购后企业参与维持默契协同的可能性，而不是仅仅指出竞争者数量的减少，对于正确评估并购协同效应是很重要的。尤其是，很多的产业特性在并购前后是相同的，因而理解并购是如何使企业在并购后更有可能默契地达成理解、以明显降低竞争程度的，或者并购是如何使这种默契理解更有可能被维持的，是一项十分重要的工作。这要求反垄断当局至少考虑以下四个因素：

（1）并购能够影响不同企业市场份额的不对称程度。前面分析中已经提到，企业的规模分布影响维持默契协同的可能性。并购是否使得默契协同的可能性上升将在一定程度上取决于并购是否提高了（或降低了）企业之间的对称性。一般而言，企业之间对称性程度越高，并购产生协同效应的可能性就越高；相反，如果并购提高了企业之间的不对称性程度，并购产生协同效应的可能性就越低。企业的不对称性程度不仅可以通过市场份额来评估，而且可以通过成本、产品、市场行为等其他因素进行评估。例如，并购可能引起超额产能的不对称分布，还有可能影响企业的相对成本结构。一般而言，并购导致的不对称性程度越高，默契协同能够维持的可能性就越低。

（2）一项消除"特立独行企业"的并购常常提高产生协同效应的可能性。维持协同行为最终依赖于相关市场上的企业遵守"游戏规则"，按照默契协议进行互动，而不是"故意捣乱"。如果一个"游戏者"拥有了谋求不同商业策略的声誉，即喜欢采取"特立独行"的商业行为，那么这将使得通过协同降低有效竞争程度的可能性下降。正是因为如此，如果一项并购涉及一个较大规模的在位企业收购"特立独行企业"，那么该项并购产生协同效应的可能性上升。如果一项并购能够产生"特立独行企业"，那么这项并购就能够降低产生协同效应的可能性。例如，如果某项并购产生了十分显著的效率，较大程度地降低了参与并购企业的边际成本，那么并购企业遵守默契协议的商业激励程度就下降了（Baker，2003）。美国横向并购指南指出，"特立独行企业"的存在能够降低并购产生协同效应的可能性。

（3）并购可能提高市场分割的程度。例如，在某一相关市场上，大部分生产者都有自己的传统"根据地"，凭借对传统"根据地"的独占权，制定一个高于竞争性水平的垄断价格。并购可能提高企业分割需求的能力，使企业更容易就"根据地"达成默契协议。同时，这将使企业更容易达成一个市场分享协议，而这种市场分享行为在并购前是行不通的。

（4）并购可能通过增强企业的报复能力和可能性而提高发生协同效应的风险。例如，如果并购使得一个或多个领导企业能够较小幅度地进入其他竞争对手"根据地"市场，那么这些企业就能够对竞争对手的任何主动竞争进行快速反应。相似地，如果并购产生或提高了"多市场接触"（Multimarket Contacts），即并购后相同的企业面临更多的产品市场或地域市场，报复的可能性也会提高。在这种环境下，并购可能影响企业的策略行为，可能成功降低竞争强度。然而，应用这种理论分析时需要注意企业可以通过多个市场的削价对一个市场上的背离行为进行报复，并不意味着它们真的会这样做。尽管多市场报复能够提高惩罚的力度，但是这种报复也能够提高惩罚的成本，在不止一个市场上降低短期收益。在一些情况下，跨越多个市场进行反应并不可信，多市场接触的程度并不影响企业参与默契协同的能力。在特定情况下的多市场接触对于协同效应的影响是一个实证问题，需要联系具体案例和具体情境进行分析。

16.4.4 评估并购的协同效应

评估并购的协同效应就是对前三步所得到的分析结果进行综合权衡，从而确定并购的协同效应，主要内容包括：并购对于产业特性可能产生的影响、并购前后市场竞争条件的变化、并购产生协同效应的机制、并购后企业维持协同效应的机制、协同效应对于价格的影响、协同效应对于产量的影响、协同效应对于消费者福利的影响等。

在具体评估分析中，一些具体工具和方法与单边效应评估中所使用的工具和方法有些相似。例如，需求模型的界定和估计、供给模型的界定和估计等。当然，也有很多不同之处，例如评估协同效应需要测算折现因子、比较企业的串谋动机（激励相容限制）等。

16.5 小　　结

分析经营者集中的协同效应需要关注两个基本要素：一是在无法公开沟通

的情况下企业通过协同和互动达成默契串谋的可能性；二是在无法公开交流的情况下企业维持默契串谋的能力，或者说企业抵制背离诱惑的可能性。并购将减少相关市场上的竞争者数量，可能改变相关市场的竞争条件，从而产生协同效应。然而，企业数量的减少并不必然意味着并购将产生协同效应，或者说，并不必然意味着并购明显提高了损害有效竞争的可能性。这是因为，并购对影响协同效应和默契串谋的因素所产生的影响十分复杂，需要联系特定产业和特定环境进行具体分析。影响串谋形成与维持的因素很多，从产业和市场特性的角度看，包括竞争者数量、进入壁垒、市场透明度、创新因素和多市场接触等；从企业行为与不对称性的角度看，包括市场份额、企业互动频率、成本的不对称性、产能的不对称性、产品的不对称性（产品差异化）和行为的不对称性（"特立独行"企业的存在）等；从需求特性的角度看，包括需求增长、需求波动与商业周期、需求弹性等；其他因素包括买方势力、结构上的联系、合作与其他协议和俱乐部效应等。在分析默契串谋是否产生时，这些因素之间并非孤立地发挥作用，而是相互联系、相互渗透的。并购可能对这些影响因素产生影响，从而使得默契串谋产生和维持的市场条件发生变化。在分析并购协同效应时，需要分析并购对于这些因素可能产生的影响大小和影响方向。并购后相关市场上企业之间成功的默契串谋并非不可避免的，即使是在具有"不可逾越的"进入障碍的高度集中的产业内，默契协同也并不是必然会发生。企业都有使自身利润最大化的自利动机，如果企业通过默契协同而达成一个较高的市场价格，那么某家企业就有了通过制定一个略低于串谋价格的价格来提高自身利润的动机。也就是说，竞争对手共同制定高价的协同动机与企业背离协同行为的动机之间存在冲突。为了防止企业背离串谋路径，企业会在制裁背离行为的措施方面进行协同。因此，默契协同的串谋行为是否能够维持，需要将企业从协同中获得的收益与企业从背离协同中获得的收益进行比较。这也是分析串谋可维持性的基本思路。

斯蒂格勒（1964）模型及其拓展是分析协同效应的基本框架，它为分析协同效应提供了方法论上的参照。一般而言，评估协同效应的传统方法包括结构性推定方法、市场因素清单分析方法、历史资料分析方法、事件分析方法等。20世纪90年代以后，在协同效应分析领域取得了重大进展，评估并购的协同效应不再凭借猜测和直觉，而是通过建立模型进行量化分析。理论界现在关注的重点是，如何分析和描述假定的协同能够"合理"产生和维持的机制，以及能够测度企业背离协同和串谋路径的动机和能力的实证分析方法和测度工具。然而，协同效应的评估还不能被看成是机械化的。至于市场结构的变化在哪一点上导致企业协同行为的变化，发生什么样的变化，如何界定该临界点，经济理论还未能提供清晰的和可预测的框架。本书提出的评估协同效应的四个步骤，即评估内部因素、评估外部因素、评估并购对于竞争条件的影响和评估并购协同效应，有助于规范和指导反垄断当局的评估行为。

单边效应与协同效应之间存在一些明显区别。经营者集中的单边效应是指，并购消除了并购前存在的对于拟参与并购的企业的竞争限制，降低了相关市场的有效竞争程度，使得并购企业在并购后能够独自行动，通过提高价格或限制产量来攫取超额利润。与单边效应不同，协同效应不仅取决于并购企业，而且取决于其他企业在并购后如何进行策略选择，企业之间需要默契协同，达成某种"默契协议"，降低市场有效竞争程度，联合确定市场价格使联合利润最大化。并购的单边效应倾向于是一种静态效应，协同效应倾向于是一种动态效应。在单边效应下，并购企业限制产量、提高价格可能导致其他剩余的竞争对手企业也提高价格；而在协同效应下，竞争对手企业有动机降低价格。当然，单边效应与协同效应也有很多共同点。单边效应与协同效应都能够产生具有反竞争性的市场后果，损害消费者利益；影响协同效应的外部因素也影响单边效应，在评估时都需要考虑；单边效应和协同效应评估的经济学基础越来越完善，注重量化分析的总体趋势也是相同的。

第17章 行政性垄断

> 凯恩斯主义的中心谬误是它试图"修正"价格和利润体系——实际上是将之破坏。没有任何自由价格和利润关系未曾受到影响。
> ——亨特·刘易斯:《经济学的真相:凯恩斯错在哪里》,
> 电子工业出版社2014年版,第193页。
>
> 枯燥的法律条款和先例背后是多姿多彩的案件,它们通常都涉及数十亿美元的损失险。其中曾经有行业中的无赖和政治家,胆小或鲁莽的反垄断官员,有偏见的、思想模糊的或者在一些情况下确实很优秀的法官。
> ——威廉·谢泼德和乔安娜·谢泼德:《产业组织经济学》(第五版),
> 中国人民大学出版社2009年版,第424页。

行政性垄断是转轨经济国家出现的一种特殊经济现象和问题。在经济转轨时期,"看得见的手"与"看不见的手"在经济活动中相互交错,行政力量过多地市场经济运行,影响和限制市场力量发挥作用,产生行政性垄断现象。西方经济学对经济性垄断和自然垄断研究较多,对行政性垄断研究相对较少。这是因为:以古典经济学、新古典经济学和新古典综合经济学为代表的西方主流经济学一直崇尚自由竞争、反对政府干预,将政府的"守夜人"角色作为经济学研究的暗含假定,不太关注政府力量所引致的垄断问题;行政性垄断主要发生在转轨经济国家,这些国家需要研究的重大经济问题很多,且经济学科起步较晚、相对落后,经济学界无力关注行政性垄断问题。本章将对行政性垄断的成因、危害和反垄断政策进行介绍和分析。

17.1 行政性垄断及其表现形式

17.1.1 概念界定及分类

行政性垄断是政府机关和法律法规授权的公共组织等行政主体滥用行政权力排除、限制或妨碍市场竞争的行为。行政性垄断的主体是行政机关和法律法规授权的具有管理公共事务职能的组织，包括行业主管部门、地方政府和行业协会等。行政性垄断实施的条件和前提是公共权力的存在，行政性垄断是行政力量与市场力量相互交织而形成的垄断，其采取的手段不仅包括行政手段，也包括市场手段。尤其是行政性垄断受到反垄断法关注以后，其采取的手段更趋隐蔽，形式更加多样化。在转轨经济国家中，行政性垄断往往与经济性垄断和自然垄断相互交织，并且与国有企业管理、宏观调控、产业管制和国家垄断等相互交融，使得对行政性垄断的辨识和控制变得十分复杂。

根据行政力量作用的范围和方向，可以将行政性垄断分为行业性行政垄断和地区性行政垄断两种[①]。行业性行政垄断也称为部门垄断，是指某一行业的企业借助管理特权、公共权力和实际控制力量，抢占市场资源和销售份额，排斥、限制或阻碍他人进入与竞争，操作价格以牟取暴利的垄断行为。地区性行政垄断又称为地方保护主义、地区封锁，是与产品生产和销售的地方封锁、市场分割相联系的垄断行为，是地方政府或地方行业协会滥用行政力量对本地市场竞争的限制或排斥，人为划分区域市场，限制商品、资金、技术、人员的合理流动和企业跨地区联合。

17.1.2 行业性行政垄断的表现形式

行政性垄断在现实商业生活中表现出多种形式，其根本目的在于限制竞争者的进入以及维护在位厂商的垄断地位。在产业竞争中行业性行政垄断的主要表现形式为：（1）通过行政立法给自己授权，将部门利益合法化。行业主管机关会抓住立法机会，将部门意愿和部门利益巧妙地塞入各项法律和法规，使部门利益合法化。（2）公开设租，导致不公平竞争。某些行政主管部门常借助于行政力量追求自身经济利益，设立各种审批或备案项目与程序，引导企业

---

① 于良春、余东华、张伟等：《转轨经济中的反行政性垄断与促进竞争政策研究》，经济科学出版社2011年版，第32页。

寻租。设租与寻租行为将导致行业内的不公平竞争，扰乱正常的市场秩序。(3) 运用公共权力，乱收费用，增加交易成本。转轨经济国家往往税收制度不够健全和规范，使得各级各类行业主管部门有机会运用行政权力设立名目繁多的收费项目，直接增加生产经营单位的经营成本和市场交易成本。(4) 协助企业向政府寻租。一些行业主管部门在宏观管理职能与国有企业所有者职能分开以后，与所属国有企业之间仍然存在着千丝万缕的联系，常常本着"父爱主义"为"嫡系部队"向政府寻求优惠政策，主管机关的一些官员甚至私下充当它们与政府之间的"经纪人"，替垄断行业内的国有企业寻租。(5) 运用行政性垄断制造贸易摩擦。一些具有稀缺性的生产要素和短缺产品是行业性行政垄断的天然物质基础，借此衍生出的垄断是依托资源优势，牟取部门利益。

行政机构或公共组织实施行业性行政垄断的手段主要包括：一是设置不适当的行政进入壁垒，阻止新进入者进入市场。政府部门严格控制相关业务领域的项目审批权和进入资质核准权，造成行政力量对竞争的不适当限制和排斥，从而形成行政性垄断。这种不适当的行政进入壁垒大多以法律法规条文的形式出现，对进入和竞争的限制作用十分明显。二是政府机构和主管部门低效率的管制行为。由于政企之间的信息不对称以及可能存在的政企利益同盟关系，使得政府机构和主管部门故意采用低效率的管制行为为被管制企业和管制机构谋取不当利益，从而造成行业性行政垄断。三是行政性垄断企业滥用其市场支配地位实施限制或排斥竞争的行为。企业的市场垄断地位是凭借行政性进入壁垒获得的，则其为了保持这种行政性垄断地位，将更直接、更大胆地利用这种市场支配地位限制和排斥竞争。

17.1.3 地区性行政垄断的表现形式

地区性行政垄断主要是指地方政府实施的限制和排斥竞争的行为，在实际经济活动中主要表现为地方保护和市场分割[①]。地区性行政垄断的主要表现形式包括以下几个方面：

(1) 产品市场的保护与分割。产品市场分割主要是由地方政府运用行政手段保证本地企业生产所需的原材料和保护本地产品市场地位所引起的。地方政府实施产品市场地区性行政垄断的主要手段和措施有：①限制本地优势资源流出。地方政府为了保障本地企业的生产经营和特殊市场地位，纷纷以行政区划为边界设置人为壁垒，出台各种措施限制本地优势资源流出，并与其他地区

---

① 余东华、李真：《地方保护论：测度、辨识及对资源配置效率的影响研究》，中国社会科学出版社 2009 年版，第 30~38 页。

展开优势资源争夺战。②阻止外地产品和企业的进入。与本地企业利益关系密切的各地方政府以发布规定、通告和通知等形式阻止外地产品流入本地市场,形成市场分割,以给本地产品提供区域性垄断市场环境。对外地产品规定与本地产品不同的技术要求、检验标准,或者对外地产品采取重复检验、重复认证等歧视性技术措施,限制外地产品进入本地市场。③对本地企业经销外地产品进行限制。地方政府通过开列采购目录、罚款、没收等措施限制本地企业采购和销售外地产品。④影响价格机制的有效运行。地方政府直接干预价格形成机制,一方面对本地产品进行补贴以降低本地产品价格,另一方面设置不合理的税费人为提高外地产品价格。例如,对外地产品设定歧视性收费项目、实行歧视性收费标准,或者规定歧视性价格,增加外地产品的成本。在这种"内外有别"的价格机制下,外地产品的竞争力被削弱,难以与本地产品展开公平竞争。⑤为本地产品和外地产品营造不公平的竞争环境。地方政府通过规定本地产品采购总额或比重、限制外地产品销售数量和范围、设置行政审批障碍、不对称工商质检程序等非价格手段来影响竞争机制,增加外地企业或产品的经营成本。⑥以发布文件、规定、通知等形式,明确规定在本行政区内消费或销售本地产品。一些地区甚至硬性规定以本地产品作为招待用品或直接抵发财政供养人员的工资或福利。

(2) 劳动力市场的保护和分割。在转轨经济国家,劳动力的自由流动受到限制,劳动力市场实际上处于分割状态,不仅存在着劳动力地区转移上的障碍,还存在着劳动力报酬上显著差别。地方政府实施劳动力市场地区性行政垄断的主要手段和措施有:①地区间劳动力市场分割。这主要是指地方政府为了解决本地区的劳动就业问题,以户口、资质要求、地域歧视等为借口,对本地劳动力市场实施的保护行为以及由此产生的歧视外地务工人员的行为。②实施同工不同酬的收入政策。同等劳动却不能获得同等报酬,不仅体现在货币收入上,还体现在福利待遇等非货币收入上。由地区性行政垄断导致的劳动力市场分割为劳动力在地区间的流动人为地设置了障碍,增大了流动费用和用工成本,阻碍了劳动力在不同地区和不同市场之间以技术水平和供求关系为基础的自由流动,不利于劳动力要素在地区之间合理有效配置。

(3) 资本市场的保护和分割。资本市场分割是指由于地方政府对资本进出设置限制而产生的资本不能按照收益率进行流动和配置的状况。行政性分权改革赋予地方政府一定的"投融资权限",地方政府都有审批投资项目的权利,这就产生了地方政府运用这种权利干扰资本市场、干预投资行为的可能。由于投资是拉动经济发展的重要方式,为了促进本地经济发展,一方面,地方政府作为经济利益主体有天然的内在投资冲动,都不遗余力地扩大本地投资;

另一方面，鉴于企业的实际地方所有制，对于本地国有企业或国有控股企业，地方政府往往用直接干预方法对产业结构调整加以限制，或通过银行对企业投融资活动施加影响，禁止其资本流出，要求国有企业在资产重组、并购扩张中选择本地企业而非外地企业；另外，对于非国有企业和外资，地方政府则通过政策优惠、谈判、让步等办法将其留在本地或在本地增加投资。资本市场分割阻碍了资本在全社会的自由流动，降低了资源配置效率，影响了企业的正常生产经营和决策，不利于产业结构的自我调整和优化，最终保护了落后的生产力，增加了社会负担。

（4）产权市场的保护与分割。产权市场主要包括证券市场和产权交易市场等。经过近 20 年的发展，中国证券市场仍然是相对独立、非统一的市场，地方政府和中央政府管理部门都可以干预证券发行和流通，地方保护问题仍然较为严重[①]。一是地方政府和企业竞相追逐上市指标，把上市指标当作筹资手段甚至扶贫解困的手段，造成很多企业把股市当作"取款机"和"圈钱"场所，而忽视对自身行为的规范。二是地方政府对本地企业在股票交易市场上的违规行为予以纵容和包庇，以维护本地企业利益。有些地方政府仍以本地所属的上市股份公司的行政上级身份凌驾于董事会之上，干预企业经营，甚至动用行政力量对上市公司进行重组。三是产权交易市场上的企业兼并和企业转让仍由行政力量主导，地方政府干预太多，企业跨地区、跨行业、跨所有制的兼并困难重重，"拉郎配"、"劫富济贫"式的兼并仍然广泛存在。

（5）阻碍市场整合和统一大市场的形成。阻碍市场整合是地区性行政垄断在行为上的表现。如果不人为设置藩篱，在竞争力量的作用下，市场会逐渐实现一体化。然而，在市场一体化进程中，来自地方政府和行业部门的分割市场力量将阻碍市场整合。随着社会主义市场机制的完善、各项相关法律法规的出台，国内市场分割的形式逐步发展至隐蔽的"软"措施，如技术壁垒、质量监督等。地方政府采用的市场分割手段不断变化，概括而言，即是政府明文许可的地区封锁行为越来越少，但各种隐性的地区封锁却日益突出，尤其是内外有别的歧视性执法，正在成为地区封锁新的重要表现形式。综合来看，采用的手段总体分为两大类：设置流出壁垒和流入壁垒。流出壁垒是指地方政府为保证本地生产需要，限制原材料等产品流出本地市场的行政垄断行为；流入壁垒则是指地方政府通过行政手段，设置进入壁垒，限制或阻碍外地产品流入本地市场的行为。其中，流出壁垒的表现形式为：控制本地产品，尤其是较为稀

---

① 详细分析请参考陈东琪、温银泉：《打破地方市场分割》，中国计划出版社 2002 年版，第 69~77 页；石淑华：《行政垄断的经济学分析》，社会科学文献出版社 2006 年版，第 92~97 页。

缺的产品的流出数量。

在区域市场整合的不同阶段,地方保护和市场分割的具体表现形式也有所不同。在第一阶段,市场分割以原材料市场分割为主,地方政府限制本地原材料流出本地,各地间的"资源大战"频频发生,如"羊毛大战"、"棉花大战"、"蚕茧大战"、"生猪大战",等等。这主要是由于改革开放初期,地方政府通过中央政府的"分权放利"获得一定的自主权,发展地区经济的积极性大大提高。同时,农产品价格低于工业品价格,原材料价格低于加工业产品的价格,即所谓的剪刀差价格。这使得加工行业存在较大的利润空间,在这种双重利润的诱导下,地方政府纷纷上马"短、平、快"的项目,并大力发展加工行业。各地区追求财政收入的前提下,忽略地区比较优势,盲目布局,导致了区域产业同构、原材料供给与产能严重失衡等不利于经济发展的现象。在原材料严重短缺的情况下,各地区为了保证本地企业拥有足够的原材料,借助行政手段争夺资源,一方面明令禁止本地农副产品和工业原材料流出本地,另一方面则设法从外地争夺资源,逐步形成了以"原料大战"为基本特征的区域市场分割。第二阶段,原材料等物质相对丰富,各地区因盲目生产与布局,出现了产能过剩的问题,卖方市场逐渐转变为买方市场,各地从争夺原料转向争夺最终产品市场。为保护本地市场不被外地产品侵占,保护本地产品的市场占有率,地方政府采取各种行政垄断行为封锁本地市场。尤其是那些经济发展相对落后的地区,更倾向于借助市场封锁手段保护本地不具竞争优势的企业。地区封锁行为一旦实施,必将遭到其他地区的报复行为,因此一般产品市场趋向分割。第三阶段,地区封锁行为有所收敛,区域市场分割程度有所下降,此时不同行业的市场分割程度有所不同,传统和耐用消费品行业的市场整合度较以往有所提高,电子信息、医药等高新技术行业的市场因地区间的重复建设,表现出较慢的整合速度。在区域经济发展过程中,市场分割、重复建设、区域产业同构等经济现象严重阻碍了区域间的协调发展,损害了地区间的分工利益,对国民经济运行产生了极为不利的影响。市场分割与产业同构互为因果,在区域经济发展中形成恶性循环,进一步阻碍了国内统一市场的建立。

17.2 行政性垄断的成因

行为总是与利益息息相关,行政性垄断也不例外。行政性利益集团的形成是导致行政性垄断的内在诱因,利益分配不均衡是导致行政性垄断的外在诱因。行政性垄断是从计划经济体制向市场经济体制转轨过程中的产物,其产生与形成具有特定背景和原因。

1. 体制转轨与政府主导型经济是行政垄断产生的特殊背景和基本原因

由计划经济体制向市场经济体制转轨过程是一个由国家主导的渐进过程，是一种由上而下的市场化转轨。这种政府主导型的市场经济构建模式很难脱离开政府权力的作用，往往导致市场主体与政府角色以及中央政府与地方政府之间的经济利益冲突。中央政府对地方政府和行业主管部门逐步放权，不断扩大它们的自主管理权限，同时实行中央财政与地方财政"分灶吃饭"，强化了地区和部门利益。在利益机制驱动下，一些地方政府或行业部门利用其资源优势甚至行政力量人为地设置壁垒，谋取局部利益和地区利益，从而导致行政性垄断。

2. 政绩观与政绩考核体制不科学、不合理是行政性垄断产生的现实原因

干部政绩评价与考核体制与官员所辖地方经济发展业绩直接挂钩，经济发展成为考核地方官员的最重要指标，并且这种业绩又主要以上了多少项目、建了多少企业、GDP 增长速度等指标来进行简单量化和比较。这样就会导致各地方官员和部门领导强化资源配置本地化、部门化，保护本地区和本部门利益。同时，政府职能转变不够彻底，政企分离尚未完全实现，政府干预微观经济的惯性使得行政权力尚未退出市场，为形成行政性垄断提供了便利。

3. 区域协调机制缺失和地方政府之间的竞争是导致地区性行政垄断的直接原因

在既定的政府管理体制下，分权化改革必然带来地方政府之间的竞争。地方政府之间的竞争会促使各地区只关心本地利益，在成本允许的情况下，各地区不仅有动机做有利于本地经济发展的事情，而且同样有激励做不利于其竞争对手所在地区的事情。地方政府会根据自身的主、客观条件选择竞争策略，尽管保护型策略会增加地方之间的交易成本，长期内损害经济发展，但在一定条件下仍然会被地方政府选择。区域协调机制的缺失也使得地方政府之间的竞争难以向良性有序的方向发展。一个系统的区域协调机制应当涵盖立法协调、执法协调、行政协调和市场协调四个层面以及一个信息资源共享交流平台。目前，中国区域协调机制还存在以下问题：一是缺乏中央政府的全面参与和宏观层面的总体指导，立法协调和执法协调不一致；二是地方政府之间缔结行政协议的制度化、法制化程度不高，行政协调不力；三是区域合作的市场中介组织体系还不够完善，没有充分发挥市场协调的作用。增长型地方政府之间的赶超性竞争和区域协调机制的缺失，使得行政性垄断成为地方政府实现发展目标的"合理"选择。

4. 财税体制扭曲和行政性分权为行政性垄断的形成提供了内在驱动力

财税体制和财税政策的扭曲使得地方财政的事权与财权不对称、不匹配，转移支付体系不健全、不透明，预算外收入膨胀和财政收支不透明，地方政府之间的同质性较差，难以保证竞争起点的公平合理。同时，地方政府掌握着大量资源，如土地、税收优惠政策、预算外收入、隐性举债等，预算的软约束难以保证地方政府独立承担经济发展的成本，地方政府有动机也有能力利用行政力量干预市场。行政性分权调动了地方政府发展经济的积极性和主动性，积极推动了市场体系的发育和发展。同时也应看到，这种以行政性分权为核心所形成的体制存在明显缺陷，直接导致了地方保护和市场分割，主要表现在：一是加剧重复投资、重复建设和地区之间的产业机构趋同现象，造成社会资源的浪费；二是导致地方、部门的保护主义，造成市场分割，妨碍区域性和全国性统一市场的建立和形成；三是阻碍了资源的跨地区和跨部门的合理流动和配置，使资源配置凝固化，同时也削弱了地区间开展合作的基础和动力。

17.3　行政性垄断的危害

行业主管部门和地方政府出于自身利益考虑，运用行政手段干预市场竞争，虽然在一段时间内保护了本部门或本地区企业的生产和产品销售，提高了企业生存能力，保证了本部门利益和本地财政收入的稳定，但是从长远来看，由于行政性垄断行为有众多弊端，最终会妨碍统一、开放、竞争、有序的全国统一大市场的建立。一般而言，行政性垄断的危害性主要表现在以下几个方面：

（1）破坏全国统一大市场的形成，造成资源浪费，阻碍经济的健康发展。行政性垄断限制了商品、要素的自由流动，严重地扭曲价格信号，恶化了消费者的福利水平，导致市场配置资源的基础性作用难以发挥，破坏了市场整合收益递增机制和正外部效应的扩散机制。这将不利于发挥地区专业化、规模经济以及技术外溢及区内有效竞争产生的效应，使中国无法实现潜在的国内大市场所能带来的效益。行政性垄断行为总是以某一地区或部门的利益为着眼点，将某地区或某部门的经济封闭起来，形成地区封锁和部门垄断，人为割裂了市场，破坏了市场的统一性、自由性、公正性和竞争性。

（2）行政性垄断保护了落后的生产力，不符合先进生产力的发展要求。地方政府通过市场分割行为保护本地企业免受外来竞争，往往都是保护那些不具备竞争优势的落后企业，这将严重阻碍产业结构的优化升级和生产力的快速发展，消费者难以获得价低质优的商品和服务，极大地损害了本地消费者的福利。同时，行政性垄断为了排斥和限制竞争，往往采用行政命令的方式限制市场经营主体的生产经营，或者强迫市场经营主体从事某种交易，从而使经营主体的自主经营权受到损害。

(3) 阻碍部门间和区域间的协调发展，限制了分工和交换，不利于规模经济和范围经济的形成和发展。这是因为区域市场的规模是地区间分工能够得以实现的前提条件。斯密认为：交换的力量为劳动分工提供了可能，所以劳动分工受到市场范围的限制。也就是说，一个地区的分工水平由该地区市场规模决定；市场的大小由产品的运输效率决定，运输效率越高，产品销售到较远地区的可能性就越大，市场规模也相应扩大。在交通运输条件既定的情况下，分割的区域市场人为地降低了产品销往外地的运输效率，阻碍了该产品市场范围的扩大。产品的市场规模相对较小，区域间的分工程度也相应处于较低的水平。此外，市场分割将进一步强化了重复建设和产业结构趋同，导致不合理的产业布局，扭曲中央政府制定的实现社会最优化的产业政策，影响了产业集聚经济效应的充分发挥。

(4) 影响国内市场竞争机制的形成，削弱了中国企业的国际竞争力，不适应经济全球化的需要。同时，市场分割使企业在国内异地市场销售产品时面临较高的一次性进入成本，当进入国外市场的成本较低时，以出口为基础的开放经济分离均衡出现，这可能使中国企业长期"锁定"于 OEM 的出口贸易方式。长此以往，企业由于无法获得核心技术，难以形成自主品牌，加之采购销售都严重依赖于国际市场，最终将严重影响到国家整体竞争力的提高。

(5) 割裂金融体制，扭曲货币政策的传导机制，影响货币政策的有效性。蒙代尔（Mundell，1961）的最优货币区理论也可以解释市场分割对货币政策的影响。分割的区域之间存在着要素流动性壁垒，这使得货币政策存在区域效应。也即是说，如果要素的流动受到各种限制，国内市场不能成为有机的统一体，金融体系各组成部分之间失去了有机联系，整个金融体系会失去弹性，货币政策的发挥就有了很大的局限性。麦金农（Mckinnon，1963）认为，发展中国家的经济具有严重的"分割性"，资金、技术、土地、劳动力等生产要素分散于零散的经济单位之中，国内市场也处在割裂状态，生产效率和投资收益率也因时因地而异，这种分割经济决定了金融体制的割裂与脆弱。资金很难通过统一的金融市场来流通，有限金融机构无法发挥导管作用。

(6) 违背了 WTO 的非歧视原则、透明度原则和自由贸易原则，容易引起中国与其他世贸组织成员国之间的摩擦。"入世"之初，我国政府在商品、服务以及资本市场等方面均做出了市场准入承诺，但是国内市场的分割环境使我国政府的承诺不能很好地执行。中国在成功"入世"、并经历过渡期之后,新的对外开放形式和日益全球化的国际环境,使国内市场的开放成为必然。国内市场的分割的持续存在,容易破坏外国在华企业的投资信心,使中央政府可能受到其他 WTO 成员提出的争端仲裁。加入 WTO 以后,国内市场与国际市场逐渐融为一体,国内企业直接面对国外企业的竞争。国内市场应该是本土企业的"练兵场",为企业走向国际市场提供在国内市场广泛竞争的环境,以锻炼其生产能力,增强其竞争力。但是,人为分割的市场不利于国内企业在自由竞争的环境中培养自身的竞争优势,从而与国外强劲的竞争对手展开竞争。此外,地方市场分割违背了我国向 WTO 做出的非歧视原则、透明度原则和市场准入等承诺,我国要履行此承诺,必须着力解决地方市场分割问题。

  从经济学视角看,行政性垄断的危害主要体现在对资源配置效率的影响上。行政性垄断对资源配置效率影响主要表现在以下几个方面:①妨碍了市场机制的有效运行。市场机制的有效运行需要供求机制、价格机制和竞争机制的支持,但是地方市场分割割裂了全国市场的统一性,各地区市场中的供求关系并不是市场经济条件下完全意义上的供求关系,而是受到了各地政府行政干预的供求关系,那么,以供求来调节生产和销售的机制就受到了破坏。同时,完善的价格体系可以体现真实供求关系的变化,有效调节经济运行,并且通过价格杠杆和竞争机制,把资源配置到最有效的环节,给企业以压力和动力,实现优胜劣汰,但是受到行政性垄断干预的价格体系无法反映商品和要素的真实供求关系,也无法完全实现对产业结构调整和企业生产决策的上述积极作用。再者,市场机制本来需要消除行政限制、垄断干预的公开、公平、公正的竞争机制,但是行政干预使得完全的竞争机制不能实现。②不利于资源的合理配置和分工与专业化的形成。资源在不同地区、不同部门进行合理的配置可以提高经济效率。统一的市场是一个开放和公平竞争的市场,商品和资源的流动不受人为因素的限制,可以根据资源特性、产品需求、劳动力素质等在全国范围内合理地配置资源,实现有限的资源的最合理配置。但是在行政性垄断存在的情况下,各地为追求自身经济利益,倾向于发展"大而全"、"小而全"的产业模式,满足于自给自足,将统一的市场人为地以行政区划为边界分割开。这种市场分割使得资源配置受到限制,比较优势基础上的分工难以实现,资源很可能被配置到一些低效率的企业,从而导致经济效率低下,资源浪费。更重要的是,各地区重复建设比较严重,面临趋同的产业结构,分工与专业化生产无法实现,在产业链不断拉长、分工不断深化的今天,各地无法依据自身优势找到整个产业链上适合自己的环节进行生产,在适应社会发展和应对外部竞争方面处于劣势。③不利于规模经济发挥作用。如果全国市场整合为一个统一的市场，国内企业便可以将全国市场视为其目标市场，并确定其细分市场，专业化地进行产品的大规模生产。通常情况下，规模生产能够实现规模经济，降低单位产品的生产成本，从而增强企业的竞争力。但由于我国国内市场被人为划小，企业发展的市场空间也变得狭窄，产业结构趋同、生产加工业分散于各地，上述规模经济难以实现。④损害了消费者福利。在一个统一的市场中，商品是自由流动的，价格信号来指引消费者做出购买选择。一般来说，生产效率高的地区产品价格低，生产效率低的地区产品价格高，前者生产的产品就会流向后者，消费者也倾向于购买高效率地区的产品。但是，在市场分割的情况下，商品的自由流动受到阻碍，一方面，由于商品流入受到限制，低效率地区的消费者只能购买本地生产的价高产品；另一方面，通过各种封锁进入的产品由于加入了市场封锁的成本，其销售价格也被人为地抬高了。总的来说，由于市场分割的存在，消费者，尤其是低效率地区的消费者，无法享受商品自由流动带来的福利水平的提高。

17.4　反行政性垄断的相关政策

　　实施行政性垄断行为的主体是行政机关和法律、法规授权的具有管理公共事务职能的组织，行政性垄断与政府的公共权力相关。因此，反行政性垄断就需要约束行政权力、规范政府行为、转变政府职能。同时，行政性垄断是转轨经济国家在制度转轨过程中出现的一种特定现象，对行政性垄断的治理也需要考虑转轨制度特征对市场竞争和行政性垄断解决方案的影响，提出的政策建议要与转轨的整个制度体系和改革进程相容。

　　1. 转变政府职能，合理定位政府、企业与市场的关系

　　反行政性垄断，首先要转变政府职能，处理好政府、企业与市场的关系。主流经济学理论认为，政府在市场经济中的作用主要是立足于四点考虑，即外部性、规模经济、市场不完全、分配不公平。外部性的存在要求政府在外部效应明显的领域采取行动，如知识产权保护、环境污染等；规模经济的存在要求政府完善市场竞争机制，制定相关的竞争政策；市场不完全则要求政府在信息的收集、整理、处理以及基础性的制度建设方面积极行动；分配不公平则要求政府消除过大的收入差距。在转型初期，政府作用主要在于主动推进产业结构升级，推动工业化及产业高级化进程。但是，即使在这些市场失灵方面，限于自身组织经济活动的高成本和政府失灵因素，政府所要做的也并不全是替代市场，更多的是增进市场的作用，完善市场功能，充分发挥市场在资源配置中的

基础性作用。转型中后期，按照市场经济的要求，地方政府的主要职能不应该再对经济活动进行直接干预或者直接投资经营企业，应当进行公共事务管理、提供公共服务和改善投资环境，也就是说，地方政府经济职能从"经济建设型"向"公共服务和社会管理型"转变。地方政府应当注意在思想上树立科学发展观，克服体制性障碍，正确处理好局部与全局、"管"与"放"、"统"与"松"等一系列关系，在充分发挥经济职能的前提下，更加注重发挥政府的公共服务和社会管理职能。

企业是市场经济的主体，政企不分是产生行政性垄断的微观基础。放权让利之后地方政府和行业主管部门干扰了企业的生产决策、经营方式和投资决策，使企业长期生存在行政保护之下，缺乏竞争意识和对市场经济的准确认识，竞争力低下、发展后劲不足。统一的市场需要企业充分发挥经营自主权，在投融资、劳动用工、生产经营、产业结构优化等方面少受或不受外界干预、有独立的决策权。所以，必须下大力气改革企业的实际地方所有状况，减少地方政府和行业主管部门在企业人事任免、经营决策、投融资等方面的干预。一方面要大力推进地方国有企业的产权改造、加快国有资产管理体制改革步伐，实现政企分开；另一方面要大力发展民营经济、外资经济等多种所有制经济，以市场规则来规范企业运营。

2. 实施优化市场结构的竞争政策，激发企业的市场竞争活力

对于可竞争性行业或业务，打破行政性垄断的治本之策是开放市场、引入竞争，实施优化市场结构的竞争政策。首先，要树立鼓励竞争的理念，在垄断性行业中进一步放开更有活力的非公有制资本的自由进入，让市场自行发挥优胜劣汰作用，最终形成有效的多元产权主体的市场竞争格局。在电力、电信、铁路、民航、石油等自然垄断与行政性垄断相互交织的行业和领域，要进一步引进市场竞争机制。对其中的自然垄断业务，积极推进投资主体多元化，非公有资本可以参股等方式进入；对其他带有竞争性的业务和领域，非公有资本可以独资、合资、合作、项目融资等方式进入，形成多元主体的有效竞争。其次，要切断政府部门与国有企业之间的"父爱主义"和"血缘关系"，以防止市场竞争过程中可能发生的国有企业享受特殊待遇。这一方面需要实行政企分开和政资分开改革，以切断政府部门与国有企业在经济利益上的直接联系，同时也需要防止二者之间人事安排上的密切联系，减少"旋转门"现象对市场竞争的影响。优化市场结构的竞争政策本质上属于产业组织政策，具体的政策手段，可参见本书第3章的相关内容。

3. 推进行政体制改革，完善政府管制政策

政府机构设置和相关制度安排为行政性垄断的产生提供了可能。深入推进

行政体制改革，可以在反行政性垄断上做到防患于未然。

（1）需要理顺中央政府与地方政府之间的利益关系和事权关系。随着我国经济体制改革的推进，中央政府和地方政府都要按照市场经济的要求来确定建设项目和调整产业结构。中央政府要制定合适的、兼顾各地利益的经济政策，协调好各地区、各部门的利益关系，合理引导地方政府和行业部门以国家大局为重，将其招商引资行为和经济管理行为纳入到国家统一规划和布局中。地方政府要强化其公共事务管理职责，在提供公共产品、改善投资环境、弥补市场失灵等方面发挥适当作用，做到不缺位；弱化对当地经济活动的干预，从直接投资经营企业和干预企业经营活动领域退出，做到不越位和不错位。中央政府与地方政府之间的事权关系需要进一步合理明确，并予以法制化。全国性公共品由中央政府提供，区域性公共品主要由地方政府提供，对于交叉领域的公共品的划分要结合公共品的外部性范围、以受益多寡为参考在中央和地方之间进行合理划分。

（2）加快行政审批制度改革。反行政性垄断，必须减少政府的行政审批量，确保政府的审批不干扰市场的正常运行。各级政府在继续履行好市场调节和监管职能的同时，注重强化社会管理和公共服务职能，加强和改进政府公共管理的能力，全力建设服务型政府和公共支出型政府。认真落实《行政许可法》，尽量减少审批事项，确实不能取消的，要通过立法程序，公开办事程序，接受公众监督，杜绝各种官僚文牍和借机"寻租"的行为，减少审批周期和时间。坚持精简高效统一的原则，考虑建立行政审批中心，加快行政审批事项集中审批向联合审批、统一审批过渡，并实现当场办结。改变政府直接干预微观经济活动的做法和主要用行政手段管理经济的方式，充分运用经济和法律手段调控经济运行和实施市场监管；善于运用间接管理、动态管理和事后监督管理等手段，改进社会管理和公共服务，防止政府管理的"缺位"和"越位"。全面改革行业组织和中介机构的管理和监督体制，为社会中介组织提供发展空间，使其发挥提供服务、反映诉求、规范行为的作用，将经济活动中的社会服务性及相当一部分执行性、操作性职能转移给社会中介组织，以防止因政府干预过度而造成的政府"失灵"。割断中介机构与政府部门的从属关系，保证中介机构的独立性，防止政府通过操纵中介机构来干预市场机制的运转。

（3）加快政府管理体制改革。反行政性垄断本质上是利用行政力量约束行政力量，需要推动政府管理体制改革，改变政府干预过多与监管不到位并存的现象。通过政府管理体制改革，转换政府角色，以管制体系替代行政干预，优化政府机构设置、职能配置、工作流程，完善决策权、执行权、监督权既相互制约又相互协调的行政运行机制，降低制度成本，提升制度供给水平。以行政审批制度改革为核心的简政放权,是政府管理体制改革的先手棋,是政府的自我革命。评估行政审批制度改革的成效,需要考虑取消或下放的行政审批事项所涉及的行业和领域在国民经济和社会发展中所处的位置和环节,取消或下放的行政审批事项所附着的管理权力,打破行政审批制度改革中"放小不放大、放虚不放实、放责不放权"的怪圈。政府管理体制改革还需要全面推进商事制度改革,减少政府对微观市场主体的行政干预。这要求政府按照发展市场经济的内在要求,从市场主体投资兴业的第一道门槛改起,以改革工商登记为切入点,通过工商系统的自我革命,主动放权,带动相关部门审批制度改革,减少行政审批事项,转变政府职能,降低市场主体进入门槛,激发市场和企业的创造力和活力,推进市场公平有序竞争。

(4) 推进政府管制体制改革,完善政府管制政策。行政性垄断行为往往与政府监管行为相互融合。因此,反行政性垄断,需要加快政府管制体制改革,完善政府管制政策。在实行政企分开、政资分开改革的基础上,实现政监分开、设立独立的监管机构是政府管制机构改革的重要任务。政监分开的主要目的是提升政府监管的公正性、权威性和专业性,防止政府以监管之名行行政性垄断之实。为了防止政府监管机构与被管制企业之间可能发生的设租寻租以及管制俘获行为,需要维持管制程序的公开性和透明性,必要时需要设立专门机构以监管监管者。监管机构实现有效管制,最重要的就是能够获得企业相关信息,当监管机构没有能力单独获得此类信息时,监管机构可与第三方机构(例如,审计部门)合作,提高监管的针对性和有效性。另外,还可以借鉴发达国家激励性管制的方法与技术,破解政府管制难以同时兼顾生产效率和配置效率的难题。

4. 强化反垄断法的实施,依法治理行政性垄断

一个完善的制度设计是由激励机制和约束机制两部分组成,而行政性垄断的产生和加剧在很大程度上是因为激励过度而约束不足造成的,即由于法律缺失或执法不严而对地方政府和行业部门失去了必要的约束作用。《中华人民共和国反垄断法》第五章的第三十二~三十七条专门对反行政性垄断进行了规定。

(1) 强化反垄断法的实施,规范和约束政府行为。2008年开始实施的《反垄断法》中有专门针对反行政性垄断的条款。但从近年来的执法实践来看,《反垄断法》在反行政性垄断方面表现出有些"力不从心"。主要原因在于,依据《反垄断法》对行政性垄断进行评估审查和行政处罚属于事后监管,执法对象、执法主体不够清晰,执法资源有限;行政力量制约行政力量会导致权利冲突与力度不够,很难做到"壮士断腕"、自我革命;经济下行压力加大、国际经济低迷、产业振兴和结构调整背景下的兼并重组等为行政性垄断提

供了"正当性",反行政性垄断很容易被贬为"不识时务"。要改变《反垄断法》的"纸老虎"或"无牙老虎"的形象,需要强化反垄断法的执行和实施,对行政性垄断行为真抓真管真反真查,形成威慑力量,规范和约束政府行为。

(2) 完善法律体系,为市场化改革保驾护航。与禁止行政性垄断行为相关的法律法规除了《反垄断法》以外,还有《中华人民共和国反不正当竞争法》《国务院关于禁止在市场经济活动中实行地区封锁的规定》《中华人民共和国招标投标法》《国务院办公厅关于进一步规范招标投标活动的若干意见》《制止价格垄断行为暂行规定》等,2016年又出台了《国务院关于在市场体系建设中建立公平竞争审查制度的意见》。下一步,需要协调好这些法律法规在执行方面的关系,形成执法合力。同时,继续完善基本的经济大法《反垄断法》,制定反行政性垄断的实施细则。在制定和完善国家法律体系的同时,还必须清理与国家法律相违背的地方性法规和条例,切实从制度和行为两个层面禁止行政性垄断,为市场化改革保驾护航。

(3) 理顺各执法机构的权责关系,做到有法必依、执法必严。明确执法主体,调整《反垄断法》的执行机构。目前,反垄断法的执法机构有商务部、发改委和工商总局三家,分别负责经营者集中、行政性垄断和滥用市场支配地位等领域的反垄断执法。建议改变目前多头执法的局面,单独创设专门的反垄断法执法机构。这样的机构宜采取委员会制,直接隶属于国务院,其人事编制和财务由人事部和财政部编列预算,但在审理反垄断案件中具有高度的权威性和独立的裁决权。在具体的机构设置上,①横向上在其内部应设立多个具体功能性执行中心,比如设立专门的反行政垄断局和反经济垄断局。②在纵向上应当设立中央与省、自治区、直辖市两级机构。为保证其独立性,设在省、自治区、直辖市的反垄断执法机构不属地方政府领导,其经费和人事关系完全由中央反垄断执法机构统一掌握。在具体的管辖范围划分上,省级反垄断执法机构只受理本行政区域内的垄断案件,中央反垄断执法机构管辖跨省、自治区、直辖市的垄断案件。③针对执法机关可能存在的不作为或乱作为情形,还应当完善对执法机关的责任追究制度,健全对于不作为行为的社会监督和司法监督机制,支持公民、法人或者其他组织对于行政不作为行为申请复议和提起诉讼,尤其要提倡公益诉讼,充分利用社会监督促进有法必依、执法必严。另外,还要强化相关法律人才的培养,提高执法人员的业务素养和专业精神。

5. 改革政绩考核和激励机制,完善政府财税制度

政绩考核机制和财税体制不合理是导致行政性垄断的内在动因,区域政府竞争制度不健全是导致行政性垄断的制度根源。反行政性垄断需要治标治本、疏堵结合,改革政绩考核和激励机制、财税分配体制和政府竞争制度。

（1）改革和完善政绩考核和激励机制。长期以来，我国实行的是相对绩效考核机制。虽然这种机制曾经起了推动地方政府之间的竞争、促进区域经济发展的积极作用，但是其缺陷和局限性也是很明显的：政绩考核中过于注重GDP增长率，激励地方政府的短期行为和不计成本的赶超发展；造成地方政府之间的恶性竞争，推动形成地方保护和市场分割；由于地区之间存在经济发展起点的异质性，原有政绩考核体制无法真正反映地方官员在经济发展中发挥的作用。改革相对绩效考核机制，需要合理设计考核指标体系，逐步完善多元化的政绩考核方式，将自我考核、上级评估、人民代表大会评估、独立的第三方评估、社会公众评估等多种评估方式相结合，建立起一种全方位立体式的考核模式。科学设计地方官员的晋升方式，防止地方官员与地方利益集团勾结，最大限度发挥政绩考核在官员晋升中的激励作用。

（2）加快财政体制改革，实现地方政府财权与事权相对称和财税收支透明。本着财权与事权对称的原则，改革财政收入制度，建立以税收为主的财政收入运行机制。取消地方政府自行设置的增加本地财政收入的不规范收入形式，或者实行"费改税"，设置新税种，来提高收入的规范性，并纳入国家预算体系。这样既可以发挥转移支付平衡地区财力的目的，又可以抑制和减少腐败。除此之外，还需要合理划分中央和地方税种，增加地方政府的收入自主权。规范政府及其所属机构的筹集、分配和使用公共资金和资产的行为，防止公共资源的浪费和滥用，让公共收支活动最大限度地满足社会公众的愿望和要求，而不是用于政府自身的消费性支出，扰乱市场竞争。

（3）完善转移支付制度，硬化地方政府的预算约束。根据区域发展水平和初始禀赋条件逐步调减税收返还数量，减轻转移支付中的税收返还对于区域异质性的扩大作用。归并和简化转移支付体系，特别是要尽快地对现行专项拨款进行清理，在合理分类的基础上，该取消的取消，该合并的合并。以各地公共产品和公共服务水平基本均等化为目标，形成以一般转移支付为主体、以专项拨款为辅助的政府间转移支付结构形式。建立一个科学合理的转移支付标准，通过严格的计算和法定程序确定对各地区的转移支付额度，可以用"因素法"逐步取代"基数法"来核算转移支付数额，这些因素主要包括人口、经济发展水平、地区教育水平、地区医疗水平和地区经济结构等。尽快推进省以下的分税制改革，形成一个中央对省、省对市、市对县乡的多层次的纵向转移支付和省与省之间的横向转移支付相结合的制度模式。反行政性垄断还需要限制地方政府的流动性创造能力，硬化地方政府的预算约束。一方面，需要加大银行市场化改革力度，规范政府和银行的关系，减少地方政府对银行经营的干预；另一方面，需要规范各种地方政府投融资公司的借贷和发债行为，削弱地方政府直接干预和参与市场运行的能力。规范地方政府体制外收入，尽快将其纳入预算内收支体系，并通过转移支付真正实现各地方政府财力的平衡。

(4) 建立区域协调合作机制，改革地方政府竞争制度安排。建立一种区域协商合作机制来约束和激励地方政府以合理正常的方式参与竞争，从而减弱地方政府实施行政性垄断的动机。一个有效的跨区域协商合作机制需要包括四个组成部分：能够有利于各方合作的规划引导机制；具体负责协商合作的组织机制；能够鼓励所有区域都参加的动力机制；能够防止参加者机会主义行为的约束机制。①强化跨省区的区域规划的制定和实施，形成有利于各方合作的规划引导机制。为促进区域经济协调发展，可以考虑在国家层面上，设立一个区域经济管理机构，将目前由不同部门负责的区域管理职能集中起来，统筹考虑对各地区的支持力度和方向。除了在区域发展规划中渗透建立全国统一大市场的战略举措以外，还可以考虑在产业发展和振兴规划中，融入区域合作、协调发展的政策措施。②建立一个有效的跨区域协商合作机制，即建立一个有效的"治理机制"来协调区域间的社会经济事务。在以实现经济协调发展为目标的区域合作中，各个成员不可避免地要进行产权的部分让渡，并由超越行政区划的组织机构来行使有各成员让渡出来的这部分权力，以制定整体性的合作发展计划，协调解决成员之间的利益矛盾冲突。这就有必要建立一个专门负责区域间事务的组织协调机构。③强化区域合作的利益导向和动力机制。成员之间能否达成一个具有约束力的、自动实施的协议，保证"合作博弈"能够重复，关键在于能否让那些落后的伙伴在合作中缩小差距。因此，必须设立一种利益补偿和利益分享机制，来弥补受损地区因为参加区域合作组织而受到的损失，这部分利益补偿金可以由那些因为参加该组织而受益的区域来承担，也可以由中央政府来承担，也可以共同承担。不管如何划分，只有设立一个这样的利益补偿和利益分享机制，才能使所有区域都有动力参与到这个区域合作组织中。建议建立旨在缩小合作成员之间发展差距的发展基金用于发展落后地区基础设施的建设，资助面临结构性困难的区域的转型，支持落后地区的人力资源培训。④建立区域合作共赢的监督和约束机制。最重要的约束机制就是法律。现代市场经济作为一种有效运作的体制条件是法治，而法治则是通过其两个经济作用来为市场经济提供制度保障的：第一个经济作用是约束政府，约束的是政府对经济活动的任意干预；第二个经济作用是约束经济人行为，其中包括产权界定和保护，合同和法律的执行，公平裁判，维护市场竞争。法治的这两个作用在区域经济合作问题上普遍存在，而且它还增加了一些特殊内容，即约束合作成员政府对经济合作的任意干预，约束经济人行为还包括合作成员"搭便车"的行为，以及合作组织机构偏离公平原则的权力滥用行为。

6. 严格实施公平竞争审查制度，事前控制行政性垄断行为[①]

公平竞争审查制度的颁布实施为反行政性垄断提供了新模式、新路径和新工具。一般而言，反行政性垄断的主要法律工具是行政法和反垄断法。前者主要通过建立"权力清单"、规范行政程序和落实行政问责等方式规范政府行为，后者则通过反垄断法的公共实施（行政执法）和私人实施（司法诉讼）约束行政性垄断行为。然而，无论是前者还是后者，在反行政性垄断中都有明显的局限性，属于"事后救济"，且司法成本较高。公平竞争审查制度是一种事前控制，能够起到预防行政性垄断的效果。公平竞争审查制度明确了竞争政策在经济政策中的基础性地位，有利于发挥市场在资源配置中的决定性作用。公平竞争审查制度的实施既是反行政性垄断的有力措施，也是放松经济性管制的重要突破口。在《国务院关于在市场体系建设中建立公平竞争审查制度的意见》中，提出了18个"不得"的审查标准。其中，13个属于反垄断，5个属于松管制。公平竞争审查制度较好解决了反行政性垄断中两个难题：一是谁是执法主体问题，二是审查和追责方式问题。解决了这两大难题，就能较好地实现行政权力制约行政权力，推动处理建议权与执法管辖权的有机统一。

（1）公平竞争审查是将反行政性垄断政策前置。公平竞争审查制度的颁布实施打破了反行政性垄断的制度困境，改变《反垄断法》在反行政性垄断中"不咬人"、"不出声"的局面。公平竞争审查制度明文规定，行政机关和法律、法规授权的具有管理公共事务职能的组织制定市场准入、产业发展、招商引资、招标投标、政府采购、经营行为规范、资质标准等涉及市场主体经济活动的规章、规范性文件和其他政策措施，应当进行公平竞争审查。这就给行业部门和地方政府带上"紧箍咒"，将反行政性垄断从"事后矫正"调整为"事前规制"，变事后监管为事前预防，既保障起点公平，也能够大幅度降低制度成本，较好维护自由竞争秩序和自由企业制度。

（2）通过实施公平竞争审查制度，既反"增量垄断"，也反"存量垄断"。公平竞争审查制度既要遏制行政性垄断行为，防止新的行政性垄断产生，还要清理行政性垄断行为，有序清理和废除妨碍全国统一市场和公平竞争的各种规定和做法。《公平竞争审查制度》的亮点同时也是难点在于"有序清理存量"条款的实施和监督检查。为了解决这一难题，建议差别对待"增量垄断"和"存量垄断"：①在增量规章、文件或政策措施出台时，政策制定机关在政策制定过程中，要严格对照审查标准进行自我审查，对所有规章、文件和法律制

[①] 余东华和巩彦博：《供给侧改革背景下的反垄断与松管制——兼论公平竞争审查制度的实施》，载于《理论学刊》2017年第1期。

度进行独立和透明的评估审查,以判定它们是否会阻碍、限制和损害市场公平竞争。经审查认为不具有排除、限制竞争效果的,可以实施;具有排除、限制竞争效果的,应当不予出台,或调整至符合相关要求后出台。没有进行公平竞争审查的,不得出台。②在清理"存量垄断"时,按照"谁制定、谁清理"的原则,对照公平竞争审查标准,对现行政策措施区分不同情况,稳妥把握节奏,有序清理和废除妨碍全国统一市场和公平竞争的各种规定和做法。同时,可以设立一个清理存量的过渡期。在过渡时期,可借鉴和采取效率抗辩原则,采用合理推定原则审查评估法律制度对社会公共利益的影响。在积累经验、营造氛围、扩大影响的基础上,逐步严格公平竞争审查制度的实施标准,对所有法律制度进行彻底的竞争审查,全面废除含有限制竞争内容的法律文件。在供给侧改革背景下,建议对金融、信息、通信、电视、广播、交通运输、航空、电信等服务业领域的政策、法规进行彻底清理,取消或修改阻碍、限制和损害市场公平竞争的规章制度,放松对服务业领域经济活动的管制。

(3) 通过实施公平竞争审查制度将"闲不住的手"变为"管得住的手"。经济学将政府干预称为"看得见的手",它天然是"闲不住的手",但"闲不住的手"并不必然是"管不住的手"。《公平竞争审查制度》就是通过规范政府行为,管住"看得见的手",使其成为"管得住的手"。随着市场经济的发展,竞争政策需要从规范企业行为逐渐转变到规范政府行为上,厘清政府与市场、政府与社会的功能边界,发挥市场在资源配置中的决定性作用,推进国家治理体系和治理能力现代化。公平竞争审查制度的颁布实施,将有效规范政府行为,防止出台排除、限制竞争的政策措施,逐步清理废除妨碍全国统一市场和公平竞争的规定和做法,将政府这只"闲不住的手"变为"管得住的手",逐步建立统一开放、竞争有序的市场体系。因此,公平竞争审查制度的颁布实施将同时实现反行政性垄断和放松经济性管制的双重目标。从自然垄断、经济性垄断中剥离出行政性垄断。

(4) 通过实施公平竞争审查制度理顺产业政策与竞争政策的关系。国内学术界围绕产业政策一直存在争论,争论焦点在于中国的产业政策是否失效,产业政策是否应该退出经济领域、让位于竞争政策。其实,产业政策与竞争政策的关系是一个老话题,如何处理二者的关系争论已久。部分学者认为,二者是"治标"与"治本"的关系;部分学者认为,二者是"长痛"与"短痛"的关系;还有部分学者认为,产业政策与竞争政策之间应有合理分工:产业"从无到有"时需要产业政策,产业"从弱变强"时需要竞争政策。当然,关于产业政策与竞争政策关系的争论是有益的,能够帮助公众认清产业政策与竞争政策的本质和优劣势,有利于形成政策实施氛围,改善营商环境。然而,争论不能仅停留在表象，应结合市场经济的普遍规律和内在要求思考产业政策与竞争政策实施的具体情境：在经济转型阶段，重点考虑如何解决产业政策与竞争政策之间的冲突，提升政策效果；在经济腾飞阶段，重点考虑如何通过竞争政策的实施实现产业政策的目标，提升政策效率。公平竞争审查制度的颁布实施标志着竞争政策优先理念得到政府层面的认可，提升了竞争政策的地位，有利于营造崇尚市场公平竞争的竞争文化，为通过实施竞争政策矫正产业政策失灵打开了通道。这一点在当前的中国更为可贵。有鉴于此，建议在推进供给侧结构性改革的政策支柱（"宏观政策要稳、产业政策要准、微观政策要活、改革政策要实、社会政策要托底"）中再加上"竞争政策要优先"。竞争政策优先，并不否认产业政策的作用，而是要规范政府行为，减少产业政策对经济活动的不当干预，保护公平有效的市场竞争。

另外，公平竞争审查制度实施中还需要考虑不同部门、不同地区的均衡原则。建议国家发改委会同财政部制定财政激励机制，设立公平竞争审查奖励基金，补偿、鼓励、推动各地区制定符合实际的审查程序、审查机制和实施细则。同时，在公平竞争审查制度实施中，将内部审查与外部监督相结合，将行政审查、司法审查、立法审查相结合，将竞争审查制度与竞争评估制度相结合，"以踏石留印、抓铁有痕"的劲头实施公平竞争审查制度，在反行政性垄断方面取得实效。

17.5 小　　结

行政性垄断是指行政机关及公共组织滥用行政权力排除、限制或阻碍市场竞争的行为。根据行政力量作用的范围和方向，可以将行政性垄断分为行业性行政垄断和地区性行政垄断两大类。行业性行政垄断是指某一行业的企业借助管理特权、公共权力和实际控制力量，抢占市场资源和销售份额，排斥、限制或阻碍他人进入与竞争，操作价格以牟取暴利的垄断行为。行业性行政垄断在实际经济活动中主要表现为在行政机关或公共组织在行业竞争中自我授权、设租寻租、制造进入障碍、牟取部门利益等。地区性行政垄断主要是指地方政府实施的限制和排斥竞争的行为，在实际经济活动中主要表现为产品市场和要素市场上的地方保护和市场分割。

行政性利益集团的形成是导致行政性垄断的内在诱因，利益分配不均衡是导致行政性垄断的外在诱因。行政性垄断是从计划经济体制向市场经济体制转轨过程中的产物，其产生与形成具有特定背景和原因。行政性垄断的实施主体是行政机关以及法律法规授权的具有管理公共事务职能的组织，它们为了保护本地区或本部门的利益实行的反竞争行为，因而具有更大的危害性。行政性垄断阻碍全国统一、开放、有序、竞争的现代市场体系的建立，扭曲了资源配置，降低了资源配置效率，削弱企业国际竞争力，损害消费者合法权益，并且容易滋生腐败。

　　反行政性垄断就需要约束行政权力、规范政府行为、转变政府职能。同时，行政性垄断是转轨经济国家在制度转轨过程中出现的一种特定现象，对行政性垄断的治理也需要考虑转轨制度特征对市场竞争和行政性垄断解决方案的影响，提出的政策建议要与转轨的整个制度体系和改革进程相容。对行政性垄断进行反垄断控制，需要制定系统化的政策措施，主要包括：合理定位政府、企业与市场的关系；推进行政体制改革，完善政府管制政策；实施优化市场结构的竞争政策，激发企业的市场竞争活力；强化反垄断法的实施，依法治理行政性垄断；改革政绩考核和激励机制，完善政府财税制度；严格实施公平竞争审查制度，事前控制行政性垄断行为。

第18章 反垄断法与反垄断政策

> 法律的目的不是取消或限制自由,而是维护和扩大自由。这是因为在所有能够接受法律支配的人类状态中,哪里没有法律,哪里就没有自由。这是因为自由意味着不受他人的束缚和强暴;而这种自由在不存在法律的地方是不可能存在的:一如我们所被告知的那样,这自由并不是每个人为所欲为的自由。(因为当其他人的意志支配某人的时候,该人又怎能自由呢?)但是,一种处分或安排的自由,一如他所列举的那些包括对他的人身、他的行动、他的所有物以及他全部财产的处分,乃是法律所允许的自由;因此,在这样的法律下,他不受其他人的专断意志的支配,而是能够自由地遵循他自己的意志。
>
> ——约翰·洛克:《政府论》(下篇),商务印书馆2013年版,第75页。
>
> 理论上,一项寻求改变经济结构和行为的政策应当使用一致的标准、规则,并在广泛的各种市场环境中实施。政策可以纠正深层的问题,获得更高的收益。每一项政策都会有成本,成本会抵消一些甚至全部收益。任何重要的政策通常都会激起活跃的争论。一些人(政策受益者)通常认为反托拉斯政策过于软弱,而其他人(政策的打击对象)则可能认为政策太严厉,具有破坏性。
>
> ——威廉·谢泼德和乔安娜·谢泼德:《产业组织经济学》(第五版),中国人民大学出版社2009年版,第393页。

18.1 反垄断法律与政策起源、发展与演进

市场经济体制是人类最伟大的发现,自由竞争机制和市场经济创造的物质财富孕育了人类社会的现代文明。然而,追求利益最大化的经济主体总有动机去创造市场垄断势力,凭借不同途径获得的市场势力行使垄断行为,限制或阻碍市场竞争,追求更多的超额利润。为了保护公平有效的市场竞争,早在古罗马时期就开始出现涉及禁止垄断行为的相关法规。不过,公认的真正现代意义

上的第一部反垄断法是1890年美国颁布的《防止不法限制及独占的保护交易及商业法》(也称《谢尔曼法》)。100多年来,随着市场经济的不断发展,世界各主要经济体也相继制定了符合时代潮流和本国特点的反垄断政策和法律,逐步形成反垄断政策体系。

18.1.1 美国的反垄断法律与政策

美国是最早出台反垄断法的国家之一,其指导反垄断政策的三部主要法律分别是1890年的《谢尔曼法》、1914年的《克莱顿法》和1914年的《联邦贸易委员会法》。100多年来,美国不断对这三部法律进行增补、修订和阐释,并出台了一些其他的辅助性法律法规,形成了较为完善的反垄断法律体系。

19世纪美国抓住第二次工业革命带来的机遇实现了运输、通讯条件的巨大改善和经济腾飞,全国统一大市场逐步形成。统一大市场的形成又反过来大大提高了厂商利用规模经济和范围经济的积极性,再加上多个领域的技术创新、更加发达的资本市场的形成和新的管理方法的出现,使得企业扩大运行规模成为可能。大企业、大财团不断涌现,对经济的控制力逐步增强。尤其是铁路、石油、钢铁、汽车、金融等领域出现了规模庞大的大公司甚至卡特尔和托拉斯,它们凭借市场垄断势力和缔结卡特尔协议阻止或限制市场竞争,获得超额利润。同时,垄断势力开始从经济领域向政治领域渗透,威胁到美国的政治民主。拥有较强政治力量的中小企业和农户开始抱怨它们规模庞大的竞争对手所采取的不公平商业行为,并赢得足够的公众同情。在这种背景下,美国为了捍卫独立战争所取得政治民主和自由、机会均等、个人独创精神等美国主流价值观,防止经济独裁对政治独裁的渗透和影响,保护自由竞争的市场经济体制,出台了第一部反垄断法《谢尔曼法》,对卡特尔等垄断行为进行反垄断控制。由于法院对《谢尔曼法》的解释上留有疑问,美国国会于1914年通过了两部反垄断法律,即《克莱顿法》和《联邦贸易委员会法》。

《谢尔曼法》是反垄断的基础法,主要针对贸易中存在的垄断问题,重点是禁止垄断和串谋。《谢尔曼法》规定,任何用来限制交易或者商业活动的合同,无论是以信托、共谋或其他方式,都是非法的。任何人签订这类合同或者从事任何形式的串谋,都将被认定为犯有重罪。《谢尔曼法》对垄断的判断依据包括两条:一是按区域和产品划分的市场力量,主要以市场占有率为依据;二是当事企业采取了某些掠夺性定价或其他排他性行为。《谢尔曼法》全文共8项条款,其中第一条规定,以限制州际或对外贸易和商业为目的的一切合同、托拉斯及其他形式的企业联合及合谋,均属非法;第二条规定,凡垄断和企图垄断或与他人联合或共谋垄断州际或对外贸易和商业中任何部分的任何人，将被认定犯有重罪。《谢尔曼法》奠定了反垄断法的坚实基础，至今仍然是美国反垄断的基本准则，也产生了巨大的世界影响力。但是，该法对什么是垄断行为、什么是限制贸易活动没做出明确的解释，为反垄断实践中的司法解释留下了广泛的空间，而且这种司法解释又会受到经济背景的深刻影响。同时，《谢尔曼法》适用于独立厂商之间缔结的定价和市场份额协议以及单个厂商采取的垄断行为，但不适用于并购案。因此，有意进行价格协调的厂商可以通过选择合并成立一个公司的方式来规避《谢尔曼法》。

《克莱顿法》拓展了反垄断立法的覆盖面，主要针对四大类特定的商业行为，包括价格歧视、搭售、独家经营和企业并购。《克莱顿法》认定价格歧视、排他性和限制性合同，削弱竞争的公司之间交叉持股、互派董事等行为是违法的，并对不正当竞争做出一般规定。《克莱顿法》对限制不正当竞争做出了规定：禁止卖方对不同买方实施价格歧视，但是允许对不同品质、不同等级或销售数量的产品实施差别价格。在上述条件相同时，只能根据销售成本或运输成本的差别，相应地降低价格，并且卖方只能是为了竞争进行善意降价。《克莱顿法》认为，除了提供与购买和销售有关的服务以外，任何从事商业活动的主体在商业活动中支付或接受佣金、回扣、津贴或其他补偿都是非法的。《克莱顿法》还对企业并购行为进行了规定：限制企业间削弱竞争和形成垄断的权益或资产交易，从事交易活动或者对交易活动有影响的任何企业都不得擅自进行可能会持续地减弱竞争，或有利于形成垄断的并购活动。若进行此类并购活动，需事先向联邦贸易委员会申请，得到批准后方可进行。

《联邦贸易委员会法》为创建美国的反垄断机构联邦贸易委员会提供了法律依据，联邦贸易委员会（FTC）负责执行反垄断法，并根据《联邦贸易委员会法》来判定和裁决争议。《联邦贸易委员会法》主要的反垄断条款是第5款，它禁止不公平竞争方式、保护消费者以及阻止欺骗性广告。《联邦贸易委员会法》也对企业并购重组活动进行了规定：任何并购必须获得联邦贸易委员会或司法部的批准，未经批准，资产不得并购为一体。联邦贸易委员会和司法部联合实施反垄断法，共同提出企业并购准则。联邦贸易委员会还被授权禁止任何个人、合伙人和公司在交易活动中或任何影响交易的活动中利用不公平竞争及欺骗性手段。

美国的反垄断执法机构包括联邦贸易委员会、司法部和联邦法院，具体机构如图18-1所示。反垄断的司法程序如下：司法部提起的反垄断诉讼由联邦法院裁决，而联邦贸易委员会提起的诉讼由联邦贸易委员会的某位行政法官来听审，然后再由联邦贸易委员会委员复审。在联邦贸易委员会结束其诉讼程序后，被告可以就对其不利的判决向联邦法院提出上诉。

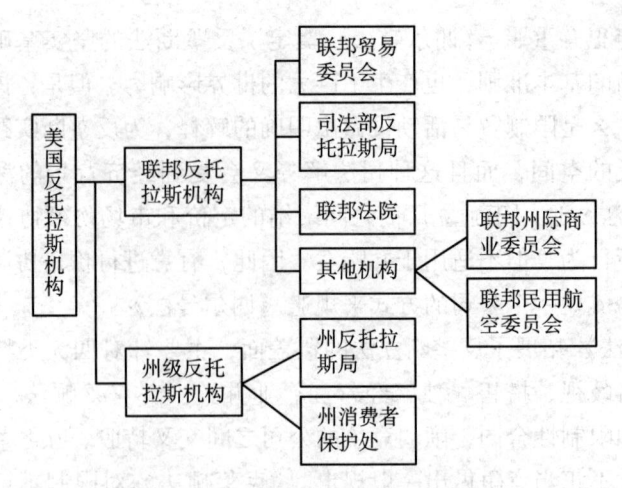

图 18-1 美国的反垄断执法机构

美国反垄断法实施的早期阶段（1890~1936年），反垄断执法机构对竞争者之间的价格协调、产生市场支配地位和合并均显得比较宽容，反垄断法更多地起到象征性作用。除了1904年的"铁路合并案"和"标准石油公司案"的影响较大以外，这一时期，美国反垄断法的实施几乎处于休眠状态，经济学理论和经济学家对反垄断政策的实施也未产生明显作用。

1936年的《罗宾逊—帕特曼法》对《克莱顿法》进行了补充，规定禁止削弱竞争的价格歧视行为。以该法为标志，美国反垄断政策进入了大发展、大完善时期（1936~1972年）。这一时期，美国出台了一系列辅助性法律法规，并成功审理了一系列反垄断案件。1950年的《塞勒—凯弗维尔法》也是对《克莱顿法》的补充，对企业互购资产的并购行为做出了规定；1968年颁布实施的《横向并购指南》对企业并购行为进行详细规定。这一时期，美国反垄断政策发生了巨大变化。反垄断政策的判定原则和福利标准都产生了变化，反垄断当局不仅关注效率目标，而且关注非效率目标。

20世纪70年代以来，经济学理论和经济学家开始全方位深入到反垄断的每一个领域，研究结果开始对反垄断政策的实施产生影响。以芝加哥学派为代表的新自由主义经济学开始取代哈佛学派的结构主义经济学，成为影响反垄断法实施的主流学派。新经济理论认为，反垄断的目标应是保护竞争，而非竞争者，反垄断不应成为无效率生产者的保护伞。反垄断经济学迅速发展的同时，也推动了反垄断政策的变迁，经济学与法学相互交融，更多的经济学概念、方法和模型被法官、律师和政策制定者吸收采用；在反垄断司法诉讼中，经济学研究成果也常常被借以为被告提供辩护或为原告提供有效证据。在反垄断法实施中，反垄断当局更多地采用"合理推定原则"，考虑企业行为的效率因素，借鉴经济学研究成果对案例进行分析，寡占理论、博弈论、信息经济学、交易费用经济学、网络经济学等领域的分析方法和工具也越来越多引入反垄断案件中的企业行为分析。受经济学理论的影响，这一时期，无论是对企业并购、纵向约束，还是优势企业的商业行为，反垄断当局均采取相对宽松的政策。另外，20世纪70年代以来，经济全球化趋势加快，美国企业开始面临世界范围内的竞争，从提高企业国际竞争力出发，反垄断政策实施者也逐渐从相对严厉的结构主义者转变为相对温和的行为主义者，往往采取较为宽松的反垄断政策。

18.1.2 欧盟的反垄断法律与政策

第二次世界大战后，美国凭借它在战争中增长起来的经济和军事实力，通过马歇尔计划、北约等途径，力图全面控制西欧；而苏联则在东欧建立起经济互助委员会和华约组织，使西欧国家产生了担忧和恐惧。他们既不愿"成为大西洋一边的殖民地"，也不愿成为"乌拉尔一边的卫星国"。然而，经过两次世界大战，许多西欧国家在世界政治经济中的地位和作用已大大下降。要想不受超级大国的控制和威胁，西欧各国只有走联合自强之路，才能有效地维护自身的利益，并在国际舞台上扮演一个新的重要角色。通过建立具有竞争性的欧洲内部统一大市场，能够为欧洲经济发展、提升企业竞争力、增强欧洲经济话语权创造条件。欧盟的反垄断政策就是在这种背景下产生和发展的。

欧盟超国家层面反垄断政策的起点是由法国、德国、意大利、比利时、荷兰和卢森堡在1951年签订的《巴黎条约》中采取的一系列保护竞争的政策措施。该条约禁止贸易壁垒以及贸易中的歧视性行为和其他有可能扭曲六国之间竞争的限制性行为。欧盟现行反垄断政策的某些要点，至少其基本要素可以追溯到《巴黎条约》有关竞争问题的条款。该条约第六十五条禁止企业之间的协议和协调行为或者旨在直接或间接防止、限制和扭曲共同市场内部正常竞争的企业联合。这一条款后来成为《罗马条约》第八十五条的主要内容。第六十六条涉及企业滥用市场支配地位违背《巴黎条约》宗旨的问题，是《罗马条约》第八十二条相关规定的来源。《巴黎条约》的第六十六条涉及企业间合并与集中问题，规定只有那些合并或集中不会赋予新实体控制价格、限制生产和分销、扭曲成员国之间贸易或者营造人为的优先市场地位的实力的案件才有可能被最高当局批准。这一思想成为1989年通过的《并购条例》的主要精神。

欧盟反垄断法的主体部分是由建立欧洲经济共同体《罗马条约》（1957年签订、1958年生效，又称为《欧共体条约》）中的第八十五条和第八十六条直接规定的。实际上，《罗马条约》的第八十一条到第八十九条都是关于竞争问题的。《巴黎条约》阐述了自由竞争的基本原则，并要求建立一种确保欧盟内部市场竞争不受扭曲的制度，规定欧盟反垄断政策的主要目标之一就是要从经济制度中消除由国家原因导致的任何歧视。1993年生效的《马斯特里赫特条约》（又称为《欧盟条约》）对《罗马条约》进行了修订，为欧共体建立政治联盟和经济与货币联盟确立了目标与步骤。1999年《阿姆斯特丹条约》生效后，《罗马条约》的内容被取代，其中的第八十五条和第八十六条现称为《欧盟条约》的第八十一条和第八十二条，加上《欧盟并购条例》就构成了欧盟反垄断政策的主体。《欧盟条约》的第八十一条和第八十二条已经成为各成员国反垄断法的组成部分，并且可以直接由各国法院付诸执行。第八十一条和第八十二条是直接可适用条款，在欧盟一级由欧盟委员会授权的竞争总局执行，而在成员国一级由各国反垄断当局执行。

(1)《欧盟条约》的第八十一条。《欧盟条约》的第八十一条是关于禁止卡特尔协议的条款。第八十一条第（1）款禁止："一切有可能影响成员国间贸易和以防止、限制或扭曲共同市场内部竞争为目标或结果的企业间协议、企业协会决定和联合行动，特别是以下企业间协议、企业协会决定和联合行动：①直接或间接规定采购或销售价格或者其他任何贸易条件；②限制或控制生产、市场、技术开发或投资；③分占市场或供给源；④对与其他贸易方进行的相同贸易实施不同的条件，从而使它们处于不利的竞争地位；⑤迫使其他贸易方接受根据其性质或商业行为与合同主体没有关系的补充义务"。以上禁令适用于竞争对手之间签订的横向协议和处于生产过程不同阶段的厂商之间签订的纵向协议。第（2）款规定"任何受本条禁止的协议或决定自动失效"。第（3）款提出了一揽子豁免，规定以上禁令不适用于以下任何协议、决定或联合行动："有助于改进产品生产或分销，或者促进技术进步或经济发展，同时允许消费者公平地分享由此而产生的收益，并且不会：①强迫企业接受并不是为了上述目标所必需的有关限制措施；②迫使某些企业为消除有关产品实质性部分的竞争提供可能"。《欧盟条约》的第八十一条在实施中不断得到修订和补充，完善了第八十一条的实施程序，并且直接引入了直接可适用例外法[①]。

(2)《欧盟条约》的第八十二条。《欧盟条约》的第八十二条是关于禁止滥用市场支配地位的条款。第八十二条规定："一家或一家以上的企业在共同市场内部或很大一部分共同市场上滥用市场支配地位的行为，因有可能影响成员国之间的贸易而被作为与共同市场不相容的行为受到禁止。这样的滥用行为主要是：

---

① 莫塔著，沈国华翻译：《竞争政策——理论与实践》，上海财经大学出版社2006年版，第8~25页。

①直接或间接硬性规定的不公平采购或销售价格或者其他不公平的贸易条件;②限制产出、市场或技术开发而对消费者造成危害的行为;③将不同的条件应用于与其他交易方进行的相同交易,从而使它们处于竞争劣势;④迫使其他交易方签订合同,规定按其性质或商业行为与合同内容无关的补充义务"。第八十二条针对的是垄断厂商利用市场势力实施的掠夺性定价、独家交易、拒绝供货、搭售等排斥和限制竞争行为。该条款对市场支配地位进行了界定,指出市场支配定位是指"厂商所享有的能使自己有能力独立于竞争对手、顾客并最终独立于消费者来采取行动,并阻止相关市场存在有效竞争的经济实力地位"。从第八十二条的实施情况看,欧盟反垄断法并不惩罚创造市场支配地位的行为,而只惩罚滥用市场支配地位的行为。也就是说,一个厂商通过创新、投资和营销活动来获取市场势力,是合法行为;只有滥用市场支配地位的行为才会受到禁止。

(3)《欧盟并购条例》。在欧盟内部,企业并购行为受到1989年颁布实施的《欧盟并购条例》(全称为《理事会关于企业之间集中控制条例》,又称为第4064/89号并购条例)及其修订版和实施指南的控制。它与《欧盟条约》的第八十一条和第八十二条一起共同构成了欧盟反垄断政策的核心内容。该条例规定了企业并购申报的标准、程序和并购评估审查的期限。在并购评估审查期间,欧盟委员会竞争总局下属的专门机构(并购任务小组)将对并购可能产生的影响进行深入调查,然后做出是否批准该项并购的决定。评估审查可能出现三种结果,即并购获得批准、遭到否决或者附带一定的条件或经过补救后获得批准。《欧盟并购条例》包括引言和正文两大部分,引言部分是关于欧盟企业并购控制的总体规范要求,正文部分包括实体规范和程序规范,共有25条。第一~四条是实体规范,规定了并购申报标准和相关制度;第五~二十五条属于程序性规定,内容包括申报、营业额计算、听证、调查取证、与成员国的关系、处罚、司法审查等。《欧盟并购条例》经过了多次修订,2004年又对条例进行了实体标准改革和司法程序改革,并颁布了《横向并购指南》。指南指出,对企业并购的评估审查不仅需要界定相关市场、测算市场份额,也需要明确地考虑买方力量、并购可能带来的效率和可能破产企业的辩护[①]。

欧盟委员会(2000)指出,反垄断政策是一个实现资源最优配置、促进技术进步、适应环境变化的途径,反垄断政策主要是服务于提高经济效率和促进欧洲市场一体化。反垄断政策充当着维护市场竞争、提高产业效率、促进资源最优配置、技术进步和适应环境变化灵活性以及构建竞争性内部市场、提升欧盟在世界市场上的竞争力的一种工具。因此,欧盟的反垄断政策始终贯彻反

---

① 董红霞:《美国欧盟横向并购指南研究》,中国经济出版社2007年版,第237~249页。

对价格操纵、分占市场的卡特尔、滥用市场支配地位和反竞争并购的强硬方针，还要禁止不能保证厂商长期竞争活力但通过人为地维持经营会扭曲竞争的国家赋予的垄断权和国家援助措施。欧盟的反垄断政策同样考虑到了社会因素，对一些垄断行为实行豁免：当竞争的社会成本太高时，竞争有可能被牺牲，因为在产能过剩的情况下，很多厂商退出行业会导致大量失业；一些特殊的卡特尔协议，只要厂商约定对应缩减产能和产出有利于专业化，并且是以最大限度地降低减产所导致的失业的社会成本的方式进行的，那么也可以免于遵守反垄断规则。中小企业利益是欧盟反垄断政策重点关注的因素。反垄断政策执行中，欧盟委员会总是给予中小企业比较优惠的待遇，以弥补中小企业因为规模较小而在市场上所处的劣势。例如，欧盟委员会总是善意地看待以贴息贷款、研发支持、资金担保和其他援助形式给予中小企业的国家援助。欧盟委员会还制定了市场份额标准和企业规模标准等两个量化标准来衡量被认为影响微不足道的企业间协议，以豁免中小企业之间的协议。

18.1.3　日本的反垄断法律与政策

日本的反垄断法是在美军占领时期制定的，受美国反垄断法的影响较大。1947年，在日美军将反垄断政策视为经济民主化的重要内容引入日本，通过了《禁止垄断法》以及与此配套的一系列相关法令和措施，形成了日本的反垄断政策的基础。早期的《禁止垄断法》基本上是将美国的反垄断法（《谢尔曼法》《克莱顿法》和《联邦贸易委员会法》）的内容原样不变地照搬进来。《禁止垄断法》全称为《禁止私人垄断及确保公正交易法》。几十年来，经过数次修改，已经逐步完善，正文共分为十二章118条。日本反垄断法将所控制的垄断行为分为三种基本类型，即私人垄断、卡特尔和其他不合理的贸易限制、不公平交易行为。

（1）禁止私人垄断。日本反垄断法依据美国《谢尔曼法》将私人垄断界定为具有优势地位的企业排除其他企业的商业活动的控制或排斥行为，以及由此对某种特定领域的竞争产生的实质性的限制，包括掠夺性定价和排他性交易或者搭售行为。作为对禁止私人垄断的补充，反垄断法对独占状态进行控制。

（2）禁止卡特尔和其他不合理的贸易限制。日本反垄断法将"实质性地违反公共利益"的限制竞争的卡特尔作为禁止的主要对象之一。例如，固定价格、限制产量、划分市场、分配顾客等都是典型的卡特尔。只要这些活动实质性地限制了竞争或者违反了公共利益，都将宣布为非法。贸易协会通常被用于消除或限制企业之间的竞争，被视作卡特尔的温床，反垄断法第八条对其规定了管制措施，禁止实质性地限制竞争的贸易协会的活动。

（3）禁止不公平交易行为。为了界定不公平交易行为，日本制定了《禁止不合理奖品和表示以及有关事项的法律》和《禁止分包人不合理延迟支付和有关事项的法律》，作为反垄断法的补充。这些反垄断法律规范了以下行为：一是不合理的贸易限制。反垄断法除了禁止不合理贸易限制的卡特尔以外，还特别限制由贸易协会形成的不合理贸易限制，以及国内企业与国外企业之间的卡特尔。二是独占和寡占。反垄断法禁止排斥或控制其他企业的经营活动并维持垄断状态的独占或寡占行为。如果产生独占状态并导致消极的市场后果，可以采取措施恢复竞争。三是并购行为。反垄断法禁止导致限制竞争的企业或其他法人持股、公司之间的连锁董事会、公司的合并以及企业的兼并。企业并购必须经过公平交易委员会的核准。四是不公平交易行为。反垄断法禁止可能阻碍公平竞争的不公平交易行为，包括限制自由竞争行为、被认为属于本身不公平的行为、优势企业滥用市场支配地位等。

日本禁止垄断法判例法体系是从20世纪80年代中期开始的。1984年东京高等法院对东洋精米机案做出的判决、1986年东京高等法院对东京芝浦屠宰场案作出的判决以及最高法院在1989年对此案作出的最终判决，奠定了禁止不公正交易方法的判例法基础。这一系列判决确立了这样的原则，即在对禁止垄断法违法行为做出判决时，需要界定相关市场，对垄断行为进行市场分析。最近的禁止垄断法判例法的发展，确立了禁止垄断法的四个规制范围，由此可以看出禁止垄断法的基本结构。这四个规制范围分别是单一企业单独实施的垄断行为、横向限制行为（横向垄断协议）、纵向限制行为（纵向垄断协议）和企业集中（见图18-2）。

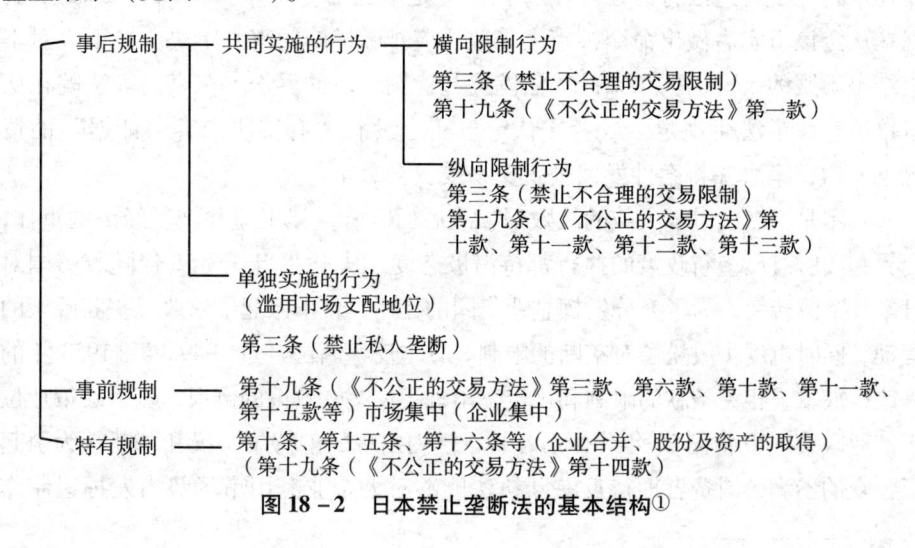

图18-2 日本禁止垄断法的基本结构①

---

① 资料来源于村上政博著，姜珊翻译：《日本禁止垄断法》，法律出版社2008年版，第23页图1。

日本的反垄断执法机构是公正交易委员会。该委员会从 1947～2001 年为总理府的直属局，从 2001～2003 年为总务府的直属局，从 2003 年 4 月份又转为内阁府直属局，独立行使职权。日本反垄断的行政程序大致是，公正交易委员会根据调查的结果，对认为有违反禁止垄断法嫌疑的案件进行正式审查。在对案件进行审查时，公正交易委员会指定数名职员为审查官，并授予其在《禁止垄断法》第四十六条中规定的调查权限。根据审查官的审查结果，公正交易委员会认为不存在违法行为的，即终止审查；认为确实存在违法行为的，通常将记载有违法事实、适用法律条文和为消除违法行为而采取排除措施命令的劝告书，送交违法行为的当事人。如果违法当事人接受劝告，公正交易委员会则作出与劝告内容相同的劝告审决；如果违法当事人不接受劝告，公正交易委员会则向其送达审判开始决定书，开始审判程序。审判开始后，被审人可以在承认决定书中所记载的违法事实以及适用的法律条文后，提出排除违法行为措施的方案。公正交易委员会认为该方案妥当的，则做出命令被审人采取排除措施的同意审决。审判结束后，公正交易委员会可以根据认定的事实，作出三种审决的一种：①公正交易委员会认为违法行为确实存在，则做出命令被审人采取排除措施的审判决定；②公正交易委员会认为在做出审决开始决定时违法行为已经不存在，或者在做出审决开始决定时违法行为确实存在，而在审判终了时违法行为已经不存在的，则做出记载认定事实、但不命令被审人采取排除措施的审判审决；③公正交易委员会认为在做出审判开始决定时违法行为确实存在而在审判终了时违法行为已经不存在，但是应当命令被审人采取必要措施的，则在认定该事实后做出命令被审人采取相应排除措施的审判审决。被审人对审决结果不服的，可以向东京高等法院提起撤销审决的诉讼。东京高等法院在认定审决违法了法律规定，或者在认定事实上没有"有实质内容为证据"的情况下，撤销审决并将案件发回公正交易委员会重审[①]。

日本是第二次世界大战的战败国，战后面临着重建工业和恢复经济的重任，商界和政府对反垄断政策的执行都持消极态度。从 1948 年开始，伴随着美国对日本政策的转变，为了充分发挥企业集团的作用，日本掀起了修改反垄断政策的运动，同时也逐步放松了对垄断的限制。日本反垄断法经过 1949 年和 1953 年的修改，放款了相关条款的限制和规定，出现了反垄断政策的倒退，竞争政策让位于产业政策。20 世纪 70 年代以后，日本国内出现的卡特尔协议和垄断行为引起了公众的不满，消费者期待反垄断执法能够对大企业滥用市场势力发挥遏制作

---

① 具体司法程序请参见村上政博著，姜珊翻译：《日本禁止垄断法》，法律出版社 2008 年版，第 59～70 页。

用，反垄断政策开始逐渐强化起来。1977年，日本实现了对反垄断法的强化性修改，加强了对卡特尔和寡头企业市场支配力的限制。但是，反垄断执法仍然只能局限与当时的整体经济政策的范围内，需要协调好与产业政策的关系。1991年、1992年、1996年和2005年，日本先后对反垄断法进行了多轮修订，强化了违法行为的控制，提高了对非法卡特尔的罚款，增加了对实施私人独占和不合理贸易限制违法行为的企业或贸易协会的刑事罚款，提升了公正交易委员会的办事机构（公正交易委员会事务总局）的行政规格，重新规范了行政程序。

18.1.4 俄罗斯的反垄断法律与政策

俄罗斯的反垄断政策的制定和实施是与其经济转型同步进行的，这一点与中国有些相似。俄罗斯的反垄断政策受到苏联经济政策的影响，其中1990年苏联制定的《关于实现国民经济非垄断化的措施的决议》（以下简称《决议》）对俄罗斯反垄断政策影响最大。《决议》根据建立市场经济的需要，不仅明确了制定反垄断政策和措施，而且首次提出制定反垄断法律，并就禁止滥用市场支配地位、消除行政壁垒、禁止不正当竞争和相关领域的反垄断措施进行了规定。1991年，俄罗斯联邦就是在《决议》的影响下制定了《关于发展竞争和限制商品市场垄断行为》（以下简称《反垄断法》）的法律作为第一部反垄断法规。2006年以前，俄罗斯根据国内外经济变化，对《反垄断法》进行了多次修订。其中，1995年修改了垄断的认定标准，增加了进一步限制地方行政壁垒和禁止行政性垄断的内容；1998年增加了对卡特尔的界定和限制；2000年的修订增加了企业并购的管理办法，并加强了对并购资金来源的监督措施。2006年俄罗斯制定了《保护竞争法》，同时1991年《反垄断法》失效。目前，俄罗斯以《保护竞争法》为中心，建立起了较为完整的反垄断法规体系。

俄罗斯《保护竞争法》包括十章共54条，主要包括以下几个方面的内容：（1）监督和调节经济集中。对经济集中实行国家监督和调节是俄罗斯反垄断政策的基本内容之一，《保护竞争法》的第二十七条～三十四条对此进行了规定。《保护竞争法》规定，注册新企业，企业并购，非金融机构股权、资产和经营权交易事项，金融机构股份、资产和经营权交易等事项需事先报国家反垄断机构批准或报备；实行对关联人经济集中行为的国家监督制度；对垄断企业实行登记管理制度。（2）发现和制止不正当竞争行为。《保护竞争法》第十条对发现和制止不正当竞争做出了明确规定，主要包括以下几个方面：发现和制止滥用市场支配地位；发现和制止垄断高价或垄断低价；禁止强迫客户接受合同条款；发现和制止不正当减产或停产；制止无正当理由拒签商品供货合同；制止对同一商品制定不同价格；制止金融机构过高或过低的服务价格；发现和制止限制竞争协议及协同行为。(3) 发现和制止国家机构限制竞争的行为。《保护竞争法》第三章规定:"禁止联邦政府机构、联邦主体国家权力机构和地方自治机构,以及国家预算外基金和俄罗斯中央银行制定限制竞争的法规文件、存在限制竞争的行为或不作为以及存在限制竞争的协议和协同行为"。《保护竞争法》中所指的"国家机构"的范畴比反垄断政策中使用的"行政垄断"或"行政壁垒"的主体范畴要宽。(4) 对外国投资的反垄断监督和调节。《保护竞争法》第三条规定:对于俄罗斯企业与国外企业在俄罗斯境内达成的协议,如果协议涉及俄罗斯境内的生产资料、无形资产、俄罗斯企业股份以及权益,且导致或可能导致限制俄罗斯市场竞争的,同样适用《保护竞争法》的规定。

另外,俄罗斯还制定了《国家和地方自治机构商品、设计和服务的订货办法》(简称《国家采购法》,2005 年)、《电力法》(2003 年)、《关于外国对国防和国家安全有战略意义的俄罗斯企业投资的程序》(又称为《投资俄罗斯战略企业管理办法》,2008 年)、《发展中小企业法》(2007 年)、《自然垄断法》(1995 年)、《广告法》(1995 年)、《行政违法法典》(2001 年)、《刑法典》(1996 年)、《国家对贸易活动的调节基础》(简称《贸易法》2009 年)等联邦法律[①]。联邦法律是俄罗斯反垄断法规体系的基础,这些法律规定了反垄断政策原则,为联邦政府及部门管理结构制定行政法规提供了法律基础。俄罗斯联邦政府制定的反垄断法规是俄罗斯反垄断政策法规体系中的重要内容,一般以政府决议或政府令的形式制定。联邦政府法规是为联邦法律的实施制定规则、原则和实施细则,并对法律实施过程中具有行业和全国意义的问题作出行政规定。联邦政府制定的反垄断法规包括《反垄断机构对违反广告法行为的立案和审理规则》(2006 年)、《对水土利用方面经济集中的国家监督规则》(2009 年)、《俄罗斯电力和热力定价基础》(2004 年)、《关于对天然气价格及天然气在俄罗斯境内运输费用的国家调节》(2000 年)、《国家采购中须从小企业采购的商品与服务清单》(2006 年)、《关于对金融企业(信贷企业除外)资产规模实行反垄断监督的问题》(2007 年)、《关于对信贷企业资产规模实行反垄断监督的问题》(2007 年)、《关于金融企业(信贷机构除外)占市场支配地位的认定条件及认定规则》(2007 年)、《关于对占商品市场份额超过 35% 的企业或占市场支配地位的企业的登记规则》(2007 年)、《法人和自然人用电设备接入电网的技术规则》(2004 年)、《关于保障使用机场自然垄断设施服务的办法》(2009 年)、《关于外资及关联人控制俄罗斯战略企业的投资事项

---

① 以上所列的联邦法律具体内容请参见李福川:《俄罗斯反垄断政策》,社会科学文献出版社 2010 年版,第 76~92 页。

事先审批规则》(2009 年) 等。另外，俄罗斯联邦反垄断署也制定了一系列反垄断法规。联邦反垄断署一般采用联邦反垄断署命令和文件的形式制定法规，为实施联邦法律和联邦政府法规制定细则和方法，对反垄断主体和客体的行为有直接指导意义，对反垄断法的实施效果具有直接影响。联邦反垄断署制定的反垄断法规主要包括《关于银行服务市场上金融机构市场支配地位的认定方法》(2005 年)、《对不诚信供货企业进行登记管理》(2007 年)、《对公开竞争后拒签国家采购合同以及对部分供货商进行不定期检查的命令》(2007 年) 等。经过 20 多年的努力，俄罗斯基本建立起了较为完整的反垄断法规体系，为国家制定和实施反垄断政策奠定了坚实的法律基础。并且俄罗斯还根据经济和市场的变化，不断对反垄断法律法规进行修订完善，增强了反垄断政策的可操作性，从方法和规则上保障了反垄断政策的实施效果。

俄罗斯反垄断政策的执行机构经过了几次演变，反映了俄罗斯反垄断政策实施机制的变化以及俄罗斯反垄断机构的独立性和权威性的变化。①俄罗斯国家反垄断政策委员会。俄罗斯在 1990 年建立了第一个反垄断机构，即国家反垄断政策及支持新型企业委员会（简称"国家反垄断政策委员会"），负责反垄断政策的执行。1991~1992 年，俄罗斯联邦各主体建立了国家反垄断政策委员会地方分委员会，俄罗斯第一次建立起了反垄断机构体系。地方反垄断机构不隶属地方主体政府，由国家反垄断政策委员会直接领导，其独立性一直保持到现在。国家反垄断政策委员会的主要任务是，实施反垄断政策，对市场、竞争和企业活动实施调节和监督，为各经济领域的各类型企业的发展创造良好条件；监督反垄断法规的遵守情况；参与制定经济、组织和法律措施，以保障发展商品市场和服务市场的竞争，制止滥用市场支配地位等。俄罗斯部长会议的 1990 年第 344 号决议规定了国家反垄断政策委员会的编制、职能和工作程序。在俄罗斯《反垄断法》通过后，1992 年俄罗斯联邦总统批准了国家反垄断政策委员会正式条例。②俄罗斯联邦反垄断政策部。1998 年俄罗斯联邦总统发布总统令，撤销了国家反垄断政策委员会、国家支持和发展小企业委员会、联邦交通领域自然垄断管理署、联邦电信领域自然垄断管理署，把这些机构的职能全部转入新组建的联邦反垄断政策和支持企业发展部（简称"联邦反垄断政策部"）。联邦反垄断政策部在反垄断方面的职能和责任范围与撤销的联邦反垄断政策委员会基本相同，只是新增加了一些被撤销的其他部委的职能，升格为联邦部。1999 年俄罗斯联邦政府制定了联邦反垄断政策部条例，详细规定了联邦反垄断政策部的职能、机构设置方案和主要任务。③俄罗斯联邦反垄断署。2004 年，根据俄罗斯联邦总统令，俄罗斯联邦反垄断机构再次改组，撤销联邦反垄断政策部，成立联邦反垄断署。反垄断机构由联邦部降为联邦署，但仍直属于联邦政府。2008年联邦政府制定了联邦反垄断署条例，详细规定了联邦反垄断署的权限、职能、机构设置及其咨议机构[①]。俄罗斯反垄断署是联邦政府的授权机构，负责制定法规文件，监督"反垄断法"、"广告法"和"国家采购法"的遵守情况，监督和调节自然垄断企业对法律的遵守情况。联邦反垄断署的立法权限和行政职能远远超过其他国家的同类机构，是独立的、有权威的市场经济秩序的组织者和维护者。2000年以来，俄罗斯联邦反垄断署的编制增多，权限扩大，职责增加，立案数量和执法行动也快速增长。目前，俄罗斯联邦反垄断署内部设置1个署务委员会、22个局，直接管理82个地方分署和2类咨议机构。联邦反垄断署设置的2类咨议机构是跨部门机构，包括1个公共咨议委员会和22个专家委员会，它们为联邦反垄断署的科学决策提供咨询服务。俄罗斯联邦反垄断署机构设置的具体情况如图18-3所示。

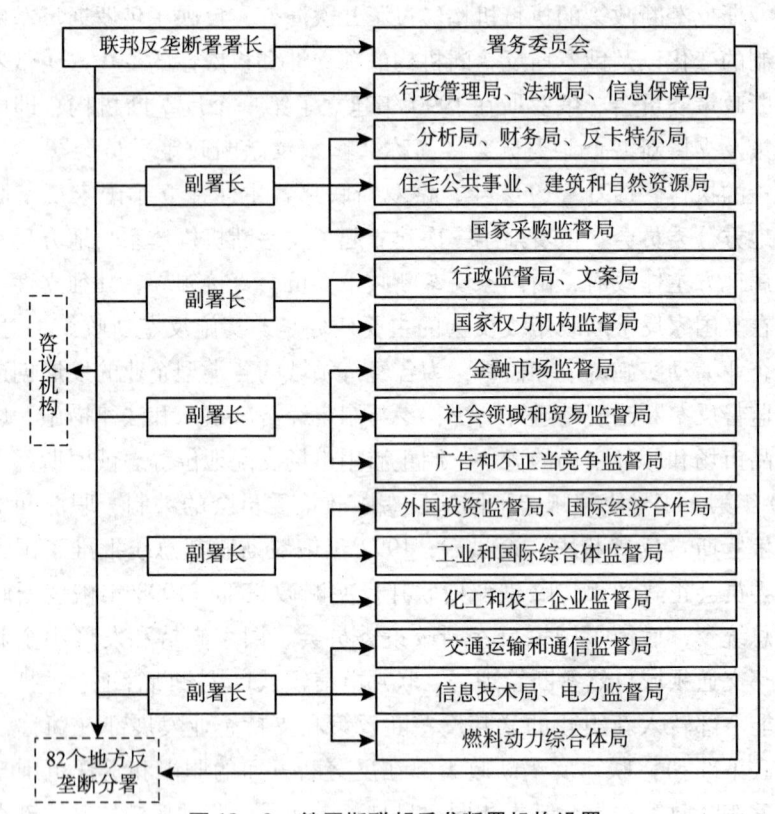

图18-3 俄罗斯联邦反垄断署机构设置

资料来源：作者根据李福川《俄罗斯反垄断政策》（社会科学文献出版社2010年版，第316页图11-3）等资料修改整理。

---

① 俄罗斯联邦反垄断署的具体权限和职能，请参见李福川：《俄罗斯反垄断政策》，社会科学文献出版社2010年版，第306~310页。

18.1.5 中国的反垄断法律与政策

1. 我国反垄断法律与政策的演进

改革开放以前，由于各种原因，我国的反垄断政策的制定和实施基本上属于空白地带。1978 年的改革开放开启了中国经济转轨的大幕，社会主义市场经济体制逐步在中国孕育、建立和完善。伴随着经济转轨、改革开放和企业发展，我国也经历了从否定市场竞争到承认市场竞争、保护市场竞争的逐步演变，反垄断政策和反垄断法律也实现了从无到有、从简单粗放到相对完善、从孤立分散到相对协调统一的转变[①]。我国反垄断法律与政策的发展，是以计划经济向市场经济转型与完善、政府行政权力不断让渡给市场机制为背景的，反垄断法律与政策的制定与实施，脱离不了基于顶层设计的改革推动，脱离不了国家干预与市场调节的此消彼长，脱离不了政府权力与市场力量的博弈，脱离不了企业实力的不断增强，脱离不了竞争文化的逐步形成。纵向来看，改革开放以来，我国反垄断政策的演进大致可以分为三个阶段：

（1）第一阶段是 1978～1992 年，这是我国反垄断政策的孕育期。改革开放是反垄断法律和政策发展的起点，为市场经济和竞争体制引入我国创造了历史性机遇。为了适应经济发展的需要，国务院于 1980 年发布了《关于开展和保护社会主义竞争的暂行规定》（后来被学术界简称为《竞争十条》）开启了我国竞争立法的序幕，为后续立法提供了理论准备和实践积累，也推动了中国市场经济的形成和发展。1982 年颁布了《广告管理条例》，禁止广告经营中的垄断和不正当竞争行为。尤其值得一提的是，1987 年国家启动了反垄断法的起草工作，并形成了《反不正当竞争法（征求意见稿）》。这一阶段的立法和司法实践为 20 世纪 90 年代的全国大规模统一立法积累有益的经验。

（2）第二阶段是 1992～2007 年，这是我国反垄断政策的建设期。邓小平"南方谈话"之后，中国迎来了市场经济大发展时期。1992 年党的十四大明确提出建立社会主义市场经济体制的目标，1993 年党的十四届三中全会通过了《中共中央关于建立社会主义市场经济体制若干问题的决定》。这些历史性事件标志着我国的市场化改革在各个领域全面推进，市场竞争机制在资源配置中的作用越来越大。为了适应市场经济发展的需要，我国加快了反垄断立法步伐。1993 年，全国人大常委会通过了《反不正当竞争法》。为了配合该法实施，一系列部门规章和地方性法规也先后颁布实施，《价格法》（1997 年）、《招标投标法》（1999 年）、《国务院关于禁止在市场经济活动中实行地区封锁

[①] 孙晋：《中国竞争法与竞争政策发展研究报告（1980～2015）》，法律出版社 2016 年版。

的规定》(2001年)、《外国投资者并购境内企业暂行办法》(2003年)、《对外贸易法》(2004年)等禁止垄断行为、保护市场竞争的法律法规先后颁布实施,为我国社会主义市场经济的健康发展发挥了重大作用,也为《反垄断》的出台创造了良好的社会氛围。

(3) 第三个阶段是2008年以来,这是我国反垄断政策的发展完善期。2007年,我国《反垄断法》经过14年的不懈努力终于由中共十届人大常委会第二十九次会议审议通过,并于2008年8月1日正式实施。这是我国反垄断政策演进史上的里程碑事件,标志着我国建立起了比较完备的现代竞争法体系,基本建成了社会主义市场经济体制。随后,为了配套《反垄断法》的实施,国务院和商务部、国家发改委、国家工商总局等部门又先后出台了一系列行政法规和部门规章,细化了《反垄断法》的相关条款,推动了《反垄断法》的实施。

2. 我国反垄断法律与政策的构成

市场经济是法治经济,法律规章是政策制定和实施的基本依据。经过近40年的努力,我国反垄断法律体系已经基本健全,形成了一个以《反垄断法》为基础,辅之以包括《反不正当竞争法》、大量其他有关法律中的竞争法条款、国务院发布的行政法规、最高人民法院的司法解释、商务部等反垄断执法机构制定的部门规章以及各地方立法等在内的、颇具规模的法律体系。

在法律层面,《反垄断法》是经济宪法,是我国反垄断法律和政策体系的核心。《反垄断法》及其相关实施细则和《反不正当竞争法》是我国反垄断法律体系的基础,还有不少法律法规中包含了反垄断条款,也属于反垄断政策实施的法律依据。比较有影响的含有反垄断条款的法律法规主要有以下几部:《价格法》(1997年)第十四条对价格卡特尔行为、低价倾销行为和价格歧视行为等三种限制竞争行为做出了反垄断控制;《招标投标法》(1999年)对串通投标行为、投标人的歧视行为和非法强制及限制行为等三种限制竞争行为做出了反垄断控制。另外,还有《商标法》《专利法》《著作权法》对滥用知识产权带来支配地位进行了反垄断控制,《消费者权益保护法》《广告法》《产品质量法》《对外贸易法》等也有含有反垄断和不正当竞争行为的相关规定。

在行政法规和规章层面,专门针对垄断和不正当竞争行为的行政法规不是太多,主要包括:《国务院关于整顿和规范市场经济秩序的决定》(2001年)、《国务院关于禁止市场经济活动中实行地区封锁的规定》(2001年)、《关于经营者集中申报标准的规定》(2008年)、《关于相关市场界定的指南》(2009年)、《国务院关于在市场体系建设中建立公平竞争审查制度的意见》(2016年)等。反垄断执法机构出台的相关行政规章较多,主要包括:商务部出台的

《经营者集中申报办法》(2009年)、《经营者集中审查办法》(2009年)、《关于实施经营者集中资产或者产业剥离的暂行办法》(2010年)、《未依法申报经营者集中调查处理暂行办法》(2011年)、《关于经营者集中简易案件适用标准的暂行规定》(2014年)、《关于经营者集中附加限制条件的规定》(2014年)等;国家发改委制定的《反价格垄断规定》(2011年)、《反价格垄断执法程序规定》(2011年);国家工商总局制定的《工商行政管理机关查处垄断协议、滥用市场支配地位案件程序规定》(2009年)、《工商行政管理机关关于制止滥用行政权力排除、限制竞争行为的若干规定》(2009年)、《制止垄断协议行为的规定》(2010年)、《禁止滥用市场支配地位行为的规定》(2010年)、《禁止滥用行政权力排除、限制竞争行为的规定》(2010年)、《关于禁止滥用知识产权排除、限制竞争行为的规定》(2015年);另外,还包括《反垄断法》颁布实施之前国家工商行政管理局制定的《关于禁止有奖销售活动中的不正当竞争行为的若干规定》(1993年)、《关于侵犯商业秘密行为的若干规定》(1995年)、《关于禁止仿冒知名商品特有名称、包装、装潢的不正当竞争行为的若干规定》(1995年)、《关于禁止商业贿赂行为的暂行规定》等。

在司法解释层面,主要是最高人民法院通过解释、意见、会议纪要等形式对有关案件如何适用相关法律作出司法解释或进一步规定,主要包括:《关于全国部分法院知识产权审判工作座谈会纪要》(1998年)、《关于民事诉讼证据的若干规定》(2001年)、《关于审理不正当竞争民事案件应用法律若干问题的解释》(2007年)、《关于全国加强知识产权审判工作为建设创新型国家提供司法保障的意见》(2007年)、《关于办理商业贿赂刑事案件适用法律若干问题的意见》(2008年)、《关于审理垄断民事纠纷案件适用法律若干问题的规定》(2012年)。

另外,我国各省、自治区、直辖市等地方人民代表大会也颁布了一系列地方性的与反垄断和不正当竞争相关的法律法规。我国参加的有关国际条约也是我国反垄断法律和政策的组成部分。

3. 我国反垄断法律与政策的执行

我国《反垄断法》第九条规定,国务院设立反垄断委员会,负责组织、协调、指导反垄断工作。第十条规定,由国务院规定的承担反垄断执法职责的机构依照本法规定,负责反垄断执法工作;国务院反垄断执法机构根据工作需要,可以授权省、自治区、直辖市人民政府相应的机构,依照本法规定负责有关反垄断执法工作。2008年7月,国务院公布了《关于国务院反垄断委员会主要职责和组成人员的通知》,正式确立反垄断委员会的组成人员和工作方式。国务院反垄断委员会主任由国务院副总理担任,国务院副秘书长、商务部部长、发改委主任和工商总局局长担任副主任,由来自发改委、工业和信息化部、监察部、财政部、交通运输部、商务部、国资委、工商总局、知识产权局、国务院法制办、银监会、证监会、保监会和电监会的副部长、副主任或副主席担任委员。2008年8月,中共第十一届全国人民代表大会第一次会议审议批准了国务院机构改革方案,确立了在中央层面由国家发展与改革委员会、商务部和国家工商行政管理总局分工负责的"三驾马车"式的执法模式,由发改委负责与价格有关的垄断执法工作,工商总局负责除价格之外的其他反垄断执法工作,商务部负责经营者集中的行政执法工作(见图18-4)。至此,我国的反垄断执法体系和机构基本建立。2008年9月,国务院批准印发了《国务院反垄断委员会工作细则》,对委员会会议制度、工作制度和工作程序进行了规定。我国反垄断执法机构具有"双层多机构"的明显特点,强调由多个行政机构负责反垄断法实施的同时,更强调在宏观经济政策领域协调好竞争政策与其他经济政策的关系,使得我国反垄断法的实施可能受到其他政策层面的影响。

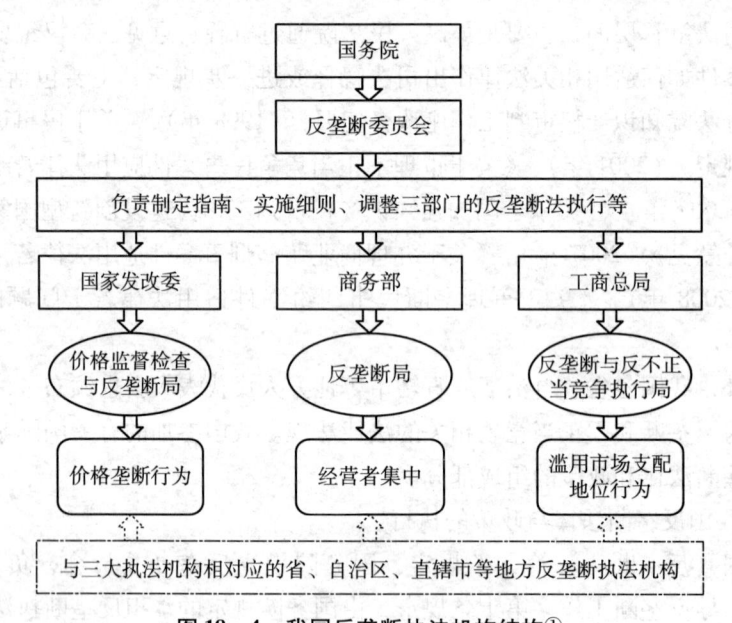

图18-4 我国反垄断执法机构结构[①]

2008年《反垄断法》实施以来,我国三大反垄断执法机构平均每年受理

[①] 根据文学国、孟雁北和高重迎《反垄断法执行制度研究》(中国社会科学出版社2011年版)第67页相关内容修改绘制。

的反垄断案件在 200 件左右，其中数量较多的是商务部反垄断局受理的经营者集中案件。在反垄断机构已经结案的案件中，社会影响较大的案件包括可口可乐并购汇源果汁案（2009）、高通滥用市场支配地位案（2015）、美国 IDC 公司涉嫌价格垄断案（2014）、南车北车合并案（2015）等。《反垄断法》实施之初，我国反垄断民事诉讼案件数量较少，2010 年开始呈现快速增长的态势，私人执行也逐渐成为反垄断实施的主力军；同时，执法机构的查处力度也日渐增强，对保护市场公平竞争、维护良好的市场秩序发挥越来越大的作用。

18.2 反垄断法律与政策的目标和支柱

18.2.1 反垄断政策的目标

大多数经济学家认为，反垄断政策的目标是保护竞争、提高效率，阻止厂商运用其市场势力做出有害于社会的垄断行为。反垄断政策目标之间是相互联系的，只是不同时期目标的侧重点略有差异。

（1）保护市场经济的自由竞争机制。主流经济学对自由竞争机制在社会资源配置中的作用推崇备至，认为政府实施的反垄断政策的首要目标就是促进和保护公平有效的市场竞争。自由竞争是市场经济的基础，只有生产者之间、消费者之间、生产者与消费者之间展开无限制的相互竞争，才能产生最好的资源配置、最低的价格、最好的质量和最大的物质进步。没有竞争机制，市场无法实现资源的最优配置，无法创造最多的社会财富，无法推进人类社会的进步。反垄断政策虽然代表了政府对市场的干预，但是这种干预是为了弥补市场失灵，消除商业活动中妨碍自由竞争的消极力量，向生产者和消费者提供自由竞争的便利。因此，建立自由竞争机制、保障经济自由是反垄断政策的首要目标。

（2）提高经济效率。经济学家往往崇尚经济效率，因而一部分经济学家认为应将提高经济效率作为反垄断政策的首要目标。我们认为，保护竞争和提高经济效率这两个目标是相互联系的，并且本质上是相通的。在经济学视野中，只有维护竞争秩序、保护充分自由的市场竞争才能实现资源的最优配置，提高经济效率。

（3）保护消费者利益，增进社会福利。垄断成本是消费者在购买垄断者生产的产品和服务时要支付比竞争水平高的价格，因而遭受了福利损失。垄断市场上的产量水平低于社会最优的产出水平，存在无谓损失。因此，实施反垄断政策可以减少垄断带来的消费者福利转移和无谓损失,从而保护消费者利益,增进社会福利。

(4) 促进创新和技术进步。市场竞争机制鼓励创新和技术进步,而具有垄断势力的垄断厂商缺乏创新激励,甚至为了维护其垄断地位可能有意压制或阻碍竞争对手从事技术创新。因而,反垄断可以禁止垄断厂商滥用垄断势力,从而促进创新和技术进步,提升动态效率。保护中小企业参与市场公平竞争的机会,维持分散的供给结构,既有利于促进创新和技术进步,也有利于保护消费者利益、增进社会福利。

(5) 保护企业的公正和公平利益。创造公平的竞争环境、保护市场上的每个企业都拥有从事生产和经营的权利,也是反垄断政策的目标之一。虽然多国的反垄断当局反复强调,反垄断法保护的是竞争而非竞争者,但是反垄断还是能够通过保护竞争而达到保护竞争者的目标。市场竞争的公平规则是优胜劣汰、适者生存。反垄断政策保护企业利益,主要是通过给每个企业创造公平、自由竞争的机会,以防止具有垄断势力的企业滥用优势地位损害中小企业的合法权益。当然,反垄断政策在保护企业利益的同时,也要禁止假冒伪劣、敲诈勒索和因政府补贴产生的不当利益。

当然,不同国家、不同经济体在经济发展的不同阶段,反垄断政策的目标的主次会有所变化。例如,一些发展中国家在在实施反垄断政策初期可能将促进经济增长和推动产业结构升级作为主要目标之一;欧盟在很长一段时间内将推动欧洲市场一体化作为反垄断政策的主要目标之一;美国在《谢尔曼法》刚刚颁布后的一段时间内甚至将分散过于集中的经济力量、保护民主政治作为反垄断政策的目标之一。

18.2.2 反垄断政策的支柱

美国反垄断政策有三大支柱,即反对卡特尔行为、控制企业并购和滥用市场支配地位。中国反垄断政策的基本内容包含四大方面,在以上三大支柱的基础上增加了反行政性垄断。

(1) 禁止卡特尔协议。卡特尔协议在一些国家也称为垄断协议、竞争者之间的串谋、不当交易限制等。虽然卡特尔协议的表述各异,但核心内容大体一致,指的是排除、限制或阻碍竞争的协议、决定或者其他协同行为。根据不同的标准可以对卡特尔协议进行不同分类:以参与垄断的经营者之间的关系为标准,可以将其划分为横向垄断协议和纵向垄断协议;以协议内容为标准,可以分为固定价格、分割市场、限制产量等垄断协议;以表现形式为标准,可以分为协议型限制竞争行为和非协议型限制竞争行为。

(2) 控制企业集中。各国对企业集中的叫法略有差异，有些国家称其为企业并购，有的叫作经营者集中，有的叫作企业合并。对企业集中进行评估审查是一种反垄断事前制度，可以预防垄断性市场结构的产生。根据参与集中的经营者在市场经济中的相互关系以及所在的市场领域，可以将企业集中分为横向集中、纵向集中和混合集中三种类型。无论是哪一类型的集中，都需要实行事前申报制度，反垄断当局根据法律规定的相关程序对企业集中进行评估审查，作出是否同意集中的判定。

(3) 禁止滥用市场支配地位。各国反垄断法都对市场支配地位和滥用市场支配地位进行了界定。市场支配地位与市场势力、市场份额、行政权力、知识产权等因素相关，拥有市场支配地位本身并不违反反垄断法，反垄断法规制的是滥用市场支配地位行为。在禁止滥用市场支配地位的司法实践中，反垄断当局首先要开展的工作是准确认定涉案企业所处的相关市场，再判定该企业是否在相关市场中具有市场支配地位，最后结合其行为表现和经济后果来认定是否存在滥用市场支配地位的行为。

(4) 禁止行政性垄断。行政性垄断行为多发生于经济转轨国家，西方发达国家的反垄断法没有专门针对行政性垄断的条款。行政性垄断是行政机构及其所属部门或具有公共权力的其他组织滥用行政权力，实施排除、限制或阻碍市场竞争而形成的垄断。根据行为主体的不同，可以将行政性垄断分为行业性行政垄断和地区性行政垄断两大类。行政性垄断往往与经济性垄断和自然垄断相互交织，具有较大的危害性。我国《反垄断法》第三章专门针对行政性垄断做出了规定。

18.2.3 反垄断政策体系

反垄断政策体系包括结构性政策和行为性政策两大类。(1) 结构性反垄断政策的理论基础来源于产业组织理论的哈佛学派。该学派认为，市场结构对市场行为和市场绩效具有决定性的影响，调整市场结构是维护有效竞争的最佳途径。结构性政策是为了控制行业集中度、实现公平有效竞争而对行业集中状况进行规范的一种制度。随着哈佛学派的衰落，结构性的反垄断政策也逐渐式微，在反垄断政策的实际应用中并不占主导地位。尤其是经济全球化时代，各国为了提高本国产业和企业的国际竞争力，很少采用结构性反垄断政策去分拆大公司、损害规模经济和规模效益。(2) 行为性政策是指针对竞争者行为而制定的旨在促进竞争的规则和制度，只要企业的市场行为对其他企业的自由交易或市场竞争产生了有害影响，无论这种影响是现实的还是潜在的，反垄断当局就会实施修正这种行为的竞争政策。行为性政策主要规范占市场支配地位的企业的市场行为，而不关注市场集中状况。行为性反垄断政策的理论基础主要来源于芝加哥学派和后芝加哥学派。该学派认为，企业获得良好的市场绩效并非因为垄断的市场结构，而是来自企业生产和经营的效率；垄断的市场结构并不必然导致垄断的市场行为，反垄断政策应该更加关注垄断的市场行为对竞争和效率的影响。行为性反垄断政策可以从两个方面限制垄断行为：一是相对于结构修正而言，行为修正能够提供禁止垄断行为的方法；二是对垄断行为的处罚可以警戒那些企图实施垄断行为的企业。目前，世界主要国家的反垄断政策主要是采用行为性政策。

18.2.4 反垄断政策的手段

反垄断政策的手段就是政府反垄断当局实施反垄断政策工具，包括法律手段、行政手段和经济手段三种。

(1) 法律手段。法律手段是实施反垄断政策的基本手段，主要包括反垄断立法和反垄断司法。反垄断立法提供反垄断司法的依据，反垄断司法使反垄断立法得到实施，并促进反垄断立法的改进。反垄断立法能规定企业行为的范围，为政府反垄断提供依据，同时也可规范政府的反垄断行为。法律手段是由公共权力机构所赋予的法定权力，具有强制性和权威性，并且具有较强的威慑作用。对于任何经济主体而言，法律手段都是一种外部强制力，如果经济主体实施法律所认定的垄断行为，就会受到法律制裁。这样可以形成威胁和警示作用，迫使经济主体自我约束其垄断行为，使企业的垄断动机不能成为垄断现实。法律手段也存在一定的局限性：①并非所有垄断都能成为反垄断法律的适用对象。例如，由规模经济形成的垄断、由产品差异化形成的垄断、由合法途径获取信息优势形成的垄断等，都不适宜作为反垄断法律的调整对象。②任何立法都存在漏洞，一些垄断行为可能逃避反垄断法的制裁。任何国家的政府都不可能一开始就能建立起一套十分完善的反垄断法律体系，反垄断立法总是处在不断改进的过程中，这就意味着总是存在逃避反垄断法律的机会。③反垄断司法实践存在困难。反垄断司法要比一般的经济司法更加复杂，要使反垄断立法得到真正实施就必须建立起高效率的反垄断司法机构和司法体系，而这往往需要相当长的时间。反垄断司法除了需要一定的法律资源以外，还需要一个良好的司法环境。反垄断司法往往涉及地方政府、相关部门、企业的经济利益，在司法过程中就会受到地方政府和企业主管部门的干预或阻碍，从而影响反垄断法律的实施。

(2) 行政手段。行政手段是指政府行政部门对垄断所实施的行政处罚措施。行政处罚权有两类：由反垄断立法赋予行政部门的行政处罚权，这种行政处罚权是法律所授予的，因此具有更高的权威性；由行政部门自行制定的行政规则而获得的行政处罚权。行政手段在反垄断政策中可以发挥以下作用：一是可以弥补反垄断法的漏洞，对于逃避反垄断法的垄断行为，政府行政部门可实施行政处罚；二是可以对处于反垄断法的适用对象之外的某些垄断行为进行约束；三是在反垄断法不成熟以前，行政手段可作为反垄断法的替代手段；四是在政府行政部门对经济主体具有强制力的情况下，行政手段是一种很有效的反垄断手段。不过，反垄断的行政手段也存在着局限性：①行政手段采取的是行政处罚措施，不能作为市场经济中反垄断的主要手段。②在法治社会中，由行政部门自行制定的行政规则不可能具有很高的权威性。③垄断的目的和利益是经济利益，行政手段并不能有效地使垄断者的经济利益得到应有的剥夺；而且行政手段直接干预了企业内部经营，从而破坏了市场经济运行微观基础。

（3）经济手段。反垄断的经济手段包括两个方面：一是对垄断实施经济处罚；二是政府通过对经济运行进行调节作用于垄断企业。对垄断实施经济处罚可以依据反垄断法，也可以依据行政部门所制定的处罚规则。不过，在市场经济和法治社会中，经济处罚应以反垄断法为基本依据。

经济处罚手段在反垄断政策实施中可以发挥以下作用：一是运用范围较广，可以对所有的违法行为进行处罚；二是经济处罚直接影响垄断者的经济利益，如果对垄断者进行足够的经济处罚，可以有效地抑制和警示垄断行为。经济处罚手段的局限性包括：对垄断者进行经济处罚的依据和证据难以寻找；并非有所的垄断都可以使用经济处罚手段，例如，自然垄断和由规模经济产生的垄断等，不适合进行经济处罚。

经济调节手段在反垄断政策实施中具有重要作用：一是适用范围更广，适用和不能适用经济处罚手段的领域大多可以采用经济调节手段；二是经济调节手段的运用是通过调节市场供求关系的办法提高市场的竞争性来抑制垄断，不会破坏市场经济运行的微观基础；三是具有更强的预防垄断的作用。法律手段、行政手段、经济处罚手段主要是依靠事后的惩戒来对垄断厂商发挥预防作用，这种预防作用存在局限性。经济调节手段导致的结果是提高了市场竞争性，在竞争性市场中企业要么没有能力建立垄断，要么无法实施垄断行为。经济调节手段也有一定的局限性：①经济调节手段不具有强制性，因而对已经实施的垄断行为不能实施有效的惩戒；②经济调节手段的力度有限，实施的有效范围也受到产品替代性的影响；③经济调节手段对自然垄断行业的垄断行为的抑制作用有限。

反垄断政策实施的不同手段具有不同的优点和局限性，在反垄断实践中需要建立一个由法律手段、行政手段、经济手段组成的相互补充、相互配合的手段体系。法律手段是基础，在为反垄断提供法律依据的同时，为其他手段提供制度基础和支持力量；经济手段是主体，既能直接对垄断行为进行处罚，也能间接抑制垄断，促进生产效率和资源配置效率；行政手段是补充，可以弥补法律手段和经济手段的漏洞，对反垄断行为进行行政约束。

18.3 反垄断法律与政策的执行

18.3.1 反垄断法律与政策执行的程序

反垄断法执行包括公共执行和私人执行两种。反垄断法的公共执行指的是由国家的行政执法机关或者司法机关执行，是世界各国的通行做法；反垄断法的私人执行，指的是利益受损的竞争者或消费者基于反垄断法规定所提起的独立民事诉讼活动。无论是哪一种执行制度，反垄断政策执行的大体程序都包括申报与受理、相关市场界定、市场势力测度、反垄断行为经济分析、福利的权衡比较以及作出判定与裁决等。不同类型的垄断案件所采用的程序略有差异，但一般都要经历立案、调查、审理和裁决等几个步骤。

（1）发现垄断行为，进行申报与受理。这一阶段属于立案阶段，反垄断当局获取相关信息的渠道主要有两个，一是法人及其他组织或个人的投诉或提供相关信息，二是反垄断机构在工作中依职权发现企业实施垄断行为的相关信息。反垄断当局有权要求有关从事商业活动的个人、企业或其他组织提供经营方面的信息，从而可以通过经济研究调查、监管商业领域行为，发现有关涉嫌违法的垄断行为或不正当竞争行为。垄断行为一旦被发现，既可由私人对垄断行为进行投诉、反垄断机构受理立案，也可以由反垄断机构直接立案。

（2）界定相关市场。从这一阶段开始就进入了调查分析阶段。如有必要，反垄断机构将指定调查官或组建工作小组对立案案件进行调查分析。调查期间，首先需要完成的工作就是对垄断行为发生的相关市场进行界定[1]。在界定相关市场期间，反垄断机构可以要求被调查企业提供所需的证据和数据。

（3）测度市场势力。在经营者集中和滥用市场支配地位等案件中，反垄断当局还需要分析和测度当事企业在相关市场上的市场势力，作为提供给行政法官进行审理和判决的证据。反垄断执法机构可以直接或者借助法院的协助要求当事人提供测度市场势力所需的相关证据。

---

[1] 相关市场界定的方法请参见本书的第4章。

（4）评估垄断行为的经济影响。从这一阶段开始就进入了审理阶段，这是反垄断法执行的关键环节，直接影响到最后的判决结果。反垄断机构可以委托专家小组对垄断行为可能产生的经济影响进行分析，也可以要求当事人提供其行为可能产生的经济影响。

（5）进行福利权衡比较。在经济分析的基础上，对垄断行为可能产生的反竞争效应和福利效应进行权衡比较，以确定该行为可能产生的福利后果，作为判定的直接依据。

（6）做出判定与裁决。经过分析和审理，反垄断当局判定当事企业的行为是否违反反垄断法律，如果属于反垄断法所禁止的行为，将提出书面报告或禁止令，要求当事人停止违法行为。在书面报告或禁止令中，反垄断当局需要对企业的违法事实、做出决定适用的法律及当事人的救济权做出说明。

（7）申诉与抗辩。如果当事人对反垄断当局所做出的判定或裁决不服，可以在规定时间内向法院申请复审，请求废除反垄断当局的命令或裁决，也可以对反垄断当局的判定或裁决的依据进行抗辩。如果当事人不进行申诉或抗辩，或者申诉与抗辩不成功，则必须执行反垄断当局的判定或裁决，立即停止相关反竞争行为，接受惩罚，并对受害人进行经济赔偿。

18.3.2 反垄断法律与政策执行的新变化

随着经济环境的变化、理论学派的更替和反垄断政策自身的不断完善，世界各国反垄断法律与政策执行出现了一些共性新特点。

（1）国家战略利益至上。20世纪90年代以后，与信息经济相关联、以新型国际分工为基础、以完整发达的世界市场体系为纽带、以全方位和网络型的国家间经济交往为手段的经济全球化浪潮席卷了全世界。经济全球化使企业主要竞争对手由过去的本国同行转变为国外企业，企业不得不在全球范围内配置资源、开拓市场、从事生产和经营活动。经济全球化带来国际竞争压力迫使政府干预经济政策发生了变化，从过去主要弥补国内市场经济的局限性转而在全球范围内运用宏观调控政策干预经济，在实施反垄断政策时更加注重维护国家战略利益。各国政府开始在全球范围内设计反垄断政策目标，在全球范围内寻求资源的合理配置，着眼于提高本国企业国际竞争力处理规模经济和竞争活力的关系，倾向于更加鼓励规模经济的发展。同时，政府执行反垄断政策的手段和措施更加灵活，遵循维护国家战略利益的原则，倾向于保护本国企业竞争力。

（2）更加突出经济效率。传统主流经济学理论认为，自由竞争有利于提升资源配置效率，竞争性市场具有抑制、均衡和激励机能，可以消除垄断的缺陷，实现经济福利最大化；同时，企业之间的竞争能够促进技术创新，取得比垄断状态更好的效果。基于以上认识，政府制定并实施了较为严格的反垄断政策。然而，随着经济环境的变化，这种结构主义反垄断政策的弊端也逐渐显现。自由竞争的市场结构固然可以维持竞争活力，但由于企业规模过小，企业过度竞争不利于发挥规模经济优势。以萨缪尔森为代表的新古典综合学派的经济学家认为，不完全竞争是经济生活的常态，垄断具有一定的普遍性。芝加哥学派的经济学家则认为，垄断企业是竞争中的胜利者，垄断地位是效率性的证明。因此，政府反垄断政策应该更加注重经济效率，对垄断的分析不能仅仅考察市场结构，而应考察市场绩效。如果企业规模变大能够提高经济效率，就不应当受到禁止。现代竞争理论对政府的反垄断政策产生了直接影响，使政府的反垄断立法从结构主义转向行为主义。

（3）应对新经济挑战。新一代信息技术快速发展，掀起了全世界新技术革命浪潮，新经济时代随着来临。以德国工业4.0为代表的新工业革命加快了新经济发展进程，使政府面临的社会、经济、技术和生活环境发生了巨大变化，原有的反垄断政策很难完全适应新形势下的垄断问题，反垄断政策执行面临一系列新的挑战：①市场进入壁垒与法律适用问题。市场进入壁垒对反垄断执法影响巨大，是否存在进入壁垒和进入壁垒的高低直接关系到反垄断经济分析的后果结果。新经济时代，特别是在高新技术产业领域，企业竞争的关键因素是知识、技术、信息等人力资本，物质资本已退居其次。人力资本可以随着人员的流动而流动，它不像物质资本那样在企业间不易流动，所以人力资本构成的进入壁垒比物质资本要低得多。传统工业经济时代制定的反垄断政策已经不适应新经济时代，需要与时俱进。②技术创新问题。传统经济理论认为，垄断者可以通过制定垄断价格获取垄断利润，缺乏科技创新的动力。但是，在新经济时代，科技日新月异，企业之间的竞争很激烈，迫使垄断企业不断创新，只有创新才能获得技术上的领先优势，才能维持获得的垄断利润。垄断企业凭借自身垄断力量在技术创新上比一般企业更具有优势，但垄断企业在技术创新后主观上有保持垄断优势、排除竞争对手的愿望，这就会妨碍竞争活力。所以政府采取的反垄断政策要做到既有利于保持大企业的技术创新激情，又避免其妨碍竞争，保持竞争活力。③相关市场界定和垄断势力测度问题。在新经济行业中，由于产品品质的竞争或技术的竞争已经远大于价格的竞争，相关市场界定中以价格理论为基础的SSNIP测度标准根本不能有效界定相关市场。随着高新技术产业的发展，技术创新成为提高企业竞争力的核心，如何界定创新市场，协调创新与竞争之间的矛盾，也成为反垄断面临的一大问题。高新技术产业领域，市场势力大多来自于企业取得新技术、新发明和新工艺，如何测度这种非市场集中带来的市场势力，也是反垄断政策执行中面临的新挑战。

18.4 反垄断宽恕与豁免

18.4.1 反垄断宽恕与豁免

反垄断宽恕与豁免是指对于在反垄断执法机构展开调查之前或之后，主动向反垄断当局报告自身所参与的垄断违法行为的企业，在满足一定条件的情况下，反垄断当局将授予其免受刑事追究的豁免，或者获得从宽处理的待遇。反垄断宽恕制度由美国司法部于1978年率先推行，20世纪90年代又对该制度进行了修改完善，进一步破除了反垄断宽恕与豁免政策发挥实效的制度瓶颈，使得该制度在反垄断法实施中逐步确立了不可替代的重要地位，成为历史上发现大宗商业犯罪的最为成功的制度，引发了世界各国反垄断执法机构的争相效仿。

从已经实施反垄断宽恕制度国家的立法来看，一般将其分为公司宽恕制度和个人宽恕制度、免除责任的宽恕制度和减轻责任的宽恕制度来规定其适用条件。由于不少国家反垄断法没有规定个人责任，这样实际上就不存在个人宽恕制度；同时也有许多国家的宽恕制度中仅包含给予免除责任宽恕待遇，因而也就没有减轻责任的宽恕制度。因此，通常所提及的宽恕制度主要是指公司免除责任的宽恕制度。根据反垄断宽恕与豁免政策，一家企业获得刑事豁免的前提条件是：申请者为最先申请者，申请提出之时反垄断执法机构没有开始调查，或者已经调查但没有证据能够起诉或惩罚违法者；该企业自身作为一个法律行为主体必须对参与了垄断违法行为这一事实予以承认；宽恕申请属于该企业的法人行为而非员工个人行为；在意识到涉案行为的违法性以后，该企业及时有效地采取了措施终止参与这一行为；该企业能够坦诚完整地报告案件的相关信息并积极配合调查工作，承担合作义务；在可能时返还受害方所遭受的损失等。反垄断宽恕与豁免制度是反垄断执行机构打击卡特尔和串通投标行为的有效制度措施，尤其是在发现和证实隐蔽的卡特尔和串通投标等违法行为方面，宽恕和豁免制度具有重要激励作用。

宽恕制度能否有效运行主要取决于其制度设计和运行规则是否透明和确定、该国反垄断立法及实施状况，包括反垄断法律责任是否严厉，反垄断执法机构是否具有权威性等。也就是说，要想保证宽恕制度的有效运行，需要做到：(1) 在反垄断法中，尤其是宽恕制度的立法中，要提高宽恕规则和制度的透明度和确定性。宽恕待遇被给予的对象是卡特尔违法者，其行为应受到法律制裁，一般情况下会本能竭力隐藏违法行为。如果卡特尔参与者不能很好预期其将会获得的宽恕待遇，作为一个理性的追求自己利益最大化的"经济人"，它不会向反垄断机构进行自我揭发，从而把自己暴露在法律和执法机构的面前。提高宽恕制度的透明度和确定性需要合理设定宽恕制度的适用要件、适用条件、宽恕待遇、适用对象、减额要因、裁量权的限制和宽恕程序。（2）提高对违法行为严厉制裁的威胁。一项有效的法律禁令不仅要给予违法者以道义上的判罪，更要有对其实施可信赖的制裁威胁。对卡特尔违法行为制裁措施的严厉程度，是决定宽恕制度能否得到有效实施的一个重要因素。（3）提高卡特尔协议被发现和查处的概率。如果没有良好的实施机制确保卡特尔违法行为能够被查处，不管法律规定的卡特尔违法行为的法律责任多么严厉，那么由于违法者没有被查处的风险，卡特尔参与者没有必要也不会去申请宽恕。（4）构建宽恕制度有效实施的外部环境。在加重反垄断法律责任的同时，合理配置反垄断执法机构的职权，进一步细化宽恕制度的实施制度，排除执法机构的自由裁量权，提高反垄断宽恕制度的公信力。宽恕制度本质上也是一种卡特尔调查工具，尽管其在打击和威胁卡特尔中起到了非常重要的作用，但是宽恕制度的有效运行离不开反垄断执法机构对其他拉特尔调查工具和手段的运用。

18.4.2 反垄断法适用除外与豁免制度

与反垄断宽恕与豁免制度相关但含义不同的另外一种制度是反垄断法适用除外与豁免制度。反垄断法适用除外与豁免制度是指一些本应适用反垄断法予以限制和禁止的行为，但根据法律认可或依法定程序认可，允许其合法进行而豁免对其制裁或不追究法律责任的一种制度。反垄断法适用除外与豁免制度是法律面对多样化经济现实的缓冲带，在刚性的法律中创造了一个柔性地带，充分体现了反垄断法的政策性、专业性和操作技巧性。反垄断法适用除外与豁免制度为协调产业政策与竞争政策的关系提供了一个通道和机制。尤其是对正处于转型中的发展中国家而言，反垄断法适用除外与豁免制度是充分发挥产业政策作用、推动企业做大做强、提升本国产业国际竞争力的一种制度设计。例如，我国《反垄断法》第二十二条就规定了经营者集中申报豁免制度："经营者集中有下列情形之一的，可以不向国务院反垄断执法机构申报：①参与集中的一个经营者拥有其他经营者50%以上有表决权的股份或资产的；②参与集中的每个经营者50%以上有表决权的股份或者资产被同一个未参与集中的经营者拥有的"。

18.5 反垄断执法和解制度

反垄断执法和解制度是指在反垄断执法过程中，为了保护竞争、有效制止涉嫌垄断的行为、消除垄断行为对市场竞争的消极影响、提高反垄断执法效率，反垄断当局与涉嫌垄断的市场主体相互让步并缔结和解契约，以快速解决反垄断争议的执法制度。反垄断执法和解制度在美国被称为"同意判决"或"同意命令"，在欧盟被称为"承诺决定"，在日本被称为"同意审决"，在我国被称为"经营者承诺制度"。反垄断执法和解制度能够快速对垄断行为进行禁止和干预，提高了反垄断执法效率，同时也节约了执法资源，能够提高发现违法垄断行为的概率，进而提升反垄断制度的整体威慑力。反垄断执法和解制度的价值取向是"效率优先、兼顾公平"，该项制度的构建和运行原则包括程序灵活简便原则、利益均衡原则、公共利益原则、诚实守信原则、意思自治原则和比例原则[①]。在反垄断执法和解制度的制定和实施过程中，为了防止私下和解损害社会公共利益和利害相关者的利益，避免和解制度成为执法人员进行权钱交易的工具，各个国家和地区的反垄断政策中都围绕反垄断执法和解制度的契约制定和生效实施，建立了一系列增强和解程序透明度和保护社会公共利益与利益相关者利益的机制。具体机制包括：（1）竞争性影响评估报告制度，就和解契约对竞争可能产生的影响做出评估分析；（2）执法和解说明制度，公开相关信息，对公众说明和解契约的内容、程序以及相关解释；（3）公众评议制度，也称为市场测试制度，允许公众和利益相关者对和解契约以及竞争性影响评估报告发表评论意见，反垄断当局应根据这些意见做出最终决定；（4）和解咨询制度，反垄断当局在做出最终决定之前应当依照法律规定向反垄断领域的专家和专业机构进行咨询；（5）司法审查制度，和解契约正式签订之前，还需要通过相关司法程序进行审查[②]。

反垄断执法和解制度不同于反垄断宽恕制度，主要表现在：（1）反垄断宽恕制度的契约色彩较为淡薄，是一种非契约化的免责行为；反垄断执法和解制度是一种典型的国家干预契约，是提高反垄断执法效率的重要制度。（2）反垄断宽恕制度的主要目的是通过某个经营者的"坦白投诚"行为查明违法垄

---

① 参见殷继国：《反垄断执法和解制度：国家干预契约化之滥觞》，中国法制出版社2013年版，第92~97页。

② 参见殷继国：《反垄断执法和解制度：国家干预契约化之滥觞》，中国法制出版社2013年版，第197~203页。

断行为，总体上仍然属于传统的反垄断执法模式的制度内容；反垄断执法和解制度是为了有效制止涉嫌垄断的行为并消除其对竞争的不利影响。(3) 反垄断宽恕制度实施中，反垄断当局需要对经营者的"坦白投诚"行为保密，未经坦白者同意，反垄断当局不得披露宽大处理人的身份和违法信息，以保护当事人的合法权益；反垄断执法和解制度的实施需要公开进行，并接受利益相关者、社会公众甚至法院的监督，以保障社会公共利益。(4) 反垄断宽恕制度实施中，"坦白投诚"的经营者需要承认其参与了垄断协议，提供能够用于反垄断执法的相关重要证据；反垄断执法和解制度的实施中，通常不需要经营者承认违法行为，反垄断当局也不对经营者是否违反了反垄断法做出明确结论。(5) 适用范围和司法后果不同。反垄断宽恕制度只适用于垄断协议，而反垄断执法和解制度可以适用于所有的垄断行为。反垄断宽恕制度中，反垄断当局会减轻或豁免"坦白投诚"经营者，同时将根据"坦白投诚"者提供的证据对垄断协议中其他经营者展开调查并予以处罚；在反垄断执法和解制度中，和解契约发生效率后，反垄断当局将终结反垄断调查，和解双方分别履行相关义务。

18.6 网络经济条件下的反垄断政策实施

18.6.1 网络、网络经济与网络经济特征

网络是由节点和链路构成的具有互联互通互补性的系统，包括物理网络和虚拟网络两种形态。物理网络传输的是水电气、货物等物质性内容，如供水网、电网、供气网、铁路网、公路网等；虚拟网络主要是指信息网，传输的是信息资源，如通信网、互联网等。本章研究的是由现代通讯技术、计算机技术、信息技术和信息高速公路等所形成的组织和系统，是基于计算机技术和现代信息技术应用而产生的互联网，又称为因特网。

网络经济是一个与信息经济、数字经济、新经济、知识经济、互联网经济等相关的概念，外延十分广泛。学术界对网络经济的界定五花八门，部分学者将网络经济界定为与网络相关的经济活动，部分学者将网络经济界定为以网络为载体、以信息为资源的经济形态，还有部分学者将网络经济界定为网络化的经济现象。本章所讨论的网络经济是基于互联网的经济形态，是以互联网为平台所发生的经济活动或经济行业。网络经济具有以下特点：

(1) 网络效应。网络效应是一种正的网络外部性，是指当一个用户消费

（使用）一种产品所获得的效用随着使用该产品的用户人数增多而增加时所产生的经济效应。在网络经济中，网络效应具体表现为"梅特卡夫法则"，即互联网的价值与连接到该网络的人数的平方成正比。也就是说，网络的收益会随着网络用户的增长而呈指数增长的趋势。

（2）中心节点的关键作用。网络经济中的所有交易都必须通过中心节点发起才能完成，中心节点成为现有网络的瓶颈或核心设施。中心节点的生产能力决定了整个网络的效率、网络的成本和网络的规模经济性。掌握了中心节点的企业就拥有了网络中的优势地位，甚至一定的市场势力。决定中心节点所有者市场势力大小的因素包括网络效应大小和用户转换成本的大小。

（3）网络经济中生产和经营具有标准性。网络中节点和链接的兼容性是交易顺利完成的必备条件，兼容性通过所有节点和链接遵守统一的规格标准来实现。兼容性标准可能是某些物理特性，也有可能是某个技术现象。

（4）投资的沉没性。网络经济中的用户经常需要进行与网络有关的投资，其中包括设备、地点或相关技术的学习等。这类投资通常是一种沉没成本，只适用于特定网络，无法转移至其他有差异的网络，网络投资的沉没性与物理性或技术上的兼容标准密切相关。

（5）竞争的不稳定性。网络经济中会产生"从众效应"和"临界点效应"。如果直接或间接网络效应较强，网络之间的竞争，尤其是彼此不兼容的网络之间的竞争会非常不稳定。规模较大的网络具有明显的竞争优势，因而会吸引到较多用户，从而形成更大规模和更加明显的竞争优势。网络效应会导致"赢者通吃"的市场结构。规模较小的网络要么提供十分独特的产品或服务，并且该产品或服务对于其用户的重要性足以弥补弱小规模效应的不利影响；要么就是用高转化成本将用户锁定在该网络中。

（6）存在进入壁垒。网络经济中，新网络的进入较之其他非网络产业要困难很多，这是因为新进入者需要克服网络规模和用户基础较小的网络效应所带来的不利影响。由于转换成本和锁定效应的存在，用户很难从原有网络转向新网络。同时，由于吸引现有网络用户转换至新网络的难度较大，网络产业中与现有网络不兼容的重要技术创新将会更加困难。如果兼容性标准由行业中企业共同制定，那么从策略方面考虑，这一标准很有可能成为提高行业进入壁垒或是提高竞争对手成本的工具，在位企业会刻意选择增加进入难度或是有利于在位企业的标准。

（7）存在"路径依赖"。由于临界点效应和当出现主导厂商后市场结构的惯性，产生市场赢家的过程无法保证结果是符合社会整体最高效率的网络。尽管在最优网络提供者刚开始领先时临界点效应可能出现，但是偶然事件也可能导致其他网络在发展早期领先，然后成为市场主导厂商。这种领先优势可能一直保持下去，即使日后技术进步导致更好的新网络出现，但网络结构的惯性会阻碍新网络提供者成为主导市场厂商。

（8）市场份额与利润的不平衡性。由于"赢者通吃"现象的存在，企业之间的市场份额会产生严重的不均衡现象，主导厂商的市场份额大大高于其他中小厂商。

（9）市场结构的垄断性与竞争性并存。网络经济中，由于知识产权、网络效应和锁定效应等作用，市场结构既具有较高程度的垄断性，又具有较强的竞争性，是一种寡占垄断性竞争结构。在信息技术的推动下，这种垄断竞争的市场结构具有较为明显的动态性。同时，操作系统软件、电子商务、银行卡支付系统等新兴网络产业具有明显的双边市场特征。

18.6.2 网络经济中的限制竞争行为

在网络经济中，控制了网络或网络中的关键设施，就意味着占据了市场优势地位，就可能产生限制竞争的行为。主要表现为：

（1）直接利用网络限制竞争。某些控制了网络瓶颈设备或界面的企业，可能行使基于网络的滥用优势地位行为，或者通过联合控制一个网络或者其中的关键设施来限制竞争。网络经济中的一些企业还有可能滥用关键设施的知识产权或行业标准，限制其他企业在相关市场上开展业务活动。

（2）间接利用网络资源限制竞争。网络的存在使企业之间信息交流更加便捷，增加了企业订立限制竞争协议的可能性；企业可以通过网络更好地掌握消费者的信息，增加了从事价格歧视以及掠夺性定价等限制竞争行为的可能性。网络经济中的限制竞争协议大多是在竞争者之间订立，包括电子商务市场上的信息共享、买方联合、建立B2B合资企业、利用网络平台限制交易对象、联合制定标准等。

（3）对于"赢者通吃"网络，在发展初期会面临激烈的竞争，每一个竞争对手都希望尽早获得网络规模优势，从而开始其从众效应的过程，为此而采用的竞争手段包括掠夺性定价、夸大未来产品发展、与其他网络组成联盟或是合资企业等反竞争行为。

（4）联合制定标准。联合制定标准是一群企业采用共同技术标准的企业间协定，该协定确保企业之间的组件或产品实现兼容，而且各方同意为标准许可申请必要的专利。联合制定标准能够保证不同系统和组件的互联互通，产生网络效应。联合制定标准是促进竞争，还是限制竞争，需要根据具体市场条件进行判定，联合制定标准对竞争、效率、创新和消费者福利的影响，需要联系具体产业和具体市场进行经济分析。

18.6.3 网络经济中的反垄断政策实施

网络经济中，部分企业行为与其他非网络产业中的反竞争行为没有本质区别，反垄断执法机构在这些案例的审理中可以应用与非网络产业相同的判别原则和执法程序。但是，网络经济效应和网络外部性对网络经济市场结构和市场行为的影响具有很大的不确定性，这种不确定性增加了反垄断政策实施的困难[1]。网络经济条件下实施反垄断政策，既要遵循传统经济条件下的司法程序和执法原则，也要考虑到网络经济的特殊性，在具体操作上适当调整评估审查和经济效应分析的方法。网络经济和网络产业具有特殊的垄断技术和经济特征，传统反垄断政策在网络产业中实施具有一定的局限性，需要从政策目标、原则、管制重点、手段和方法等方面进行调整和改革，以促进网络经济的健康发展。

以相关市场界定为例，在网络经济条件下，除了考虑传统的相关市场界定程序和方法的基础上，还需要考虑到以下因素的影响：（1）网络效应。网络经济中一般存在网络效应，能够通过正反馈机制锁定消费者，用户宁愿选择用户数量多、会成为标准的产品，而不会选择价格便宜、性能更优但不是主流的产品。因此，在这种情况下，SSNIP方法会失效，因为主流产品价格提高并不会导致用户流失。（2）用户安装基础。网络型产品在市场中能够生存下来，需要拥有一个用户安装基础，即先期获得一批稳定的用户以促进正反馈机制的形成。当厂商推出新产品时，必须与早期获得的安装基础展开竞争。（3）转换成本。转换成本的存在使得消费者无法随意更换产品或服务，价格因素对市场的影响有限，厂商之间要展开竞争必须克服对方的转换成本。因此，转换成本具有锁定效应。（4）网络型产品的兼容性和差异性也将影响相关市场界定。网络型产品的差异性使得具有相近功能或部分重叠功能的产品处于不同的相关市场中；网络型产品的兼容性使得产品更换成本高昂，价格对需求的影响被扭曲。（5）技术进步。网络经济中的创新速度快，技术竞争激烈，使得网络经济的相关市场具有动态多变性，很难确定产品的供应者及其替代品，这也给相关市场界定带来了困难。（6）网络交易形态。网络经济对传统相关市场界定方法的冲击还来自其基于电子商务的交易形态，很难将电子商务市场（线上市场）与传统市场（线下市场）划分为同一个相关市场。

网络经济条件下反垄断政策的实施还可能面临一些与非网络产业不同的问

---

[1] 张小强：《网络经济的反垄断法规制》，法律出版社2007年版，第98页。

题：（1）网络接入问题。在位企业拒绝新厂商进入其经营的网络，或者制定歧视性的接入条款，提高竞争对手的运营成本，制造非对称竞争。（2）"关键性设施"问题。垄断厂商控制了关键性设施，竞争对手不可能对关键性设施进行复制，而垄断厂商具备提供关键性设施给竞争对手使用的可行性，但仍然拒绝竞争对手使用关键性设施。（3）掠夺性定价、排他性交易、搭售等垄断行为在网络经济条件下的反竞争效果要比在其他非网络产业中大得多。这是因为，网络经济条件下存在网络临界点效应，除了早期的竞争阶段外，市场中最终只会留下一个具有很强主导地位的网络。由于存在这一预期，在早期竞争阶段，所有竞争性网络都会采取损害竞争对手以使自己成为赢家的行为。同样道理，当一个网络成为主导者以后，它也会采取行动提高进入壁垒，保障自己的主导地位。因此，为保证市场竞争的充分性和自由性，防止垄断企业滥用市场支配地位和市场优势地位限制竞争，需要强化对网络产业中的滥用市场支配地位的反垄断控制。（4）标准与兼容性的策略性决策。反垄断当局需要在网络兼容性问题的合法性与反竞争性之间进行权衡，采取既保护公平有效竞争又能够促进技术创新的司法行为。

随着网络经济的兴起，与网络经济相关的反垄断案件也越来越多。代表性的案例包括美国政府诉微软案、美国政府诉IBM案、美国政府诉AT&T案、360诉腾讯垄断案、美国政府诉维萨卡和万事达卡案等。以微软案为例，该案的核心是政府声称微软采取了一系列反竞争行为，目的是保持其在操作系统市场上的垄断地位。微软的行为损害了消费者利益，部分原因在于消费者需要为操作系统支付更高的价格，部分原因在于微软的行为减少了软件行业的创新。美国政府诉微软案中体现了网络经济条件下反垄断执法中的几个重要问题：（1）微软是否在个人电脑操作系统市场上拥有垄断势力？与这一问题相关的问题还包括：如何界定反垄断意义上的相关市场，是否包括手持设备操作系统、服务器操作系统和其他可支持应用程序的非操作系统；如何测度市场上的市场势力，等等。（2）微软是否通过一系列反竞争行为维持其垄断势力，从而不合理地限制了竞争？（3）为了挫败网景"导航者"浏览器的竞争优势，微软是否运用了非法的反竞争行为以严重伤害网景的浏览器软件？（4）微软的限制竞争行为是否伤害了市场竞争，是否降低了社会福利？经过三年多时间的马拉松式诉讼，2001年11月，美国司法部和微软公司达成和解协议。根据和解协议，微软公司必须限制其一系列商业行为。

18.7 小　　结

　　从美国的《谢尔曼法》颁布实施算起，反垄断法律与政策的发展和演进已历120多年，世界各主要经济体相继制定了符合时代潮流和本国特点的反垄断法，逐步形成反垄断政策体系。美国是最早制定反垄断法的国家之一，其指导反垄断政策的三部主要法律分别是《谢尔曼法》《克莱顿法》和《联邦贸易委员会法》。美国反垄断政策的实施经历了从结构主义到行为主义的演变，针对大企业的反垄断控制出现了相对宽松的态势。欧盟反垄断法的主体部分是由《欧盟条约》第八十一条、第八十二条和《欧盟并购条例》构成，欧盟反垄断政策的目标除了保护竞争、提高效率以外，还包括促进欧盟内部市场一体化。日本反垄断政策的法律依据是《禁止垄断法》，包括三大内容，即禁止私人垄断、禁止卡特尔和其他不合理的贸易限制和禁止不公平交易行为。20世纪90年代以前，日本是一个产业政策占主导地位的国家，竞争政策一直处于非主导地位。近年来，日本反垄断政策开始逐步缓慢复苏，对垄断行为的反垄断控制开始增加。俄罗斯以《保护竞争法》为中心，建立起了较为完整的反垄断法规体系。《保护竞争法》的主要内容包括监督和调节经济集中、发现和制止不正当竞争行为、发现和制止国家机构限制竞争的行为、对外国投资的反垄断监督和调节等。俄罗斯反垄断政策的执行机构经过了几次演变，反映了俄罗斯反垄断政策实施机制的变化以及俄罗斯反垄断机构的独立性和权威性的变化。

　　改革开放以来，我国反垄断政策的演进大致可以分为三个阶段，即1978~1992年的孕育期、1992~2007年的建设期和2008年以来的发展完善期。经过近40年的努力，我国反垄断法律体系已经基本健全，形成了一个以《反垄断法》为基础，辅之以包括《反不正当竞争法》、大量其他有关法律中的竞争法条款、国务院发布的行政法规、最高人民法院的司法解释、商务部等反垄断执法机构制定的部门规章以及各地方立法等在内的、颇具规模的法律体系。我国确立了在中央层面由国家发展与改革委员会、商务部和国家工商行政管理总局分工负责的"三驾马车"式的执法模式，由发改委负责与价格有关的垄断执法工作，工商总局负责除价格之外的其他反垄断执法工作，商务部负责经营者集中的行政执法工作。

　　反垄断法律和政策的目标包括保护市场经济的自由竞争机制、提高经济效率、保护消费者利益、增进社会福利、促进创新和技术进步和保护企业的公正和公平利益等。反垄断政策的支柱有禁止卡特尔协议、控制企业集中、禁止滥用市场支配地位、禁止行政性垄断。反垄断政策的手段包括法律手段、行政手段和经济手段三种。反垄断政策执行的大体程序都包括申报与受理、相关市场界定、市场势力测度、反垄断行为经济分析、福利的权衡比较以及作出判定与裁决等。不同类型的垄断案件所采用的程序略有差异，但一般都要经历立案、调查、审理和裁决等几个步骤。20世纪90年代以来，世界主要国家开始引入反垄断宽恕与豁免制度，推动反垄断法的执行和反垄断政策的实施。

参 考 文 献

一、英文文献

Abreu, D., D. Pearce and E. Stachetti, Optimal Cartel Equilibria with Imperfect Monitoring, *Journal of Economic Theory*, 1985 (39): pp. 251 – 269.

Abreu, D., External Equilibria of Oligopolistic Supergames, Journal of Economic Theory, 1986 (39): 191 – 223.

Adachi, T. Third Degree Discrimination, Consumption Externalities and Social Welfare. *Economica*, Vol. 72, No. 3, June 2005, pp. 171 – 178.

Aiginger, K., D. C. Mueller and C. Weiss, Objectives, Topics and Methods in Industrial Organization During the Nineties: Results from a Survey, *International Journal of Industrial Organization*, 1998, 16, pp. 799 – 830.

Ailawadi, K. L., N. Borin, and P. W. Farris, Market Power and Performance: A Cross. Industry Analysis of Manufacturers and Retailers, *Journal of Retailing*, 1995, 71 (2): pp. 231 – 248.

Armstrong, M. and J. Vickers, A Model of Delegated Project Choice, *Econometrica*, 2010 (1): pp. 213 – 244.

Armstrong, M., Chris D. and J. Vickers. Price Discrimination, Competition and Regulation. *The Journal of industrial Economics*, Vol. 29, No. 4, April 1993, pp. 335 – 359.

Arrow, K. J.. Economic *Welfare and the Allocation of Resources for Invention*, *The Rate and Direction of Inventive Activity*. Princeton: Princeton University Press, 1962.

Appelbaum, E., The Estimation of the Degree of Oligopoly Power, *Journal of Econometrics*, 1982, 19 (2): pp. 287 – 299.

Ashenfelter, O., D. Ashmore, J. B. Baker and S. M. McKernan, Identifying the Firm – Specific Pass – Through Rate, Federal Trade Commission Discussion Paper, 1998.

Ashenfelter, O. , D. Ashmore, J. B. Baker, S. Gleason, and D. S. Hosken, Econometric Methods in Staples. Princeton Law and Public Affairs Working Paper, 2004, No. 04 – 007.

Athukorala, P. and J. Menon, Pricing to Market Behaviour and Exchange Rate Pass – Through in Japanese Export, *Economic Journal*, 1994, 104, pp. 171 – 181.

Azzam A. M. and D. G. Anderson, Assessing Competitionin Meatpacking: Economic History, Theory, and Evidence, Working Paper 96 – 6, 1996.

Azzeddine M. Azzam, Measuring Market Power and Cost – Efficiency Effects of Industrial Concentration [J]. *The Journal of Industrial Economics*, 1997.

Bailey, E. E. and A. F. Friedlaender, Market Structure and Multiproduct Industries, *Journal of Economic Literature*, 1982 (20): pp. 1024 – 1048.

Bain, J. , Output Quotas in Imperfect Cartels, *Quarterly Journal of Economics*, 1948 (62): pp. 617 – 622.

Bain, J. S, The Profit Rate as a Measure of Monopoly Power, *Quarterly Journal of Economics* 55, 1941, 2: pp. 271 – 293.

Bain, J. S. , Relation of Profit Rate to Industry Concentration: American manufacturing I 936 – 40, *Quarterly Journal of Economics*, 1951, 65: pp. 293 – 324.

Baker, J. B. , Why did the Antitrust Agencies Embrace Unilateral Effect? *George Mason Law Review*, 2003 (12): pp. 31 – 37.

Baker, J. B. and D. L. Rubinfeld, Empirical Method in Antitrust Litigation: Review and Critique, *American Law and Economics Review*, 1999 (1): pp. 386 – 435.

Baker, J. B. and T. F. Bresnahan, The Gains from Merger or Collusion in Product Differentiated Industries, *The Journal Industrial Economics*, Vol. 33, No. 4, 1985, pp. 427 – 444.

Baker, J. B. , Econometric Analysis in FTC v. Staples, *Journal of Public Policy & Marketing*, 1999, 18 (1): pp. 11 – 21.

Baker J B. , and T. F. Bresnahan, Economic Evidence in Antitrust: Defining Markets and Measuring Market Power, Stanford Law and Economics, Olin Working Paper, 2006 (2): pp. 328 – 341.

Barnett, P. G. , T. E. Keeler and T. W. Hu, Oligopoly Structure and the Incidence of Cigarette Excise Taxes, *Journal of Public Economics*, 1995, 57 (3):

pp. 457 – 470.

Barros, P. and L. Cabral, Cost savings uncertainty and the efficiency defense in merger evaluation, *Economic Journal*, 2001 (2): pp. 244 – 276.

Baumann, M. G. and Godek, P. E., Could and Would Understood: Critical Elasticity and the Merger Guidelines. *The Antitrust Bulletin*, 1995 (4): pp. 885 – 903.

Baumann, M. G. and P. E. Godek, A New Look at Critical Elasticity, *Antitrust Bullet*, 2006, 51 (2): pp. 325 – 341.

Baumol, W., R. Panzar and R. Willig, *Contestable Markets and the Theory of Industry Structure*, New York: Harcourt Brace Jovanovich, 1982.

Berger, A. N. and David B. Humphrey, The Effects of Mega – Mergers on Efficiency and Prices: Evidence from a Bank Profit Function, *Review of Industrial Organization*, 1997 (12): pp. 95 – 139.

Bernheim, D. and M. Whinston, Multimarket Contact and Collusive Behavior, *Rand Journal of Economics*, 1990 (21): pp. 1 – 26.

Berry, J., Econometric Analysis in FTC v. Staples, Available at http://www.ftc.gov/speeches/other/stspch.htm, 1998.

Berry, S. and A. Pakes, Some Applications and Limitations of Recent Advances in Empirical Industrial Organization: Merger Analysis, *The American Economic Review*, 1993, 83 (2): pp. 247 – 252.

Besanko D. and D. F. Spulber, Contested Merger and Equilibrium Antitrust Policy, *Journal of Law, Industriy, Economics and Organization*, 1993, 9 (1): pp. 1 – 23.

Beutel, P. A. and M. E. Mcbride, Market Power and the Northwest – Republic Airline Merger: A Residual Demand Approach, *Southern Economic Journal*, 1992, 58: pp. 709 – 720.

Bishop, S. and A. Lofaro, Assessing Unilateral Effects in Practice: Lessons from GE/Instrumentarium, *European Competition Law Review*, 2005 (26): pp. 205 – 208.

Bishop S. and A. Lofaro, A Legal and Economic Consensus? The Theory and Practice of Coordinated Effects in EC Merger Control, *The Antitrust Bulletin*, 2004 (summer): pp. 195 – 242.

Brandow, G. E., Market Power and its Sources in the Food Industry, *American Journal of Agricultural Economics*, 1969 (51): pp. 1 – 12.

Bresnahan, T. F. , Empirical studies of industries with market power. In R. Schmalensee & R. Willig (Eds.), Handbook of Industrial Organization, 1989, Vol. 2 (pp. 1011 – 1057). Amsterdam: Elsevier.

Bresnahan, T. F. and P. C. Reiss, Entry and Competition in Concentrated Markets, *Journal of Political Economy*, 1991, 99 (5): pp. 977 – 1009.

Brock, W. A. and J. Sheinkman, Price Setting Supergames with Capacity Constraints, *Review of Economic Studies*, 1985 (52): pp. 371 – 382.

Brouwer, M. T. , Horizontal Mergers and Efficiencies: Theory and Antitrust Practice, *European Journal of Law and Economics*, 2008 (26): pp. 11 – 26.

Buccirossi, P. , Handbook of Antitrust Economics, The MIT Press, Cambridge Massachuestts, 2007.

Bulow, J. and P. Pfleiderer, A Note on the Effect of Cost Changes on Prices, *Journal of Political Economy*, 1983, 91, pp. 182 – 185.

Cable, J. R. , J. P. R. Palfrey and J. W. Runge, Federal Republic of Germany, 1964 – 1974, in D. C. Mueller ed. , The Determinants and Effects of Mergers: An International Comparison, Mass: Oelgeschlager, Gun & Hanin, 1980, pp. 99 – 132.

Cabral, L. , Horizontal Mergers with Free-entry: Why Cost Efficiencies May be a Weak Defense and Asset Sales a Poor Remedy, mimeo, New York University, 2001.

Camesasca, P. D. , The explicit efficiency defense in merger control: does it make the difference? *European Competition Law*, 1999, 30 (3): pp. 915 – 921.

Canenbley, C. and M. Schutte, International Merger: The Antitrust Process, Second Edition, edited by J. William Rowley and Donald I. Baker, London, Sweet & Maxwell, 1996.

Capps, O. J. , J. Church and H. A. Love, Specification Issues and Confidence Intervals in Unilateral Price Effects Analysis, Journal of Econometrics, 2003 (113): pp. 3 – 31.

Caves, R. E. , Mergers, takeovers, and economic efficiency: Foresight vs. hindsight, *International Journal of Industrial Organization*, 1989, 7 (1): pp. 171 – 174.

Chone, P. and L Linnemer, Assessing Horizontal Merger under Uncertain Efficiency Gains, the Area Conference on Applied Microeconomics, Munich (CESifo), March, 2006.

Church, J. R. and W. Roger, Industrial Organization: Strategic Approach, Chapter 19, McGraw – Hill, 2000.

Clark R. and W. S. Davis, Market Structure and Price – Cost Margins, *Economica*, 1982, 49: pp. 277 – 287.

Clarke, R., S. Davies and M. Waterson, The Profitability – Concentration Relation: Market Power or Efficiency? *The Journal of Industrial Economics*, 1984, 32 (4): pp. 435 – 450.

Coate, M. B., Unilateral Effects in Merger Analysis: Models, Merits and Merger Policy, FTC Working Paper, 2010.

Compte, O. and P. Jehiel, Auctions and Information Acquisition: Sealed-bid or Dynamic Formats, Working Paper, 2001.

Compte, O., F. Jenny and P. Rey, Capacity Constraints, Mergers and Collusion, *European Economic Review*, 2002 (46): pp. 1 – 29.

Comanor, W. S., Market Structure, Product Differentiation and Industrial Research, *Quarterly Journal of Economics*, 1967, 81: pp. 639 – 657.

Cosnita – Langlais A. and J. P. Tropeano, Do Remedies after the Efficiency Defense: An Optimal Merger Control Analysis, Working Paper, 2009.

Coughlan, R. Empirical research on CEO turnover and firm-performance, *Journal of Accounting and Economics*, 2003, 36 (3): pp. 227 – 236.

Cowling K. and M. Waterson, Price – Cost Margins and Market Structure, *Economica*, 1976, 43: pp. 267 – 274.

Dalkir, S. and FR Warren – Boulton, Prices, Market Definition and the Effects of Merger: Staples – Office Depot, in J. E. Kwoka, Jr 2004.

Danger, K. L. and H. E. Frech III, Critical Thinking about 'Critical Loss' in Antitrust. *Antitrust Bulletin*, 2001, (46).

Dansby, E. and R. Willig, Industry Performance Gradient Indexes, *American Economic Review*, 1979, 69: pp. 249 – 260.

Davis, P. and E. Garces, *Quantitative Techniques for Competition and Antitrust Analysis*, Princeton University Press, 2010.

De la Mano, For the Consumer's Sake: The Competitive Effects of Efficiencies in European Merger Control, EC Enterprise Paper No. 11, 2002.

Dennis C. Mueller. Lessons from the United States' Antitrust History, International Journal of Industrial Organization, Vol. 14.

Demsetz, H., Industry Structure, Market Rivalry and Public Policy, *Jour-*

nal of Law and Economics, 1973, 16 (1): pp. 1 – 10.

Deneckere R. and C. Davidson, Incentives to Form Coalitions with Bertrand Competition, *Rand Journal of Economics*, 1985 (16): pp. 473 – 486.

Draganska, M. and D. C. Jain, Product Line – Length as a Competitive Tool, *Journal of Economics and Manangement Strategy*, 2005 (14): pp. 1 – 28.

Dubow, B., D. Elliott and E. Morrioson, Unilateral Effects and Merger Simulation Models, *European Competition Law Review*, 2004 (25): pp. 114 – 117.

Eckhoudt, L. and C. Gollier, Risk-evaluation, Management and Sharing, Cambridge: Harvester Wheatsheaf, 1995.

Eeckhoudt, L. and C. Gollier, Demand for risky assets and the monotone probability ratio order, *Journal of Risk and Uncertainty*, 1995, 11 (2): pp. 113 – 122.

Ekelund, R., G. Ford and J. Jackson, Is Radio Advertising a Distinct Market? An Empirical Analysis, *Review of Industrial Organization*, 1999, 14: pp. 239 – 256.

Epstein, R. J. and D. L. Rubinfeld, Merger Simulation: A Simplified Approach with New Applications, *Antitrust Law Journal*, 2001 (69): pp. 883 – 919.

Epstein, R. J. and D. L. Rubinfeld, Effects of Merger Involving Differentiated Products, Technical Report for DG Competition, European Commission, 2004.

Ericson, R. and A. Pakes, Markov – Perfect Industry Dynamic: A Framework for Empirical Work, *Review of Economic Studies*, 1995 (62): pp. 53 – 82.

Ewing, K. P., Competition Rules for the 21st Century: Principles from American's Experience, *Kluwer Law International*, 2003, pp. 46 – 65.

Evans, W. N. and I. N. Kessides, Living by the Golden Rule: Multimarket Contact In the U. S. Airline Industry, *Quarterly Journal of Economics*, 1994 (109): pp. 341 – 366.

Fabiosa, J. E., Price Asymmetry in the Rice Marketing Channel: Is there Evidence of Market Power? *Journal of Agricultural Economics and Development*, 1995, 30 (1): pp. 66 – 85.

Fackelmann, C. R., Dynamic Efficiency Considerations in EC Merger Control: An Intractable Subject or a Promising Chance for Innovation? The University of Oxford, Center for Competition Law and Policy, Working Paper, No. 9,

2006.

Faminow, M. D. and B. L. Benson, Integration of Spatial Markets, *American Journal of Agriculture Economics*, 1990, 72 (1): pp. 49 – 62.

Farrell J. and M. Katz, The Economics of Welfare Standards in Antitrust, *Competition Policy International*, 2006 (10): pp. 631 – 677.

Farrell J. and Shapiro C., Horizontal Merger: An Equilibrium Analysis, *American Economic Review*, 1990, 80 (1): pp. 107 – 126.

Farrell J. and C. Shapiro, Scale Economies and Synergies, *Antitrust Law Journal*, 2001, 68 (3): pp. 685 – 710.

Feenstra, R., Symmetric Pass – Through of Tariffs and Exchange Rates under Imperfect Competition: An Empirical Test, *Journal of International Economics*, 1989, 27 (1): pp. 25 – 45.

Fredrick, F., Price effects of horizontal mergers, *California Law Review*, 1989, 77 (4): pp. 777 – 827.

Frensch, F., The Social Side of Mergers and Acquisitions: Cooperation Relationships after Mergers and Acquisitions, DUV Working Paper, 2007.

Fridolfsson, S. O. and J. Stennek, Why Mergers Reduce Profits and Raise Share Prices – A Theory of Preemptive Mergers, The Research Institute of Industrial Economics, Working Paper No. 511, 1999.

Friedman, J., A Noncooperative Equilibrium for Supergames, *Review of Economic Studies*, 1971 (28): pp. 1 – 12.

Fisher, A. A. and R. H. Lande, Efficiency Considerations in Merger Enforcement, *California Law Review* 1983, 71, pp. 137 – 149.

Flynn, F., Identify Orientations and Forms of Social Exchange in Organizations, *Academy of Management Review*, 2005, 30 (4): pp. 737 – 750.

Friedman, J., A Non-cooperative Equilibrium for Supergames, *Review of Economic Studies*, 1971 (28): pp. 1 – 12.

Froeb, L., S. Tschanz and G. Werden, Pass-through Rates and the Price Effects of Merger, Owen Working Paper, Vanderbilt University, July 12, 2001.

Fudenburg, D., D. Levine and E. Maskin, The Folk Theorem with Imperfect Public Information, *Econometrica*, 1994 (62): pp. 997 – 1039.

Fudenburg, D. and E. Maskin, The Folk Theorem in Repeated Games with Discounting or with Incomplete Information, *Econometrica*, 1986 (54): pp. 533 – 554.

Galbraith, J. K., American Capitalism: The Concept of Counervailing Power, Boston: Houghton Mifflin, 1952.

Gasmi, F. and Q. Vuong, An Econometric Analysis of Some Duopolistic Games in Prices and Advertising, in G. Rhodes (ed.), Econometric Methods an Models for Industrial Organizations, Advances in Econometrics, vol. 9, Greenwich, Conn. And London: JAI Press, 225 – 254, 1991.

Gasmi, F., J. J. Laffont and Q. Vuong, An Econometric Analysis of Collusiv Behavior in a Soft – Drink Market, *Journal of Economics & Management Strategy*, 1992, 1 (2), pp. 277 – 311.

Gandhi, A., L. M. Froeb, S. Tschantz and G. J. Werden, Post – Merger Product Repositioning, Vanderbilt Law & Economics Working Paper 05 – 19, 2005.

Gellhorn E. and W. Kovacic, Law in a Netshell: Antitrust Law and Economics, West Press, 1994.

Geradin, Limiting the scope of Article 82 EC: What can the EU learn from the U. S. Supreme Court's judgment in Trinko in the wake of Microsoft, IMS, and Deutsche Telekom? *Common Market Law Review*, 2004, 41 (6): pp. 1519 – 1553.

Goldberg, L. G., The Effect of Conglomerate Mergers on Competition, *Journal of Law and Economics*, 1973, 16 (1): pp. 137 – 158.

Green, E. and R. Porter, Non – Cooperative Collusion under Imperfect Price Information, *Econometrica*, 1984 (52): pp. 87 – 100.

Grossman, S. J. and O. D. Hart, Disclosure Laws and Takeover Bids, *Journal of Finance*, 1980, 35 (2): pp. 323 – 334.

Haltiwanger, J. and J. Harrington, The Impact of Cyclical Demand Movements on Collusive Behavior, *Rand Journal of Economics*, 1991 (22): pp. 89 – 106.

Harrington, J., Detecting Cartel, in: P. Buccirossi (ed) Handbook of Antitrust Economics, The MIT Press, Cambridge, MA., 2008.

Harrington, J., Collusion Among Asymmetric Firms: The Case of Different Discount Factor, *International Journal of Industrial Organization*, 1989 (7): pp. 289 – 307.

Harrington, J and A. Skrzypacz, Collusion under Monitoring of Sales, *Rand Journal of Economics*, 2007 (38): pp. 447 – 463.

Harris, B. C. and Simons, J. J. Focusing Market Definition: How Much Substitution is Necessary? *Research in Law and Economics*, 1989, 12, pp. 207 – 226.

Hausman, J. A., G. Leonard and J. D. Zona, Competitive Analysis with Differentiated Products, *Journal of Economics and Statistics*, 1994 (34): pp. 159 – 180.

Hausman, J. A. and G. K. Leonard, Quantifying the Effects from Horizontal Mergers: The European Heavy Trucks Markets, *International Journal of Industrial Organization*, 2005 (23): pp. 693 – 698.

Hayward, M. L. A. and D. C. Hambrick, Explaining the Premiums Paid for Large Acquisitions: Evidence of CEO Hubris, *Administrative Science Quarterly*, 1997 (2): pp. 106 – 123.

Hermalin B. E., The Effects of Competition on Executive Behavior, *Rand Journal of Economics*, 1992, 23 (3): pp. 350 – 365.

Hirshleifer, J. and L. Riley, *The Analytics of Uncertainty and Information*, *Cambridge Surveys of Economic Literature*, Cambridge: Cambridge Unversity Press, 1992.

Holmstrom B. R. and J. Tirole, The Theory of Firm, in Schmalensee R. and R. D. Willig ed., Handbook of Industrial Organization, Amsterdam, Oxford and Tokyo: North – Holland, 1989, pp. 61 – 133.

Hooper, P. and C. L. Mann, Exchange Rate Pass – Through in the 1980s: The Case of U. S. Imports of Manufactures, *Brookings Papers on Economic Activity*, 1989 (1): pp. 297 – 337.

Hüschelrath, Kai (2009). Critical Loss Analysis in Market Definition and Merger Control. *ZEW Discussion Paper No.* 09 – 083, Mannheim.

Ikeda, K. and N. Doi, The Performances of Merging Firms in Japanese Manufacturing Industry: 1964 – 75, Journal of Industrial Economics, *Wiley Blackwell*, 1983, 31 (3): pp. 257 – 266.

Ilzkovitz, F. and R. Meiklejohn (editors), European Merger Control – Do we need an efficiency defense? Edward Elgar Publishing Limited, Cheltenham, UK, 2006.

Ivaldi, M., B. Jullien, P. Rey, P. Seabright and J. Tirole, The Economics of Tacit Collusion, DG Competition Working Paper, 2003.

Jenny, F., Antitrust in a Global Economy, in B. Hawk ed. Fordham Corporate Law Institute, 1997.

Johnson, R. M., Trade-off Analysis of Consumer Values, *Journal of Marketing Research*, 1974, 11 (2): pp. 121 – 127.

Jorde, T. M. and D. J. Teece, Innovation and Cooperation: Implications for Competition and Antitrust, *Journal of Economic Perpectives*, 1990, 4 (3): pp. 75 – 96.

Kadiyali, V., Exchange Rate Pass – Through for Strategic Pricing and Advertising: An Empirical Analysis of the U. S. Photographic Film Industry, *Journal of International Economics*, 1997, 43 (3): pp. 437 – 461.

Kadiyali, V., Sudhir, K., and Vithala, R. R., Structural analysis of competitive behavior: New empirical industrial organization methods in marketing. *International Journal of Research in Marketing*, 2001 (18): pp. 161 – 186.

Kamerschen, D. R. and J. Kohler, Residual Demand Analysis of the Ready-to – Eat Breakfast Cereal Market, *Antitrust Bullet*, 1993, 38 (4): pp. 903 – 935.

Kaplow L. and C. Shapiro, Antitrust, Harvard Law School, John M. Olin Center for Law and Economics, Discussion Paper, No. 575, 2007.

Katz, M. L. and H. A. Shelanski, Merger and Innovation, *Journal of Antitrust Literature*, 2007 (1): pp. 74 – 95.

Kitching, J., Why Do Merger Miscarry? *Harvard Business Review*, 1967 (45): pp. 87 – 90.

Klemperer, P., Markets with Consumer Switching Costs, *Quarterly Journal of Economics*, 1987, 102: pp. 375 – 394.

Kokkoris, I., Merger Simulation: A Crystal Ball for Assessing Merger, *World Competition*, 2005 (28): pp. 327 – 348.

Kolasky, W. J. and A. R. Dick, The Merger Guidelines and the Integration of Efficiencies in to Antitrust Review of Horizontal Mergers, *Antitrust Law Journal*, 2003 (71): pp. 207 – 231.

Kreinin, M. E., The Effect of Exchange Rate Changes on the Prices and Volume of Foreign Trade, *International Monetary Fund Staff Papers*, 1977, 24 (2): pp. 297 – 329.

Kuhn, K. U., Righting Collusion by Regulating Communication between Firms, *Economic Policy*, 2001 (32): pp. 169 – 204.

Kumps, A. K. and R. Wtterwulghe, Belgium, 1962 – 1974, in D. C. Mueller ed., The Determinants and Effects of Mergers: An International Comparison,

Mass: Oelgeschlager, Gun & Hanin, 1980, pp. 67 – 98.

Laffont, J. J. and J. Tirole, *A Theory of Incentives in Procurement and Regulation*, MIT Press, 1993.

Lagerlof, N. M. and P. Heidhues, On the desirability of an efficiency defense in merger control, *International Journal of Industrial Organization*, 2005, 23 (9): pp. 803 – 827.

Lande, R. H., Chicago's False Foundation: Wealth Transfers (Not Just Efficiency) Should Guide Antitrust, *Antitrust Law Journal*, 1989, 58 (2): pp. 631 – 644.

Landes, W. M. and R. A. Posner, Market Power in Anti-trust Cases, *Harvard Law Review*, 1981, 94: pp. 937 – 939.

Langenfeld, J. and Li, W., Critical Loss Analysis in Evaluating Mergers. *The Antitrust Bulletin*, 2000, 46 (2): pp. 299 – 337.

Lars – Hendrik Röller, Johan Stennek and Frank Verboven, Efficiency Gains from Merger, Discussion Paper, FS IV 00 – 09, Wissenschaftszentrum Berlin, 2000.

Leibenstein, H., Allocative Efficiency vs. "X – Efficiency", *The American Economic Review*, 1966, 56 (3): pp. 392 – 415.

Lerner, A. P., The concept of monopoly and the measurement of monopoly power. *Review of Economic Studies*, 1934 (1): pp. 157 – 175.

Levenstein, M. C. and V. Y. Suslow, What Determines Cartel Success? *Journal of Economics Literature*, 2006 (43): pp. 44 – 51.

Levin, D., Horizontal Mergers: The 50 – Percent Benchmark, *The American Economic Review*, 1990, 80 (5): pp. 1238 – 1245.

Lyons, B., Could Politicians be More Right than Economists, A Theory of Merger Standards, CCRE Working Paper No. 02 – 1, 2002.

Mandel, M., Goging for the Gold: Economists as Expert Witnesses, *Journal of Comparative Economics*, 1999, 13 (2): pp. 113 – 120.

Marris, R., A Theory of the Determination of the Mark-up Under Oligopoly, *The Economic Journal*, 1964, 74 (4): pp. 1184 – 1200.

Martin, S., Endogenous Firm Efficiency in a Cournot Principal – Agent Model, *Journal of Economic Theory*, 1993 (59): pp. 445 – 450.

McAfee, R. P. and Williams, M. A., Horizontal Merger and Antitrust Policy, *Journal of Industrial Economics*, 1992, 40 (2): pp. 181 – 187.

McCoriston, S. , C. W. Morgan and A. J. Rayner, Processing Technology, Market Power and Price Transmission, *Journal of Agricultural Economics*, 1998, 49 (2): pp. 185 – 201.

Medvedev A. , Efficiency Defense and Administrative Fuzziness in Merger Regulation, CERGE – EI Working Paper No. 229, 2004.

Medvedev, A. , Efficiency Defense, Administrative Fuzziness and Commitment in Merger Regulation, ESRC Centre for Competition Policy, University of East Anglia, CCP Working Paper 06 – 8, 2006.

Meeks, G. , Disappointing Marriage: A Study of the Gains from Merger, Cambridge University Press, Cambridge, 1977.

Motta, M. , Competition Policy, Cambridge University Press, 2004.

Mueller, D. C. , The United States, 1962 – 1972, in Mueller ed. , The Determinants and Effects of Mergers: An International Comparison, Mass: Oelgeschlager, Gun & Hanin, 1980, pp. 299 – 314.

Naughton, Barry. How Much Can Regional Integration Do to UnifyChina's Markets? Conference for Research on Economic Development and Policy Research, Stanford University, 1999.

Neven, D. , R. Nuttall and P. Seabright, Merger in Daylight: The Economics and Politics of European Merger Control, CEPR: London, UK, 1993.

Neven D. and L. Roller, Consumer Surplus vs. Welfare Standard in a Political Economy Model of Merger Control, *International Journal of Industrial Organization*, 2005 (23): pp. 829 – 848.

Nevo, A. , Mergers with Differentiated Products: The Case of the Ready-to-eat Ceral Industry, *Rand Journal of Economics*, 2000, 31 (2): pp. 395 – 421.

Ordover, J. A. , Coordinated Effects, in 2 Issues in Competition Law and Policy, 2008, pp. 1359 – 1383.

Ordover, J. A. , A. O. Sykes and R. D. Willig, Herfindahl Concentration, Rivalry and Merger, *Harvard Law Review*, 1982, 95: pp. 1857 – 1863.

Osborne, M. and C. Pitchik, Price Competition in a Capacity – Constrained Duopoly, *Journal of Economic Theory*, 1983 (38): pp. 238 – 260.

Paha, J. , Empirical Methods in the Analysis of Collusion, *Empirical*, 2011 (2): pp. 351 – 398.

Pakes, A. and P. McGuire, Computing Markov Perfect Nash Equilibrium: Numerical Implication of a Dynamic Differentiated Product Model, *The Rand Jour-*

nal of Economics, 1994 (25): pp. 555 – 589.

Panzar, J. C. , Technological Determinants of Firm and Industry Structure, in Schmalensee R. and R. D. Willig ed. , Handbook of Industrial Organization, Amsterdam, Oxford and Tokyo: North – Holland, 1989, pp. 3 – 59.

Panzar, J. C. and J. N. Rosse, Testing For "Monopoly" Equilibrium, *The Journal of Industrial Economics*, 1987, 35 (4): pp. 443 – 456.

Perloff, J. M. , L. S. Karp, and A. Golan, *Estimating Market Power and Strategies*. New York, NY: Cambridge University Press, 2007.

Perry M. and R. Porter, Oligopoly and the Incentive for Horizontal Merger, *American Economic Review*, 1985, 75 (1): pp. 219 – 227.

Phillips, O. R. and C. Nowell, Duopoly Behavior in Asymmetric Markets: An Experimental Evaluation, *The Review of Economics and Statistics*, 1992, 74 (4): pp. 662 – 670.

Pindyck, R. S. , The measurement of monopoly power in dynamic markets, *Journal of Law and Economics*, 1985, Vol. 28 (1): pp. 193 – 222.

Pitofsky, R. , Efficiencies in Defense of Mergers: 18 Months Later, George Mason Law Review, Antitrust Symposium: The Changing Face of Efficiency, Washington D. C. , October, 1998.

Porter, R. , A Study of Cartel Stability: The Joint Executive Committee, 1880 – 1886, *Bell Journal of Economics*, 1983 (14): pp. 301 – 314.

Poncet, S. Domestic Market Fragmentation and Economic Growth. Working Paper, CERDI, Universite de Clermont – Ferrand, 2002.

Poncet, S. Measuring Chinese Domestic and International Integration. *China Economic Review*, 2003 (14): pp. 1 – 21.

Potters J. and F. van Winden, Lobbying and Asymmetric Information, *Public Choice*, 1992 (74): pp. 269 – 292.

Pindyck, R. S. , Optimal Timing Problems in Environmental Economics, *Journal of Economic Dynamics and Control*, 2002, 26 (9): pp. 1677 – 1697.

Roll, R. , The Hubris Hypothesis of Corporate Takeovers, *The Journal of Business*, 1986, 59 (2): pp. 197 – 216.

Roller, L. H. , J. Stennek and F. Verboven, Efficiency gains from mergers, *European Economy*, 2001 (31): pp. 1103 – 1156.

Ross, T. W. , Cartel Stability and Product Differentiation, *International Journal of Industrial Organization*, 1992 (10): pp. 1 – 13.

Rotenberg, J. and G. Saloner, A Supergame Theoretic Model of Business Cycles and Price Wars during Booms, *American Economic Review*, 1986 (76): pp. 390 – 407.

Salop S. and S. Moresi, Updating the Merger Guidelines: Comments, Horizontal Merger Guidelines Review Project, 2009.

Salop, S. C. and Simons, J. J., A Practical Guide to Merger Analysis. *Antitrust Bulletin*, 1984 (29): P. 663.

Sanchirico, W., The Burden of Proof in Civil Litigation: A Simple Model of Mechanism Design, *International Review of Law and Economics*, 1997 (17): pp. 431 – 447.

Scharfstein, D., Product – Market Competition and Managerial Slack, *Rand Journal of Economics*, 1988, 19 (1): pp. 147 – 155.

Scharfstein, D., The Disciplinary Role of Takeovers, *Review of Economic Studies*, 1988, 55 (2): pp. 185 – 199.

Scheffman D. T. and P. T. Spiller, Geographic Market Definition under the U. S. Department of Justice Merger Guidelines, *Journal of Law and Economics*, Vol. 30, No. 1, 1987, pp. 123 – 147.

Scherer, F. M., *Industrial Market Structure and Economic Performance*, Chicago: Rand McNally, 1980.

Scherer, F. M. and D. Ross, *Industrial Market Structure and Economic Performance*, Third Edition, Houghton Mifflin Company, Boston, 1990.

Scherer, F. M., and D. Ross, *Industrial Market Structure and Economic Performance*, 3rd Edition, 1991, Boston: Houghton Mifflin.

Schmalensee, R., Competitive Advantage and Collusive Optima, *International Journal of Industrial Organization*, 1987 (5): pp. 351 – 368.

Schmidt, K., Managerial Incentives and Product Market Competition, *Review of Economic Studies*, 1997, 64 (2): pp. 191 – 213.

Shaffer, S., The Rosse – Panzar statistic and the Lerner index in the short run, *Economics Letters*, 1983, 11 (1): pp. 175 – 178.

Shapiro, C., Theories of Oligopolistic Behaviour, in Schmalensee, R. and R. D. Willig (eds), *Handbook of Industrial Organization*, 1989, Vol. 1, pp. 329 – 414.

Simons, J. J. and M. A. Williams, Renaissance of Market Definition, *Antitrust Bullet*, 1993, 38 (4): pp. 799 – 815.

Simons, J. J. and M. B. Coate, Upward Pressure on Price Analysis: Issues and Implications for Merger Policy, *European Competition Review*, 2010 (6): pp. 145–164.

Slade, M. E., Merger Simulations of Unilateral Effects: What Can We Learn from the UK Brewing Industry? UK ESRC Working Paper, 2006.

Spence, A. M., Market signaling: Information transfer in hiring and related processes, *The American Economic Review*, 1974, 64 (3): pp. 919–932.

Staiger, R. and F. Wolak, Collusive Pricing with Capacity Constraints in The Presence of Demand Uncertainty, *Rand Journal of Economics*, 1992 (23): pp. 203–220.

Starek, R. B. and S. Stockum, What Makes Mergers Anticompetitive? Unilateral Effects Analysis under the 1992 Guidelines, *Antitrust Law Journal*, 1995 (63): pp. 801–821.

Stigler, G., A Theory of Oligopoly, *Journal of Political Economy*, 1964 (72): pp. 44–61.

Stigler, G. J. and R. A. Sherwin, The Extent of the Market, *Journal of Law and Economics*, 1985, 28 (3): pp. 555–582.

Sumner, D., Measurement of Monopoly Behavior: An Application to the Cigarette Industry, *Journal of Political Economy*, 1981, 89 (9): pp. 1010–1019.

Teece, D. J., Economies of Scope and the Scope of Enterprise, *Journal of Economic Behavior and Organization*, 1980 (1): pp. 223–247.

Tirole, J. *The Theory of Industrial Organization*, MIT Press, 1988.

U. S. Department of Justice and Federal Trade Commission, Horizontal Merger Guidelines 1992, Antitrust Trade and Regulation Report, No. 1559, 1992.

U. S. Department of Justice and Federal Trade Commission, Horizontal Merger Guidelines 2010, Download from http://www.ftc.gov/os/2010/08/100819hmr.pdf.

Verboven, F., The Markets for Gasoline and Diesel Cars in Europe, Center for Economic Policy Research Discussion Paper, No. 2069, 1998, London.

Von Ungern–Sternberg, T., Monopolistic Competition on the Pyramid, *The Journal of Industrial Economics*, 1991, 39 (4): pp. 355–368.

Weiskopf, D. A., Merger Simulation, *Antitrust Magazine*, 2003 (17): pp. 57–105.

Weiss, A., Using the Efficiencies Defense in Horizontal Mergers, *The Antitrust Bulletin*, 1992, pp. 123 –132.

Werden, G. J., Market Delineation and the Justice Department's Merger Guidelines. *Duke Law Journal*, 1983, pp. 514 –579.

Werden, G. J. and L. M. Froeb, The Effects of Mergers in Differentiated Products Industries: Logit Demand and Merger Policy, *Journal of Law, Economics and Organization*, 1994, 10 (2): pp. 407 –426.

Werden, G. J. and L. M. Froeb, Simulation as an Alternative to Structural Merger Policy in Differentiated Product Industries, in Coate, M. B. and A. N. Kleit (Ed.), *The Economics of the Antitrust Process*, Kluwer, Boston, 1996.

Werden, G. J. and L. M. Froeb, The Entry-inducing Effects of Horizontal Mergers: An Exploratory Analysis, *The Journal of Industrial Economics*, 1998 (46): pp. 525 –543.

Werden, G., A Robust Test for Consumer Welfare Enhancing Mergers among Sellers of Differentiated Products, *Journal of Industrial Economics*, 1996, 44 (4): pp. 409 –413.

Werden, G. J., Simulating the Effects of Differentiated Products Merger: A Practical Alternative to Structure Merger Policy, *George Mason Law Review*, 1997 (5): pp. 363 –386.

Werden, G. J., Demand Elasticities in Antitrust Analysis. *Antitrust Law Journal*, 1998, pp. 632 –651.

Werden, G. J. and L. M. Froeb, Unilateral Competitive Effects of Horizontal Mergers, in Buccirossi, P. (Ed.), Advances in Economics of Competition Law, MIT Press, Cambridge, Massachasetts, 2006.

William K. and C. Shapiro, Antitrust Policy: A Century of Economic and Legal Thinking, *Journal of Economic Perspectives*, 2000, Vol. 14, No. 1.

William M. Landes and Richard A. Posner, Market Power in Antitrust Cases. *Harvard Law Review*, 1981, Vol. 94, No. 5. pp. 937 –996.

Williamson O. E., Economies as an Antitrust Defense: the Welfare Tradeoff, *The American Economic Review*, 1968, 58, pp. 18 –36.

Willig, R. D., Salop, S. C. and Scherer, F. M., Merger Analysis, Industrial Organization Theory, and Merger Guidelines, Brookings Papers on Economics Activity. *Microeconomics*, 1991, pp. 281 –332.

Whish, R., *Competition Law*, 3 Edition, Butterworths Press, London,

1993.

Young, P. T., Modeling Media Markets: How Important is Market Structure? *Journal of Media Economics*, 2000, 13 (1): pp. 27 – 44.

二、中译本文献

阿瑞达和卡普罗:《反垄断法精析:难点与案例》(第五版),影印版,中信出版社 2003 年版。

巴德和帕金,马洪云等译:《微观经济学原理》(第六版),清华大学出版社 2014 年版。

鲍莫尔和布林德,方齐云等译:《经济学原理与政策》(上册)(第九版),北京大学出版社 2006 年版。

贝拉弗雷姆和佩泽:《产业组织:市场和策略》,格致出版社 2015 年版。

伯吉斯:《管制与反垄断经济学》,上海财经大学出版社 2003 年版。

波斯纳:《反托拉斯法》(第二版),中国政法大学出版社 2003 年版。

村上政博:《日本禁止垄断法》,法律出版社 2008 年版。

达芭,于立等译:《反垄断政策国际化研究》,东北财经大学出版社 2008 年版。

蒂诺尔,张维迎等译:《产业组织理论》,中国人民大学出版社 1999 年版。

范里安,王文举等译:《微观经济分析》(第三版),中国人民大学出版社 2015 年版。

范里安,费方域等译:《微观经济学:现代观点》(第八版),上海人民出版社 2011 年版。

哈伯德和奥布莱恩,赵英军译:《经济学(微观)》(第5版),机械工业出版社 2016 年版。

盖尔霍恩、科瓦契奇和卡尔金斯:《反垄断法与经济学》(第五版),法律出版社 2009 年版。

葛拉雷兹、瓦罗纳、阿罗索和克里斯普,解琳等译:《欧盟企业合并控制制度:法律、经济与实践分析》,法律出版社 2009 年版。

古尔斯比、莱维特和希维尔森,杜丽群等译:《微观经济学》,机械工业出版社 2016 年版。

霍温坎普,许光耀等译:《联邦反托拉斯政策:竞争法律及其实践》,法律出版社 2009 年版。

考恩和塔巴洛克,王弟海译:《微观经济学:现代原理》,上海人民出版社 2013 年版。

克鲁格曼和韦尔斯，黄卫平等译：《微观经济学》（第二版），中国人民大学出版社2012年版。

克伍卡和怀特，臧旭恒等译：《反托拉斯革命——经济学、竞争与政策》，经济科学出版社2007年版。

罗宾逊：《不完全竞争经济学》，华夏出版社2013年版。

马丁：《高级产业经济学》，上海财经大学出版社2003年版。

马斯-克莱尔、温斯顿和格林，曹乾等译：《微观经济理论》（上、下册），中国人民大学出版社2014年版。

马西莫.莫塔，沈国华译：《竞争政策——理论与实践》，上海财经出版社2006年版。

曼斯菲尔德和约埃，黄险峰等译：《微观经济学》（第11版），中国人民大学出版社2012年版。

内契巴，黄小勇等译：《中级微观经济学：直觉思维与数理方法》（上、下册），中国人民大学出版社2016年版。

尼克尔森和西迪尔，徐志浩等译：《中级微观经济学：理论与应用》（第10版），中国人民大学出版社2012年版。

佩波尔、理查兹和诺曼：《产业组织：现代理论与实践》，中国人民大学出版社2014年版。

佩罗夫，谷宏伟等译：《中级微观经济学》（第四版），机械工业出版社2009年版。

乔伊，于立等译：《反垄断研究新进展：理论与证据》，东北财经大学出版社2008年版。

斯蒂芬·马丁，史东辉等译：《高级产业经济学》，上海财经大学出版社2003年版。

斯蒂格利茨和沃尔什，黄险峰等译：《经济学》（上册）（第三版），中国人民大学出版社2005年版。

斯奈德和尼克尔森，杨筠等译：《微观经济理论：基本原理与扩展》，北京大学出版社2015年版。

所罗门、莱德和加勒特，罗立彬等译：《微观经济学》（第8版），电子工业出版社2015年版。

威廉姆森：《市场与层级制：分析与反托拉斯含义》，上海财经大学出版社2011年版。

威廉姆森，张群群等译：《反托拉斯经济学——兼并、协约和策略行为》，经济科学出版社1999年版。

维斯库斯、弗农和哈林顿，陈甬军等译：《反垄断与管制经济学》，机械工业出版社 2004 年版。

温斯顿，于立等译：《反垄断经济学前沿》，东北财经大学出版社 2008 年版。

沃夫斯代特：《高级微观经济学》，上海财经大学出版社 2003 年版。

夏伊：《产业组织：理论与应用》，清华大学出版社 2005 年版。

希尔顿，赵玲等译：《反垄断法：经济学原理和普通法演进》，北京大学出版社 2009 年版。

谢泼德：《产业组织经济学》（第五版），中国人民大学出版社 2007 年版。

熊彼特：《资本主义、社会主义与民主》，商务印书馆 1999 年版。

张伯伦：《垄断竞争理论》，华夏出版社 2013 年版。

植草益：《产业组织论》，中国人民大学出版社 1988 年版。

三、中文文献

曹虹：《论反垄断法中相关市场的界定标准》，载于《现代管理科学》2007 年第 11 期。

曹建海：《自然垄断行业的竞争与管制问题研究：以中国民航运输业为例》，载于《中国工业经济》2002 年第 11 期。

陈富良：《规制政策分析：规制均衡的视角》，中国社会科学出版社 2007 年版。

丁茂中：《反垄断法实施中的相关市场界定研究》，复旦大学出版社 2011 年版。

董红霞：《美国欧盟横向并购指南研究》，中国经济出版社 2007 年版。

干春晖：《并购经济学》，清华大学出版社 2004 年版。

干春晖：《企业策略性行为研究》，经济管理出版社 2005 年版。

古红梅：《纵向限制竞争的反垄断法规制》，法律出版社 2011 年版。

胡光志：《欧盟竞争法前沿研究》，法律出版社 2005 年版。

黄坤和张昕竹：《可口可乐拟并购汇源案的竞争损害分析》，载于《中国工业经济》2010 年第 12 期。

黄坤和张昕竹：《并购审查中的安全港规则：一种非参数方法》，载于《中国工业经济》2011 年第 9 期。

黄勇等：《经济法学》，对外经济贸易大学出版社 2008 年版。

蒋岩波：《网络产业的反垄断政策研究》，中国社会科学出版社 2008 年版。

李虹：《相关市场理论与实践》，商务印书馆 2011 年版。

李福川:《俄罗斯反垄断政策》,社会科学文献出版社 2010 年版。

刘志彪:《产业的市场势力理论及其估计方法》,载于《当代财经》2002 年第 11 期。

卢代富:《严厉与宽容:反垄断中的企业合并控制政策》,载于《现代法学》1998 年第 4 期。

牟春艳:《影响企业自身市场势力的因素探析》,载于《理论界》2004 年第 1 期。

戚聿东:《中国经济运行中的垄断与竞争》,人民出版社 2004 年版。

戚聿东:《放松规制:中国垄断行业改革的方向》,载于《中国工业经济》2009 年第 4 期。

全国人大常委会法制工作委员会经济法室:《中华人民共和国反垄断法:条文说明、立法理由及相关规定》,北京大学出版社 2007 年版。

芮明杰和余东华:《西方产业组织理论中的技术创新思想的演进》,载于《研究与发展管理》2006 年第 4 期。

芮明杰:《产业经济学》,上海财经大学出版社 2005 年版。

尚明:《企业并购反垄断控制:欧盟及部分成员国立法执法经验》,法律出版社 2008 年版。

尚明:《中国企业并购反垄断审查相关法律制度研究》,北京大学出版社 2008 年版。

尚明:《主要国家(地区)反垄断法律汇编》,法律出版社 2004 年版。

尚明:《中华人民共和国反垄断法:理解与适用》,法律出版社 2007 年版。

沈敏荣:《法律的不确定性:反垄断法规则分析》,法律出版社 2001 年版。

时建中:《反垄断法:法典释评与学理探源》,中国人民大学出版社 2008 年版。

史建三等:《企业并购反垄断审查比较研究》,法律出版社 2010 年版。

史建三:《完善我国经营者集中实质审查的抗辩制度的思考》,载于《法学》2009 年第 12 期。

唐晓华:《产业组织与信息》,经济管理出版社 2005 年版。

唐要家:《市场势力可维持性与反垄断》,经济管理出版社 2007 年版。

唐要家:《价格合谋的反垄断政策研究》,中国社会科学出版社 2011 年版。

唐要家:《转售价格维持的经济效应与反垄断政策》,中国人民大学出版社 2013 年版。

田明君:《横向并购的产业组织理论与反垄断政策》,载于《财经问题研究》2006 年第 6 期。

吴汉洪：《垄断经济学》，经济日报出版社 2008 年版。

吴汉洪、姜艳庆和张健：《企业横向并购反垄断审查的 UPP 方法评述》，载于《社会科学战线》2011 年第 7 期。

王健：《2002 年企业法与英国竞争法的新发展》，载于《环球法律评论》2005 年第 2 期。

王健、池伟松和冯涛：《试析我国国有控股公司的反垄断问题》，载于《西安交通大学学报（社会科学版）》2002 年第 1 期。

王俊豪等：《中国垄断性产业结构重组、分类管制与协调政策》，商务印书馆 2005 年版。

王俊豪、肖兴志和唐要家：《中国垄断产业管制机构的设立与运行机制》，商务出版社 2008 年版。

王俊豪等：《产业经济学》，高等教育出版社 2012 年版。

王廷惠：《竞争与垄断：过程竞争理论视角的分析》，经济科学出版社 2007 年版。

王先林：《中国反垄断法实施热点问题研究》，法律出版社 2011 年版。

王晓晔：《企业合并中的反垄断问题》，法律出版社 1997 年版。

王先林：《知识产权与反垄断法：知识产权滥用的反垄断问题研究》，法律出版社 2008 年版。

王先林：《中国反垄断法实施热点问题研究》，法律出版社 2011 年版。

文学国：《滥用与规制：反垄断法对企业滥用市场优势地位行为之规制》，法律出版社 2003 年版。

文学国、孟雁北和高重迎：《反垄断法：执行制度研究》，中国社会科学出版社 2011 年版。

卫新江：《欧盟、美国企业合并反垄断规制比较研究》，北京大学出版社 2007 年版。

吴玉岭：《契约自由的滥用与规制：美国反托拉斯法中的垄断协议》，江苏人民出版社 2007 年版。

杨瑞龙和杨其静：《企业理论：现代观点》，中国人民大学出版社 2005 年版。

殷继国：《反垄断执法和解制度：国家干预契约化之滥觞》，中国法制出版社 2013 年版。

应品广：《论经营者集中效率抗辩法律制度的运行程序》，载于《安徽大学法律评论》2010 年第 1 期。

应品广：《反垄断效率抗辩适用模式及不确定性克服》，载于《北方法学》

549

2011 年第 6 期。

于良春：《反行政性垄断与促进竞争政策前沿问题研究》，经济科学出版社 2008 年版。

于良春、余东华、张伟：《转轨经济中的反行政性垄断与促进竞争政策研究》，经济科学出版社 2011 年版。

于立：《中国反垄断经济学的研究进展》，载于《广东商学院学报》2010 年第 5 期。

于立等：《产业组织与反垄断法》，东北财经大学出版社 2008 年版。

于立等：《法律经济学的学科定位与理论应用》，法律出版社 2013 年版。

于立和肖兴志：《产业经济学的学科定位与理论应用》，东北财经大学出版社 2002 年版。

余东华：《欧美并购规制政策中效率条款的演进及对中国的启示》，载于《天津社会科学》2010 年第 3 期。

余东华、乔岳、张伟：《中国经营者集中反垄断控制中的安全港规则研究》，载于《产业经济研究》2010 年第 3 期。

余东华：《相关市场界定的 SSNIP 方法——局限性及其改进》，载于《经济评论》2010 年第 2 期。

余东华：《美国反垄断政策的演变及对我国的启示》，载于《亚太经济》2008 年第 1 期。

余东华：《成本节约的不确定性、效率抗辩与判定规则》，载于《上海经济研究》2012 年第 8 期。

余东华：《横向并购反垄断控制中的效率因素分析》，载于《天津社会科学》2012 年第 2 期。

余东华：《横向并购效率抗辩中的最低要求效率研究》，载于《中国工业经济》2012 年第 9 期。

余东华：《横向并购反垄断的福利标准研究》，载于《复旦学报》（哲学社会科学版）2012 年第 6 期。

余东华：《双重转型下的中国产业组织优化研究》，经济管理出版社 2009 年版。

余东华：《地方保护论：测度、辨识及其对资源配置效率的影响》，中国社会科学出版社 2010 年版。

余东华：《横向并购反垄断控制中的效率抗辩研究》，北京大学出版社 2014 年版。

余东华和巩彦博：《供给侧改革背景下的反垄断与松管制——兼论公平竞

争审查制度的实施》,载于《理论学刊》2017年第1期。

张昕竹等:《中国规制与竞争:理论与政策》,社会科学文献出版社2007年版。

张昕竹、马源和冯永晟:《中国垄断行业规制与竞争实证研究》,中国社会科学出版社2011年版。

张孝梅和戚聿东:《深化航空运输业改革的动因和初始条件分析》,载于《中国工业经济》2010年第8期。

张小强:《网络经济的反垄断法规制》,法律出版社2007年版。